Giandomenico Romanelli

Venise au fil des pierres

Photographies

Mark E. Smith

Traduit de l'italien par

Claude Bonnafont

et Alina Weil

Liana Levi

Venise au fil des pierres
Giandomenico Romanelli

Photographies
Mark E. Smith

Texte des notices
Casare M. Cunaccia

Illustration de couverture
Palazzo Van Axel, cour intérieure
(Photographie Mark Smith)

Traduction du texte
Claude Bonnafont

Traduction des notices
Alina Weil

Maquette française
Florent Patron

Correction d'épreuves
Claire Hazan

Imprimé par
EBS Editoriale Bortolazzi-Stei,
Vérone

Troisième édition
Octobre 2001

ISBN 2-86746-270-3

Éditions Liana Levi
1 place Paul Painlevé
75005 Paris

Crédits photographiques
Antonio Quattrone, pp. 210-211 (sauf photo en haut à gauche p. 211)
Archivio Fotografico Osvaldo Böhm, Venise, p. 161
Biblioteca Nazionale Marciana, Venise, p. 77 en bas
Consorzio Venezia Nuova, Venise, pp. 14-15, 20 et 39
Museo Civico, Bassano del Grappa (VI), p. 38

Les photos page 12-13, 18 et 37 proviennent des archives photographiques du Consorzio Venezia Nuova avec l'autorisation du Ministero dei Lavori Pubblici, Magistrato alle acque de Venise.
La photo aérienne page 56-57 a été réalisée par la Compagnia Generale Ripreseaeree S.p.A. – Parme. Aut. S.M.A. n° 203 du 17.05.1996.
Les illustrations des pages 19, 31, 110, 111, 161, 214-215 et 216-217 sont publiées avec l'aimable autorisation du Ministero dei Beni Culturali e Ambientali.

Sommaire

7
Venise au fil du temps

57
Le salon de la ville : la « Platea Sancti Marci »

81
Avant la période gothique

107
Le gothique civil et religieux

153
La ville moderne de la Renaissance

219
L'avènement de la culture baroque

261
Dix-huitième siècle : le triomphe

281
Venise néoclassique et romantique

293
Conservation, transformation et modernité

316
Bibliographie

318
Index des noms et des lieux

322
Lieux

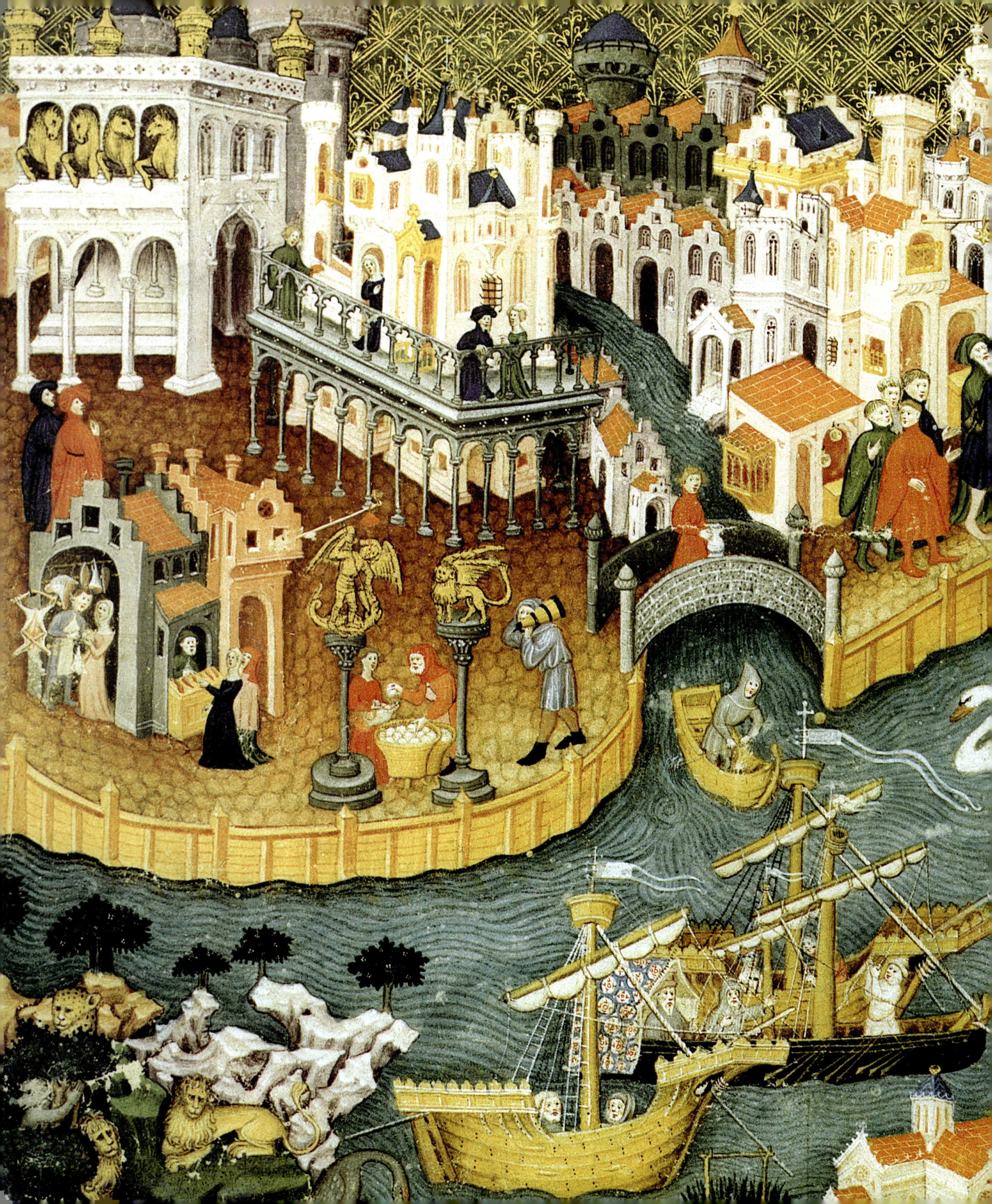

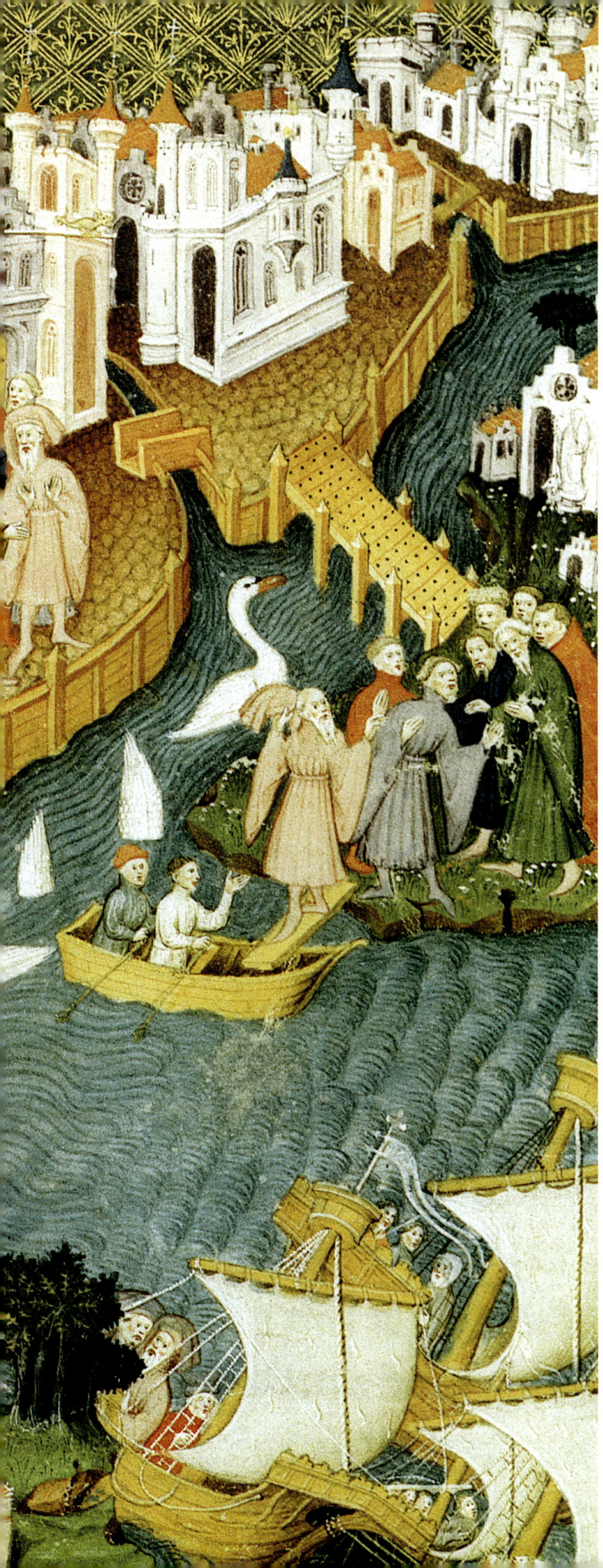

Venise au fil du temps

Une ville « différente »

Bien que l'on ait accompli *a posteriori* des acrobaties téméraires pour forger un mythe plausible de ses origines, Venise n'est pas une ville « fondée » au sens traditionnel du terme : il n'existe pas de tracé originel, de plan établi en fonction d'un schéma géométrique ou selon des thèmes astraux et cosmiques qui laisserait entrevoir chez ses premiers habitants un projet élaboré.

Très vite, en revanche, et certainement dès les plus anciens témoignages littéraires qui la concernent, sa différence et son originalité foncière, à la fois fortes et ordinaires, mettent en lumière ces caractères et cette nature autour desquels s'est agglomérée une kyrielle d'adjectifs et d'appellations dans une tentative, souvent vaine, d'expliquer, d'illustrer, de décrire et de donner un sens à une situation irréductible.

La volonté de normaliser une ville différente et unique, en la rendant conforme aux villes à la pointe de la technologie, s'exerce avec constance, voire de façon obsessionnelle au cours des XIXe et XXe siècles. Car les modes d'existence et la qualité de vie que la ville d'Ancien Régime est en mesure d'offrir apparaissent alors insuffisants. Le rattachement à la terre ferme par le pont et une économie de type industriel semblent les remèdes nécessaires aux problèmes de Venise. Problèmes dramatiquement aggravés depuis que, de son statut de capitale d'un État indépendant, elle est réduite à celui de ville de province dans des structures institutionnelles et politiques supranationales, celles de l'Empire napoléonien puis celles de l'Empire bicéphale des Habsbourg. Le drame de Venise se consomme dans une perte progressive d'identité, d'espérance en l'avenir, de projet. Sa décadence en fait un des lieux privilégiés des romantiques, puis des « décadents » européens.

pages précédentes
Vue imaginaire du bassin de Saint-Marc dans une miniature du *Codice di Marco Polo*, Oxford, Bodleian Library (XIVe siècle).

page suivante
Médaillon sur lequel figure l'empereur d'Orient au campiello Angaran à San Pantalon (XIIe siècle).

Néanmoins, la ville continue de vivre et de se renouveler ; en dépit de crises et de graves difficultés, elle peut, à certaines périodes, se présenter comme paradigme d'un état de civilisation et même comme laboratoire du futur.

La coexistence de ces âmes différentes et souvent contradictoires détermine la complexité actuelle de Venise ; les déchirements et les crises, ainsi que son incomparable itinéraire culturel, continuent de dessiner l'aventure d'une civilisation inégalable. Venise est la création des espaces, des lieux, des monuments, des demeures, des églises, des rues et des places, de leurs rapports proportionnels et linguistiques, de l'entrelacs des vides et des pleins qui continuent d'assurer sa vitalité protéiforme et changeante.

C'est pourquoi n'importe quel détail peut figurer fugitivement le visage de Venise. Sur un mur du campiello Angaran, un extraordinaire médaillon en pierre du XIIe siècle représente un empereur byzantin tenant dans ses mains le globe terrestre et le *labarum* ; sur les côtés flottent quatre coquilles en pierre d'Istrie, telles de grandes feuilles de salade abandonnées sur une table desservie. L'emblème suprême de la majesté et la quotidienneté nonchalante d'un banquet du XVIIIe siècle se conjuguent, rendant possible l'impossible et la coexistence des opposés.

Il faut parcourir Venise à la cadence des pas sur les pierres ou selon le rythme de la rame effleurant l'eau. Mais, de nos jours, rien n'est plus faux que cet énoncé ; ces images cèdent à la pire rhétorique et à la commercialisation vénale de l'âme d'une ville.

Venise, alors, a besoin de cacher ses propres hontes. Il n'est pas de carnavals et de régates, de bals et de fêtes, de festivals et de prix littéraires, de cortèges historiques et d'évocations nostalgiques qui puissent rétablir la dignité là où toute pudeur est définitivement perdue. Voici deux siècles, l'histoire s'est éteinte ; aujourd'hui, l'honorabilité est enterrée. Venise a besoin d'être portraiturée chastement pour révéler ce qu'elle conserve de son passé et ce qu'elle élabore pour l'avenir. Mais c'est la *forme* de cette ville qui renferme l'espérance de l'avenir et la possibilité d'un projet.

Un long fil ininterrompu relie Torcello à la Venise moderne, qui compte sur les technologies avancées pour assurer sa survie, car la conservation de la mémoire est la grande hypothèque et la grande certitude d'avenir de la réalité vénitienne. Le salut de cette forme passe par la victoire du futur sur la nostalgie et celle du projet sur l'inertie. Il passe également par la perpétuation indéfinie de l'équilibre instable qui constitue depuis toujours le *projet culturel et politique* de l'expérience vénitienne.

Ile et terre ferme

Il est malaisé de surmonter sans dommage un double risque : celui de présenter Venise selon des images littéraires rabâchées ; celui d'abandonner, avec les lieux communs, des catégories devenues canoniques. L'histoire glorieuse d'une civilisation millénaire est parvenue jusqu'à nous à travers les citations et dans les anthologies de chefs-d'œuvre, puis dans la survivance de commémorations laborieuses et dans les imitations éhontées du passé ; elle ne peut s'écrire qu'à travers la réussite de son mythe et sur les traces de l'évolution serpentine de son historiographie. Il convient en tout cas de regarder la réalité de la Venise contemporaine pour percevoir la modernité d'une aventure qui, dans les difficultés et les contradictions, est une grande expérience de culture, de façon d'être, de qualité de vie. Cette aventure se manifeste dans la *forma urbis*, décomposée et recomposée en éléments qui font d'elle un système fonctionnel, doté d'une puissante vitalité.

Architectures, espaces ouverts, détails structuraux, rues et places, églises, lieux de travail et de production, cours intérieures, sculptures disséminées, escaliers découverts, mosaïques, fresques, portails : le *continuum* de Venise se déroule tel un dédale sans cesse changeant. Toujours et partout, le corps de la ville a subi transformations et déchirements ; dégradation et rénovation n'ont cessé de se poursuivre. Même en ce sens, la ville peut apparaître, et pas seulement aujourd'hui, naturellement, comme un laboratoire permanent des futures, des possibles Venise.

De nos jours, l'on accède le plus souvent à Venise par les deux voies qui ont profondément buriné son visage aux XIXe et XXe siècles : la voie ferrée, inaugurée en 1846, et le pont routier, réalisé et ouvert à la circulation en 1932-1933. Auparavant, l'on arrivait en ville par la mer et l'on accostait dans le bassin de Saint-Marc, face au cœur politique et spirituel de Venise. Ou l'on empruntait des embarcations qui, parties d'un ponton des rives de terre ferme, passaient les *forestieri* (c'est-à-dire les étrangers à la ville) jusqu'à divers

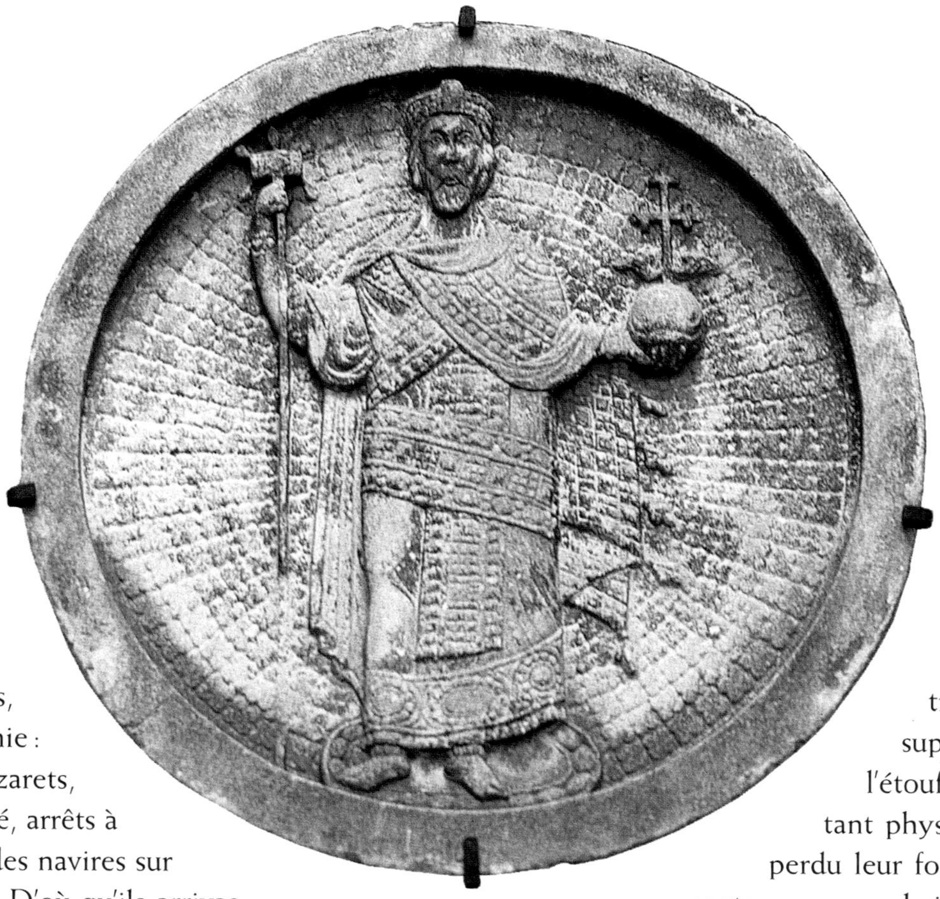

points de la bande côtière septentrionale de la ville. Même les voyageurs venus par la mer transitaient à travers des étapes intermédiaires, surtout en période d'épidémie : quarantaines dans les lazarets, contrôles au bureau de la Santé, arrêts à la douane et transbordement des navires sur des embarcations plus petites. D'où qu'ils arrivassent et quel que fût le lieu d'abordage dans la ville, tous les voyageurs, jusqu'au milieu du XIXe siècle, durent éprouver la sensation d'abandonner un terrain sûr pour se fier à un moyen de navigation, grand ou petit – barque, gondole, bachot, caïque, etc. Jusqu'à la construction de la ligne de chemin de fer qui marque la métamorphose la plus totale enregistrée par Venise au cours de son histoire : avec la perte de son insularité, la ville est privée d'un trait distinctif unique. Conséquence immédiate, le rôle et l'importance de nombreuses corporations – bateliers, porteurs, transporteurs – chutent irrémédiablement. Et surtout, ces liaisons modernes réduisent, en partie mais de façon irrévocable, la singularité de Venise qu'elles limitent à la déambulation des hommes et au transport des marchandises dans la ville insulaire. Les interventions ferroviaire et routière, réalisées à près d'un siècle d'intervalle, suscitent de multiples polémiques, désaccords et récriminations. Aujourd'hui encore, beaucoup estiment que le problème des liaisons avec la terre ferme est l'obstacle majeur à la reprise économique de la ville : les difficultés de liaison et les coûts, en termes de temps et d'argent, dus aux ruptures de charge et aux changements répétés de moyens de transport, rendent non compétitive toute activité établie à Venise – y compris les activités administratives, scientifiques, culturelles et touristiques –, décourageant les hommes d'affaires d'y investir et de s'y implanter.

Depuis, le visage que la ville présente au voyageur est une porte d'accès toujours dotée d'une vive originalité mais confuse et chaotique ; une arrière-boutique devenue vitrine, sans en avoir les attributs. Il faut donc parcourir d'autres chemins et rechercher d'autres objectifs pour qu'une image plus vraie se recompose devant nos yeux. A condition de ne pas imaginer pouvoir déambuler à travers les rues de la ville romane ou gothique, ou de celle que nous ont livrée les toiles de Canaletto : trop de réaménagements, trop de stratifications se sont superposées, pratiquement jusqu'à l'étouffer, sur une réalité qui est pourtant physique et tangible. Même s'ils ont perdu leur fonction originelle, quelques puissants noyaux urbains gardent leur force : l'aire de Saint-Marc, le quartier de Rialto, les constructions militaires et les chantiers de l'Arsenal, les gigantesques fondamenta des églises des ordres mendiants et leurs immenses couvents, etc. Le véritable centre du système a toujours été le miroir d'eau qui s'étend devant l'aire de Saint-Marc ; la Piazzetta, c'est-à-dire l'espace compris entre le palais des Doges et la Libreria Vecchia, fut certainement pendant longtemps le port intérieur, la darse du système. A la fois siège du gouvernement, palais de justice, prison et palais royal, le palais des Doges est une manifestation exceptionnelle du pouvoir politique, de sa splendeur et de son mécénat ; chapelle des Doges, la basilique Saint-Marc, qui deviendra cathédrale après la fin de la République, avec Napoléon, témoigne en revanche du lien intime et cultivé avec la tradition byzantine et romaine ; mais elle est surtout la démonstration la plus lisible de la légitimité apostolique de l'Église de Venise, qui fut Église nationale, et n'a cessé de revendiquer de Rome une plus grande autonomie.

La structure et l'image : les origines

Poétique, la première description de Venise nous transmet l'image d'un paysage et de ses habitants, saisis dans l'ambiguïté de leur nature amphibie : une mer que l'on peut labourer et des champs où l'on peut naviguer. C'est Cassiodore, préfet du prétoire de Théodoric, qui, dans une célèbre lettre aux tribuns maritimes des Vénéties (537-538), avec des ingrédients simples mais une force évocatrice indéniable, donne naissance à l'un des heureux et durables mythes qui, aussi fermement que la pierre et le marbre, tracèrent l'histoire et la forme de cette ville : habitants pauvres mais fiers ; communauté

ci-contre
Synthèse graphique de Venise sur un portulan du XIIIe siècle, de Giovanni Xenodoco, Museo Correr, détail.

d'égaux, sans hiérarchie, préservée des éléments de désagrégation des sociétés plus complexes ; économie autarcique ; rôle important du commerce ; travail incessant pour arracher la terre à la mer. En substance, un environnement en équilibre instable et une dialectique entre le sec et le mouillé, entre le solide et le précaire.

Lors de la chute de la République, au cours du honteux mois de mai 1797, les éléments emblématiques et paradigmatiques de cette condition primitive saine et intègre, égalitaire, fraternelle et naturelle seront exhumés au milieu des polémiques.

Assez rapidement donc, la construction littéraire a brouillé, ou complété, les données concrètes et positives d'une série de faits : guerres et conquêtes, voyages et découvertes, aménagements institutionnels et coups d'État, révolutions industrielles et décadence économique, religion d'État et piété populaire... Une médiation culturelle massive a interprété, imité, célébré, donné une signification et des raisons au processus contradictoire d'une aventure historique faite de lumières et d'ombres, d'héroïsme et d'infamie, de bonds en avant et de replis soudains. Demeurent sans équivoque et à l'abri des écarts d'interprétation la réalité incontestable d'une structure urbaine unique, la densité et la continuité d'une civilisation sans égale et la richesse de ses langages artistiques – musique, littérature, peinture, architecture, gravure, sculpture – dont aucun autre pays occidental ne peut se prévaloir. Mais, répétons-le, la ville représente l'apogée et la synthèse riche et polysémique de cette aventure complexe. Plus insolite encore, elle est, dans sa majeure partie, parvenue intacte jusqu'à nos jours, ce qui nous permet une lecture des choses, des signes et des mots d'un récit dont les lacunes sont de dimension et de portée limitées, et dont les déchirures et les blessures – il en survint dès les origines – ont été vite et adroitement suturées, sous l'effet, dirait-on, d'une cicatrisation spontanée du tissu.

Sur le premier plan connu de Venise figurent déjà la forme et les dimensions de la ville, la localisation des principaux édifices religieux les plus anciens, et donc sa structure administrative primitive. Ces églises, ces puissants pôles urbains, ces canaux et ces quais, ces contours qui dessinent le profil d'un poisson subsistent de nos jours ; tout se présente simultanément à notre mémoire et à notre observation jusqu'à créer le vertige par lequel l'espace et le temps, perdant leur compartimentation rigide, apparaissent dans la réciprocité de leurs rapports et de leur enlacement, superposés et doublés autour du fil invisible d'une histoire qui pourrait sembler illusoire et d'un espace qui aurait l'ambiguïté d'une vision.

Ce site est néanmoins bien concret et sédimenté : ses débuts précèdent de loin sa traduction cartographique et même la période agitée des invasions barbares, qui auraient provoqué la fuite des colons vénitiens vers la lagune. L'ère préromaine s'inscrit dans le premier chapitre d'une histoire qui, bien qu'en termes nébuleux, relie une présence humaine consolidée aux centres urbains de Padoue et d'Altino. L'action des fleuves joue un rôle déterminant dans la configuration d'une géographie lagunaire, instable et changeante, presque autant que le cycle des marées.

Les grandes routes consulaires romaines frôlent ou traversent le territoire lagunaire ; la « centuriation », définition foncière et fonctionnelle typiquement romaine, pénètre résolument à l'intérieur des limites de la lagune actuelle, révélant les dimensions beaucoup plus réduites de la lagune pendant l'ère romaine et nous incitant à imaginer un territoire merveilleusement agricole, des terres cultivées, des fermes, des routes et des villas.

« Venise maritime » et territoire

Un réseau serré de canaux et de bras fluviaux permet la navigation à l'intérieur des cordons littoraux, en liaison facile et directe avec le territoire environnant et avec la ville. L'aire lagunaire et ses abords immédiats sont donc un vrai carrefour de transports terrestres, maritimes et fluviaux : terre de rencontres et d'affrontements, passage terrestre vers l'Orient. Au cours des premiers siècles de l'ère chrétienne, Milan, Ravenne et Pavie recevront en partage le rôle de capitale mais c'est à travers l'étroite chaussée vénitienne, semblable en cela au col d'une clepsydre, que transitent péniblement les armées et les hordes qui se dirigent vers les deux pôles universels de Rome et de Byzance. Les villes d'origine paléovénitienne, étrusque, romaine ou byzantine se déploient entre Ravenne au sud et Aquilée au nord ; le lien avec Byzance par l'intermédiaire de Ravenne est celui qui, politiquement et institutionnellement, marque avec une persistance et une ténacité majeures les racines de la réalité lagunaire naissante. Le territoire des Vénéties comprend la partie

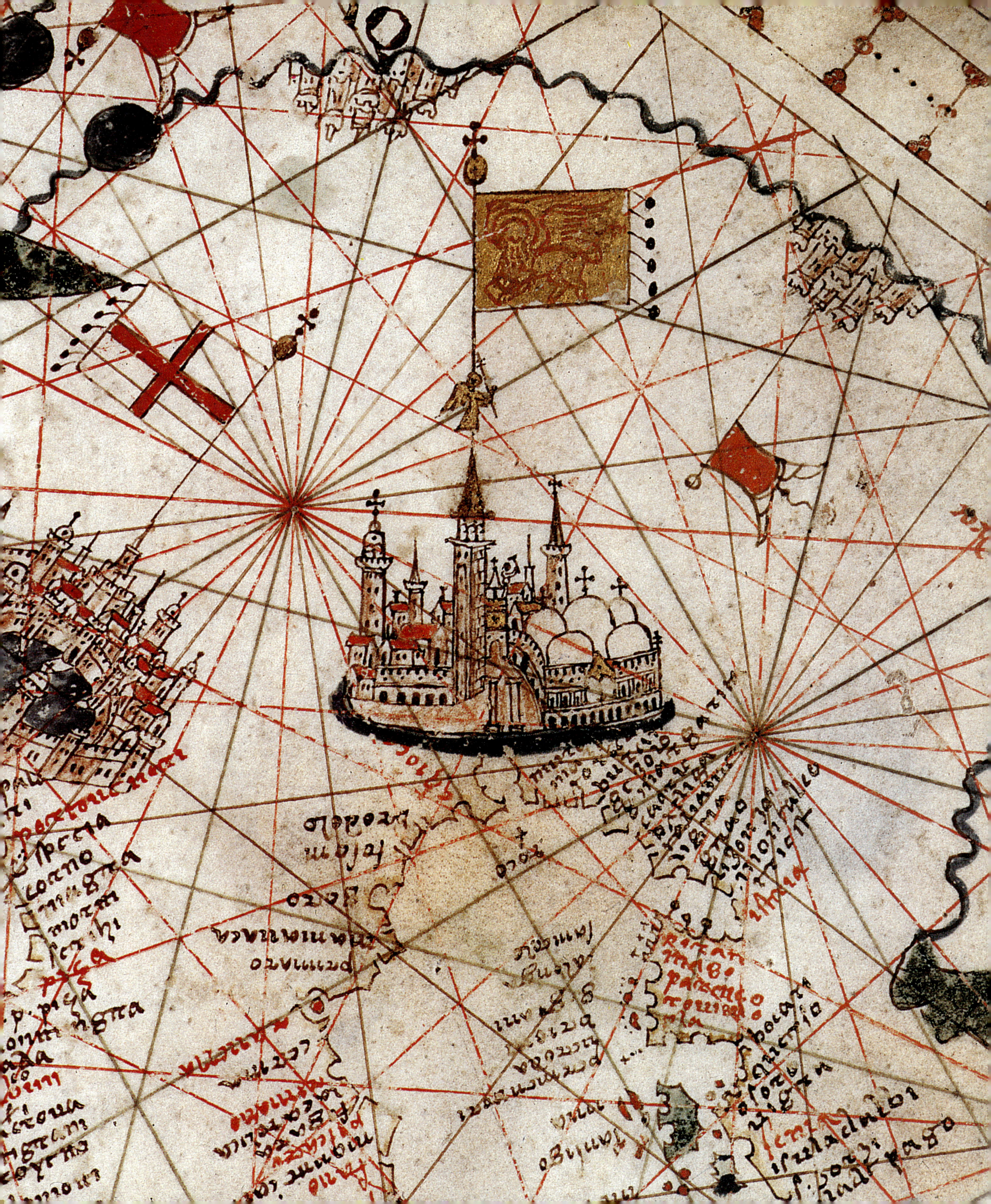

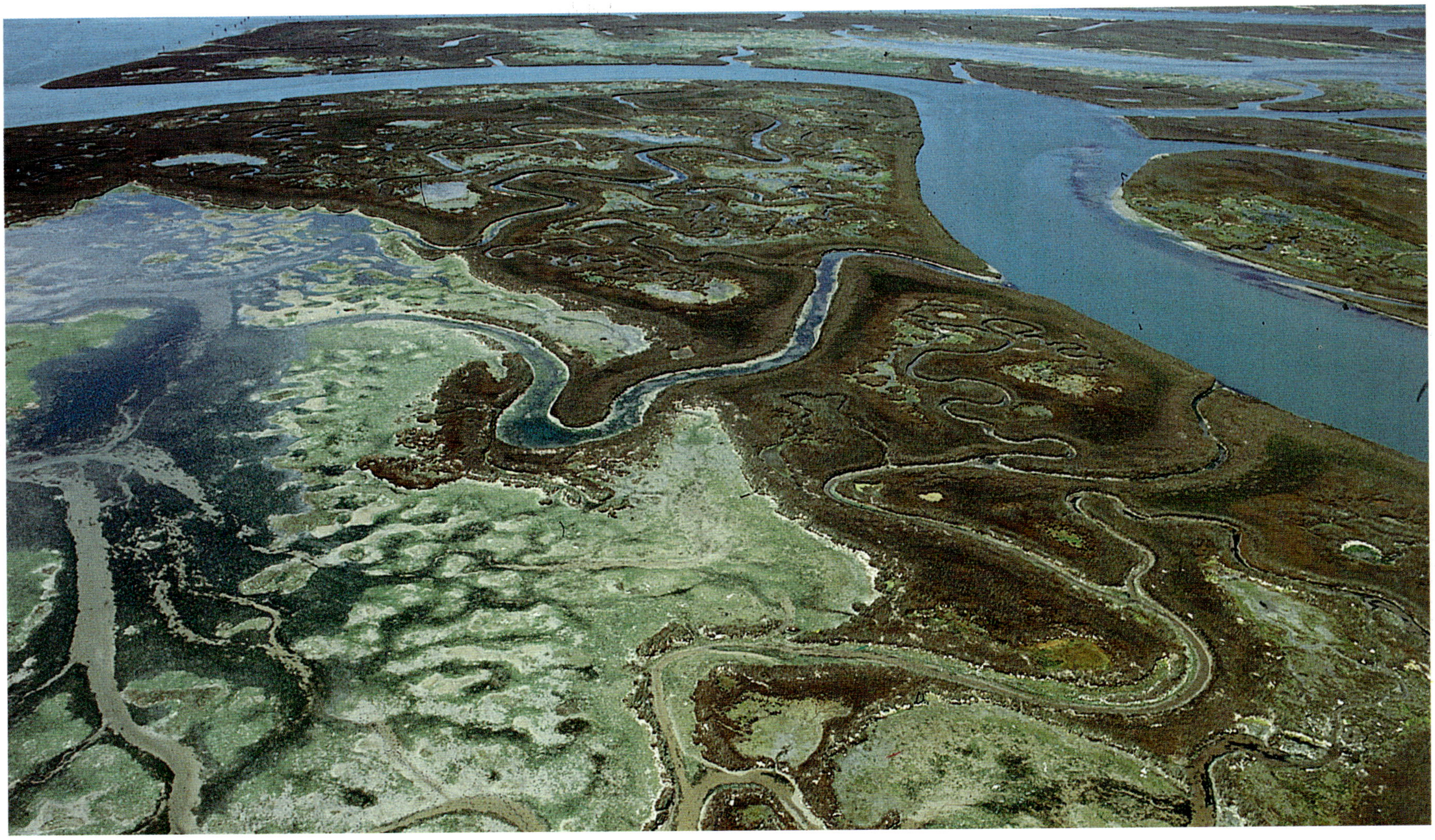

proprement côtière, dite Vénétie maritime, ainsi que celle de terre ferme, continentale.

Par la suite, sous l'effet d'un phénomène qui culmine lors de la crise géoclimatique du VIe siècle, le territoire se modèle et se transforme : la lagune s'étend, les cours inférieurs de l'Adige, de la Brenta, du Bacchiglione, du Sile et de la Piave se modifient ; de nouveaux lits sont creusés après des inondations dévastatrices, certains cordons littoraux se précisent et des îles se forment au milieu des *barene* (îlots couverts de végétation qui émergent en fonction des marées), des sables et des boues de la lagune.

Un des lieux stratégiques des affrontements politiques et militaires, qui opposent les Byzantins aux Lombards au cours du VIIe siècle, se situe justement là, sur les rives de l'Adriatique : les voies de communication, le sel, le contrôle des transports et surtout des marchandises en provenance de l'Orient confèrent à ces lieux un rôle et une rente de situation exceptionnels. La convergence sur ce site de langues, de civilisations et de peuples différents, la nécessité de maintenir ouverts les canaux diplomatiques, y compris pendant les guerres les plus sanglantes, le rôle de médiation rempli à divers titres et la proximité des flottes byzantines et des armées, d'abord lombardes puis franques, forgent les caractères, *forma mentis*, les aptitudes, les vocations et la sensibilité des hommes libres de ce monde marin et amphibie qui sera Venise.

Ils s'organisent d'abord autour d'un *magister militum*, nommé par Byzance, puis d'un *dux*, un duc, qui deviendra progressivement toujours plus autonome mais ne rompra jamais les liens avec Byzance. Apparemment, ces liens se limitent à la liberté de mouvement mais ils sont toutefois la source de la légitimation impériale. Le choix du saint patron, Marc, d'ascendance apostolique directe, agira de même façon. Couronnement d'une très savante opération mythopoético-politique, vouée à un succès millénaire, il donnera à l'Église nationale vénitienne un rang prééminent sur les chaires épiscopales environnantes, transférant finalement à Castello-Olivolo, à l'extrémité est de la ville, la dignité patriarcale soustraite aux villes de Grado et d'Aquilée, en lui garantissant même une autonomie inhabituelle vis-à-vis de la chaire de Pierre.

Évêques, moines et abbesses

Frontière en même temps que lieu de passage, la situation de Venise compte au nombre de ses particularités déterminantes. Nous pouvons la considérer comme déjà très présente et solide au moment où Olivolo et Rivoalto-Rialto, deux petites îles au centre de la lagune, sont désignées comme siège épiscopal et siège du doge-*dux*. Nous sommes au début du IXe siècle.

Du point de vue institutionnel, la donnée d'origine est un duché régi par un pacte fédéral entre les centres, nombreux et divers, répartis sur un territoire qui s'étire en longueur sur l'aire comprise entre le cordon des *lidi* (bancs de sable), la bande lagunaire intermédiaire des *barene* et une première zone de terre ferme. Vers le Xe siècle, l'ensemble s'étendra de Loreo au sud, près de l'embou-

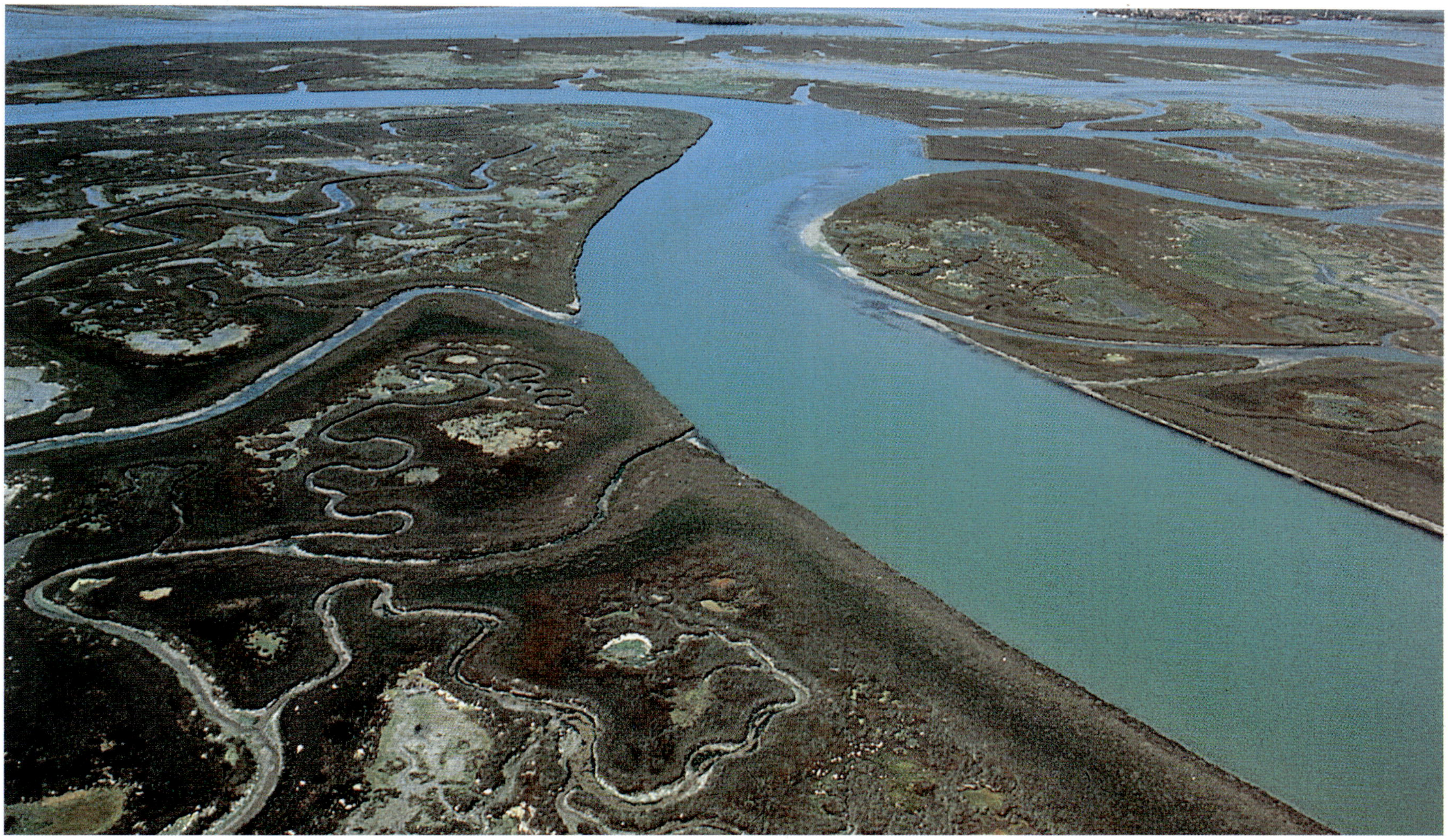

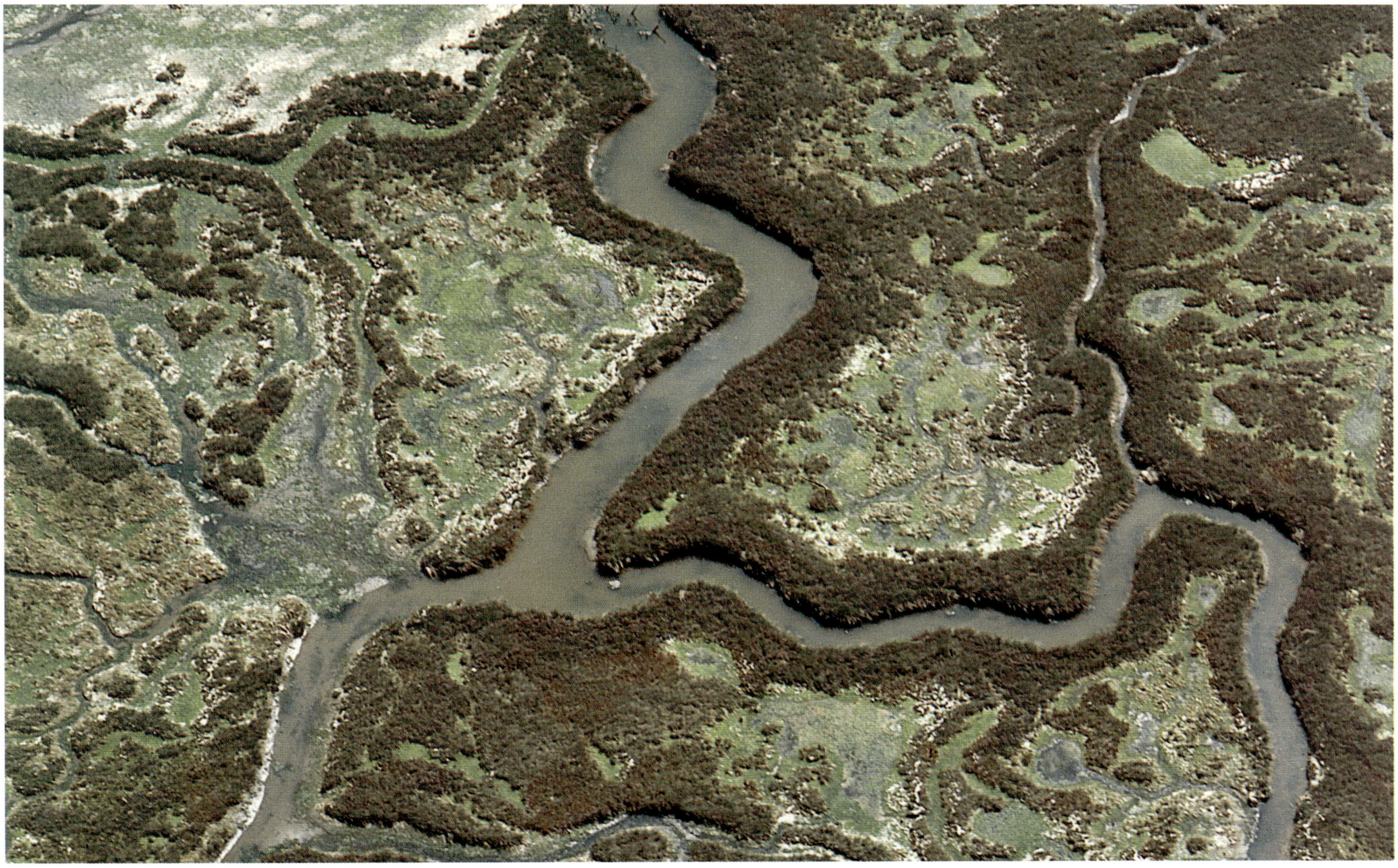

pages précédentes
Vues aériennes des différents sites de la lagune.

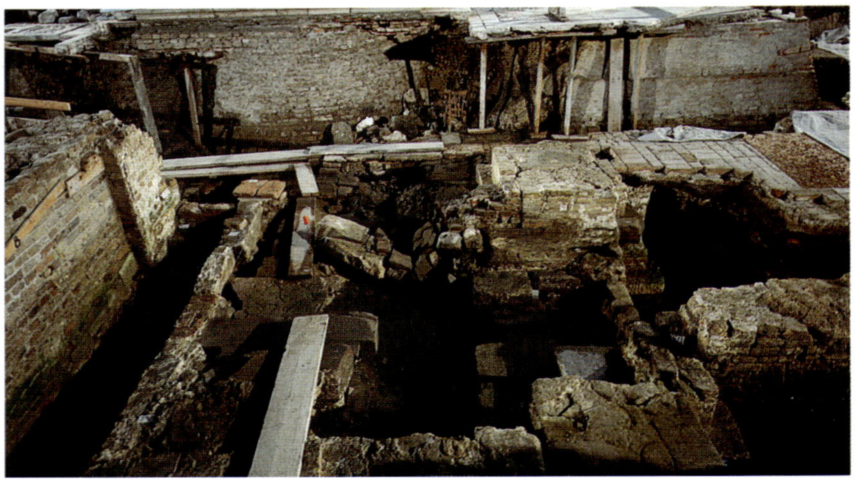

Vue des fouilles et détail de la mosaïque du sol de l'ancienne église San Lorenzo.

chure du Pô, jusqu'à Grado. La réalité physique du centre qui domine cet ensemble, c'est-à-dire la ville nouvelle dont les points d'appui sont Castello-Olivolo et Rivoalto-Rialto, se confirme autour du formidable pôle d'attraction de saint Marc, considéré sous un double aspect : patron religieux de la communauté et lieu où le corps de l'évangéliste est conservé.

La première basilique Saint-Marc, dédiée au saint patron, représente très vite un investissement moral, politique et économique judicieux : dans tous les domaines, elle soustrait à Torcello, plus ancienne et plus titrée, la primauté et l'autorité. Mais, surtout, du fait de la dynamique économique, de l'absence de scrupules politiques, de circonstances liées à l'environnement et à la logistique et de son universalité fonctionnelle, une telle réalité capte les rôles, les pouvoirs, la suprématie et les richesses de tout le territoire du dogat qui se retrouvera, deux siècles plus tard, aspiré par la puissance d'attraction vénitienne.

Pendant les VIIIe et IXe siècles, d'autres protagonistes se manifestent sur la scène de la lagune, parmi lesquels les établissements monastiques se signalent par leur importance, leur efficacité et leur signification. Titulaires de patrimoines fonciers considérables, agents zélés de la bonification des terres dont ils pratiquent les techniques de pointe, porteurs d'un puissant héritage culturel, habilement propulsé sur l'échiquier européen, les religieux des différentes familles bénédictines se révèlent rapidement un extraordinaire facteur de civilisation et une très efficace machine d'urbanisation. Au point que les monastères seront bientôt des centres de pouvoir indispensables à l'évolution des dynamiques économiques et politiques du dogat. Dès le VIIe siècle, des moniales et des religieux bénédictins sont établis sur les bords de la lagune, sur les îles et le long du littoral, à la Certosa, Sant'Ilario et Brondolo. Tout près de la place Saint-Marc s'élève, à San Zaccaria, un monastère de bénédictines qui, dès sa fondation, concentre puissance et richesse ; l'on y accueille des fillettes de famille ducale ; non loin, à San Lorenzo, la sœur du doge Orso Partecipazio fonde un autre monastère bénédictin dont les possessions sont réparties à travers toute la ville et, sur la terre ferme, jusqu'à Trévise.

Plus tard, les établissements conventuels se multiplient. San Giorgio Maggiore est fondé avant l'an mille et de la même époque datent les monastères Santi Basso e Leone à Malamocco, Santi Secondo e Erasmo dans l'île minuscule de San Secondo, San Nicolò al Lido, Sant'Angelo della Polvere, San Giorgio in Alga, et des dizaines d'autres communautés religieuses. Ils connaissent des sorts divers mais tous contribuent à l'extraordinaire concentration de travail, de piété, de culture et d'assistance dont se nourrit la réalité vénitienne.

On ne saurait trop insister sur l'importance de la coexistence de différentes matrices à l'origine du monde vénitien : l'orientale et byzantine, l'occidentale, d'ascendance lombarde et franque, la romaine et classique, celle de la plaine du Pô et celle du Nord. Cette coexistence se révélera déterminante tout au long de l'histoire artistique et de l'évolution des langages figuratifs. Elle sera un atout fondamental pendant la longue période ponctuée par les différentes vagues culturelles byzantinophiles ou occidentalisantes qui se succéderont, au-delà même de la chute de Byzance en 1453.

Ville et architecture

Les rares documents et vestiges archéologiques antérieurs au Xe siècle ne permettent qu'une vague esquisse de la forme et de la structure urbaine de Venise. Toutefois, les fouilles et les études récentes ont enrichi ce que la littérature ancienne permettait de reconstituer. Ainsi, la découverte des trois strates successives de la très ancienne église San Lorenzo ; l'abondance des matériaux de récupération provenant de sites plus anciens, qu'il s'agisse de briques ou de pierre travaillée (Altino et tous les vestiges de l'époque romaine), y est pleinement confirmée. Les techniques de tassement et de consolidation des boues au moyen de roseaux brûlés y apparaissent avec évidence, de même que les célèbres procédés de palification et de fabrication de semelles en planches de mélèze entrecroisées pour les constructions, le montage des soubassements en pierre taillée et, enfin, le tout-venant destiné au remplissage entre parement des fondations. Le procédé vénitien est déjà tout entier présent dans ces vestiges archaïques d'une architecture qui, par ailleurs, manifeste sa maturité pour avoir fait siennes les expériences et les techniques d'une civilisation parvenue par mille voies au savoir-faire, aux formes et aux langages des constructeurs de la première Venise.

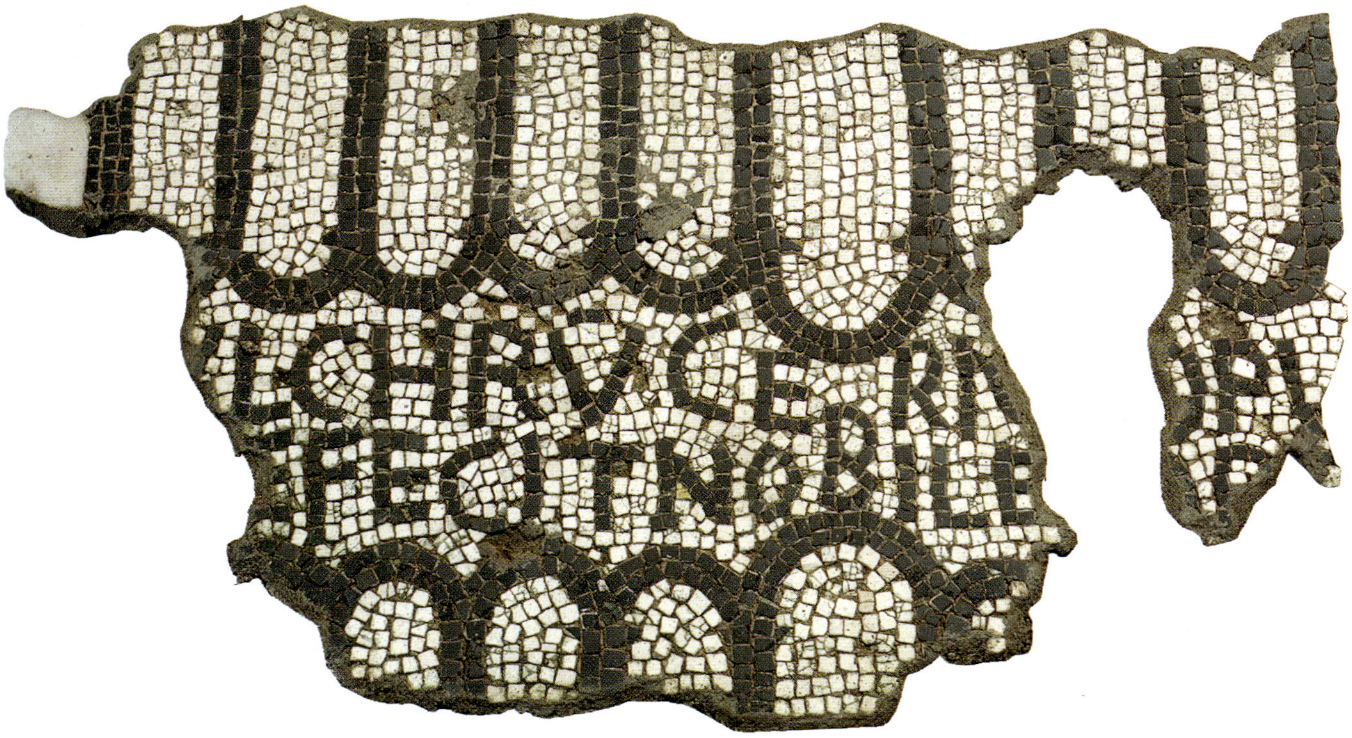

Au cours des IXe et Xe siècles, les travaux d'urbanisation ébauchent la structure de la future Venise, mais il serait naïf de penser qu'une telle réalité puisse se représenter sous les formes et aux dimensions de la ville présente. Elle est un paysage où les *barene*, les grands lacs saumâtres et les canaux, qui prolongent les cours d'eau venus de la terre ferme, voisinent avec des zones consolidées et plus élevées, avec des aires agricoles et des fortifications. Mais le grand mur qui se serait étendu d'Olivolo à Santa Maria del Giglio, bien que les chroniques en témoignent, est de nos jours toujours aussi mythique et totalement inexpliqué. Partie de l'extrémité est d'Olivolo, la bande continue qui sera Venise passe par Gemini, puis par Rivoalto et Luprio, et se soude à l'ouest à la zone de Canalecto, formant ainsi l'ossature de la ville naissante et la disposition administrative en quartiers *(sestieri)* laquelle, en revanche, ne s'imposera que plus tard, à partir du XIIe siècle. La voie d'eau principale – le futur Grand Canal – n'a pas encore trouvé son lit définitif ; néanmoins, les premiers noyaux déjà denses d'une urbanisation ordonnée et structurée commencent à s'établir sur ses berges, surtout dans la partie médiane, autour du brusque méandre du Rivoalto. C'est là que se constituent les grandes propriétés immobilières qui marqueront de façon déterminante le visage et la structure de la ville ; il en va de même le long de l'axe qui relie la façade sur l'eau de l'ensemble de Saint-Marc et la zone marchande naissante du négoce et des services au Rialto.

Quels sont les traits distinctifs de ce visage ? Il est malaisé de les définir. L'on sait pourtant que de multiples monuments religieux y sont déjà édifiés ; la forme et les dimensions de nombreuses voies sont définies et, surtout, un ensemble de normes et de formules juridiques règle l'urbanisation, condamne les abus, impose le respect de l'hygiène et codifie les rapports de voisinage. Mais le tissu urbain ne nous a pas transmis de fragments appréciables de ces siècles reculés. Une bonne partie des constructions sont encore à l'époque en bois et le grand incendie de 1106 détruit à lui seul presque un quart de la ville, entre le quartier San Lorenzo - San Zaccaria à l'est, l'extrémité de San Nicolò dei Mendicoli à l'ouest et, au nord, le Grand Canal. En fait, les premiers signes durables d'architecture datent du XIIIe siècle et l'on peut rencontrer des bâtiments typiques de cette époque devenus ensuite canoniques. Mais, là encore, les traces et le souvenir de l'architecture originelle qu'ils recèlent sont labiles et incertains, perdus dans l'élaboration voulue de formes et de structures beaucoup plus complexes et caractéristiques, édifiées à partir de modèles qui combinaient savamment les nécessités fonctionnelles (entrepôts, magasins, dépôts de grains, celliers...) avec celles non moins rigoureuses de l'image et du décorum. Et, peut-être, avec la volonté et le désir de conserver des typologies archaïques crédibles et ennoblissantes, tel le modèle de la villa de campagne d'origine romaine qui avait peuplé le territoire d'abord agricole, puis lagunaire, et avait pratiquement imprimé un sceau de civilisation net et identifiable sur le monde ambigu et fuyant des *barene*, des viviers, des canaux et des *velme* (monticules dénudés que la marée haute recouvre périodiquement).

Les églises et le feu

A propos des édifices religieux, le discours est plus complexe et plus documenté, grâce à la survivance des constructions d'origine ou de parties importantes de celles-ci. Peu après le milieu du VIIIe siècle, Castello est érigé en siège épiscopal et, à partir du IXe siècle, un nombre important d'édifices religieux foisonnent sur l'aire insulaire, autour des noyaux que nous venons de citer. Il va de soi que des fondations de ce type existaient et prospéraient dès le VIIe siècle. La première version de la basilique Saint-Marc appartient à la première moitié du VIIIe siècle. A travers les incendies, les adversités et les reconstructions, elle incarnera longtemps la ville, son image, son identité et sa culture. La basilique, après sa recons-

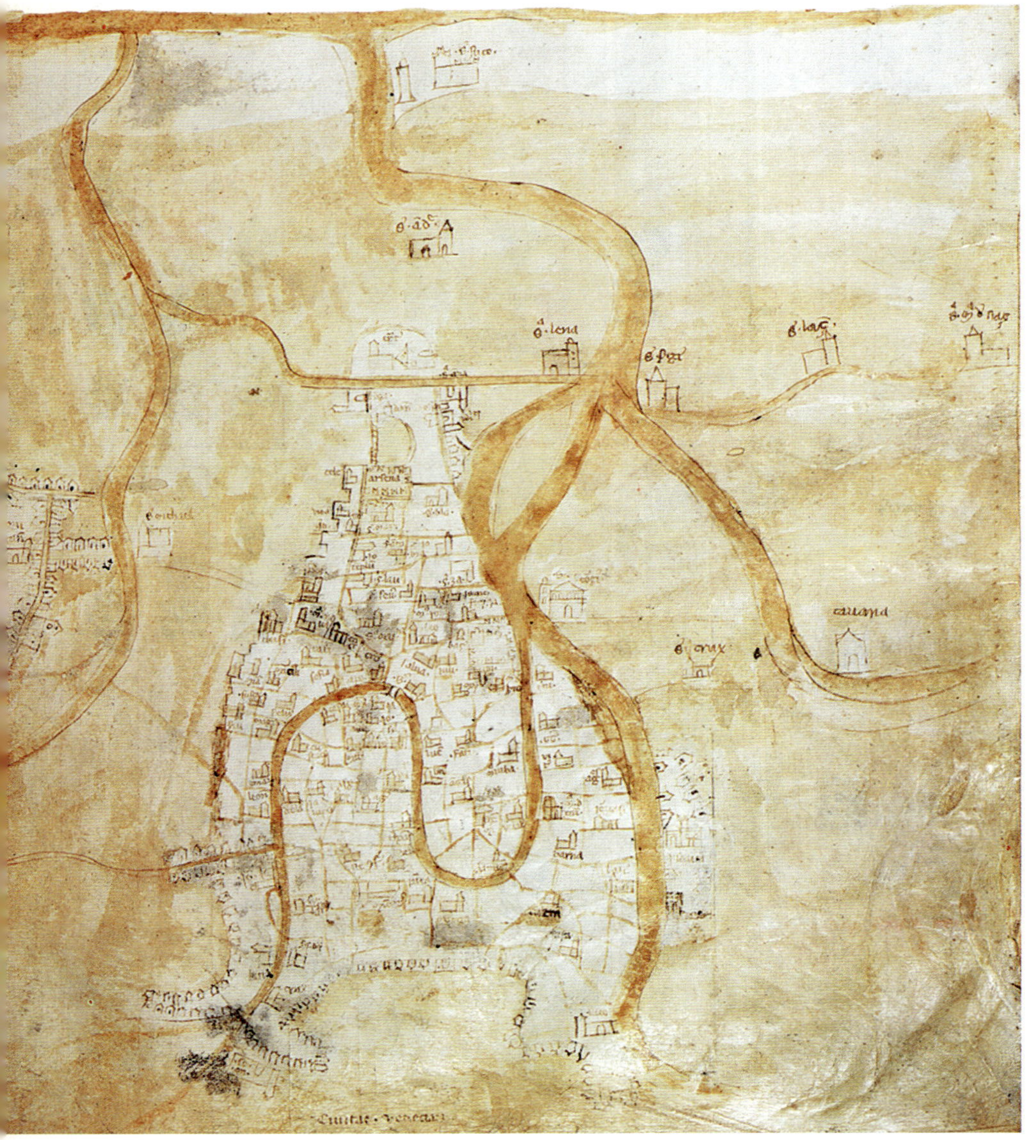

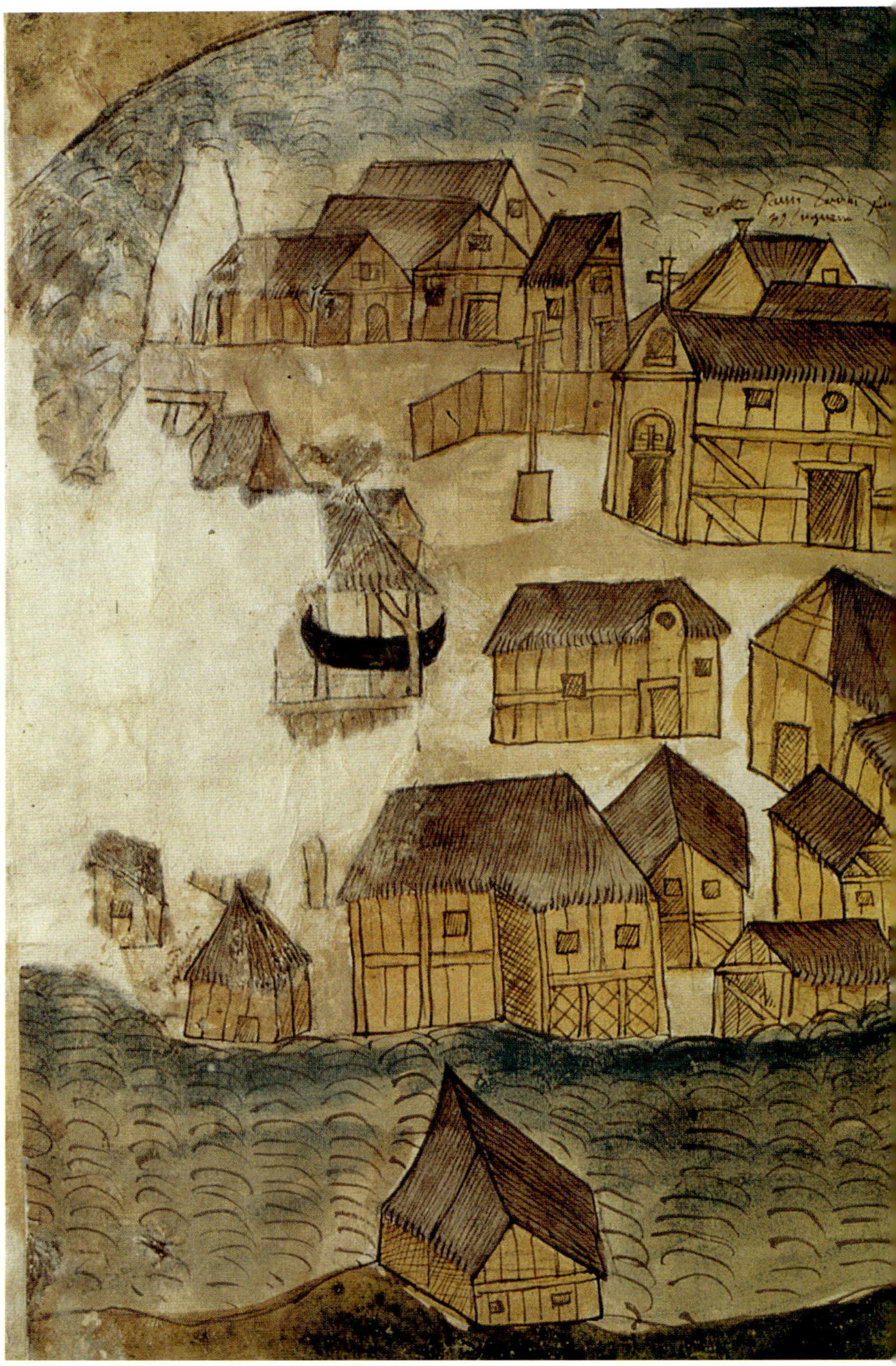

truction au XIe siècle, présentera des caractéristiques qui la rendront unique et exprimeront l'originalité obstinément poursuivie, au nom et en vertu d'un éclectisme qui n'a rien de fortuit mais relève du politique et de l'idéologique. On y découvre en effet des références évidentes à l'inspiration dominante de l'époque justinienne et de Constantinople ; on cite toujours à ce propos l'église des Douze Apôtres, celles de Ravenne et de Torcello, le recours à des solutions exarchales et, surtout, à une conception structurelle et spatiale de type classique et romain. Mais il s'y trouve aussi des consonances indéniables avec un certain roman contemporain, austère, français et allemand. Autant d'éléments qui seront plus tard en quelque sorte niés par le revêtement de mosaïque ininterrompu et pour ainsi dire immatériel plaqué sur les murs de l'édifice.

Les grands incendies du XIIe siècle sont un facteur d'instabilité pour la forme et l'image de Venise mais ils ont puissamment stimulé l'élaboration d'un langage architectural dominant, l'adoption de matériaux de construction moins vulnérables au feu et la définition progressive et toujours plus ferme de frontières entre les zones complètement urbanisées et celles qui demeurent dans une position transitoire entre l'état de nature et l'état modifié par l'action de l'homme. On arrive de cette façon à la période des premiers témoignages cartographiques dont nous avons parlé. Le découpage administratif en six quartiers, le tracé des rives extérieures qui dessine le grand poisson orienté ouest-est, les rapports entre la terre et l'eau et, dans ce domaine, entre les canaux et les étendues non navigables, la localisation précise dans la zone urbaine des paroisses et des églises et leurs orientations : tout cela désormais a acquis une forme. Tout cela peut être reconnu et identifié sans équivoque possible comme une forme unique. Tout cela constitue le tracé destiné à être pendant des siècles l'extraordinaire icône urbaine qui porte le nom de Venise. Il peut paraître surprenant qu'une image cartographique zénithale ait été produite si précocement, anticipant la découverte de toute vue perspective et même les représentations symboliques et allégoriques, mais la pratique de la cartographie nautique a pu y contribuer. Par ailleurs, l'absence de relief du terrain a pu décourager toute tentative de prise de vue du ciel. L'effort de synthèse et d'abstraction accompli par le cartographe pour tracer ce monument cartographique, fondamental pour la reconstitution de la Venise ancienne, apparaît extraordinairement insolite et remarquable.

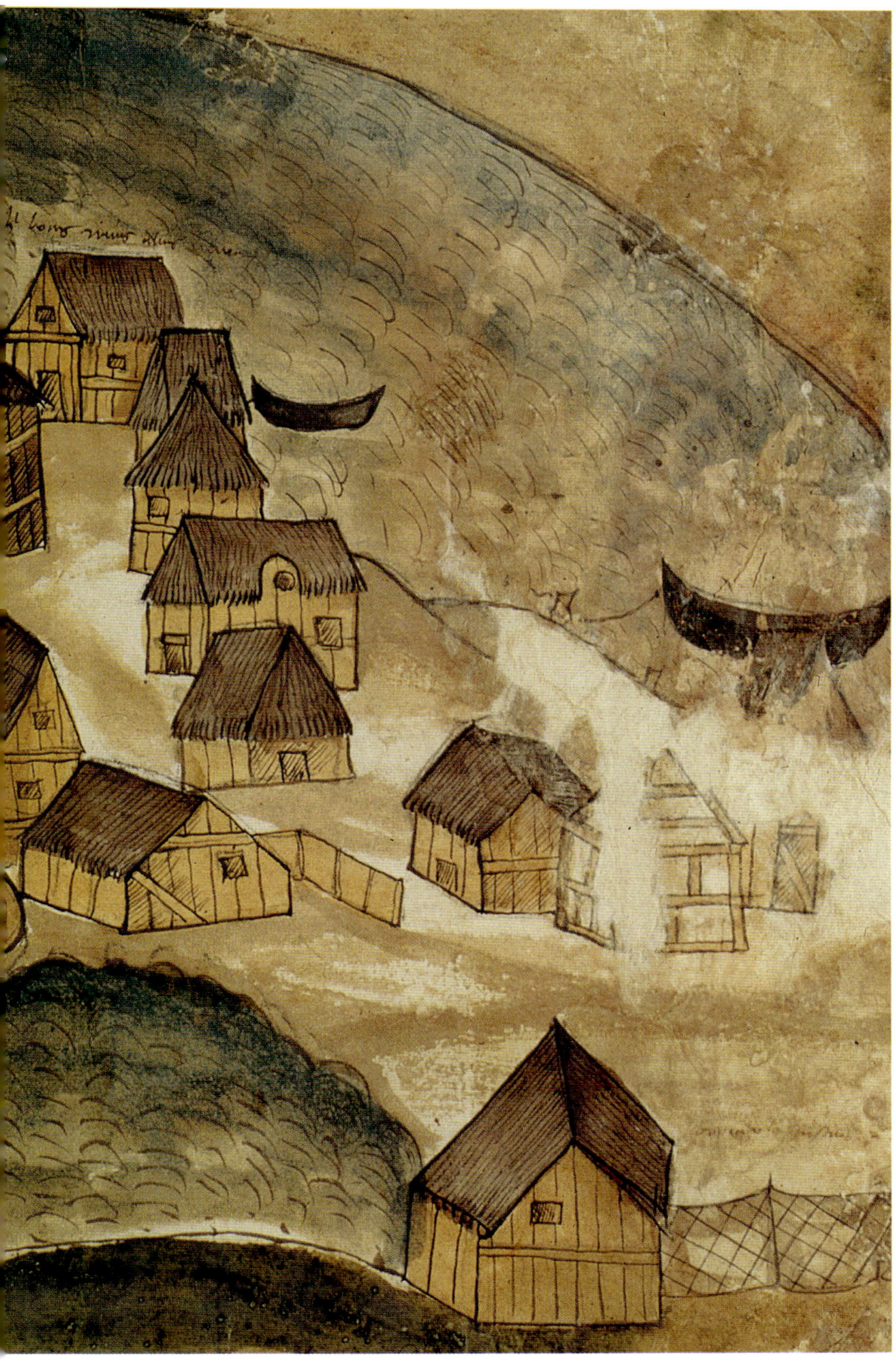

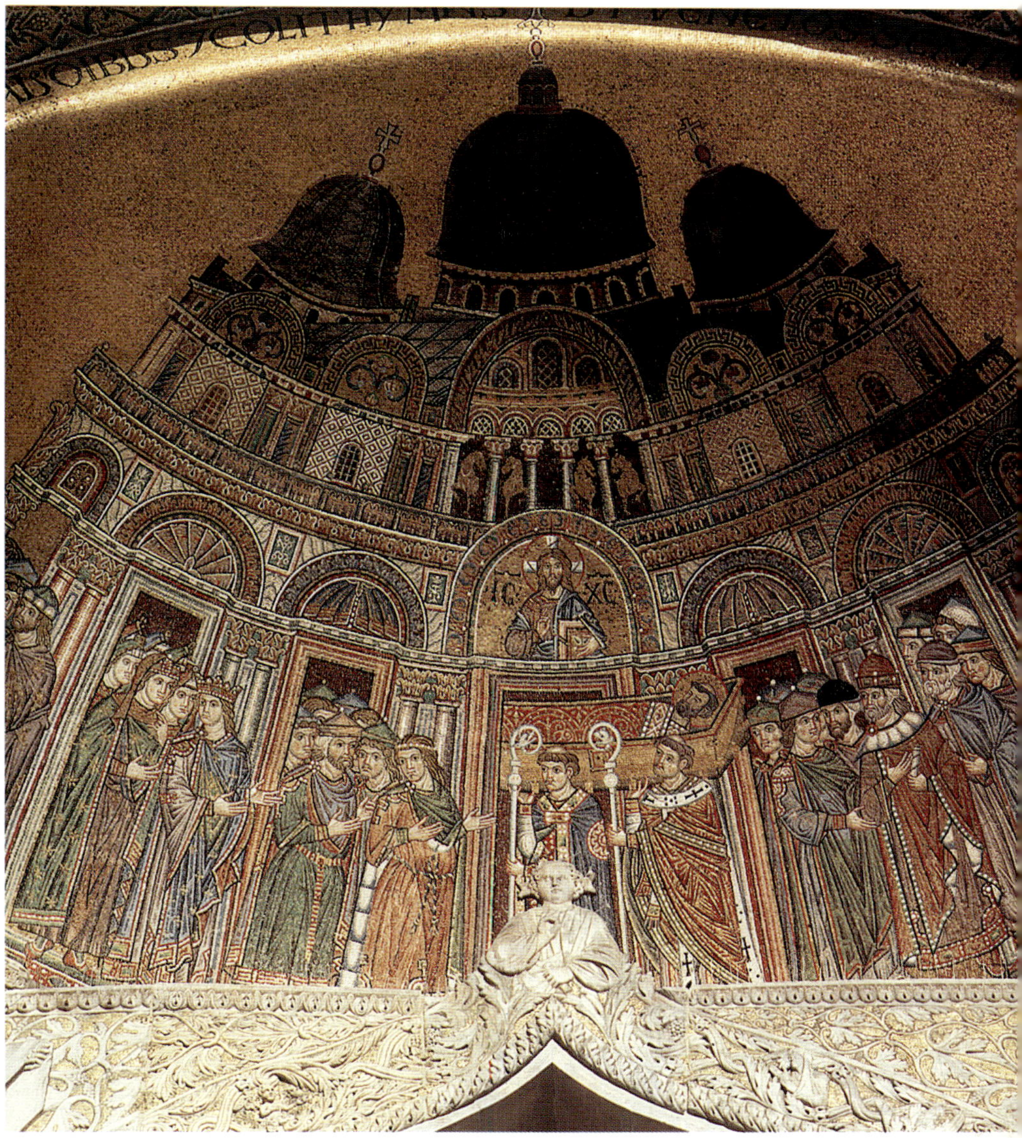

Le nouveau visage de la ville

Alors que nous nous apprêtons à dessiner, autant qu'il est possible, un portrait crédible de cette ville, le poids et le sens de sa préhistoire paraissent d'autant plus déterminants qu'ils se révèlent d'une part comme la colonne vertébrale de l'agrégat urbain de Venise et, de l'autre, comme les fragments inquiétants et indéchiffrables d'objets et de choses qui affleurent, comme des restes archéologiques du temps et de l'espace. Parfois il s'agit de pierres erratiques, de minuscules joyaux perdus dans la vase ou encastrés dans la vulgarité du ciment ; d'autres fois, ce sont des chefs-d'œuvre absolus qui vibrent de la perfection d'un marbre classique. Le visage de Venise n'est pas moins redevable de ces présences qu'il ne l'est des grands monuments éclatants de Saint-Marc, des églises dei Frari, del Redentore, voire du palais des Doges.

La première image de Venise peut sans doute être recueillie à Torcello. Dans l'âpreté essentielle de leur coexistence, l'eau et la boue appartiennent à ces lieux ; ils en sont les éléments constitutifs ; seul le sel, grâce aux applications laborieuses de techniques élémentaires, pourra être considéré comme un corollaire économiquement significatif de ce système rudimentaire. Le bois et la pierre sont les éléments qui complètent le cadre originel de l'établissement lagunaire. Mais ils viennent d'ailleurs : de forêts sises dans des montagnes lointaines, de carrières souvent situées au-delà de la mer, ou des carrières artificielles que sont devenues les villes, monuments, palais et arcs d'une Antiquité toujours plus lointaine et indistincte que, plus tard seulement, on invoquera pour conférer de la dignité à un passé présumé et une légitimité aux prétentions culturelles et politiques.

La Venise des temps anciens est petite et pauvre, pénible et difficile à vivre. La pêche fournit la subsistance quotidienne ; à part le poisson, tout ce qui est indispensable à la vie doit être importé : métaux, outils, matières premières, bois pour les embarcations, tissus, vin, huile, épices... Après l'an mille seulement, ces biens commencent à remplir les entrepôts des négociants, les marchés, les navires et les charrettes. Ainsi se multiplient les boutiques et les ateliers d'artisans : menuisiers, tailleurs de pierre, potiers, verriers, tanneurs, de même que les ateliers textiles et les chantiers de construction d'embarcations où s'affinent les techniques et s'inventent les solutions adaptées à un mode de navigation unique. Sur de

pages précédentes, de gauche à droite
Détail du plan de Venise au XIe siècle tracé par Fra Paolino Minorita en 1346 environ, Biblioteca Nazionale Marciana.

Reconstitution imaginaire de Venise dans une aquarelle du haut Moyen Age du codex de Tommaso Diplovataccio.

Transport du corps de saint Marc, mosaïque dans la lunette du portail Sant'Alipio de la basilique Saint-Marc (XIIIe siècle).

ci-dessous
Vue aérienne de Torcello.

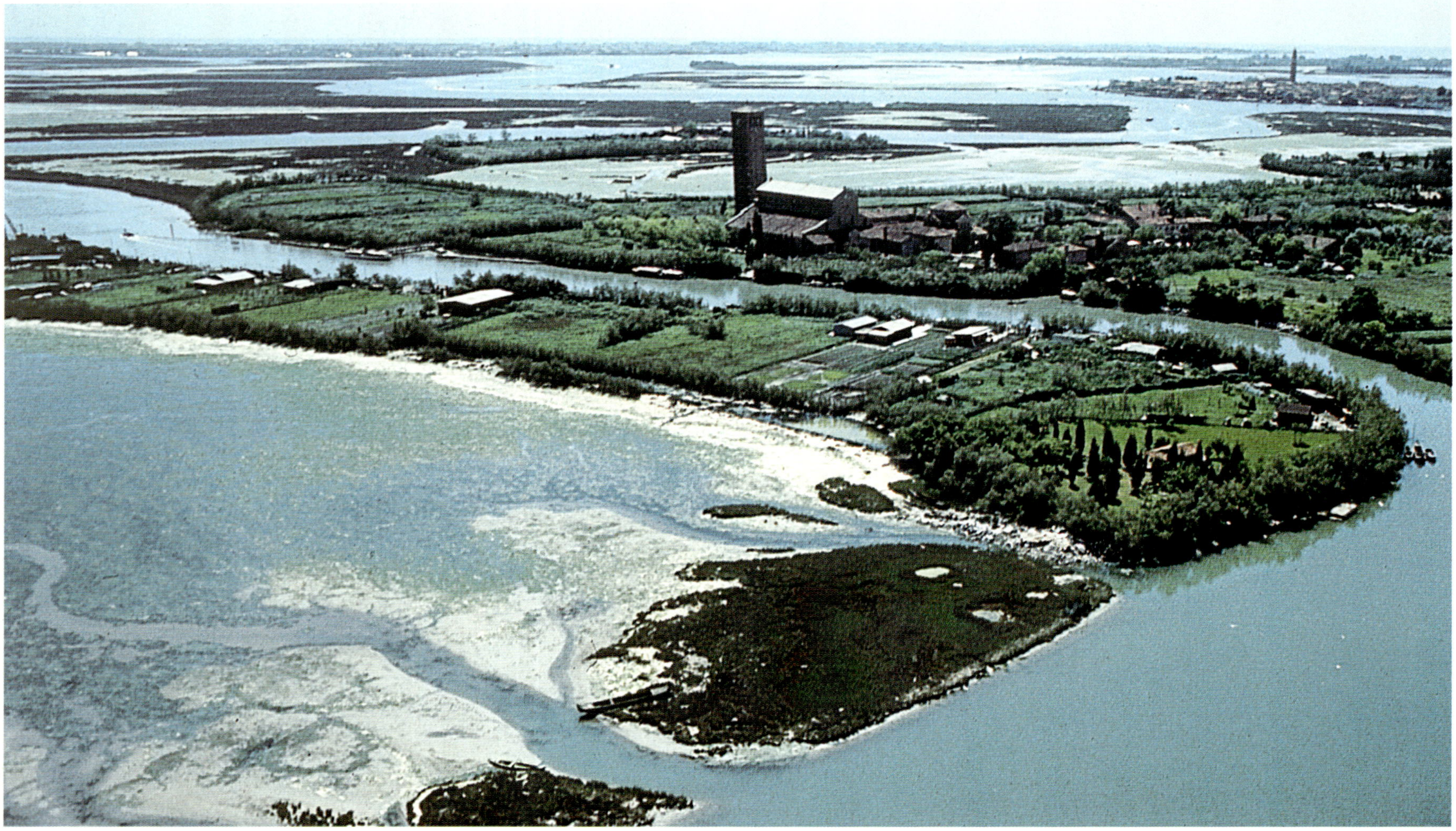

petites étendues d'eau, parmi les herbes et les fleurs des *barene*, au milieu des oiseaux aquatiques, dans les ruisseaux et les canaux qui, dans la ville en expansion, continuent de séparer les îlots des îlots, la vase de la vase, les palissades des palissades, les abords, les fondations, les enceintes et les viviers, il arrive que le nautonier rame debout, regardant devant lui pour éviter les obstacles, esquiver les autres barques, se tirer d'affaire parmi les hauts-fonds, préserver l'équilibre de sa charge et profiter sans effort de la faible profondeur de l'eau. Car la majeure partie des déplacements des personnes et des animaux, ainsi que les transports des marchandises, se font par voie d'eau ; tranquille et continuellement nettoyée par le travail incessant de la mer, l'eau apparaît comme une grande ressource : une défense « naturelle » et imparable contre les ennemis et un moyen de communication, de liaison et d'unification.

Entrepôts et palais

Il demeure des témoignages lisibles des grands palais-entrepôts des XIIe et XIIIe siècles. Derrière la symétrie mécanique et les formes carrées de la restauration du XIXe siècle, qui apparaît de nos jours dévastatrice mais révèle les connaissances et les instruments du système philologique lors de ses premiers balbutiements, derrière le plan ancien de la maison pourvue de magasins, d'une cour avec un cloître et de tours d'angles qui rappellent la fortification des *villae* romaines, le Palazzo Pesaro – cédé par la suite à la nation turque et devenu célèbre sous le nom « Fondaco dei Turchi » – nous fait comprendre la plus solide et la plus monumentale des typologies médiévales vénitiennes : la maison-résidence d'une famille, qui est aussi une « entreprise » commerciale de premier plan et un parti politique extrêmement puissant.

Cet établissement a donné lieu à de nombreuses variations, telles les Ca' (abréviation de *casa*, maison) da Mosto, Donà, Dandolo, Farsetti, Corner Loredan, Zane, Barziza, la Ca'Falier près de l'église dei Santi Apostoli, et bien d'autres.

Des palais, l'on arrive progressivement aux demeures dotées de grandes dimensions et articulations puis, peu à peu, aux maisons simples et minuscules, en passant par des constructions dont les éléments récurrents sont, au rez-de-chaussée, les grands portiques et, au premier étage, les loggias, qui occupent parfois toute la largeur de la façade ; un nombre plus réduit de fenêtres et d'arcatures rythme, lorsqu'il existe, un second étage de moindre hauteur.

Vittore Carpaccio,
L'arrivée des ambassadeurs anglais chez le roi de Bretagne,
cycle de Sainte Ursule, détail,
Gallerie dell'Accademia (*ca* 1495).

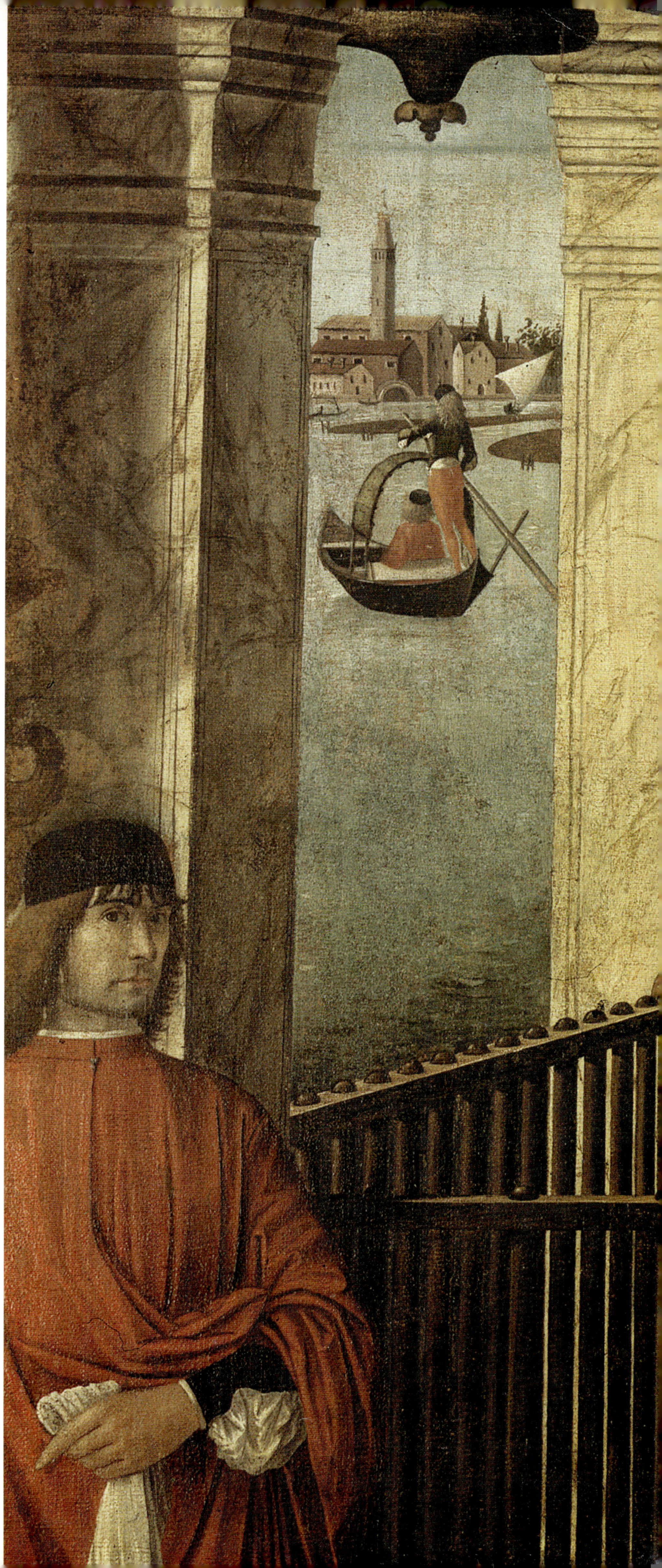

Les murs extérieurs montrent parfois la texture des assises de briques mais les pierres de récupération sculptées, utilisées dans un but décoratif, les revêtements partiels en marbres polychromes et les ornements sculptés, tels que médaillons, disposés en rosace, en croix ou en motifs variés, apparaissent bientôt avec une abondance croissante. Inspiré de l'Antiquité tardive ou de Byzance, le travail élaboré dont les arcs font l'objet est à motifs de torsades, de claires-voies et de jours ; il sera suivi du langage roman, avec grappes de raisin, dessins géométriques, dés, etc.

Les chapiteaux proviennent souvent de constructions antiques, romaines ou de l'exarchat ; on les adapte aussi pour en faire des margelles de puits ou des balustrades. Quant aux chapiteaux qui sortent des ateliers contemporains, ils s'affinent. Les cubes simples, équarris, de type carolingien, deviennent des éléments toujours plus raffinés, élégants et précieux. Les arcs surhaussés, les revêtements de marbre, les incrustations, les médaillons à sujet religieux, avec la Vierge byzantine aux bras ouverts, allégoriques, avec des animaux et des monstres, ou bien profanes, contribuent à conférer à la ville son aspect oriental, dont l'éblouissante période du gothique signera l'abandon.

La plupart des imposants palais du Grand Canal qui datent de cette période sont regroupés autour de Rialto, sur l'une et l'autre rives, et il faut explorer des quartiers de fondation plus ancienne et peu modifiés au cours des siècles pour trouver des traces moins grandioses de cette urbanisation : à San Cassiano, à Santa Margherita, dans la cour du Palazzo Milion près de San Giovanni Crisostomo, et à San Pantalon.

Venise gothique

A partir de la fin du XIIe siècle, les caractères de l'architecture, telle que nous l'avons décrite jusqu'ici, évoluent progressivement. On a beaucoup débattu à propos de la nature de cette transformation. Est-elle progressive et s'est-elle accomplie par des adaptations et des mises à jour d'éléments somme toute plus ornementaux que structuraux de l'architecture du XIIIe siècle ? Ou l'architecture vénitienne change-t-elle radicalement de registre ? On peut avancer des arguments en faveur de l'une et l'autre hypothèses : souligner, d'un

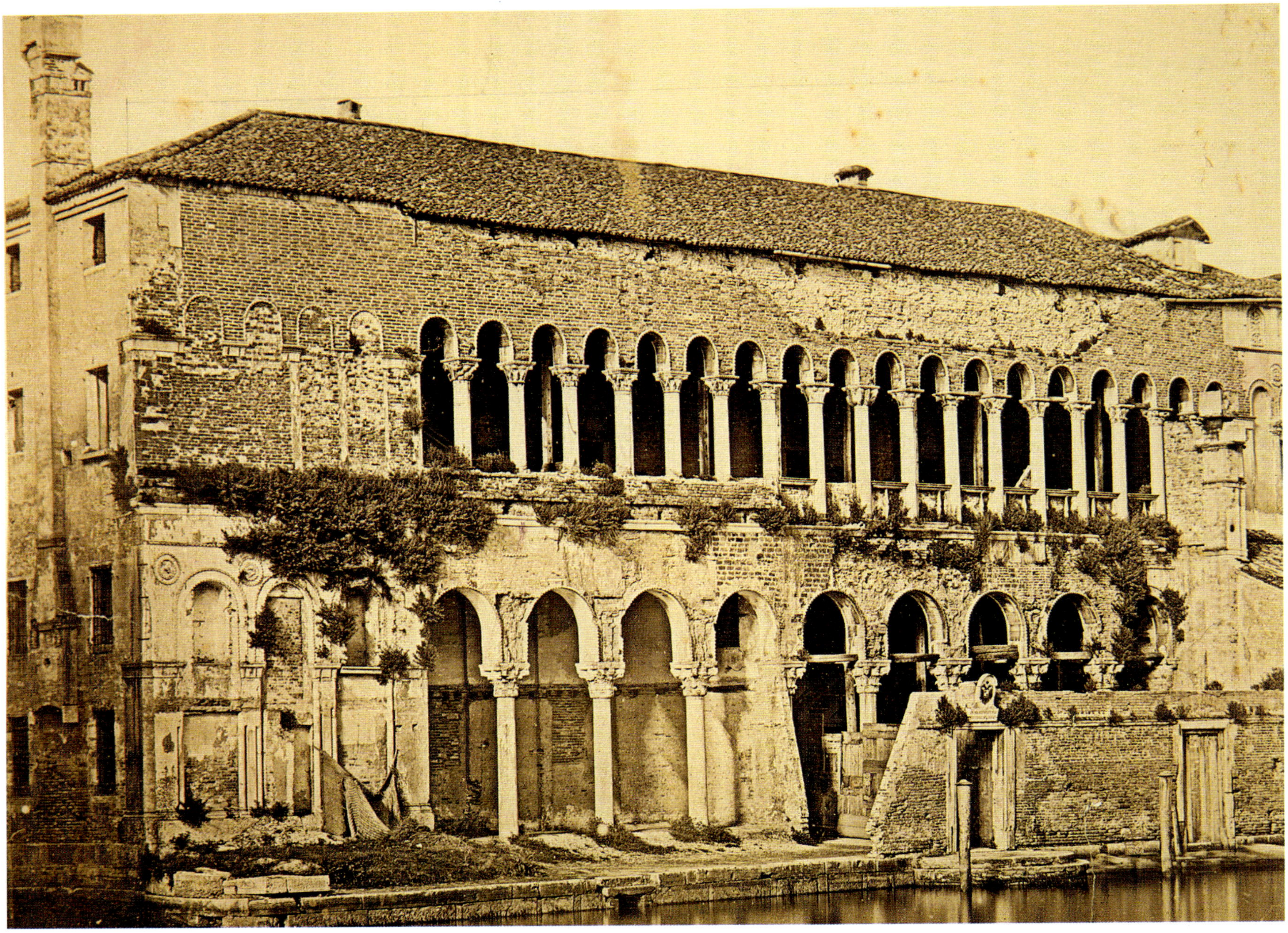

côté, la continuité fondamentale de structures auxquelles se superposent des ajustements stylistiques de plus en plus délibérés qui engendrent une langue nouvelle ; préférer, de l'autre, mettre l'accent sur l'occidentalisation totale de l'architecture vénitienne avec le triomphe du gothique, même si, dans les édifices religieux, sont introduits des caractères profondément différents de ceux du gothique « classique » – français ou anglais. Ces caractères, dotés dès le début d'une grande autonomie, sont porteurs de ruptures par rapport à la tradition vénitienne, grâce, d'ailleurs, à l'œuvre très vivante de divulgation accomplie par les ordres mendiants.

Quoi qu'il en soit, l'époque gothique fut une des plus bénéfiques pour la ville. L'architecture civile et religieuse, l'œuvre d'urbanisa-

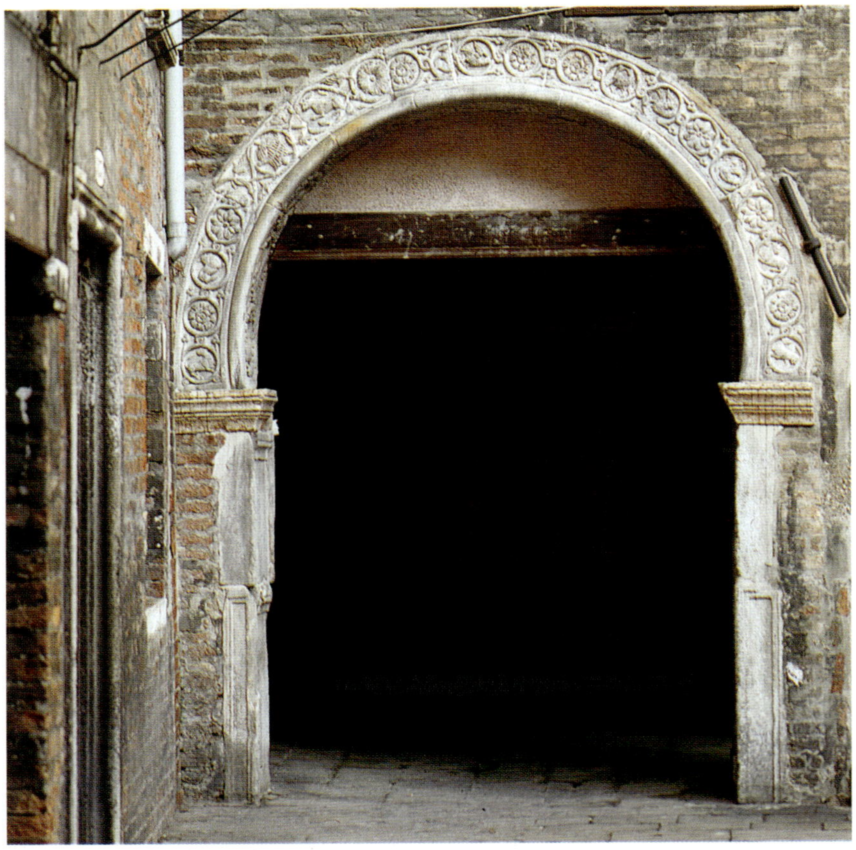

Le Fondaco dei Turchi avant la restauration du XIXe siècle

Arc portant une décoration vénéto-byzantine dans la Corte Seconda del Milion à San Giovanni Crisostomo.

page suivante
Médaillon avec la Vierge, église San Tomà (XVe siècle).

Margelle vénéto-byzantine avec des hauts-reliefs en forme de croix et des décorations géométriques, Museo Correr.

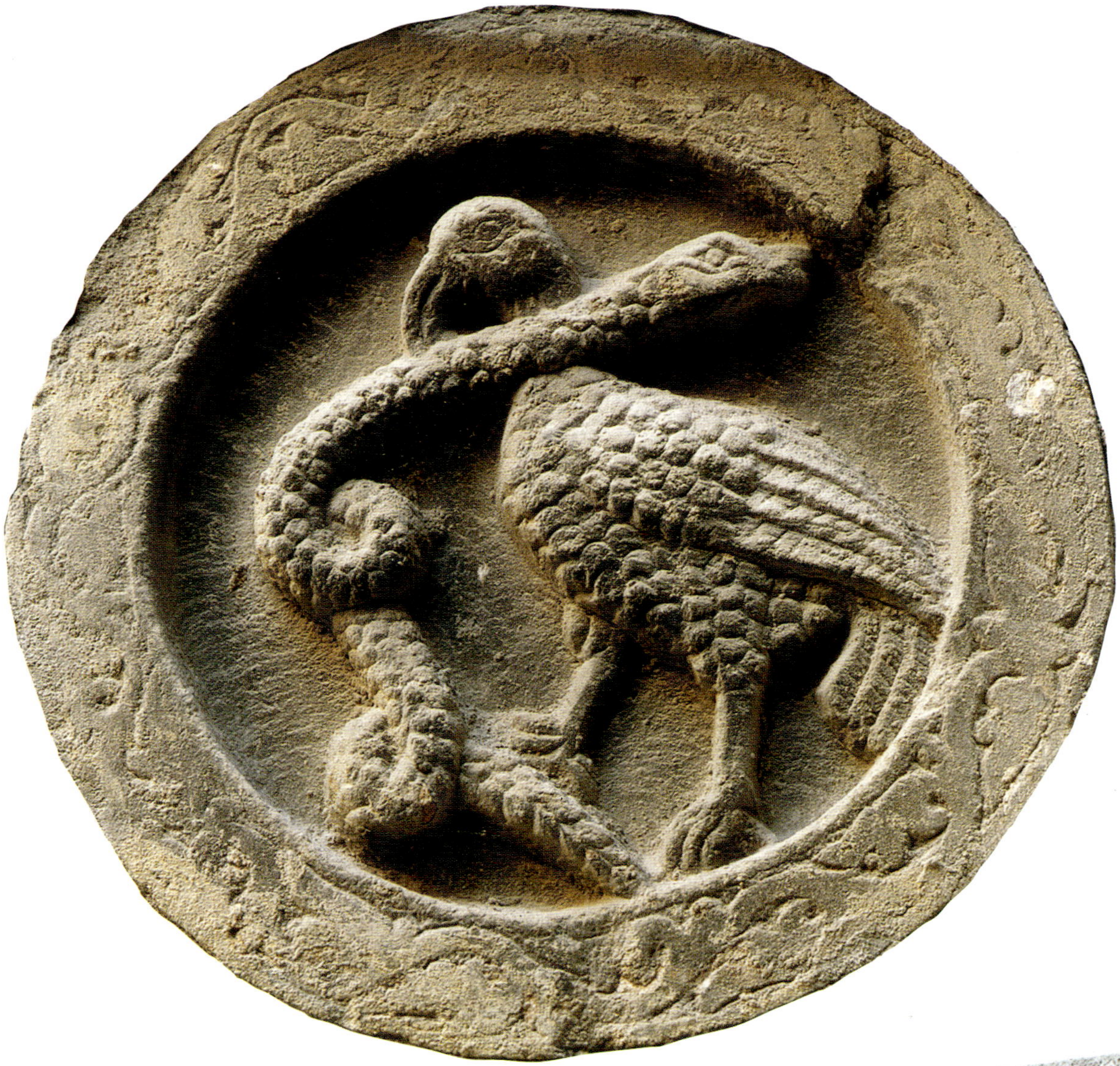

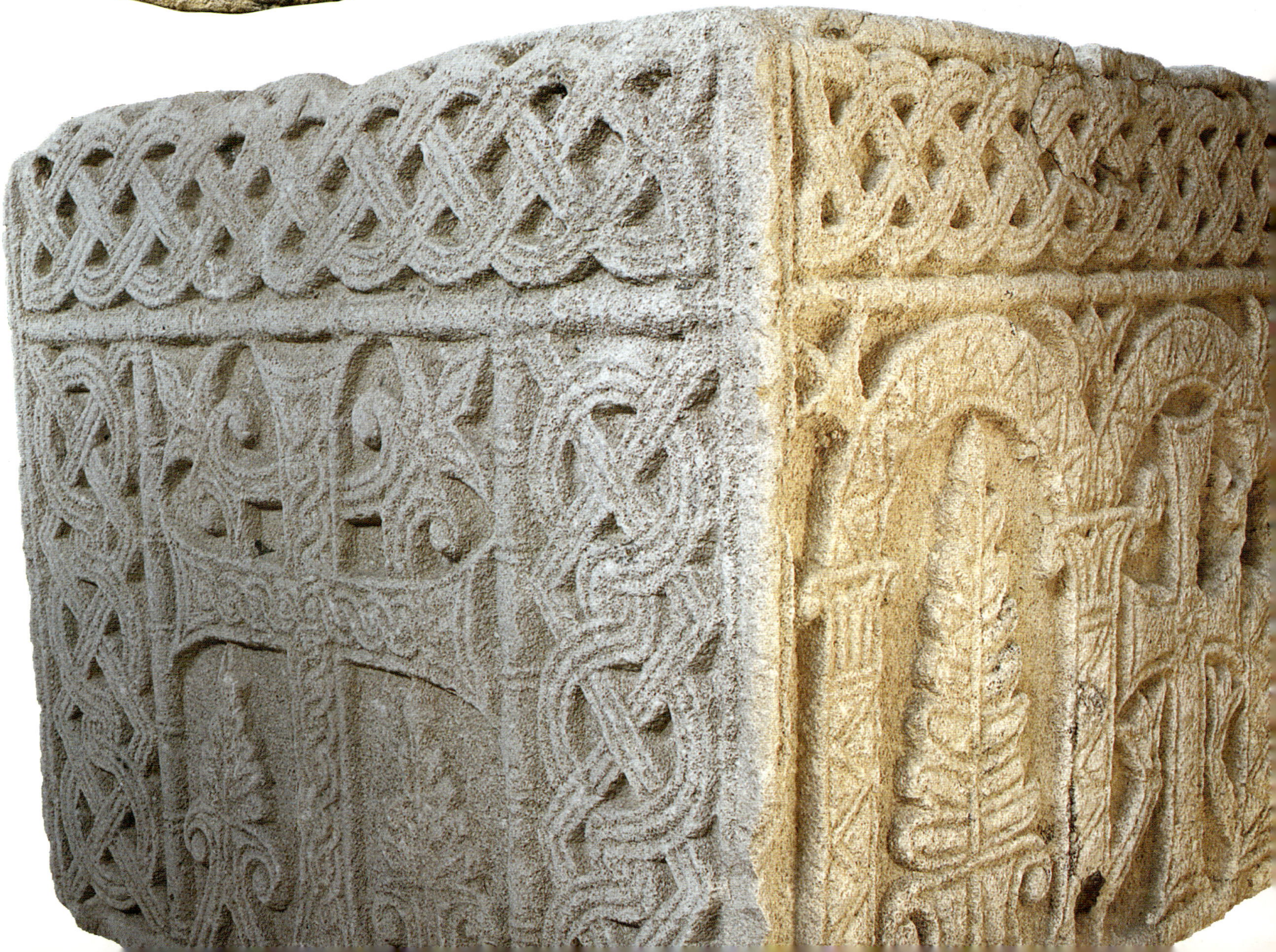

ci-contre
Le pape Alexandre III remet la bague au doge, BMC, Museo Correr.

tion, l'extension et la densité accrue des constructions, l'amélioration des conditions de vie, l'invention d'un langage original, la création consciente d'une scène urbaine, autant d'éléments qui nous permettent d'affirmer que le visage de la Venise gothique fut sûrement l'un des plus aboutis ; celui qui contribua le plus à l'unification et à la diffusion de modèles, de mesures et de solutions techniques qui feront référence pendant les siècles ultérieurs. Ce n'est pas par hasard que l'édifice public, la résidence du doge et le palais de justice seront regroupés et unifiés pour former le palais des Doges qui représente la quintessence d'un style exclusivement vénitien. Dans ce sens, la basilique, dont les structures sont d'origines byzantine et romane, sera, elle aussi – le résultat n'est pas vraiment heureux – couronnée d'un faîte flamboyant.

Indéniablement, l'architecture civile gothique se ressent également de celles qui l'ont précédée : les palais-entrepôts déjà évoqués et les grandes maisons avec une cour à cloître, les grandes salles traversantes qui s'étendent sur toute la profondeur du palais et s'ouvrent en façade par les grandes arcatures des loggias. Il faut partir de cette structure pour comprendre l'architecture gothique de la majorité des maisons et des palais vénitiens comme une évolution des acquisitions initiales. Il y manque toutefois l'organisation le plus souvent symétrique des constructions d'origine (les façades en témoignent) : les cloîtres deviennent des portiques auxquels on accède par deux entrées, l'une sur la rue, l'autre sur le canal ; des escaliers de marbre, extérieurs, relient la cour au premier étage ; en somme, le bâtiment n'est plus fermé sur lui-même comme un bloc et le nombre des étages des édifices augmente. Mais le schéma distributif demeure, qui prévoit la salle, lieu de passage, et les chambres sur les côtés. Restent aussi les loggias à colonnettes sur la façade et ce trait distinctif grâce auquel la façade – elle donne, si possible, sur le Grand Canal ou sur un espace dégagé – semble tenir son discours, indépendamment de la structure intérieure du bâtiment. La façade du palais a pour fonction essentielle d'être et d'apparaître comme une partie importante de l'ensemble urbain, de s'inscrire dans un contexte, de dialoguer et de tirer de ces rapports sa propre glorification.

C'est ce qui confère à de nombreuses séquences urbaines de Venise le double caractère de coulisses de théâtre et de tissu ininterrompu ; nous pensons aux campi San Polo, Santa Maria Formosa, Sant'Angelo et Santo Stefano, à de longs tronçons du Grand Canal, à la Ca'Foscari ou à la Maddalena, à San Cassiano et à San Moisè. Ce ne sont pourtant que les sites les plus célèbres et monumentaux d'une maille urbaine tout aussi révélatrice à Castello, le long des fondamenta de Cannaregio, derrière le campo San Polo ou encore à Santa Maria Mater Domini…

Les ordres mendiants

Les dominicains et les franciscains s'établissent très tôt dans la ville mais les grandes basiliques qu'ils élèvent, tels d'immenses navires au-dessus de la mer des toits vénitiens, sont le résultat de réaménagements et d'agrandissements qui se prolongent pendant des dizaines d'années. Ces établissements exercent des effets insignes sur le développement de l'ensemble du corps urbain et la présence des frères de saint Dominique et de saint François est un facteur de consolidation et de développement des rives septentrionale et occidentale de Venise. Établis sur des terrains mis à leur disposition par de puissantes familles patriciennes, les Tiepolo pour les dominicains et les Badoer pour les franciscains, les frères se mettent aussitôt à construire *ex novo* ou transforment des bâtiments antérieurs, afin de créer les églises, les couvents et les hospices indispensables à leur action pastorale. Ce sont d'abord des chapelles et des maisonnettes. Mais, très vite, les dimensions de leurs édifices s'agrandissent au fur et à mesure qu'augmente l'influence pastorale et culturelle mais aussi politique et économique des ordres mendiants. L'ouverture de leurs énormes chantiers est aussitôt suivie d'un mouvement de population, de l'arrivée d'artisans, de matériaux et de ressources ; les quartiers se façonnent autour des ateliers, des dépôts de marbres, des briqueteries et des tuileries, des charpenteries et des fours des verriers. Les résultats de ce labeur sont stupéfiants et, compte tenu des dimensions de Venise, d'autant plus exceptionnels. Les églises dei Frari et Santi Giovanni e Paolo, bâties par les franciscains et les dominicains, l'église des serviti (religieux de l'ordre des servites de Marie, fondé à Florence au XIIIe siècle) à Cannaregio aujourd'hui disparue, l'église Santo Stefano, des augustins, l'église della Carità, des chanoines du Latran et l'église della Madonna dell'Orto, des umiliati (congrégation des

alegreça andè incontra a mis lo dose con le braçe averte e
disse ben vegna lo signor de tuto el mar e tolse uno anello
doro el qual el dona a mis lo dose digando. Sì como el sposo
sposa la dona così voio che vu sposè el mar in significacion
che vu sie signor de tuto el mar e dito questo mis lo papa
benedì lo anello e mis lo dose lo gità in mar. Et alora con
cede mis lo papa a tuti li dosi che ogno anno in lo dì dela

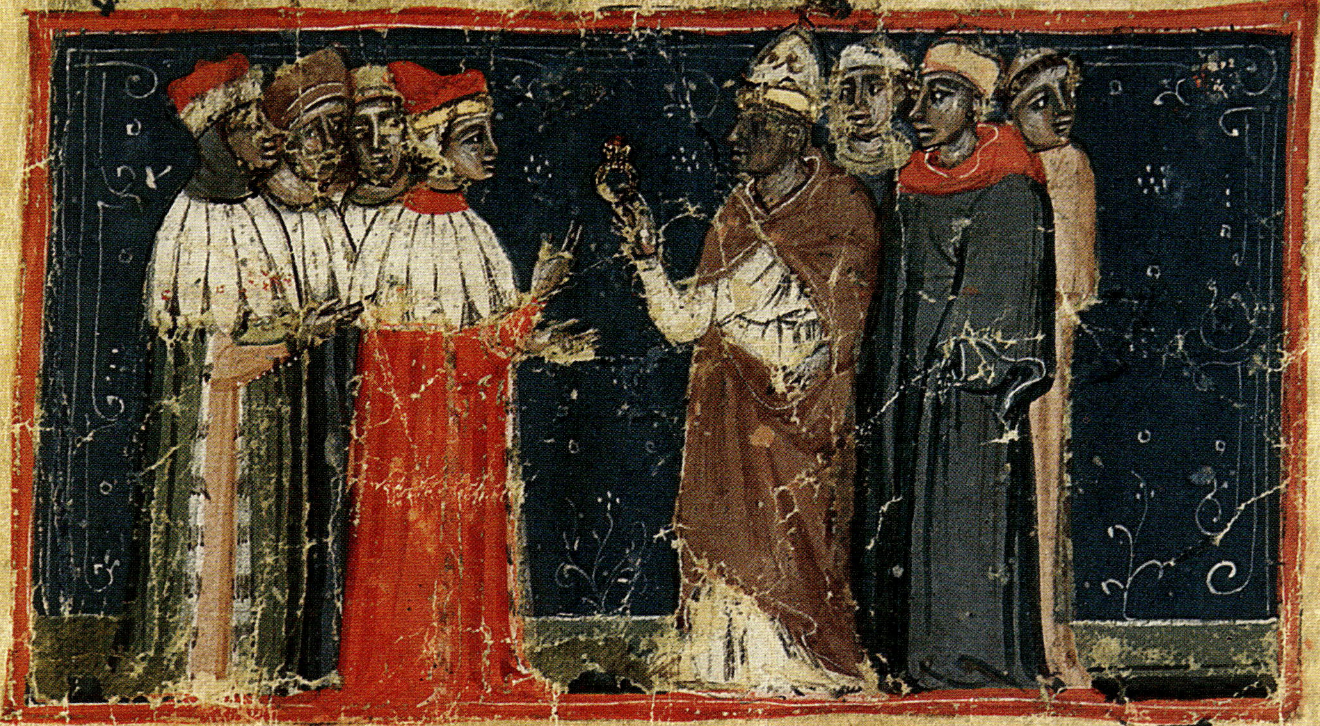

sensa el dose devesse andar a sposar el mar. ¶ E stando el
fio delo imperador in preson in Veniexia el fe dir a mis lo pa
pa et a mis lo dose che elo li volea dir algune parole che se
ria so grande honor e là mis lo papa e mis lo dose fo cum lo fio
delo imperador el qual li disse quando el ve plasesse lassar
me a la fe io andaria volentiera da mio pare mis lo impe
rador a tratar pace. E in caxo che la pase no se complisse io
ve prometo in lianca de tornar in preson. E de questo fo con
tenti mis lo papa e lo dose. E così el fio delo imperador
se partì et andè in pulia da so pare el qual ave granda ale
greça quando el vete so fio. E de presente el pregà insieme
lo imperador che el amasse li suo baroni che elo li volea dir
aure de parole e mis lo imperador fexe vegnir tuti li suo ba
roni e là con gran reverencia pregà mis lo imperador che

ci-contre, en haut
Lauro Padovano (?),
Polyptyque de saint Vincent Ferrier, détail de la prédelle avec les miracles du saint, église Santi Giovanni e Paolo, (*ca* 1500).

en bas
Table des Mureri,
Museo Correr (XVe siècle).

umiliati, les humiliés), marquent fortement la structure et l'image de vastes quartiers de la ville, lorsqu'ils n'en déterminent pas de façon irrévocable le profil d'ensemble.

L'expérience de la ville gothique est prépondérante, non seulement parce que les traces de cette période sont denses et nombreuses, mais aussi parce que les chantiers gothiques « occupent » la ville pendant une période extrêmement longue. La richesse de ce langage a requis des historiens qu'ils définissent des phases et des déclinaisons différentes et successives en parallèle avec les premières, timides et incertaines ruptures dans la continuité de l'architecture vénéto-byzantine du XIIIe siècle. A partir de l'arc en plein cintre surhaussé, qui en constitue un élément d'identification immédiate, on passe à des élaborations plus complexes et plus hardies : jeux de marbres, rosaces, ouvertures polylobées, colonnes sveltes et élégantes, polychromies, loggias suspendues et fenêtres d'angle. L'arc gothique connaît ainsi des versions successives : convexe, concave, polylobé et composite, dans des utilisations d'une complexité et d'une originalité croissantes. Le palais des Doges en est le point de référence constant, le grand modèle.

Plus que l'architecture religieuse, le gothique civil vénitien a sûrement été une des contributions les plus importantes de la culture vénitienne aux langages artistiques de l'Occident, bien qu'elle soit demeurée inimitable et sans échos à l'étranger. Ses rares applications, qui concernent presque exclusivement des villes de la terre ferme vénitienne, apparaissent comme de véritables citations, quand ce ne sont pas purement et simplement des tentatives incertaines ou vernaculaires d'imitation des expériences majeures.

La ville « moderne »

Les dernières performances du gothique datent du XVe siècle, à une époque où d'autres langages ont pris place sur la scène lagunaire. Les constructions des palais Pisani Moretta, Cavalli, Giustinian, Contarini Fasan, Van Axel, de l'immense Palazzo Foscari et de bien d'autres s'échelonnent jusqu'aux années 1480-1490 et s'achèvent au début du XVIe siècle. Mais il serait erroné de dire qu'il s'agissait d'une Venise médiévale, appelée à coexister avec la ville « moderne ». La modernité a toujours été pour la culture architecturale vénitienne, comme pour les principes qui inspirèrent son urbanisme, un concept problématique et contradictoire.

Pendant la fin du XVe siècle, le début du XVIe et, bien que de façon moins éclatante, jusqu'à la fin du XVIe siècle, la rencontre-affrontement entre tradition et modernité compte parmi les moments les plus intenses et peut-être les plus dramatiques de l'histoire de la ville. Les nouveautés venues d'Italie centrale et de Lombardie s'offrent de façon pressante, efficace et séduisante, comme un choix extraordinairement captivant, surtout lorsqu'elles sont

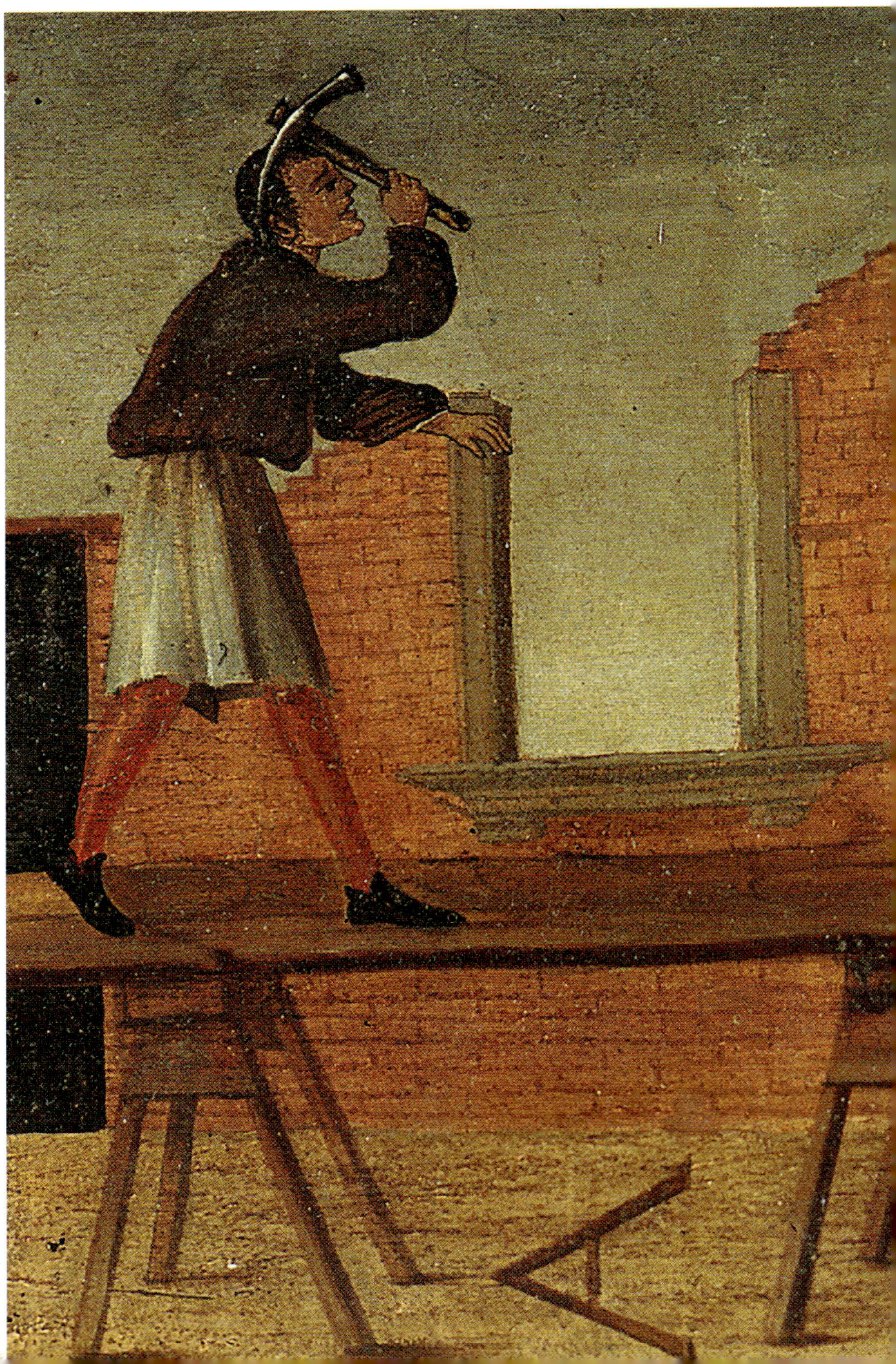

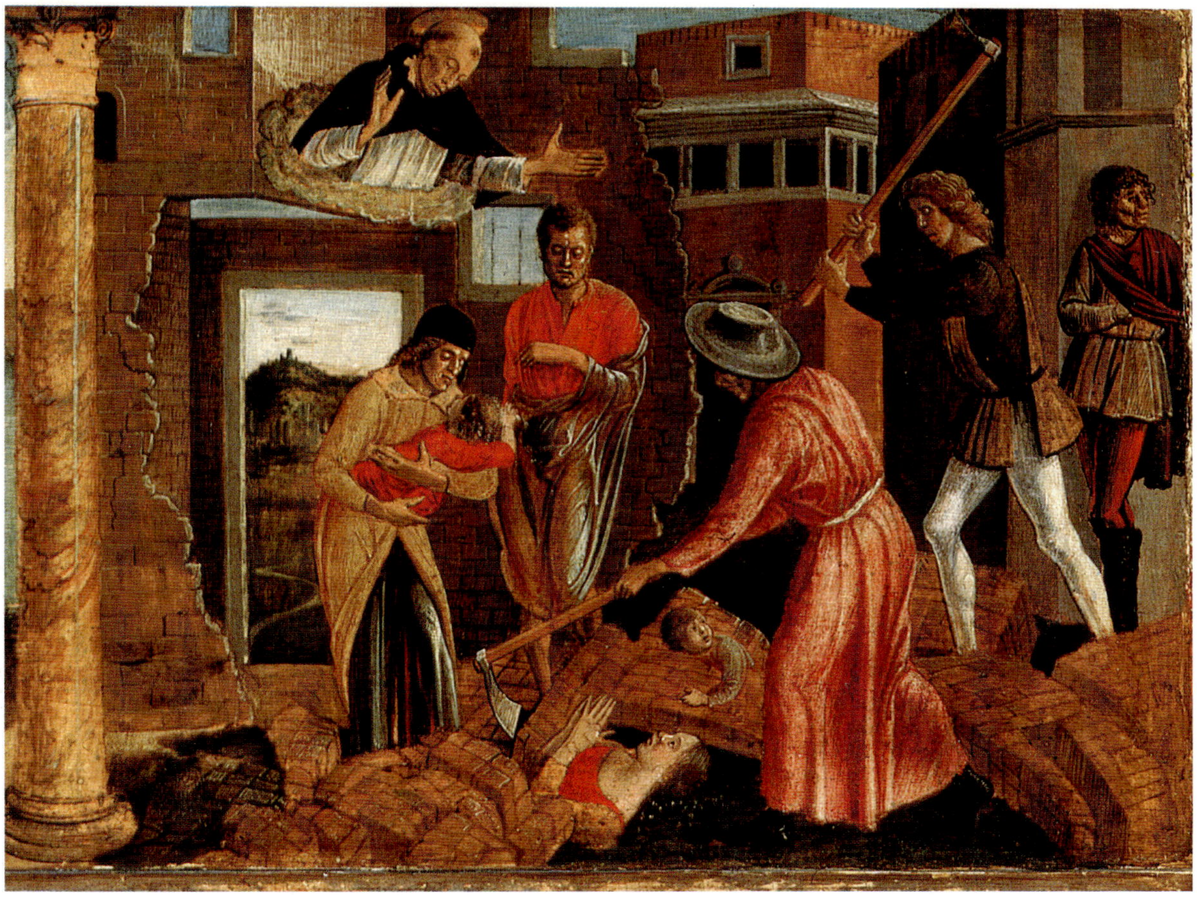

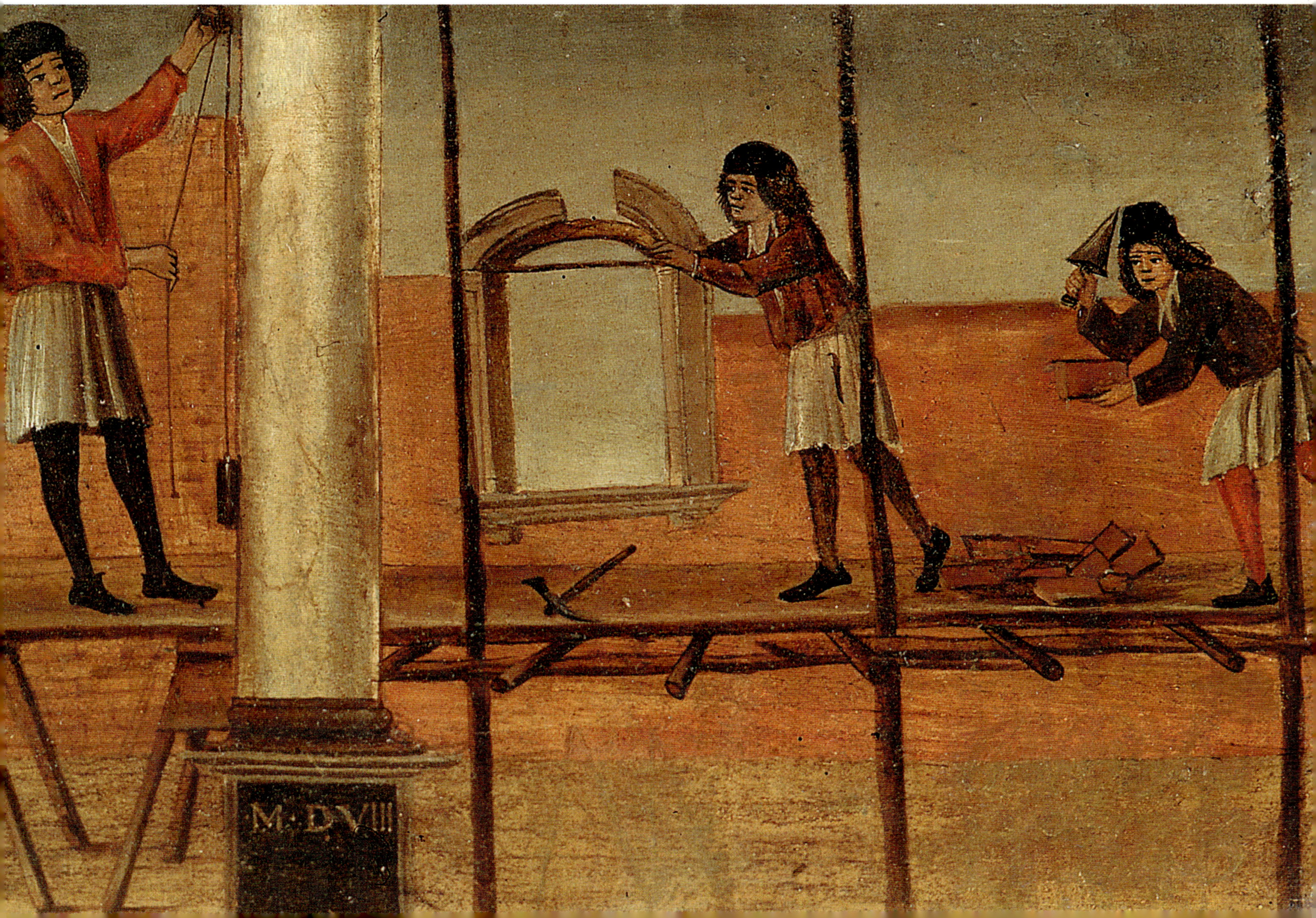
M·DVIII

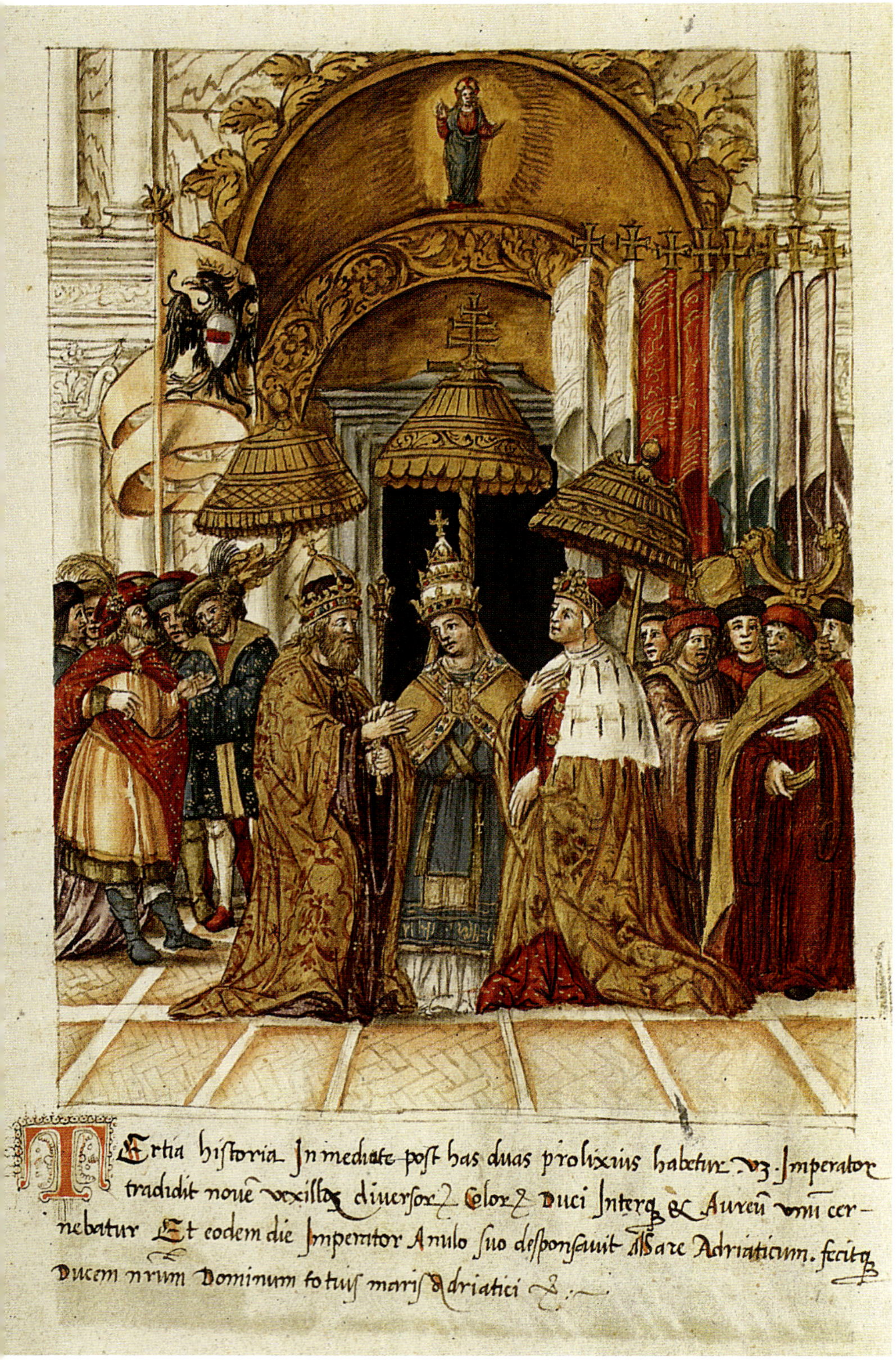

Le pape Alexandre III
rencontrant Frédéric Barberousse,
Museo Correr.

ci-contre, en haut
Bartolomeo Bon et Antonio Bregno,
Arc Foscari, cour du palais des
Doges, détail (*ca* 1463).

en bas
Bartolomeo Bon (?),
Ca' del Duca, détail du bossage
de la façade (*ca* 1456).

lues en filigrane avec tout ce que les signes et la langue peuvent évoquer de la grandeur et de la dignité du monde classique. Des pastiches suspendus entre l'archéologie et le défi apparaissent dans les premières manifestations du Véronais Falconetto. Mais, déjà, dans les enluminures, dans la décoration des monuments funéraires ou dans les sépultures monumentales, les signes du gothique se mêlent et se confondent avec la redécouverte des motifs ornementaux composés de grotesques, avec des citations tirées de l'imaginaire romanisant et archaïsant, avec des vases, des chapiteaux et des pilastres, des portails et des arcs de triomphe qui, une fois de plus, soulignent une aspiration ardente aux grandeurs mythiques et classiques d'une Rome qui semble surgir avec son message éclatant, après avoir traversé indemne les siècles d'abandon et de décadence.

Toutefois, la culture architecturale du gothique vénitien conserve, tel un instrument souple et sûr, les certitudes, la plasticité et les articulations infinies d'un langage qui renvoie directement à un monde de valeurs, de messages civiques, d'univers religieux et de célébrations terrestres. Et voilà pourquoi, sans gêne et sans honte, s'élèvent simultanément dans la ville et sur deux hauts lieux également évocateurs – le portail d'entrée de l'Arsenal et celui du palais des Doges – les deux monuments représentatifs et pratiquement symboliques d'une époque culturelle de transition.

Il appartient à un maître formé dans des ateliers et sur des chantiers gothiques d'expérimenter personnellement les contradictions qu'implique le passage d'un gué. Bartolomeo Bon signe, en effet, les dernières grandes réalisations gothiques du palais des Doges ; il est confronté également à la volonté de puissance et de modernité que les deux commanditaires les plus riches et les plus ambitieux du patriciat vénitien, les frères Marco et Andrea Cornaro, entendent exhiber en guise de bannière et de proclamation sans équivoque de leur rang et de leur dessein « politique » hasardeux. Il s'agit d'un palais sur le Grand Canal, près de San Samuele, qui, à peine sorti de ses fondations, à peine ébauchée l'élévation de son rez-de-chaussée révolutionnaire, sera vendu à Francesco Sforza, duc de Milan (d'où le nom, Ca' del Duca, sous lequel il devint célèbre). Cette amorce de palais gardera son mystère : Bartolomeo Bon refuse de remettre au nouveau propriétaire les plans qui permettraient de l'achever, et, vers le milieu du siècle, les difficultés économiques et politiques de celui-ci se chargent de mettre fin à l'aventure. Peu après, Mauro Codussi et Pietro Lombardo – ce dernier accompagné de son atelier d'architectes et de tailleurs de pierre – font presque simultanément leur entrée dans la ville ; ils y seront les véritables protagonistes de l'humanisme et de la Renaissance.

Nanti d'une bonne connaissance de la leçon de Leon Battista Alberti dont il a vu les œuvres, Codussi porte un intérêt profond aux problèmes de l'articulation des édifices et à la solution structurelle de nombreux données d'architecture civile et religieuse. Plus absorbé par les questions de langage et d'ornementation, l'aîné des Lombardo (son fils Tullio Lombardo [*ca* 1455-1532] fut lui aussi architecte et sculpteur) tire de la tradition vénitienne de nombreuses suggestions ornementales, et des exigences perspectives résolues en termes graphiques et illusionnistes.

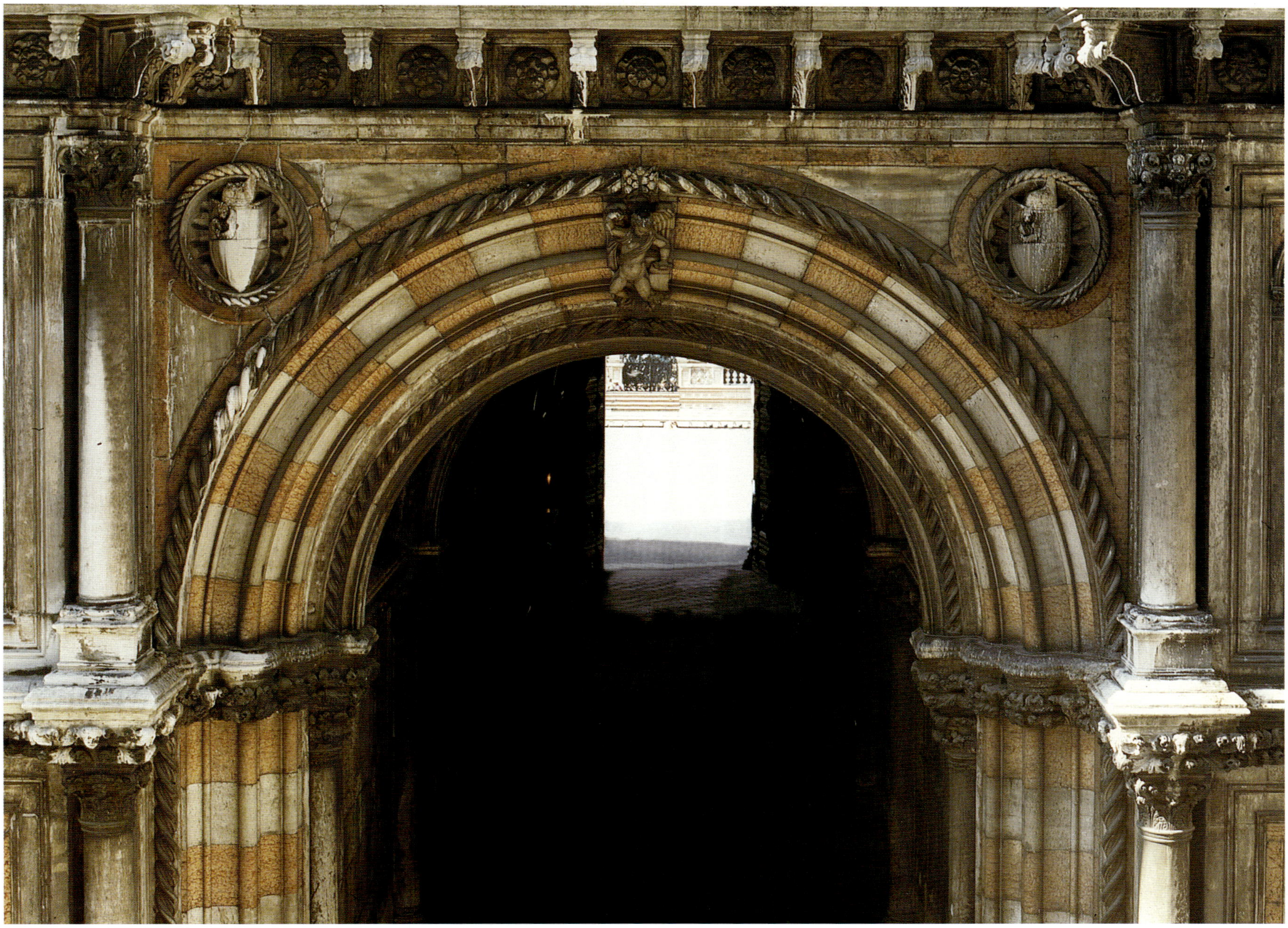

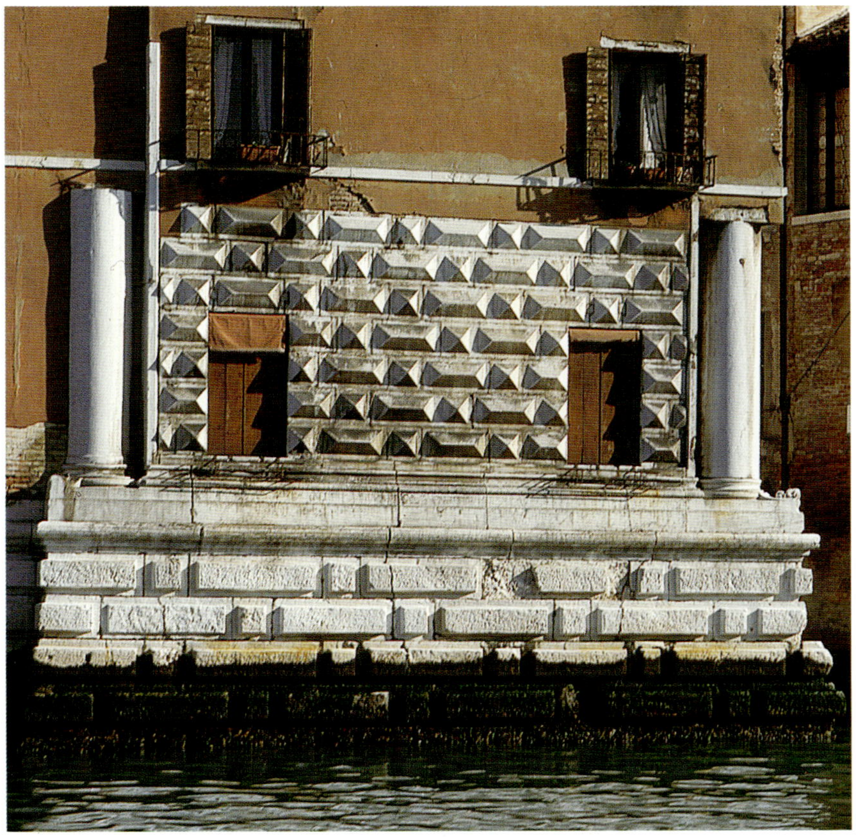

Pietro Lombardo et son atelier

Bien qu'ils aient travaillé parallèlement et signé, parfois, des éléments autonomes des mêmes édifices, Codussi et les Lombardo suivent des itinéraires différents.

Pietro Lombardo débute par d'étonnantes architectures inachevées ou essais d'architecture : les grands monuments funéraires qu'il érige pour différents doges dans plusieurs églises de la ville, arcs de triomphe et cénotaphes, niches destinées à abriter des sculptures raffinées, renouvelées par le langage florentin, constructions commémoratives qui s'étirent sur des murs entiers. Parti peut-être de l'église San Giobbe, Lombardo travaille au ravissant campiello extérieur de la Scuola di San Giovanni Evangelista pour arriver aux bandeaux inférieurs de la Scuola di San Marco avec leurs bas-reliefs et leurs perspectives en trompe-l'œil. Son chef-d'œuvre est à coup sûr l'église Santa Maria dei Miracoli : marbres précieux et polychromes, dessins géométriques, sculptures. La composition architecturale qui donne son sens à tout l'édifice opère par deux ordonnancements superposés, le premier à linteau droit et le second surmonté d'arcs en plein cintre.

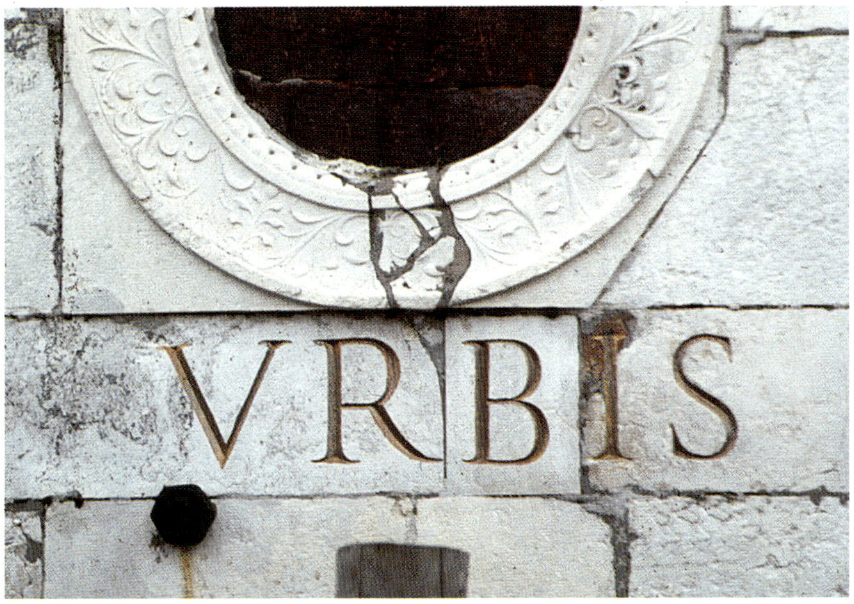

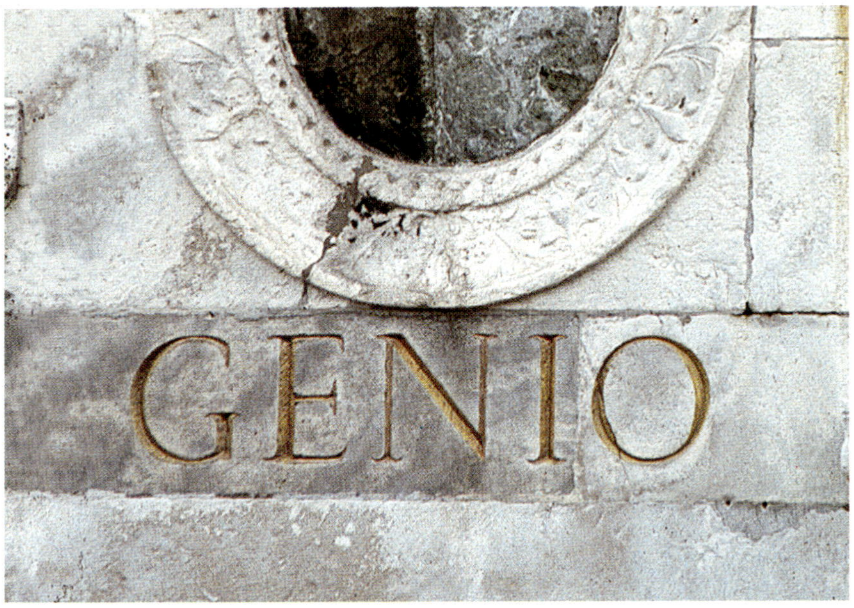

Inscriptions sur la façade de la Ca'Dario, de Lombardo, Grand Canal, détails (*ca* 1480-1490).

Les erreurs de composition y sont évidentes ; la plus voyante concerne l'arc central de la façade : ouvert sur une largeur plus grande que les autres mais ayant la même hauteur que l'ensemble, il apparaît aplati, désagréable à l'œil. Les pilastres colossaux rythment la structure intérieure mais, du fait des adaptations dues à l'irrégularité du plan, le rythme manque de rigueur ; les trumeaux séparant les pilastres sont revêtus de marbre clair mais chaque panneau reçoit des décorations et des motifs en marbres polychromes et en porphyres. De sorte que la compacité et la solidité structurelles sollicitent moins le regard que l'aspect décoratif de l'ensemble, qui passa dès l'origine pour un des monuments les plus somptueux jamais construits.

La silhouette de Santa Maria dei Miracoli est celle d'une boîte peu mouvementée, couverte d'une voûte en berceau, au profil irrégulier et dont l'extérieur est revêtu de plomb. L'extrémité orientale se conclut par une abside surmontée d'une coupole. Démesurément élevée, l'abside accentue la verticalité de l'effet d'ensemble. L'intérieur est encore plus orné que l'extérieur. L'élément le plus original de l'édifice est peut-être le flanc qui donne sur le canal ; il est porté par une série de consoles en forme de chapiteaux ioniques qui paraissent soutenir l'édifice hors de l'eau.

Il est curieux que Pietro Lombardo, au moment même où il projette un édifice de qualité et y introduit des nouveautés stylistiques et des intuitions réellement originales – les ordonnancements superposés, par exemple, les consoles-chapiteaux – en compromette simultanément une bonne part des résultats par des choix décoratifs excessifs et insuffisamment coordonnés ; soit qu'il manifeste plus d'attention à la composante illustrative et didactique de son travail, soit qu'il fasse trop de concessions au goût du faste et du décoratif. Ce qu'explique toutefois le rôle fortement idéologique et évocateur de cette architecture : la référence à Saint-Marc et à la tradition vénitienne ancienne devient le fil conducteur d'une opération culturelle raffinée. Il est indéniable que l'atelier de Pietro Lombardo est réellement un creuset d'expérimentations et de recherche. Goût pour l'archéologie, citations et emprunts, exploits sculpturaux d'une finesse et d'une érudition exceptionnelles ont fait de cet architecte une personnalité de premier plan de toute l'histoire de l'architecture vénitienne. Pietro Lombardo, ses collaborateurs et ses disciples étendent à l'architecture civile la méthode utilisée pour l'église Santa Maria dei Miracoli. C'est une floraison de palais et de maisons où se déploient les traits caractéristiques du maître, dans différents contextes et aux niveaux les plus divers : depuis le Palazzo Dario sur le Grand Canal, frappé de la belle dédicace : « URBIS GENIO », jusqu'aux minuscules maisons des confréries et des hospices. Désormais, tout en perpétuant la tradition des tailleurs de pierre et des maîtres gothiques, le nouveau langage raffiné et universel de la Renaissance, apte à incarner le désir de nouveauté sans trahir les liens avec un passé que l'on sent encore bien vivant, est prêt à devenir pour les artistes un instrument simple et maniable, aimable et indigène.

Mauro Codussi

Codussi n'est sûrement pas étranger à l'architecture locale ; la tripartition de la façade des églises et leur couronnement curviligne sont des pratiques courantes à Venise et en Dalmatie, de même que la couverture à coupole des édifices religieux à plan centré. Mais il en relit les valeurs à travers l'érudition et s'appuie sur une longue tradition pour en retrouver les suggestions subtiles et évocatrices, et les propositions philosophiques et théologiques non moins lucides, au point que l'on a pu parler d'une époque architecturale néo-byzantine qui, partie de la fin du XVe siècle, couvrit les trois premières décennies du siècle suivant.

ci-contre
Tullio Lombardo, monument funéraire du doge Andrea Vendramin, église Santi Giovanni e Paolo (*ca* 1500).

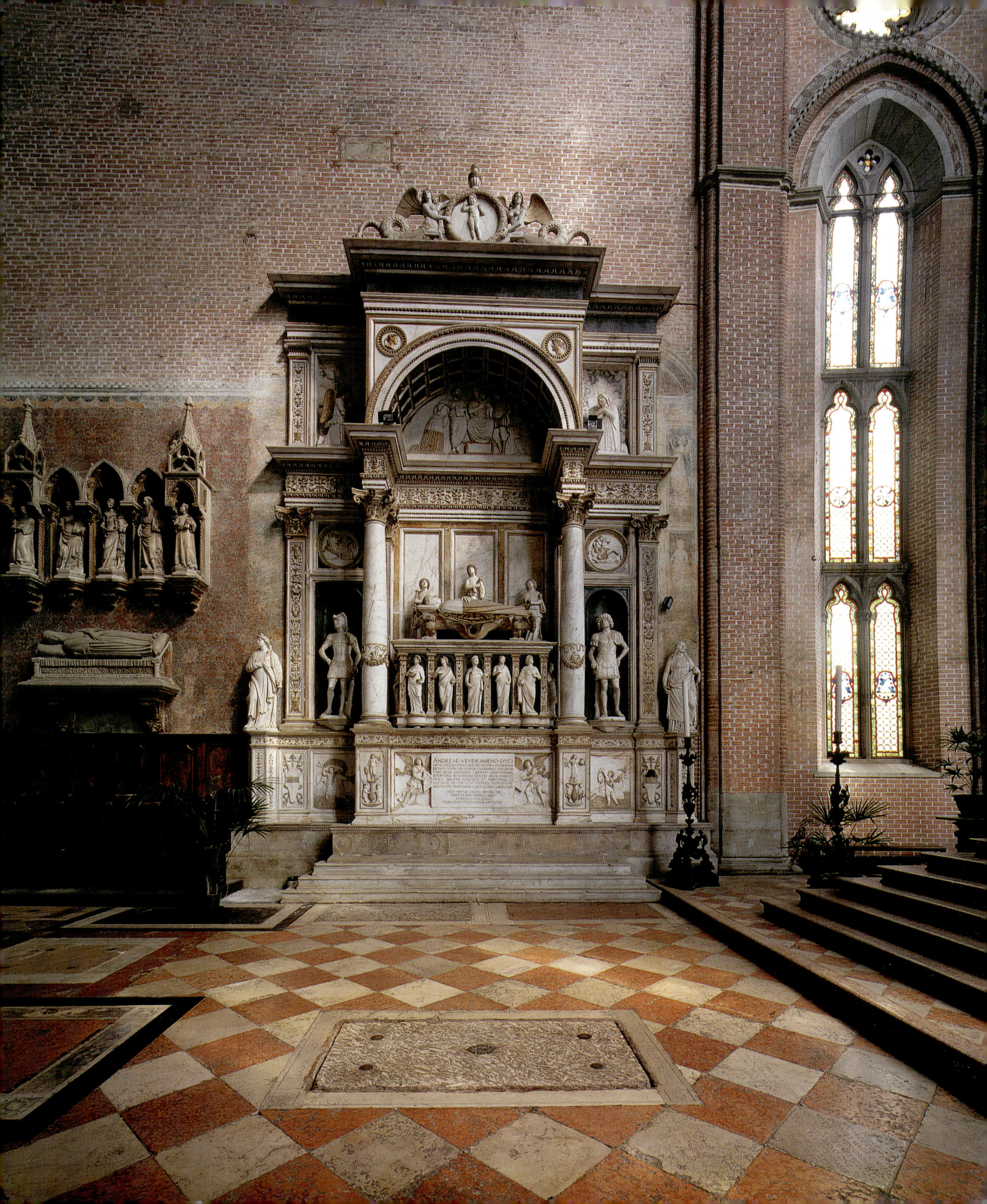
ANDREAE·VENDRAMENO DVCI

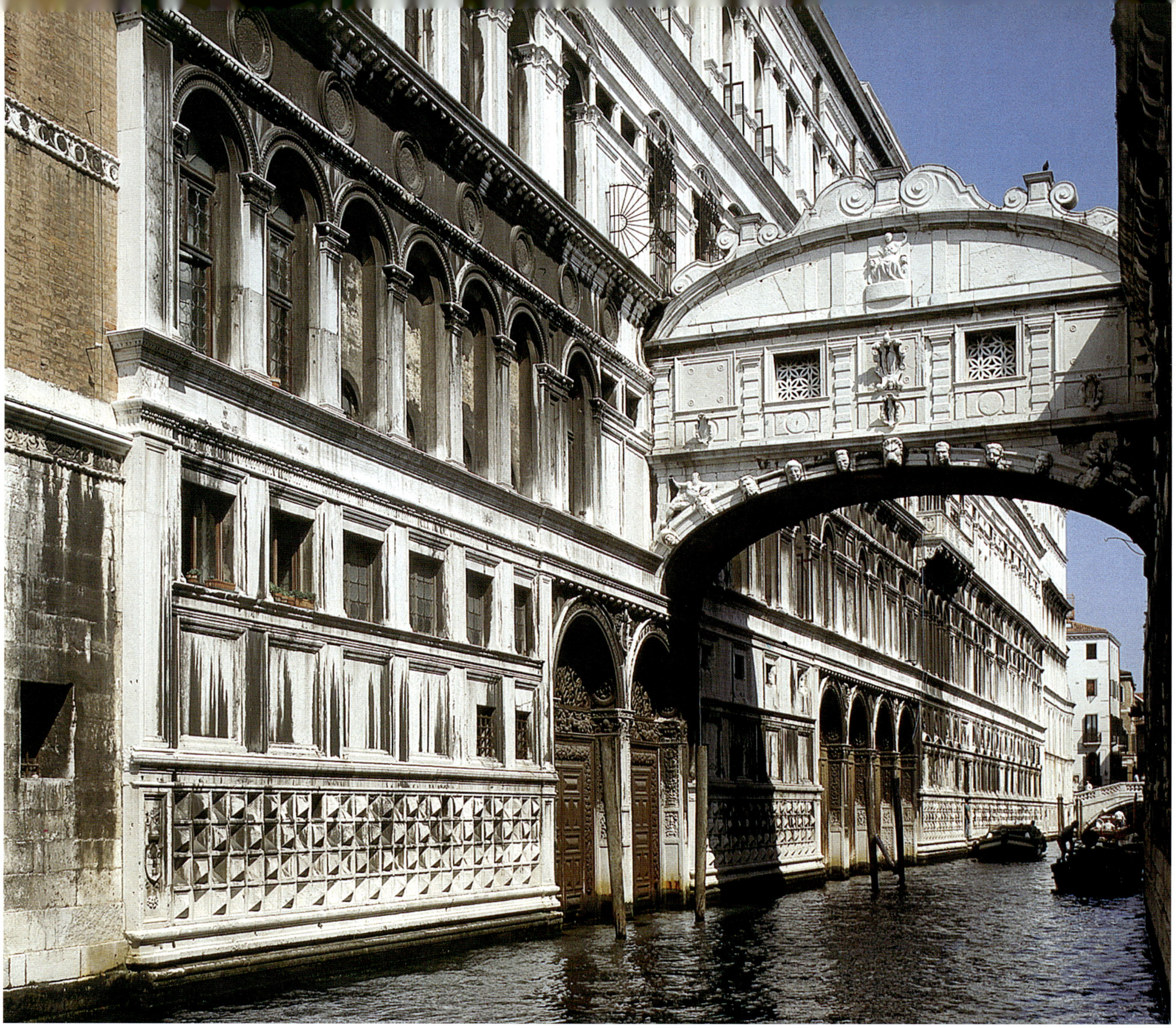

De la petite église San Michele in Isola jusqu'à San Giovanni Crisostomo, en passant par le campanile de San Pietro di Castello et la grande église Santa Maria Formosa, Codussi affine son langage, élabore ses thèmes en séquences serrées et en solutions dynamiques et souples, soulignées par un usage sagace de bandeaux moulurés en pierre d'Istrie, de sveltes colonnes et pilastres, et de proportions simples et mathématiques, où le plan centré joue un rôle déterminant pour la définition de la logique d'ensemble des organismes. L'architecture civile également trouve en Codussi un inventeur inlassable et un réalisateur de nouveautés surprenantes : les palais Zorzi, Lando Corner Spinelli et, surtout, le Palazzo Loredan Vendramin Calergi sont des œuvres dues à la recherche stylistique vénitienne moderne, un point d'équilibre avancé entre, d'une part, les cultures florentine et de l'Italie centrale et, de l'autre, l'interprétation de la nature et des caractères du *genius loci*. Ces constructions témoignent que la leçon de l'architecture gothique n'a pas été perdue ; l'organisation du plan en rappelle de façon légèrement ironique les caractéristiques : la grande salle *a crozzola*, en forme de T du Palazzo Loredan reprend à son compte le poids d'une longue tradition. Mais la conscience critique, l'élégance des matériaux et des formes, la dignité monumentale des éléments – voir la puissante corniche – en font un chef-d'œuvre face auquel seuls les grands retables de Giovanni Bellini soutiennent la comparaison en qualité et en lucidité.

Nous devons aussi à Codussi l'élaboration de l'architecture, qui ne manque ni de dignité ni d'importance, des sièges des grandes Scuole vénitiennes, c'est-à-dire les fraternités pieuses ou corporatives auxquelles il était demandé d'assurer une large part de la politique d'assistance de la ville. La Scuola di San Marco, celle de San Giovanni Evangelista et, dans un autre contexte, la tour de l'Horloge de la place Saint-Marc définissent nettement les domaines et les possibilités de cette nouvelle architecture, originale et pleine-

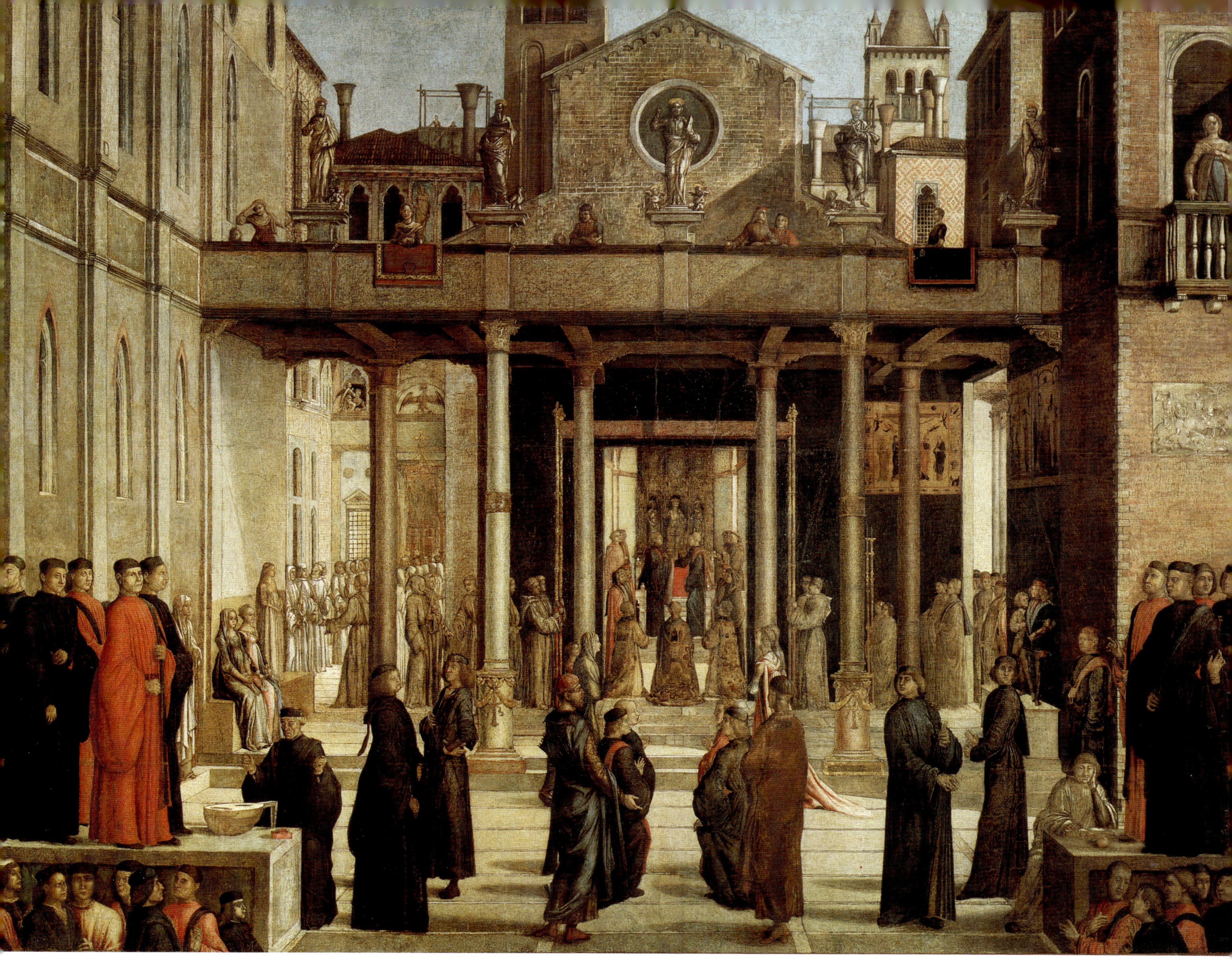

ment vénitienne. Les ordres traditionnels de l'architecture de Vitruve ont fait leur entrée : les arcs en plein cintre sont devenus l'élément marquant des façades et des structures, les voûtes d'arêtes et en berceau, les couvertures à coupole hémisphérique, les fins pilastres plats, les rosettes, les caissons, les arcades, les fenêtres géminées à oculus. Au moment de la reconstruction de son aile nord, la place Saint-Marc elle-même sera définie, à partir de la tour de l'Horloge, par une trame dont l'origine et le rythme sont issus du lexique de Codussi. Joint au répertoire kaléidoscopique des Lombardo, tel est le vrai langage de l'architecture vénitienne de l'humanisme et du début de la Renaissance que complètent les ultimes réalisations monumentales de Giorgio Spavento, d'Antonio Abbondi, dit le Scarpagnino, et de Tullio Lombardo (en particulier la grande basilique San Salvador). Ce noyau de « l'héritage gaspillé », selon l'expression de Puppi, sera supplanté à partir de 1530 par le triomphe romaniste de Jacopo Sansovino.

Le « mythe » de Venise au début du XVI*e* *siècle*

Lors de l'arrivée de Sansovino à Venise, probablement en 1529, une série de raisons s'agrègent, suffisamment fortes et ressenties pour constituer un élément de rupture dans le déroulement de la culture architecturale de Venise. Des difficultés politiques et des défaites militaires – la ligue de Cambrai et la défaite d'Agnadel, essentiellement – modifient de façon radicale la conscience de soi et la confiance en soi d'une grande partie de la classe dirigeante. Le

page précédente
Antonio Rizzo et Mauro Codussi, palais des Doges, détail de la façade du XVe siècle sur le canal.

Lazzaro Bastiani, *Les reliques de la sainte Croix offertes aux frères de la Scuola di San Giovanni Evangelista*, Gallerie dell'Accademia (*ca* 1494).

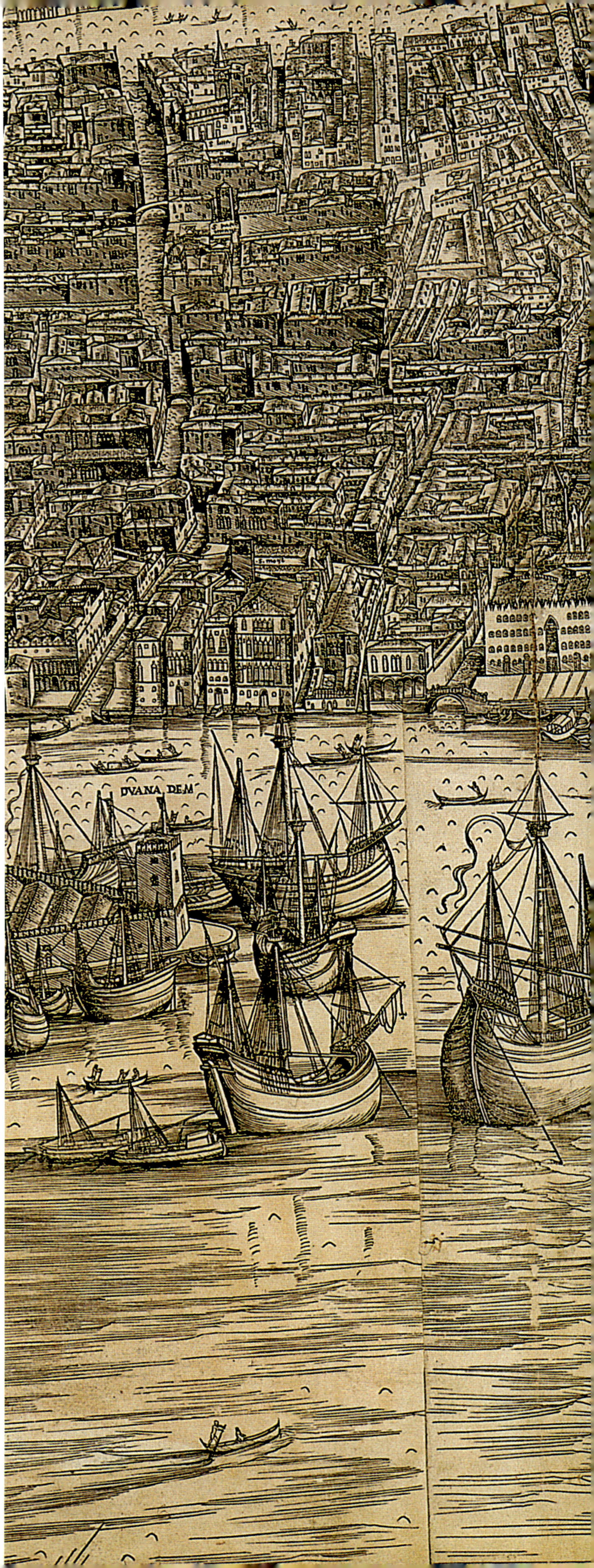

Jacopo de' Barbari,
détail du plan de Venise à vol d'oiseau, Museo Correr, (1500).

territoire de l'État n'est plus imprenable mais partiellement occupé par des armées ennemies. Quant à Venise, dépourvue désormais du dynamisme commercial agressif et arriviste qui lui avait valu autrefois ses succès économiques rapides, elle se retrouve pressée sur la scène méditerranéenne par la menace turque. Par ailleurs, moins assurée, depuis le voyage de Christophe Colomb, que cet horizon soit le centre du monde, elle a besoin de certitudes et ressent également la nécessité de fonder sur des bases nouvelles sa propre raison d'exister.

Les premières années du XVIe siècle sont vouées au retour sur soi, à la remise en ordre et à de profondes révisions ; c'est le temps où la vocation culturelle et artistique s'affirme avec tous ses instruments et toutes ses séductions pour permettre à l'esprit vénitien de vivre dans l'espace imaginaire et protégé d'un grand, d'un extraordinaire mythe littéraire. La ville elle-même le créera et le fera vivre. Et une poignée d'architectes et de théoriciens de l'architecture se chargeront de transformer ce mythe en palais, maisons, rues, églises, monuments, édifices publics et villas.

La chute de Rome et le sac que lui infligent les impériaux en 1527 constituent l'événement, l'occasion décisive grâce à laquelle sont offerts à Venise les instruments nécessaires pour agir en fonction des prémisses et des désirs : la diaspora des artistes de Rome lui apporte à la fois les hommes et le parfum de la ville éternelle, le souvenir des Césars et le langage de la cour des papes. Sansovino, Serlio, Giulio Romano, Sanmicheli et toute une génération de peintres et de décorateurs franchissent le Pô, en quête de mécènes, de commanditaires, de princes et de trônes. Déjà familier de membres éminents d'importantes dynasties vénitiennes, les Grimani et les Cornaro, Jacopo Sansovino accoste à Venise et ne s'en détachera plus. Le signe qu'il a laissé de son passage est sans doute la clé d'un tournant culturel radical.

Du double point de vue chronologique et conceptuel, le chef-d'œuvre de la cartographie vénitienne, la vue xylographique à vol d'oiseau de Jacopo de' Barbari, datée de 1500, se situe à mi-distance entre la première Renaissance des Lombardo et de Codussi et celle, romaine, de Sansovino. De cette source fondamentale de connaissances et de documentation sur Venise, il ressort nettement que la ville est déjà presque entièrement bâtie : en 1500, après deux siècles de constructions gothiques et les deux premières décennies d'ar-

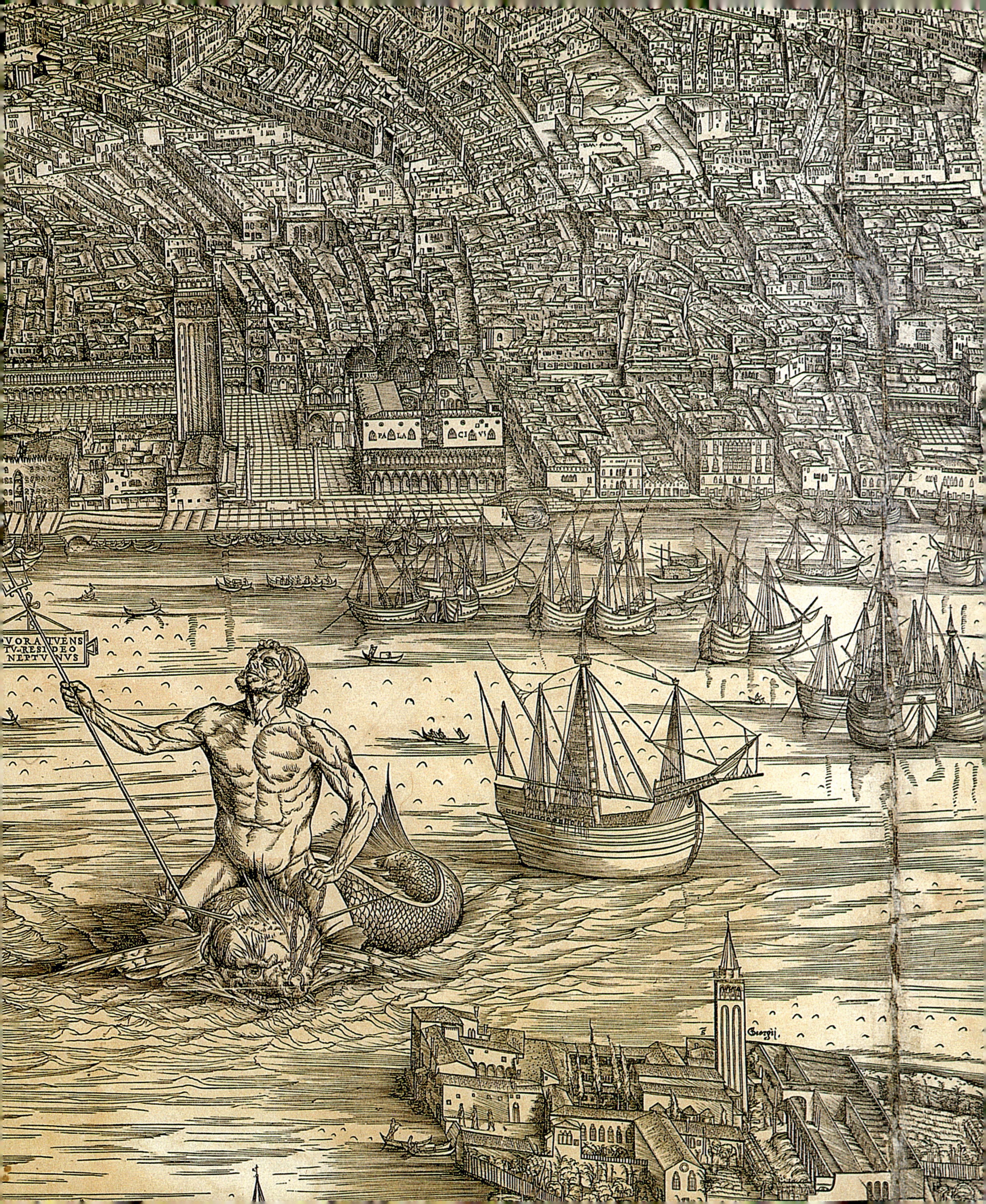
VORA TVENS
TV RESIDEO
NEPTVNVS
PA LA CI VM
Georgii.

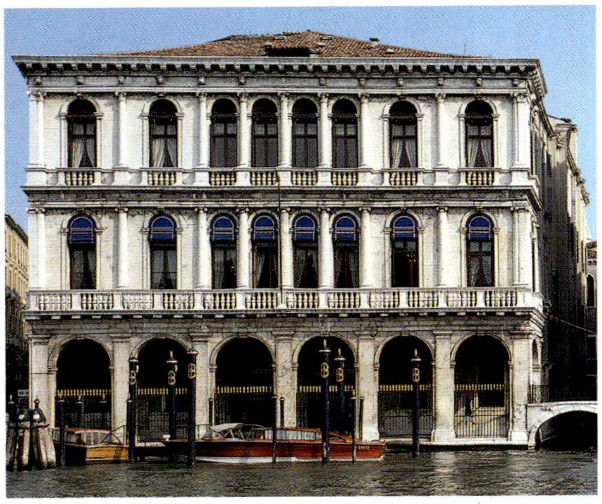

Jacopo Sansovino,
Palazzo Dolfin Manin, façade
sur le Grand Canal (1536-1540).

Jacopo Sansovino,
Monument funéraire
au doge Francesco Venier,
église San Salvador (1537).

chitecture renouvelée, tous les espaces sont occupés et les interstices saturés, surtout dans le centre de la ville. Les rives septentrionale et occidentale, où s'exerce depuis deux cents ans l'activité des ordres mendiants et prêcheurs, font partie intégrante de l'ensemble urbain, bien qu'y demeurent encore quelques franges incultes et partiellement urbanisées ; en fait, il ne reste que de rares maisons de bois et moins encore de terrains vagues.

La Venise de Jacopo de' Barbari manifeste pleinement son essence organique ; elle est complexe, vitale et dynamique. Elle se mesure et se relie à la terre ferme que l'on entrevoit dans le fond ; elle s'intègre au système lagunaire et littoral mais, surtout, elle se distingue par son caractère entièrement manufacturé, artificiel : il s'agit d'une admirable œuvre d'art. Sur le plan de Jacopo de' Barbari, la place Saint-Marc se situe, elle aussi, à mi-chemin du gué, passé lequel la vieille piazza degli Ziani, entourée d'hospices et d'arcades du XIIIe siècle, deviendra l'un des espaces publics et des lieux de pouvoir parmi les plus complexes du monde de la Renaissance. Les connaissances et les principes, les théories et les pratiques, l'utopie et le pragmatisme convergeront, pour la réaménager, vers cette place, scène incomparable de la Venise nouvelle, celle du mythe et de la célébration.

Jacopo Sansovino : la langue de Rome

Le nom de Sansovino est synonyme de Rome, la Rome classique et celle des papes ; la Rome de Bramante et de Raphaël, de Peruzzi et des Sangallo d'un côté, et, de l'autre, celle qui a déjà commencé à révéler ses trésors enfouis : architectes et érudits s'exercent sur ses marbres tandis que ses vestiges et ses pierres inspirent à la fois des itinéraires périlleux, guidés par le rêve et l'imagination, et des enquêtes philologiques minutieuses et austères.

Venise aurait dû n'être qu'une étape vers la France pour le jeune Sansovino ; elle deviendra finalement son champ d'action pendant un demi-siècle laborieux et fécond. Sansovino apporte la philologie, le respect de la grammaire et de la syntaxe des ordres, la grandeur des conceptions et un détachement certain vis-à-vis des réalités préexistantes, soit aussi une liberté de manœuvre jusqu'alors impensable.

Les exigences du mythe – en matière de rhétorique et de littérature, de pensée cyclopéenne et de fondements antiques légitimants, bien qu'ils soient lointains et, à certains égards, non prouvés – deviennent rapidement la *magna charta* de l'action de Sansovino qui fait de l'architecture vénitienne un « art d'État », selon l'expression de Tafuri. Engagé d'abord dans une série de travaux de remise en état et de consolidation, Sansovino se retrouve en 1529 à pied d'œuvre dans la basilique Saint-Marc pour une intervention sur ses structures. Puis il termine le chantier de la façade nord de la place Saint-Marc. L'architecte réalise ensuite une imposante série d'édifices publics et privés : les palais Dolfin et Cornaro, l'hôpital della Ca' di Dio, les églises San Francesco della Vigna, San Geminiano, San Zulian et, bien entendu, la redéfinition complète et monumentale de tout l'ensemble de Saint-Marc – la place, la Piazzetta, la riva del Molo et les édifices environnants –, et, enfin, la masse immense et restée inachevée de l'abbaye della Misericordia, comprenant à la fois maisons et monuments, restructurations et sculptures.

Les palais et les églises tiennent une place considérable dans la production vénitienne de Jacopo Sansovino. Véritable mastodonte, le Palazzo Cornaro – repris à partir d'un projet destiné aux Grimani qui n'alla pas plus loin que le papier – illustre à tous égards la présentation la plus absolue et la plus personnelle que Sansovino peut donner de lui. Façade ordonnée selon le schéma du théâtre Massimo, plan avec une vaste cour carrée, également ordonnancée selon la succession conforme des ordres, salles immenses, définies par des espaces cubiques, ouverture sur le Grand Canal par un vestibule original, précédé d'un escalier grandiose et d'un portique, la demeure des Cornaro est destinée à étonner et à définir les nouvelles mesures d'une grandeur inégalée. Les matériaux utilisés (principalement la pierre d'Istrie, traitée au rez-de-chaussée avec des effets déroutants, grâce à un nouveau type de bossage rustique et massif, éloigné du modèle élégant et raffiné des prédécesseurs), les dimensions des consoles des grandes fenêtres, l'ampleur du fenêtrage continu des étages supérieurs, tout dans le Palazzo Cornaro démontre et célèbre, souligne et proclame la grandeur d'une famille, ainsi que la dignité et l'origine illustre de la ville qui, après avoir été la fille préférée et la continuatrice de Byzance, s'affirme l'héritière de Rome.

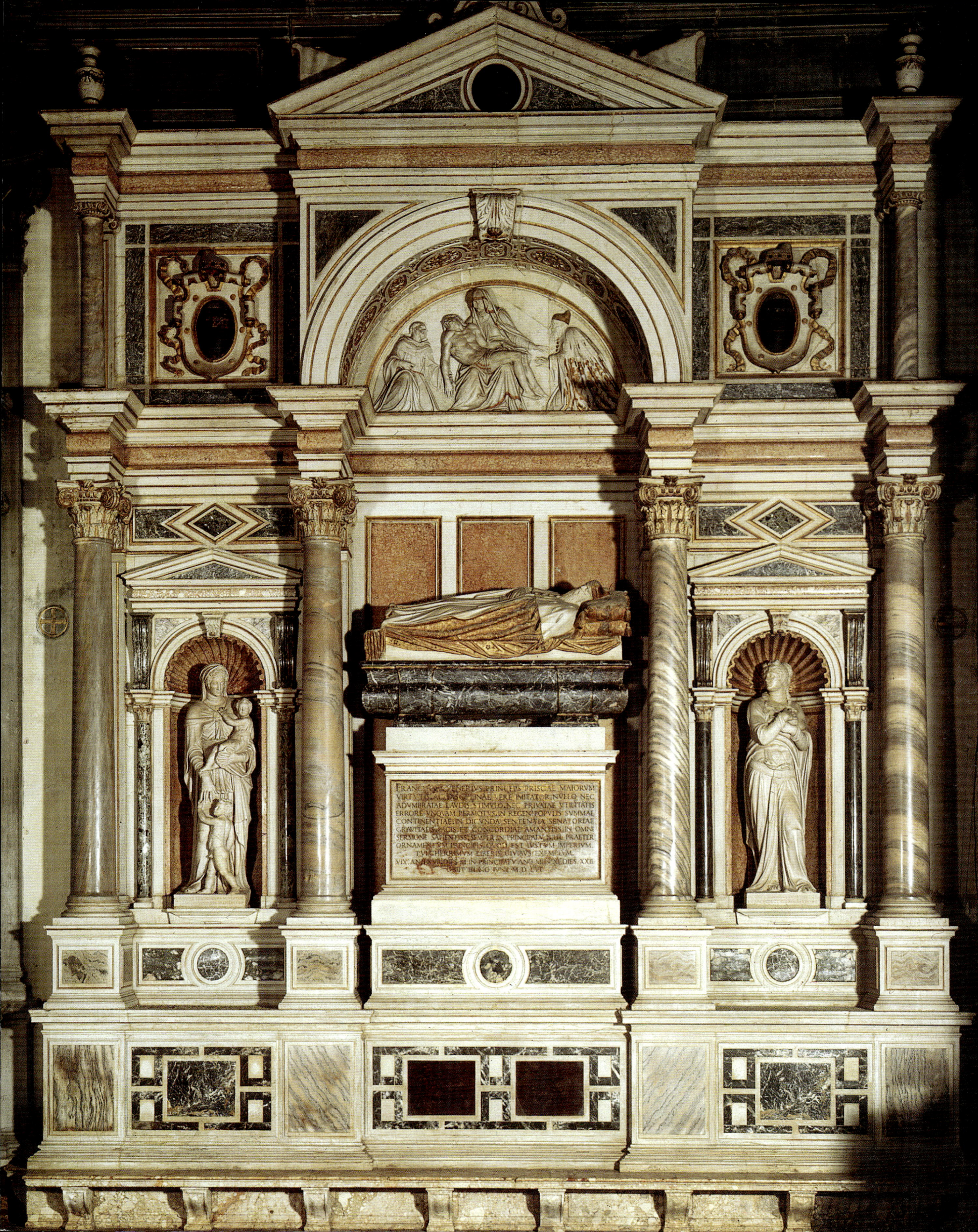
PRINCEPS PRISCAE MAIORVM
VERE IMITATOR NVLLO NEC
ADVMBRATAE LAVDIS STIMVLO NEC PRIVATAE VTILITATIS
ERRORE VNQVAM PERMOTVS IN REGEN POPVLIS SVMMAE
CONTINENTIAE IN DICVNDA SENTENTIA SENATORIAE
CONCORDIAE AMANTISS IN OMNI
PRAETER
ORNAMENTVM PRINCIPIS QVOD EST IVSTVM IMPERIVM
EXEMPLVM
IN PRINCIPATV
DIES XXII

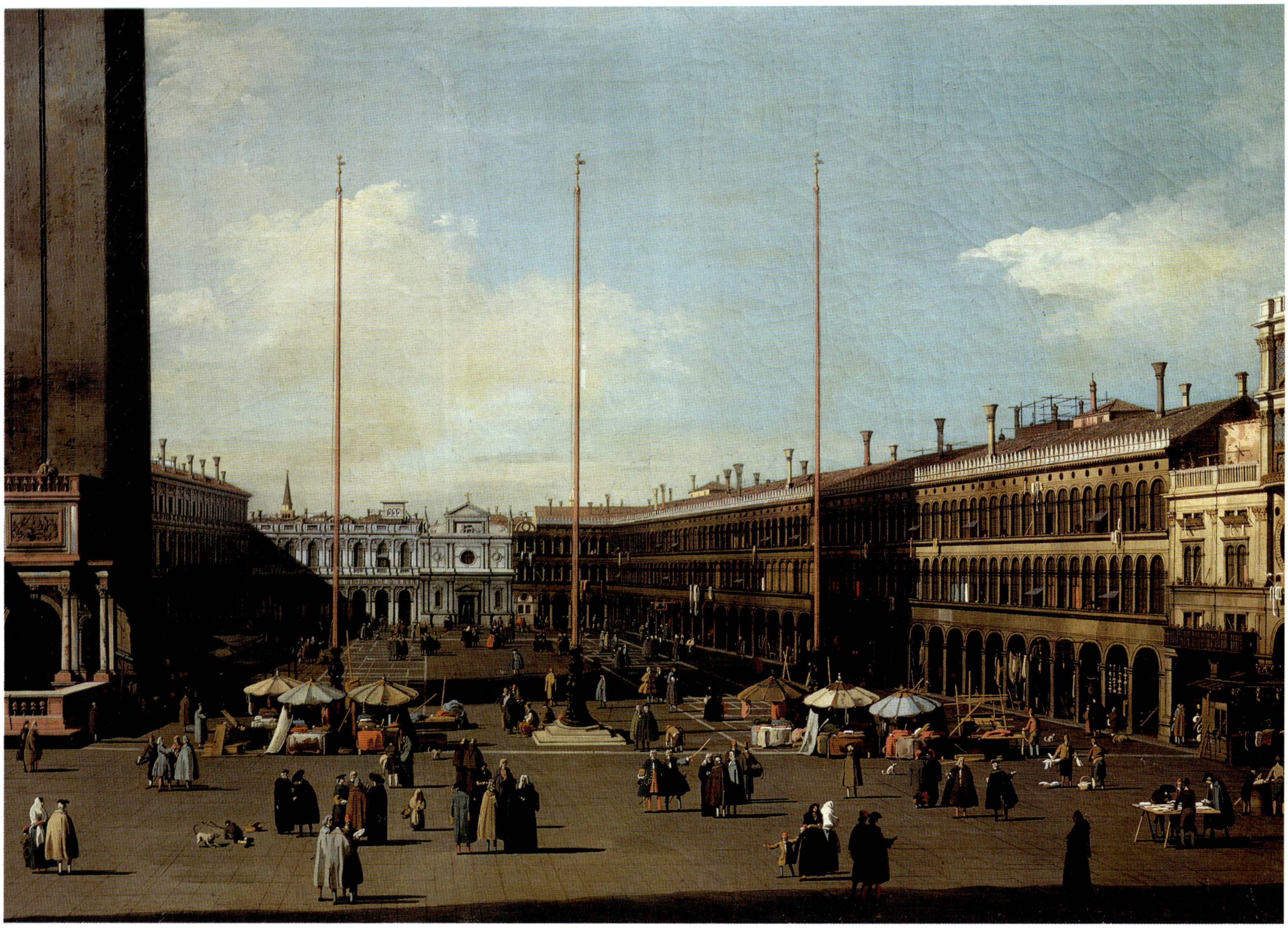

Place Saint-Marc

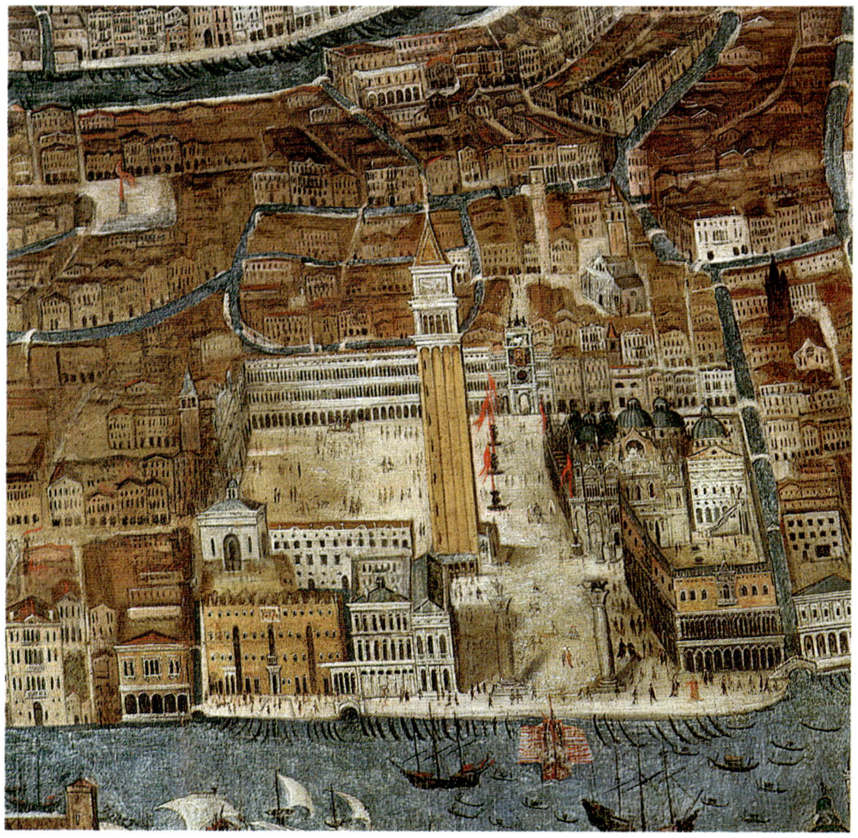

Dans la réalisation du complexe urbain de Saint-Marc, Sansovino illustre admirablement le sens d'une opération dont la valeur idéologique apparaît en ces lieux pleinement définie. Triomphant de la résistance des oppositions liées au monde et aux langages de la tradition, les procurateurs et le groupe de sénateurs coalisés autour de Vettor Grimani, de Pietro Bembo et, plus généralement, du parti romaniste, confient à Sansovino la charge de réaliser la Libreria di San Marco, face au palais des Doges, au-delà de la Piazzetta ; puis, devant la Libreria et donnant sur le Molo et le bassin, la nouvelle Zecca (la monnaie). Viennent ensuite la Loggetta, au pied du campanile de Saint-Marc, et l'ensemble de l'escalier des Géants du palais des Doges, avec les deux grandes statues de Mars et de Neptune ; au fond de la place, en face de Saint-Marc, Sansovino construit la nouvelle église San Geminiano. Ajoutons à cet inventaire d'autres interventions mineures dans la basilique, l'achèvement des Procuratie au nord, la restructuration du Molo avec la construction du Ponte di Pescaria et la mise en place de l'importante artère de la calle larga San Marco, et nous avons une idée de

Roberto Roberti,
La Place Saint-Marc vers San Geminiano,
Bassano del Grappa, Museo Civico
(XVIIIe siècle).

G.B. Arzenti, détail du plan à vol d'oiseau de Venise, Museo Correr (fin XVIe - début XVIIe siècle).

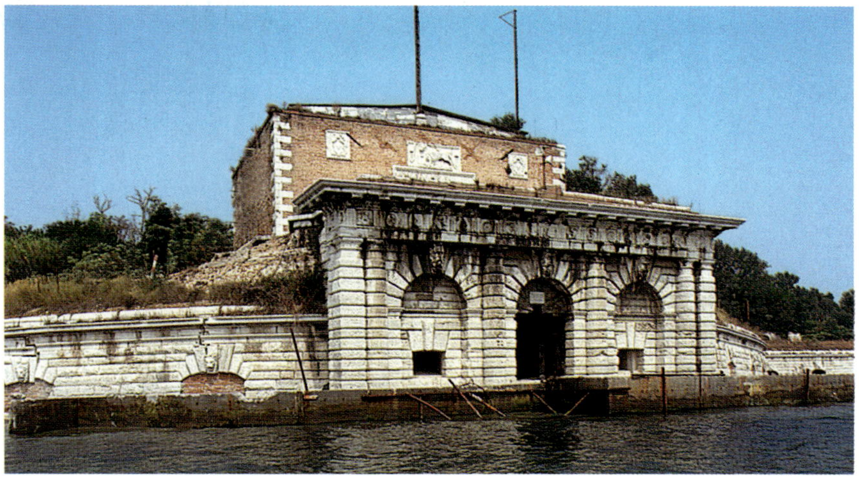

Michele Sanmicheli,
Fort de Sant'Andrea,
façade sur la lagune (1543).

la gamme des œuvres impressionnantes auxquelles Sansovino a travaillé, faisant face à toutes les typologies possibles d'architecture. Il y met en œuvre le grand dessein de ses commanditaires : la création d'une place (et de ses abords) absolument originale, grandiose, moderne mais délibérément *à l'antique*, fonctionnelle, théâtrale, apte à satisfaire simultanément l'autre objectif primordial : servir de fondement architectural à l'épiphanie du pouvoir vénitien et constituer elle-même une illustration de cet État et de ses institutions. République juste et sévère, cultivée, vouée à la vénération de l'antique, soucieuse de ses sujets et de leur bien-être, attentive à la bonne formation des descendants de la classe dirigeante, religieuse, équilibrée ; mais aussi essentiellement statique et infatuée de sa propre perfection ainsi magnifiée.

Pour donner à la place Saint-Marc la structure souhaitée, Sansovino est contraint d'envisager un changement dans l'alignement des Procuratie, au sud ; d'isoler le campanile utilisé comme pivot perspectif du système tridimensionnel ainsi constitué ; d'éloigner les constructions commerciales que l'on distingue encore sur la vue de Jacopo de' Barbari, vis-à-vis du Molo, là où s'élèveront la Libreria et la Zecca ; enfin, de régler sur des axes plus scénographiques que fonctionnels l'ensemble de la zone : la place, jadis bouillonnante de vie, désordonnée, souple et organique cède le pas à un espace de représentation. Sansovino se révèle moins conditionné par ces exigences dans l'organisation de l'ensemble des Fabbriche di Rialto, situé au-delà du pont de bois qui relie, sur les deux rives du Grand Canal, le quartier du Fondaco dei Tedeschi, récemment brûlé et reconstruit, à celui des marchés, de la finance, des ateliers et d'importantes administrations financières et techniques.

Sanmicheli et Palladio

Tandis que Sansovino redessine dans un langage d'une nouveauté radicale le visage de la ville en ses points névralgiques, le Véronais Michele Sanmicheli s'emploie à redonner un caractère organique et de l'efficacité aux défenses militaires du territoire vénitien, gravement atteintes dans leurs honneur et légitimité par les désastres guerriers. Ainsi qu'il l'a fait à Vérone, à Peschiera et en Dalmatie, Sanmicheli introduit à Venise les formes fondamentales des structures militaires. Le fort de Sant'Andrea, face à la bouche du port du Lido, est un bel exemple de ce type d'ouvrages, situés sur le paysage horizontal de la lagune ; tel un puissant chien de garde tranquillement tapi, il défend les trésors de la famille.

Mais lorsqu'il se mêle d'architecture civile, Sanmicheli étale une gamme de solutions qu'aurait pu lui envier son ami Sansovino. Libre et versatile au Palazzo Cornaro à San Polo, pour lequel il s'inspire directement de dessins publiés par Serlio dans ses ouvrages d'architecture, il édifie une construction d'une monumentalité sans précédent au Palazzo Grimani à San Luca, sur le Grand Canal. Gigantesque au niveau du rez-de-chaussée et des arcs puissants des étages supérieurs, emphatique et pourtant ciselée jusqu'au moindre détail, illusionniste du fait de la fausse perspective qui dissimule l'irrégularité du terrain, elle ne craint pas d'exhiber la contradiction entre sa façade et son corps de bâtiment, pratiquement appelés à vivre deux vies et deux incarnations. D'une part les contingences du quotidien : chambres, cuisines, pièces de service, offices, alcôves et lieux d'aisance ; de l'autre, sur le Grand Canal, les arcs de triomphe d'une famille très puissante et royale, aux ambitions aussi démesurées que paraissent démesurés les signes de cette architecture de cyclopes, digne d'une humanité de héros et de géants, de demi-dieux et de démiurges.

Quelques années encore et un nouveau protagoniste, Andrea Palladio, fait son entrée sur la scène lagunaire. Contrairement à Sansovino et Sanmicheli, Palladio ne vient pas du chantier de Saint-Pierre que dirige Bramante ; Rome a été l'objet de son désir et celui d'une étude aussi acérée qu'elle fut scientifique ; au point que l'on a pu dire que les relevés des monuments romains peuvent expliquer la genèse et le développement du langage et du fonctionnement des organes architecturaux conçus par Palladio. Mais le lieu de sa formation se situe entre Vicence et Padoue, entre les suggestions archéologiques, les engouements littéraires sur la foi de son Chiron, Gian Giorgio Trissino, noble et lettré Vicentin, et l'observation de la production de Falconetto pour Alvise Cornaro. Provinciale, donc, mais revêtue et parée de l'ambition d'une ville à part entière, Vicence trouve dans sa dignité culturelle et dans ses origines, présumées d'une grande noblesse, les raisons de revendiquer l'autonomie de l'esprit qui seule peut se substituer à l'impossible autonomie politique de Venise. Palladio façonne des fragments

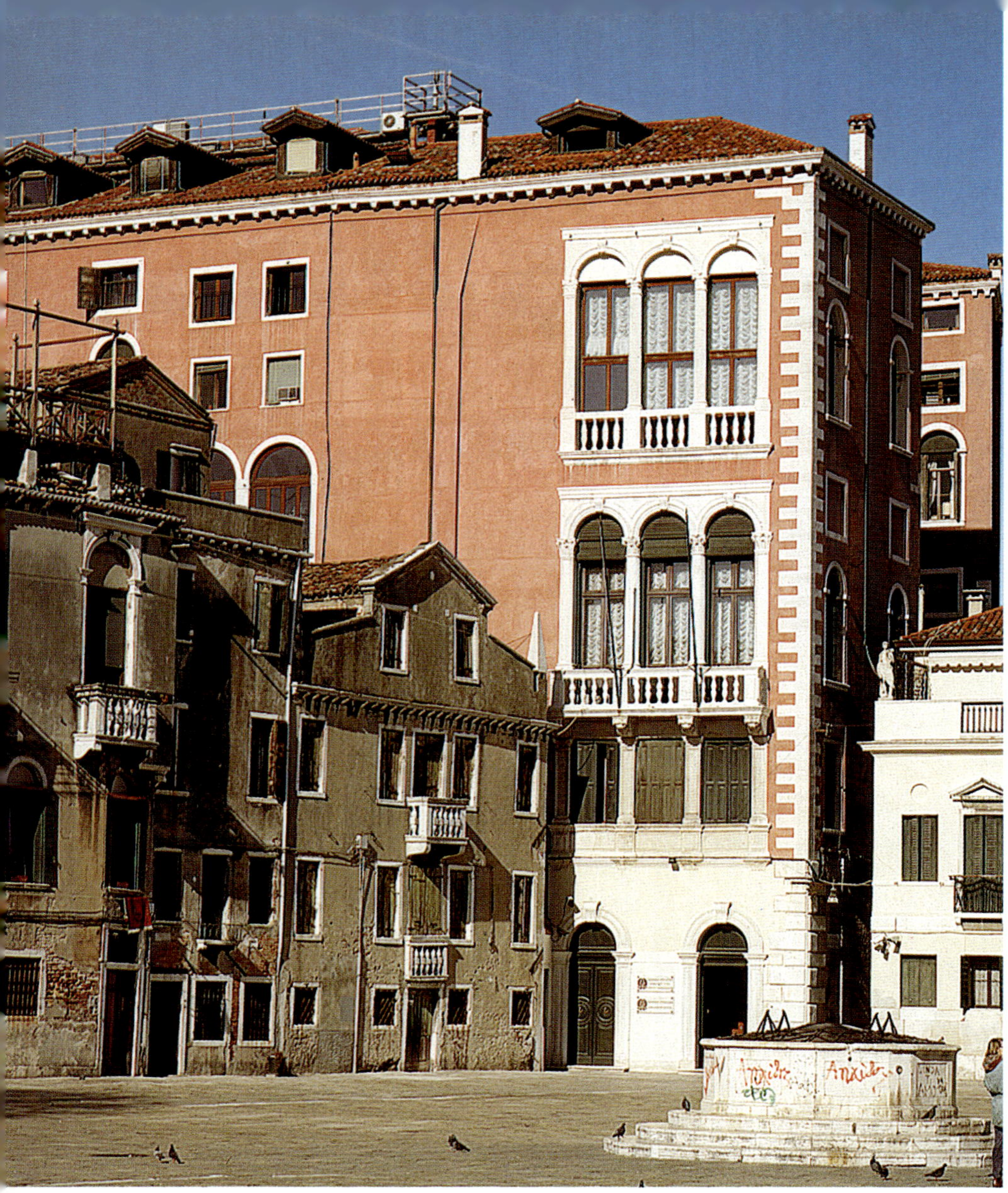

Michele Sanmicheli,
Palazzo Corner Mocenigo,
angle vers le campo San Polo (1559).

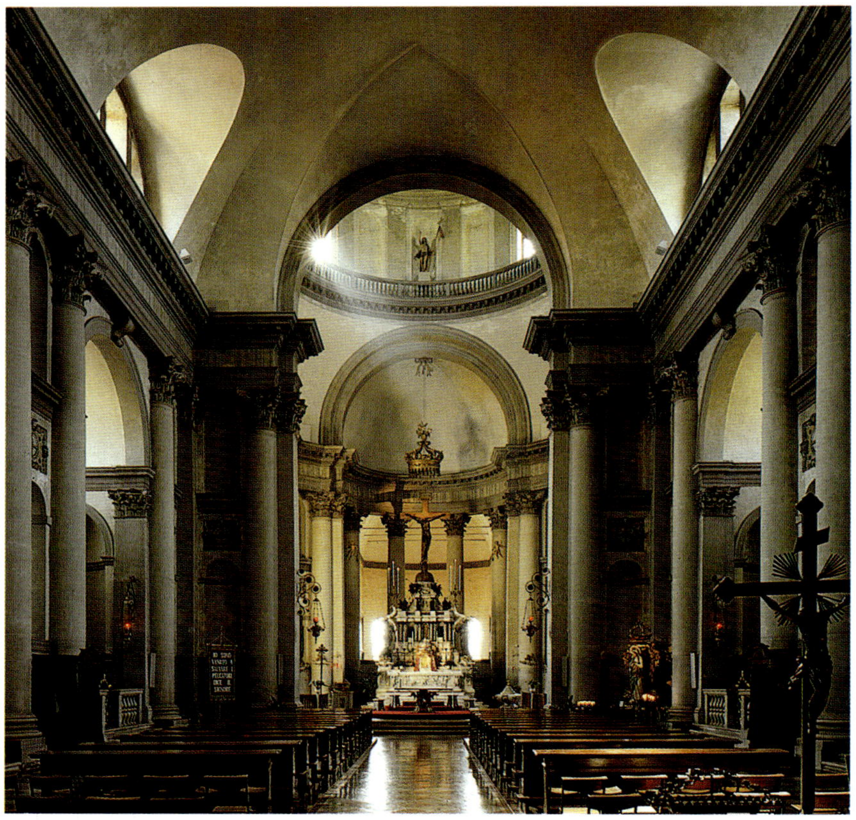

Andrea Palladio,
église del Redentore,
vue sur l'abside (1577-1592).

significatifs du territoire vénitien, posant les sceaux extraordinaires que sont ses villas, ses granges et ses jardins, inventant un langage éclatant et très personnel qui concilie le sacré et le profane, l'église chrétienne et le temple païen, la maison de campagne et le palais citadin, l'humour et la gravité. Mais la part d'ambiguïté, et donc de poésie, de telles inventions rend Palladio suspect et polysémique, fuyant et difficilement utilisable pour un dessein politique : il est longtemps tenu éloigné de Venise. Plus tard seulement, après la disparition de Sansovino, il occupe sa vraie place sur la scène de la lagune, dans un registre limité aux édifices religieux. A partir de 1576, Palladio bâtit tour à tour l'église del Redentore, l'église et l'ensemble delle Zitelle, l'église et une partie du couvent San Giorgio Maggiore. Il est également l'auteur de la façade de San Francesco della Vigna, église sansovinienne, ainsi que de l'ensemble conventuel della Carità avec son célèbre cloître et la réinterprétation qu'elle propose de la *maison des Romains*.

Aujourd'hui encore, les effets de l'intervention de Palladio sont lisibles et remarquables à tous points de vue : un langage à la fois antiquisant et neuf, où les frontons des temples classiques couronnent des architectures d'une étonnante monumentalité et d'une essence géométrique limpide. Mais il ne s'agit pas seulement du langage de l'architecture : de ce point de vue, désormais, les théories de Palladio ont supplanté par leur autorité et par leur rigueur le magistère antique de Vitruve et l'enseignement moderne d'Alberti ; c'est une conception à l'échelle du territoire, des grands espaces du paysage. Qu'il s'agisse des plaines ou des collines pentues de la campagne de Trévise, des rives de la lagune ou des bras du Pô, de la nature ou de l'artifice, Palladio manifeste clairement son aversion à l'égard des règles et des contraintes ; il aspire à une dimension d'intervention en harmonie avec le contexte, avec le paysage. Même dans ses grandes églises, et surtout dans son chef-d'œuvre, celle del Redentore, l'architecte construit la trame subtile d'un objet qui fonctionne en soi, parfaitement proportionné au site et aux points de vue qui l'animent et le rendent lisible et riche de sens, une fraction de ville en mesure de conférer logique et dignité au profil de toute la ville. Palladio parvient au terme d'un itinéraire de recherche entamé dans les incertitudes de la période du début de la Renaissance, mais le résultat ultime apparaît tout autre que celui qu'on avait escompté. Dans la bataille métaphorique entre la Renaissance autochtone et le langage du romanisme, avec la prééminence au moins temporaire du second sur la première, une époque et une méthode prennent fin.

Continuité et renouvellement

Avec Sansovino et Palladio, dans une certaine mesure aussi avec Sanmicheli, la continuité des langages architecturaux vénitiens, liés

Andrea Palladio,
Villa Barbaro, Maser (*ca* 1556).

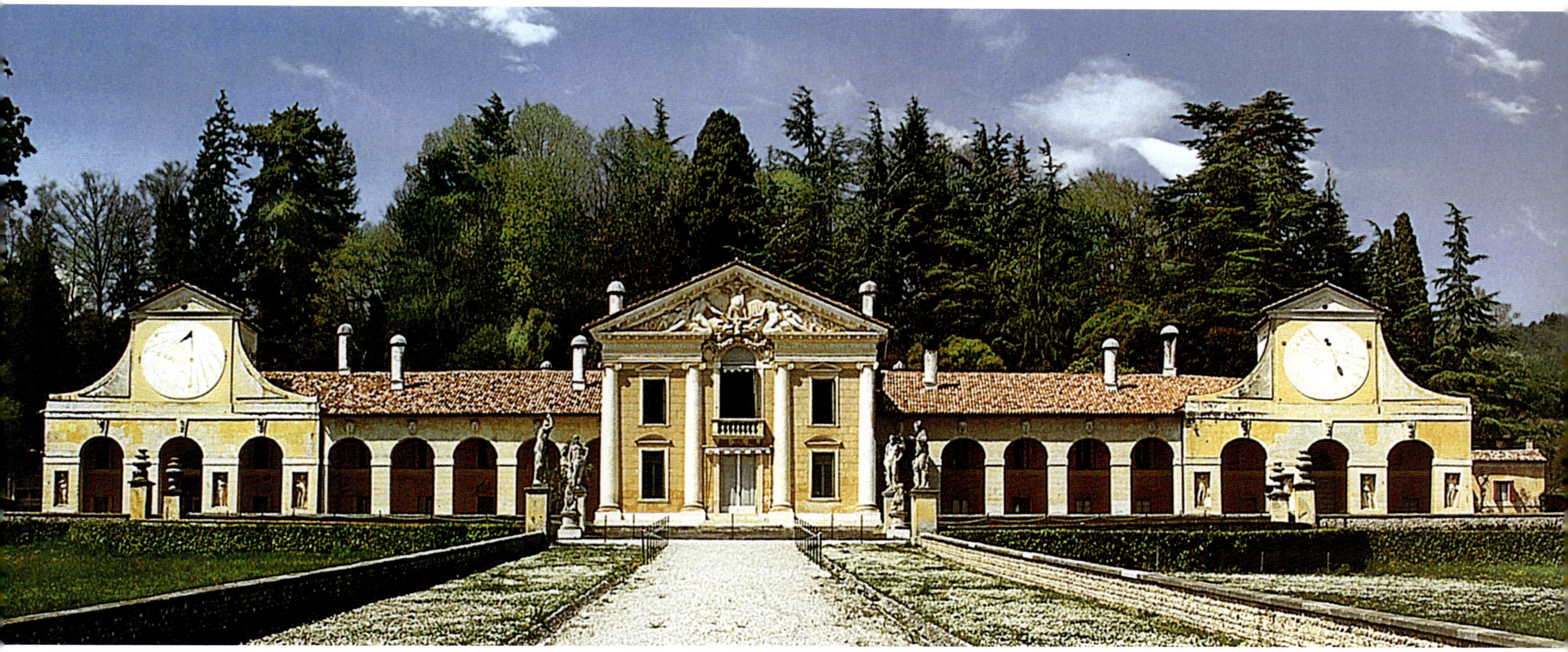

à la tradition vénéto-byzantine, à la culture romane, à la culture gothique et à la première époque de la Renaissance est rompue. De nouveaux signes, forts et vigoureux, se multiplient : les églises de Palladio et, dans un autre registre, celles de Sansovino ; les palais de Sansovino et de Sanmicheli : Dolfin, Corner, Grimani à San Luca et quelques autres comme le Palazzo Trevisan à Murano ; les fortifications de Sanmicheli à Sant'Andrea ; des monuments funéraires dans plusieurs églises de la ville, toutes réalisations auxquelles il faut ajouter, bien sûr, l'ensemble de Saint-Marc.

Parallèlement, l'architecture mineure, celle du logement des simples citoyens, continue de tisser sa toile sur le territoire de la ville, de consolider les rives, d'urbaniser les bandes périphériques, même s'il ne convient plus désormais de parler de véritable périphérie. Elle donne une forme identifiable et solide aux maigres survivances de l'incertain et du précaire, aux baraques et aux rivages indécis ; elle expulse du centre les chantiers navals de faible importance, les tanneries et les teintureries, les activités dangereuses et polluantes afin de permettre l'éclosion de quartiers résidentiels et d'ensembles unitaires, destinés à des classes moins riches mais susceptibles de maintenir un niveau de vie décent.

Les Scuole ont toujours agi dans ce sens. Les maisons de la Scuola di San Rocco paraissent dans ce domaine d'une qualité exemplaire, du point de vue de la construction et de celui de l'urbanisme. Ces ensembles résidentiels du XVIe siècle, toujours lisibles de nos jours, témoignent avec efficacité des caractères de telles interventions : organisation en série des lotissements à bâtir et des immeubles, avec des dispositions par unités d'habitation développées dans le sens horizontal ou vertical ; rationalité distributive et fonctionnelle ; qualité linguistique ; utilisation pertinente des matériaux et, surtout, emploi heureux de la pierre d'Istrie qui situe les réalisations de cette nature dans les courants majeurs de l'architecture vénitienne et garantit la qualité et la durée des constructions.

« Non pas une ville mais plusieurs, toutes séparées et toutes unies »

Les caractères distinctifs de l'urbanisme vénitien au XVIe siècle sont exposés avec clarté dans un passage célèbre de la première grande description de la ville, publiée sous forme de guide, en 1581, par Francesco Sansovino, fils de Jacopo. Sitôt achevées l'énumération et la description des plus importants palais vénitiens, anciens et modernes, l'auteur enchaîne : « Ces nombreux et beaux édifices, auprès d'autres plus ou moins importants, forment une très vaste et grande ville. Laquelle apparaît aux observateurs subtils des choses non pas comme une mais comme plusieurs villes séparées, et toutes unies. Car si l'on considère sa situation, réduite en plan et sans les ponts, on verra qu'elle est divisée en plusieurs îlots et villes, entou-

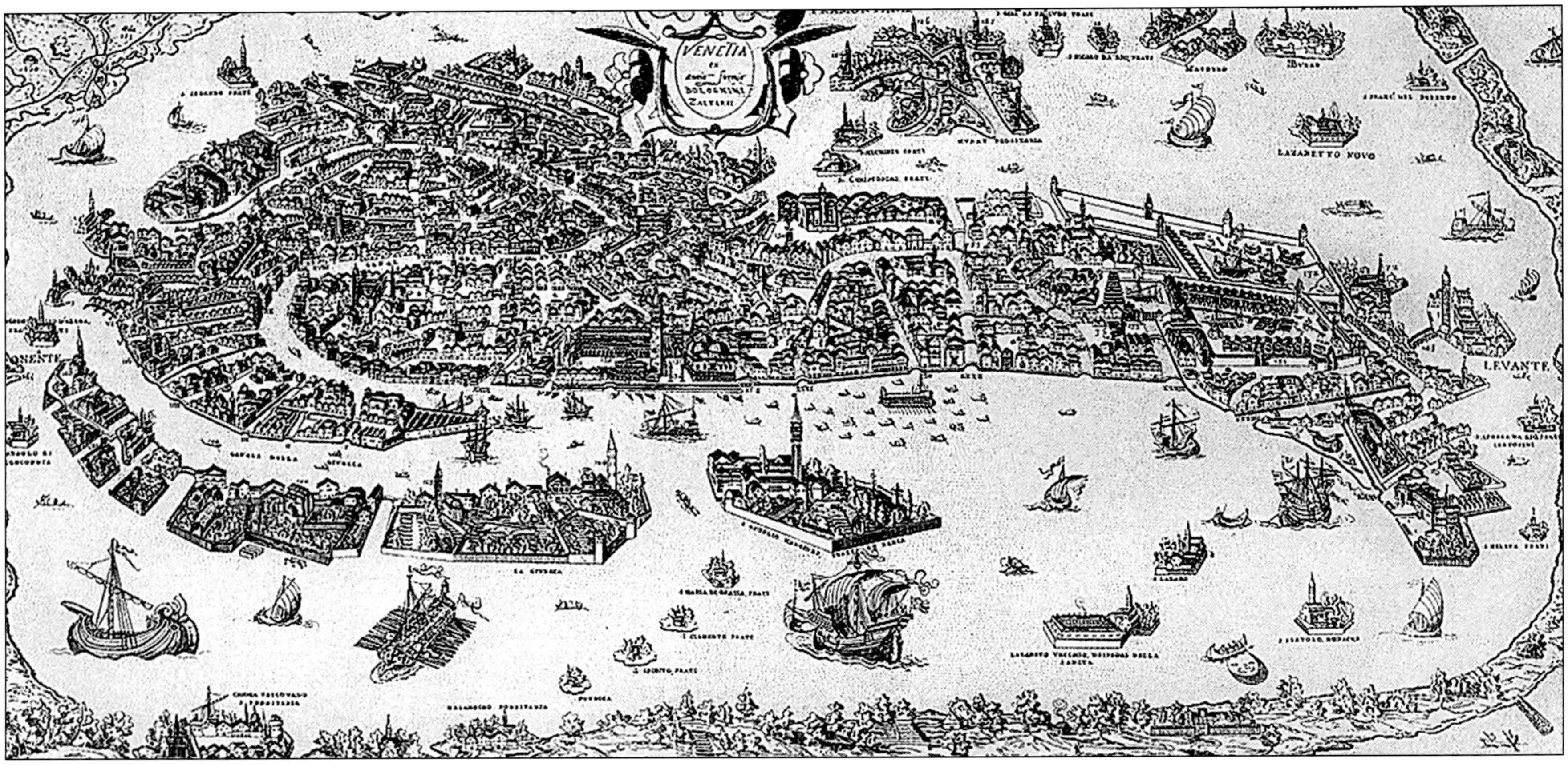

rés de leurs canaux, et que l'on passe de l'un à l'autre grâce aux ponts qui les relient et dont la majorité sont de pierre et les autres de bois. Les ateliers qui sont dispersés à travers tout le corps et le périmètre de cette ville la font paraître comme plusieurs villes réunies en une seule. Car chaque quartier a non pas une mais plusieurs églises, la place avec les puits, les fours, les entrepôts de vin, les métiers de couture, les marchands de fruits et d'épicerie, les maîtres d'école, les menuisiers, les cordonniers et, finalement, en grande abondance, toutes les choses dont les hommes ont besoin. Si bien qu'en sortant d'un quartier pour entrer dans un autre, on aurait sûrement l'impression de sortir d'une ville pour entrer dans une autre, le plus commodément et le plus agréablement qui soit pour les habitants et à la grande surprise des étrangers à la ville. »

A la richesse des demeures patriciennes correspond une non moins large distribution de commodités et de services publics, et la présence de commerces, d'artisanats et d'une organisation des métiers minutieusement répartis dans toute la ville. Le réseau des canaux continue de fournir des voies de communication et de transport des marchandises économiques et pratiques, au point que tous les contrats relatifs à des travaux de construction prévoient des clauses ou donnent lieu à des avenants ultérieurs avec des bateliers et des maîtres-mariniers pour l'acheminement des matériaux, le transport des décombres dans les décharges, le maniement et le traitement de tous les genres de marchandises, aussi bien matières premières que produits élaborés sur les chantiers. Les fonds des canaux sont constamment nettoyés pour éviter les engorgements et les comblements qui porteraient préjudice au trafic des barques et nuiraient à la salubrité de la zone. Hier comme aujourd'hui, le flux constant de la marée constitue le système d'évacuation des résidus liquides et solides produits dans la ville, qu'ils soient de nature organique ou dus à des activités polluantes, telles que teintureries, tanneries, verreries et autres ateliers de toute sorte. Désormais, la plupart des rues sont pavées, parfois éclairées ; les ponts de pierre remplacent partout ceux de bois. Le lustre des façades publiques des édifices privés est entretenu et contrôlé, et l'on ne peut entreprendre des travaux sans l'agrément des services compétents dont les employés et les géomètres, constamment dépêchés sur les lieux à la suite de demandes de permis ou de dénonciations pour abus, effectuent mesures et contrôles.

Revenant au centre de la ville et sans méconnaître l'essence polycentrique de Venise, il faut insister sur le fait que le bassin de Saint-Marc est au cœur du système urbain. Il parvient à une définition stable à la fin du XVIe siècle. Le désastreux incendie du palais des Doges de 1576 et la procédure tourmentée qui préside à sa reconstruction mettent en lumière quelques acquisitions importantes. Le choix d'une reconstruction « dans le style » – autrement dit, le palais sera rebâti dans le style gothique, tel qu'il était avant l'incendie – confirme que l'on ne peut renoncer à la portée idéologique assumée par l'image de l'aire dans son ensemble ; l'idée d'une reconstruction classiciste, avancée par Andrea Palladio, est donc repoussée. En second lieu, l'opération fournit l'occasion de renouveler l'appareil ornemental du palais selon des programmes iconographiques définis, en créant de riches espaces officiels, ornés de cycles picturaux choisis pour exalter les épisodes historiques cruciaux de la République.

A la fin du XVIe siècle, donc, l'aire qui entoure la place Saint-Marc est fermement occupée par des structures architecturales récurrentes et sérielles en pierre d'Istrie, dont émergent les points forts des perspectives principales de la Loggetta, la Zecca, la Libreria, etc. Véritables charnières architecturales, ces édifices sont

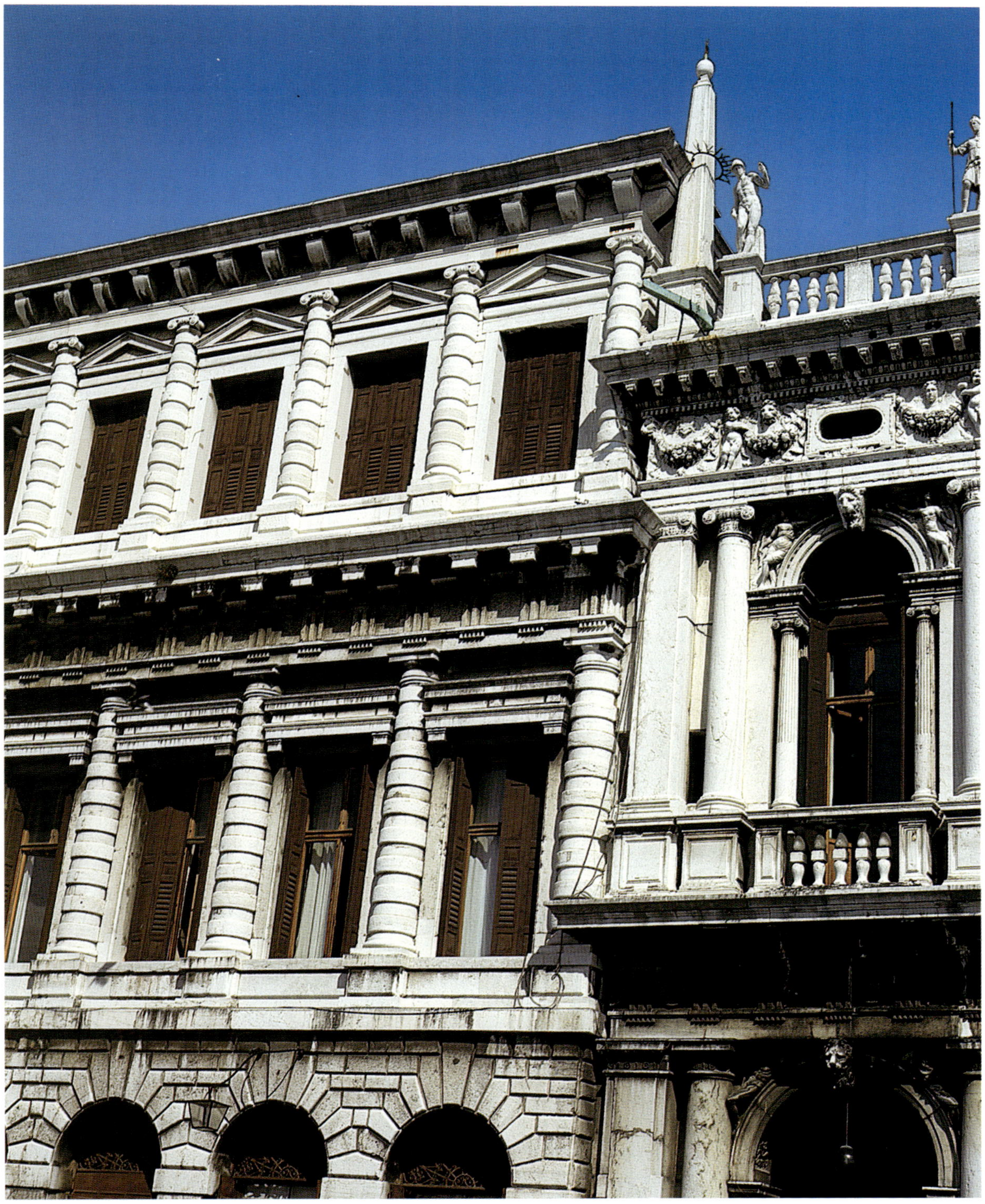

page précédente
Paolo Forlani,
Plan de Venise
imprimé par Bolognino Zalterio,
Museo Correr (1566).

Jacopo Sansovino,
point de jonction entre la façade de
la Zecca et la Libreria Marciana
vers la lagune (1537-1553).

reliés en des points sensibles où sont mises en évidence, délibérément semble-t-il, les sutures périlleuses entre les parties de l'ensemble. Cette recherche de solutions, aussitôt niées et exhibées dans leur impossible coexistence, est réellement singulière. S'inscrit-elle dans la polémique ouverte par Sansovino à l'égard de la continuité vénitienne, toujours affirmée ? Il est difficile de le dire.

En revanche, une chose est sûre : à l'initiative du cercle artistique et culturel vénitien et surtout de l'humaniste Pietro Bembo, un cas emblématique – en la matière, la façon de retourner la frise à l'angle de la Libreria – est transformé en un exercice public, proposé aux experts en architecture et en archéologie de l'Europe entière, afin de débattre de thèmes particuliers et généraux de cette discipline. Il s'agit moins d'un esprit d'accommodement que de rigueur dans une méthode qui peine encore à s'imposer au pragmatisme vénitien traditionnel.

Irruption de la culture baroque

Une nouveauté de grande portée, introduite dans l'ensemble de Saint-Marc au cours du siècle suivant, brouille les cartes d'un équilibre qui se serait peut-être voulu définitif : l'érection de la majestueuse église Madonna della Salute, basilique votive construite à la demande du peuple à la fin de l'effroyable épidémie de peste de 1630. La Salute introduit en effet un pivot visuel d'une qualité et d'une efficacité exceptionnelles, et forme avec l'ensemble de la pointe de la douane, qui la précède sur l'eau comme la proue d'un navire, un pôle central jusqu'alors inconnu ; la silhouette même de la basilique, édifiée sur un plan centré et surmontée d'une puissante coupole hémisphérique, supportée par les originales volutes de contreforts en marbre, contribue à exalter le rôle de l'édifice en tant que repère perspectif et à lui donner un relief réellement monumental. La Salute est un des grands signes dont est faite l'image de la ville. Comparée à la magnificence du XVIe siècle, la primauté artistique vénitienne en peinture connaît quelques éclipses pendant l'époque baroque qui est, en revanche, dans le domaine de l'architecture, une phase de recherche et de créativité intenses. En plus de l'église de la Salute, Baldassare Longhena construit des édifices civils et religieux, privés et publics, originaux et révolutionnaires, dont le gigantesque Palazzo Pesaro et la talentueuse petite église dell'Ospedaletto. Bien d'autres architectes éminents illustrent le baroque vénitien, dont les différents membres de la famille Sardi. Longhena, pour sa part, fait preuve d'une aptitude particulière à réaliser des œuvres qui bouleversent des secteurs significatifs de la ville. C'est le cas pour l'ensemble de San Giorgio dei Greci, pour celui formé par la Salute, le couvent des somasques et la pointe de la douane, ceux des palais Pesaro et Bon (plus tard Rezzonico), etc. Bien entendu, cette aptitude n'est pas née avec le grand Baldassare Longhena ; on décèle déjà une attention scénographique d'une exquise urbanité dans la création de la splendide cour ouverte du XVIe siècle de San Giovanni Evangelista, déjà mentionnée. Dans l'organisation de la zone de Castelforte à l'époque de la construction de la Scuola de San Rocco ; dans l'église Santi Giovanni e Paolo avec l'ensemble formé par la Scuola di San Marco et l'église-monument à Colleoni ; à Santo Stefano avec la création de l'espace fermé-ouvert devant le Palazzo Pisani, et dans cent autres lieux et réalisations. Différents sites de la ville présentent des caractéristiques analogues où l'ambiguïté entre fermé-ouvert, dedans-dehors, public-privé devient un des modes possibles d'envisager l'organisation de l'espace urbain ; un mode qui, par ailleurs, sait et peut conditionner le quotidien et participer plus intimement à la forme et à la vie de la cité elle-même : complexe, polycentrique, fortement articulée et dédaléenne, artificielle dans toutes ses parties. A certains observateurs, Venise présente un visage fascinant, inquiétant, énigmatique, contradictoire ; à d'autres, elle apparaît exemplaire et parfaite, admirable dans ses audaces architecturales et unique par ses richesses matérielles et esthétiques ; des étrangers surveillent avec curiosité et respect le labeur incessant destiné à faire coexister l'eau et la terre, éléments perpétuellement opposés en vue d'une impossible suprématie. En fait, l'on craint tout autant la violence de la mer, les pièges tendus par les marées que l'invasion des sédiments fluviaux, de la vase et de la pollution. A l'époque, c'est autour de cette dialectique que des alliances politiques et des coalitions culturelles se font et se défont, que des fortunes s'édifient, succès et désastres alternant ; on apporte la vie et on ouvre la voie à la mort. Entreprises titanesques pour détourner les fleuves et créer des canaux, bonifiant vallées et plaines mais provoquant le surgissement de marais et la diffusion de la malaria. Les connaissances scientifiques et technologiques les plus avancées, parfois appliquées de façon rigide et obtuse mais drapées des fleurs de la rhétorique, et l'empirisme le plus pur, pas toujours proportionné à la hardiesse des projets, eurent la ville et la lagune pour bancs d'essai des spécificités respectives et des partis correspondants.

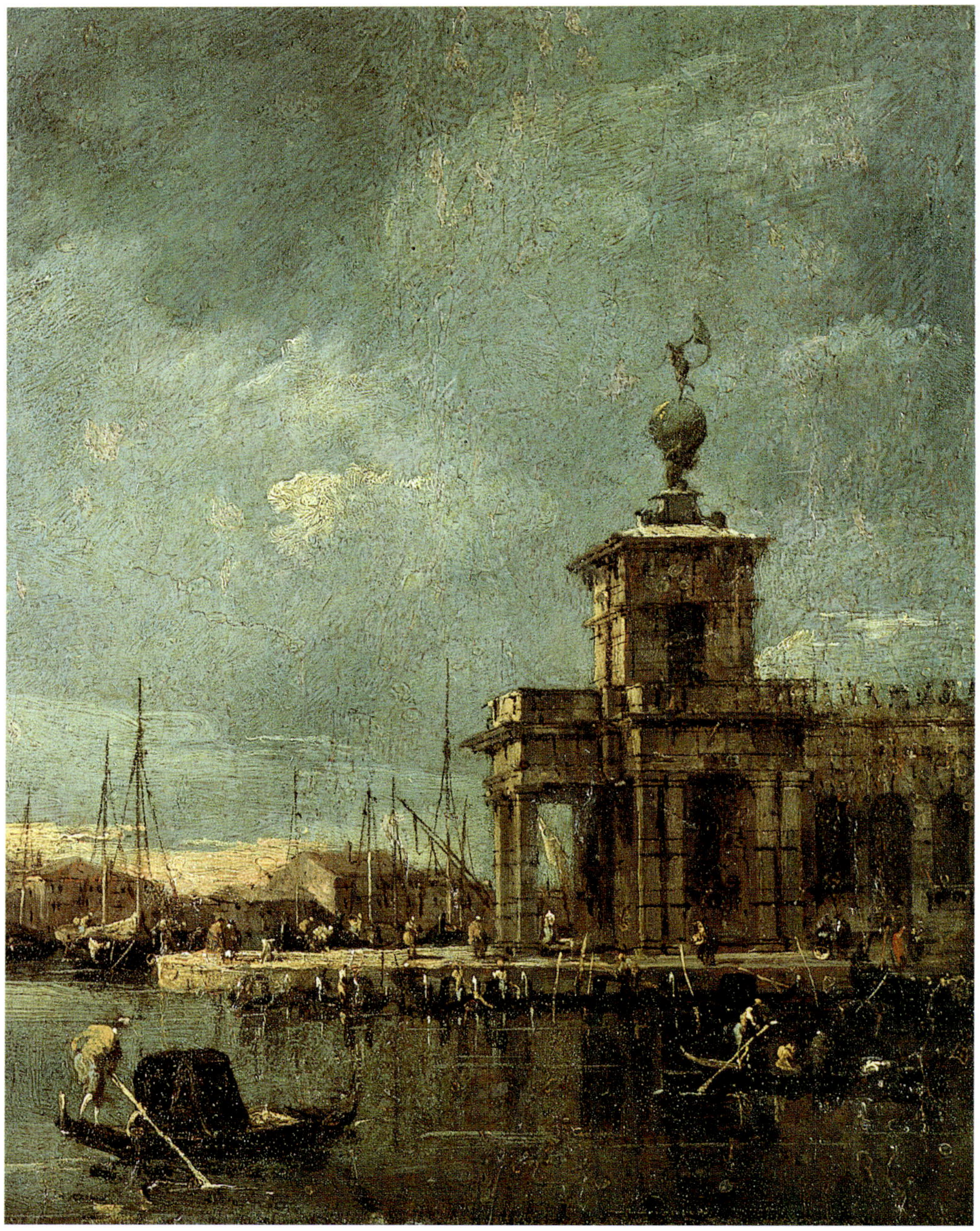

Pendant les XVIe et XVIIe siècles, la ville s'étend peu ; l'on endigue totalement la rive septentrionale et l'extrémité occidentale ; l'île de la Giudecca reçoit une destination définitive de banlieue immé-

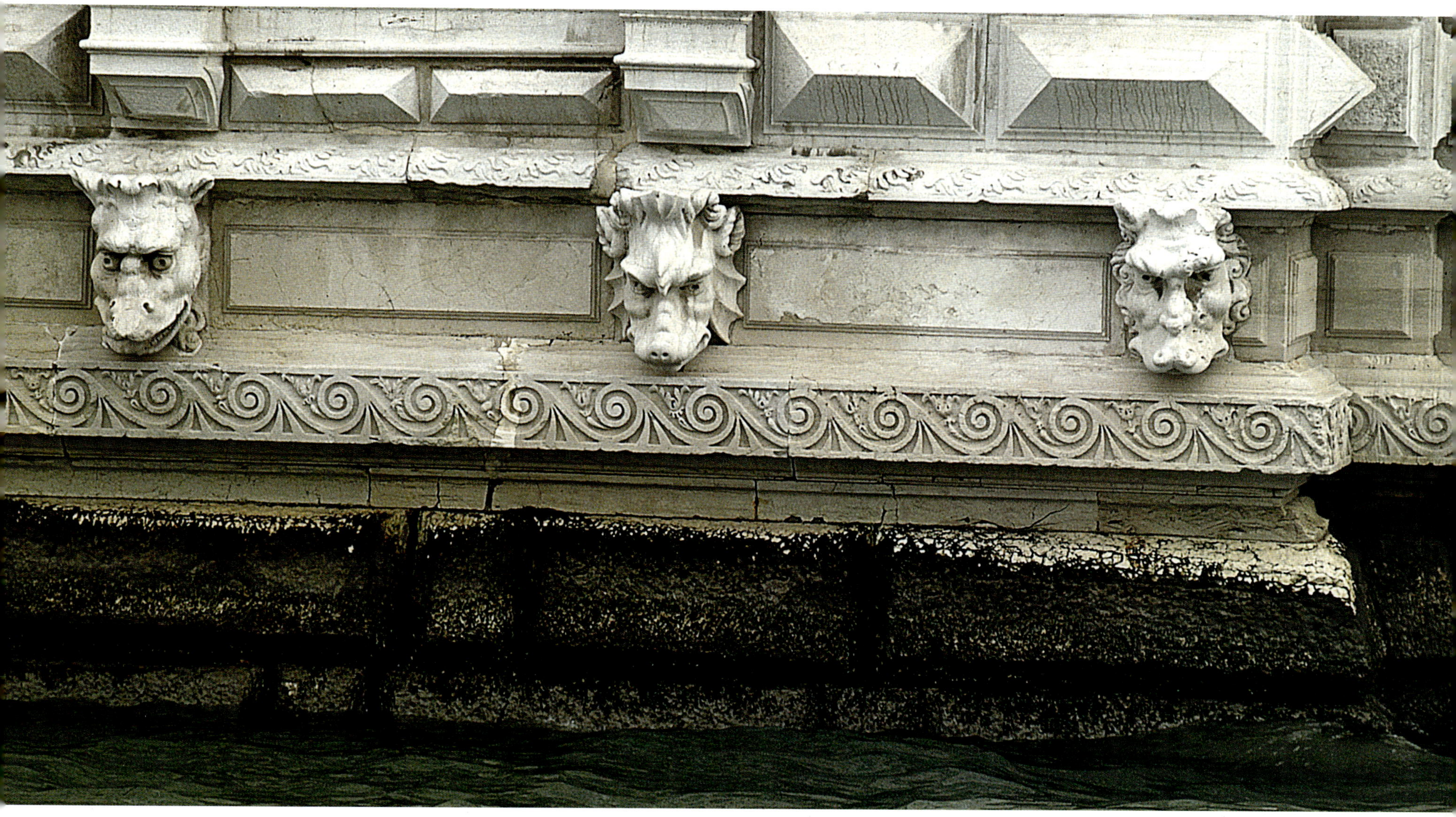

diate, vouée aux villas et aux jardins. En revanche, les villas situées sur la terre ferme seront un des axes d'expansion et d'investissement pour les capitaux vénitiens. L'épopée des villas, qui durera plus de trois siècles, débute dès les premières années du XVIe siècle. La campagne vénète en direction de Padoue et de Trévise, autour de Vérone et de Vicence, les terres dangereuses du Polesine, sises entre deux fleuves, et celles du Frioul féodal, aux traditions immémoriales, se couvrent de centaines de constructions en forme de villas : maisons, palais, granges, jardins, potagers et parcs, viviers, labyrinthes, loggias. Tout contribue à répandre la force culturelle de Venise, à imprimer le sceau d'un monde et d'une civilisation uniques. Ces architectures forgent un langage exclusif, qui sera une réussite dans le monde entier, pour s'adapter à cette sorte de nouvelle frontière à laquelle la classe vénitienne et vénète, dirigeante, patricienne et citadine, se consacre avec passion, ténacité et virtuosité ; sans parler des considérables patrimoines accumulés. Colonnes, chapiteaux, galeries et tympans, ordres rustiques et nobles, grandes fenêtres, coupoles et voûtes, pinacles et tourelles, la campagne vénète fournit le modèle qu'imiteront en chœur l'Angleterre, la Russie, la Pologne, la Virginie et la Georgie. Au cours du XVIIe siècle, on enregistre à Venise une inversion de tendance significative : contrairement à ce qui s'est passé pendant les siècles précédents, le nombre des restructurations d'immeubles dépasse celui des constructions neuves. Le tissu urbain est désormais si dense et la ville si peuplée qu'ils ne permettent plus ni maison ni palais nouveaux. La dynamique démographique de Venise fléchit parfois, elle aussi : lors de la peste de 1630, le nombre d'habitants descend à moins de cent mille ; puis il remonte assez rapidement jusqu'à près de cent quarante mille, mais sans plus approcher les pics précédemment atteints.

Venise scénographique : entre norme et invention

Les disponibilités en capitaux et le désir de renouvellement linguistique dans l'architecture et dans la décoration déterminent pourtant l'activité débordante des architectes et des peintres, des stucateurs, décorateurs, menuisiers et tapissiers. Cette Venise baroque et « excessive », scénographique et rutilante, illusoire et solennelle transparaît et triomphe de nos jours encore dans les églises et les palais par le truchement des trompe-l'œil, des architectures trompeuses, dans les scènes historiques et mythologiques, les Parnasses et les Olympes, les guerriers au repos et le fracas des épées brandies et rengainées, devant la clémence de Scipion, la magnanimité d'Alexandre, la dignité improbable des Brutus, Lavinia, Sophonisbe, Cléopâtre, de Caton et de Lucrèce.

Aujourd'hui encore, ce visage de la civilisation vénitienne poursuit et fascine le visiteur dans de nombreux palais. Il enveloppe de

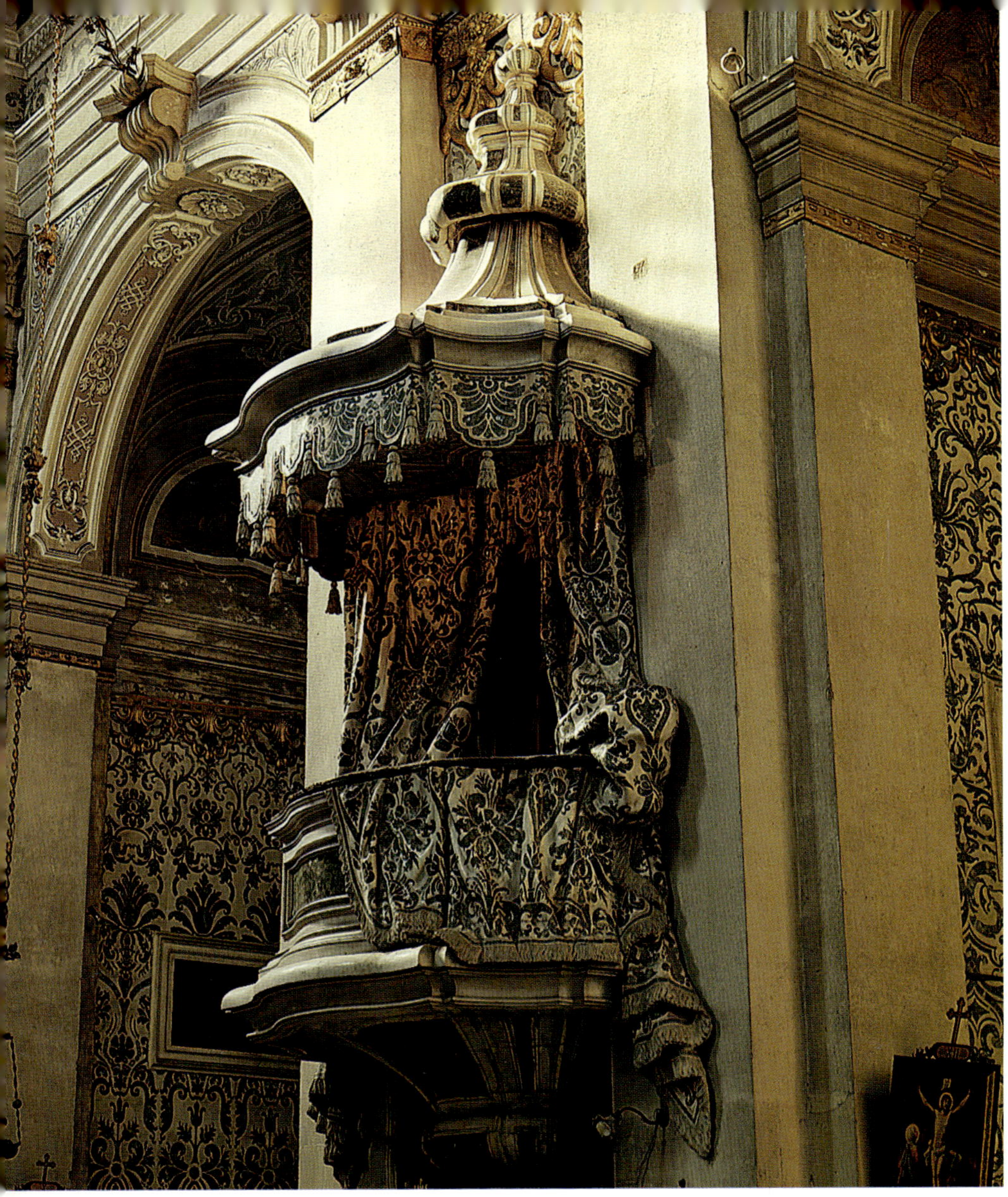

pages précédentes
Francesco Guardi, *La Pointe de la Douane*, Milan, Museo Poldi Pezzoli (XVIIIe siècle).

Baldassarre Longhena, macarons décoratifs sur la façade de la Ca'Pesaro (*ca* 1660).

ci-contre
Chaire du début du XVIIIe siècle dans l'église dei Gesuiti.

ramures marmoréennes les façades de nombreuses églises, retient et dissimule avec peine les lions et les monstres prisonniers de ces architectures artificieuses. Illusoires comme des fantasmes et audacieuses comme des métaphores baroques, les façades des églises San Moisè, dell'Ospedaletto et degli Scalzi, des palais Pesaro et Rezzonico offrent un aspect admirable et hardi de l'architecture urbaine. Mais, là-même où l'imagination se déchaîne, la bataille entre les règles et la licence n'a pas le caractère d'une explosion ; là où le besoin de rationalité demande de respecter la *ratio* de l'art de construire, les caractéristiques des matériaux et l'exigence du fonctionnel – cette exigence prévaut et triomphe dès le milieu du XVIIIe siècle –, l'élégance et l'invention, la variation et la virtuosité guident la main des architectes et les instruments des artistes pour modeler le visage et la silhouette de la Venise moderne.

Les monstres de l'Ospedaletto et les citations exotiques de la façade de San Moisè sont alors supplantés par des anges, des volutes, par l'envolée tournoyante de cours célestes qui planent sur les églises limpides et lumineuses de San Stae, della Pietà et dei Gesuati. Aux contrastes violents des clairs-obscurs succèdent la transparence des ciels de Tiepolo, la légèreté des paysages arcadiens et les nuages blancs et dorés où trônent les déités apolliniennes et les *putti* roses et sensuels. La dernière grande époque de la culture vénitienne s'ouvre avec le XVIIIe siècle ; la ville joue sur la scène internationale cette aventure finale, son ultime tribut à la conclusion joyeuse, fastueuse et jamais pathétique de l'Ancien Régime. C'est l'image la plus célèbre de la ville, ancrée dans la mémoire et l'imaginaire collectifs, et sujet d'une bruyante campagne d'autopromotion. La production frénétique des *vedutisti* (artistes qui peignent des vues *[vedute]* ; il s'agit essentiellement de Canaletto, Guardi, et Bellotto) lui assure une divulgation exceptionnelle, et une cohorte d'artistes, d'hommes de lettres et d'aventuriers, répand et célèbre le mythe de la ville libre et libertine, joyeuse et mystérieuse, cynique, cultivée, dénuée de préjugés, sur fond de noirceur. Grâce à leur personnalité, leurs connaissances et leurs talents, ces hommes véhiculent en Europe, en Russie et en Amérique la culture et la saveur de Venise. Librettiste de Mozart et de Salieri, Lorenzo Da Ponte termine sa carrière comme titulaire de la première chaire d'italien créée à New York, où il meurt en 1838. La condition de voyageur devient une connotation banale du Vénitien du XVIIIe siècle, et la plupart des artistes, qui tissent la fine toile d'araignée des déplacements, des fugues et des exils sur tout le continent, sont des voyageurs. Casanova, Canaletto, Piranèse, Rosalba Carriera, Tiepolo, Algarotti, Ricci, Pellegrini, Bellotto, Goldoni, Quarenghi et Canova bâtissent dans le monde la plus grande Venise jamais conçue, sans limites physiques, sans frontières, lieu qui se passe de l'espace et du temps, une Venise virtuelle, parfaite, détestée, inoubliable, abjecte et vertueuse. Encore une fois, mythe d'elle-même et de son histoire.

Le triomphe du XVIIIe siècle

La ville du XVIIIe siècle, célébrée par la littérature romantique et décadente – celle des foyers et des boudoirs, des théâtres et des casinos, des couvents coupables et des alcôves surpeuplées, des prisons terribles et des impitoyables tribunaux, des espions et des trahisons – ne suffit pas à dépeindre une des périodes riches et universelles de l'histoire de Venise ; pas plus que n'y suffisent d'ailleurs les innombrables artistes plus ou moins talentueux qui s'affairent sur la scène lagunaire.

En suivant d'autres rues, au fil d'autres itinéraires, on voit apparaître aussi le visage de la métropole fatiguée, douloureuse, loqueteuse et précaire, celle des métiers de la stricte survie, des hordes de

Jan Grevembroch,
Gli abiti dei veneziani :
lo « squerarolo » e lo « specchiero »,
Museo Correr (XVIIIe siècle).

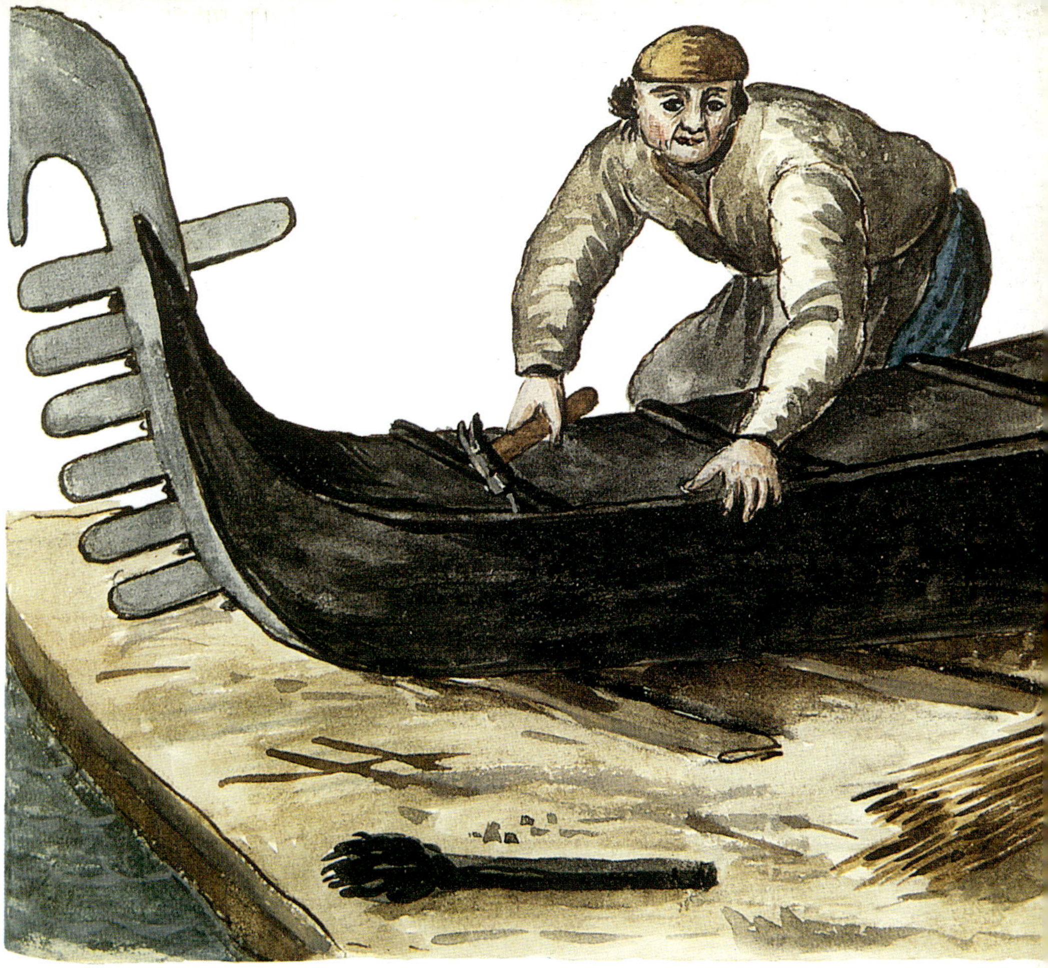

mendiants et de malades, de voleurs et de malfaiteurs, de vagabonds et de marginaux. Dans les replis secrets et parfois pathétiques de la grande machinerie urbaine, chacun d'eux découpe son espace de précarité et défend vaillamment son propre désespoir. Les souvenirs de cette Venise affleurent encore de nos jours : là où le flot du tourisme s'arrête, où les sites et les bâtiments ne suscitent pas la spéculation, où les appartements ne peuvent être utilisés comme résidence secondaire, quelques rues et quelques cours dévoilent encore des spectacles inattendus et pénibles. Comme des machines à remonter le temps, rudimentaires mais efficaces, elles nous reportent aux années de misère et de souffrance, lorsque les épidémies fauchaient en quelques semaines, ou quelques jours, des dizaines de milliers d'habitants : les terribles pestes qui exercèrent leurs ravages du XIVe au XVIIIe siècle mais aussi le choléra et le typhus, qui sévirent encore au XXe siècle, s'abattant sur une population épuisée, affaiblie par le froid et la faim, mal abritée dans des taudis dépourvus d'eau et de sanitaires, exposée à tous les dangers et à toutes les exploitations. Jusqu'en 1882, date de l'entrée en service de l'aqueduc qui dessert Venise, les citernes d'eau de pluie, publiques ou privées, assuraient presque exclusivement l'approvisionnement en eau. Les rapports du XIXe siècle sur les conditions hygiéniques et sanitaires de la ville sont souvent de terrifiants aperçus d'une monstrueuse dégradation sociale, humaine et culturelle, située dans les ruines coupables d'une grande partie des logements et de la ville entière. La prise de conscience de cette situation suscite les premières initiatives de restauration et de récupération du bâtiment architectural et social ; de ces initiatives, presque toujours dues à l'engagement philanthropique, date le début d'une nouvelle époque pour Venise qui, dans l'alternance des ombres et des lumières, connaît elle aussi des dangers et de graves problèmes. Elle conduit plus directement jusqu'à nous. La fin de la République est déterminée par l'accumulation de plusieurs causes : l'incapacité absolue de gouverner de l'aristocratie et l'impossibilité de réformer un système institutionnel sclérosé ; les pressions

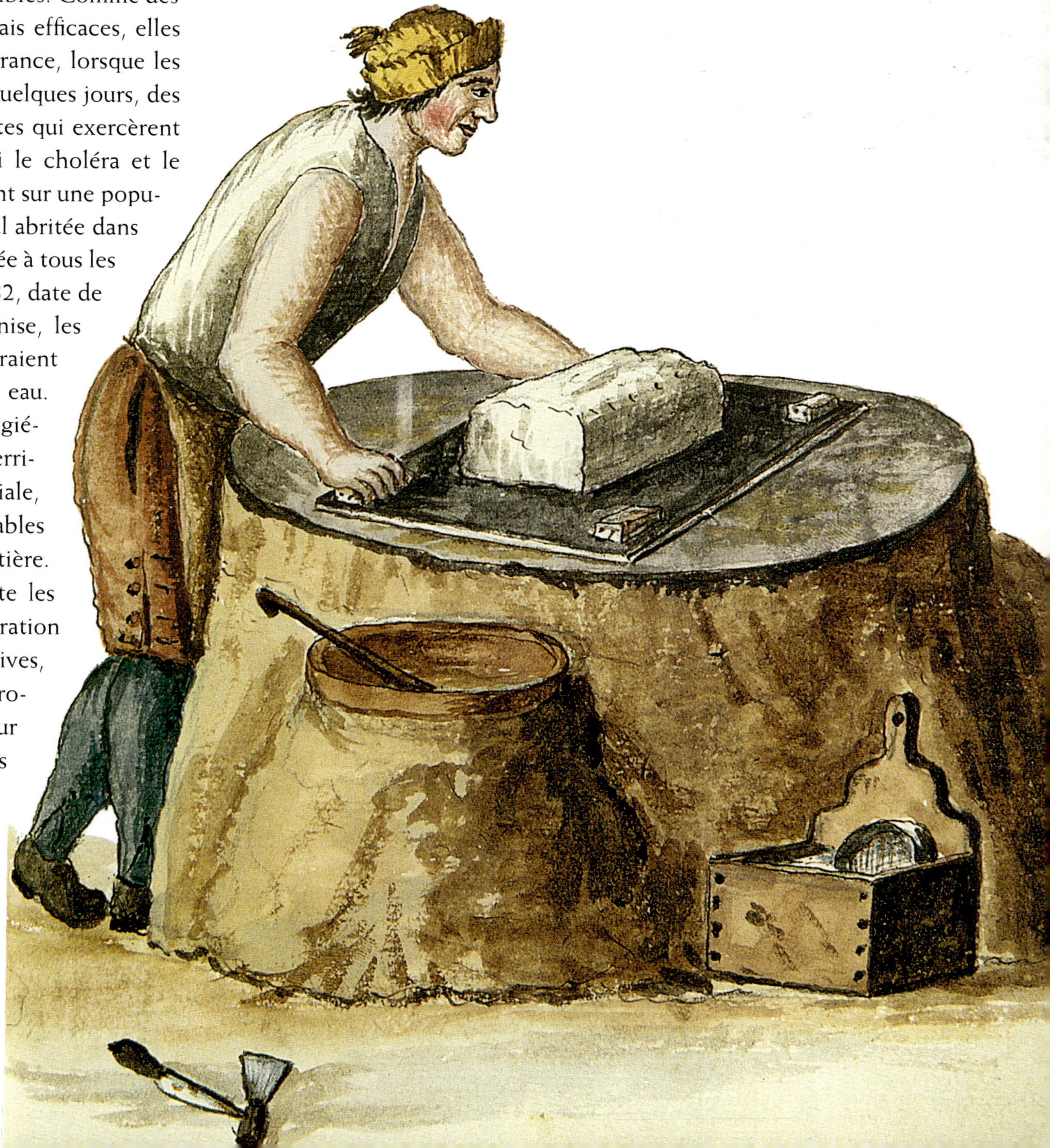

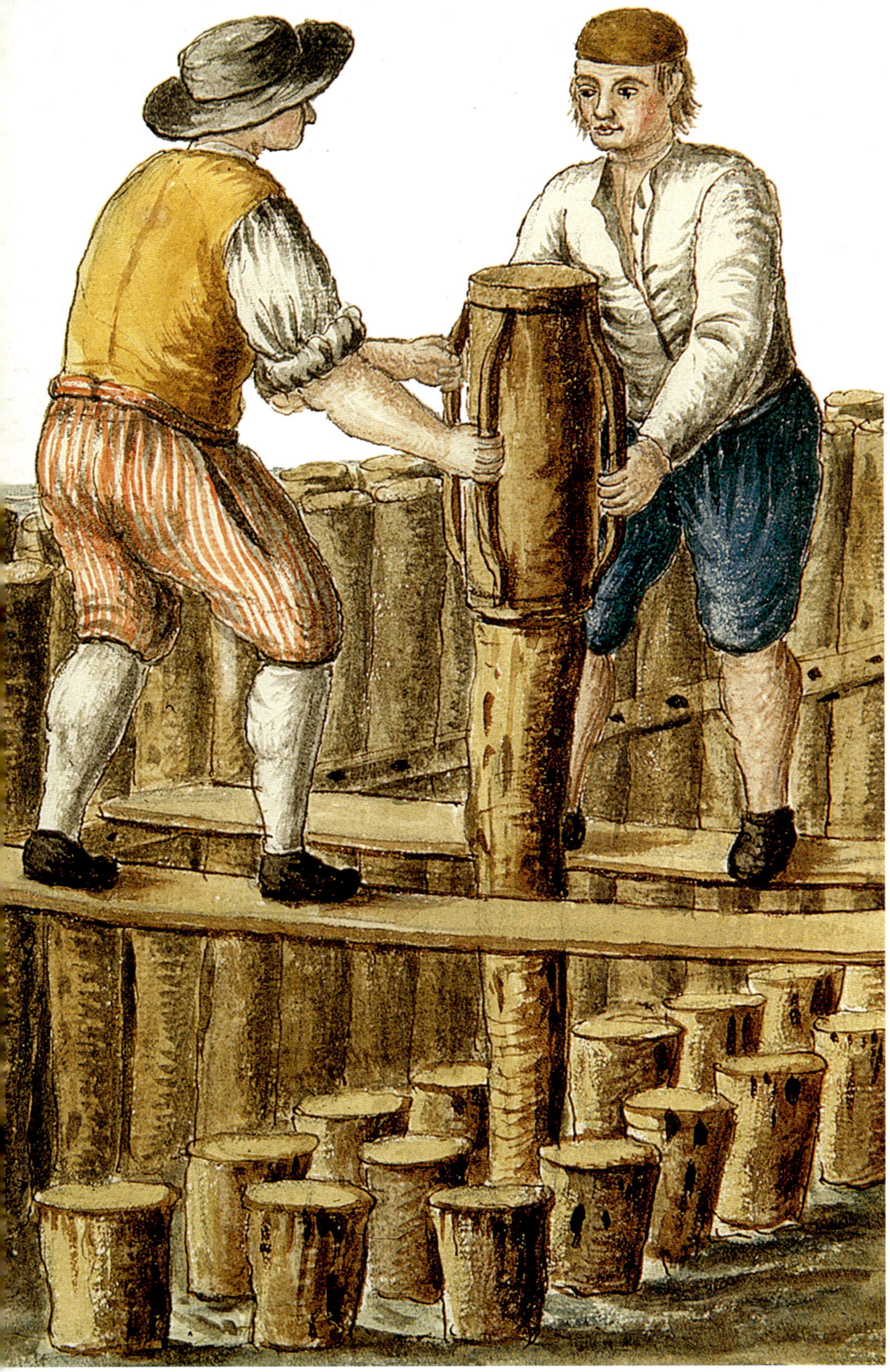

Jan Grevembroch,
Gli abiti dei veneziani : i « battipalo »,
Museo Correr (XVIIIe siècle).

ci-contre
Casino Venier, hall d'entrée,
(XVIIIe siècle).

politiques et militaires extérieures et, surtout, l'expansionnisme français ; l'intolérance prédominante des territoires vénètes à l'égard de la capitale ; les aspirations à la démocratie et à un gouvernement autonome, inspirées par la philosophie des Lumières, favorisées par des étrangers à la ville et répandues par des associations, des sectes secrètes et la franc-maçonnerie.

A la fin du XVIIIe siècle, Venise connaît une période de forte mobilisation culturelle et compte au nombre des lieux évolués du débat européen, qu'il s'agisse de thématiques artistiques, de théories architecturales, de la réflexion sur l'organisme urbain, ou du théâtre dans toutes ses manifestations : architecture, acoustique, citation historiciste, décors, rôle éducatif et fonction sociale des représentations théâtrales. D'autres questions très discutées occupent aussi le monde vénitien et vénète : les corporations, l'organisation des métiers, le protectionnisme en économie, la liberté de commerce, l'agriculture et la théorie physiocratique. Pourtant, cette effervescence intellectuelle semble déboucher sur un horizon sans devenir, envahi par le sentiment diffus et menaçant de la dernière représentation, des derniers moments pendant lesquels splendeurs et misères se mêlent et se confondent dans la conscience révélée de l'inutilité fondamentale de tout projet. Bien entendu, il serait injuste et ridicule de généraliser. Et pourtant, abstraction faite des observations abusives sur la fuite loin de Venise et la mort en exil des principaux protagonistes de la fin du XVIIIe siècle, le mal de vivre d'une civilisation sans espérance, cette sorte de malaise ultime, se perçoit à travers plusieurs indicateurs.

Cependant, le visage de la ville doit beaucoup à la seconde partie du XVIIIe siècle et à la première moitié d'un XIXe siècle tant honni ; une grande partie des interventions pratiquées pendant cette période sont d'excellente qualité. Entre la culture artistique du XVIIIe siècle rococo – le géant de la peinture européenne est alors Giambattista Tiepolo – et le monde du néoclassicisme – son champion, bien au-delà de la scène vénitienne, est Antonio Canova –, se situe, dans le domaine architectural, une époque féconde et heureuse qui a donné un visage élégant à ses églises, ses palais et ses sites urbains. Giorgio Massari est le plus talentueux et le plus actif des opérateurs vénitiens ; les églises della Pietà, della Fava et dei Gesuiti, le Palazzo Grassi et l'aile moderne de la Ca' Rezzonico témoignent de sa réussite et de son brio. D'autres architectes, tels Domenico Rossi et Andrea Tirali, s'avancent sur la voie de la récupération du langage classiciste d'inspiration palladienne ; Tirali fait au Palazzo Manfrin, à Cannaregio, l'expérience d'une architecture rationnelle et antidécorative, caractérisée par une rigueur absolue et de valeur presque idéologique.

Épilogue néoclassique

L'architecte et théoricien Tomaso Temanza signe l'objet-symbole de la nouvelle culture architecturale : la petite église sur plan circulaire della Maddalena, à pronaos classique et coupole. Inspirée du Panthéon de Rome et des projets de Palladio pour ses églises sur plan centré, ainsi que du petit temple de la villa Barbaro à Maser, la

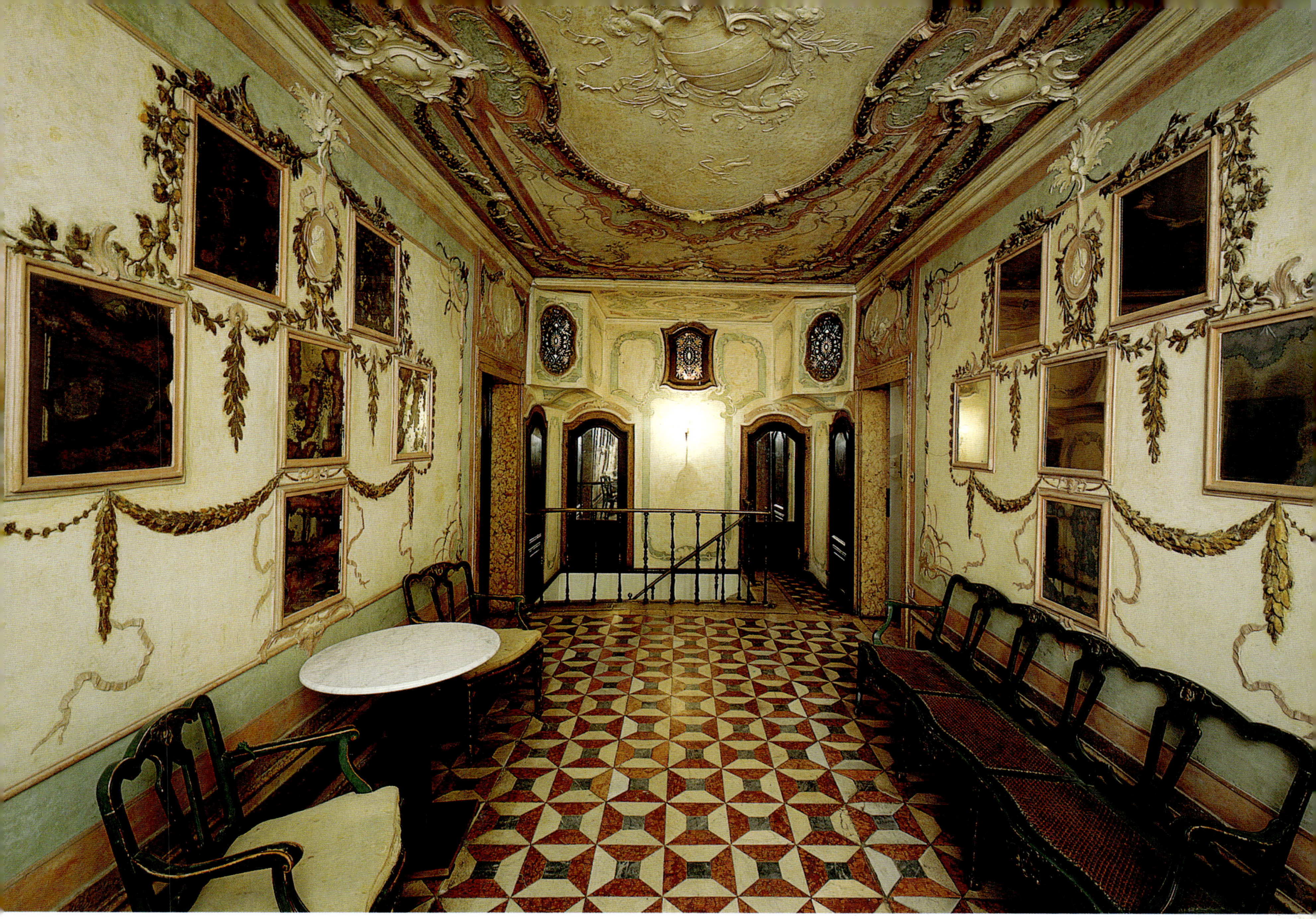

Maddalena, accueillie avec froideur en raison du traitement excessivement « laïc » du thème religieux, devient subitement point de référence important pour les générations d'architectes qui suivront. Du point de vue de l'urbanisme, la Maddalena résout avec une merveilleuse liberté l'insertion d'un édifice nouveau dans le tissu délicat du quartier. Giannantonio Selva, élève de Temanza, recueille l'héritage du maître et s'impose à l'attention des commanditaires publics et privés grâce à la réalisation, en 1792, du théâtre de La Fenice qui peut être considéré comme le manifeste de la nouvelle culture néoclassique dans la ville. Avant d'être supplantés par le goût néoclassique, qui s'imposera dans les années 1780, Tiepolo et l'éclosion de la grande décoration picturale de la fin du baroque et du rococo offrent à la ville une époque extraordinairement brillante : les cycles des églises et des scuole, les plafonds et les murs des palais et des villas, les salles de bal et les alcôves, les grands escaliers et les loges se couvrent de scènes et de personnages nés de l'imagination des décorateurs. On peut en voir aujourd'hui encore à Ca' Rezzonico, dans les palais Sandi et Labia, dans les églises della Pietà et dei Gesuati, et enfin, à la Scuola dei Carmini. L'activité des décorateurs de l'époque, qui suit celle de Tiepolo et du néoclassique, est aussi intense : des dizaines de palais, de maisons bourgeoises, de presbytères, de rendez-vous et de bureaux sont remis au goût du jour grâce à de nouveaux langages et à de nouvelles modes. Amphitrite et les Muses, les trois Grâces et la danse des Heures, Ariane et Thésée, Orphée et Icare, Achille, Chiron, Hercule au carrefour, Andromaque et Hector, Neptune, les Parques, tous sont peints sur des murs de teintes claires, entourés de grotesques néo-renaissants, mis en page entre des frises géométriques. Ces silhouettes gracieuses tissent l'ambiance et peuplent l'imaginaire littéraire de plusieurs générations de Vénitiens au tournant du XIXe siècle, moment culminant entre les ultimes fastes vénitiens et les aventures napoléoniennes, le retour à l'ordre mitteleuropéen des Habsbourg et la vague révolutionnaire de 1848. Elles animent les plafonds des théâtres et assistent aux exécutions des œuvres de Haydn dans les salons de musique ; elles font acte de présence aux réunions des savants dans les académies et dans les nobles instituts, égayent des salles de bain et des cabinets de toilette et habillent de décors aimables les boutiques de café modernes. Même les détenteurs officiels du pouvoir sollicitent les architectes et les décorateurs néo-classiques afin qu'ils illustrent les nouveaux principes démocra-

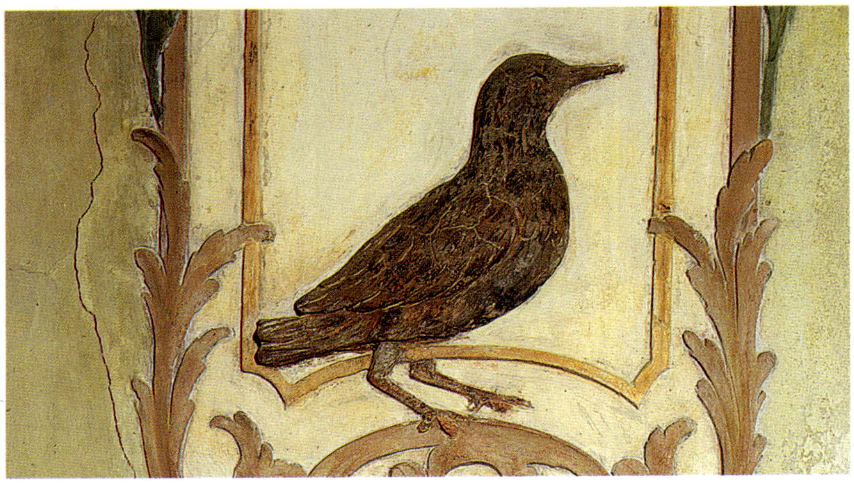

Casino Venier, détail de la décoration dans le salon d'apparat (XVIIIe siècle).

ci-contre
Giandomenico Tiepolo, *Polichinelle assoupi*, Ca'Rezzonico (fin XVIIIe siècle).

tiques ou qu'ils dessinent avec faste et élégance les décors liturgiques des épiphanies royales. Ce sont d'abord les hommes nouveaux du généreux interlude jacobin, puis Bonaparte, avec ses affirmations idéologiques impériales, enfin les représentants de l'univers inflexible, efficace, Empire tardif et biedermeier de l'aigle bicéphale des Habsbourg.

Une bataille « contre » l'histoire

L'effort majeur accompli pendant cette phase de l'histoire de la ville consiste à proposer des clés de lecture qui pourront faire oublier, ou du moins atténuer, les souvenirs liés aux siècles de la République et offrent simultanément une « réécriture » des signes urbains susceptibles de désigner et de soutenir les nouvelles fonctions assignées à la ville et à ses composantes : jardins publics, musées et académies, port franc, hôpitaux et cimetières. Dans les villes « normales », pareils objectifs donnent lieu à des opérations de démolition et de reconstruction ; à Venise, en revanche, ils signifient un effort de réinterprétation des structures existantes, d'adaptation des monuments historiques et de restructuration d'ensembles architecturaux séculaires. A cela s'ajoutent les conséquences d'une politique de suppression des ordres religieux, de confiscation de leurs biens et de concentration des paroisses. L'on comprend aisément qu'une fraction considérable de la ville ait été bouleversée directement ou indirectement en un court laps de temps : églises, couvents, monastères, scuole, hospices anciens et institutions d'aide sociale sont démolis ou affectés à des usages différents. Une nouvelle ville surgit, dotée de caractères et d'une forme parfaitement identifiables : les jardins publics dans le quartier de Castello, aujourd'hui siège de la Biennale ; le grand et unique cimetière dans les îles San Cristoforo et San Michele ; l'Accademia di Belle Arti et ses galeries annexes dans l'ancien couvent et l'ancienne Scuola della Carità ; le nouveau siège du patriarche à côté de la basilique Saint-Marc ; le port franc et les entrepôts à San Giorgio Maggiore ; une grande place d'armes, partiellement réalisée, à la Giudecca ; une disposition rénovée de certaines parties de l'Arsenal ; de nombreux canaux nouveaux entre l'Arsenal et la bouche du port, destinés aux navires de grandes dimensions ; de puissantes fortifications du côté de la mer comme de la terre ferme ; des casernes, des hôpitaux civils et militaires et ainsi de suite. La place Saint-Marc subit, aussi bien dans sa forme architecturale que dans l'affectation de ses bâtiments, les réaménagements les plus profonds. Au début, pendant les quelques mois de démocratie d'inspiration jacobine, il s'agit seulement d'effacer le souvenir du gouvernement oligarchique de l'aristocratie par de naïfs déploiements allégoriques et didactiques, ou en érigeant au centre de la place *l'Arbre de la liberté*. Par la suite, les changements se font nettement plus concrets et durables. Napoléon et sa cour veulent créer place Saint-Marc un siège du pouvoir qui fasse abstraction des vieux signes des institutions politiques vénitiennes ; il convient d'établir la cour impériale dans des espaces et des volumes qui marquent sans équivoque la présence d'une demeure royale et de le faire exactement là où, précédemment, un système délicat de poids et de contrepoids avait été instauré pour exalter et contrôler le centre du pouvoir vénitien : le personnage du doge.

Un côté de la place est démoli, en sacrifiant San Geminiano, l'église du XVIe siècle, et reconstruit sous de nouvelles formes. La Libreria sansovinienne et la Zecca sont transformées en appartements royaux ; l'aile nouvelle est dotée d'un escalier d'honneur et d'une grande salle de cérémonie. Quelques années plus tard, pendant l'ère des Habsbourg, le palais patriarcal est édifié en face de ces appartements. Les bâtiments du palais royal, le palais patriarcal et les vieux bâtiments des Procuratie sont adaptés au goût néoclassique, extérieurement et intérieurement. Une armée de peintres, sculpteurs, stucateurs, fresquistes, encadreurs, ébénistes, tapissiers, bronziers, menuisiers et sculpteurs sur marbre se charge de réécrire l'ensemble dans ce langage. Du côté du bassin de Saint-Marc, une fois démolis les anciens hangars gothiques des Granai (greniers), un délicieux jardin est créé, parsemé de pavillons néoclassiques et de belvédères : il est toujours visible, malgré les dégradations et bien qu'il soit submergé par des constructions commerciales sans intérêt artistique, liées au tourisme.

Malgré les tentatives contraires en vue de maintenir en vie puis de restaurer des formes et des dispositions au moins partielles du régime passé, la fin de l'histoire de Venise détermine une césure nette dans une continuité institutionnelle longue de plusieurs siècles ; la classe patricienne perd ses prérogatives, l'organisation

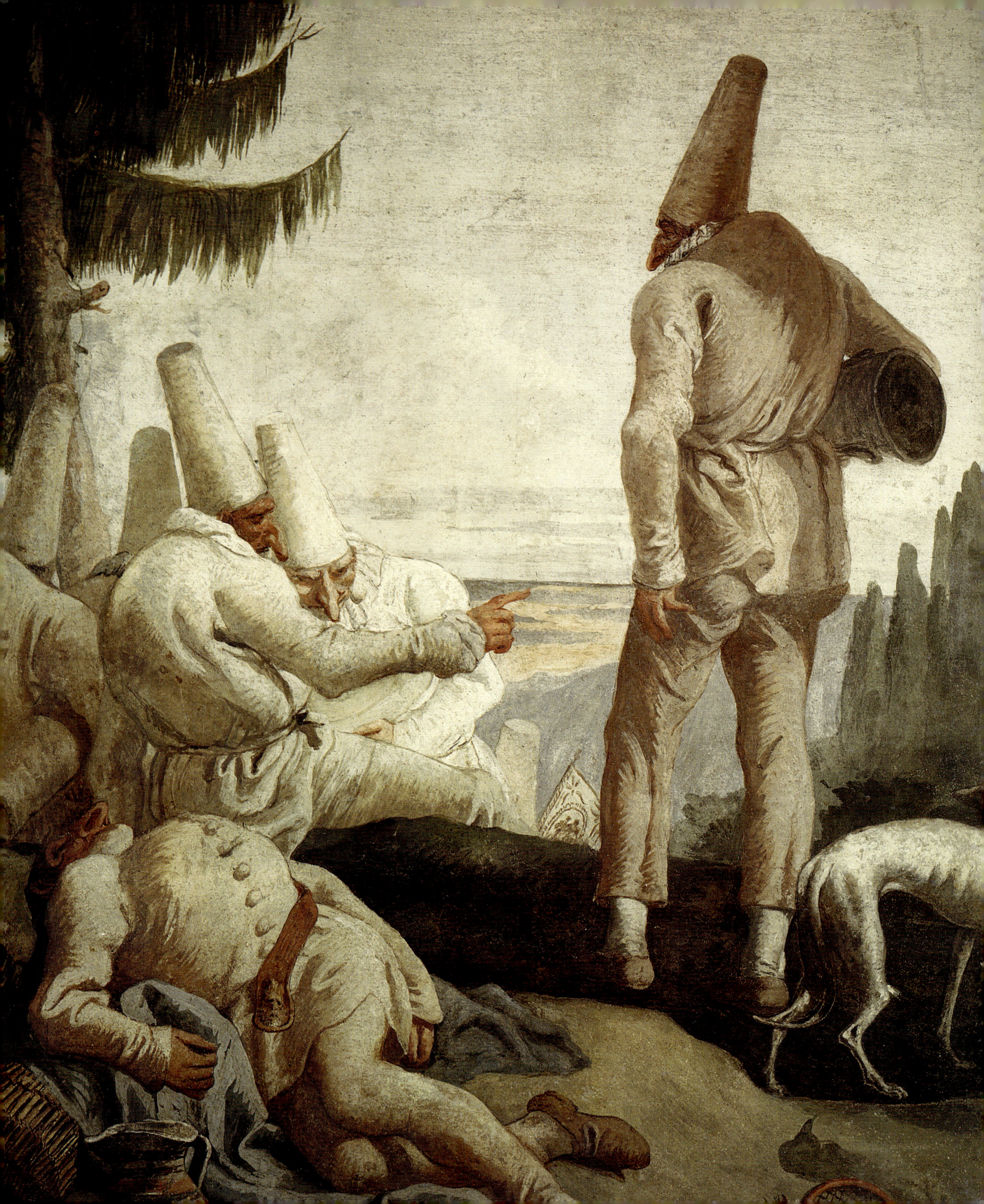

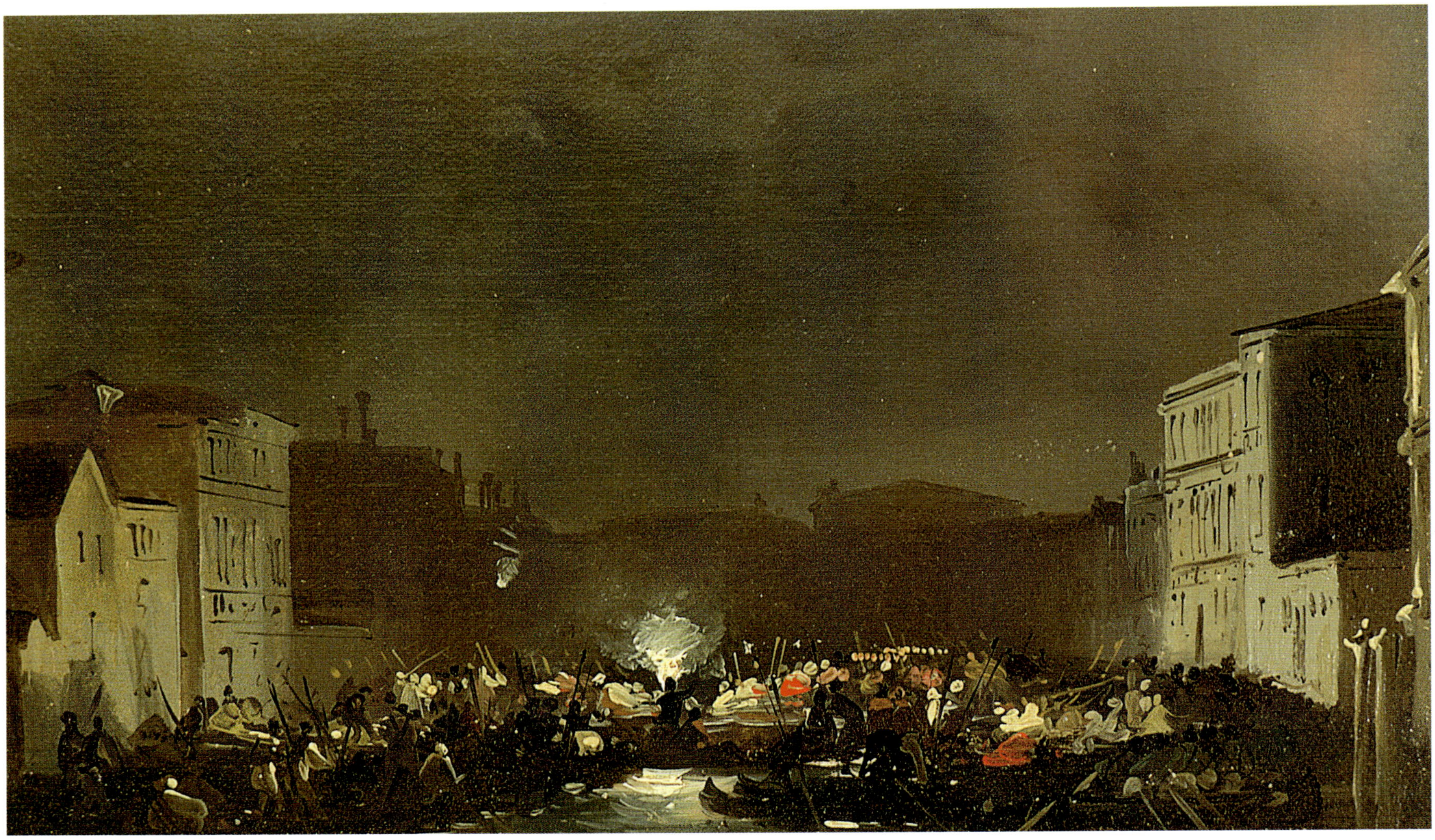

sociale en est bouleversée et l'économie révolutionnée. Plus important encore, l'État vénitien, indépendant et souverain, définitivement radié de l'échiquier international, devient une province d'entités politiques plus vastes et composites : tour à tour l'empire d'Autriche, le royaume d'Italie napoléonien, le royaume lombard-vénitien, de nouveau l'empire des Habsbourg et, enfin, le royaume d'Italie de la maison de Savoie. Avec l'interruption unique et glorieuse de la République révolutionnaire de 1848-1849 lorsque, face à l'Europe, le peuple de Venise rachète l'ignominie dont le vieux gouvernement aristocratique de 1797 s'était souillé, en résistant dans des conditions difficiles au siège et aux assauts répétés des Autrichiens qui ramènent néanmoins la ville sous le contrôle du maréchal Radetzky. Événements traumatisants, ces changements de régime et de fondement institutionnel sont aussi des facteurs de dynamisme pour l'organisme dans son ensemble ; du fait de sa forme et de son style de vie, ils parviennent à déterminer des changements profonds et irréversibles.

Arrachée à sa situation insulaire traditionnelle et poussée vers la normalité forcée d'une ville de terre ferme du XIXe siècle, Venise est contrainte de rechercher et d'élaborer les modes et les formes de sa participation personnelle à la modernité. Une tâche et un processus pénibles pour lesquels elle paie le prix fort et expérimente de profondes contradictions avant de s'engager avec un réel courage sur la nouvelle voie. A la fin du XIXe siècle, Venise reparaît sur la scène internationale, dotée d'un rôle nouveau, avec des hypothèses crédibles de rachat social et économique, avec des résultats administratifs appréciables et une capacité de projet significative et renouvelée. Que s'est-il passé pendant ce siècle de transition, de travail et de réflexion intenses ? Que réserve à Venise l'avenir, le saut dans le contemporain ?

Il n'est peut-être pas possible de répondre à ces questions sans reparcourir l'espace et le temps d'aujourd'hui, tant sont nombreux les signes laissés par la modernité. Peu de gens imaginent, en effet, que la tunique apparemment sans couture de la ville dissimule nombre de tourments douloureux et profonds, de lézardes et de discontinuités parfois dramatiques.

L'urbanisme au XIXe siècle

La ville néo-classique s'équipe de services et de structures publics, et s'organise selon les principes inspirés de l'urbanisme du début du XIXe siècle : élargissements, lignes droites, perspectives et assainissements. La commission all'Ornato surveille et corrige, donne des directives, promeut et assure la coexistence des raisons du décor public et celles du rendement. En fonction d'une politique ration-

Ippolito Caffi, *Feux de Bengale*, Ca'Pesaro, Galleria Internazionale d'Arte Moderna (1844-1849).

page suivante
Vue du Grand Canal vers le Ponte dell'Accademia, collection Turio Böhm (XIXe siècle).

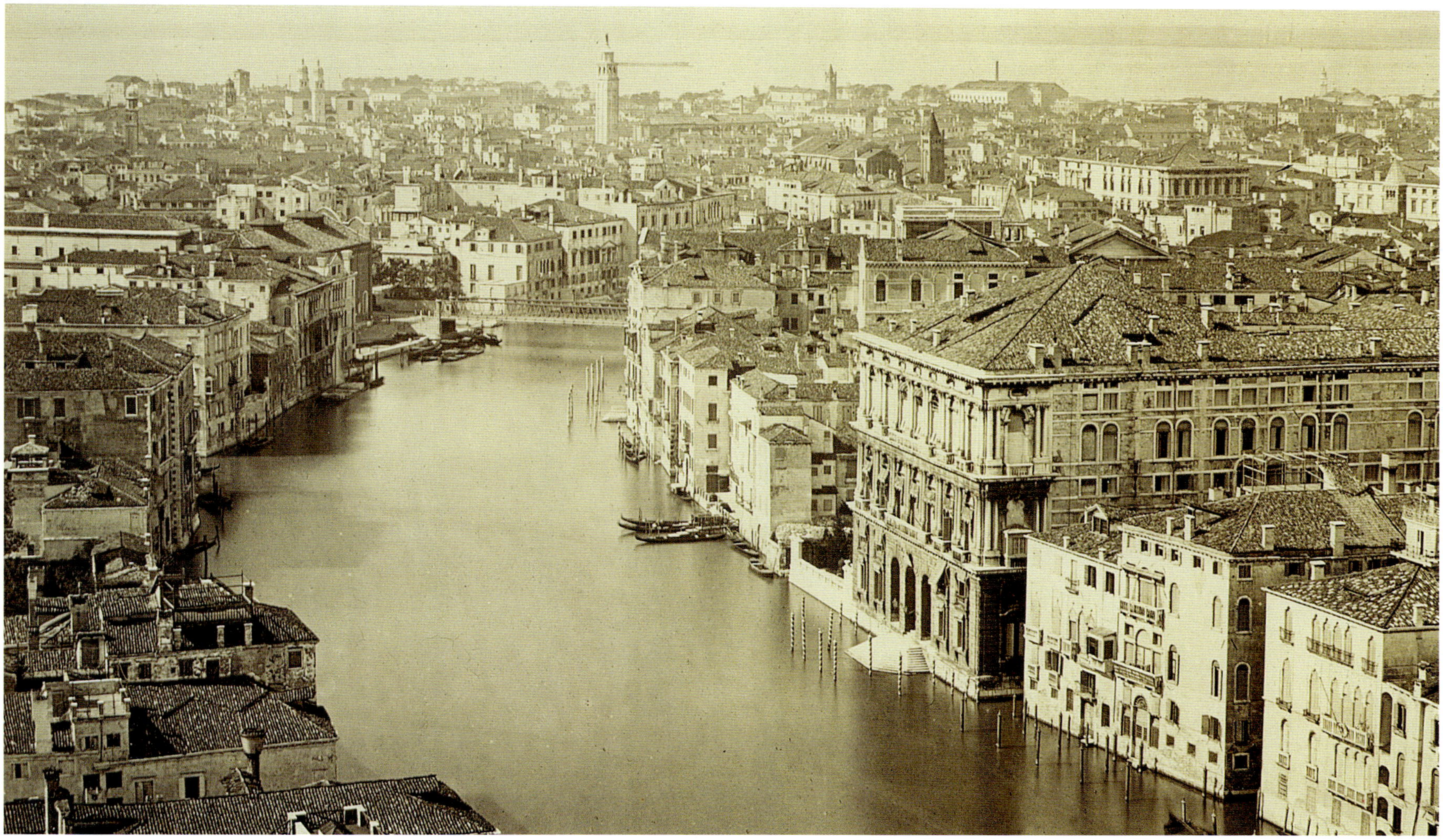

nelle de travaux publics, le gouvernement de la ville néoclassique effectue de grands travaux et rend l'organisme fonctionnel : marchés, écoles, bibliothèques, musées, hôpitaux, cimetière, espaces verts, etc. D'autre part, il procède à une simplification du système de communications qui était complexe, incommode et ramifié. Quand l'entretien de certains canaux s'avère trop coûteux et que leur abandon risque de provoquer l'apparition de dangers d'ordres hygiénique et sanitaire, il faut les combler et les couvrir. Si la conservation d'un palais exige des engagements considérables des propriétaires, ceux-ci préfèrent le démolir et vendre les matériaux de construction ; si l'ensemble des îles lagunaires semble ne pas convenir à des installations, fût-ce celles de communautés religieuses, on se persuade qu'il est nécessaire de les abandonner. De même, des églises et des couvents fort anciens sont fermés et de beaux ensembles architecturaux et décoratifs, des monuments et des abbayes systématiquement démolis. Des bibliothèques sont détruites, de célèbres collections de tableaux ou autres sont vendues ou dispersées et des archives infiniment vieilles morcelées. Là où les raisons d'une économie en crise profonde ne suffisent pas à expliquer ce qui advint alors, il faut invoquer l'avidité, la rapacité et le cynisme des propriétaires d'autrefois, des marchands sans scrupules, des nouveaux riches et des héritiers insensés.

Aujourd'hui encore, ces meurtrissures sautent aux yeux de l'observateur perspicace : le grand vide de l'immense église dei Servi, celui des églises Sant'Angelo ou Santa Maria Nova, Sant'Agostino, Sant'Antonio di Castello, Santa Lucia, della Celestia, Santa Ternita, delle Vergini, San Paterniano, San Severo, etc. Impossible de dresser la liste des palais, des demeures et des îlots entiers, bâtis à l'ancienne, qui disparurent et furent souvent remplacés par des bâtiments plus récents. Presque tout le maillage urbain, qui relie la place Saint-Marc à la zone de San Luca à travers le bassin Orseolo et, de là, jusqu'à San Bartolomeo est le résultat de démolitions et de reconstructions des XIXe et XXe siècles ; une partie importante du quartier qui s'étend de la place Saint-Marc à Santa Maria del Giglio a fait l'objet de restructurations radicales. Les grandes rues piétonnières du centre de la ville sont dues à des interventions qui datent du XIXe siècle : la première en date, qui recouvre l'important rio de Sant'Anna, fut d'abord baptisée strada Eugenia puis rebaptisée via Garibaldi ; viennent ensuite la via II Aprile à San Salvador, la via XXII Marzo à San Moisè et la Strada Nuova di Cannaregio. Les principaux axes qui traversent la ville et les liaisons périphériques entre les points névralgiques du centre furent conçus et réalisés au XIXe siècle. Ils y introduisent d'ailleurs des principes d'urbanisme propres à ce siècle : réduction des distances, assainissement, ornementation, rente foncière et spéculation immobilière. La signification fortement civique dont pouvait être empreinte l'œuvre des années napoléoniennes s'évanouit progressivement ; au milieu du siècle n'en survivent que les raisons de la rente et de la spéculation ; la philanthropie se substitue alors à l'emprise des pouvoirs publics pour assurer des conditions et une qualité de vie tolérables. Le langage néoclassique du XIXe siècle a semé ses points d'appui dans la ville et Giannantonio Selva en a été l'interprète le plus prestigieux

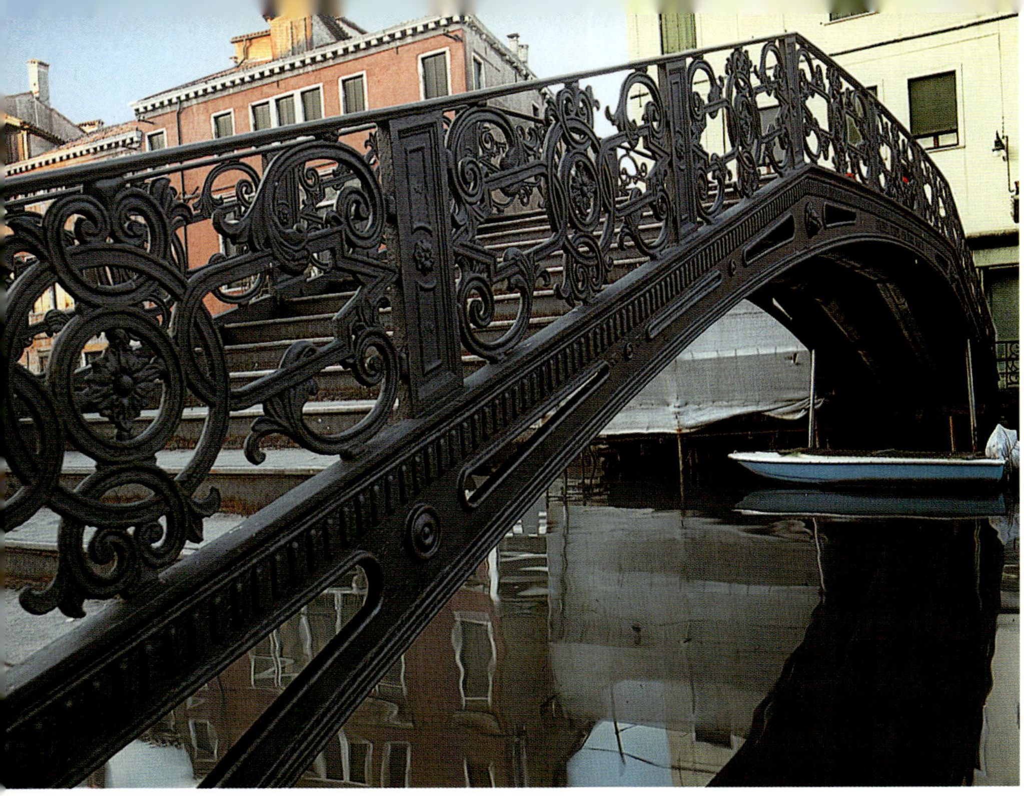

Pont en fer du XIXe siècle dans le Ghetto Nuovo.

et universel ; après le théâtre de La Fenice, il conçoit pour la municipalité les jardins de Castello et le cimetière public de San Cristoforo. Il construit l'église del Nome di Gesù et entreprend les grands travaux de l'Accademia di Belle Arti et de ses Gallerie, qui seront achevés par son élève Francesco Lazzari. L'architecte Lorenzo Santi, pour sa part, assure l'achèvement de l'Ala Napoleonica et construit le palais patriarcal et la Coffee House du jardin royal. Bon nombre d'autres architectes, dont beaucoup sont élèves de Selva, accomplissent des travaux de restructuration et de construction *ex novo*, de reconstruction et d'adaptation.

Au milieu du siècle, par ailleurs, alors que les activités d'entretien se déploient autour de nombreux ouvrages urbains, de nouveaux langages architecturaux apparaissent et l'usage de matériaux différents et de techniques avancées se répand dans la lagune. De multiples ponts sont reconstruits selon une typologie jusqu'alors inconnue et beaucoup d'autres sont réalisés en fer et en fonte. Le néoclassique perd sa position prééminente, progressivement supplanté par un néogothique qui sera bientôt explicitement reconnu comme « style national ».

Historicisme, planification, modernité

Giambattista Meduna est le champion de l'ère des historicismes concernant l'architecture et l'urbanisme de Venise. Au cours des années qui suivent l'entrée de Venise et de la Vénétie dans le royaume d'Italie en 1866, ce personnage hyperactif, universel, autoritaire et pragmatique contribue à fixer les choix en matière d'urbanisme, à créer le visage moderne de la ville du XIXe siècle et à lancer une politique de restauration d'envergure, ce qui lui permet d'altérer indûment la Ca' d'Oro, les palais Cavalli et Giovanelli, et même la basilique Saint-Marc. Meduna est emporté dans les polémiques internationales d'une violence inouïe que soulève la désinvolture de ses méthodes de travail ; l'on sait que Ruskin descendit dans l'arène de façon décisive et directe. Néanmoins, Meduna réalise quelques chefs-d'œuvre architecturaux : le grand escalier et les intérieurs du Palazzo Giovanelli, le bâtiment commercial près du Ponte del Lovo, la reconstruction et la décoration intérieure du théâtre de La Fenice. Avec Meduna, que l'on pourrait qualifier d'*inventeur* du néogothique vénitien, l'éclectisme historiciste s'affirme et la question de la restauration et de la réutilisation de l'architecture ancienne est au centre du débat.

Pendant les années 1880 et 1890, après les travaux d'une commission constituée lors de l'annexion de Venise au royaume d'Italie et dominée par Meduna, commission qui fixe les lignes générales de la future politique vénitienne d'urbanisme, l'attention générale converge sur le problème de la rédaction du premier Plan d'aménagement et d'assainissement de la ville, dont la publication, en 1891, suscite naturellement des polémiques nationales et internationales.

De plus en plus souvent, les problèmes propres à Venise deviennent le banc d'essai d'un état plus général de la culture urbaine et de ses contradictions ; le *cas Venise* paraît emblématique d'une situation plus large du monde occidental : grandeur et décadence d'une civilisation, conservation ou transformation, philologie ou interprétation, historicisme ou modernité. Cette situation paradigmatique alimente parallèlement la nouvelle réalité littéraire et mythologique du romantisme finissant, décadent, et dont le visage est double : la mort et le mystère, d'une part ; la volonté de puissance et la réaffirmation néo-impériale, de l'autre. Plan d'aménagement, tentative d'industrialisation couronnée d'un certain succès, série d'interventions d'urbanisme, lancement d'une politique de logements économiques et populaires qui conduit à la réalisation de quartiers entiers, redécouverte à des fins touristiques, balnéaires et résidentielles de l'île du Lido, agrandissement progressif et importance croissante de la gare de chemin de fer et du port commercial, avec expansion consécutive des infrastructures annexes : une bonne partie de la ville d'aujourd'hui a été dessinée et réalisée pendant les décennies laborieuses de la seconde moitié du XIXe siècle et les premières décennies du XXe siècle, fertiles en activités culturelles, en expérimentations et en réalisations. Création de la Biennale, lancement du musée d'Art moderne et de la Ca' Pesaro, restructuration des musées, création d'écoles professionnelles et d'instituts d'artisanat, l'architecture traverse avant la Grande Guerre une époque

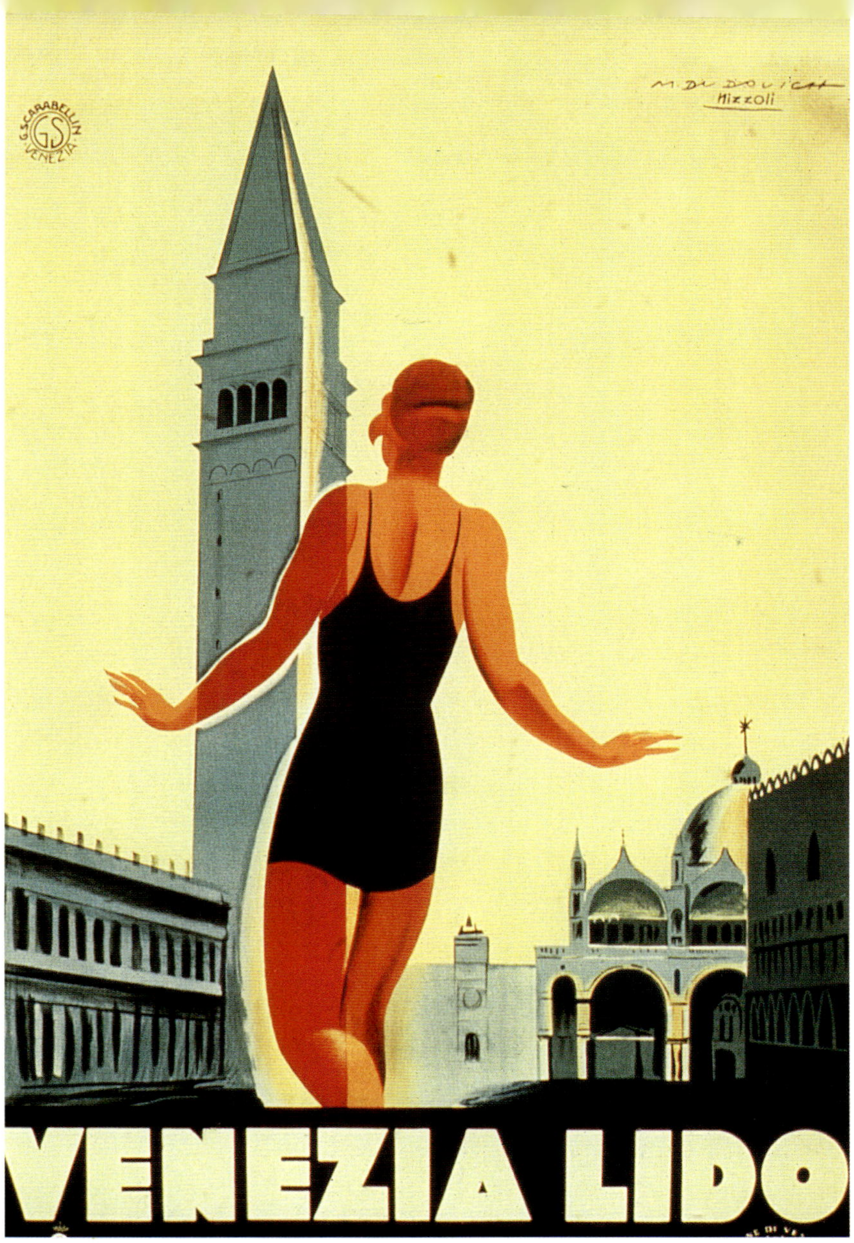

Affiche pour la saison des bains au Lido, par Marcello Nizzoli et Marcello Dudovich, Trévise, Museo Civico, collection Salce, 1931.

brève et féconde vouée à la recherche, entre suggestions néobyzantines et Wiener Werkstätten, entre Josef Hoffmann et D'Aronco. Simultanément s'amorce la création d'une structure moderne d'accueil touristique : plages, grands hôtels, agences de voyage, instituts de crédit, compagnies de navigation et yachting club. Prise entre ces lignes de conduite différentes et apparemment contradictoires, l'expérience vénitienne se consolide et se montre capable, une fois encore, de se proposer comme une réalité complexe et moderne.

Mais les bouleversements dus à la guerre interrompent ces expériences, provoquent le naufrage des illusions et l'éradication des racines anciennes. La ville garde des traces significatives de cette époque et de l'immédiat après-guerre : une grande partie de la fraction « historique » de l'urbanisation du Lido, entre les villas art nouveau et sécession, modern style et art déco, une délicieuse cité-jardin et des hôtels à mi-chemin entre la Côte-d'Azur, Brighton et Le Caire ; en ville, des quartiers populaires « de style » ou modernes, des immeubles partagés entre le néobyzantin humoristique et les décors à la Kolo Moser, des quartiers de l'île de la Giudecca en modern style rudimentaire et des villas proustiennes agrémentées à la mode de Ravenne.

Au début du siècle, une autre cité-jardin s'épanouit, constituée par les pavillons des pays étrangers dans les jardins de la Biennale, où de petits temples des Muses du XIXe siècle, qui semblent sortis d'un tableau de Böcklin, et d'excellents spécimens d'architecture contemporaine se partagent l'espace.

La ville et le territoire

Après la guerre débute une nouvelle aventure vénitienne, imposante et controversée : la réalisation d'un port industriel sur la terre ferme, dans le secteur de Marghera. Cette initiative marque fortement la vie économique et politique, l'industrialisation et l'entreprise, les structures sociales, le panorama culturel et les assises environnementales d'une entité nouvelle, l'animal à deux têtes que forment la Venise insulaire, historique, et celle de terre ferme, aussi bien sa zone industrielle que sa partie résidentielle, Mestre, en expansion vertigineuse.

Ces deux entités – zone industrielle et partie résidentielle – conditionnent à tous égards la Venise historique : l'importance des liaisons avec la terre ferme occupe le centre de la scène ; le pont de chemin de fer et, surtout, la nouvelle autoroute contraignent la ville à un mouvement accéléré d'adaptation et d'aménagement. La tête nord-ouest de Venise en est bouleversée : en fait, le terminal de l'autoroute ne s'arrête pas Piazzale Roma, où se trouvent les structures d'accueil (garages, parkings, autobus, etc.), et la liaison maritime intérieure, sans parler de celle des piétons, en est profondément atteinte. L'on a créé un tracé direct entre cette façade côtière et le centre de la ville en ouvrant le rio Novo, un canal de navigation rapide qui mène jusqu'au Grand Canal près de la Ca' Foscari.

En fait, les énormes infrastructures du port commercial de la gare maritime sont soudées au terminal de l'autoroute et forment avec le terminus ferroviaire un conglomérat qui se superpose brutalement au tissu originel. A l'autre extrémité de la ville, les installations du vieil Arsenal ont subi tout au long du XIXe siècle, puis de nouveau au XXe siècle, des travaux de modernisation et une augmentation de leur capacité qui ont accru l'extension de l'ensemble, quitte à laisser ensuite abandonnée et inutilisée une très importante fraction de zone urbaine, lorsque le port d'escale de Venise perd toute raison d'être militaire ainsi que ses chantiers navals. Toujours à l'extrémité orientale de Venise se déroule une opération impor-

Vue aérienne de Venise
et de la lagune.

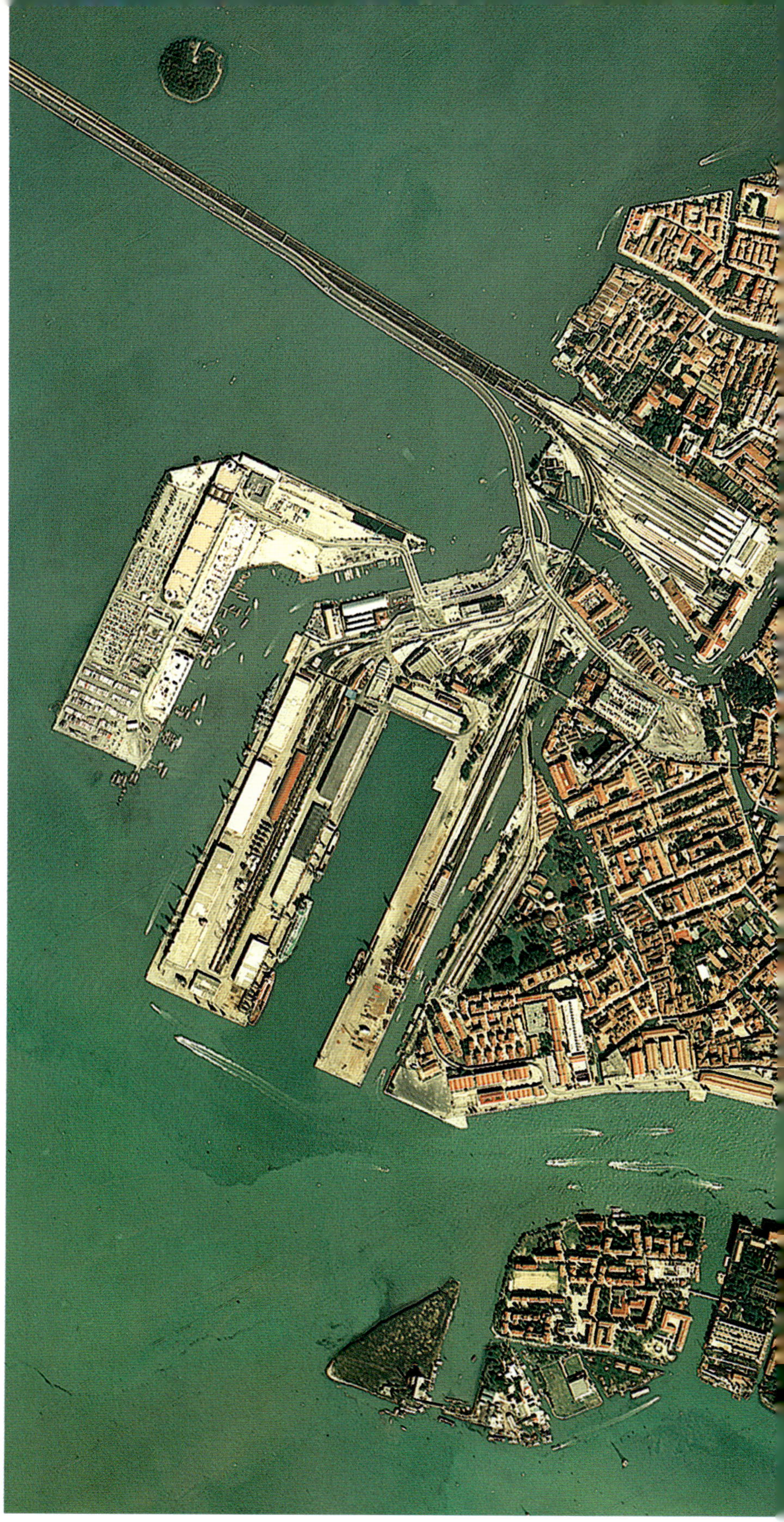

tante d'expansion urbaine ; l'on a comblé la partie de lagune qui s'étendait au-delà des jardins de la Biennale d'art afin d'édifier le quartier populaire de Sant'Elena, l'essai le plus accompli de création d'une « vénitianité » totale, mimétique et modernisée, éclectique, homogène et modulaire. L'expérience n'est pas totalement réussie, encore qu'il s'y trouve des constructions qui ne manquent pas de valeur architecturale.

Venise future

Après la Seconde Guerre mondiale, il semble que le thème dominant de l'histoire vénitienne soit celui de la maison et de l'habitabilité. La population de la ville ayant sensiblement augmenté pendant la guerre, grâce au statut d'inviolabilité qui lui est plus ou moins reconnu, il y a peu de logements par rapport au nombre d'habitants ; ils sont insalubres et dénués d'installations sanitaires. Un grand nombre d'entre eux sont situés au rez-de-chaussée et susceptibles d'être périodiquement inondés lors des marées hautes. Le problème du logement explose, tandis que s'impose toujours plus nettement celui de la restauration et de la conservation d'un patrimoine historique et culturel de même ampleur et de même densité que la ville elle-même. Architectures majeures et mineures, tissu connectif et émergences monumentales, œuvres d'art et mobilier urbain, peu à peu, tout semble en danger, menacé par les transformations et par la spéculation, par l'utilisation de techniques de restauration pas toujours appropriées et de matériaux inadéquats.

Le point de non-retour semble atteint lors de l'inondation de 1966 qui submerge entièrement Venise, les îles de la lagune et le littoral sous une marée haute qui charrie pêle-mêle vase, pétrole, mazout et détritus. La fragilité de la situation vénitienne est celle d'une vaste partie du territoire national, victime d'agressions constantes et soumise à des contraintes insoutenables : destruction de l'environnement et violation insensée des règles de gestion rationnelle et économique des ressources. A Venise, cependant, l'équilibre est encore plus fragile et précaire, s'il est possible ; et la qualité du contexte, la richesse historique et artistique de tout l'organisme et de chacune de ses parties sont exceptionnelles. Cette inondation et les mesures consécutives, lancées par le gouvernement central et des pouvoirs locaux éperonnés par l'opinion publique internationale, sont l'occasion de réfléchir au rôle, au destin et aux possibilités futures de la ville. De repenser les méthodologies dont il convient d'user pour affronter la complexité des problématiques qui pèsent sur l'antique reine de l'Adriatique, sur son environnement lagunaire et sur ses monuments. D'évaluer de nouveau les dangers qui la menacent et sa capacité d'endurer un développement économique lié à l'industrie de Marghera et au tourisme de masse, clairement susceptibles de compromettre la survie physique de la ville. Et enfin de trouver des alternatives crédibles et

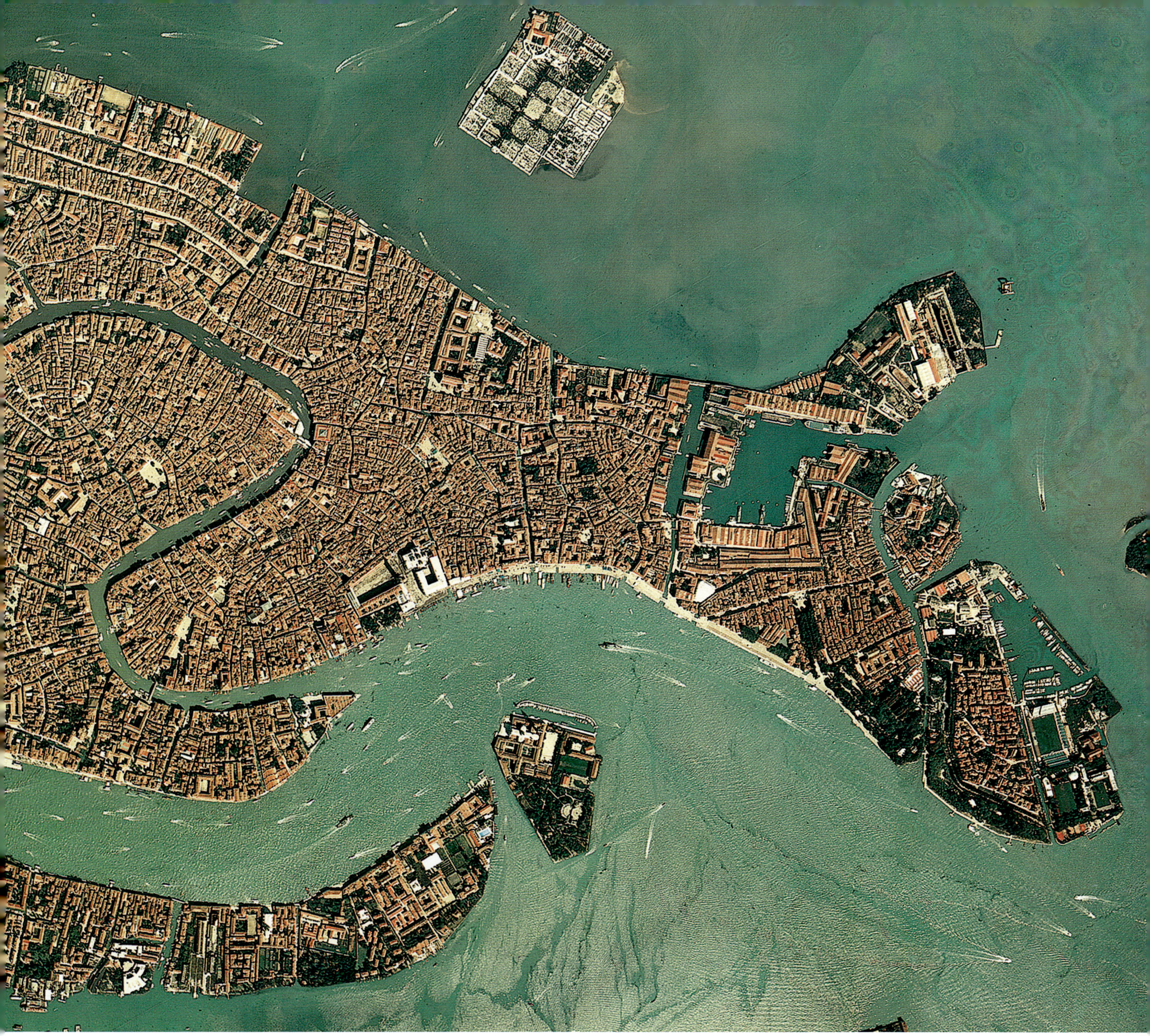

possibles afin qu'il soit donné, à nous et à ceux qui viendront après nous, de voir et de vivre l'utopie vénitienne. En marchant dans la ville, en cherchant la logique et les raisons qui régissent son présent, en questionnant les pierres et les marbres, les formes et le délabrement, les injures dont elle a souffert et les gestes d'amour qui ont adouci ces souffrances, l'on découvre une fois encore une Venise insaisissable et ambiguë, vieille comme une idole et neuve, contemporaine, souple, disponible. Chacune de ses parties est accessible aux autres parcelles dans un échange continu ; tout a un sens et tout contribue à tisser le long, l'infini, l'ineffable ruban d'une histoire si souvent achevée et aussi souvent recommencée. Nos pas nous ramènent devant le mur du campiello Angaran à San Pantalon, où est encastré le marbre à l'effigie d'un empereur byzantin, encadré de quatre coquilles abandonnées : le rébus infini du lieu d'utopie montre et cache le sens/non-sens de l'aventure des hommes libres entre le ciel et les eaux d'une *barena* qui peut se transformer en marais boueux mais peut aussi briller et resplendir « autant qu'une pierre des plus précieuses, comme du jaspe cristallin », telle la nouvelle Jérusalem du voyant de Patmos. Tout tient à un fil : la bonne volonté des hommes.

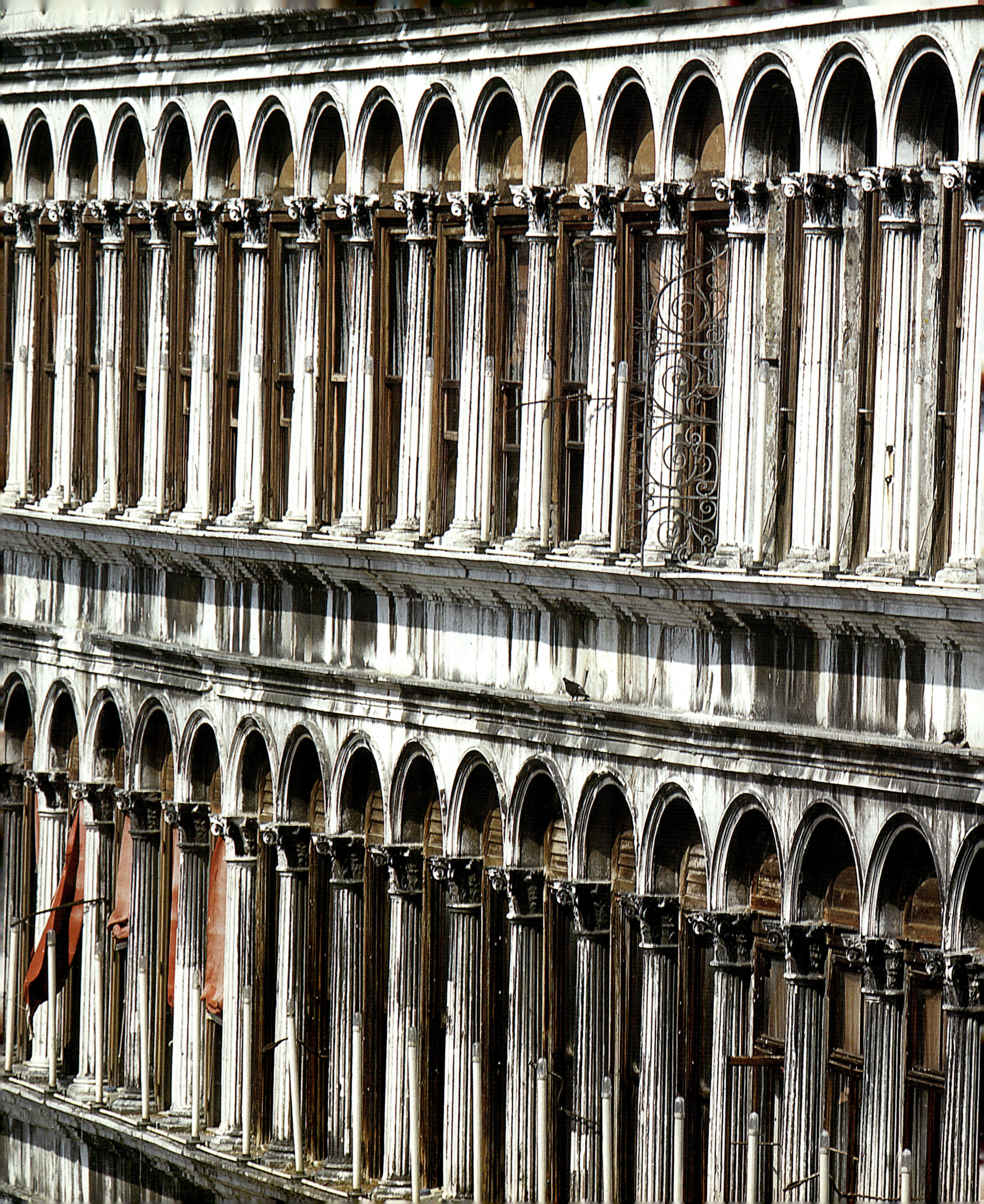

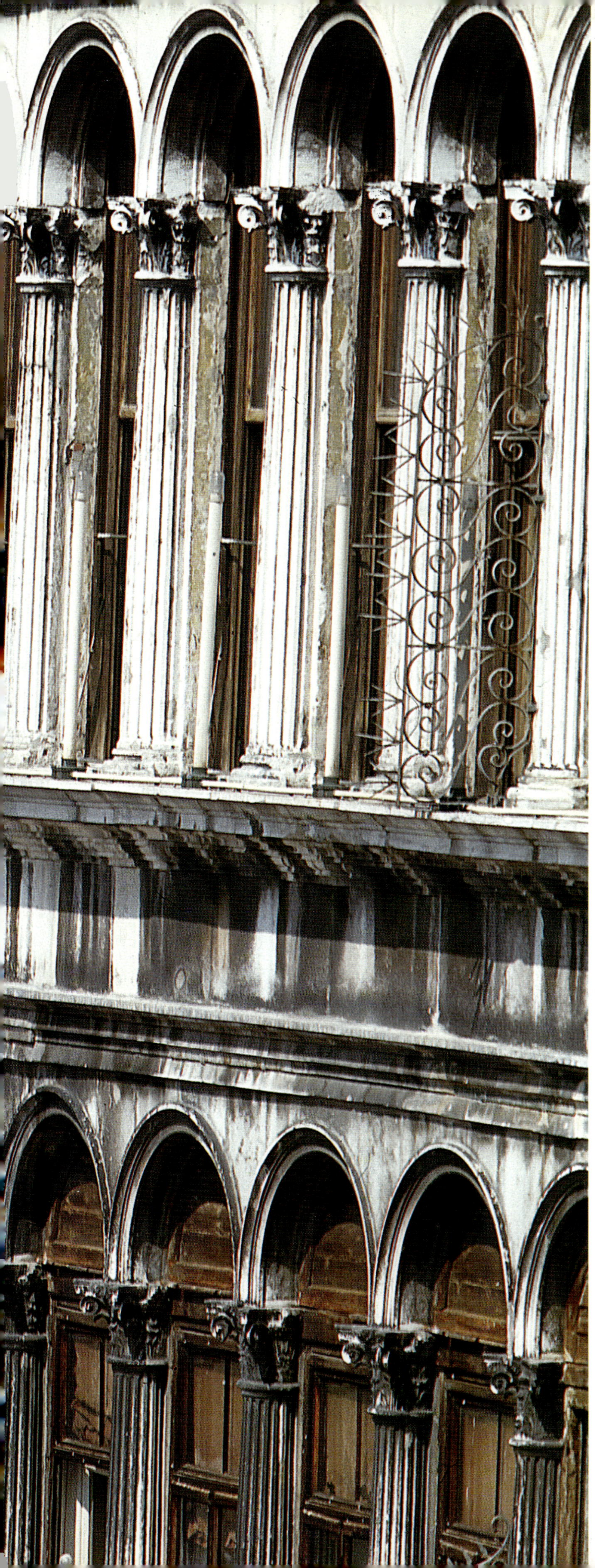

Le salon de la ville :
la « Platea Sancti Marci »

L'interminable série de qualificatifs que la littérature, les mémorialistes, l'anecdote et la poésie ont élaborée à propos de la place Saint-Marc est bien connue, peut-être même rabâchée. Ce bagage d'images originales, évocatrices, romantiques, poignantes, rhétoriques ou perspicaces composent les préliminaires et les données de base nécessaires à qui aborde la structure urbaine, savamment articulée autour du grand vide de la place Saint-Marc.

En fait, il convient de prendre en considération, séparément d'abord, puis de nouveau ensemble, les éléments simples dont est formée l'aire de Saint-Marc, les espaces et les objets architecturaux, les présences et, parfois, les absences qui font que le tout fonctionne comme une machine multiple. Cela fait penser à un discours composé de phrases et de mots dont chacun, porteur d'un message propre et défini, conditionne autant qu'il détermine le sens global et bigarré de l'ensemble. Il s'agit de réfléchir à un champ historique ou à une stratification de temps, de formes et de volontés conceptuelles, qui nous parviennent comme le résultat d'un labeur ininterrompu, encore que discontinu et parfois contradictoire. Sans oublier l'autre donnée fondamentale, à savoir que la situation actuelle n'est qu'un passage vers des dispositions et des configurations nouvelles aujourd'hui difficiles à cerner.

Les destinations fonctionnelles de l'ensemble et de ses parties ont subi dans le temps des aménagements logistiques et sémantiques radicaux et continuels. Le regroupement de fonctions et de messages concernant les destinations et les usages des *mots* et des *phrases* de Saint-Marc ainsi que le glissement des rôles et la dislocation idéologique ont peut-être été encore plus rapides et fragmentaires que dans l'ensemble urbain de Venise.

pages précédentes
Mauro Codussi,
Procuratie Vecchie.

Malgré cela, Saint-Marc constitue, dans ce contexte, un pôle auquel on ne peut renoncer, même aujourd'hui, contrairement à ce qui s'est passé pour d'autres foyers urbains frappés d'obsolescence, ou remplacés par d'autres entités (les foyers traditionnels de Rialto et de l'Arsenal ou, plus proches de nous, ceux du port de San Basilio ou la zone industrielle de la Giudecca). Le *plus* qui a conservé à Saint-Marc son caractère central est dû à la présence en ses murs de la racine religieuse fondatrice et à la qualité historique qui s'est consolidée et autoperpétuée dans cette aire, physiquement et symboliquement. A un rôle politique actif s'est substitué un rôle idéologique, une rente de situation due à la haute valeur culturelle et, peut-être, morale des lieux.

Par l'expression *aire de Saint-Marc*, nous entendons une réalité de fait, empiriquement et approximativement définie et définissable. Nous nous proposons à présent de redécouper l'étendue physique de l'aire, qui gravite autour de l'antique *platea Sancti Marci*, pour la réduire à ces espaces et à ces bâtiments qu'un enchaînement logique explicite relie dans un filet de relations évidentes. D'abord la basilique et le système tripartite des places : la place Saint-Marc proprement dite ; la Piazzetta, entre le palais des Doges et la Libreria et jusqu'à la rive du bassin, c'est-à-dire jusqu'au Molo ; la Piazzetta dei Leoncini, sur le côté nord de la basilique. De cette dernière et des monuments qui l'entourent et donnent sur elle – l'église San Basso, par Longhena, et le Palais patriarcal du XIXe siècle –, l'on accède par le beau Ponte della Canonica, bâti au XVIIIe siècle, à ce qui semble être le prolongement naturel de la basilique et de la Piazzetta, le très ancien couvent Sant'Apollonia, siège de la primatie de Saint-Marc, l'autorité religieuse nommée par le doge qui gouvernait la basilique. Du côté qui donne sur le bassin de Saint-Marc, ce bâtiment confine avec la masse dense et imposante des Prigioni Vecchie, les prisons, reliées par le Ponte della Paglia et par le célèbre pont suspendu des Soupirs au palais des Doges, siège politique, juridique et administratif de la République ; après avoir été utilisé comme palais du gouvernement et siège de bureaux et d'archives, il est devenu monument à lui-même.

Au-delà de la Piazzetta commence l'ensemble monumental et serpentin qui part de la Zecca sansovinienne, devient Libreria di San Marco, Procuratie Nuove – conçues par Scamozzi et Longhena à partir du prototype sansovinien – puis, au fond et à l'ouest de la place, se transforme en Ala Napoleonica, tourne ensuite à angle droit dans les Procuratie Vecchie et, aussitôt, se fige sur la tour de l'Horloge. Vers le bassin, au-delà de la Zecca, s'étendent les charmants jardins royaux, dont l'espace fut gagné au début du XIXe siècle grâce à la démolition des greniers gothiques ; ils sont terminés par le petit édifice en marbre de la Coffee House.

Juste derrière les Procuratie Vecchie, le bassin Orseolo, relativement récent, fait fonction de terminus aquatique. La coupe nette de la calle Larga San Marco trace la frontière du tissu urbain qui se développe autour des différentes branches des Mercerie ; cette artère urbanistiquement forte date, elle aussi, de l'intervention de Sansovino au XVIe siècle.

Pour nous résumer, l'ensemble est contenu entre l'espace aquatique du bassin de Saint-Marc au sud, le tracé de la calle Larga San Marco jusqu'au bassin Orseolo au nord, la ligne directrice qui, de là, frôle le rio della Luna et se poursuit derrière la Coffee House des jardins royaux à l'ouest et la ligne Prigioni-Sant'Apollonia à l'est. Ce quadrilatère irrégulier de trois cents mètres sur deux cents, parti de la grande façade monumentale sur l'eau, va se dissoudre vers le nord dans la fine maille urbaine des Mercerie et dans le quartier commerçant et résidentiel de San Giuliano.

Quelques éléments indépendants tiennent dignement leur place dans cet ensemble : les colonnes de granit de Marc et de Théodore, qui ouvrent la porte d'eau vers le Molo ; les pilastres sur le flanc sud de la basilique, apportés de la forteresse des croisés de Saint-Jean-d'Acre ; la pierre du ban, *pietra del bando*, située du même côté ; et surtout le campanile, avec la Loggetta sansovinienne, dont le rôle de pivot optique, référence idéologique indispensable de tout l'ensemble, est à bien d'autres égards central. Sans parler du mobilier urbain, des dallages – ceux de la basilique et de la place, celui de l'exceptionnelle perspective des Procuratie Nuove –, ni des éléments encore plus éphémères mais forts que sont l'ordonnance ornementale des façades des édifices qui donnent sur cet espace : les cafés du XIXe siècle et l'intervention de Carlo Scarpa dans le magasin Olivetti, par exemple.

L'unité de l'ensemble ainsi ébauchée, empiriquement obtenue, disent certains, a toujours été reconnue. Elle donna forme à un projet, une image et une action ; elle dut être unité de mesure et paramètre de compréhension et de jugement de l'épisode architectural et urbain de l'histoire de la ville, envisagé sous ses aspects essentiels. Parler de continuité ou de discontinuité à propos de ce cadre spatio-temporel pourrait paraître oiseux car, si la confrontation Libreria-Zecca peut surprendre, Sansovino ayant assumé la responsabilité conceptuelle dans les deux cas, on n'en est pas moins émerveillé devant l'étonnante harmonie atteinte lors des interventions conceptuelles ultérieures sur les Procuratie Nuove ou leur prolongement mimétique dans l'Ala Napoleonica. Il faudra vérifier selon quelles règles ou quels mécanismes l'ensemble se tient, et comment les renvois intérieurs constituent la trame structurelle dans la construction d'un champ riche de significations.

Pour ces mêmes raisons, la reconstitution, fût-elle synthétique, des phases qui suivirent la formation première puis la transformation ultérieure de l'organisme dans un laps de temps assez long, apparaît d'une importance particulière pour décrire et comprendre l'ensemble de Saint-Marc. Et cela moins pour souligner en termes de succession ordonnée de styles et de langages architecturaux les modifications de la place et de son environnement immédiat que pour déchiffrer la consolidation et l'évolution de l'image et du fonctionnement de cette fraction significative de la ville. De ce point de vue, les réécritures profondes de l'aire de Saint-Marc survenues au milieu du XVIe siècle ou au début du XIXe siècle furent emblématiques. Messages hautement idéologiques, ces transformations soulignent l'aptitude de cet espace à être le lieu privilégié où se manifestent les transitions, les crises et, le cas échéant, le réajustement formel, culturel et politique.

L'on a parlé de continuité spatiale et de continuité architecturale marquées par la succession des différents éléments qui composent l'ensemble de Saint-Marc. Ce flux ininterrompu de pleins et de vides, d'espaces et de signes architecturaux, de mots et de silences apparaît à bien des égards comme la forme visible d'une continuité temporelle explicite. Une continuité dans laquelle chaque partie, achevée en elle-même, conserve son autonomie mais constitue aussi l'élément de transition vers le bâtiment suivant.

La prégnance de la basilique et celle du palais des Doges sont flagrantes, mais l'histoire, la sédimentation symbolique et les incrustations rhétoriques ont pu remettre en question le rôle et le caractère central de ces lieux. Que l'on pense aux Prigioni et à la tradition noire ou romantique qui a enrobé d'une trouble aura mythique la configuration massive de ce bâtiment de pierre, sans parler des légendes littéraires, liées aux exécutions capitales, aux décapitations, aux évasions, à Casanova et j'en passe. Que l'on pense, encore, aux sombres vicissitudes du lion de bronze fiché au sommet d'une des colossales colonnes de granit tournées vers le Molo, à son transfert symbolique et désastreux à Paris pendant les années françaises de Venise. Que l'on pense, enfin, au campanile, à son effondrement en 1902 et au débat fortement idéologique qui fit contrepoint aux circonstances de ce désastre et à celles de sa reconstruction à l'identique, jusqu'à l'inauguration en 1912.

S'il est banal de répéter que l'aire de Saint-Marc représente un champ d'histoires, d'objets et de signifiés particulièrement dense et riche, il serait aussi inadéquat de ne pas relever que, sur ces quelques centaines de mètres carrés, la providence et le destin ont joué comme sur un échiquier particulièrement engageant. Et que les hommes qui ont endossé les rôles de ce jeu ont interprété leur partition avec zèle et avec un exceptionnel sens théâtral.

Jusqu'au XIIIe siècle, les dimensions de la place étaient nettement inférieures à ses dimensions actuelles : un canal, dont les boyaux du sous-sol gardent la trace, divisait l'aire en deux parties. Aujourd'hui, le bâtiment le plus ancien de l'ensemble est la basilique, qui est pourtant la troisième des constructions documentées de Saint-Marc ; de plus, son aspect extérieur fut transformé par l'ajout d'ornements gothiques et de mosaïques modernes.

Même le palais des Doges est issu du réaménagement d'une structure fortifiée beaucoup plus ancienne. Rapidement, il rassembla dans une masse unique le palais du gouvernement et le palais de justice, puis, pour finir, la résidence du doge et la prison publique. Il fut à plusieurs reprises endommagé par des incendies, et gravement compromis par le feu en 1576 ; ses parties détruites furent reconstruites d'après le modèle préexistant, l'idée d'une reconstruction de style moderne, émise par Palladio, ayant été rejetée.

La réécriture profonde de la place, exécutée par Jacopo Sansovino ou selon ses suggestions explicites, remonte aux années 1540 : une fois le campanile isolé – il était auparavant englobé dans la continuité de la façade sud de la place – et la façade tournée vers la basilique sensiblement élargie, le Molo, la Piazzetta et la place Saint-Marc prirent leur forme actuelle. Quelques nœuds linguistiques et certains pôles perspectifs déterminèrent de nouvelles axia-

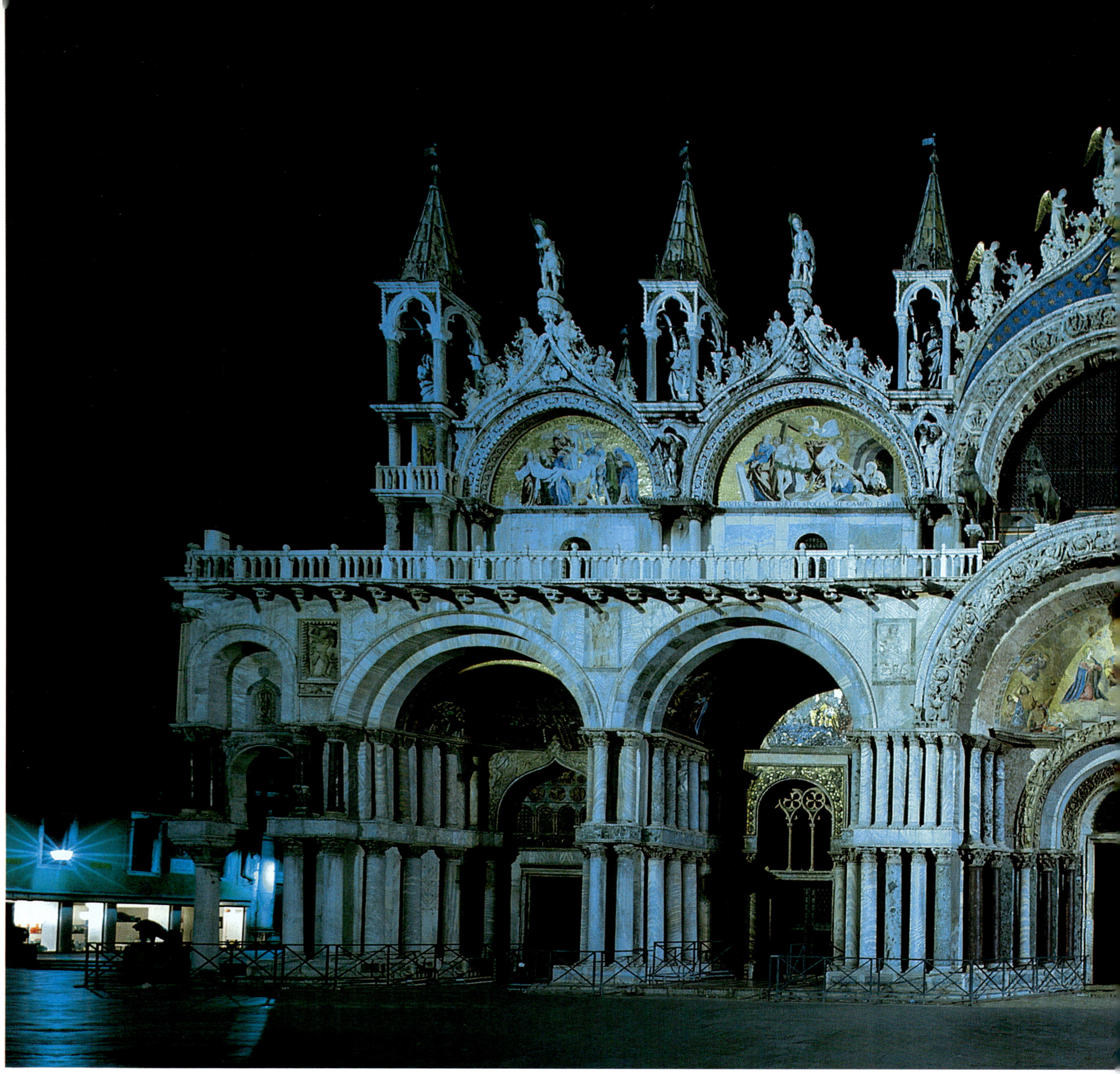

lités et de nouveaux arrangements sémantiques : le langage classique et antique de la Libreria, avec les problématiques typiques de la Renaissance concernant l'utilisation correcte des ordres ; la situation stratégique de la Loggetta au pied du campanile ; le rapprochement volontairement dissonant entre Libreria et Zecca ou entre Libreria et Procuratie Nuove. Ces thèmes et bien d'autres passionnèrent les érudits, provoquant de violents heurts idéologiques entre différents camps – partisans de la papauté, anti-impériaux et francophiles – pour ou contre une oligarchie rigide ou tempérée, un immobilisme institutionnel rigoureux ou encore des réformes de portée et d'orientation différentes. Déjà, au tournant du XVIe siècle, la construction de la tour de l'Horloge et des Procuratie Vecchie avait témoigné d'une option en faveur d'un langage architectural inscrit dans la continuité de l'histoire vénitienne, et d'une autonomie linguistique, reflet de l'autosuffisance culturelle dont la ville était fière mais qui succomba face à la force évocatrice et programmatique du langage architectural retrouvé de la Rome antique (et moderne).

La nouvelle et profonde réécriture a lieu lors de la chute de la République : l'érection de *l'Arbre de la liberté*, révolutionnaire et républicain, planté en 1797 sur le modèle français, marque la sortie de Venise de son immobilisme, hors d'un Ancien Régime désormais décrépit, mais elle ouvre la porte aux aventures institutionnelles,

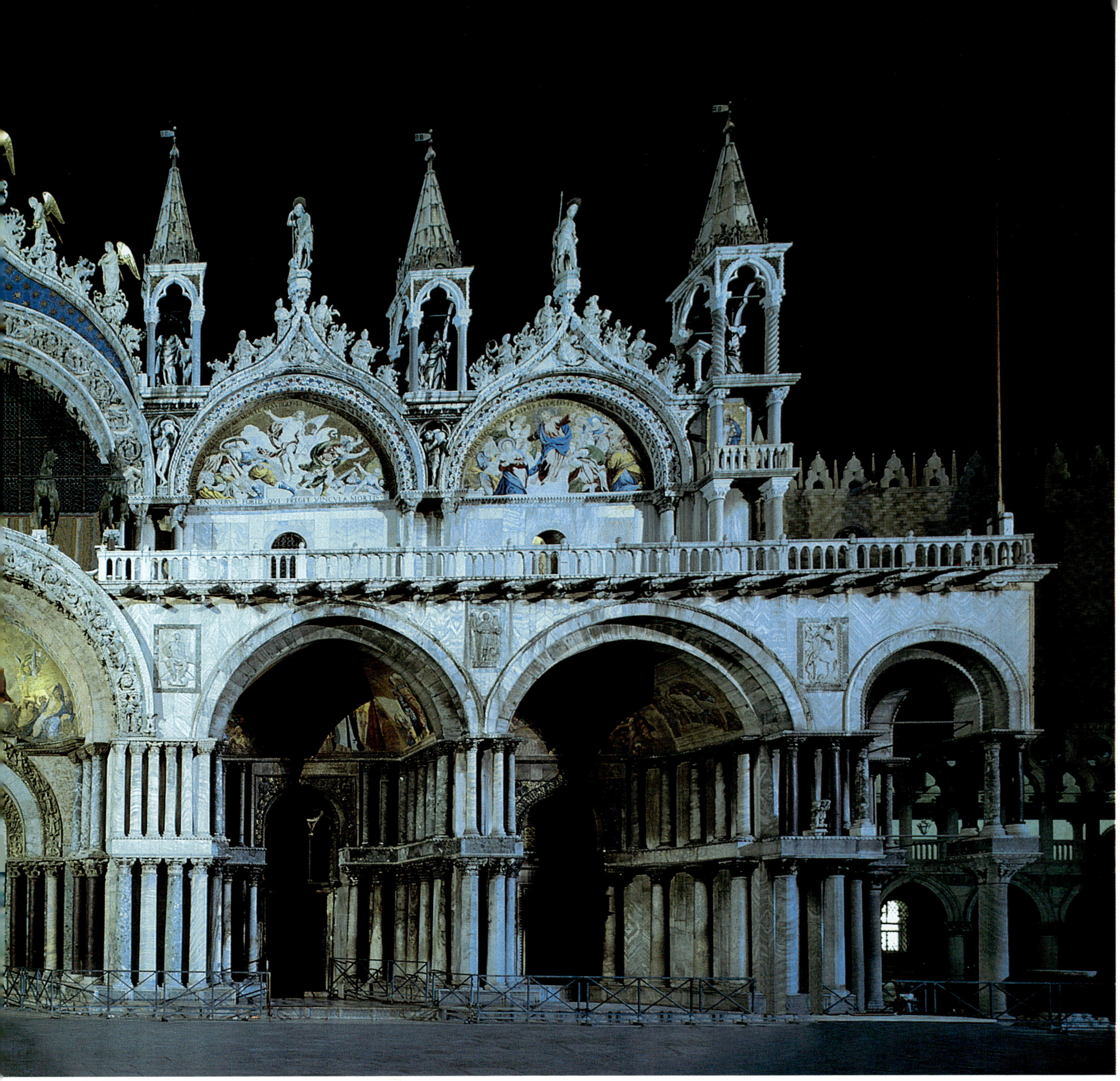

architecturales et urbaines. Ces dernières ne sont pas toujours de qualité. La place est transformée par la démolition de son côté ouest, qui permet la création d'un escalier monumental et des salles d'apparat du palais napoléonien (à partir de 1807), puis habsbourgeois. Dans les années 1840, la résidence du patriarche est édifiée le long de la basilique à la place de quelques maisons anciennes. Et sur le Molo, les vieux greniers gothiques, abattus en 1807, font place à un jardin et à quelques petits pavillons destinés à la cour. Depuis, d'autres transformations ont marqué le centre historique de Saint-Marc : l'éclairage au gaz installé en 1843, la reconversion de nombreuses et vieilles auberges en cafés typiques des XIXe et XXe siècles, l'exode des multiples boutiques – boucheries, cordonneries, marchands de perruques, ateliers d'artisans – pour faire place aux articles pour touristes. Mais, ce qui a le plus radicalement changé, ce sont les bénéficiaires de ce lieu que les architectes du XVIe siècle voulaient rendre semblable à un forum à l'antique, que ceux du XVIIIe siècle avaient décoré comme un tapis, dont Napoléon désirait qu'il fût la scène de l'épiphanie impériale, que l'époque bourgeoise aimait comme le grand salon de ses petites vanités, qui assista pendant les vingt ans du fascisme à des réunions océaniques de foule, avant de célébrer avec un calme austère, en 1945, la joie de sa dignité civile et morale retrouvée.

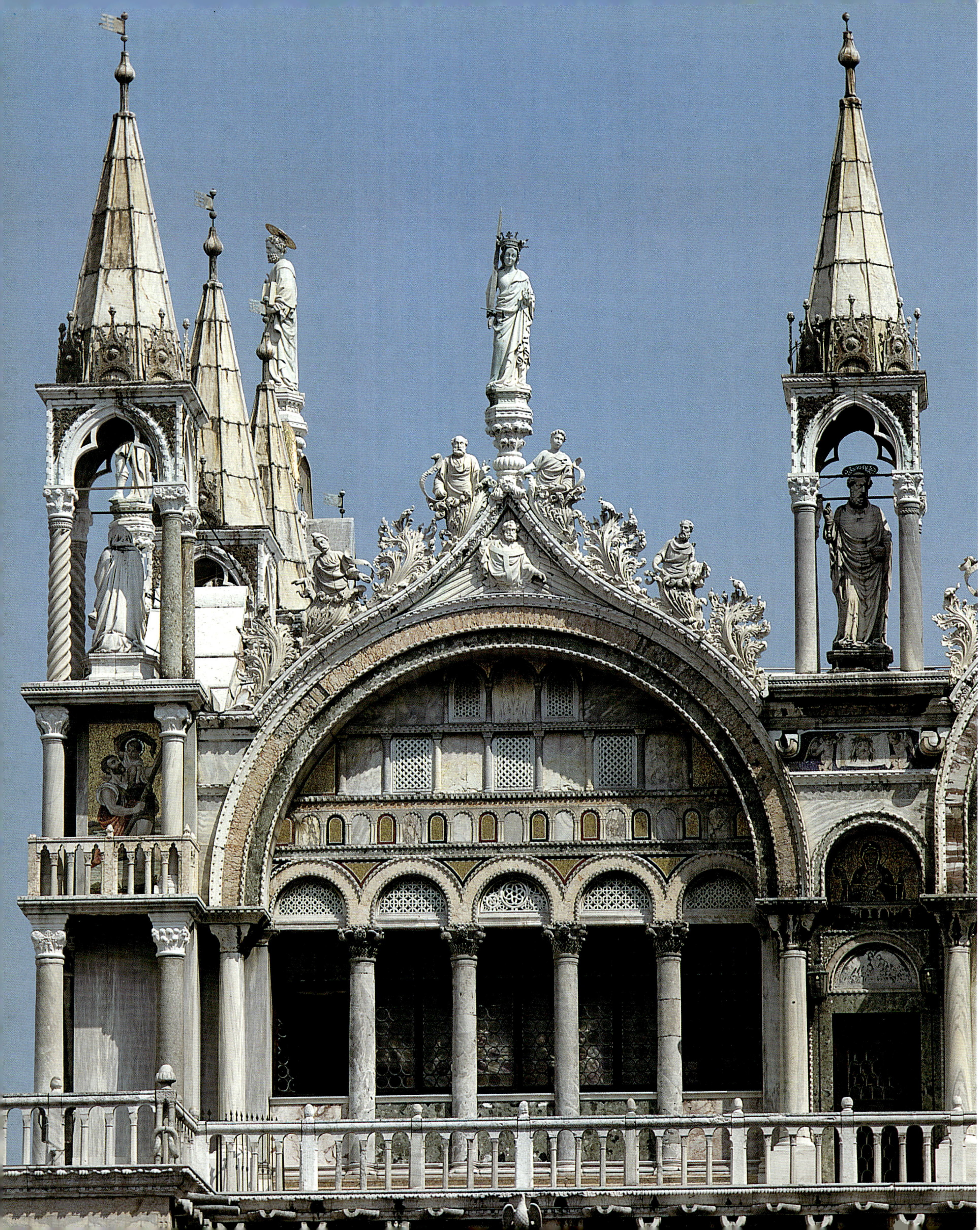

Basilique Saint-Marc

Érigée en 832 par les premiers doges, les Partecipazio, pour abriter les reliques de saint Marc, dont s'étaient clandestinement emparés des marchands vénitiens, en 828 à Alexandrie, la basilique assure la fonction de chapelle du palais des Doges. Une première reconstruction intervient sous le dogat de Pietro Orseolo dit le Saint, après l'incendie de 976. L'édifice actuel, bâti en 1063 sous le gouvernement de Domenico Contarini, prend pour modèle la basilique impériale des Douze Apôtres à Constantinople, aujourd'hui disparue. La somptueuse façade, riche en mosaïques, larmiers, pinacles, clochetons et sculptures, culmine dans le groupe de quatre chevaux de bronze d'époque hellénistique qui la surmonte, butin du siège de Constantinople en 1204. Au portique du narthex à cinq arcatures correspondent les trois portails de la basilique. Le portail central, constitué de trois arcs extradossés, est richement orné sur ses faces comme sur ses intrados.

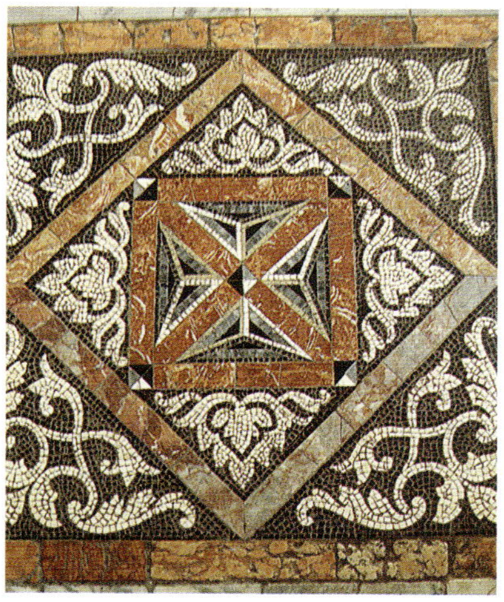

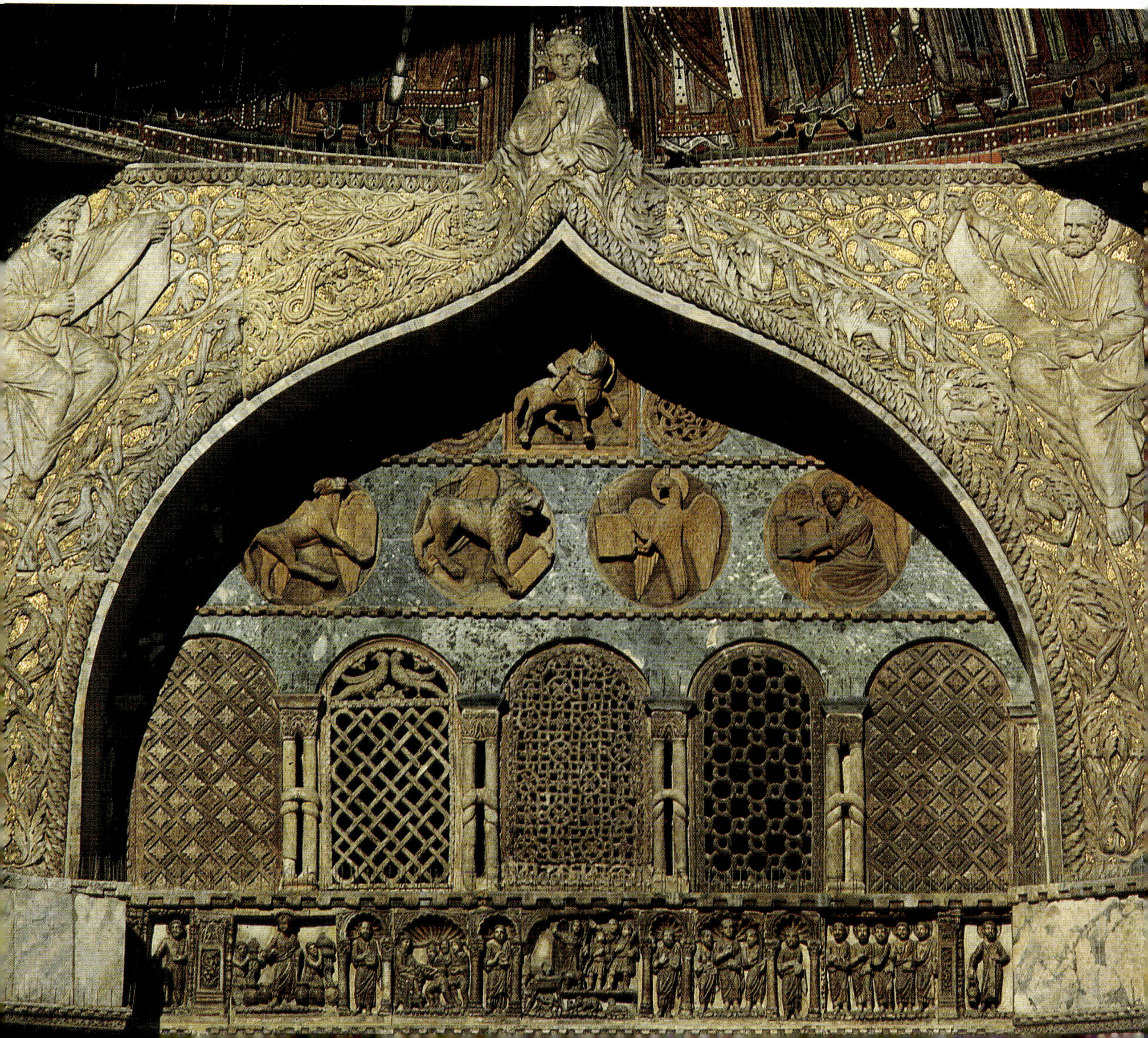

Les artisans vénitiens qui ont réalisé les sculptures romanes se sont inspirés de l'œuvre de Benedetto Antelami, auteur de celles des cathédrales de la plaine du Pô. Les superbes revêtements en marbres rares d'Orient sont commandités par le doge Vitale Michiel II au XIIe siècle, de même que les célèbres mosaïques, qui vaudront à la basilique son appellation de Basilique d'or, et qui s'inspirent de celles de Ravenne. L'édifice à plan centré en croix grecque, couronné de cinq coupoles, comprend une nef principale et deux bas-côtés surmontés par des galeries et des gynécées. La coupole de l'Ascension, située dans la croisée du transept, remonte au XIIIe siècle et représente le Christ bénissant dans un habit doré, placé au centre d'un anneau de lumière et un ciel étoilé, entouré par quatre anges. Le sol est une extraordinaire mosaïque de marbres du XIIe siècle, partiellement refait par la suite et posé selon deux techniques différentes : l'*opus tessellatum*, composé d'éléments de dimensions différentes mais taillés avec régularité, et l'*opus sectile*, qui réunit des fragments minuscules irréguliers de pierres différentes, et qui est généralement utilisé pour réaliser des motifs zoomorphes et géométriques. Le jubé gothique de 1394, en marbre rouge de Vérone, sépare la nef du chœur. Sur l'architrave, surmontée d'une grande croix en argent, sont placées les statues en bronze de la Vierge, de saint Jean l'Évangéliste et des douze Apôtres, œuvres de Jacobello et Pierpaolo Dalle Masegne. La chapelle Zen fut érigée en l'honneur du cardinal Giambattista, neveu du pape Paul II, qui obtint d'être enterré ici grâce à un important legs consenti à la République ; elle est richement décorée entre 1504 et 1521 par Antonio Lombardo, Paolo Savin et par le fondeur Paolo Campanato. Entre gothique flamboyant, Renaissance et maniérisme, Michele Giambono, Paolo Uccello, Andrea del Castagno, Le Tintoret et Palma le Jeune ont œuvré dans la basilique. Depuis 1807, elle est siège épiscopal.

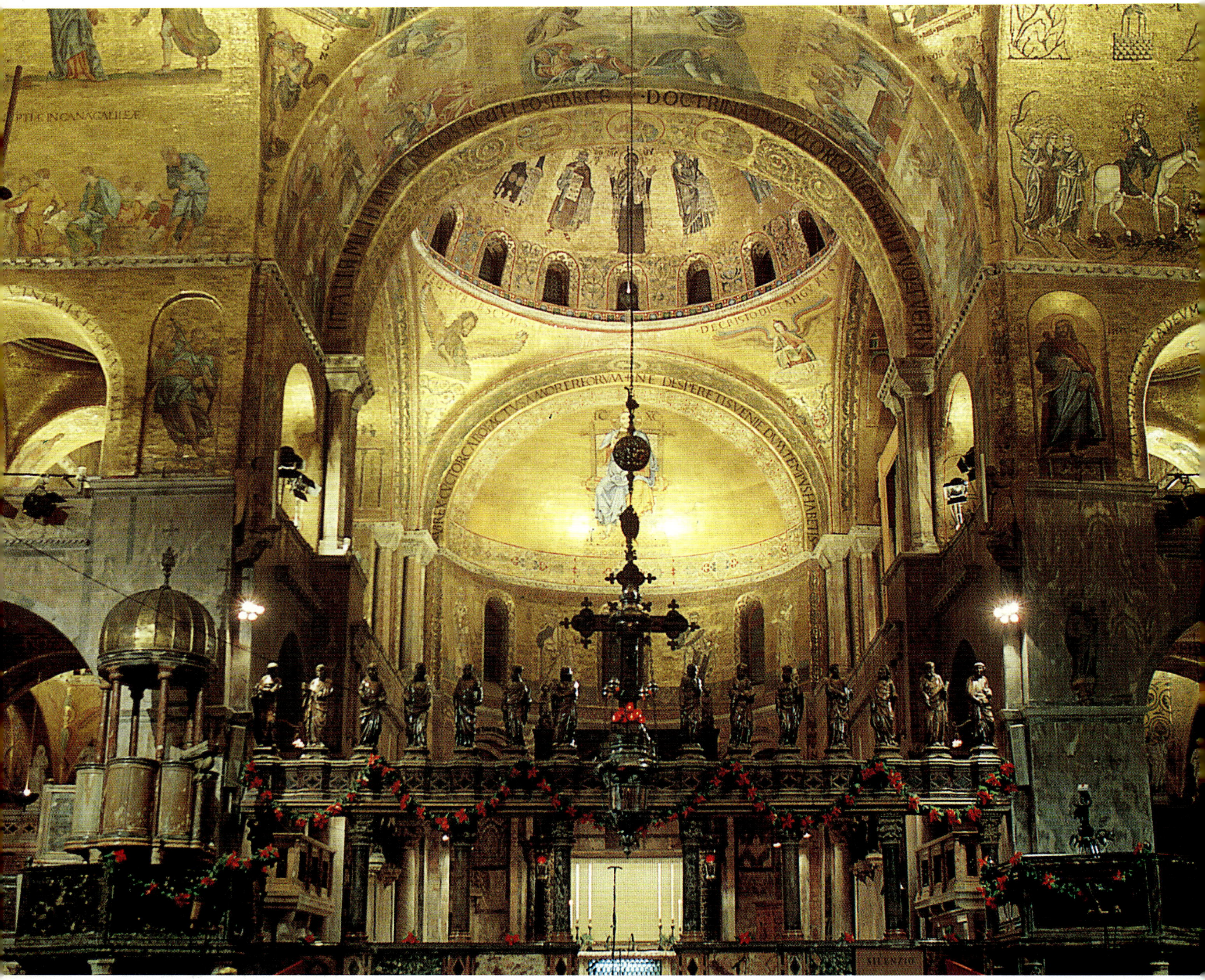

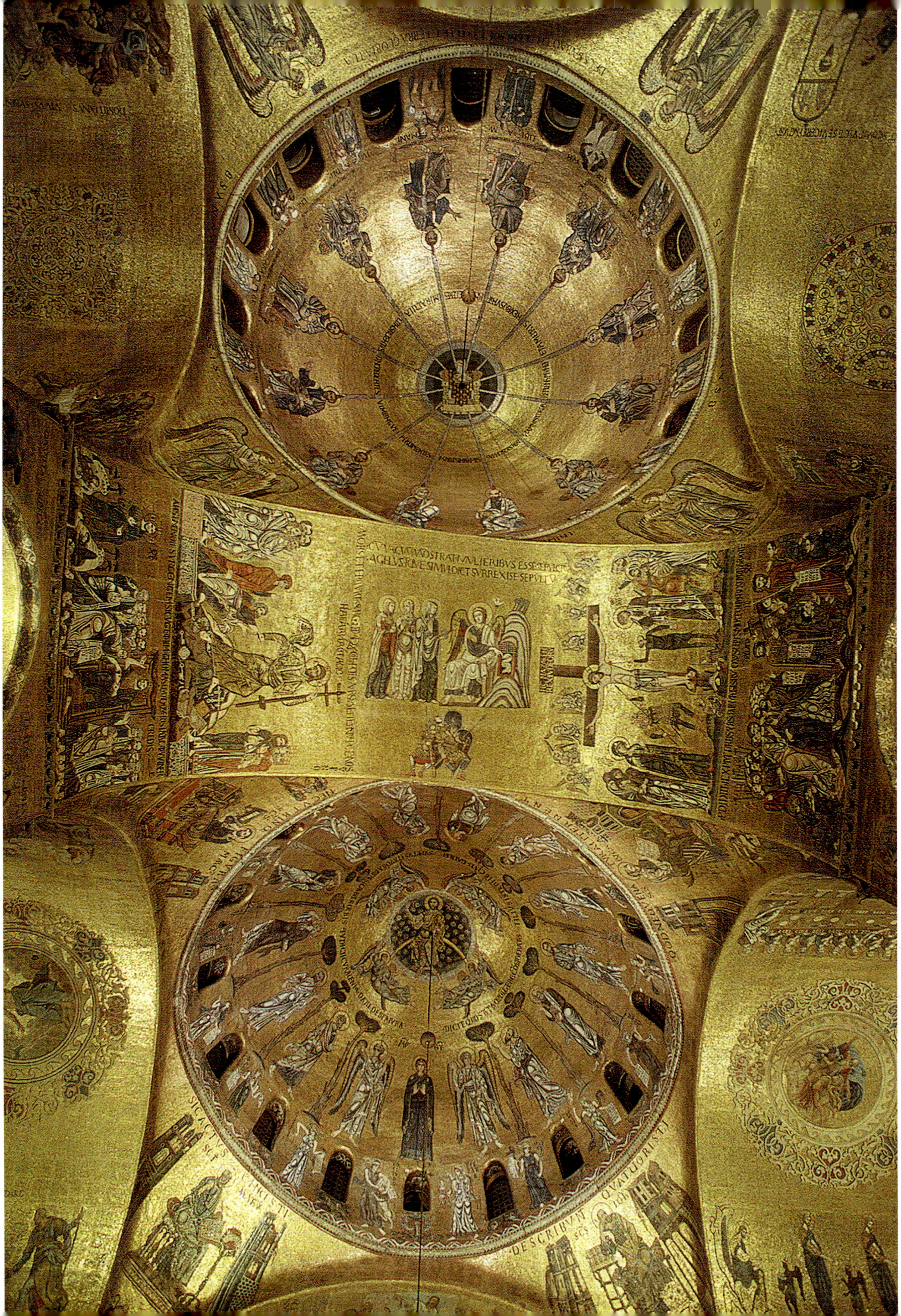

Palais des Doges

Construit face au bassin de Saint-Marc, sur la rive où accostaient les navires, le palais des Doges est, depuis le IXe siècle, siège du dogat et de l'administration de la République. Il sert aussi de prison et de tribunal. Rien ne reste de l'édifice byzantin qui l'a précédé : un fort à plan carré défendu par quatre tours d'angle auxquelles on accédait par les portes fortifiées, élevé au IXe siècle par les doges Partecipazio. Le palais actuel, commencé à la fin du XIIIe siècle, est achevé sous le doge Francesco Foscari en 1438.

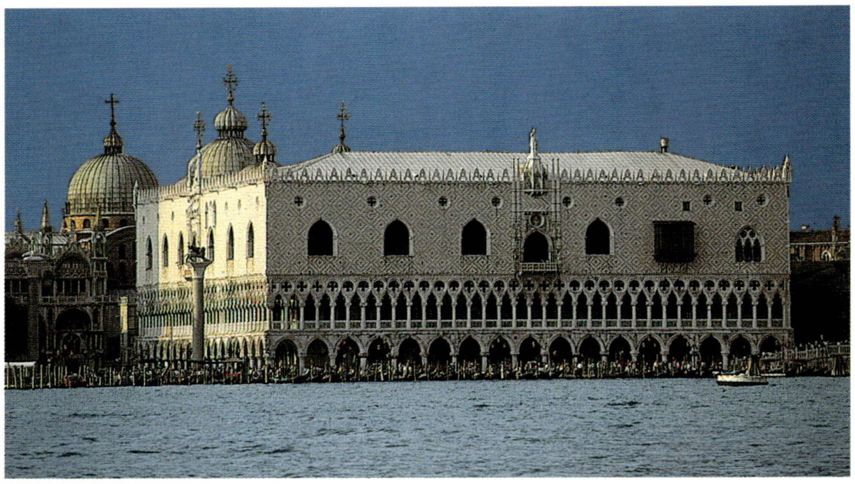

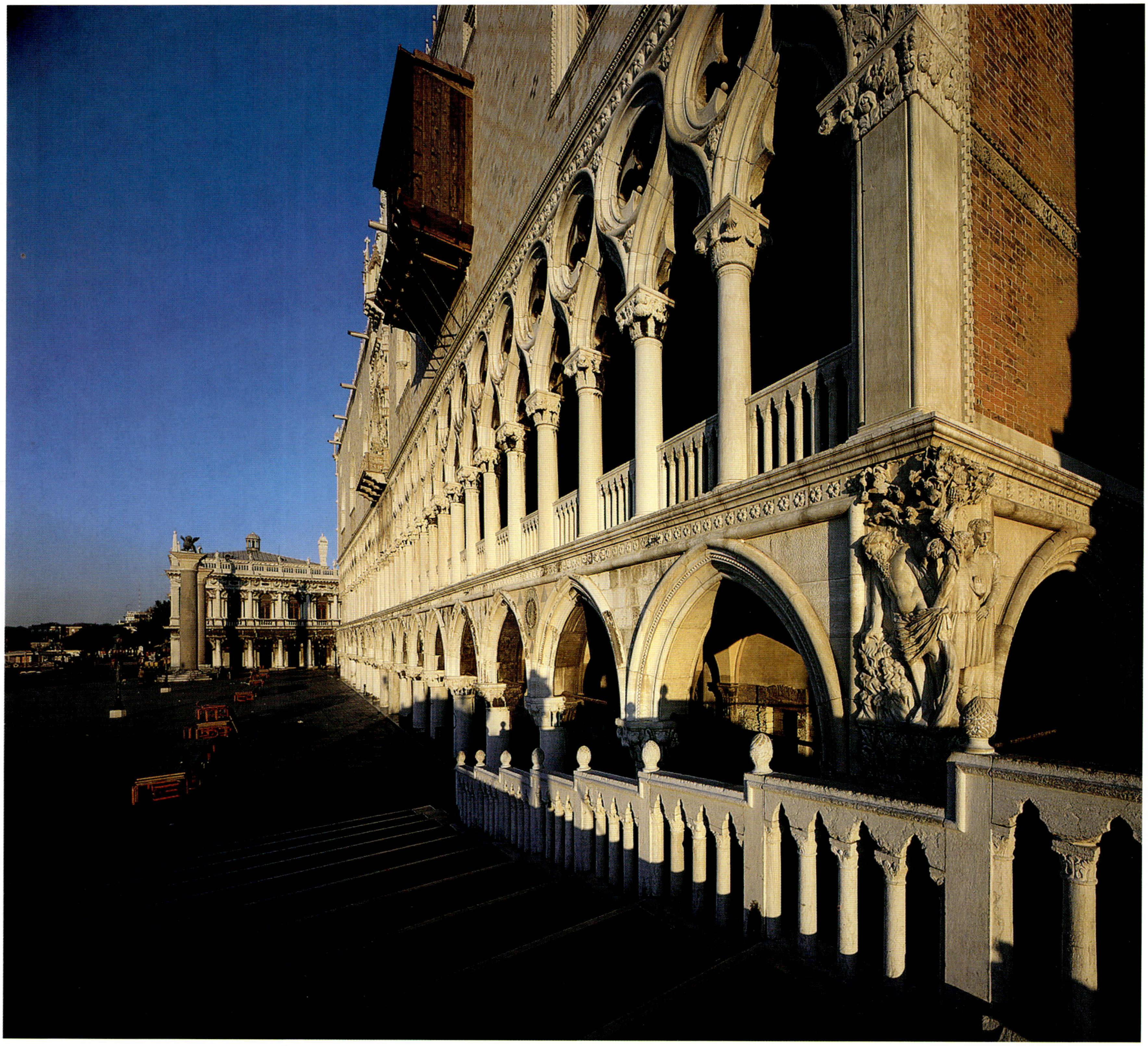

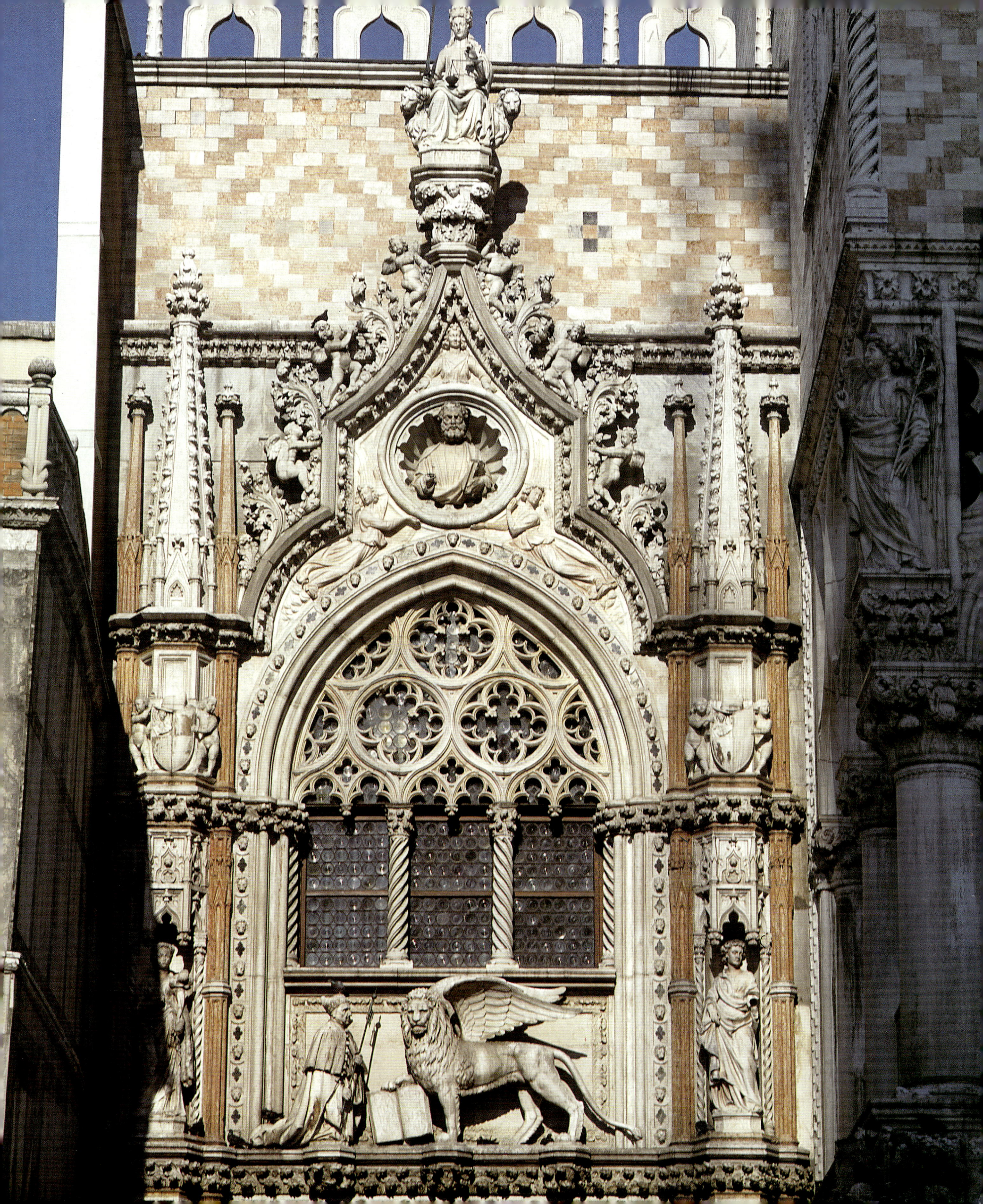

La légèreté des façades percées de galeries à colonnade et arcs brisés en font un chef-d'œuvre de l'art gothique. Entre 1340 et 1365, l'aile donnant sur le quai est rénovée, mais ne prendra son aspect actuel, avec un ordonnancement à trois registres horizontaux, qu'en 1419. La disposition des volumes est révolutionnaire : en haut le plein est revêtu de pierres polychromes, au milieu la galerie est couronnée par des arcs surhaussés percés d'oculi quadrilobes en écoinçon, en bas la galerie aux arcs brisés, soutenue par des colonnes aujourd'hui en partie enterrées. Selon la tradition, le projet conçu par le maître tailleur Filippo Calendario servira de référence à la Venise gothique. La fenêtre centrale mélange des motifs locaux et des entrelacs géométriques d'origine arabe et deviendra une constante typologique de la ville. Au début du XVe siècle, la façade sur le quai sera dotée de la grande fenêtre centrale, décorée de sculptures et couronnée de pinacles, œuvres des Dalle Masegne, et, en 1424, le côté sur la Piazzetta est achevé ; il y sera ajouté en 1442 la Porta della Carta de Bartolomeo Bon, membre de la célèbre dynastie des maîtres tailleurs de pierre qui, avec les Raverti, apportent au chantier la dernière contribution importante. La cour abrite d'abord, sous les arcades qui la délimitent, les écuries, le logement des gardes, celui des domestiques ainsi que les prisons. La superbe transformation qui intervient après l'incendie de 1483 conduit à la reconstruction de l'aile orientale avec ses façades Renaissance sur cour et sur canal par Antonio Rizzo, Giorgio Spavento et Antonio Abbondi, dit le Scarpagnino, qui en font un lieu de représentation du pouvoir. La composition culmine dans l'escalier des Géants, accès d'honneur au palais, superbement orné de marbres rares et dominé par les deux sculptures géantes de Jacopo Sansovino, représentant Mars et Neptune, la puissance guerrière et la domination sur les mers exercées par Venise. C'est sur cet escalier, érigé par Antonio Rizzo, que se

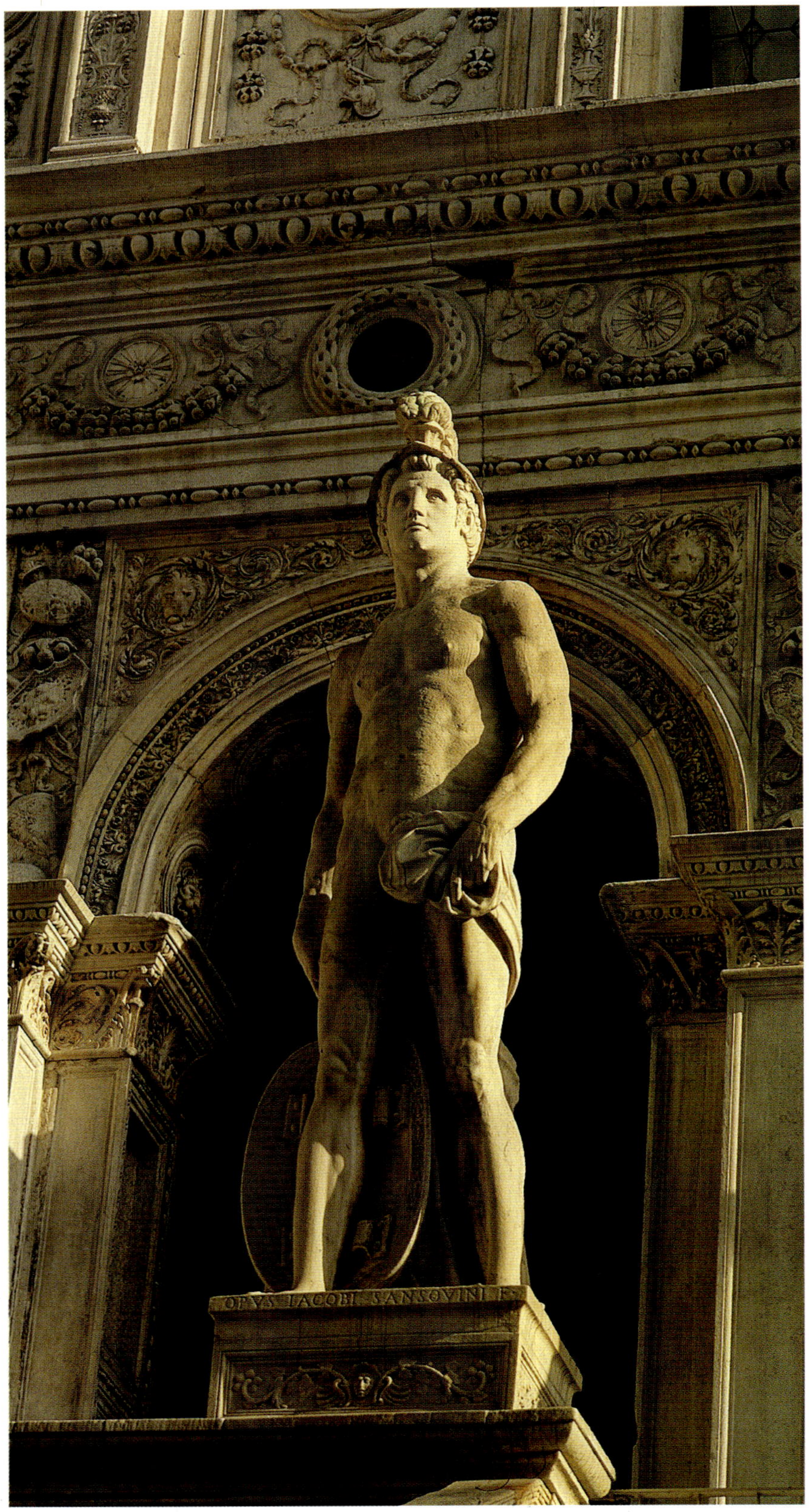

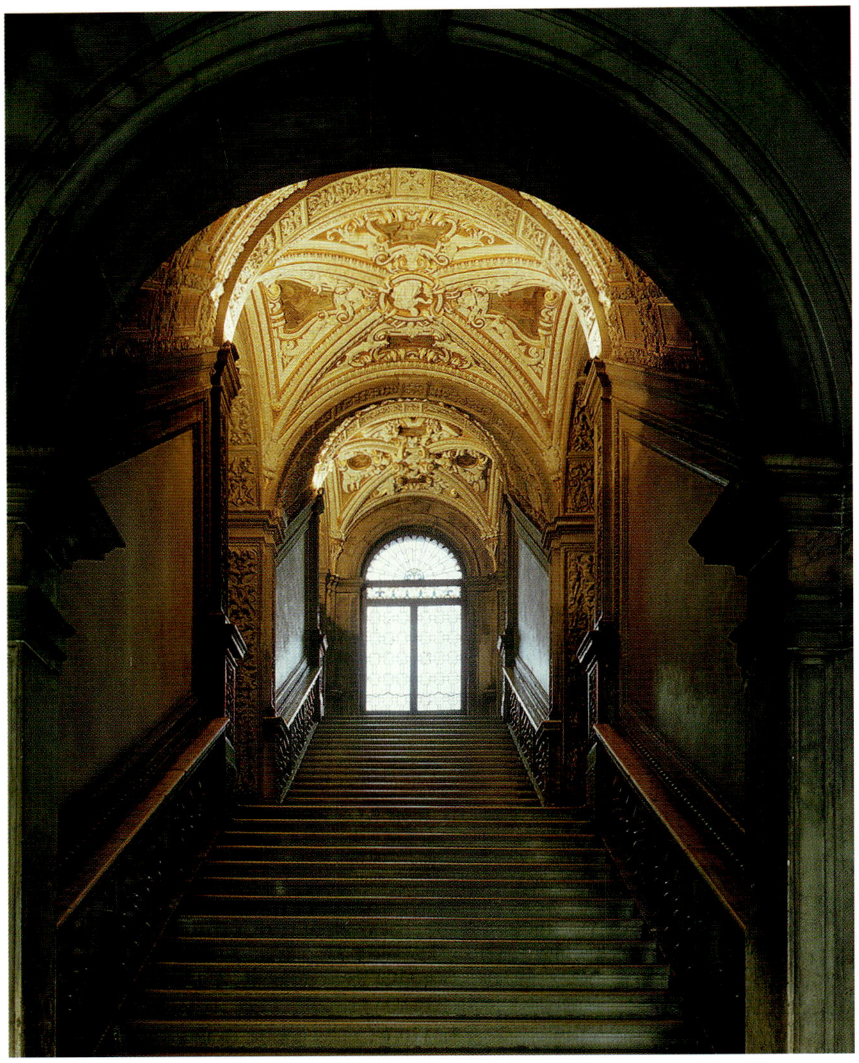

déroule le couronnement du doge. Les deux margelles en bronze placées au milieu de la cour sont l'œuvre d'Alfonso Alberghetti et Niccolò De Conti (1554-1559). L'escalier d'or de Sansovino et du Scarpagnino se déploie à l'intérieur du palais pour affirmer l'éclat de la noblesse vénitienne à travers le fastueux décor maniériste en stuc blanc et doré d'Alessandro Vittoria (fin du XVIe siècle) et les fresques allégoriques de Battista Franco. Les salles du palais des Doges sont magnifiées par les œuvres des peintres et des sculpteurs. La volonté d'affirmation et d'ostentation de la République se manifeste ici, car les événements glorieux de l'épopée vénitienne, depuis ses origines mythologiques jusqu'aux moments clés de son histoire économique, politique et militaire sont exaltés. De nombreux artistes, parmi lesquels Titien, Véronèse, Tintoret, Pisanello, Alessandro Vittoria, contribuent à la resplendissante décoration de ce sanctuaire des vertus républicaines. La salle du Conseil, conçue par Palladio en 1574 et réalisée par Antonio da Ponte, présente de superbes décorations et revêtements en bois tandis que le plafond est dominé par une œuvre de Paolo Véronèse, *L'Apothéose de Venise*. L'histoire de la République a également inspiré les peintures qui ornent les parois de la salle. Le rôle joué par la Sérénissime, avec le doge Ziani, dans le conflit opposant le pape Alexandre III et l'empereur Frédéric Barberousse, fut une des premières affirmations de Venise sur la scène politique.

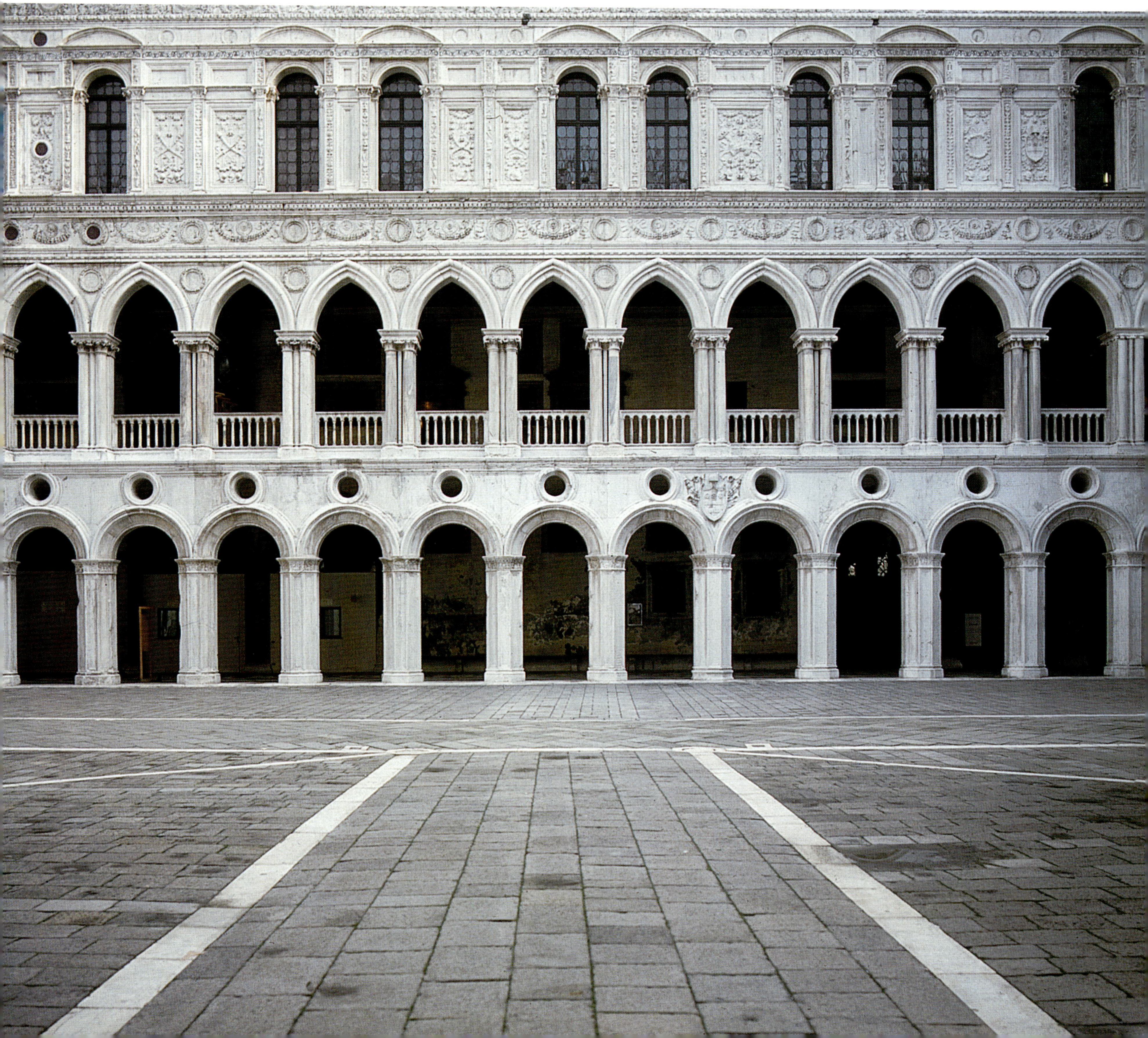

La toile d'Andrea Vicentino, de la fin de la période maniériste, illustre aussi les splendeurs de la République à travers l'épisode d'Henri III, roi de France et de Pologne, reçu par le doge Alvise Mocenigo et par le patriarche Giovanni Trevisan à San Nicolò du Lido, en 1574. La toile – œuvre d'un artiste de la célèbre Scuola delle Sette Maniere, active au palais des Doges après les incendies de 1574 et 1577 – témoigne des grandes fêtes offertes par la République au jeune Valois, fêtes qui culminèrent dans un banquet donné dans la salle du Conseil même. On aperçoit l'arc de Triomphe de Palladio, dressé au Lido pour l'arrivée du monarque français qui, séduit par le faste et la générosité de la Sérénissime, prolongea considérablement son séjour dans la ville.

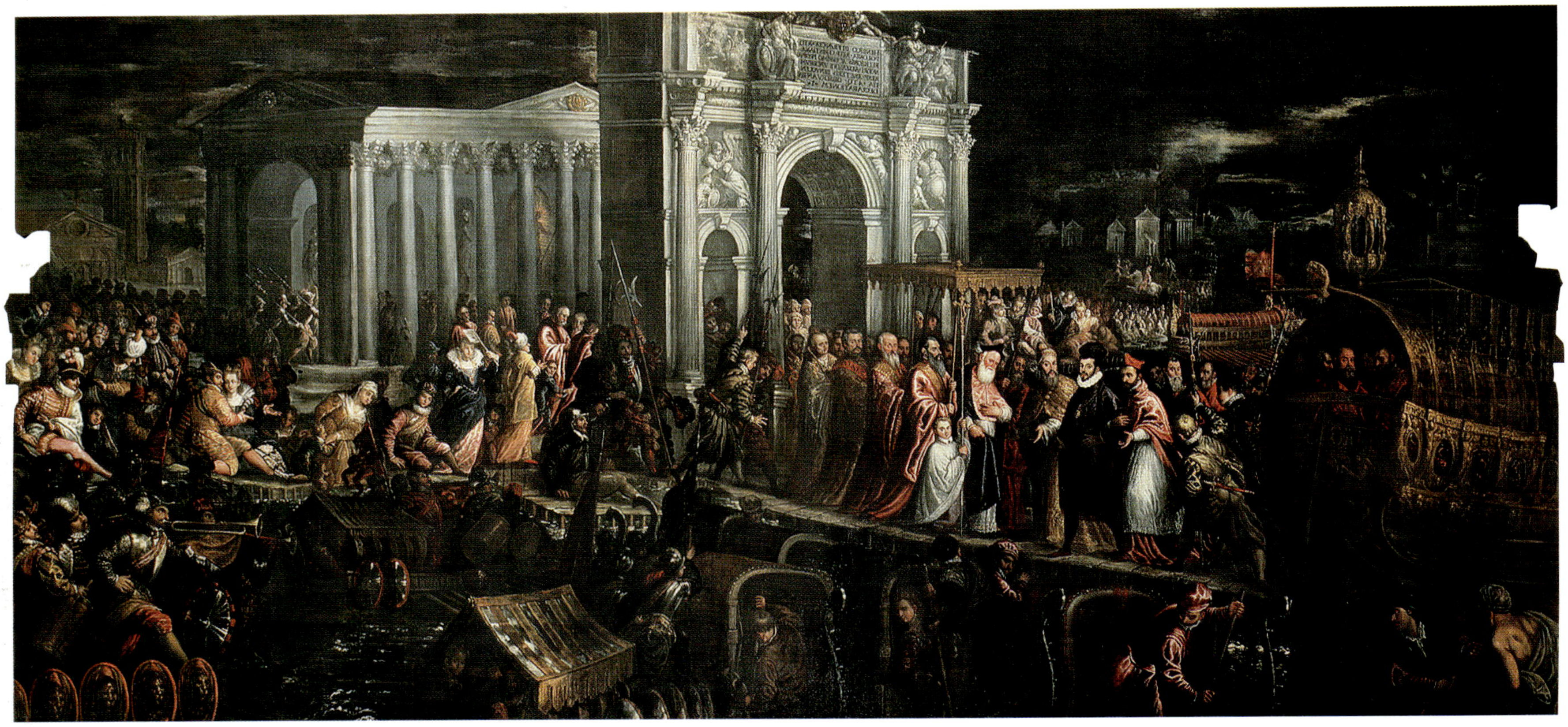

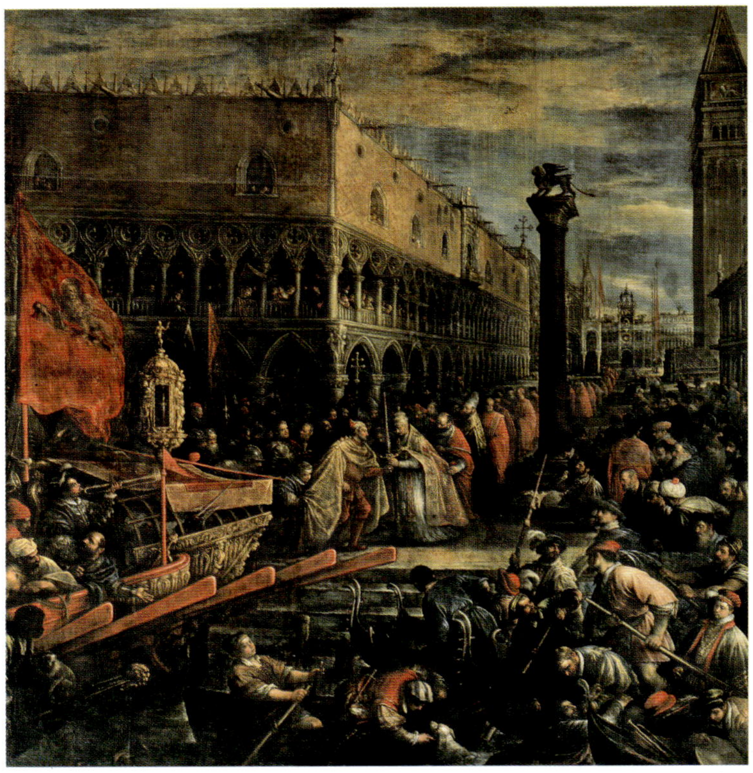

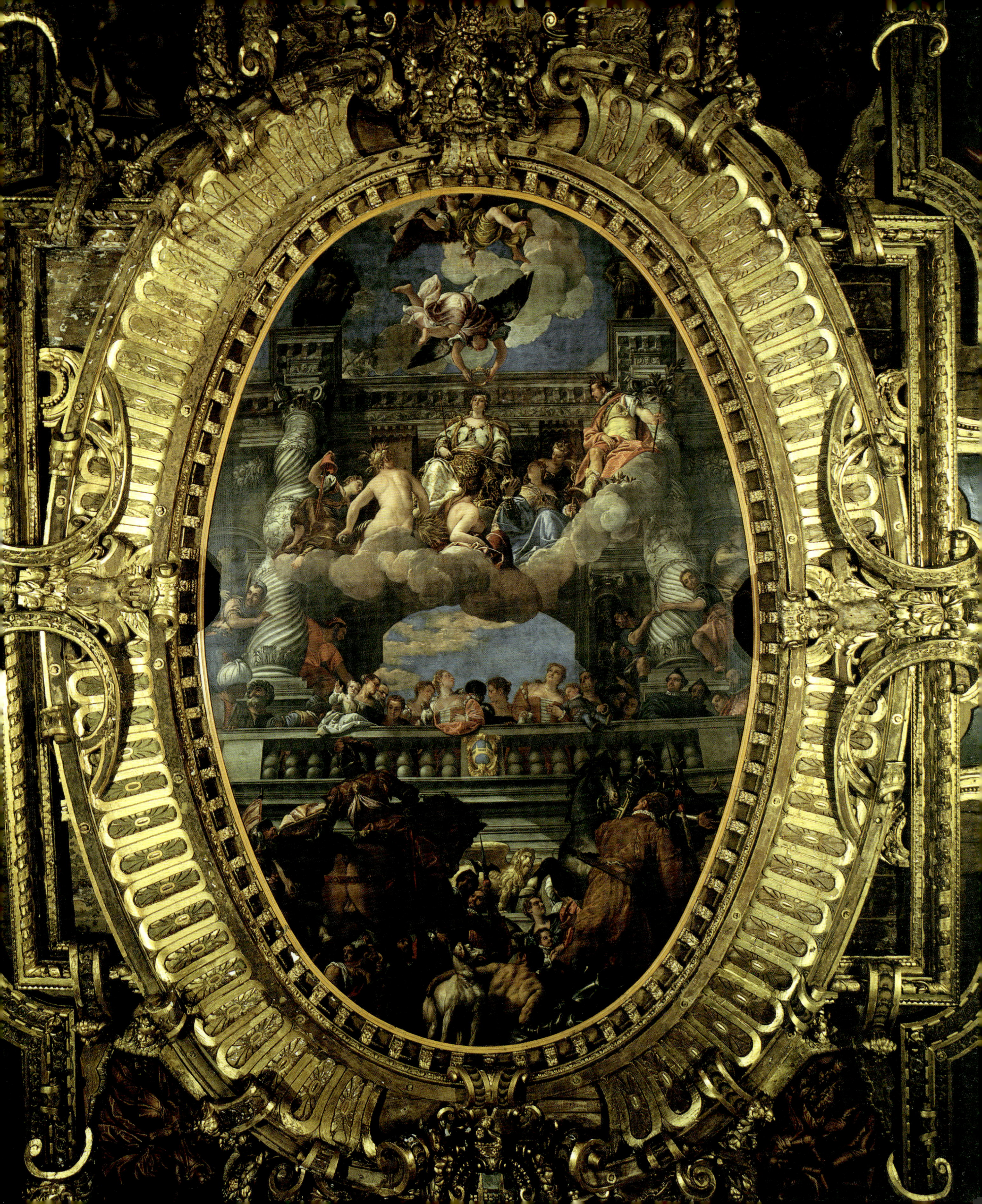

Procuratie Vecchie

La barre compacte des Procuratie Vecchie se situe sur le côté septentrional de la place Saint-Marc, interrompue seulement par la tour de l'Horloge. L'édifice, qui s'étend sur 152 mètres, est fortement inspiré de l'architecture vénéto-byzantine qui l'a précédé en ce lieu. Au-dessus d'une cinquantaine d'arcades destinées à des boutiques, s'élève un double registre d'arcs en plein cintre. La construction des Procuratie entre 1500 et 1532 est traditionnellement attribuée à Mauro Codussi. Toutefois, aujourd'hui, on préfère inscrire l'œuvre à l'actif du Scarpagnino. Celui-ci, prote de la magistrature du Sel, est très actif dans la Venise du XVIe siècle. Il intervient dans les églises San Sebastiano, Santo Spirito et San Fantin ; il participe à la restructuration du périmètre de Rialto après le grave incendie de 1514 et opère dans les chantiers du palais des Doges et de la Scuola Grande di San Rocco.

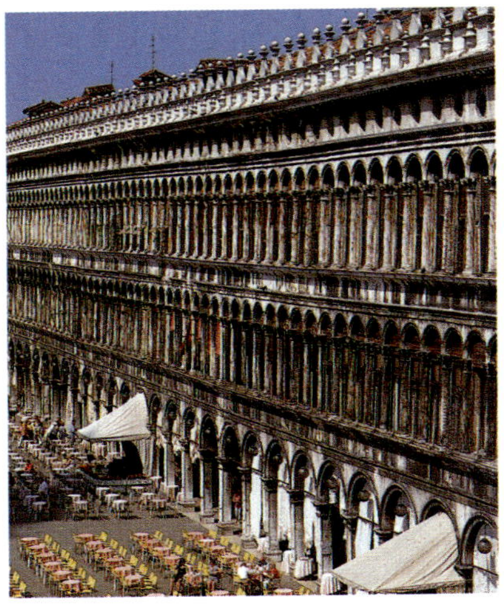

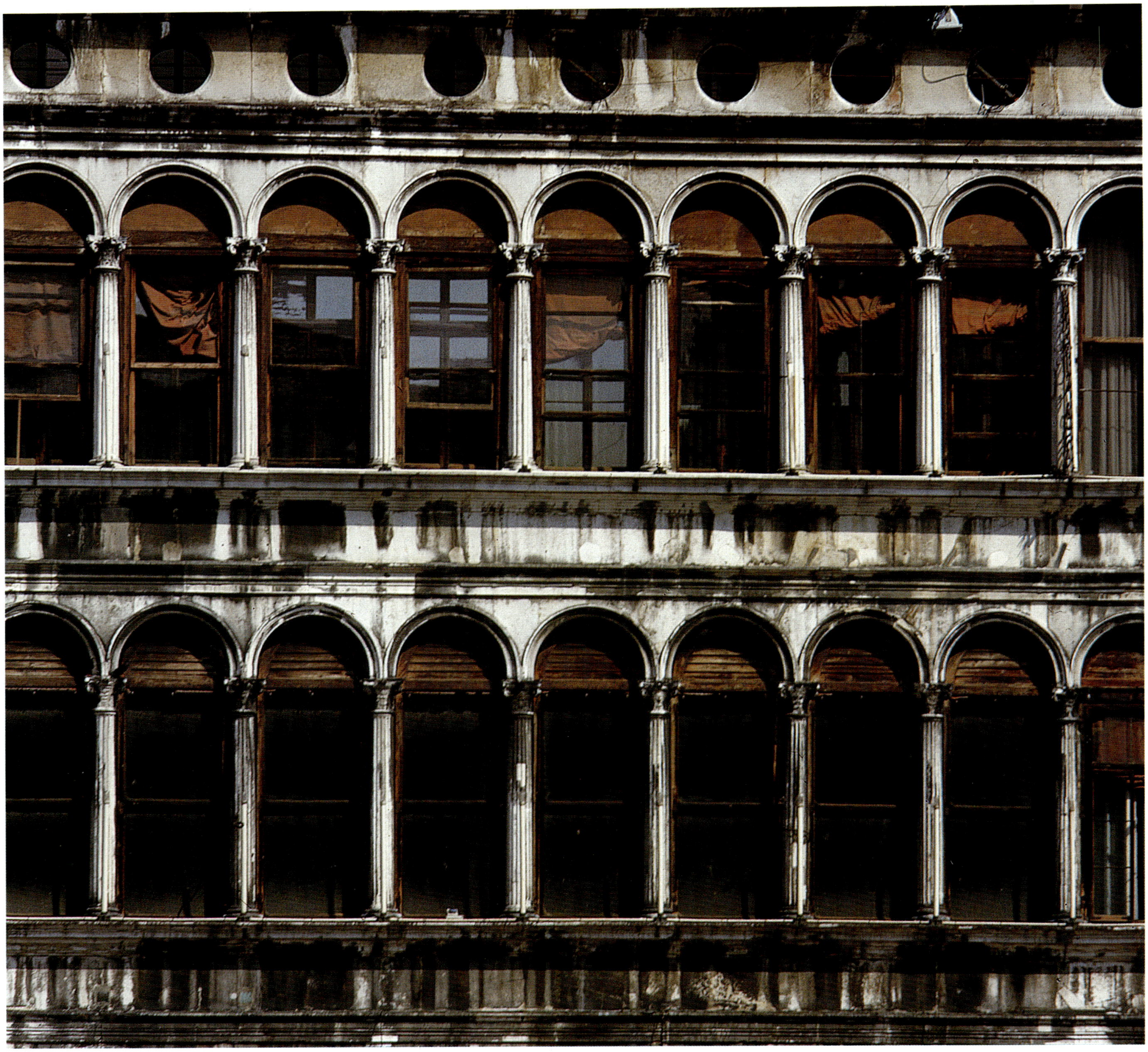

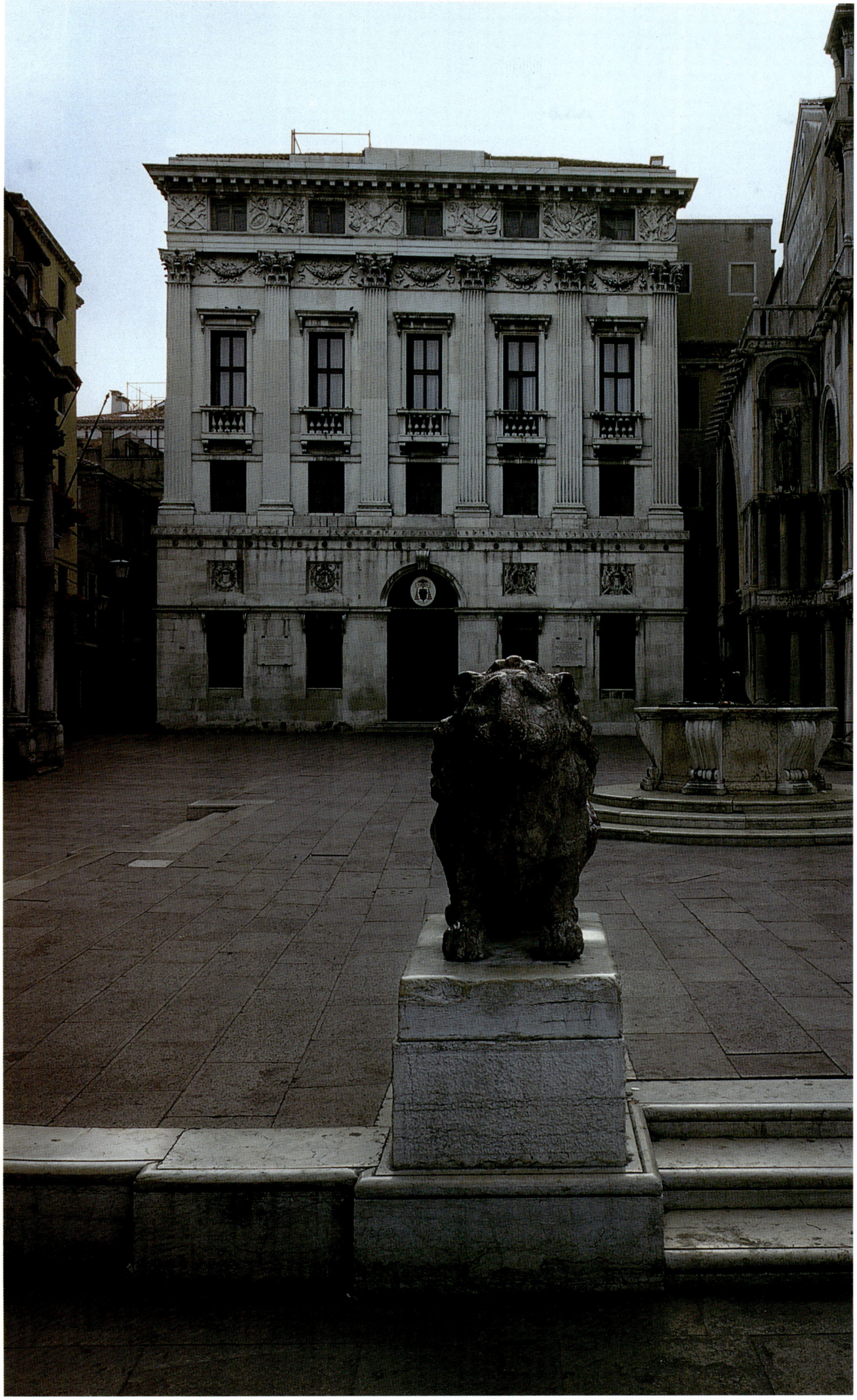

Palais patriarcal

Le palais, à l'origine à San Pietro di Castello, est transféré à Saint-Marc en 1807, pour donner à l'autorité religieuse un nouveau siège proche de la basilique : celle-ci n'étant plus chapelle ducale, elle peut devenir cathédrale de la ville. Dans le même temps, la piazzetta dei Leoncini prend son aspect définitif, lieu de jonction entre le côté septentrional de Saint-Marc et le palais des Doges. Lorenzo Santi, après avoir dessiné une vingtaine de projets, opte en 1836 pour une solution néoclassique, une présence neuve et originale dans le *continuum* de la place Saint-Marc, conclusion idéale du projet napoléonien poursuivi pendant une trentaine d'années. Complété en 1850, le palais englobe l'ancienne salle des Banquets de la Seigneurie, à laquelle on accède par le palais des Doges, à travers un passage suspendu. Érigée par Manopola entre 1618 et 1623, celle-ci est modifiée par Bernardo Maccaruzzi vers la moitié du XVIIIe siècle, et décorée de fresques et de toiles de Jacopo Guarana, Francesco Zanchi et Nicolò Bambini.

Tour de l'Horloge

Située entre la place Saint-Marc et les Mercerie, la plus importante artère commerçante de la ville, la tour, qui s'élève sur trois niveaux riches en polychromie et dorures, fait fonction de frontière. Construite par Mauro Codussi entre 1496 et 1499, elle présente deux ailes, œuvres de Pietro Lombardo (1506), et une terrasse de Giorgio Massari (1755) la couronne. La grande horloge émaillée en bleu et or de 1499 indique les heures, les phases de la lune et les signes du zodiaque. Au-dessus de la niche abritant la statue de la Vierge, se tient en majesté le lion de Saint-Marc. Les deux célèbres statues en bronze des Mori – ainsi nommées à cause de leur couleur sombre – furent fondues par Ambrogio Da Le Anchore en 1497, d'après un dessin de Paolo Savin ; depuis des siècles elles sonnent les heures en martelant la grande cloche centrale posée sur la terrasse.

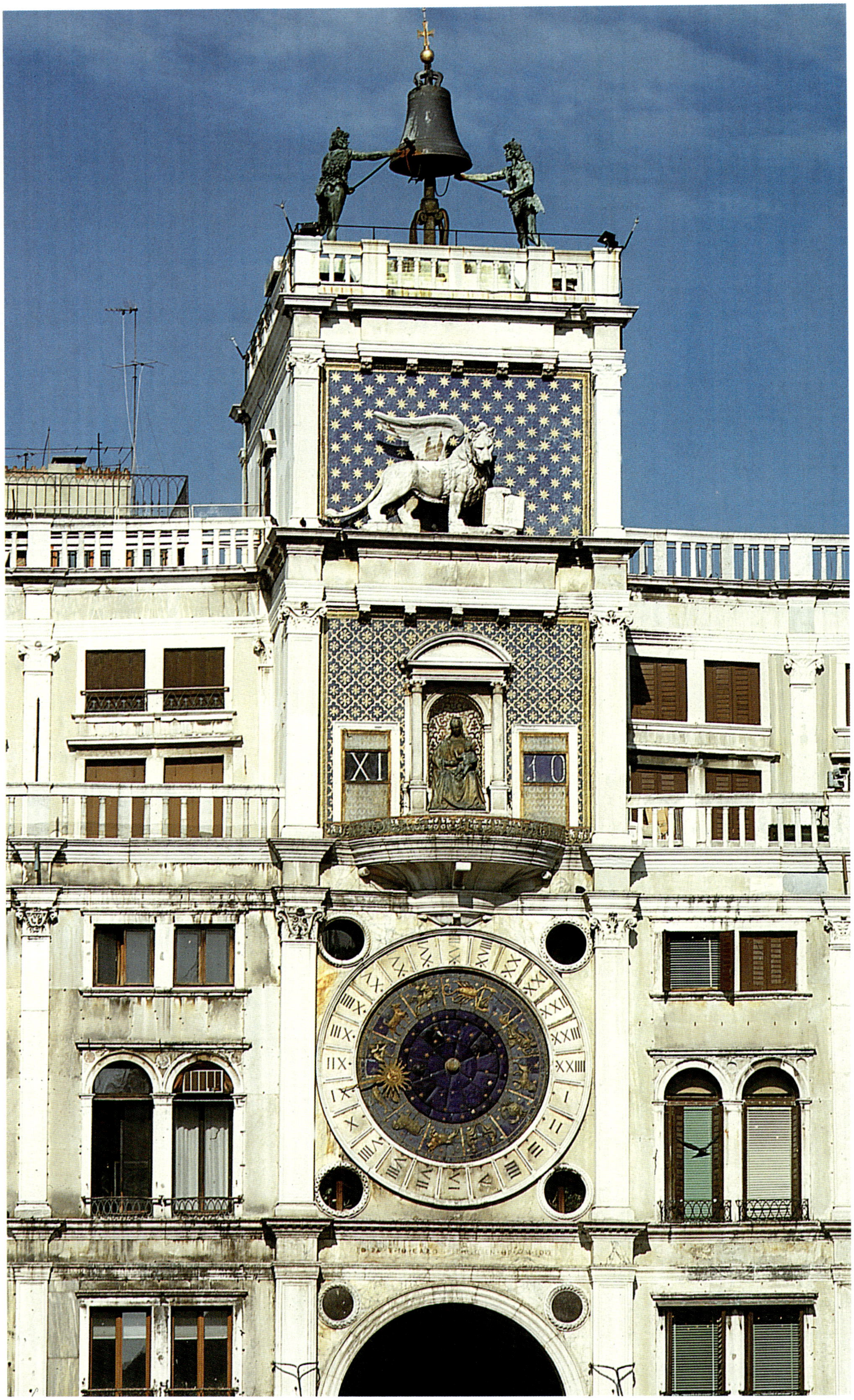

Loggia de Sansovino

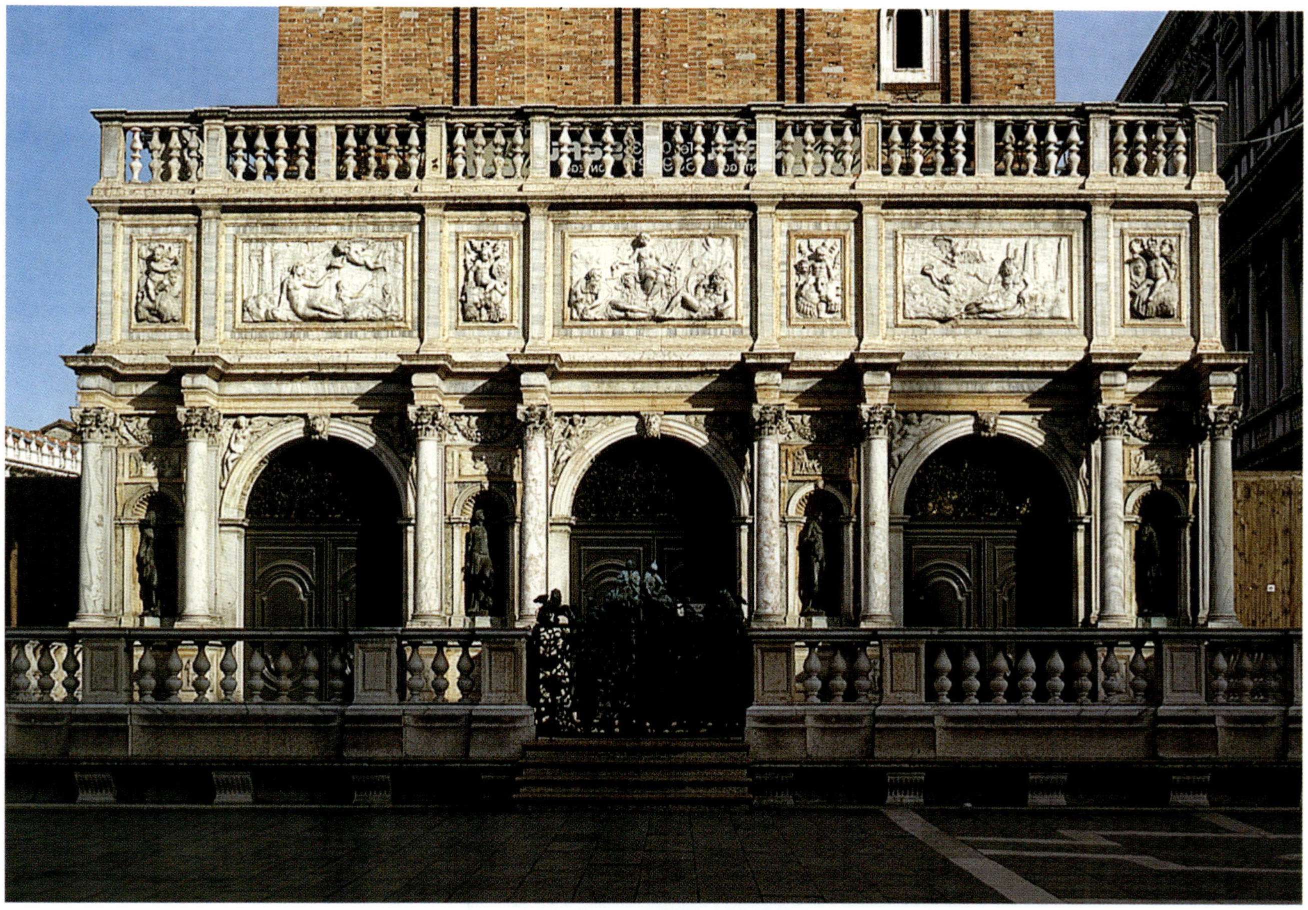

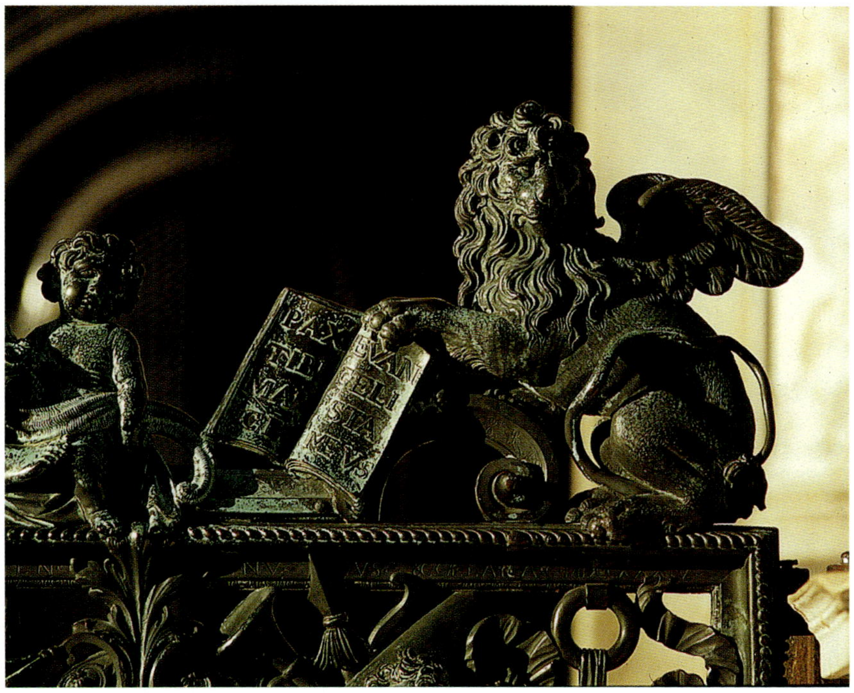

La construction de la loggia de Sansovino fait partie du programme de rénovation du périmètre de Saint-Marc qui comprenait également la Libreria et la Zecca. Dressée au pied du campanile pour devenir *sessio nobilis*, la petite loggia estompe le contraste entre les lignes verticales du clocher et l'horizontalité des édifices de la place. Il s'agit d'une sorte d'arc de triomphe qui proclame à nouveau la passation à Venise de l'héritage de la Rome antique, et représente l'affirmation de la classe nobiliaire, les Ottimati, dont le destin s'identifie à celui de la République. Érigée entre 1537 et 1542 d'après un dessin de Jacopo Sansovino, la loggia suscite l'enthousiasme immédiat de l'Arétin et inaugure l'entrée de plain-pied de l'art antique dans le lieu le plus prestigieux de la ville. Huit colonnes en marbre posées sur un soubassement soutiennent un entablement portant la terrasse et encadrent les trois arcs de l'entrée. Les triples fenêtres des façades latérales, hommage à Lombardo, confèrent légèreté à l'architecture, tandis qu'une gamme de marbres polychromes enrichissent la composition. Des statues des dieux antiques forment, avec les bas-reliefs allégoriques de l'entablement, une expression rhétorique. Dans cet Olympe exaltant les vertus de la République, seule la statue de la Vierge, œuvre également de Sansovino, évoque le christianisme. En 1663 est rajouté le socle ; après avoir été utilisé comme siège de la loterie, il est restauré en 1749 par Giorgio Massari et altéré par des interventions de Gai. La loggia, détruite en 1902 par l'écroulement du campanile, est reconstituée avec les éléments d'origine.

La *renovatio urbis*, voulue par le doge Andrea Gritti, débute en 1536 avec la construction de la Zecca, « la Monnaie ». Jacopo Sansovino, prote des édifices de Saint-Marc, démolit l'ancien immeuble où l'on bat monnaie depuis 1227, pour en construire un nouveau au dessin puissant et massif. Des pilastres à bossage, doriques au premier étage, ioniques au second, et d'amples fenêtres à fronton triangulaire scandent la façade sur le bassin portée par l'arcature du rez-de-chaussée. La Libreria limitrophe est aussi l'œuvre de Sansovino. Construite entre 1537 et 1554, sur ordre des procureurs de Saint-Marc pour accueillir les collections de livres de la République, dont les précieux codes byzantins offerts par le patriarche Bessarione en 1468, elle est aujourd'hui le siège de la Biblioteca Marciana et abrite d'authentiques trésors, comme le *Breviario Grimani* du XVe siècle et plusieurs éditions de l'imprimeur Aldo Manuzio, dit Manuce. L'édifice a la forme d'une loggia allongée, rythmée par deux ordres superposés de pilastres doriques et ioniques au-dessus desquels se développent une frise et un acrotère à balustres et dés, portant des sculptures du XVIe siècle. Au premier étage s'ouvre le vestibule, remanié par Scamozzi en 1597. Sur le plafond en trompe-l'œil, la *Connaissance* de Titien devient une déclaration de principe de la vocation culturelle de l'édifice. Cette dernière, aux parois ornées de portraits de philosophes, peut être considérée comme le lieu d'expression de la nouvelle peinture maniériste de Venise.
Le somptueux plafond en bois enserre vingt et un médaillons, fruits d'une joute singulière entre sept peintres, initiée par Titien, et que Véronèse remporta.

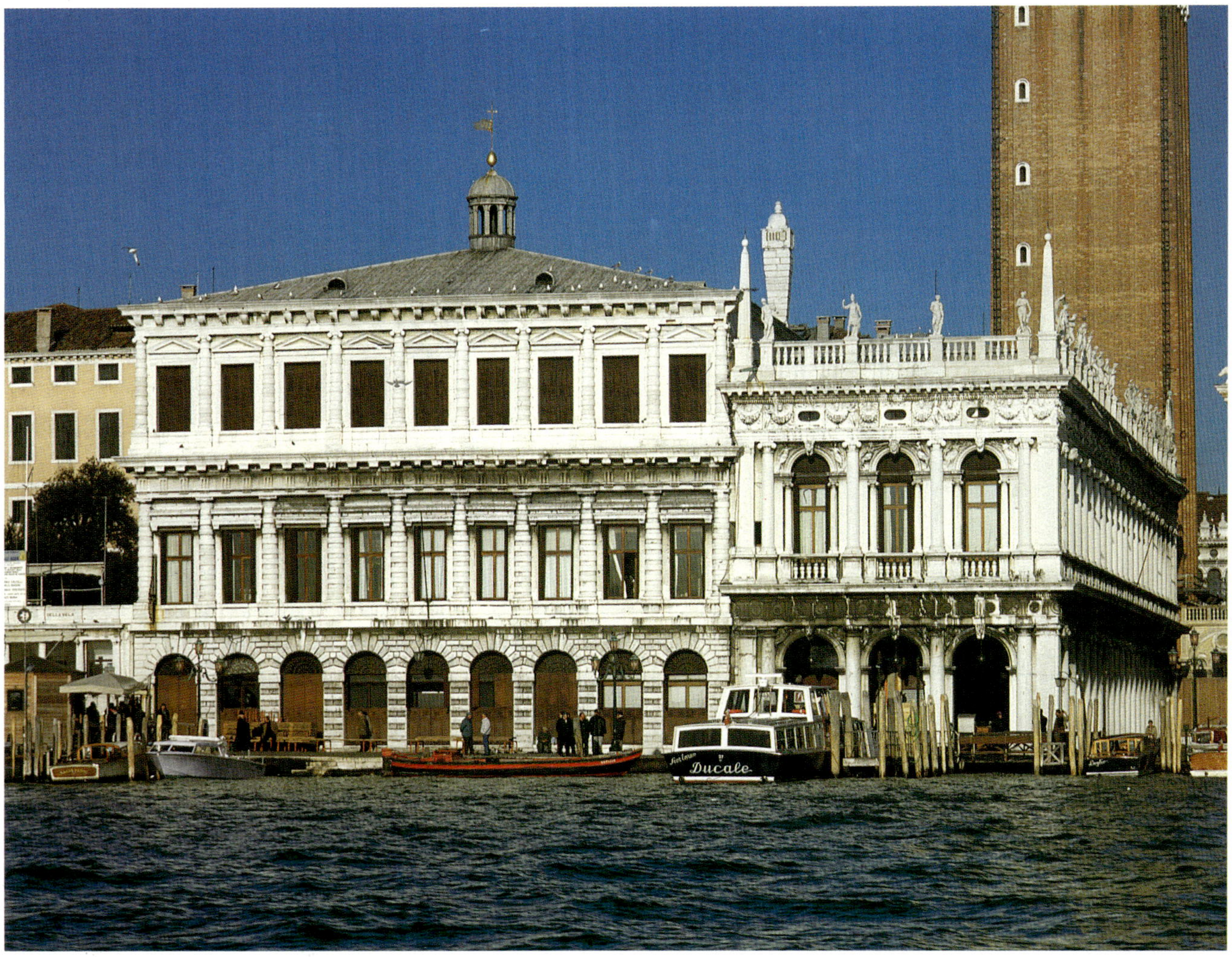

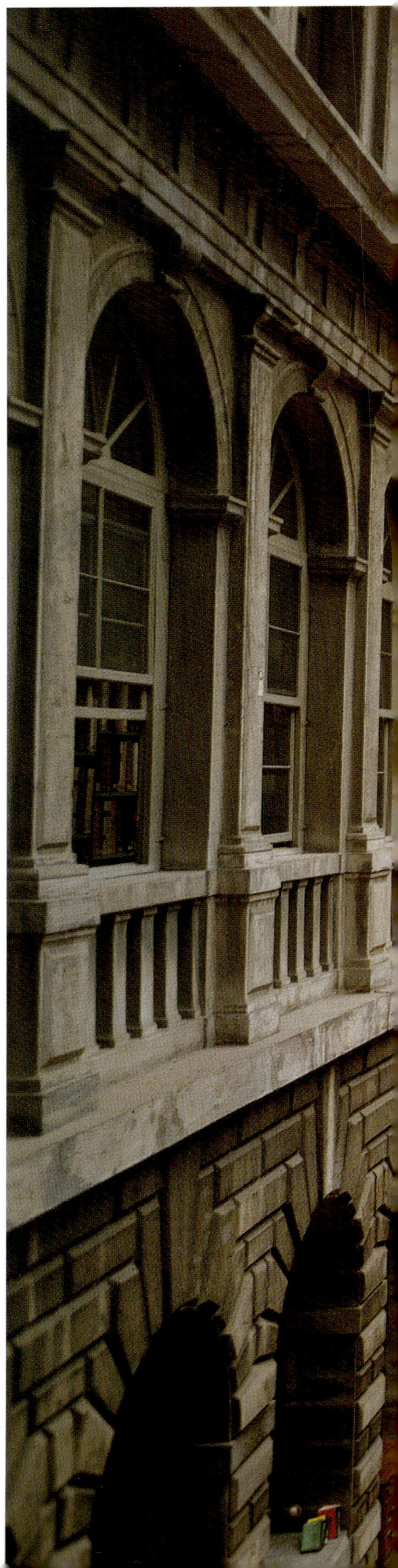

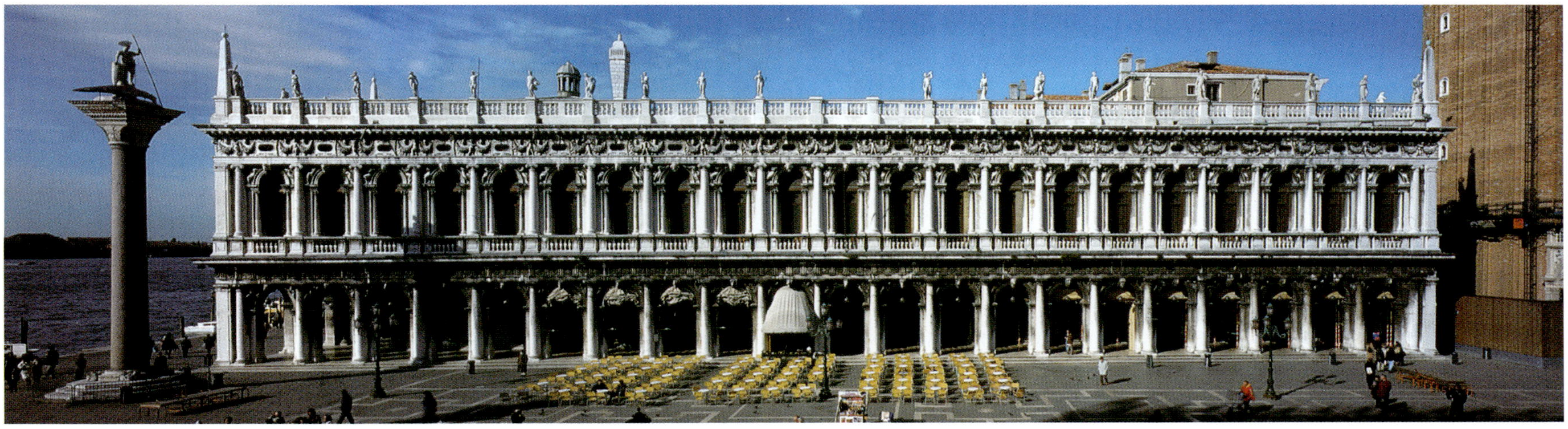

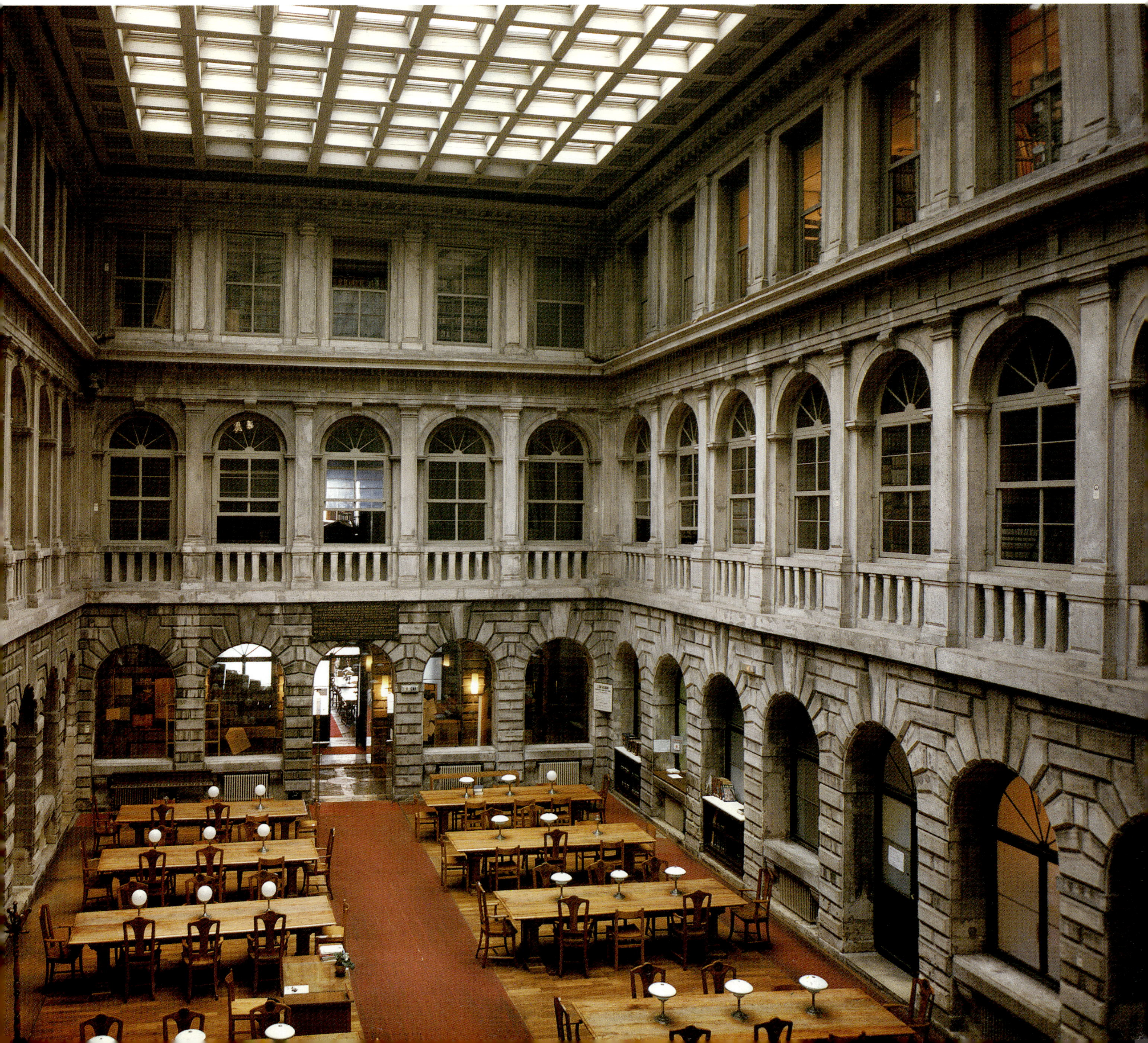

Ala Napoleonica et Museo Correr

Insérée entre les Procuratie Nuove et les Procuratie Vecchie, l'Ala Napoleonica, aboutissement ultime de l'architecture néoclassique à Venise, affirme avec ostentation la présence du pouvoir napoléonien dans le lieu symbolique de l'ancienne République : la place Saint-Marc. Le Milanais Giovanni Antolini – rapidement remplacé par Giuseppe Soli et Lorenzo Santi, appelés après 1810 à intervenir auprès du vice-roi Eugène de Beauharnais – cherche à réunifier l'ensemble des édifices de la place en démolissant l'église San Geminiano. A l'intérieur, il choisit de donner une grande ampleur aux espaces de représentation du nouveau régime : le vaste escalier, les salles de l'étage noble et le grand salon de bal. Réalisé par Lorenzo Santi entre 1810 et 1813, ce salon de forme allongée s'achève par deux demi-coupoles que portent des colonnes à chapiteaux corinthiens. Les gypseries et le décor Empire sont l'œuvre de Giuseppe Borsato, le grand artiste néoclassique de la lagune. On lui doit également l'ameublement d'origine. Depuis 1922, le palais abrite le Museo Correr, qui fut constitué grâce aux importantes collections léguées à la ville par Teodoro Correr, en 1830. Il abrite les reliques de la République, une importante collection de pièces de monnaie, des armes, et surtout des œuvres d'art : sculptures de Antonio Canova, peintures de Giovanni Bellini, Antonello de Messine, Lorenzo Veneziano, , Vittore Carpaccio, et des écoles flamande et ferraraise.

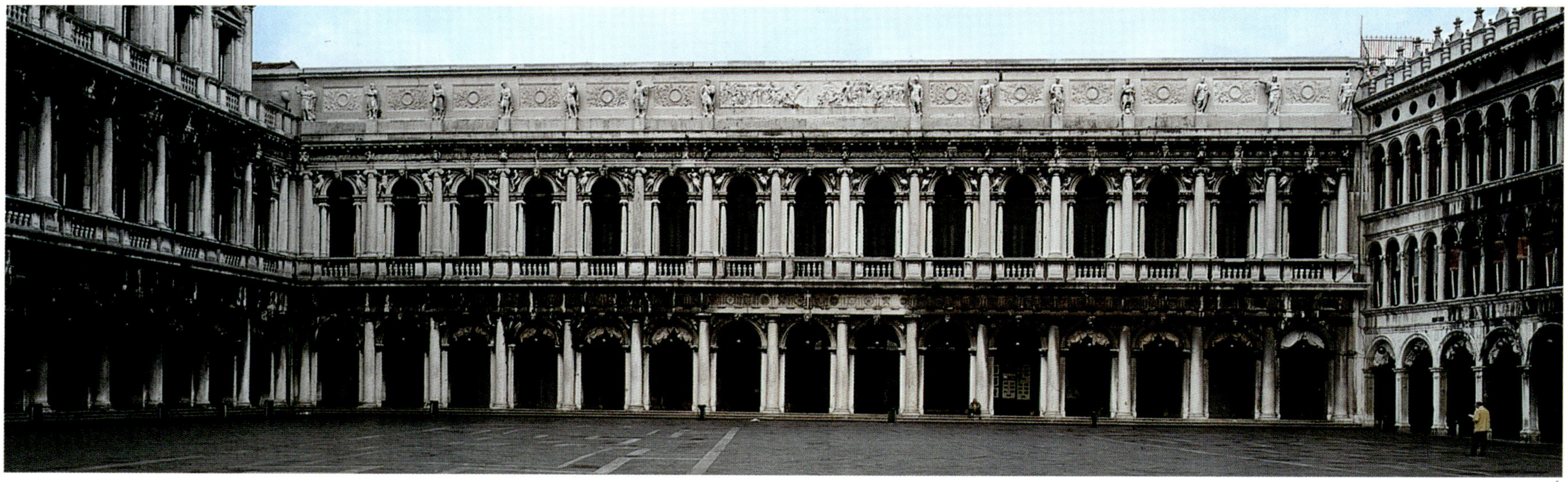

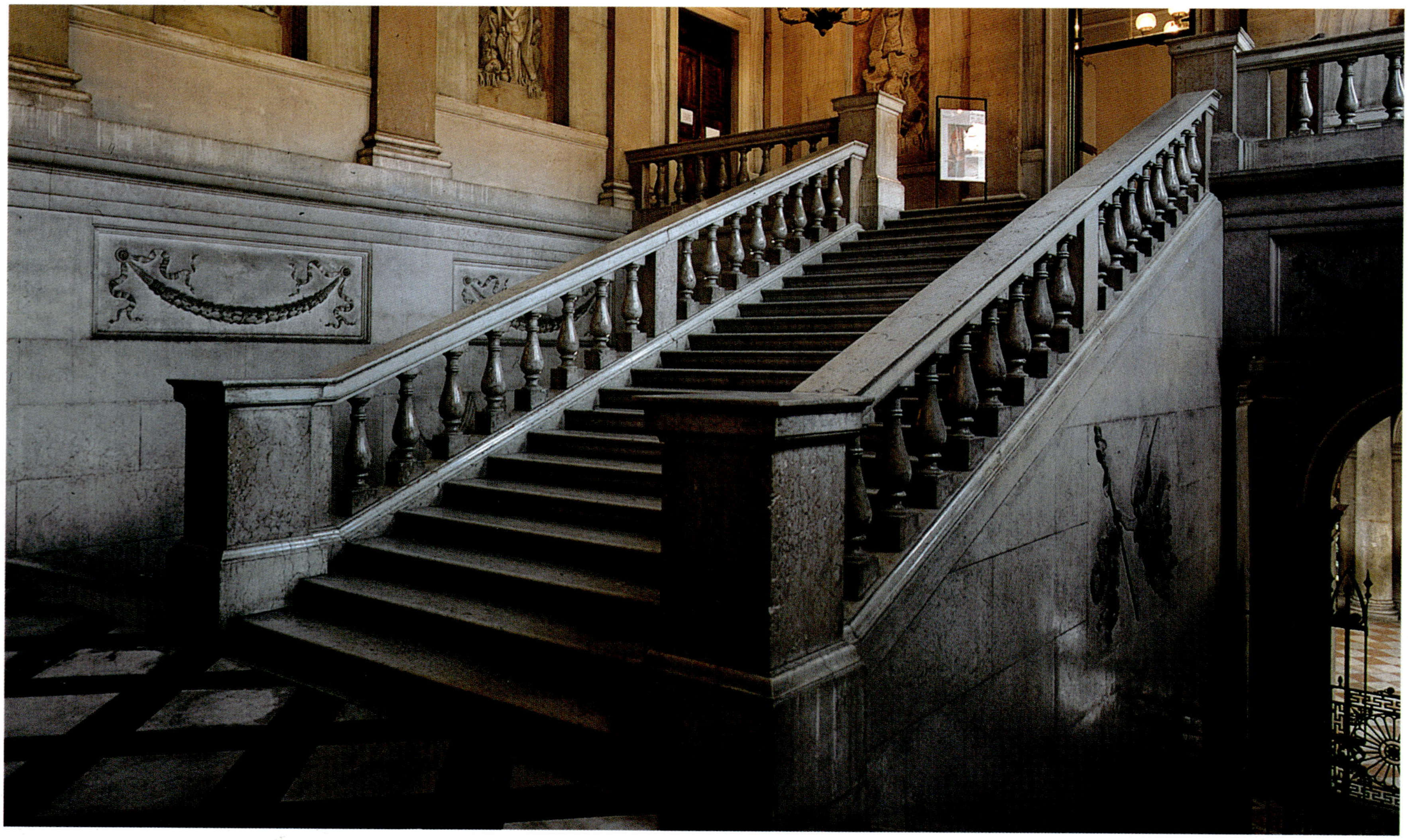

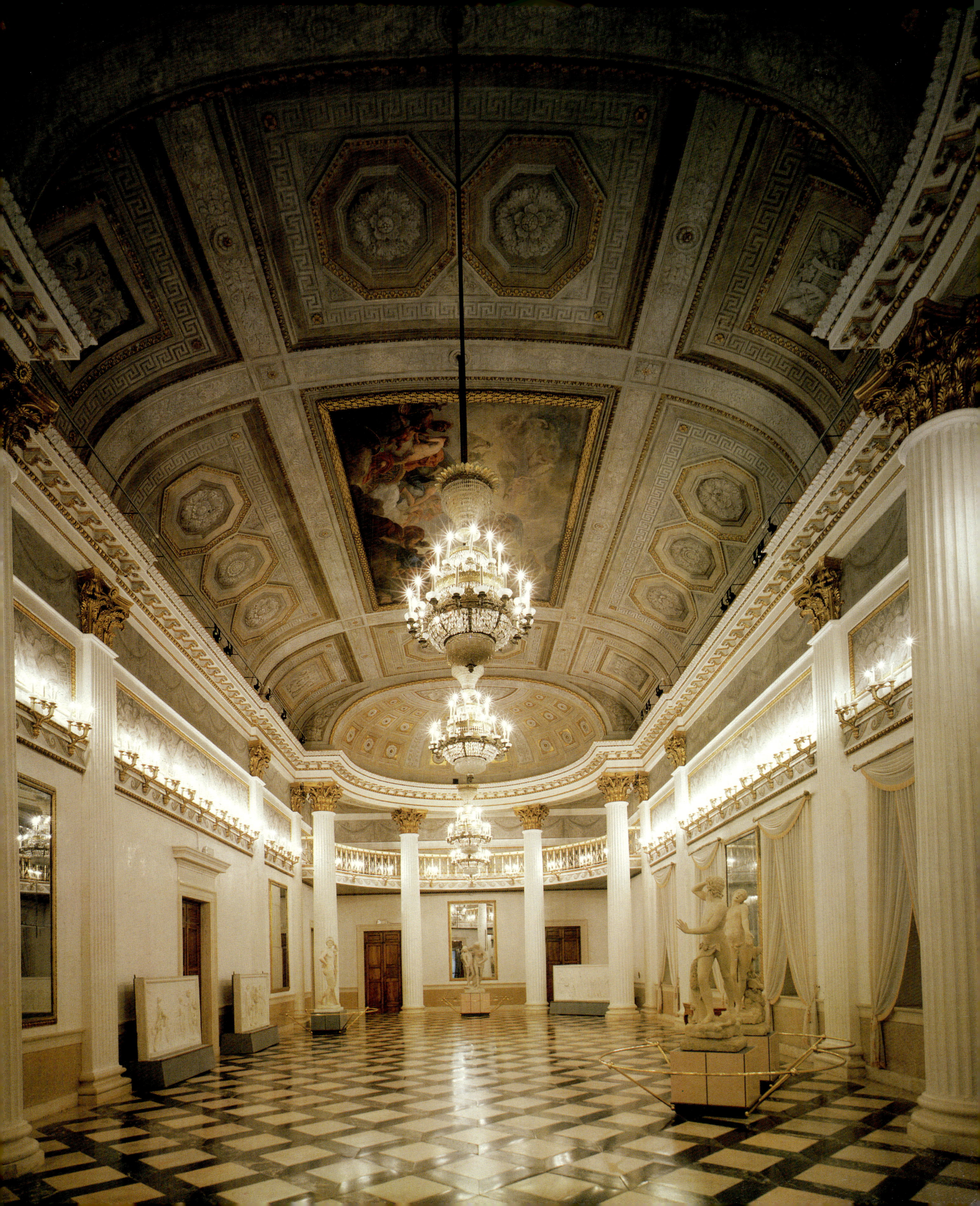

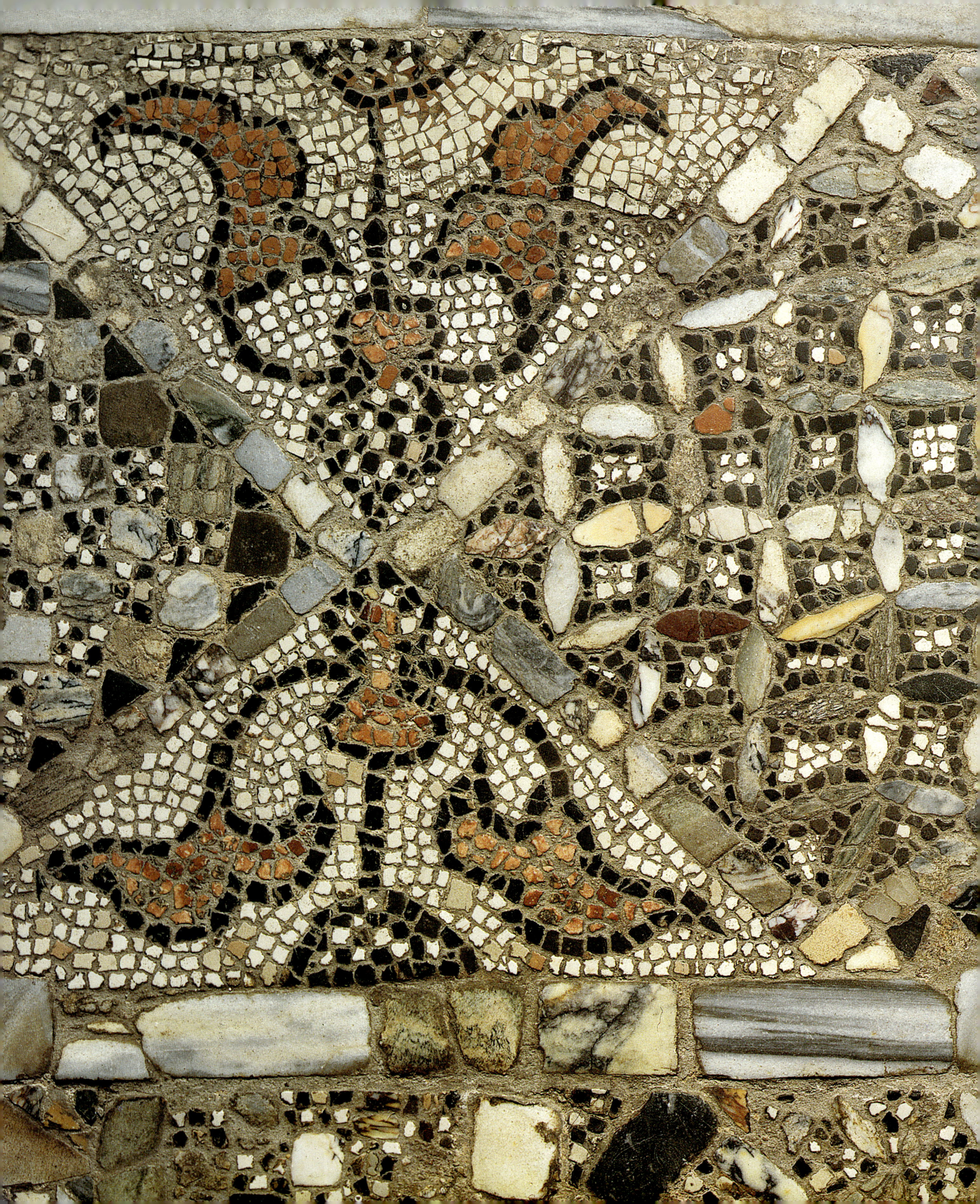

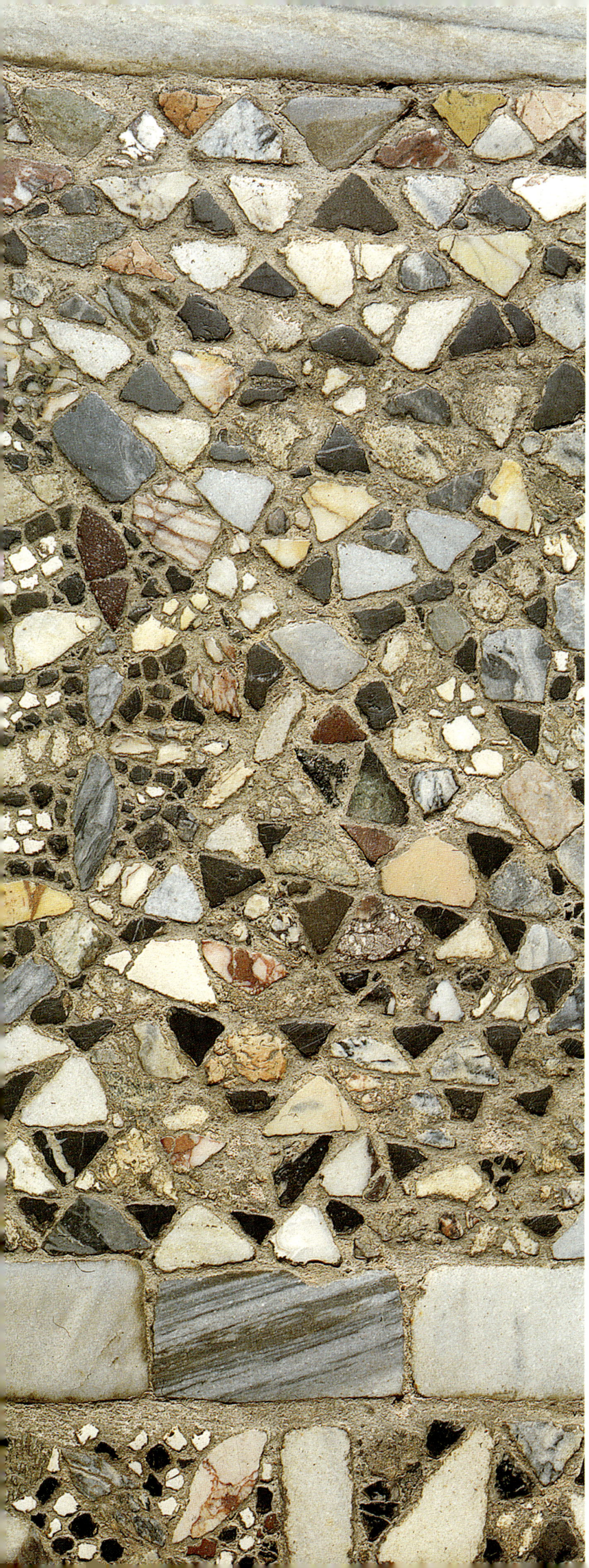

Avant la période gothique

Église Santi Maria e Donato
dans l'île de Murano.
Détail de la mosaïque du sol.

Ca' da Mosto

Ca' da Mosto, l'un des plus anciens édifices du Grand Canal, remonte aux XIIe-XIIIe siècles. Une surélévation de deux étages, datant des XVIIe-XVIIIe siècles, en a changé le volume d'origine. La structure du palais-entrepôt vénéto-byzantin est aux deux premiers niveaux encore identifiable. La loggia à colonnettes du premier étage présente d'élégants arcs en plein cintre outrepassés avec des extrados en accolade, qui annoncent déjà les formes gothiques. Un bandeau couronne le revêtement en marbre du premier niveau, émaillé de médaillons à bas-reliefs. Le portique du rez-de-chaussée, destiné à entreposer les marchandises, date probablement du XIe siècle. Originaires de Padoue, les da Mosto furent admis dans le cercle de la noblesse vénitienne en 1292 grâce à leurs exploits de navigateurs : Alvise, le plus célèbre, parcourut au XVe siècle les côtes africaines et découvrit les îles du Cap-Vert. Cédé au début du XVIe siècle, le palais devient en 1661 un luxueux hôtel, à l'enseigne du *Leon Bianco*. Parmi ses hôtes illustres figurent l'empereur Joseph II qui, refusant l'hospitalité officielle de la Sérénissime, y descendit en 1769 et en 1775, et les Comtes du Nord, titre sous lequel voyageaient le Grand Duc héritier de Russie et sa femme. Ils y séjournèrent en janvier 1782 et l'aristocratie vénitienne leur offrit une mémorable saison de festivités.

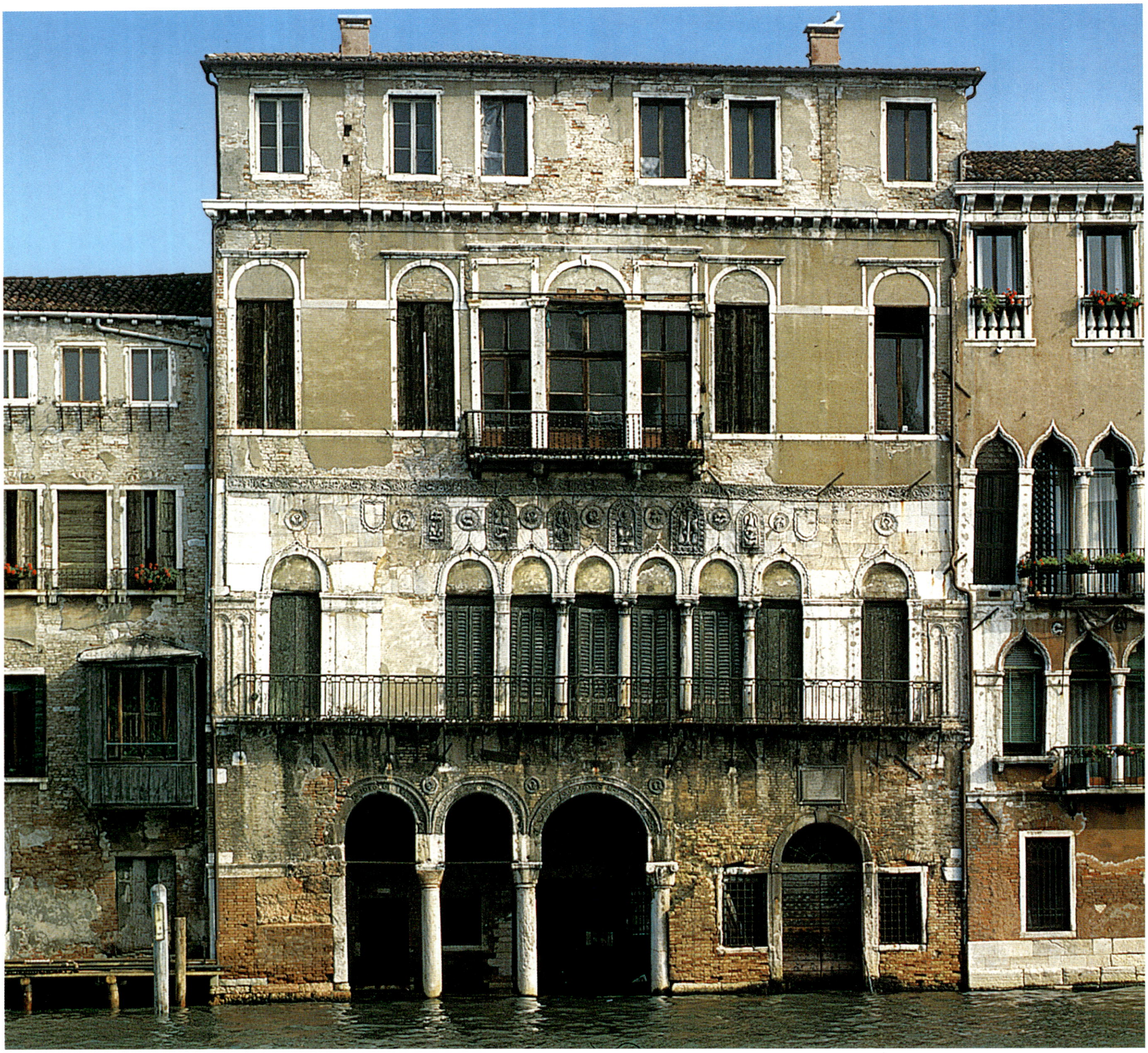

Palazzo Barziza

La maison aristocratique vénitienne acquiert dès le XIIe siècle la physionomie qui sera la sienne durant des siècles : habitation, entrepôt et siège des activités commerciales. Le Palazzo Barziza est un bon exemple de cette distribution : au rez-de-chaussée, un large vestibule et une porte d'eau sur le Grand Canal, permettant le chargement des marchandises et, à l'étage, le logement. Malgré plusieurs interventions qui ont modifié son aspect, il présente encore les éléments typiques de l'architecture vénéto-byzantine des XIIe-XIIIe siècles. Des médaillons émaillent ses murs et l'on peut remarquer le portail en arc plein cintre outrepassé, décoré, ainsi que la fenêtre multiple à colonnettes du premier étage.

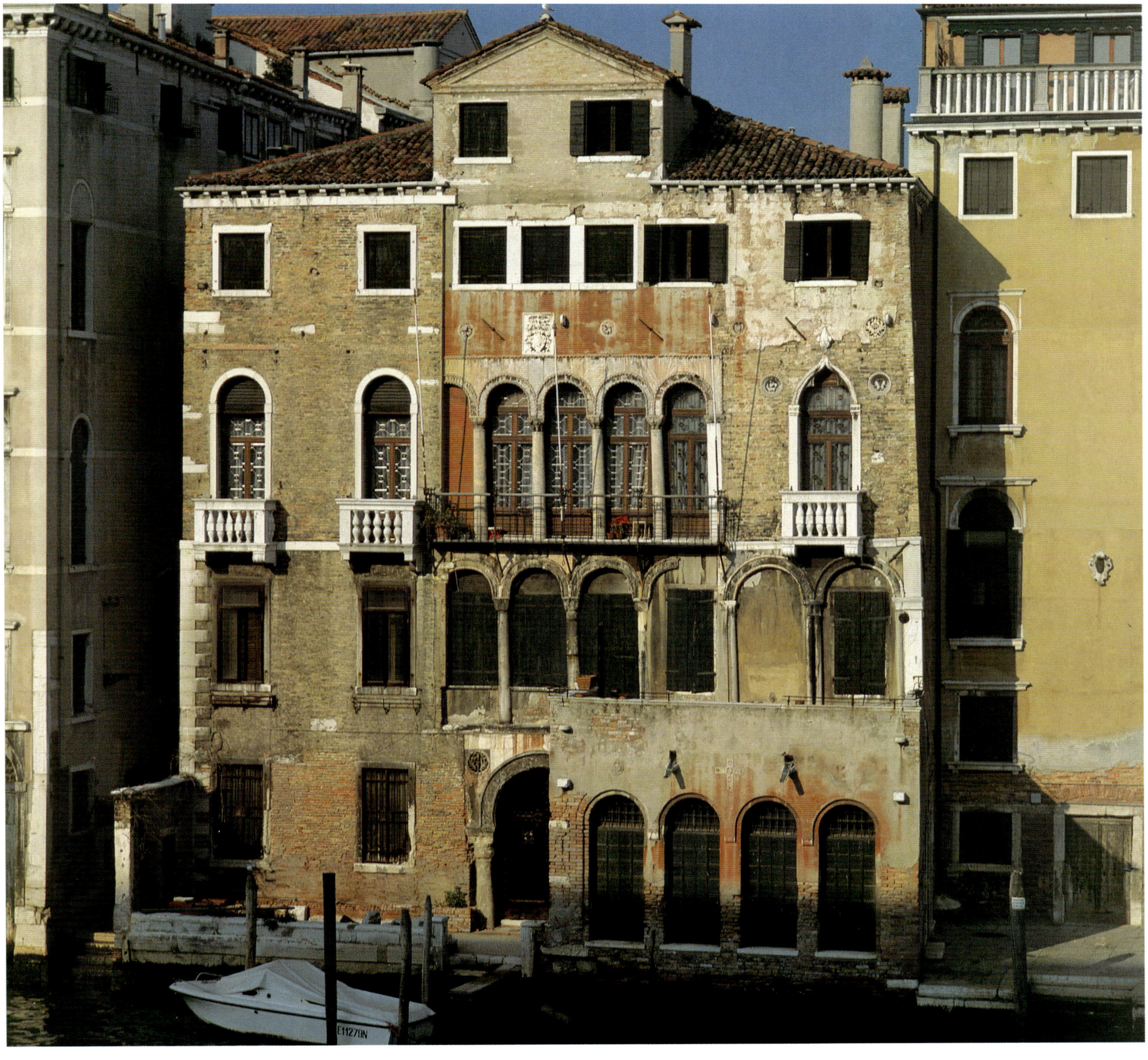

Palazzo Loredan et Palazzo Farsetti

Malgré une surélévation de deux étages, ces deux édifices bâtis au XIIe siècle témoignent encore de la typologie vénéto-byzantine : un portique au rez-de-chaussée donnant sur le Grand Canal, une loggia continue à l'étage noble, et les côtés de la façade moins percés. Ca' Loredan, siège de la mairie de Venise depuis 1868, est bâtie par la famille Boccasi, originaire de Parme, et passe ensuite entre les mains des Ziani et des Corner qui, en 1365, y reçoivent somptueusement le roi de Chypre. Celui-ci, pour marquer sa reconnaissance, attribue à Federico Corner le riche fief de Piscopia. Ici naît en 1646 Elena Lucrezia Cornaro Piscopia, la première femme au monde à obtenir un diplôme universitaire, à Padoue, en 1678. En 1703, le palais revient, par mariage, aux Loredan dont il porte toujours le nom. Sa façade, modifiée au XVIe siècle, repose sur un rez-de-chaussée percé d'une arcature à cinq baies, bordée de deux doubles fenêtres. La loggia du premier étage est rythmée par des arcs en plein cintre outrepassés reposant sur les chapiteaux de colonnes élancées ; des colonnes doubles subdivisent la façade en trois parties. Le palais jumeau, Ca' Farsetti, qui abrite aujourd'hui les bureaux de la mairie, présente le même ordonnancement byzantin, avec une légère variation dans les colonnes doubles soutenant les arcs de la loggia d'étage.

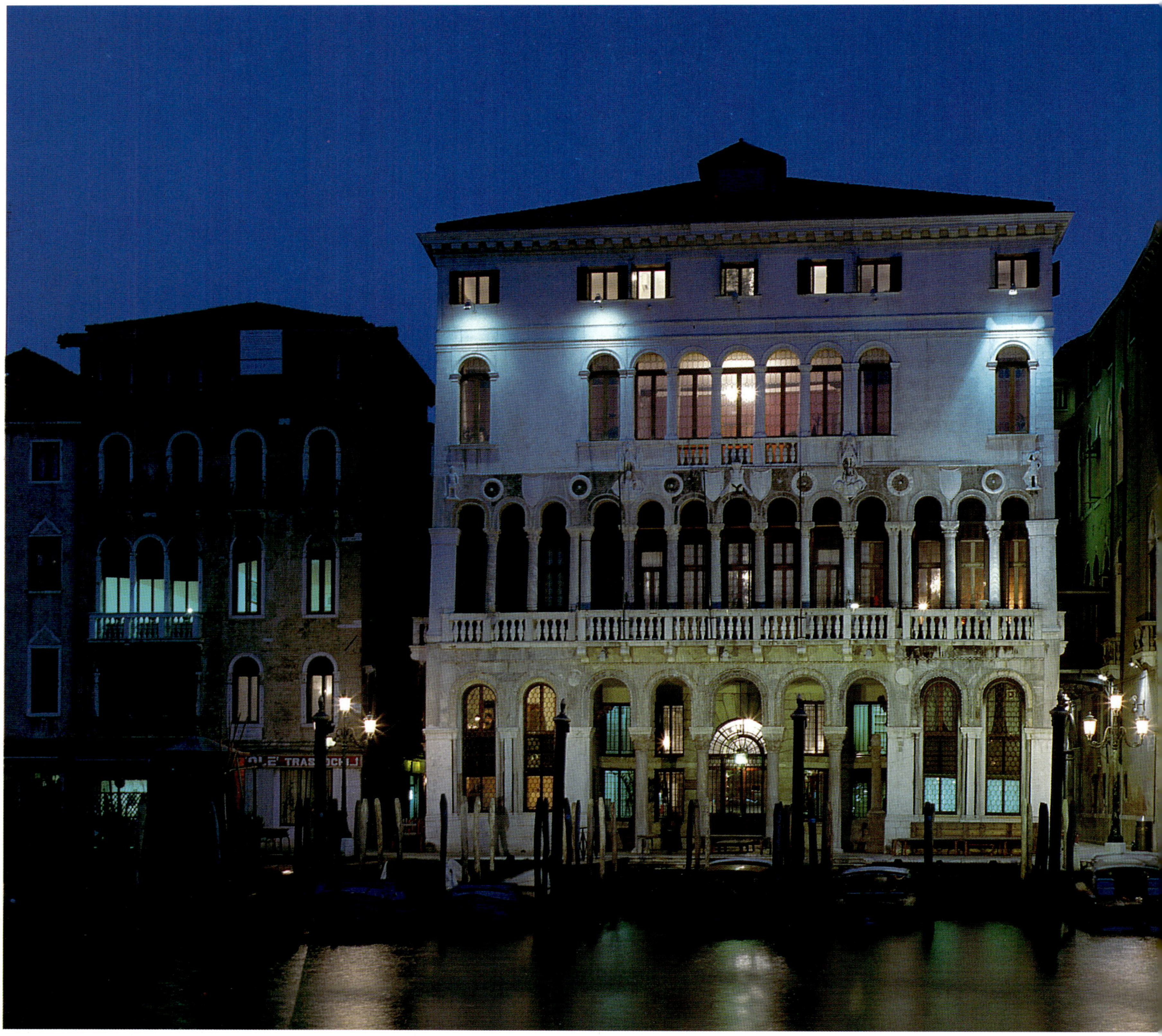

Résidence de la famille Dandolo à laquelle appartenait le célèbre doge Enrico, qui conquit Constantinople en 1202 au cours de la cinquième croisade, l'édifice parvint aux Farsetti en 1669, cinq années après que ceux-ci furent admis à faire partie de la noblesse vénitienne. Au XVIIIe siècle, Filippo Farsetti, grâce à son immense richesse et à sa position prédominante dans la noblesse après l'élection au pontificat de son cousin Carlo Rezzonico, dote le palais d'une importante collection de reproductions de statues classiques. A l'Accademia Farsetti, centre du mouvement néoclassique de la lagune, est formé entre autres le jeune Antonio Canova, qui y arrive en 1768. Ses premières sculptures – deux gerbes de fleurs et de fruits exposées aujourd'hui au Museo Correr – ornaient l'escalier du palais.

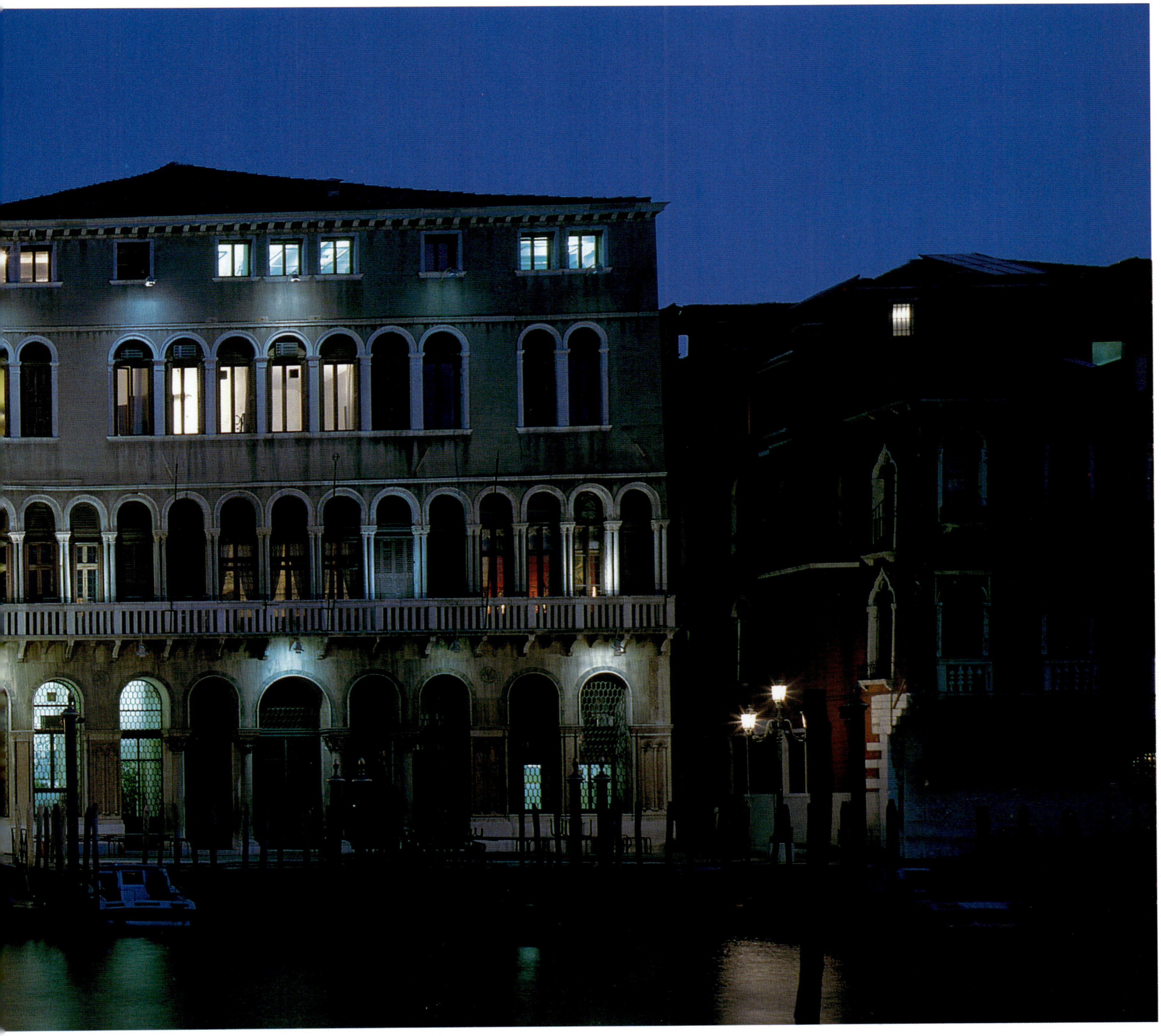

Palazzo Lion Morosini

La construction de la Ca' Lion, située sur le campiello del Remer qui ouvre sur le Grand Canal, remonte au XIIe siècle. Remaniée, la bâtisse conserve néanmoins sa structure d'origine de maison avec entrepôt, développée autour d'une cour. Sur la façade, dont les fenêtres et le portail aux précieux encadrements sont de style vénéto-byzantin d'influence orientale, l'escalier extérieur aux formes gothiques conduit à l'étage d'habitation au-dessus d'un rez-de-chaussée où l'on entreposait les marchandises. Cet escalier à garde-corps plein, porté par des arcs brisés sur le fond, contraste avec la volée latérale aux arcs segmentaires et au garde-corps à colonnettes. Érigé pour la famille Lion – ou Lioni –, le palais passe ensuite aux Morosini ; c'est pourquoi il porte aujourd'hui ce double nom.

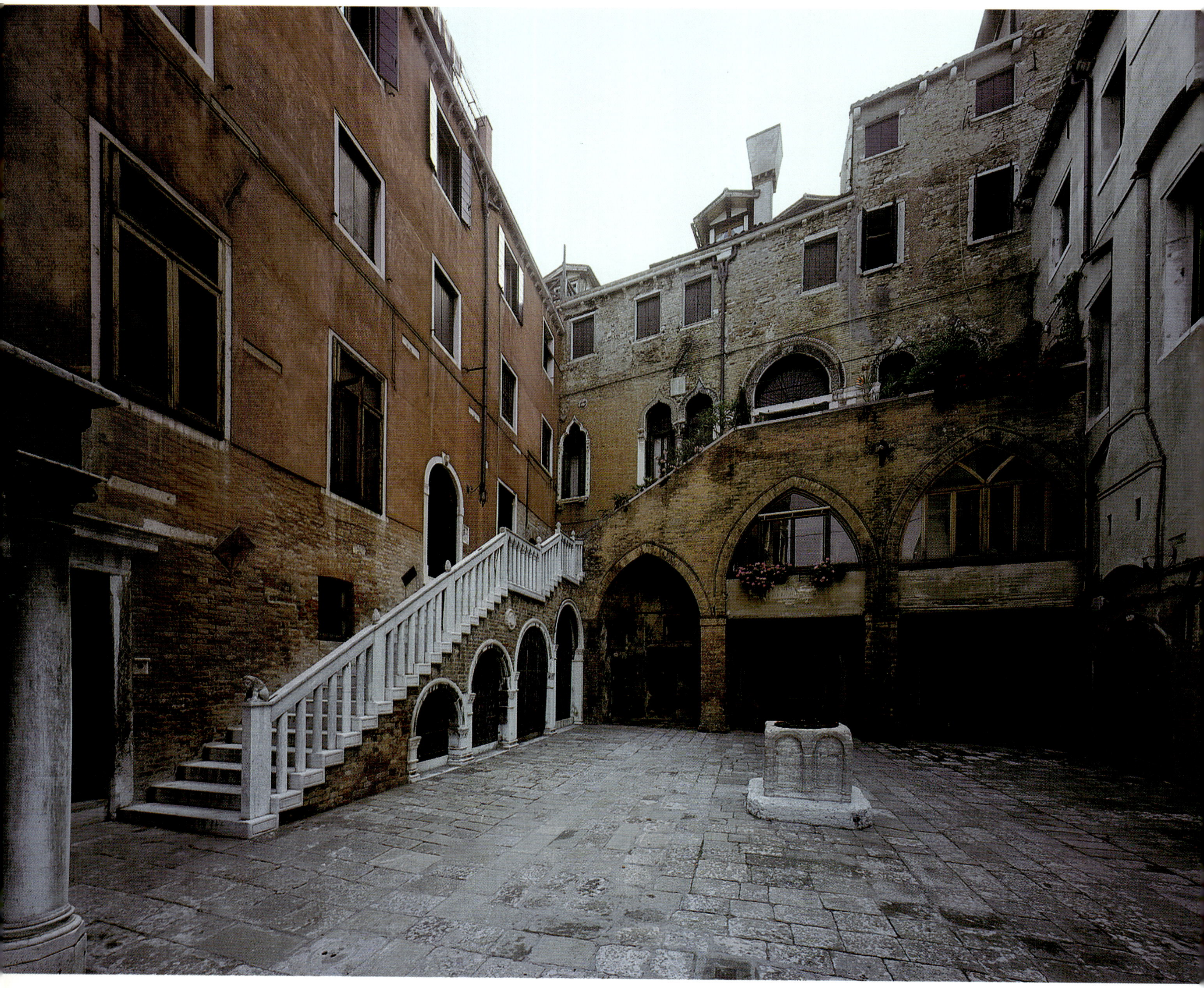

Palazzo Falier Canossa

Le palais, de style gothique, érigé sur le Grand Canal vers le milieu du XVe siècle, est ensuite remanié par l'ajout de deux avant-corps avec loggia – modifiés au XIXe siècle – qui se détachent du bâtiment proprement dit. Une élégante fenêtre multiple à colonnettes orne la façade sur laquelle s'ouvre un portail gothique.
Le plus célèbre des Falier, le doge Marino, fut décapité en 1354 pour avoir fomenté une conjuration.

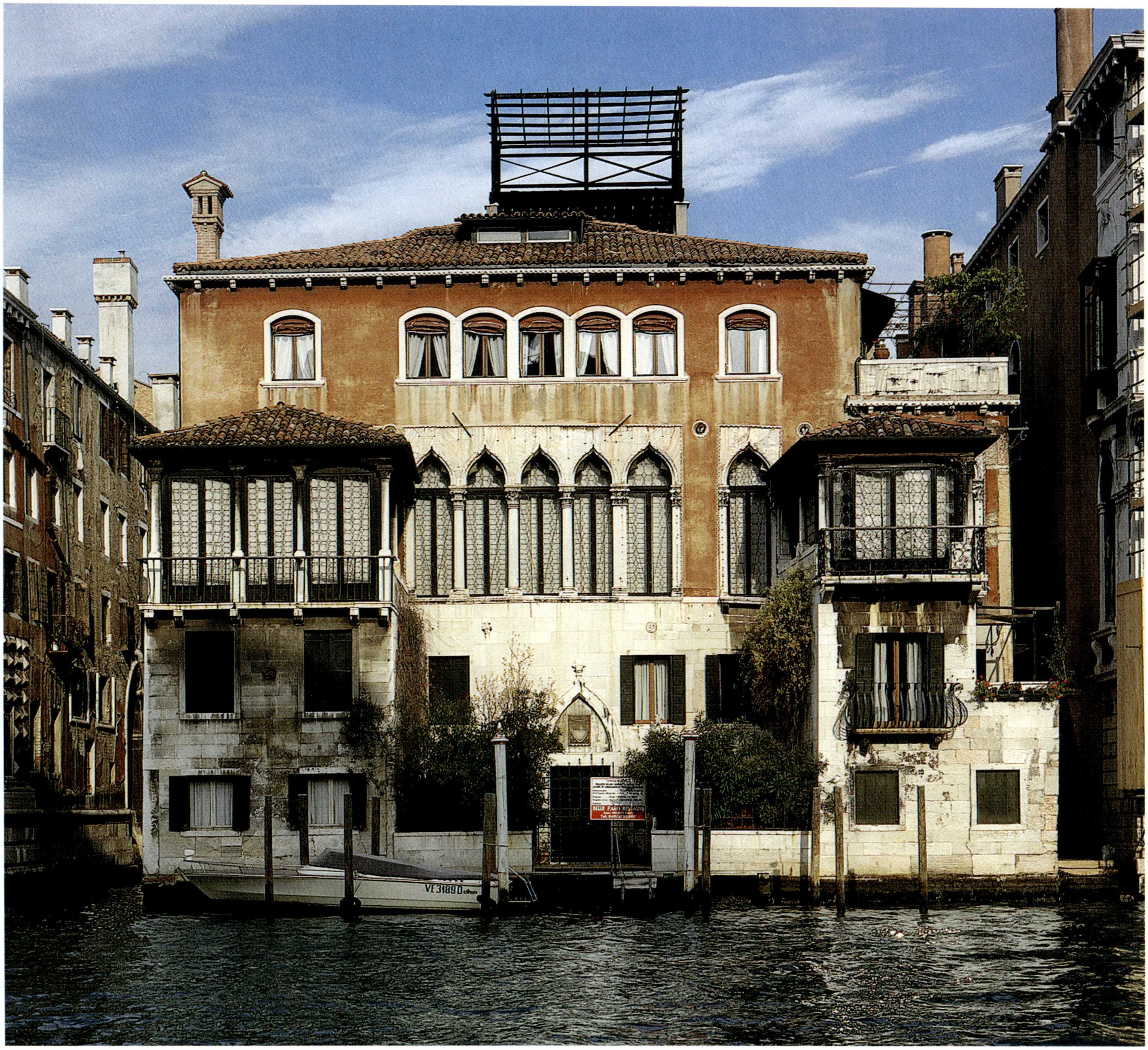

Fondaco dei Turchi

Construit pendant la première moitié du XIIIe siècle, revêtu de marbres polychromes et encadré par deux tours latérales, le Fondaco dei Turchi repose sur des arcades en rez-de-chaussée, et son premier étage s'orne d'une loggia filante. En 1381, le palais devient la demeure du marquis Nicolas V d'Este – d'où son ancienne appellation de « Maison du Duc de Ferrare » – qui y héberge des hôtes de marque : l'empereur d'Orient, Jean Paléologue, y séjourna en 1438. A partir de 1575, il sert de résidence et de dépôt aux marchands turcs de la ville et constitue une enclave ottomane très contrôlée. L'appellation de Fondaco vient d'ailleurs de l'arabe *Foundouk* (à la fois entrepôt-halle et auberge). Le palais passe aux Aldobrandini puis aux Priuli et enfin aux Pesaro. En 1869, Berchet restaure de façon outrancière l'édifice acquis par la municipalité en 1858. Siège du Museo Correr entre 1898 et 1922, le Fondaco abrite depuis cette date le Museo di Storia Naturale.

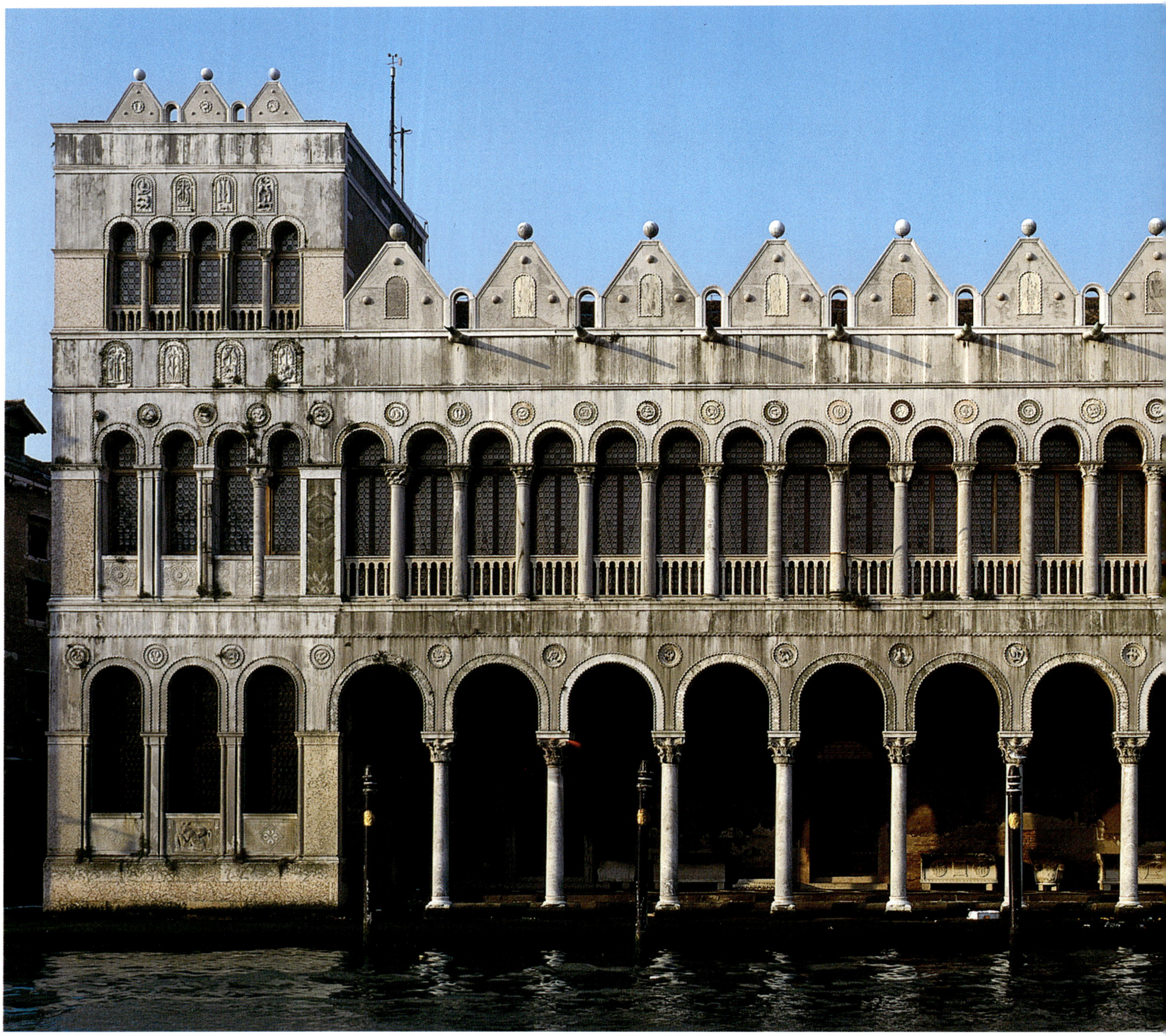

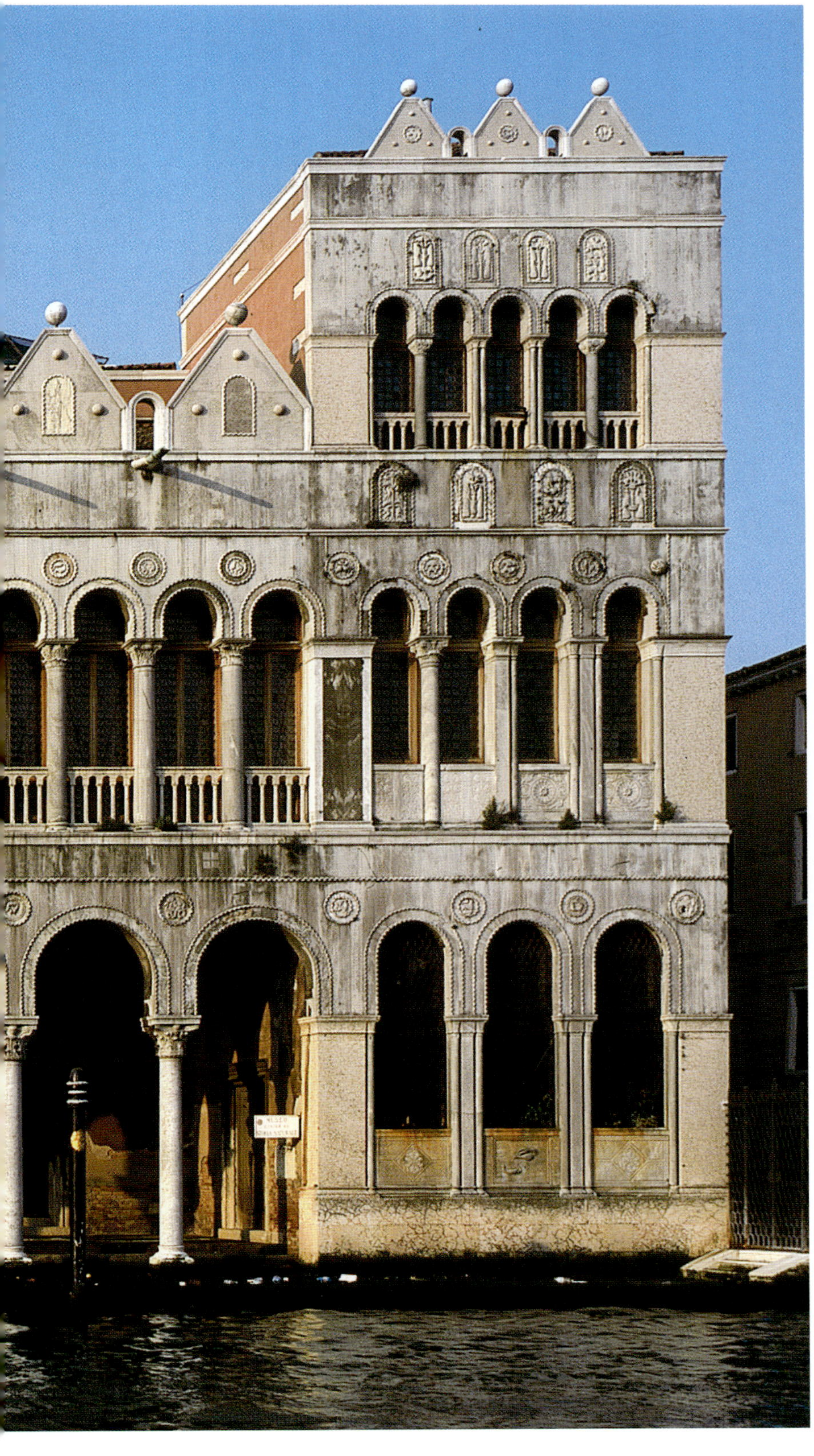

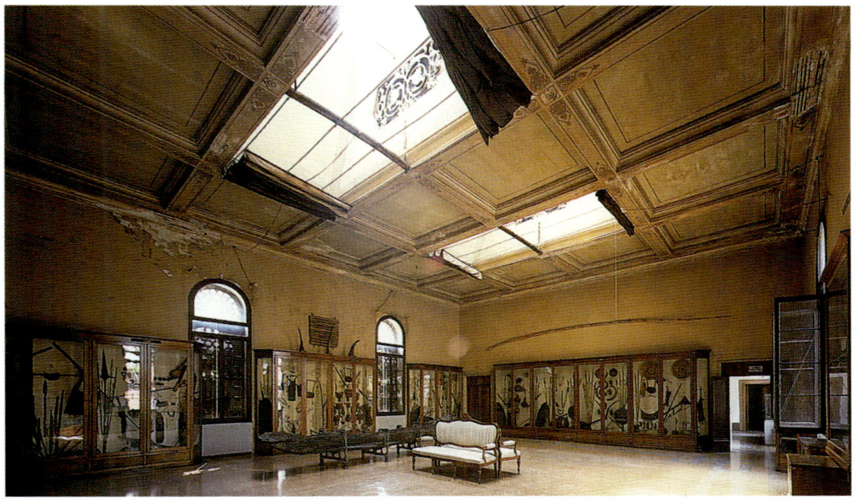

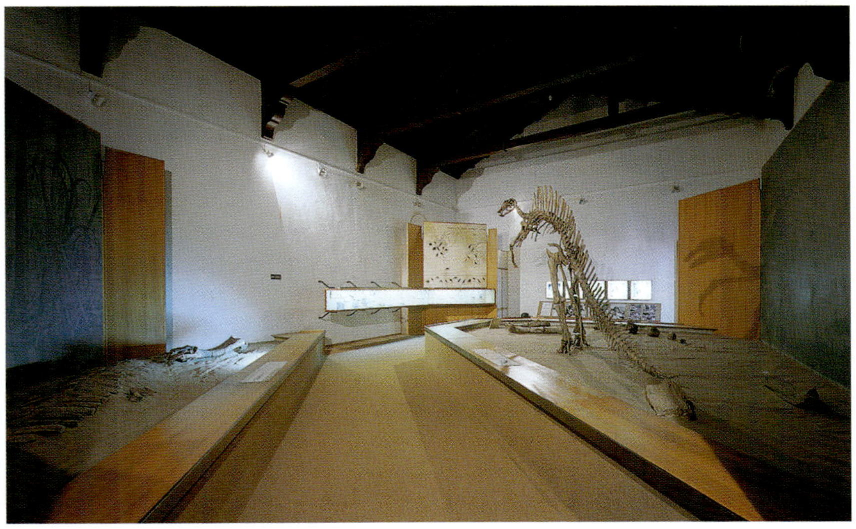

Corte Bottera

A proximité du campo San Zanipolo, après avoir franchi les premières marches du Ponte Storto, une étroite fondamenta privée permet d'accéder à la Corte Bottera, un coin perdu dans le labyrinthe du *sestiere* de Castello, en dehors des circuits touristiques, malgré la proximité de l'église Santi Giovanni e Paolo. Les éléments architecturaux archaïques, comme le vaste portail vénéto-byzantin des XIIIe-XIVe siècles où se développent des volutes et des figurations zoomorphes, et l'escalier extérieur reposant sur des arcades du XIVe siècle, ainsi que la margelle gothique, contribuent au charme du lieu.

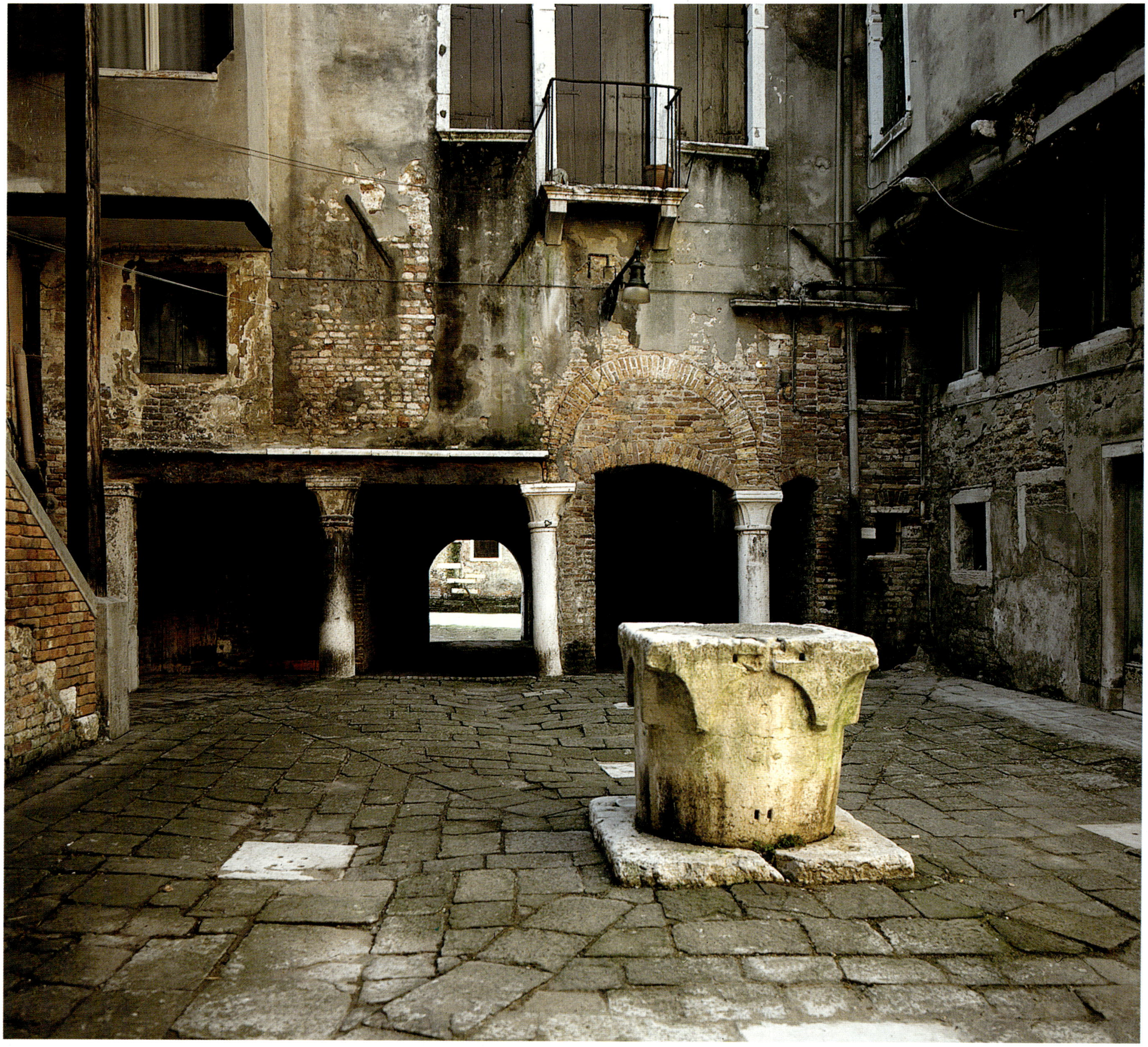

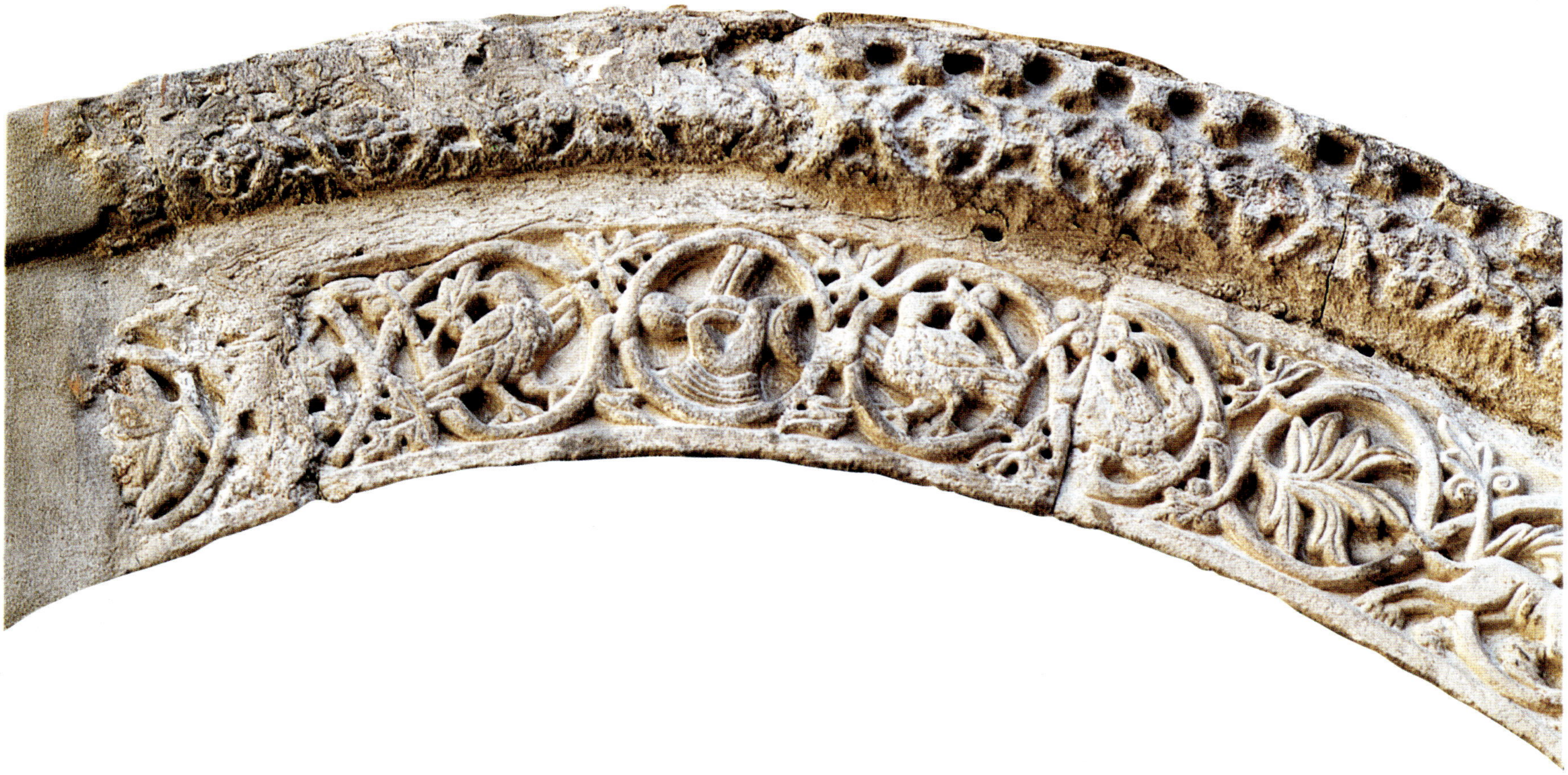

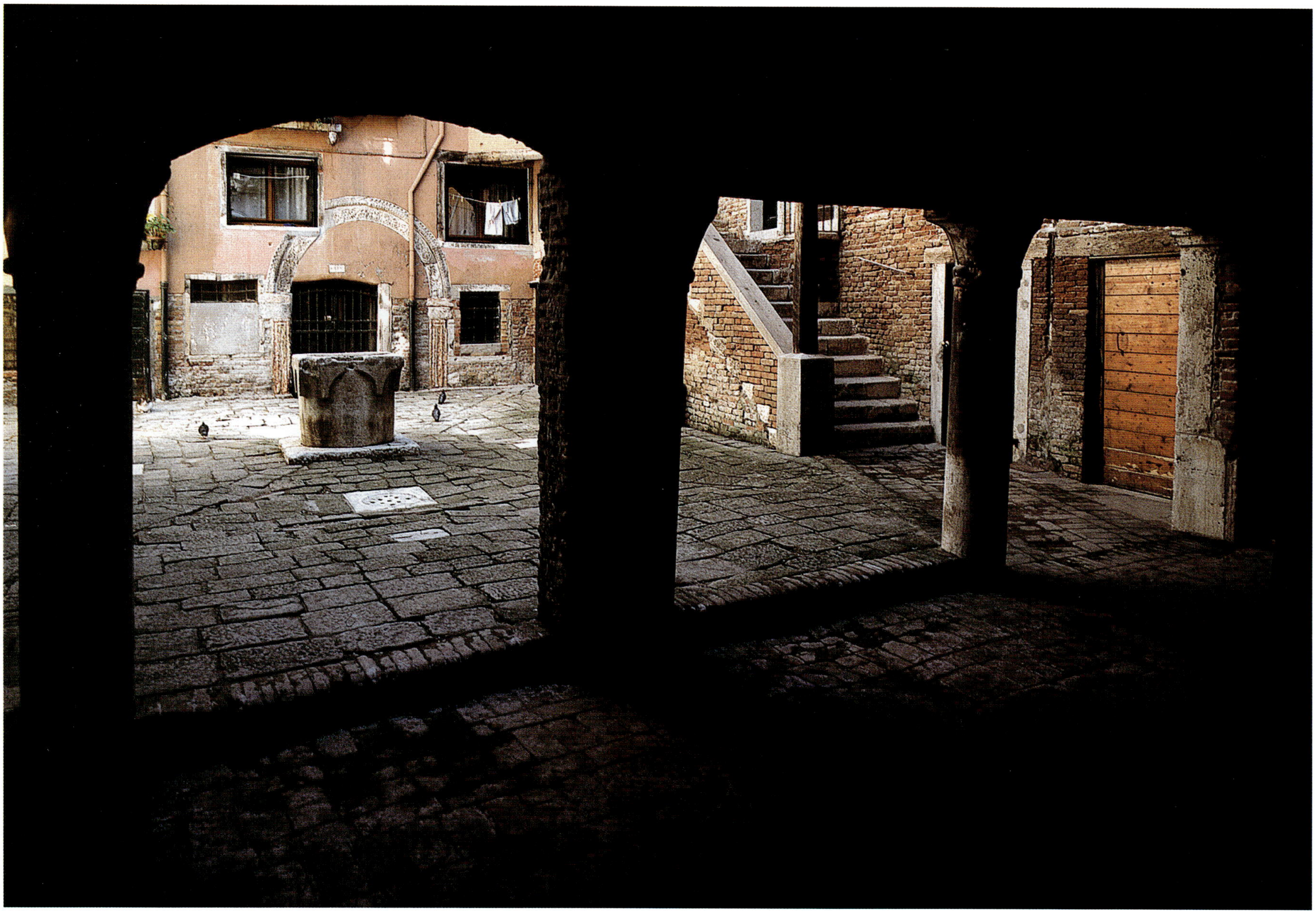

Basilique Santa Maria Assunta à Torcello

Les palais, églises, maisons et couvents qui couvraient l'île de Torcello au temps de sa splendeur – plus de 10 000 personnes y habitaient – ont disparu : l'île est aujourd'hui quasiment déserte. Seuls quelques édifices rappellent son passé. La cathédrale Santa Maria Assunta fut fondée en 639, mais reconstruite dans sa forme actuelle en 1008, lorsque Orso Orseolo, fils du doge Pietro, devint évêque de Torcello. Un portique précède l'édifice basilical vénéto-byzantin qu'il relie au baptistère et à l'église Santa Fosca voisine.
A l'intérieur de la basilique, la nef, séparée des bas-côtés par des colonnes, culmine dans l'abside par un chœur surélevé, précédé d'un jubé à six colonnettes qui portent l'architrave garnie d'icônes du XVe siècle représentant la Vierge et les Apôtres.

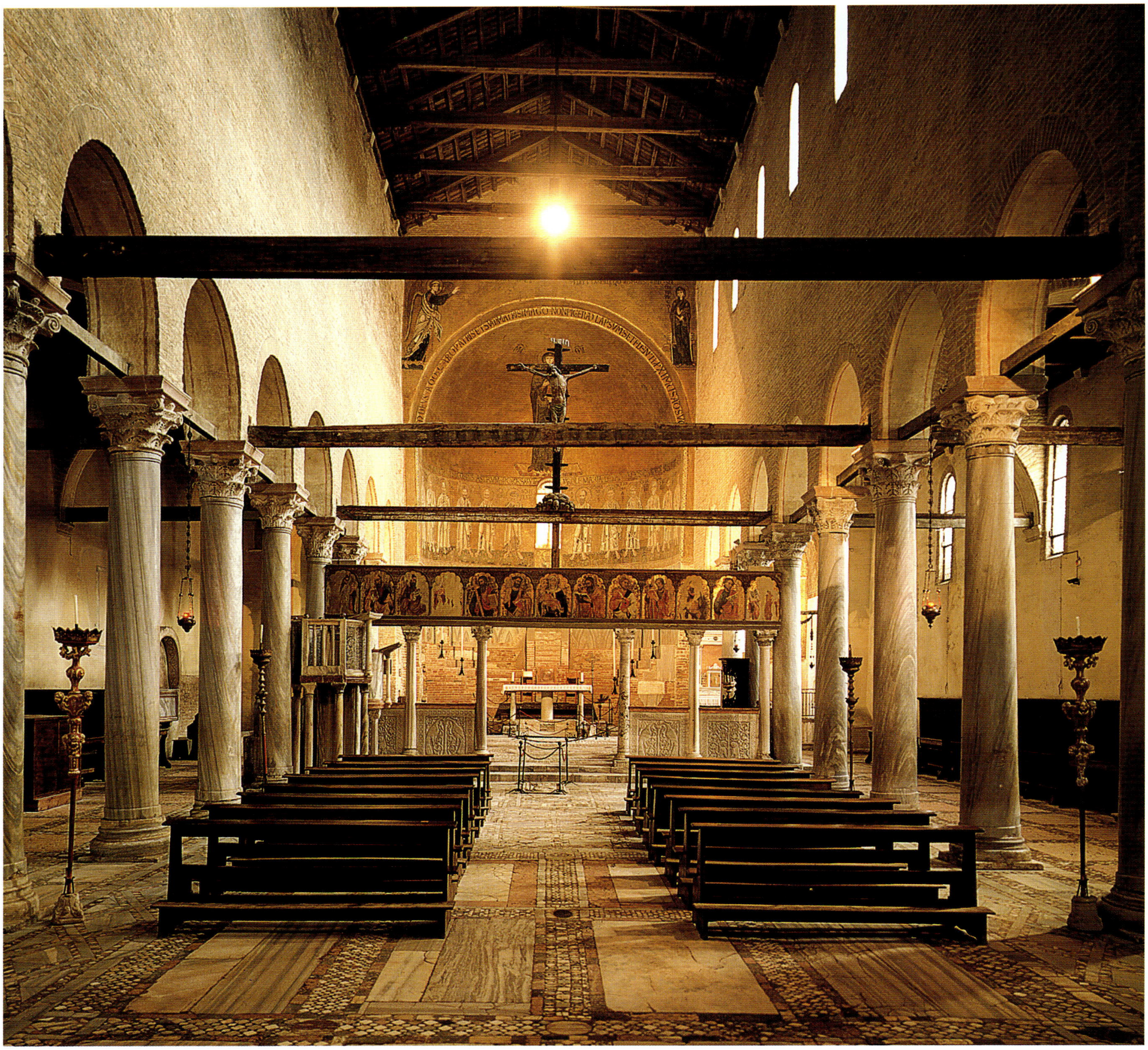

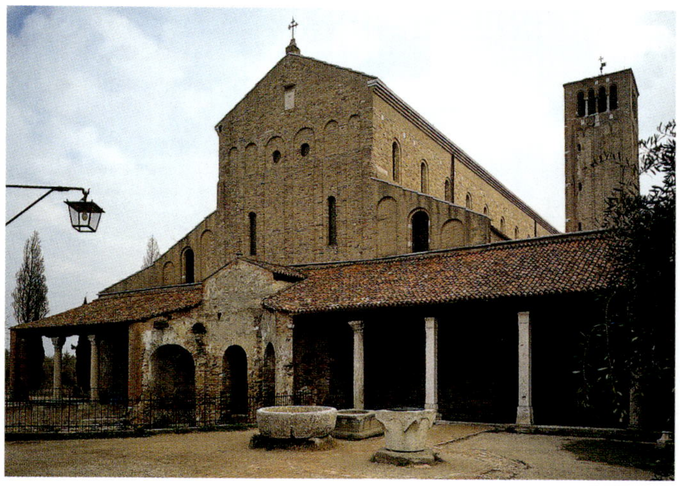

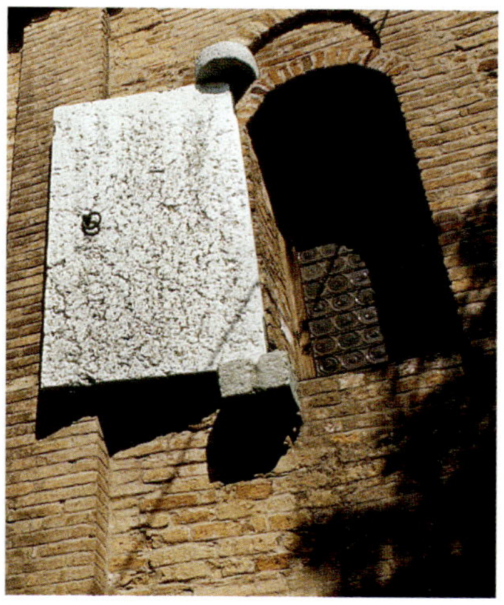

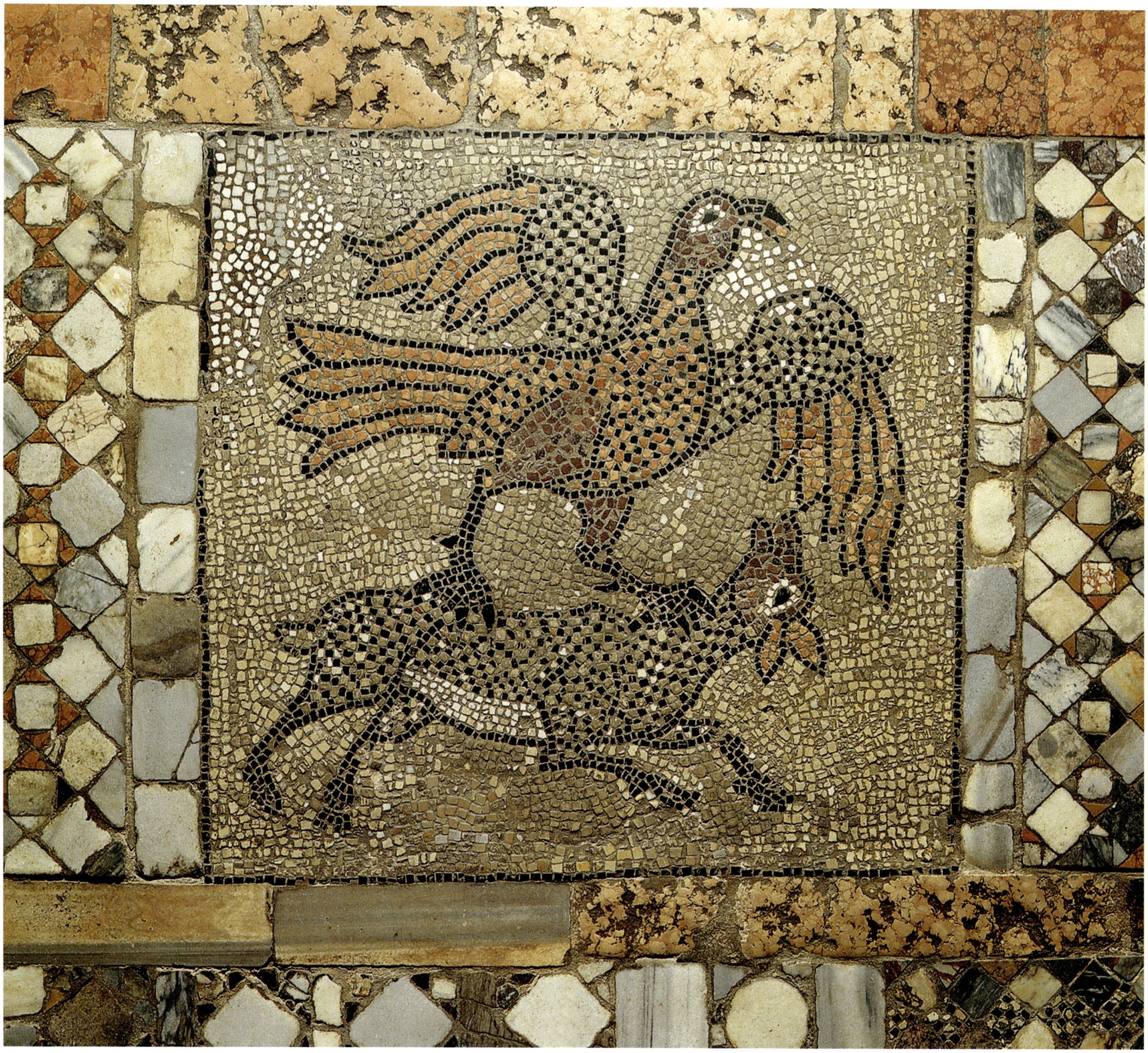

Les pavements en marbre et les mosaïques font l'originalité foncière de la basilique Santa Maria Assunta, lieu de confrontation de deux écoles : l'école vénéto-byzantine et celle byzantine de Ravenne. Si à la seconde appartient l'imposante Mère de Dieu qui se détache sur le fond d'or de l'abside, la mosaïque située au-dessus de la porte principale, représentant le Jugement dernier, a un caractère narratif plus nettement vénitien, en particulier dans la figuration réaliste des damnés. Commencée probablement au XIe siècle, elle est achevée pendant la première moitié du siècle suivant.
En effet, d'après des documents remontant à 1153, des maîtres artisans grecs, dont un certain Marcos Indriomenis, ont travaillé dans la basilique. Celle-ci conserve également une autre pièce exceptionnelle : une petite fenêtre occultée, comme à l'origine, par une diaphane plaque d'albâtre posée sur des gonds. L'éclairage qui en résulte est celui des anciennes églises vénitiennes.

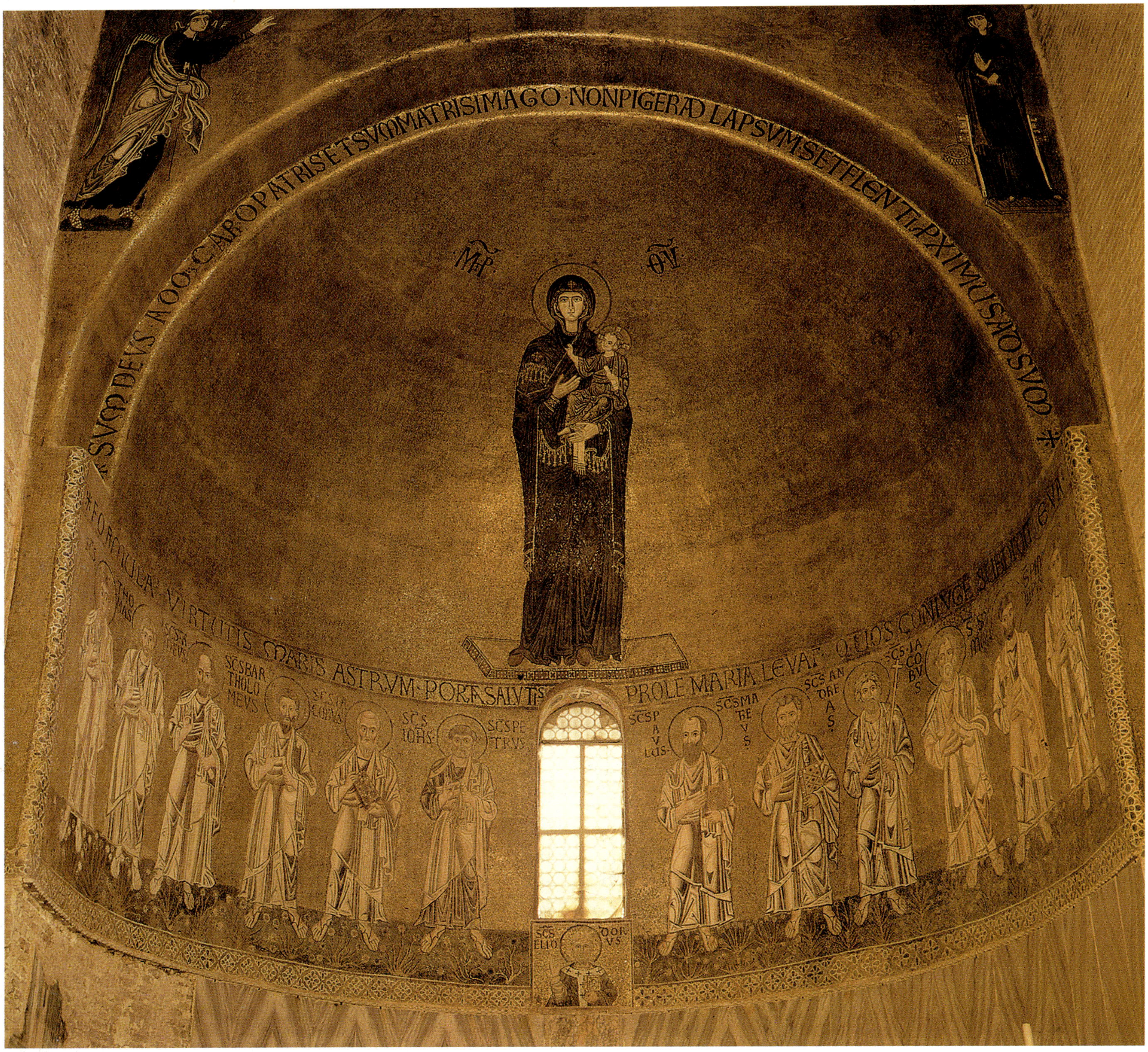

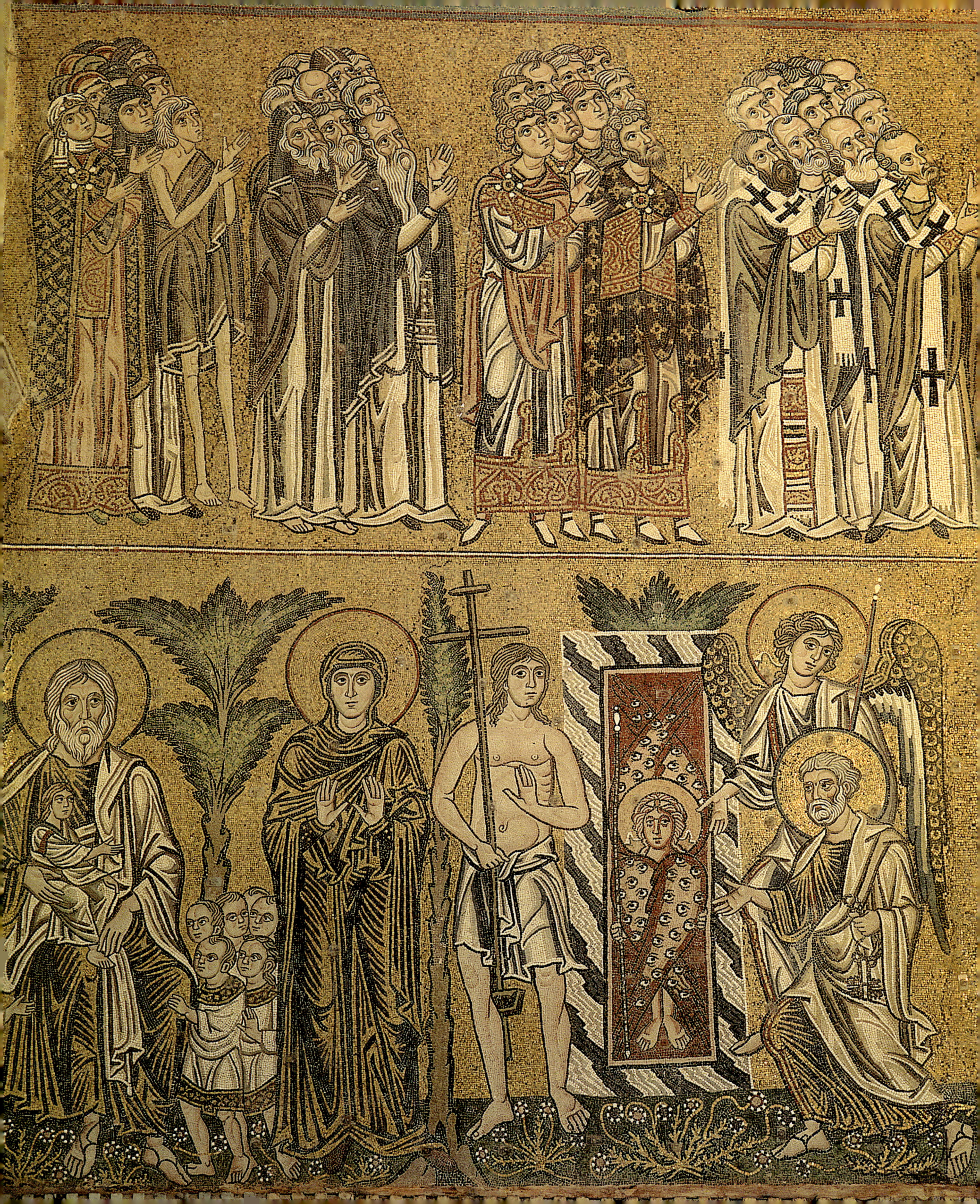

Église San Zan Degolà
(San Giovanni Decollato)

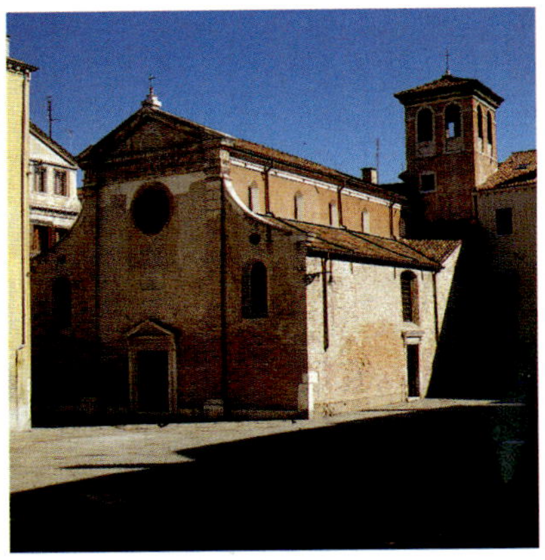

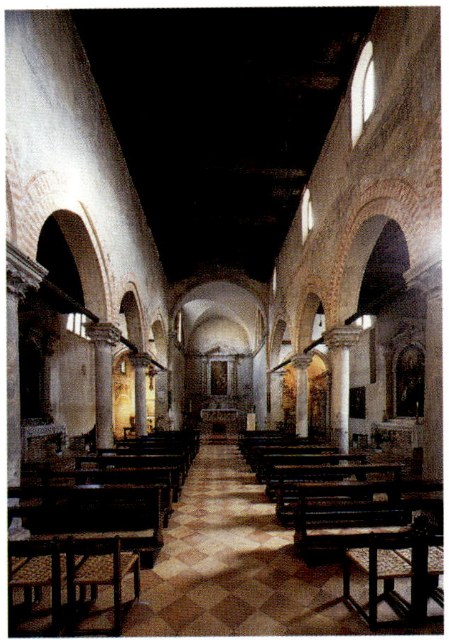

Malgré les transformations subies au cours du temps, l'intérieur de cette église – fondée entre le VIIe et le VIIIe siècle – demeure celui d'une basilique vénéto-byzantine type. Le vaisseau comporte une nef et deux bas-côtés. Le plafond est en forme de coque de bateau renversée. Les arcs brisés s'appuient sur les chapiteaux à coussinets des colonnes en marbre grec. L'extérieur remonte au XVIIIe siècle et présente une façade tripartie, correspondant à la structure interne. La composition est marquée dans la partie centrale par deux colonnettes, prolongées jusqu'à soutenir le fronton triangulaire sous lequel apparaît une rosace. Des fresques du XVe siècle s'y trouvent ainsi que des œuvres exceptionnelles de l'école byzantine des XIIIe-XIVe siècles, placées dans la chapelle à gauche de l'abside. Une *Annonciation* du XIIIe siècle en mosaïque en orne l'arc d'accès.

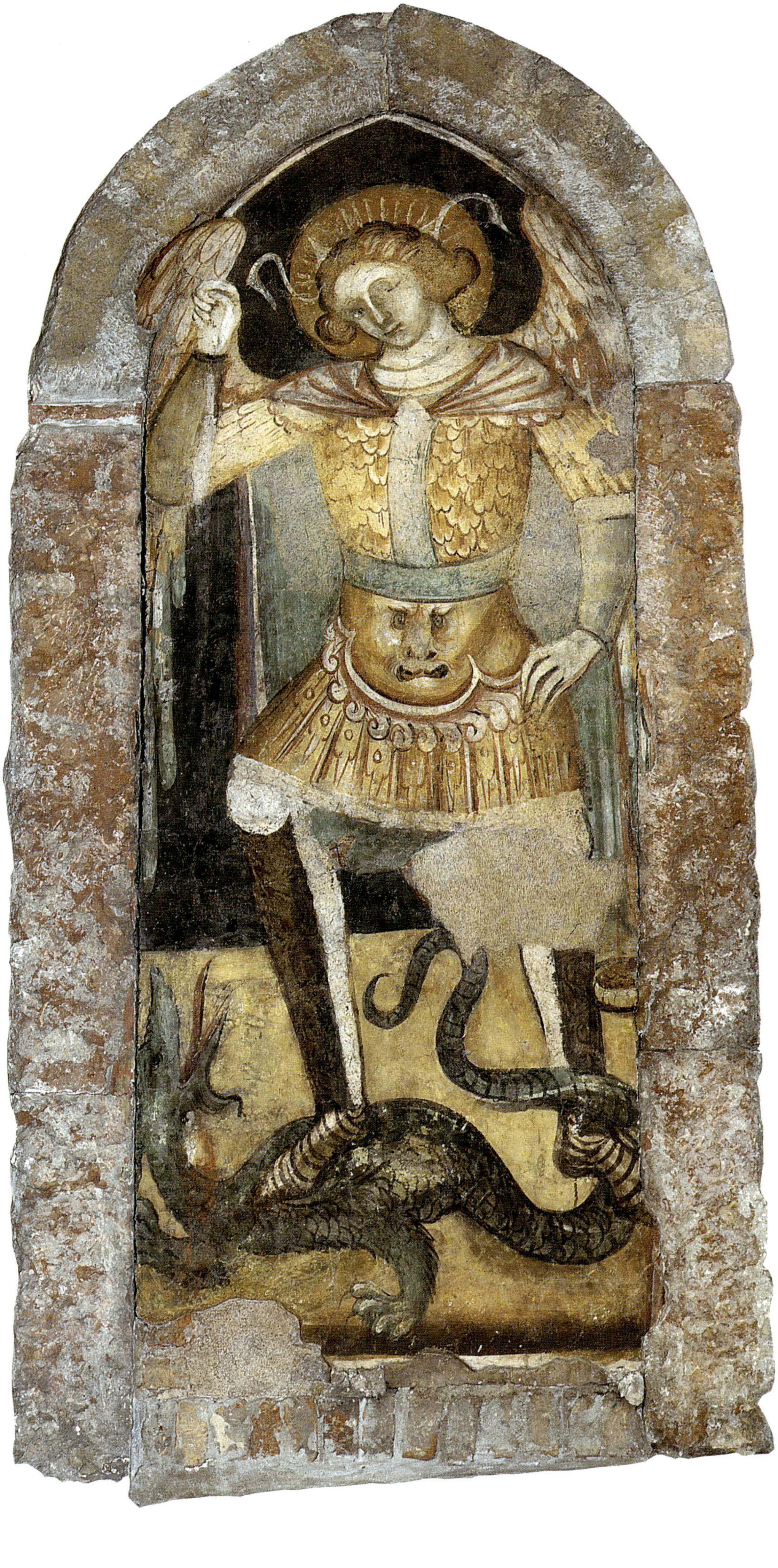

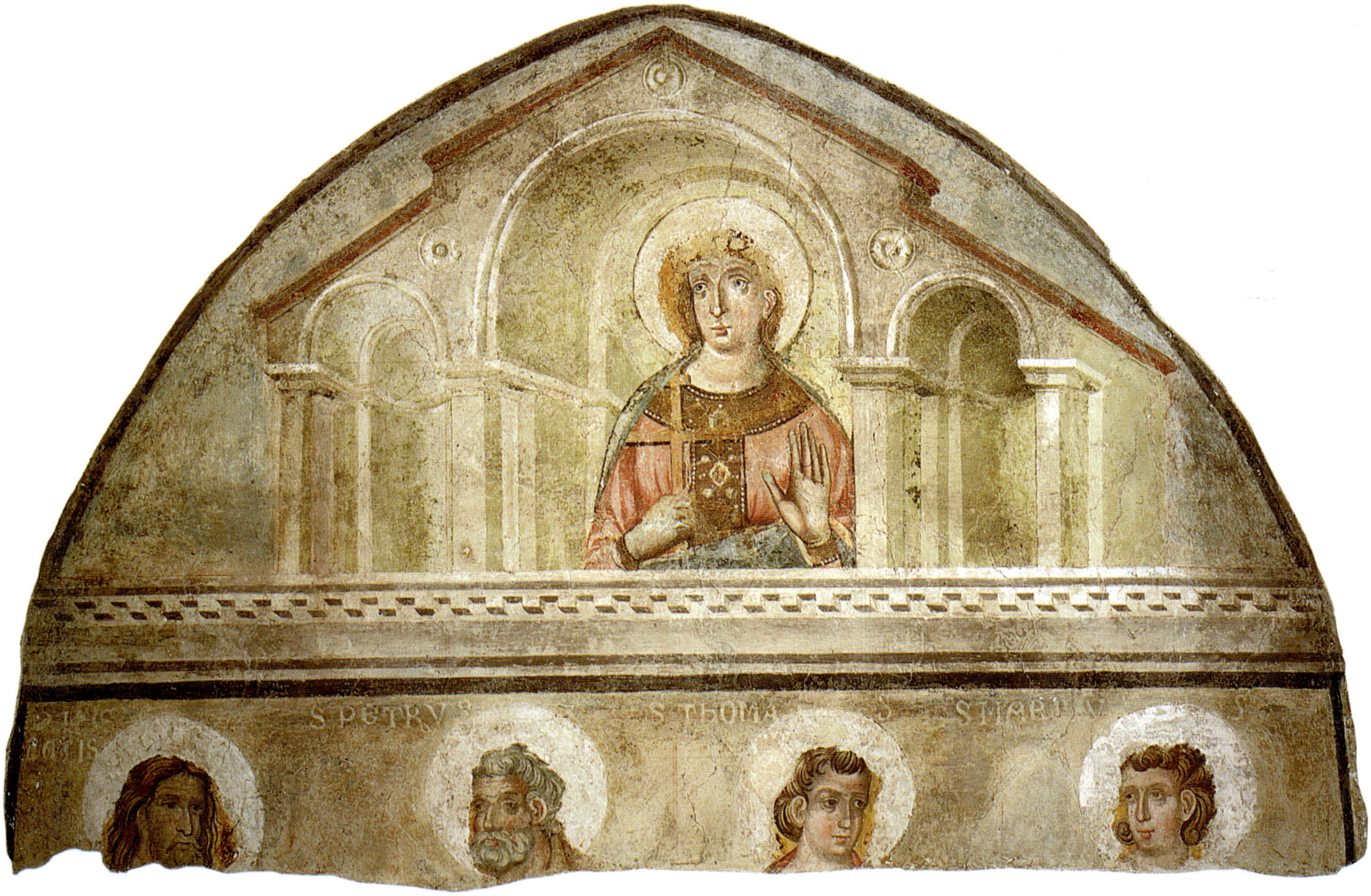
S PETRVS
S THOMA

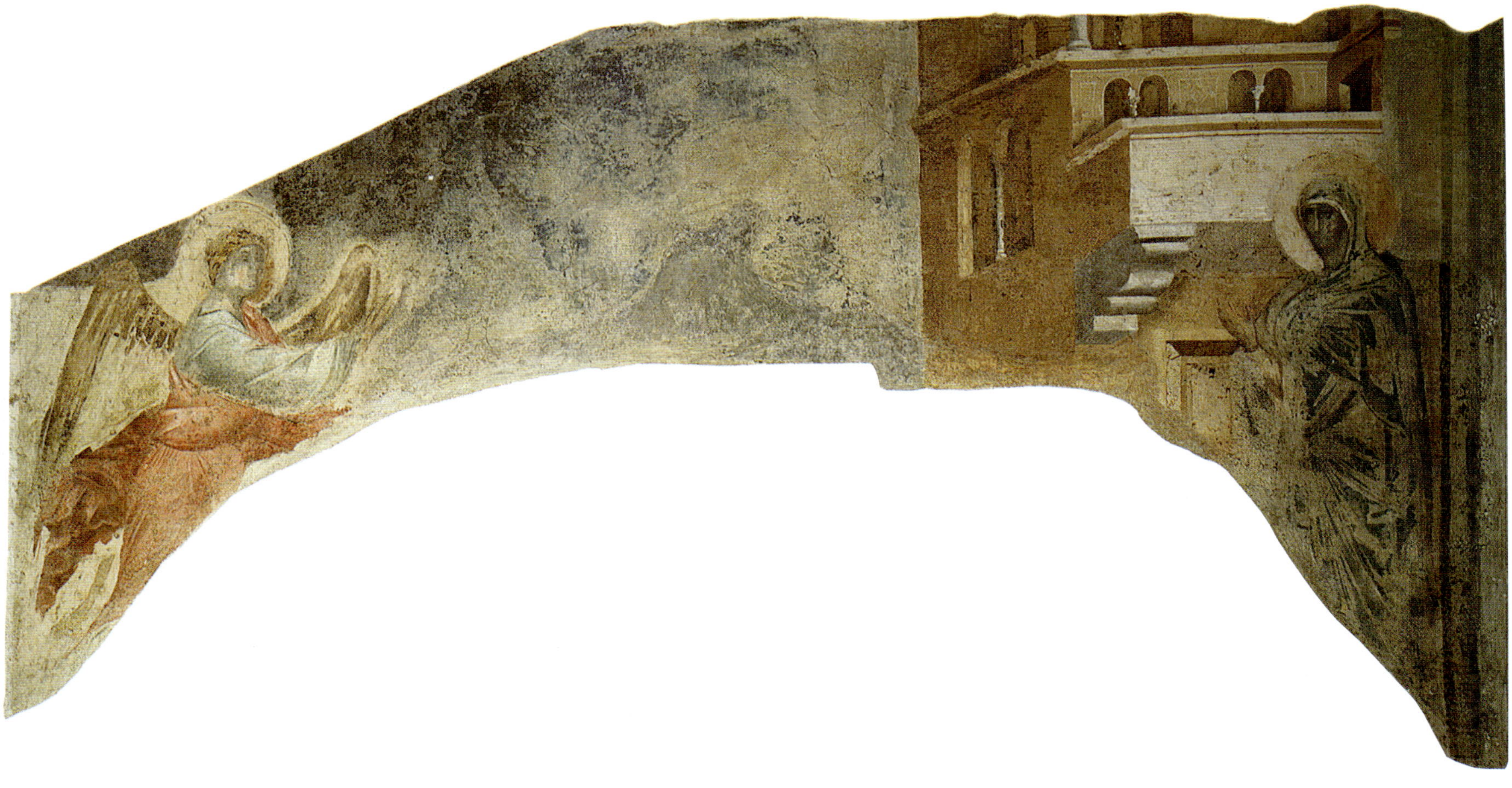

Église San Giacometto (San Giacomo a Rialto)

Parmi les rares constructions du périmètre de Rialto qui ont réchappé du terrible incendie de 1514, figure l'église San Giacomo – San Giacometto, disent affectueusement les Vénitiens à cause de sa taille modeste – érigée au XIIe siècle. La façade dépouillée est ornée d'un portique du XIVe siècle et s'achève par un campanile. L'intérieur, disposé en croix grecque, comporte une nef à trois travées séparées par des colonnes de marbre grec aux chapiteaux vénéto-byzantins du XIe siècle.

Remaniée au XVIIe siècle, l'église conserve des peintures de Leandro Bassano, Marco Vecellio et une *Pietà* attribuée à Carlo Dolci. L'autel degli Orefici, conçu par Vicenzo Scamozzi, est orné de bronzes de Gerolamo Campagna. La statue en marbre du saint patron sur le maître-autel est l'œuvre d'Alessandro Vittoria.

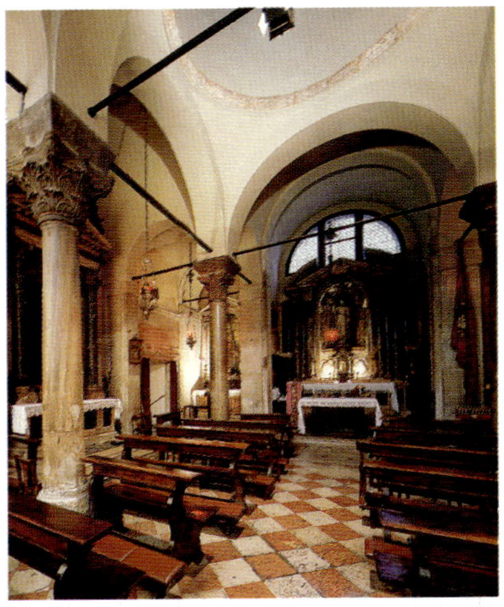

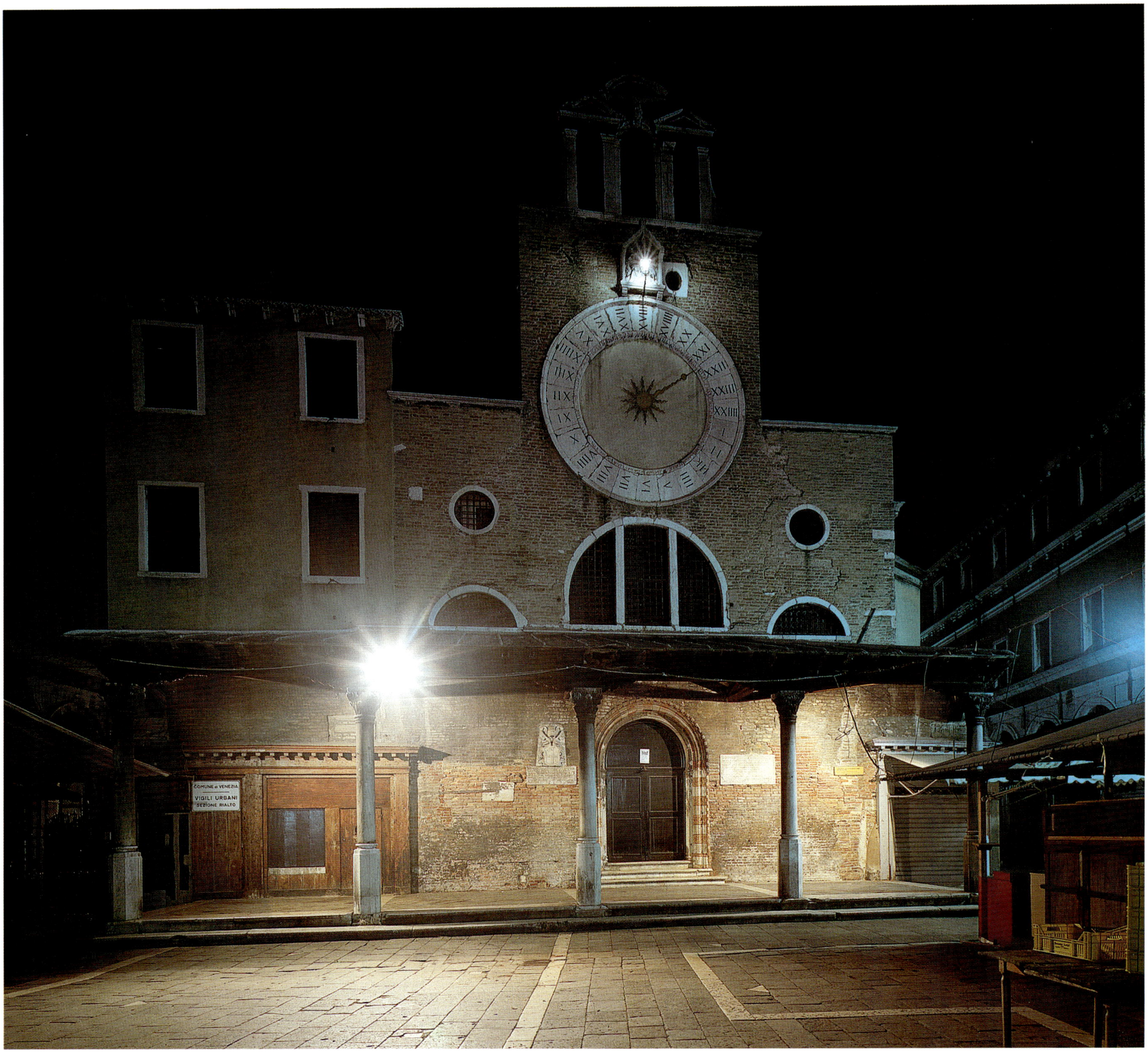

Église San Giacomo dell'Orio

Fondée sans doute au IXe siècle, l'église est reconstruite en 1225. Érigée sur un plan basilical d'inspiration byzantine, elle est dotée aux XIVe-XVe siècles d'un triple transept. Le clocher à contreforts, qui remonte au XIIe siècle, est de plan carré vénéto-byzantin ; il est couronné par quatre fenêtres quadruples à colonnettes et par des arcs aveugles. L'intérieur réunit des caractères romans et gothiques. Le plafond trilobé, en coque de bateau renversée, repose sur des corbeaux. Une colonne ionique monolithe, rapportée de Byzance, répond au marbre d'Anatolie du bénitier et du portail d'accès. On peut admirer également dans les lieux des reliefs, des médaillons vénéto-byzantins, des œuvres picturales de Francesco Bassano, Schiavone, Lorenzo Lotto, Palma le Jeune, Buonconsiglio et Véronèse – auteur aussi du plafond de la sacristie.

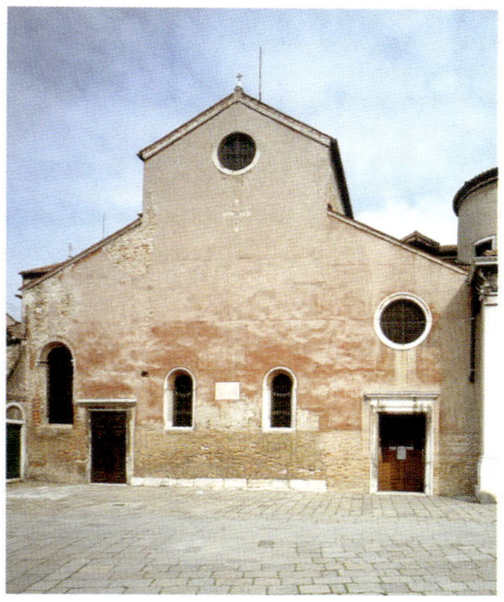

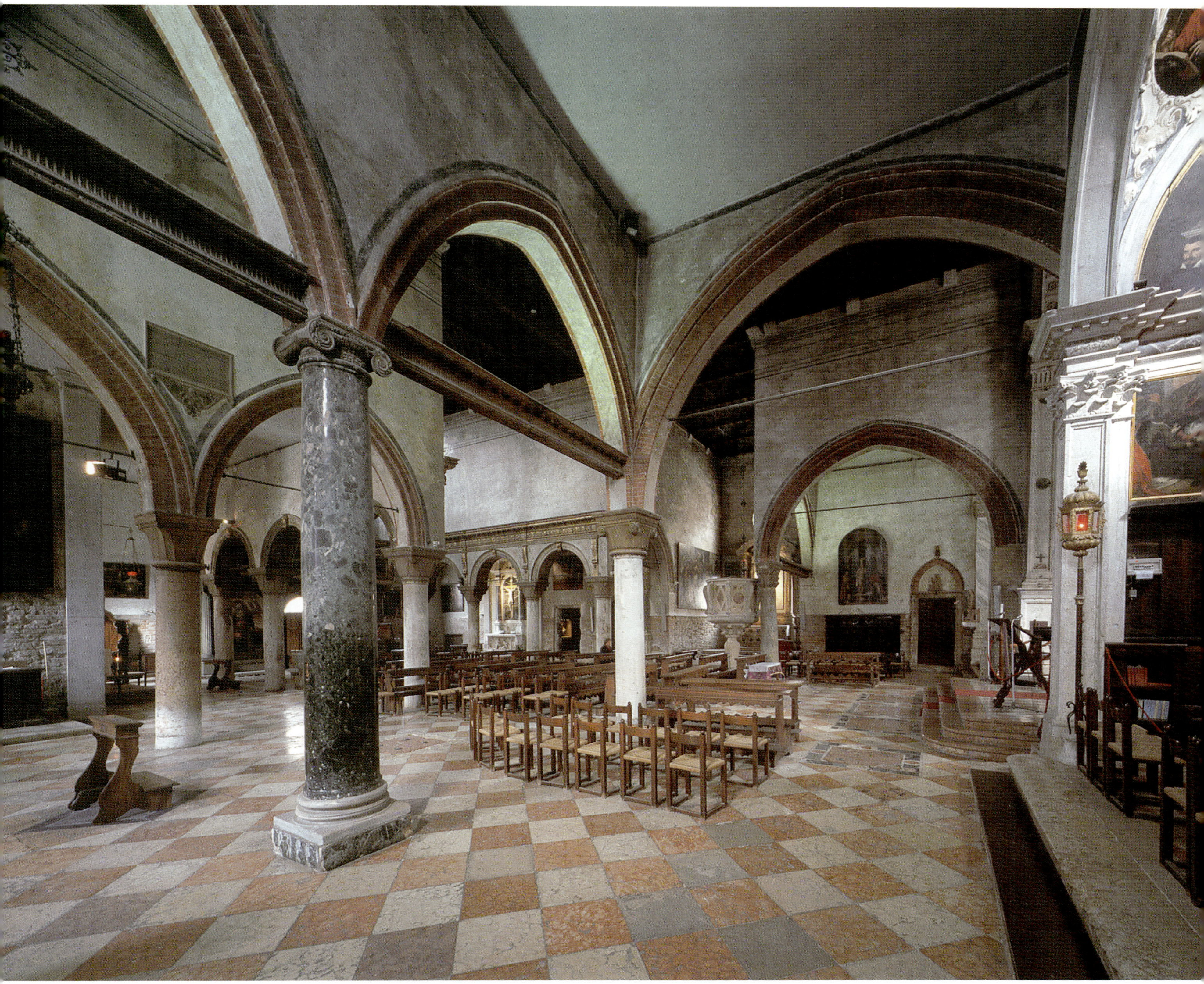

Église Santi Maria e Donato dans l'île de Murano

Fondée au VIIe siècle par les premiers habitants de la lagune, l'église est transformée et agrandie après l'an mille sur un plan basilical. La façade, sobre et sévère, s'inspire des modèles de Ravenne. Elle s'appuie sur des contreforts latéraux, et des marbres romains du IIe siècle avant J.-C. l'enrichissent. La restauration réalisée par Camillo Boito (entre 1858 et 1873) a restitué le chevet avec son mur d'origine en briques, animé par de grandes arcades aveugles au rez-de-chaussée portant la galerie d'étage qui cerne l'édifice. L'intérieur, partagé en trois par une double série de colonnes, présente un transept haut, couvert par un plafond de bois en coque de bateau renversée du début du XVe siècle. Les œuvres de Lazzaro Bastiani, Marco Vecellio et une peinture attribuée à Paolo Veneziano encadrent les fresques de l'abside, de l'école de Giotto. Au-dessus se déploie une mosaïque byzantine du XIIe siècle, la *Madonna orante*. La merveilleuse mosaïque du sol, de style vénéto-byzantin, a été exécutée selon deux techniques différentes : l'*opus vermicolatum*, composé de marbres et de plaques de verre polychromes, et l'*opus sectile*, uniquement en marbres. Le sol date de 1140, comme celui de Saint-Marc.

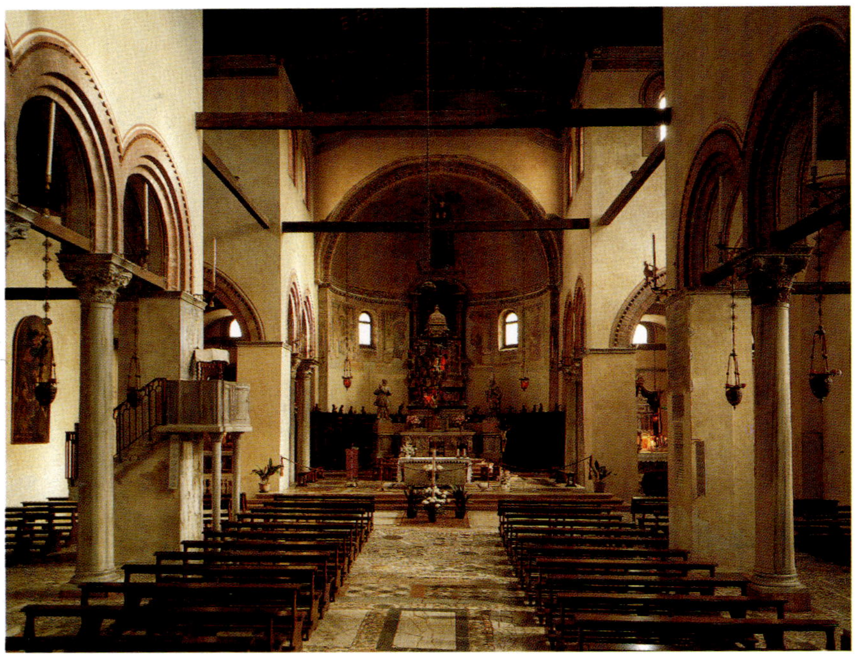

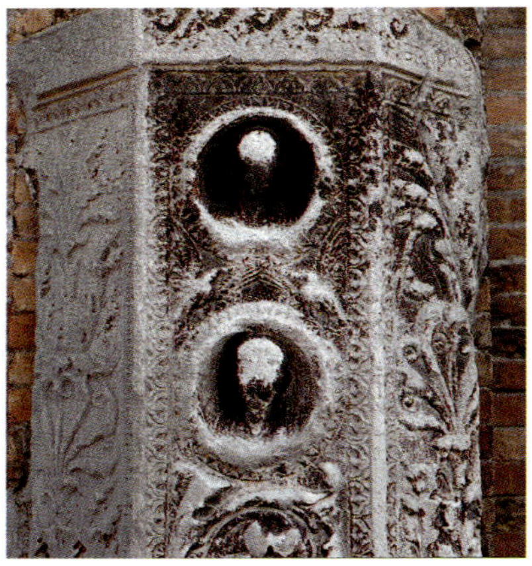

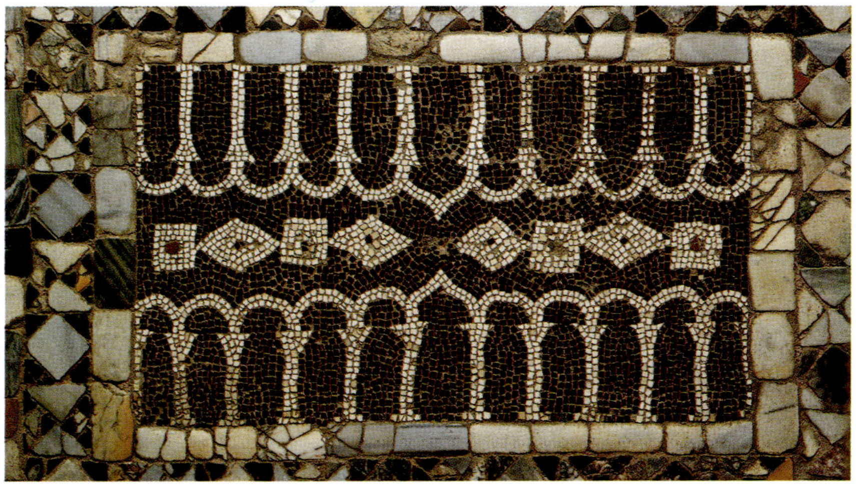

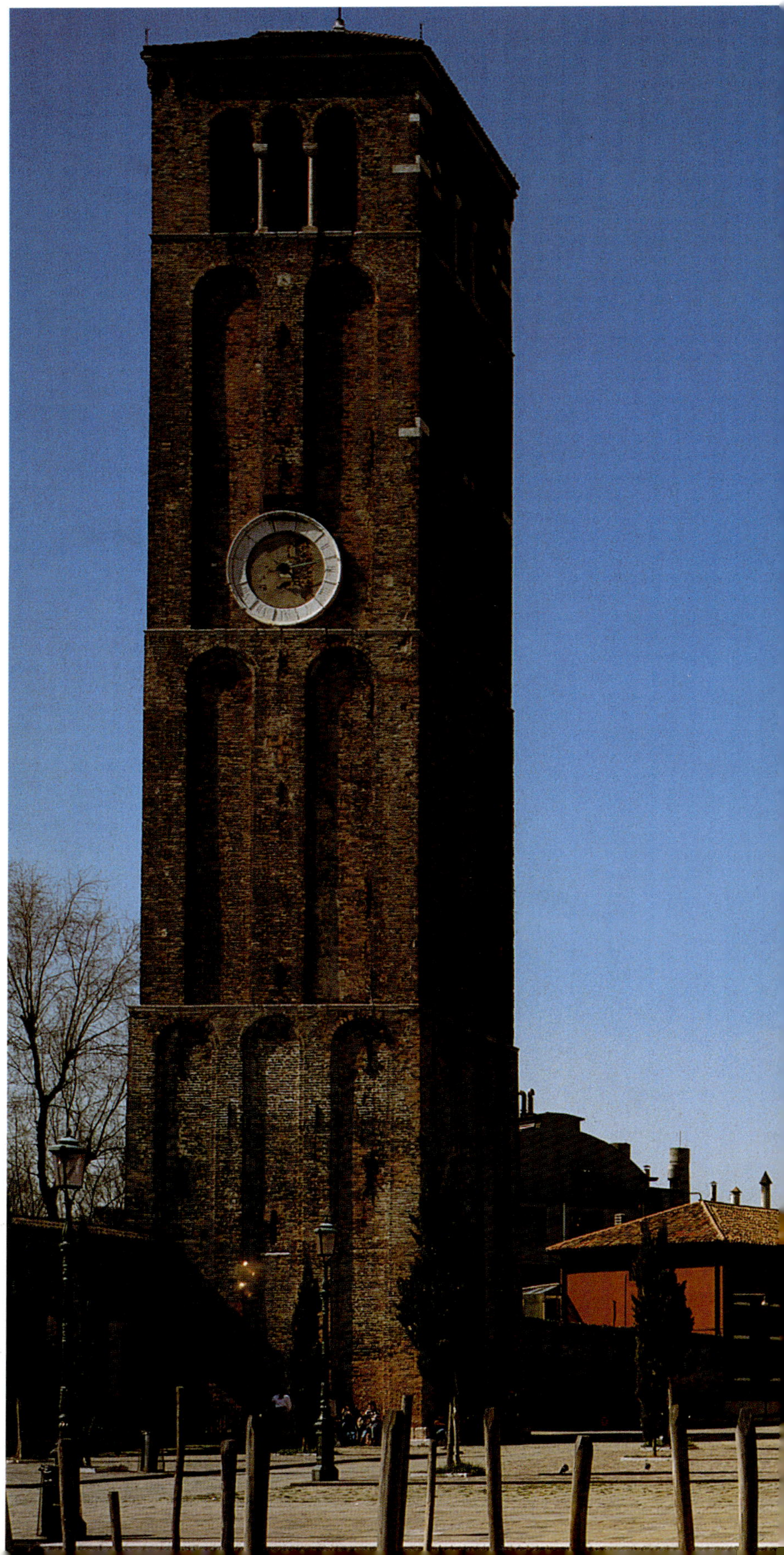

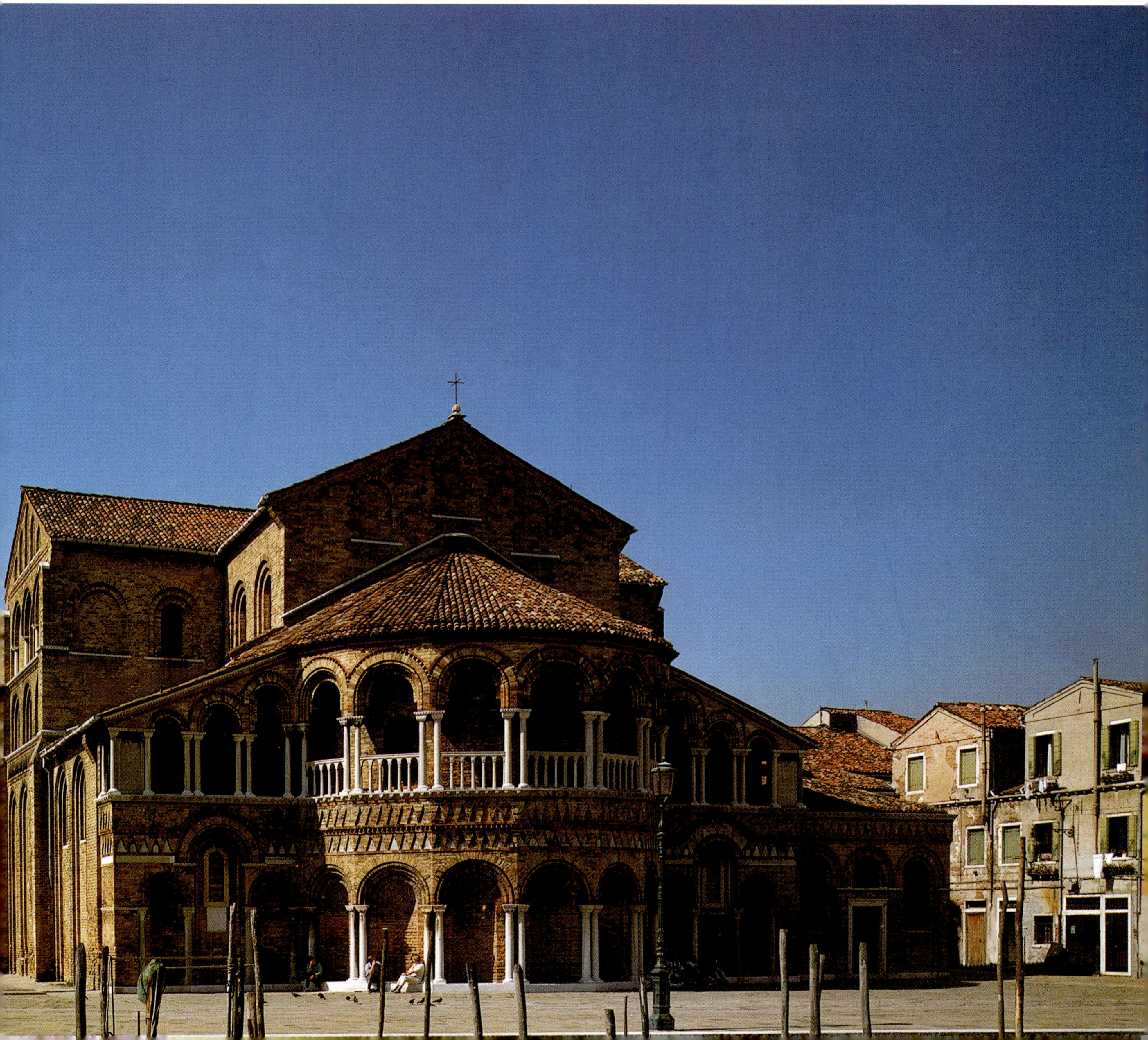

L'église, qui aurait été fondée au VIIe siècle et reconstruite au XIIe siècle, est implantée dans une zone éloignée des centres économico-politiques de la ville, et traditionnellement habitée par des classes populaires. Pour cette raison, elle a subi peu de changements au cours des siècles, surtout dans sa façade en briques. Au XVe siècle lui est adjoint un portique, où certaines nonnes vénitiennes venaient prier. L'intérieur comporte une nef, deux bas-côtés et une abside avec un encadrement vénéto-byzantin datant du XIIe siècle. Vers 1580, on recouvre les arcs de la nef centrale de boiseries dorées, de sculptures et de toiles, on dresse un nouveau jubé et des artistes véronais – Francesco Montemezzano et Leonardo Corona – peignent des épisodes de la vie du Christ sur le plafond à caissons.

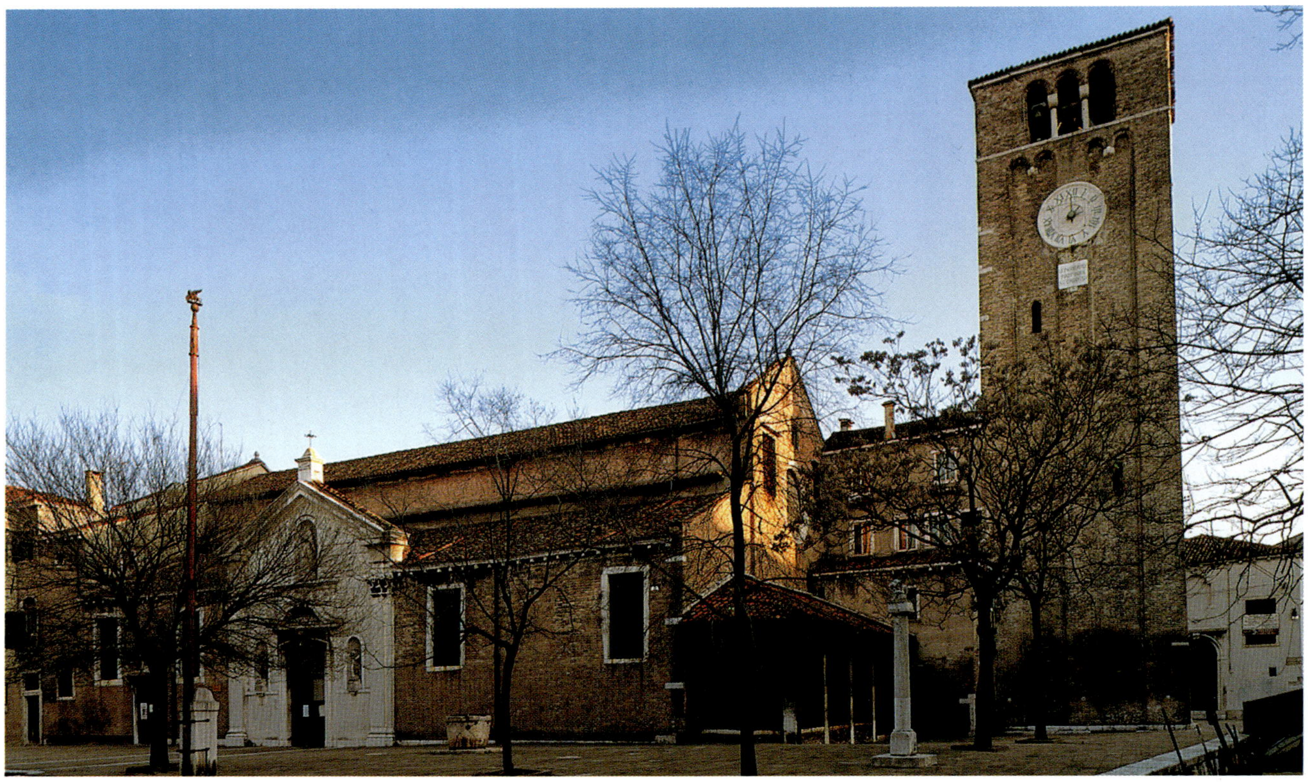

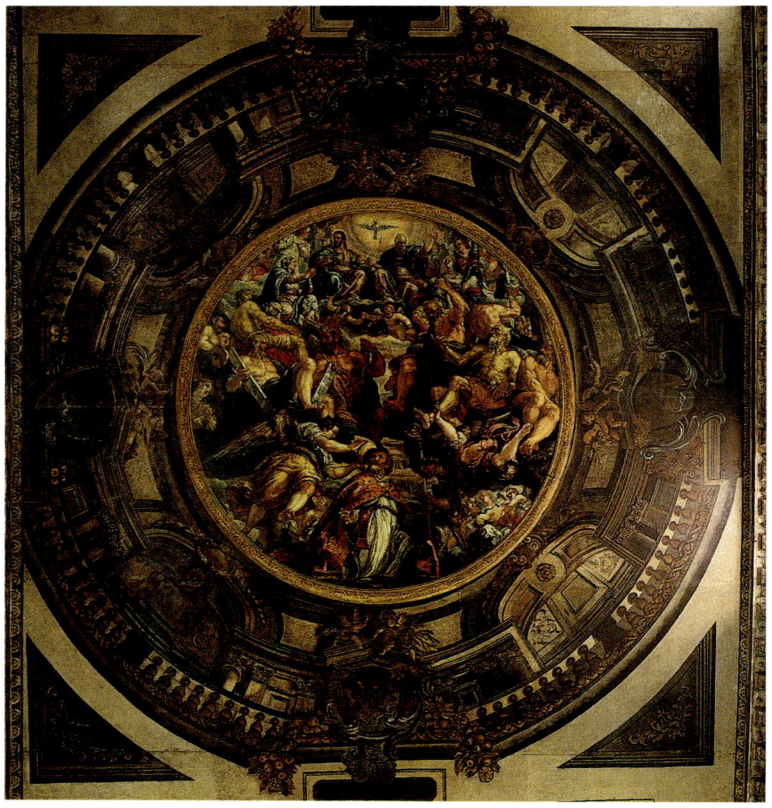

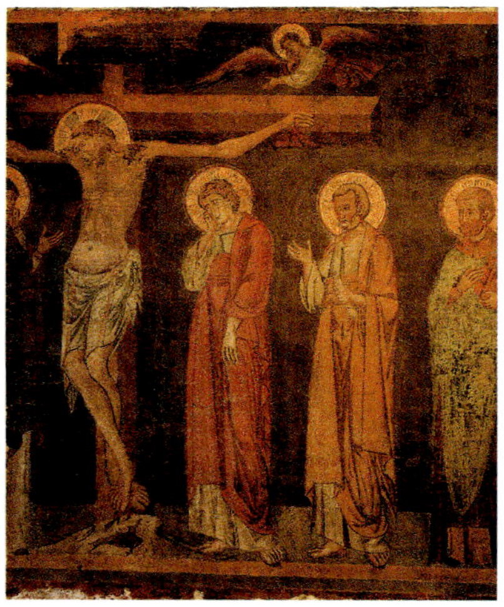

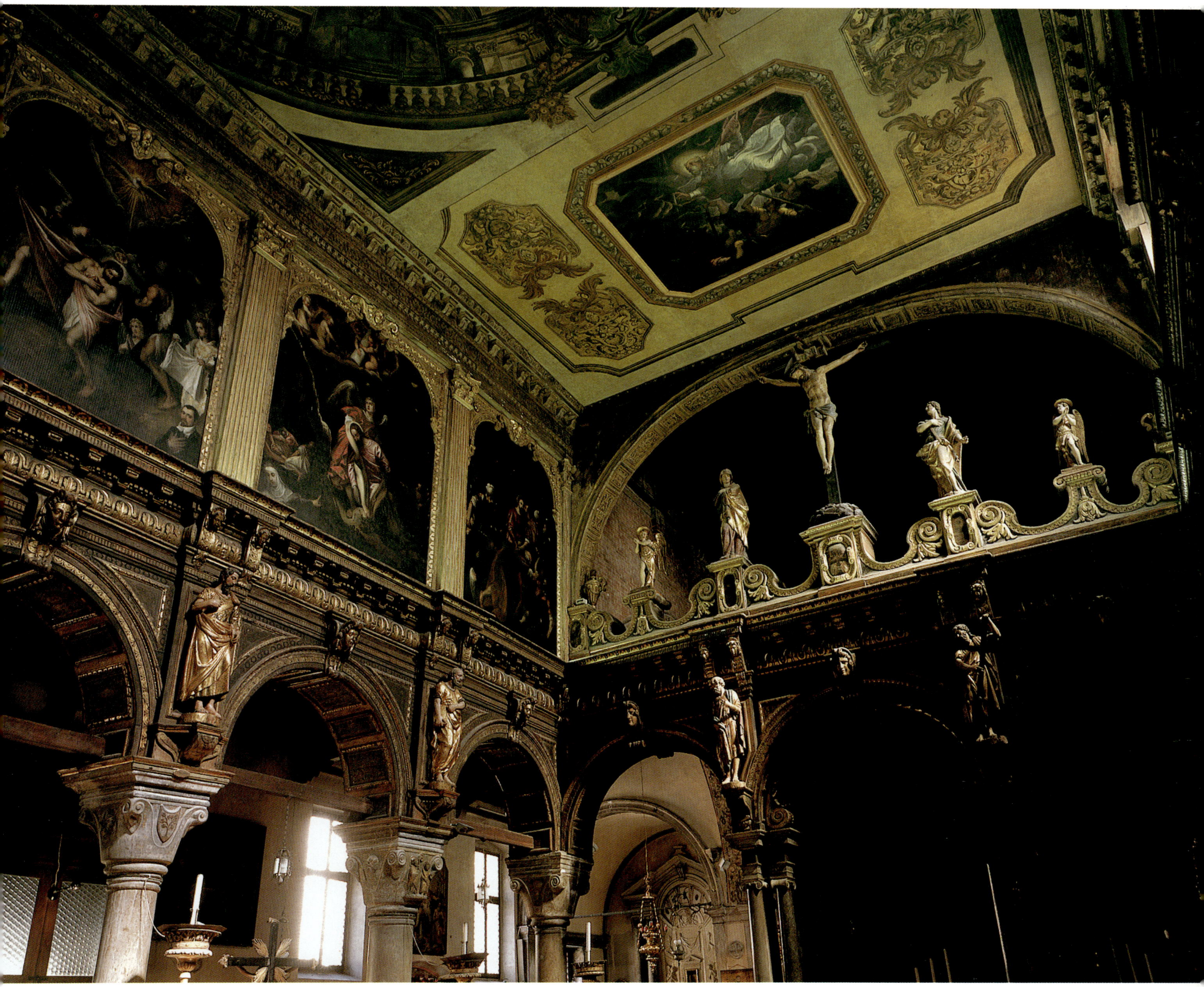

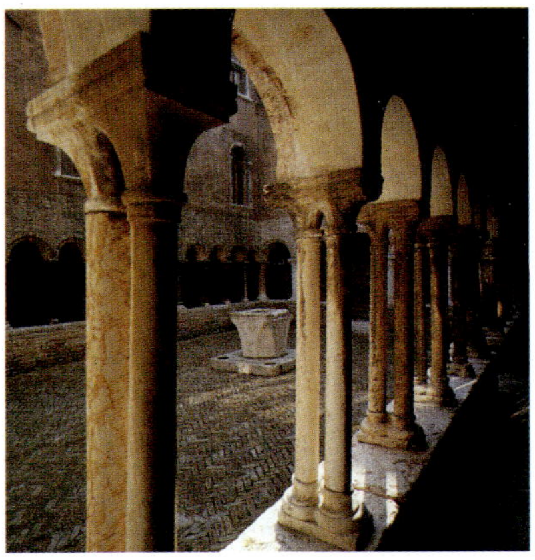

Le cloître Santa Scolastica, plus connu sous l'appellation « Sant' Apollonia », remonte au XIIe siècle. C'est le plus ancien de la ville, à proximité immédiate de la place Saint-Marc. Sa structure rappelle le langage roman de la terre ferme et constitue une exception dans l'histoire architecturale de la Sérénissime. Une série de courtes colonnes – simples sur deux côtés et doubles sur les deux autres –, appuyées sur un mur bahut continu, portent des arcs plein cintre en briques, à arcades de largeur et de hauteur différentes. Les influences vénéto-byzantines, visibles dans les chapiteaux et dans la margelle centrale, introduisent une note particulière dans un contexte nettement roman. Le cloître, qui nous est parvenu dans son intégralité malgré une lourde surélévation du XVIIe siècle, donnait accès à l'ancien couvent des moniales bénédictines. En 1473, le monastère passe sous la juridiction du Primicerio de Saint-Marc, le plus haut prélat de la chapelle des Doges. Entre 1579 et 1591, le séminaire des Doges y est hébergé, puis sous l'administration des Habsbourg, en 1828, il est transformé en tribunal criminel de l'Empire. C'est à ce moment qu'intervient la réfection de la façade par l'architecte Lorenzo Santi. Sur les parois qui délimitent le cloître sont exposés des vestiges antiques et médiévaux, exhumés lors des fouilles menées en Vénétie.
Le premier étage abrite le musée de la basilique Saint-Marc.

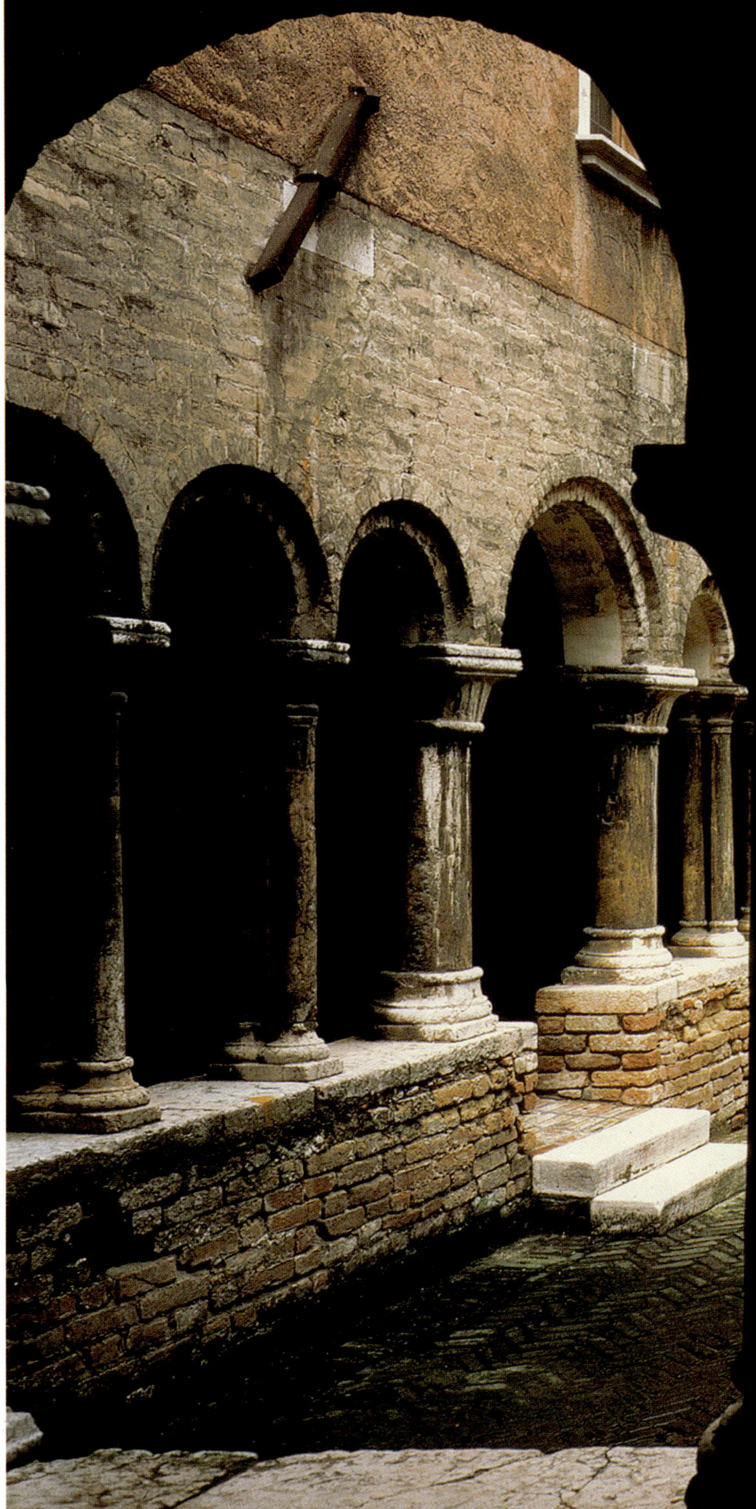

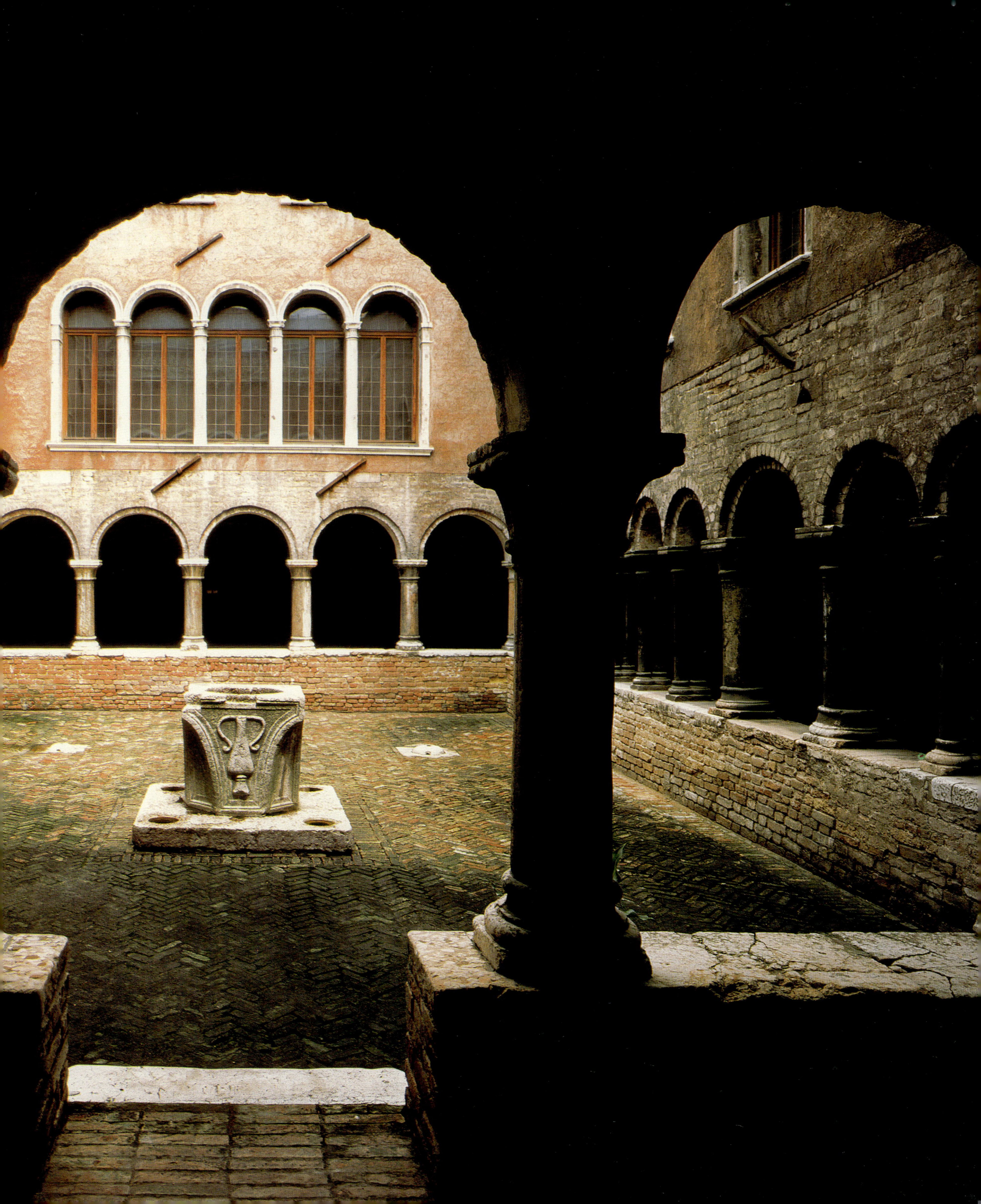

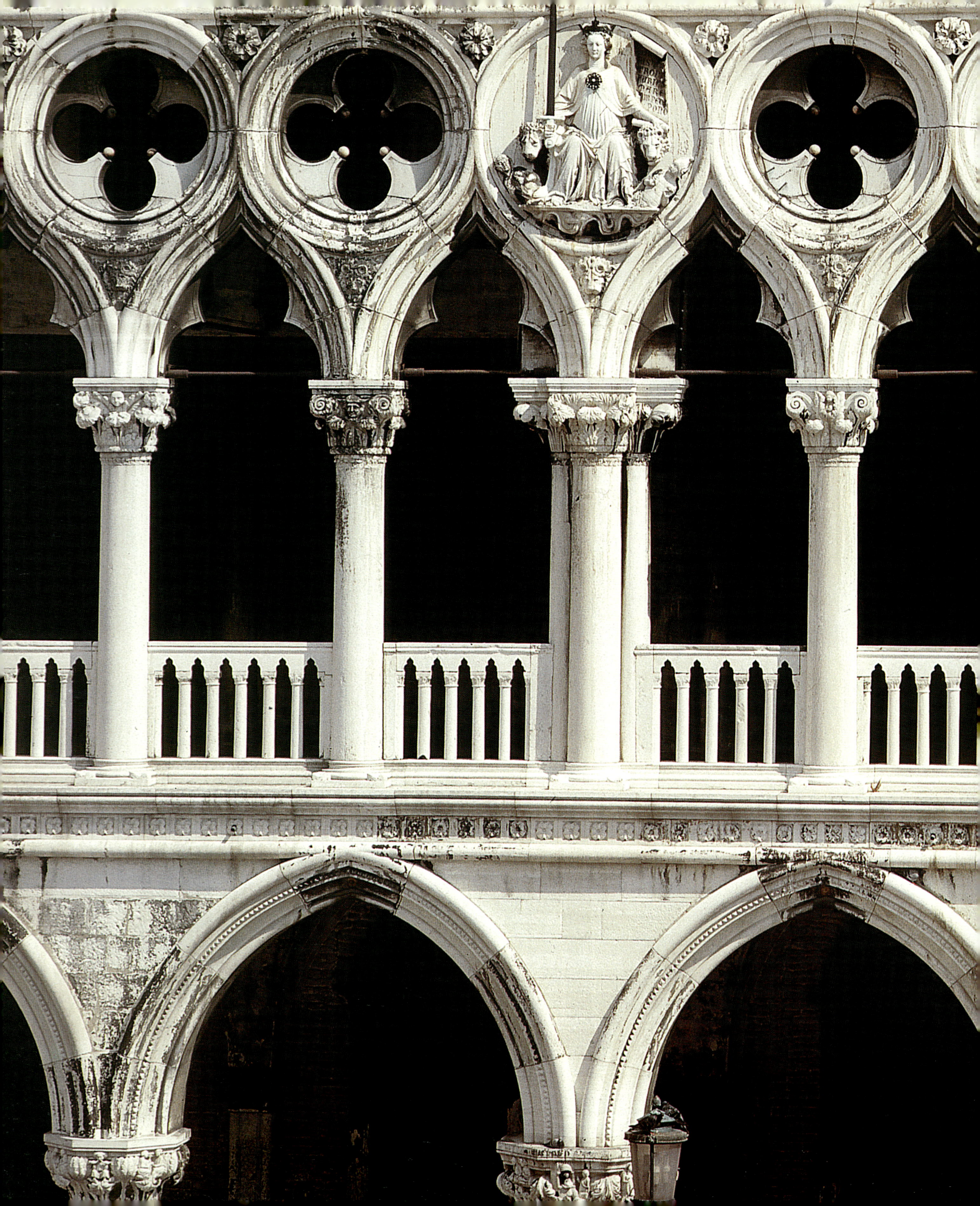

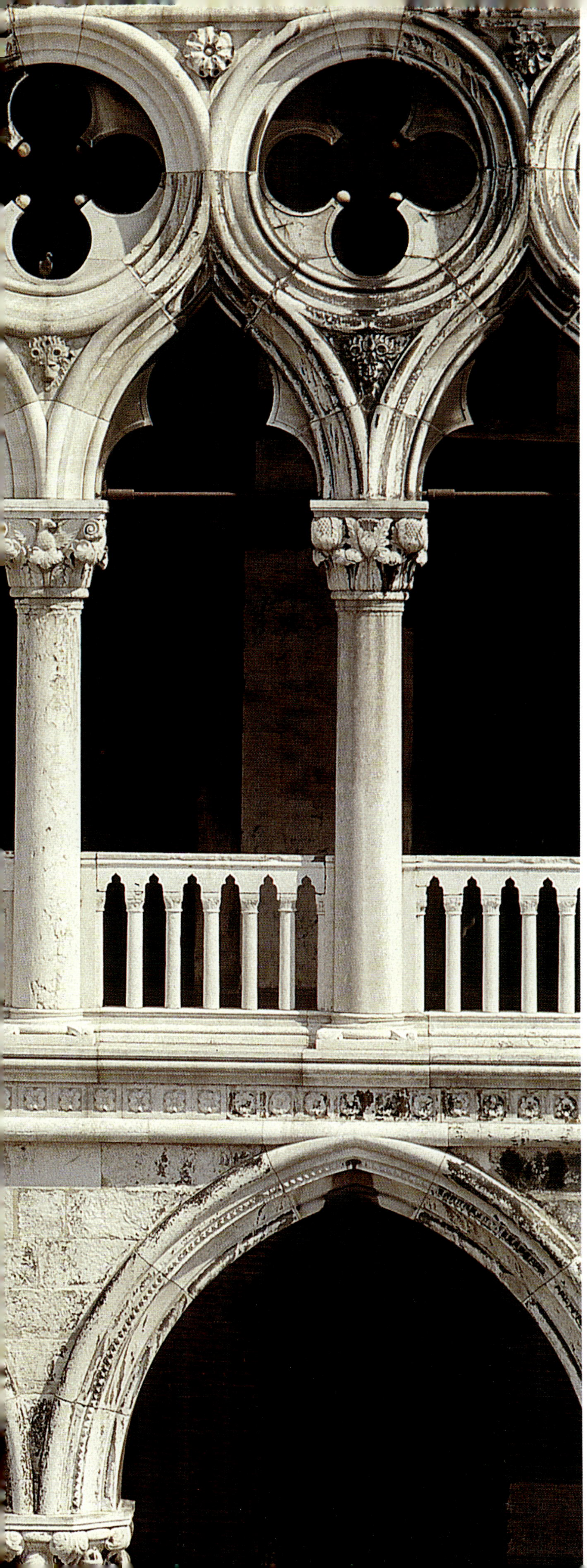

Le gothique civil et religieux

Palais des Doges.
Détail de la loggia sur la Piazzetta.

Ca' d'Oro

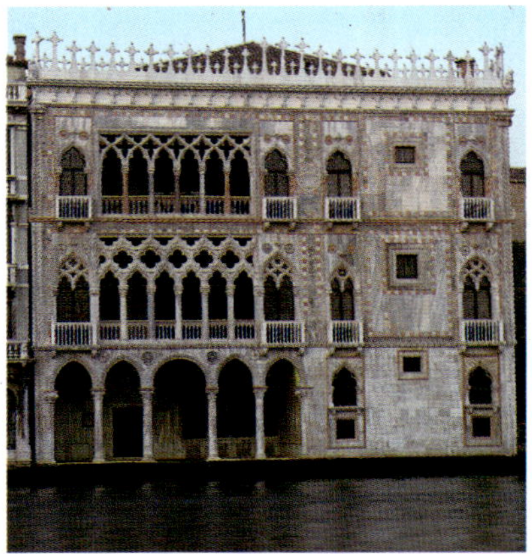

Cet élégant palais gothique, à l'architecture fastueuse, tire son nom des dorures qui ornaient ses marbres et dont on a retrouvé des traces lors d'une récente restauration. Il est érigé entre 1421 et 1423 pour Marino Contarini par des artisans qui travaillent déjà au palais des Doges. Les Raverti et les Bon, deux des dynasties de tailleurs de pierre auxquelles on doit l'affirmation du gothique dans la ville, participent aussi à sa construction. La virtuosité architecturale, la primauté des vides sur les pleins, la dentelle de percements complexes et raffinés, la splendide marqueterie et la sculpture des marbres font de la Ca' d'Oro le chef-d'œuvre du gothique vénitien. Elle respecte encore l'asymétrie traditionnelle de la loggia, telle qu'on la voit au Palazzo Ariani. Enfin les merlons, ancien élément défensif, sont sublimés, telle une couronne princière. L'arcature à cinq baies donne, depuis le Grand Canal, d'abord sur un portique puis, derrière une deuxième paroi moins percée, dans le vestibule, espace somptuaire revêtu d'une marqueterie de pierres et pavé de mosaïques. L'ordonnancement raffiné de la cour y succède, marquée par l'habituel escalier porté par des arcs brisés, et complété par la margelle de Bartolomeo Bon. Le tambour de colonne en porphyre renfermant les cendres du baron Giorgio Franchetti, fondateur de la collection léguée à la ville en 1927, se trouve également dans la cour. Ce dernier élimina les interventions néogothiques réalisées par Giambattista Meduna après que le palais fut devenu la propriété de la plus célèbre danseuse de l'époque, Maria Taglioni, « collectionneuse de palais vénitiens ».

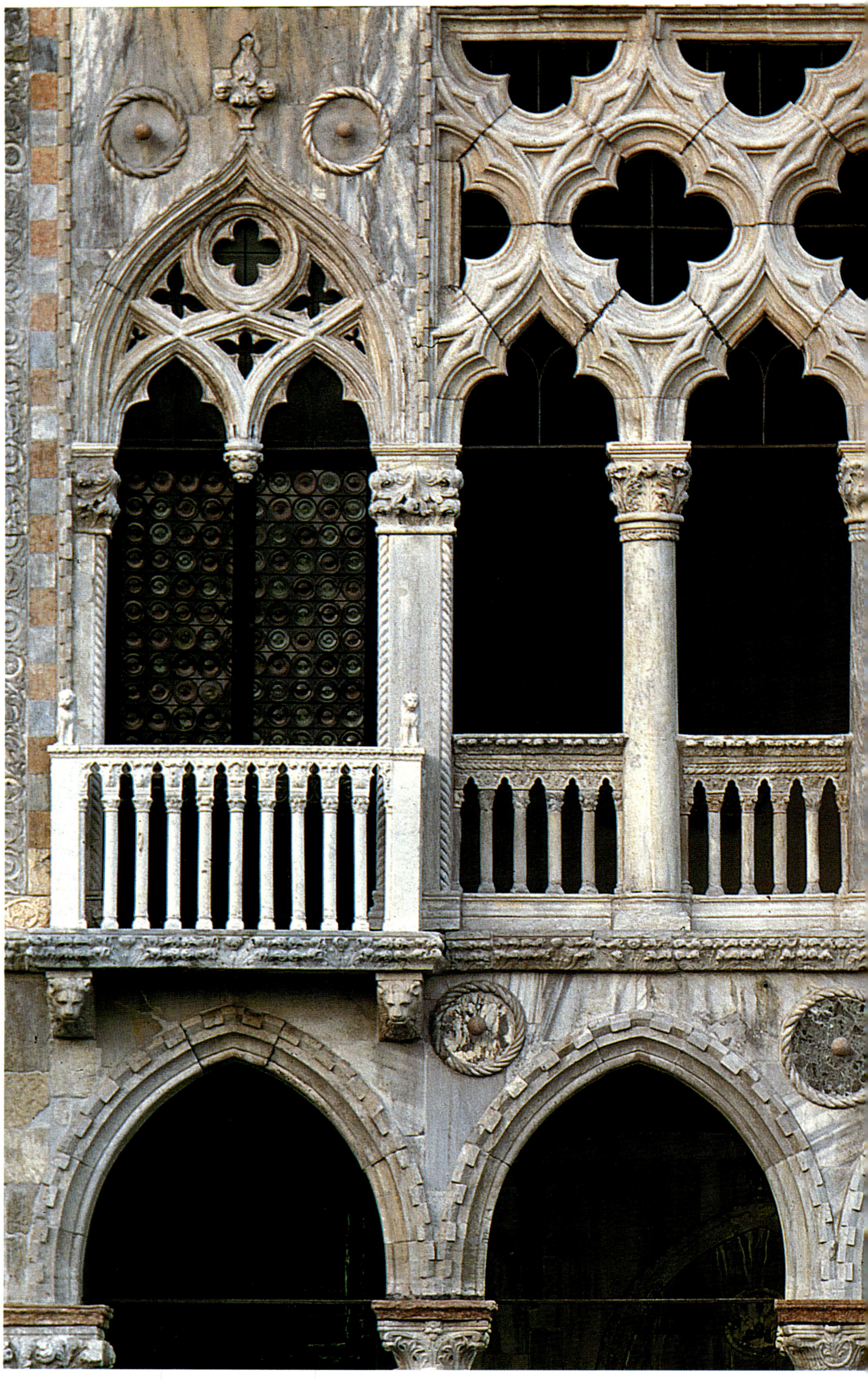

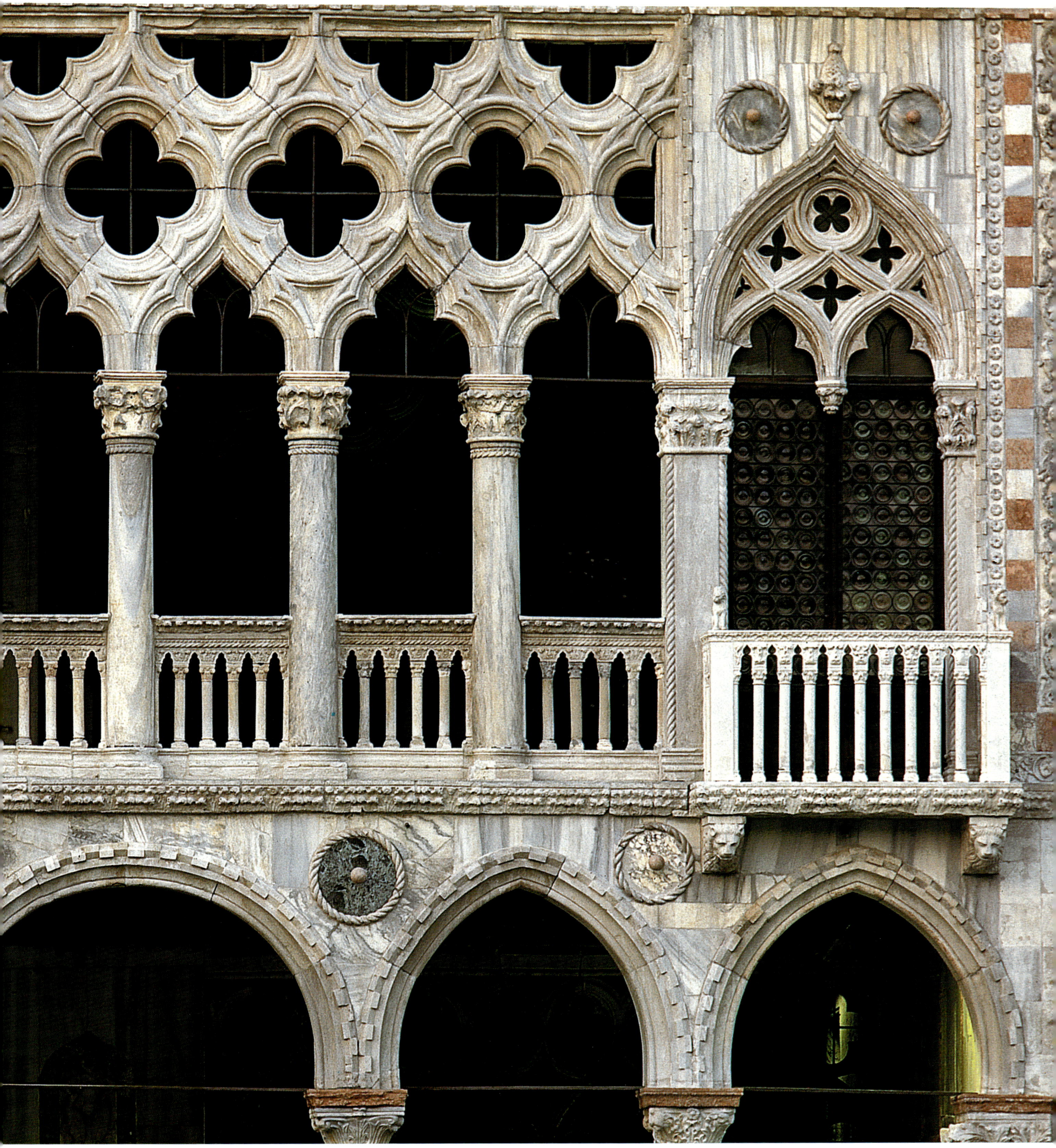

Franchetti réunit une collection hétérogène de peintures, bronzes, sculptures en marbre, polyptyques sur bois, quelques rares meubles gothiques et Renaissance, des tapisseries flamandes, et de nombreuses médailles du XVe siècle dont celles de Pisanello et de Gentile Bellini. Enrichi par des acquisitions récentes et réaménagé, le musée expose des sculptures de Jacopo Sansovino, Lombardo et Alessandro Vittoria, des esquisses du Bernin et de Canova, des peintures de Titien – dont les célèbres fresques réalisées en 1508 avec Giorgione pour la façade du Fondaco dei Tedeschi et transférées ici en 1967 –, des œuvres de Van Dyck et de Mantegna. Le joyau de la collection, le *Saint Sébastien* de Mantegna, avait été commandité par Luigi Gonzaga en 1500.

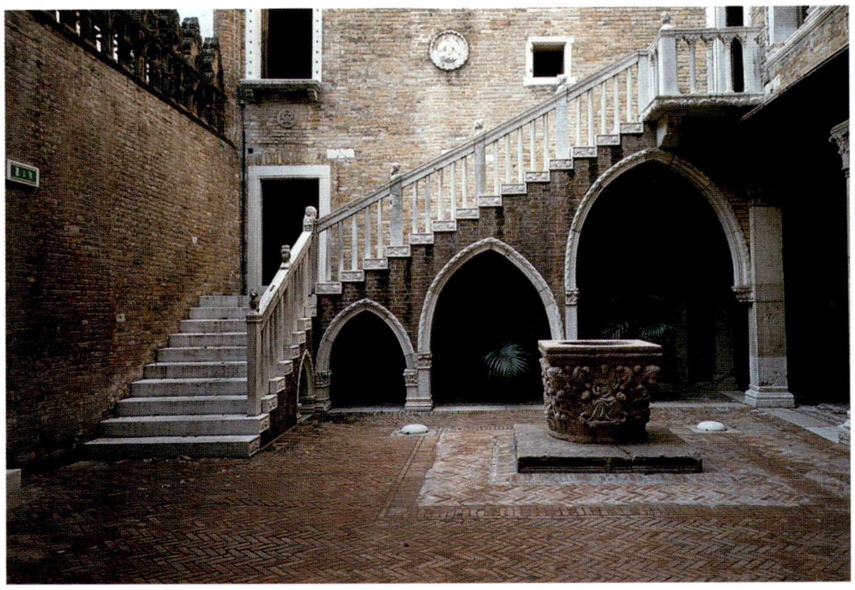

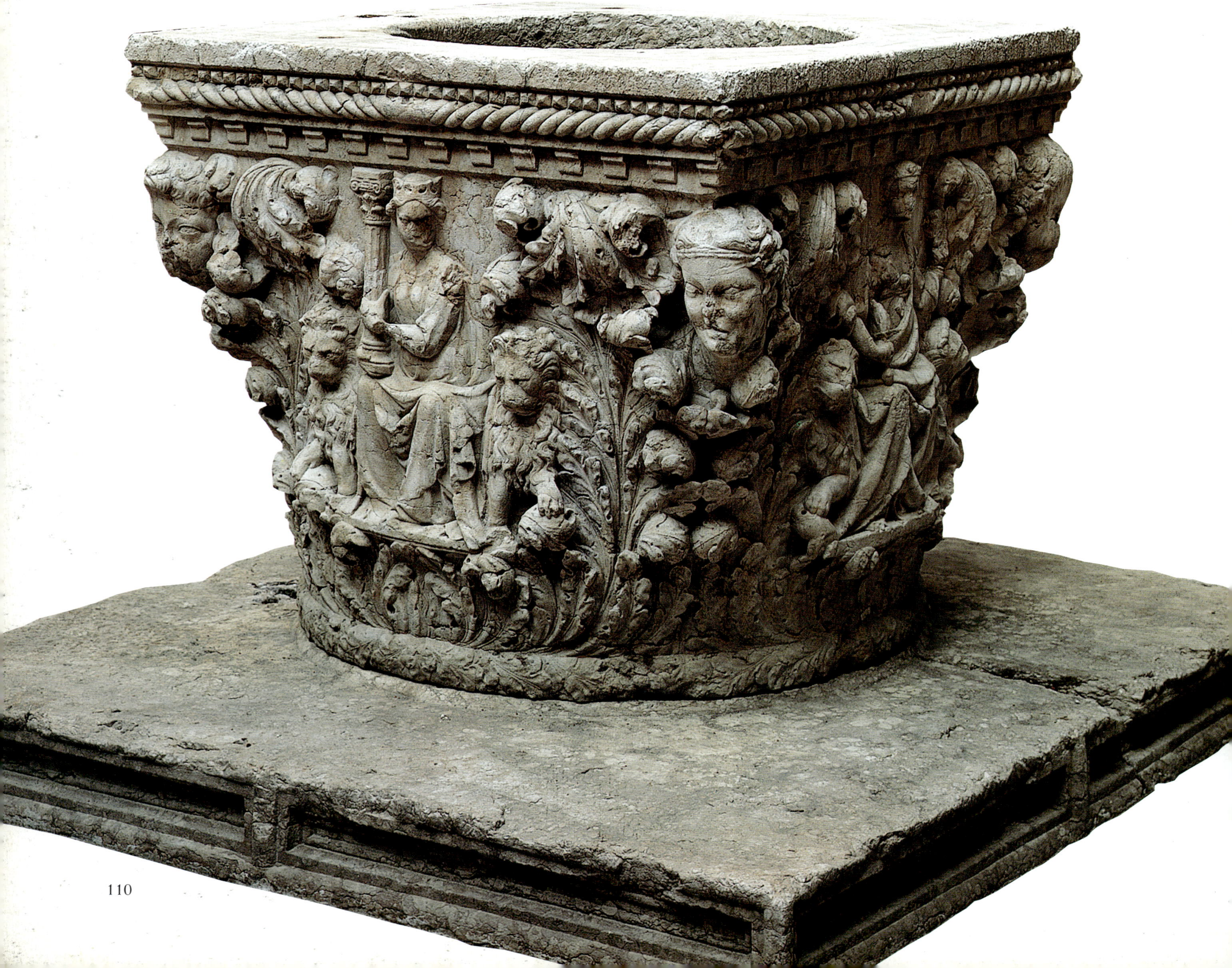

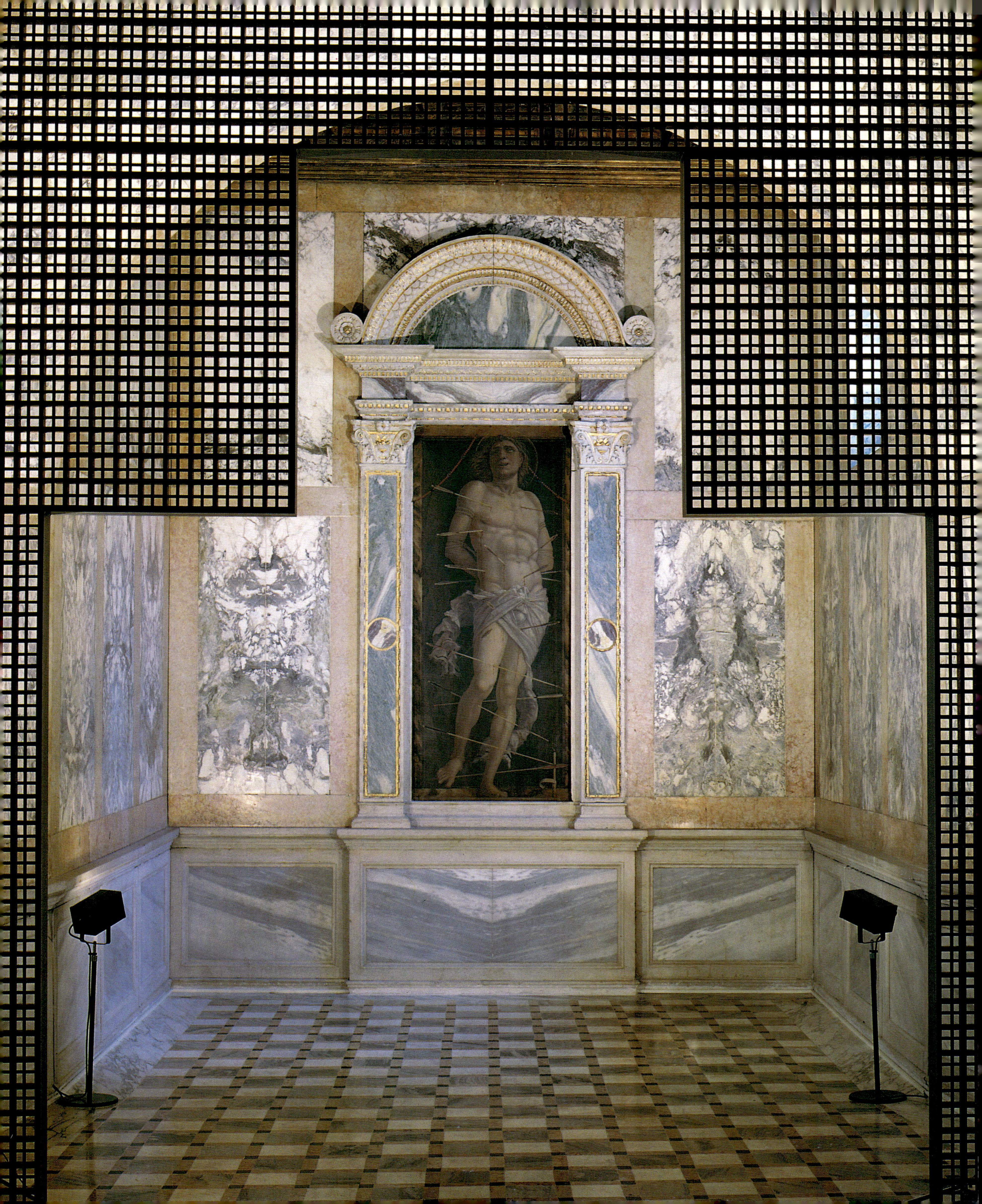

Calle del Paradiso

Ainsi appelée en souvenir des fêtes des lumières qui s'y déroulaient le Vendredi saint à l'époque de la République, la rue, fermée par un arc, modèle d'architecture médiévale, est bordée de maisons aux rez-de-chaussée percés d'anciennes échoppes. L'arc est porté par les encorbellements du premier étage, appuyés sur des corbeaux. A l'angle, sur le canal, deux maisons du XIIIe siècle présentent leurs façades vénéto-byzantines, sur lesquelles les éléments de la reconstruction gothique réalisée au début du XVe siècle par l'abbé de Pomposa, qui en était le propriétaire, sont nettement visibles. Passées ensuite aux Foscari et aux Mocenigo, les maisons sont réunies par l'arc de style gothique flamboyant, dans lequel, sous une flèche allégée par un oculus, un tympan renferme un bas-relief de la Vierge : sous son manteau, les jeunes époux des deux familles, encadrés par leurs écus respectifs, scellent leur union. Un arc plus dépouillé ferme la calle à l'autre extrémité.

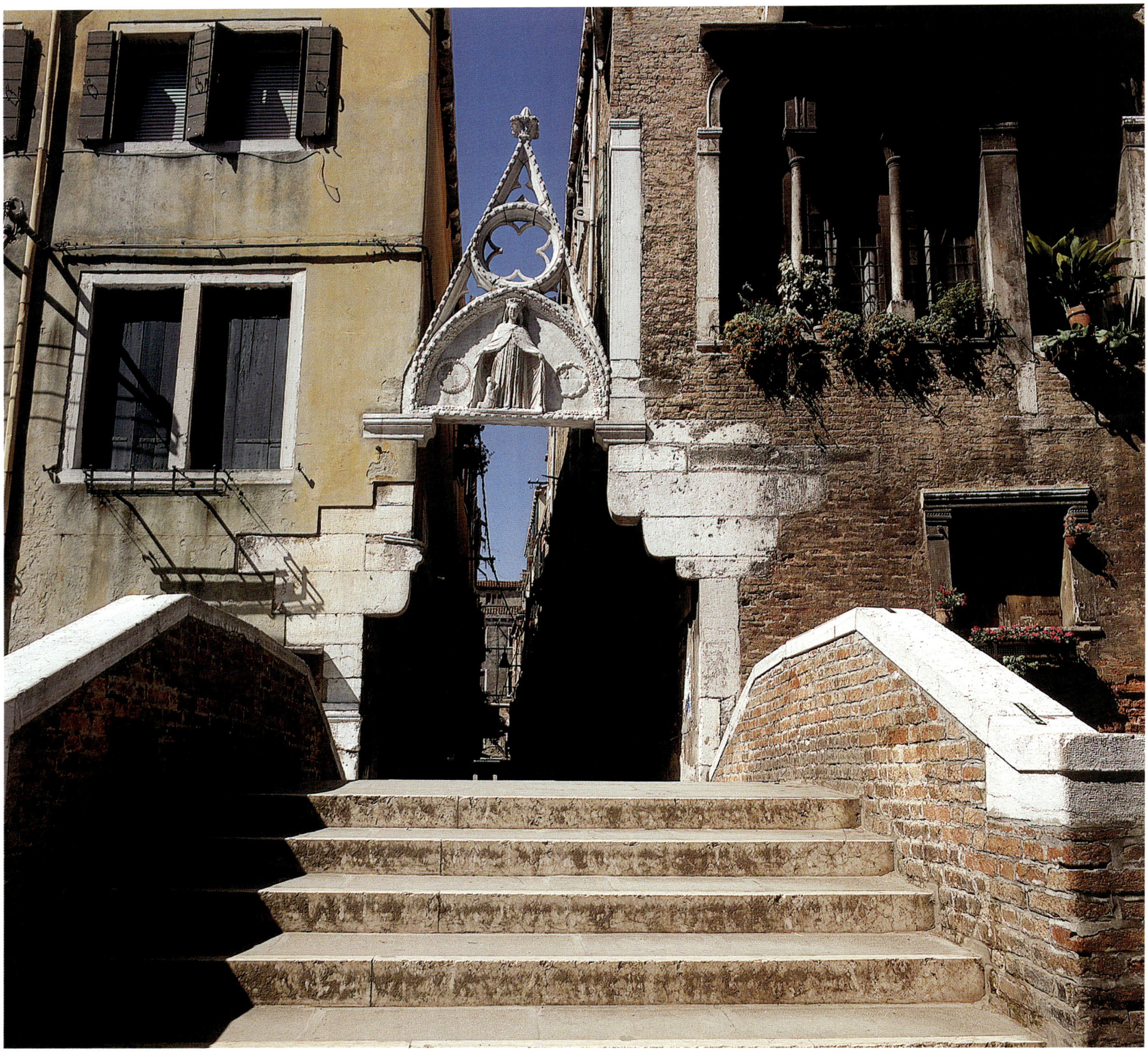

Palazzo Ariani

Ce palais de la seconde moitié du XIVe siècle conserve les ouvertures d'origine au second étage de sa façade donnant sur le rio dell' Angelo Raffaele. La loggia aérienne s'inscrit dans la tradition vénitienne. Désormais excentrée, elle délimite la salle qui deviendra le salon traversant. Par ailleurs, par son volume et son implantation, l'édifice rappelle les dispositions classiques des palais médiévaux : faible hauteur, accès décalé barrant le quai, entrée dans une cour découverte d'où un escalier extérieur mène à l'étage noble. Enfin, il faut imaginer cette loggia comme point d'orgue d'une façade plus fermée où les baies du premier étage étaient de taille réduite avant les percements effectués au cours de la Renaissance. Les dynasties des grands tailleurs de pierre comme les De Santis, les Bon, les Raverti, les Dalle Masegne sculptent sans relâche et leur virtuosité technique rend la pierre légère comme filigrane. Au-dessus des arcs brisés, se déploie une claire-voie d'inspiration orientale.

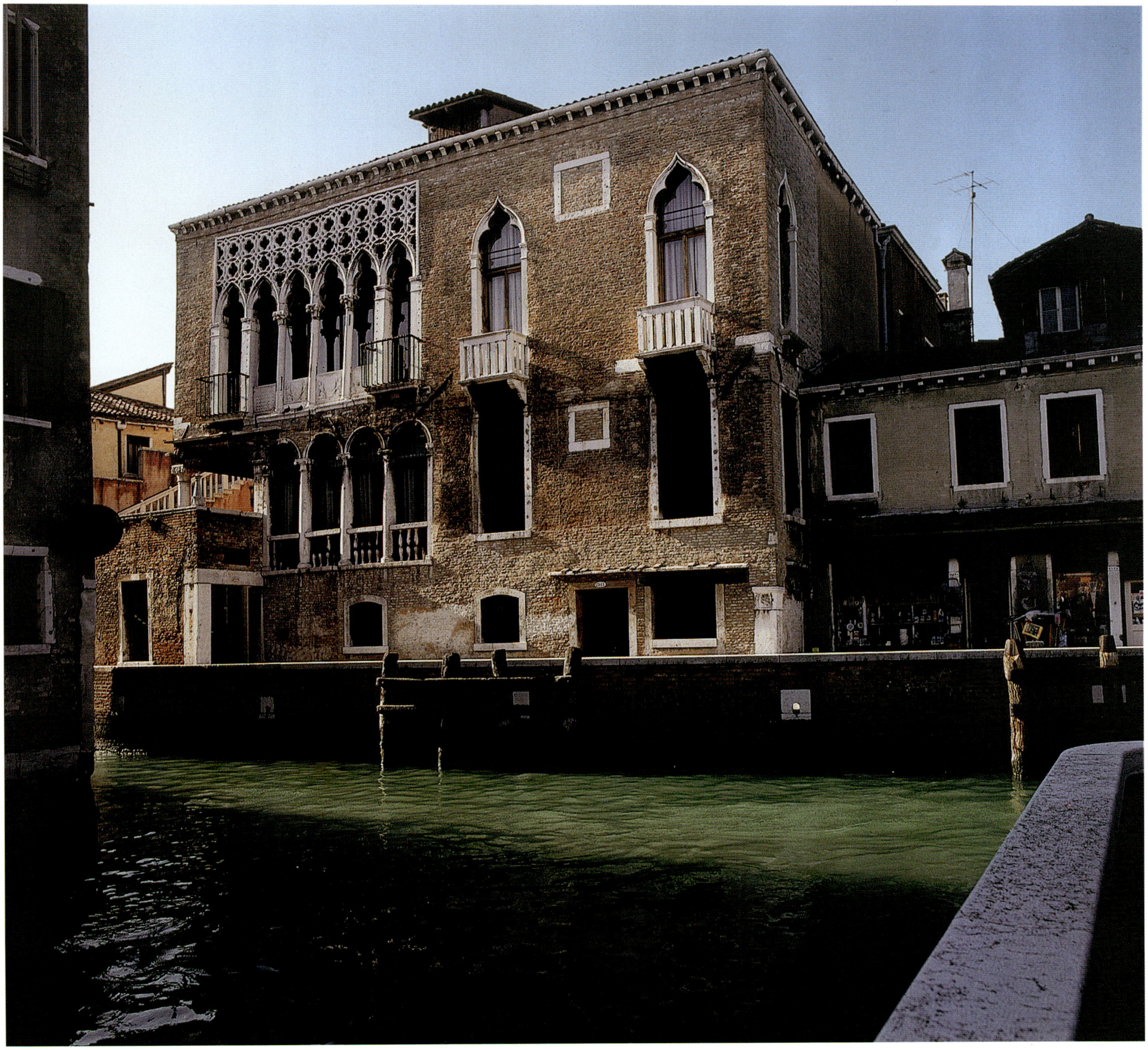

Palazzo Fortuny
(Palazzo Pesaro degli Orfei)

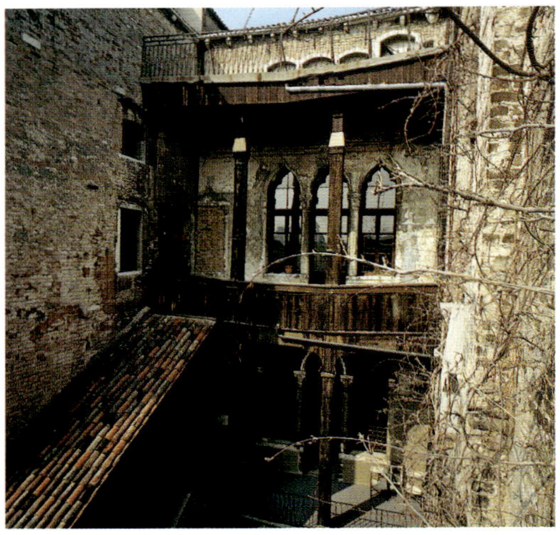

Complètement détachée des édifices qui l'entourent sur le campo San Beneto, à la façon féodale, la façade gothique du Palazzo Pesaro degli Orfei – lequel tient son nom de l'académie philharmonique du XVIIIe siècle qui s'y réunissait – est composée d'un rez-de-chaussée avec entresol, de deux étages portant loggia sur le canal et sur la place, et d'un dernier étage de faible hauteur doté lui aussi d'une petite loggia à trois baies. La cour conserve son caractère médiéval avec un escalier extérieur qui débouche sur l'étage noble.
La disposition gothique de l'intérieur a été maintenue grâce aux intelligentes restaurations réalisées par son dernier propriétaire privé, Mariano Fortuny y Madrazo, peintre et scénographe wagnérien. Un univers décoratif éclectique et bigarré, inspiré de l'Orient, de la Renaissance et du baroque, réinvente des symboliques médiévales en référence constante à l'histoire de la Sérénissime.
Des lampes créées par l'inventif Fortuny éclairent des peintures de l'artiste, des bronzes et des instruments de musique. Des ambiances chères à Marcel Proust et à D'Annunzio imprègnent ces décors romantiques.

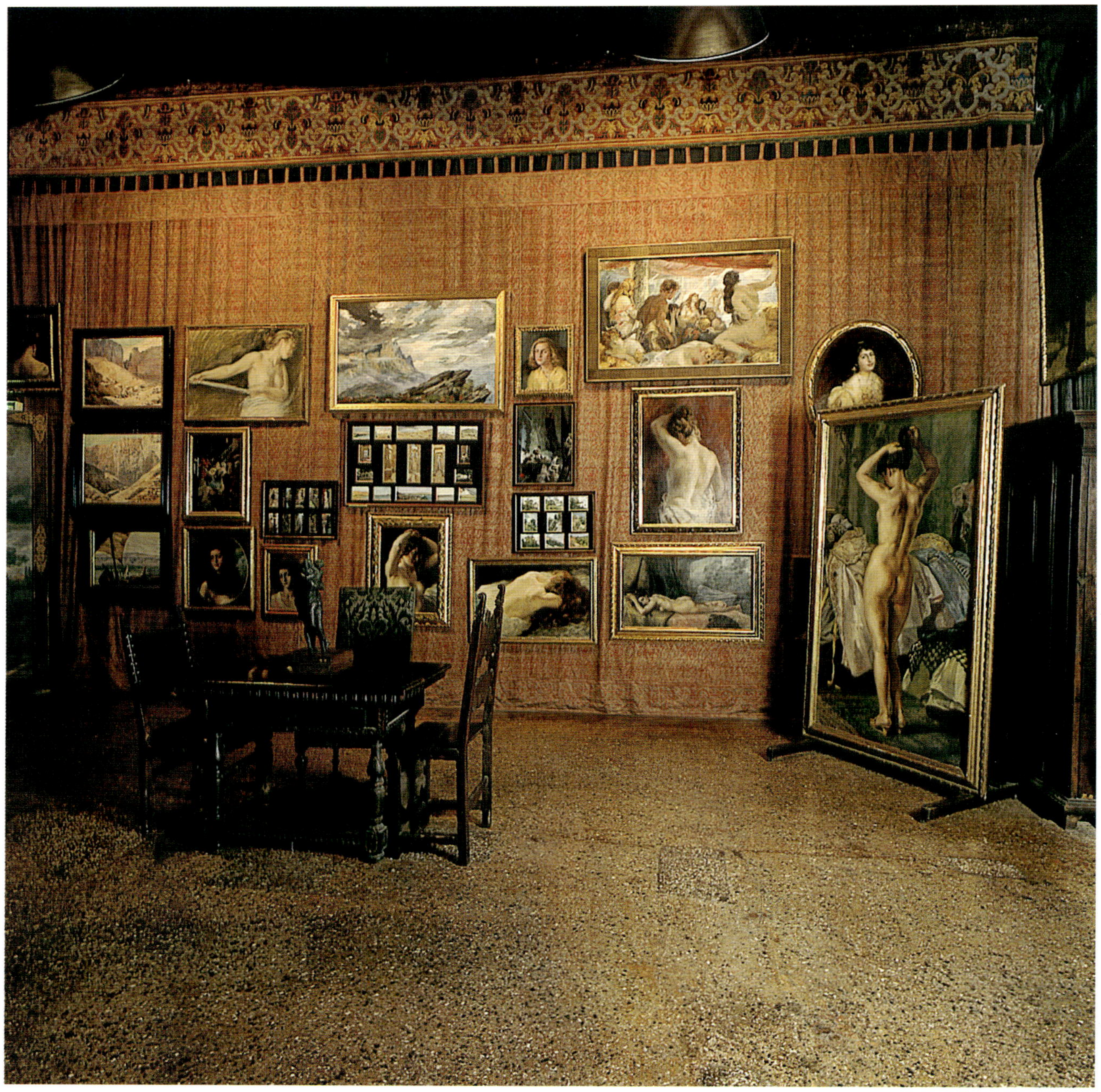

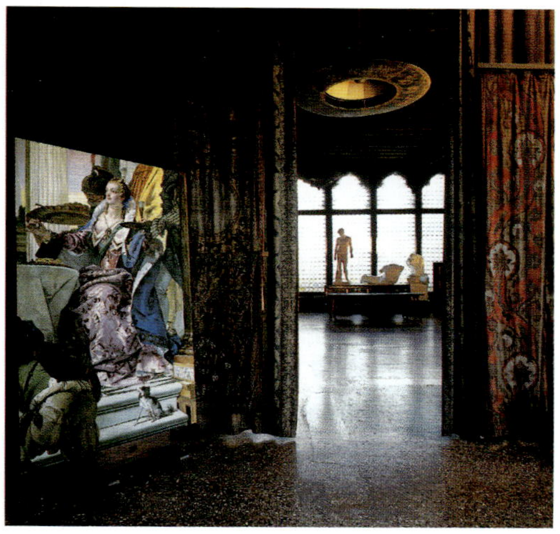

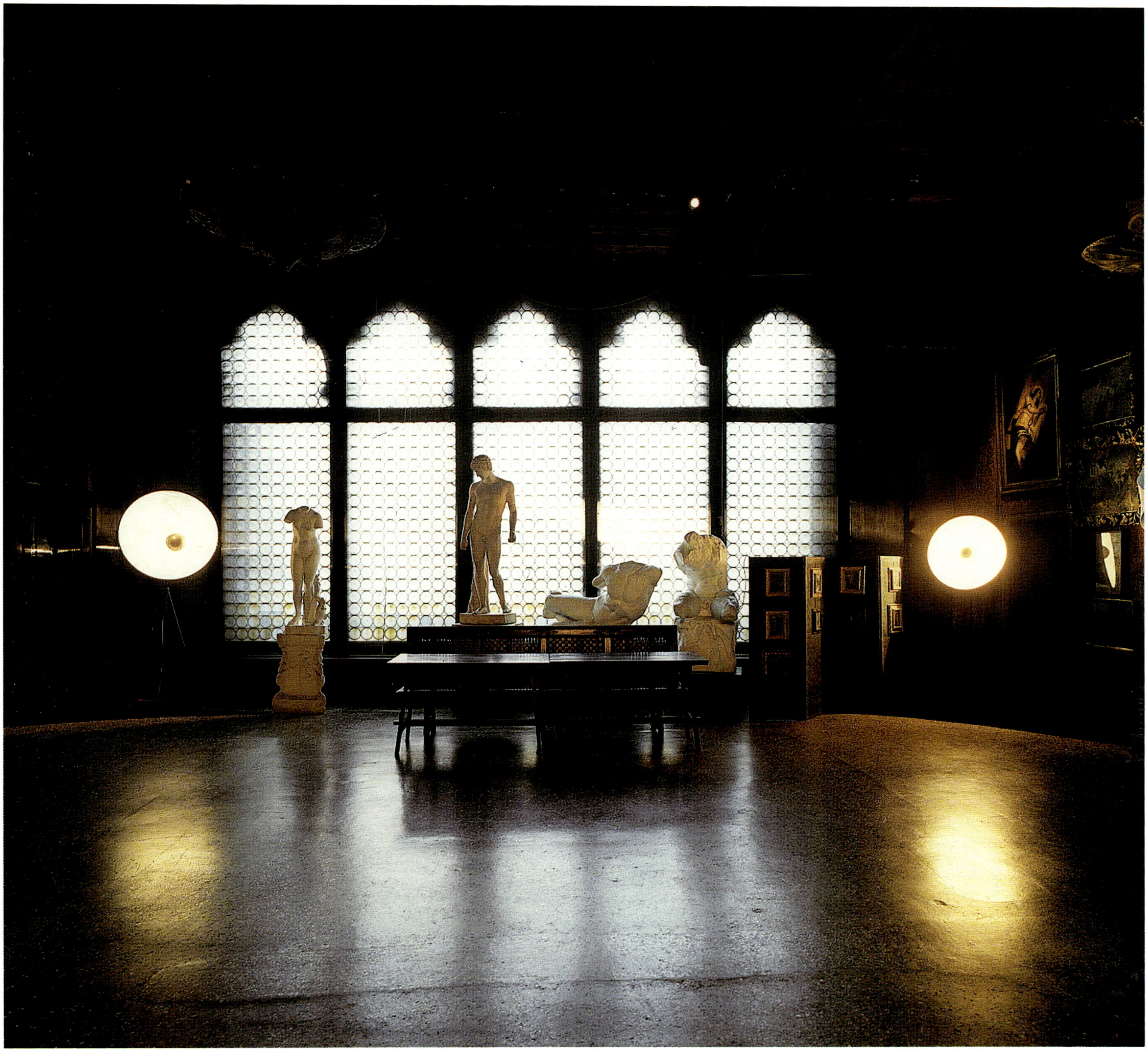

Palazzo Pisani Moretta

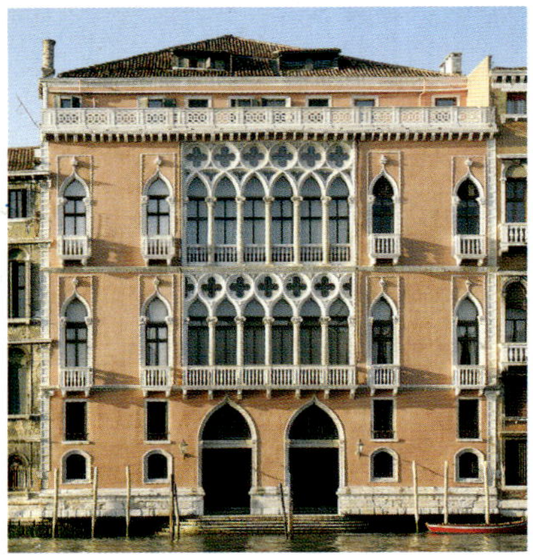

Cette construction de style gothique tardif, érigée au XVe siècle sur le Grand Canal, avait appartenu à une branche de la famille Pisani, issue au XIVe siècle d'un Almorò, dont le nom fut déformé par la suite en Moretta. Ici les deux loggias superposées dans l'axe de l'édifice portent chacune au-dessus des arcs une claire-voie à oculi quadrilobes. Elles surmontent le rez-de-chaussée et l'entresol habituels qui, cette fois, sont percés de deux portes d'eau. Dans le hall au décor classique – parfaitement conservé par ses propriétaires – un escalier d'honneur de Tirali conduit à l'étage noble, dont les chambres ont été rénovées dans un style rocaille par Chiara Pisani, entre 1739 et 1742. Comme autrefois, des bougies garnissent les grands lustres de Murano. L'ardeur décorative explose dans le somptueux salon de réception chargé de stucs polychromes et décoré de fresques de Guarana. D'autres artistes du XVIIIe siècle ont laissé leur marque : Tiepolo est l'auteur de la fresque du plafond dans le salon rouge, *L'Apothéose de l'amiral Vettore Pisani*. Malheureusement, les principaux trésors de la demeure – une toile de Véronèse, une autre de Piazzetta et le chef-d'œuvre de Canova, *Dédale et Icare* – ont quitté les lieux.

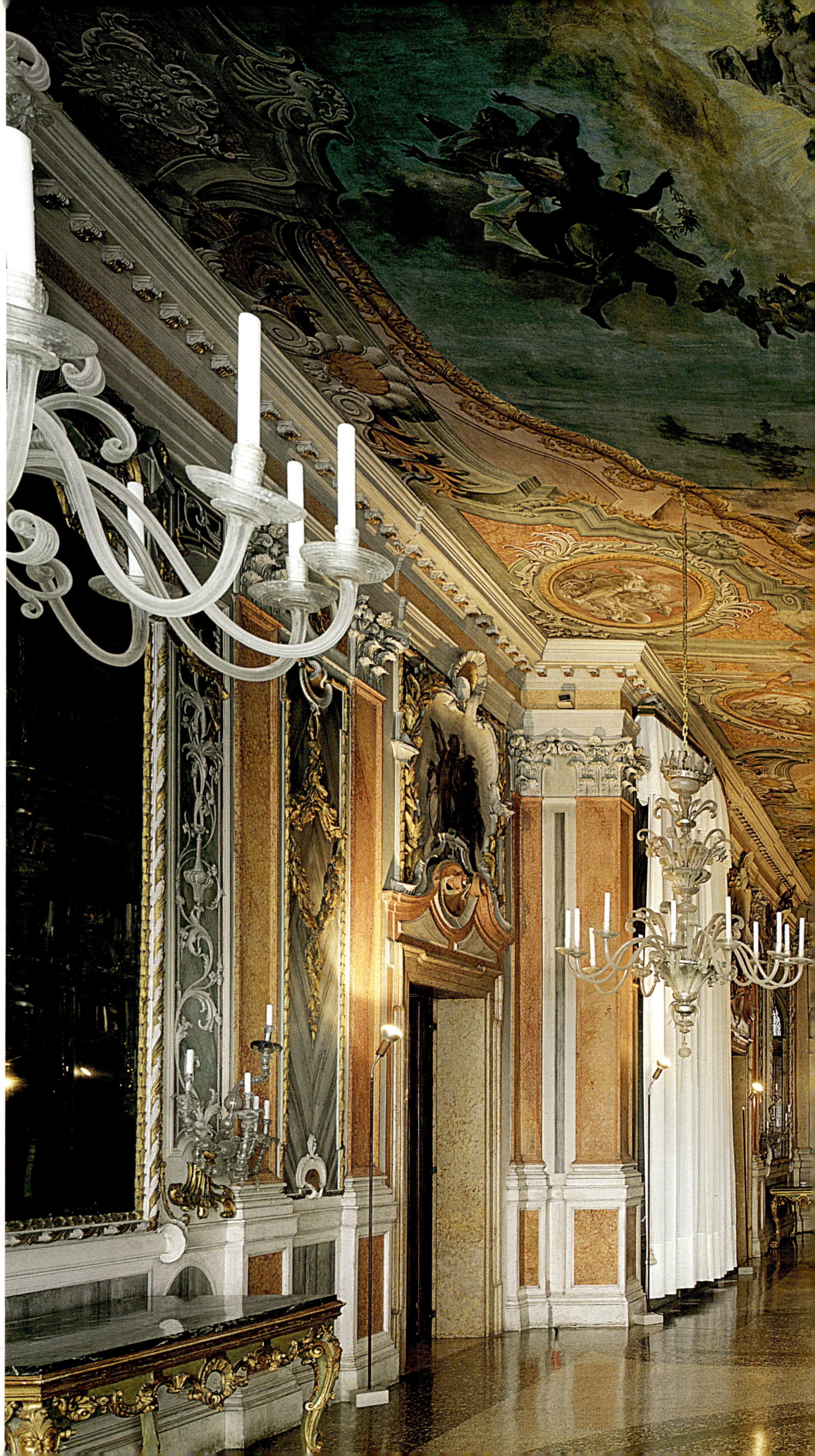

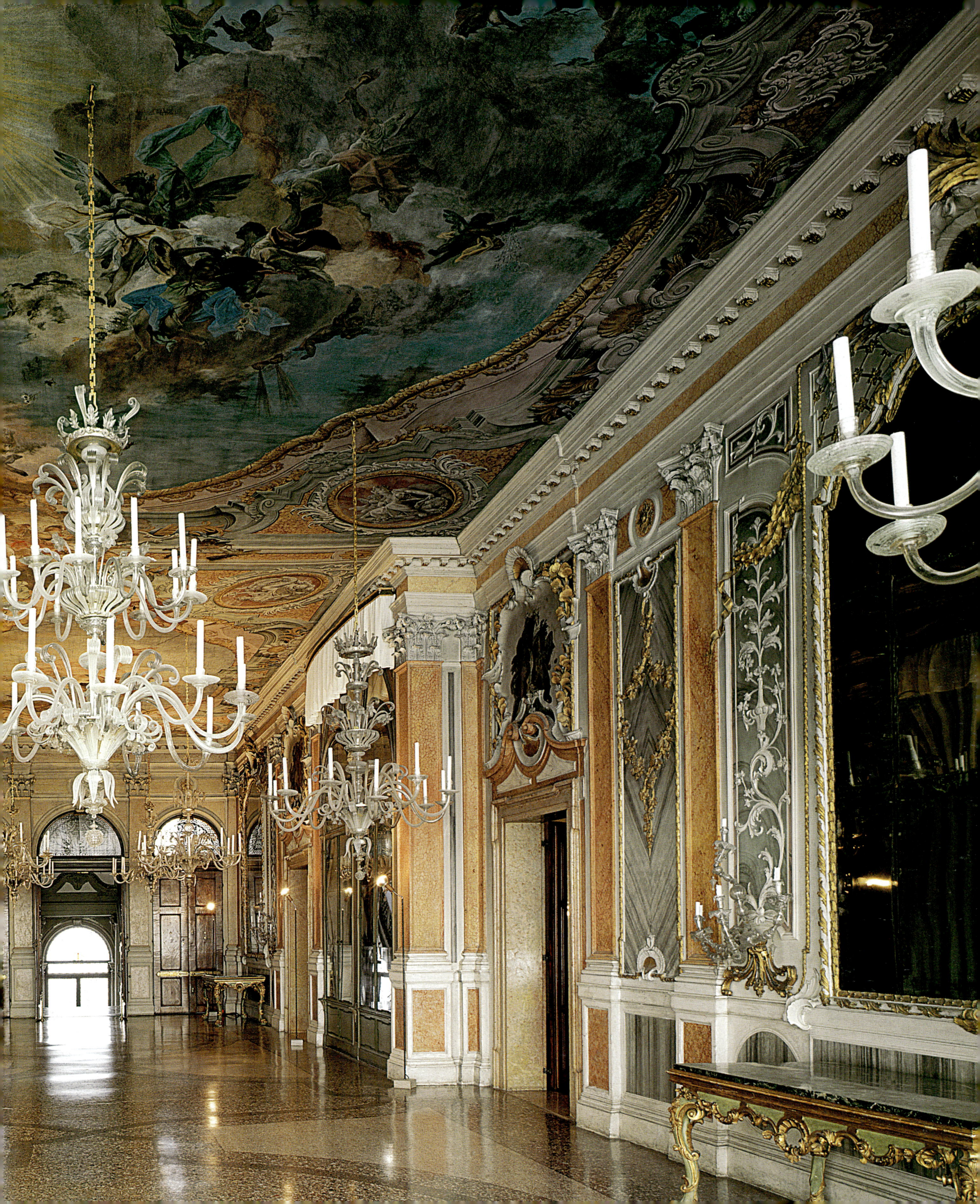

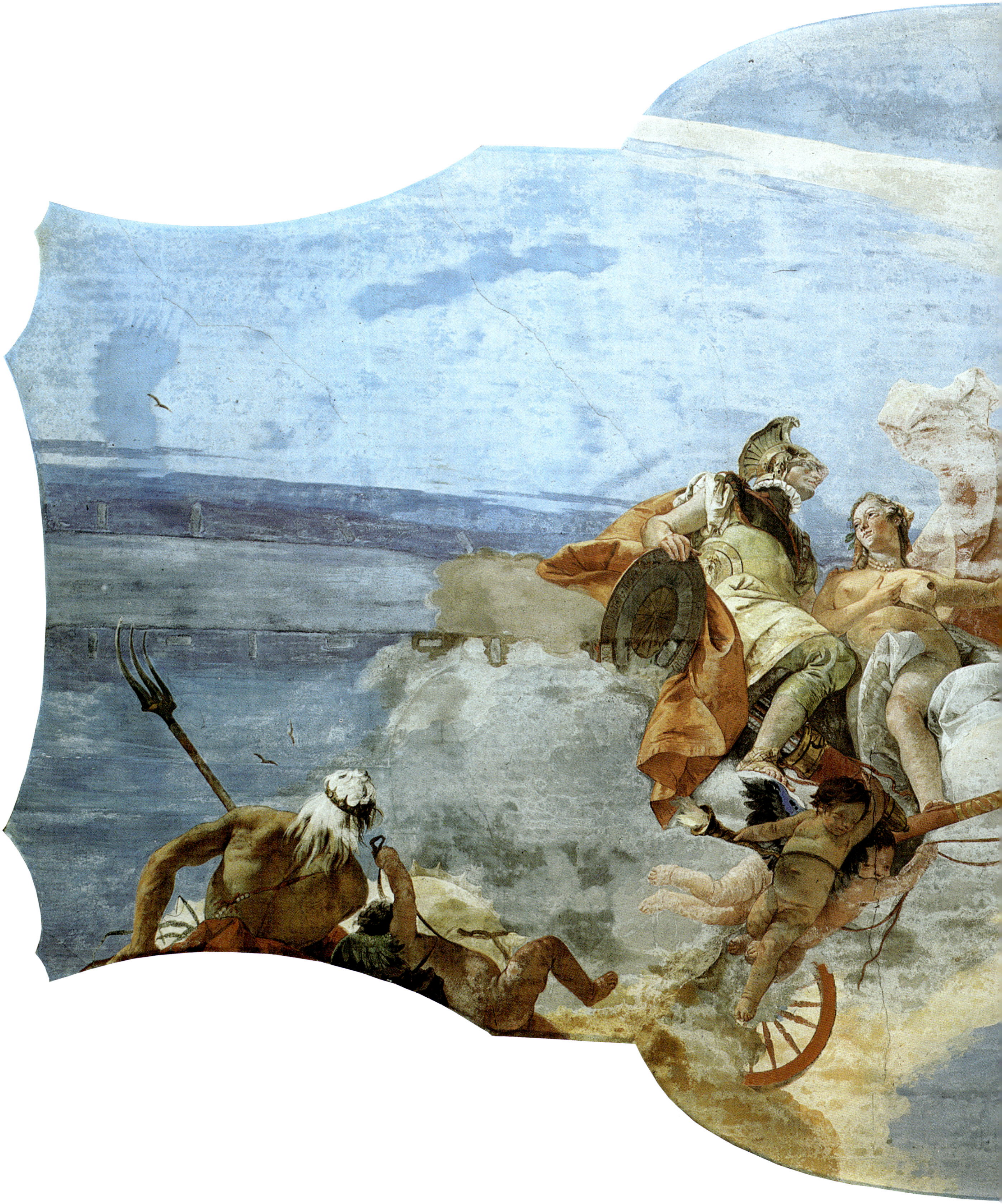

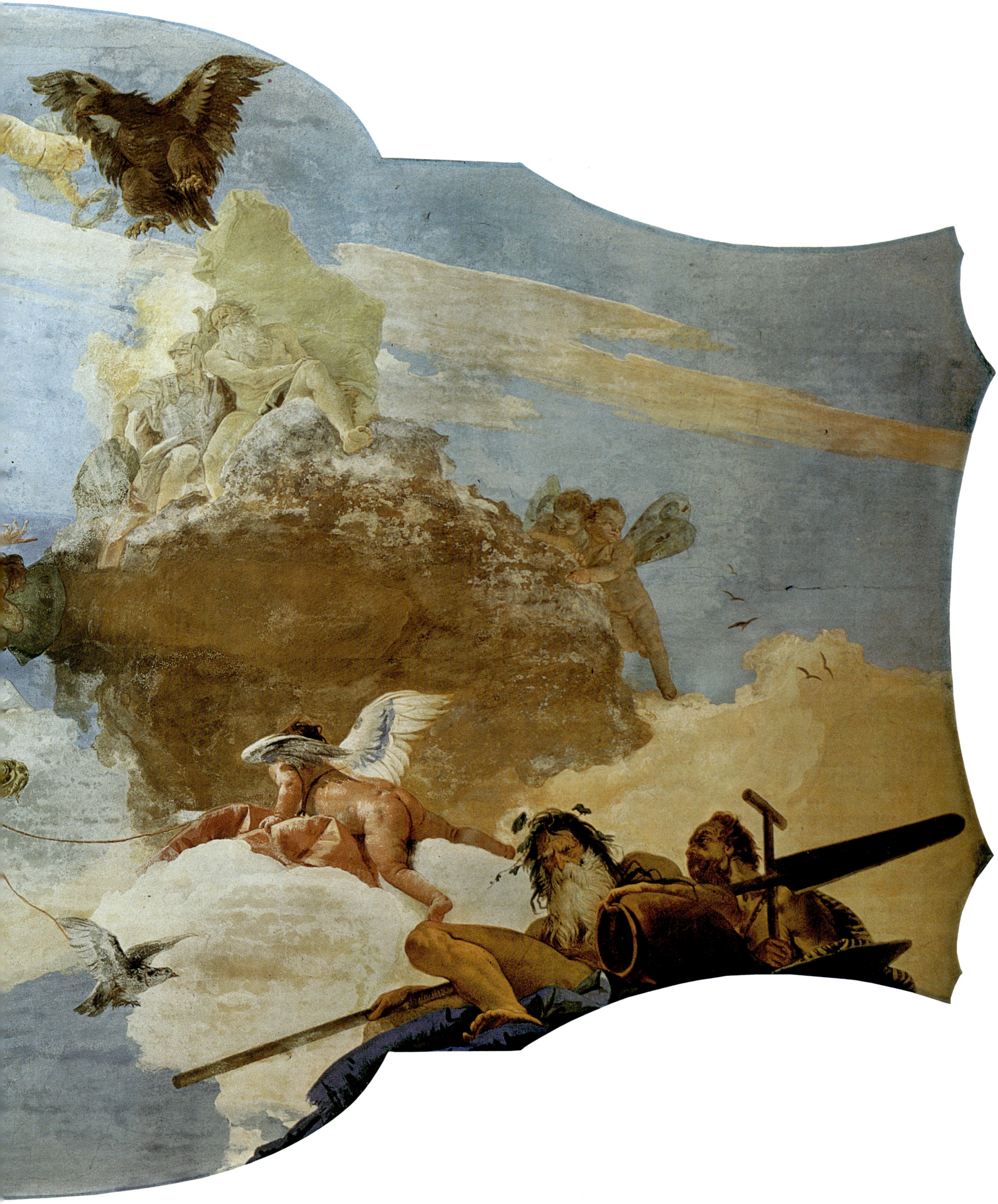

Palazzo Giustinian

Formé de deux palais jumeaux, cet ensemble enjambe une venelle dont il conserve au milieu de la composition la porte d'accès sur le Grand Canal. De part et d'autre de cette venelle, à l'arrière des palais, se déploient les grands jardins d'où s'élèvent les deux extraordinaires escaliers médiévaux. Érigés par la famille Giustinian au milieu du XVe siècle, les palais sont probablement dus à Giovanni et Bartolomeo Bon. La façade, scandée de baies et de loggias aux arcs brisés surbaissés, est de conception gothique tardive. La loggia centrale comporte des arcatures et des oculi quadrilobes. C'est là une énième déclinaison du modèle utilisé au palais des Doges et à la Ca' d'Oro. Richard Wagner habita le palais durant quelques mois et y composa en 1858 le deuxième acte de *Tristan et Yseult*. Venise et son patrimoine artistique furent pour Wagner une constante source d'inspiration ; il y mourut en 1883.

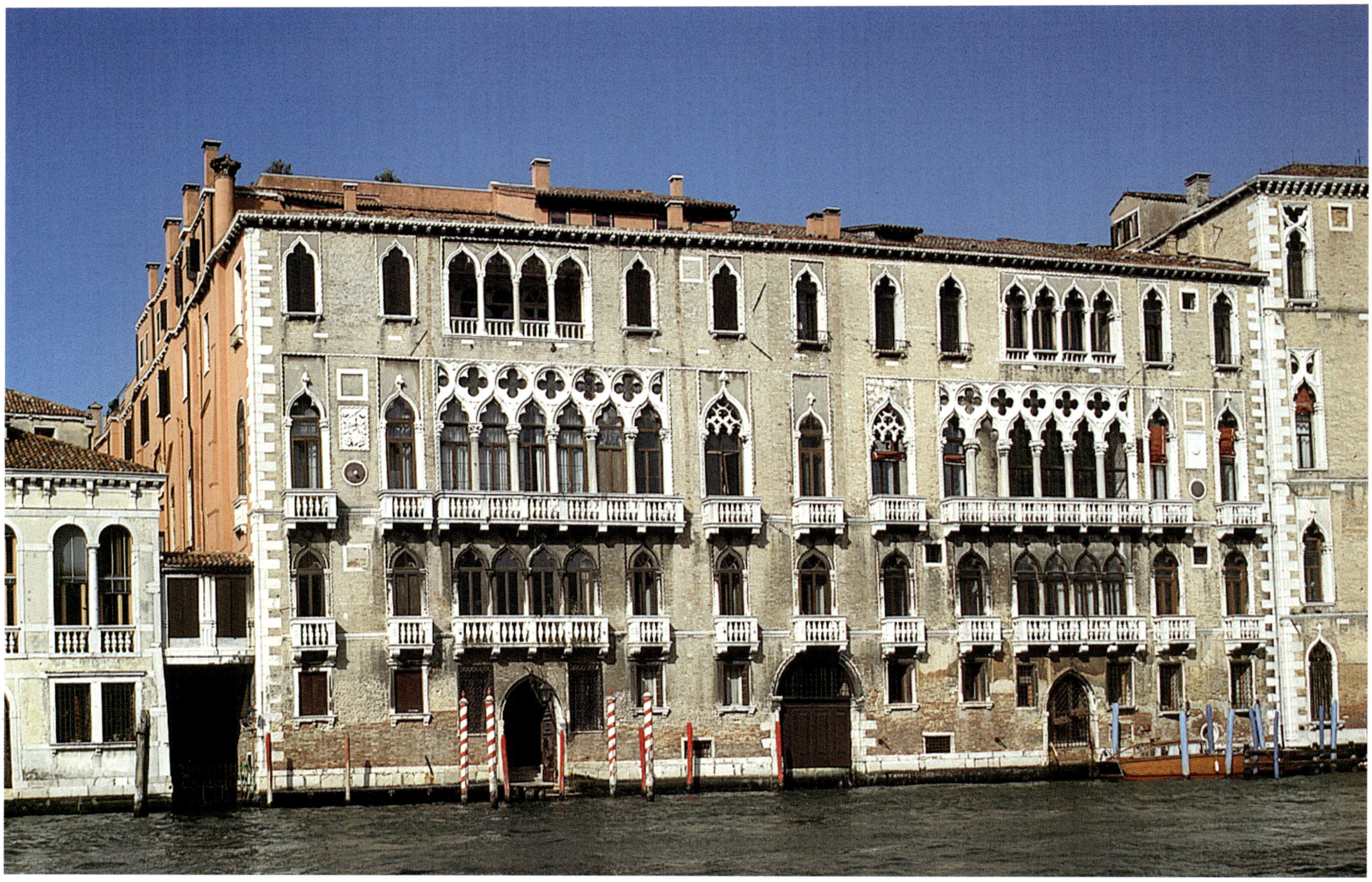

Palazzo Loredan dell'Ambasciatore

Ca' Loredan, édifiée dans la seconde moitié du XVe siècle sur le Grand Canal dans un style gothique flamboyant, présente déjà des éléments de la première Renaissance : le bandeau en marbre et les deux niches qui abritent des pages porte-écu. Toutefois la forme du palais demeure gothique, de la loggia quadruple à colonnettes du premier étage, enrichie de jours d'écoinçon quadrilobes, aux pinacles des baies, en passant par les colonnes élancées couronnées de chapiteaux à feuillage, jusqu'aux encadrements des fenêtres. Le nom du palais rappelle que l'ambassade impériale d'Autriche y fut longtemps hébergée. En 1754, le doge Francesco Loredan accepta de le louer pour un bail de vingt-neuf années à Filippo di Rosemberg Orsini, diplomate auprès de la Sérénissime, à condition que la restauration de l'édifice fût prise en charge par l'ambassade et le loyer versé à l'avance dans sa totalité.

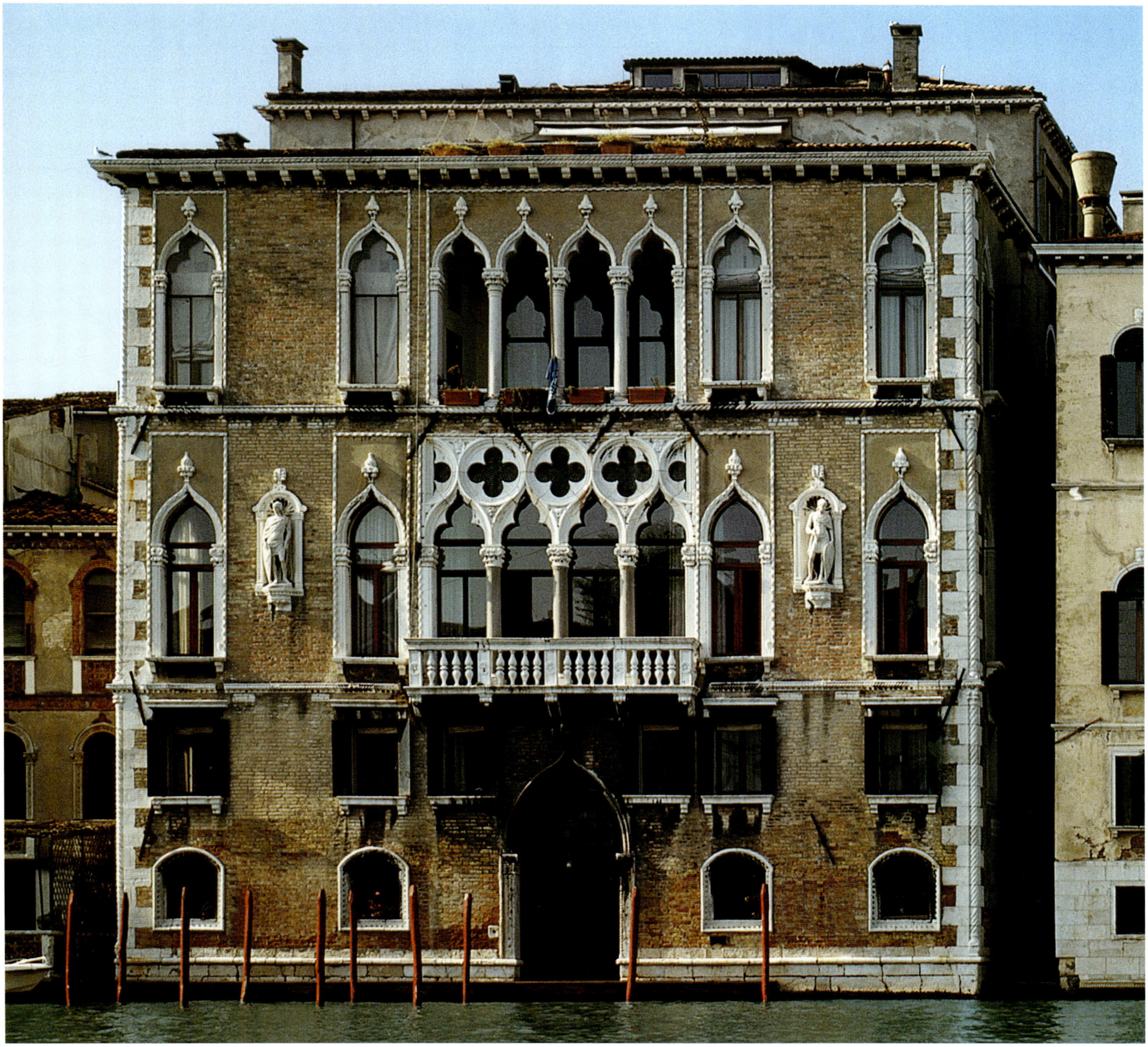

Palazzo Priuli all' Osmarin

Élevé vers la fin du XIVe siècle et agrandi au début du siècle suivant, le palais se dresse au croisement du rio di San Severo et du rio dell' Osmarin. La façade, de style gothique tardif, autrefois recouverte de fresques de Palma le Vieux, est percée de baies à arcs brisés où s'insère la loggia à colonnettes. Les baies d'angle, pourvues d'un seuil de balconnet, caractérisent l'édifice. Celle de gauche comporte une claire-voie raffinée qui servit certainement de modèle aux pergoli de la Ca' d'Oro.

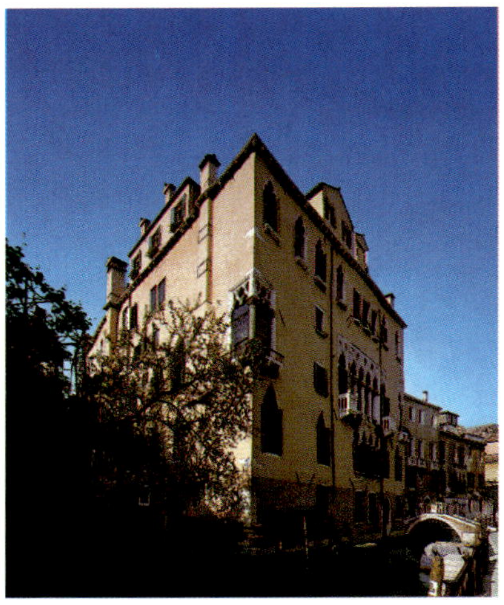

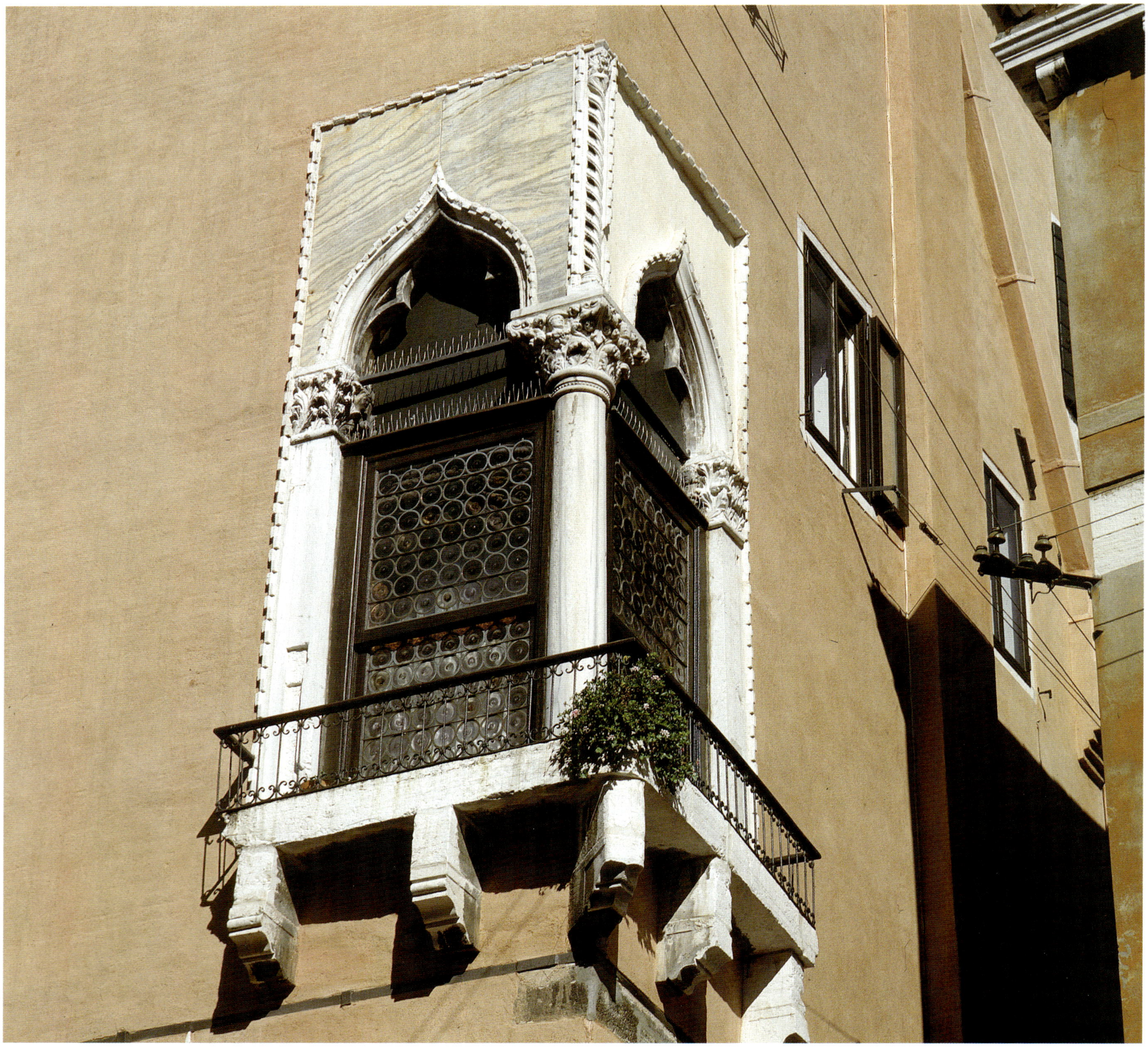

Palazzo Van Axel

Exemple majeur de l'architecture gothique tardive, le palais est érigé entre 1473 et 1479 sur un édifice vénéto-byzantin préexistant, dont il conserve quelques éléments : les médaillons, les panneaux décoratifs de l'intérieur et le bandeau du premier étage. Les deux façades, donnant sur le rio de la Panada et celui de San Cancian, présentent deux loggias quadruples à colonnettes. Le portail en arc brisé sur la fondamenta est orné d'un riche larmier et se termine par un pinacle sculpté. Les vantaux d'origine, datant du XVe siècle, s'y trouvent toujours. Propriété depuis 1627 de la famille de marchands flamands Van Axel – ils avaient obtenu leur titre de noblesse par acquisition en 1665 –, le palais passe au début du XXe siècle aux comtes Barozzi, qui le restaurent entièrement. Les deux cours intérieures présentent encore la structure du gothique flamboyant. L'escalier extérieur, à deux volées, et les arcades du rez-de-chaussée où subsistent des vestiges de fresques répondent par leur langage gothique à la margelle.

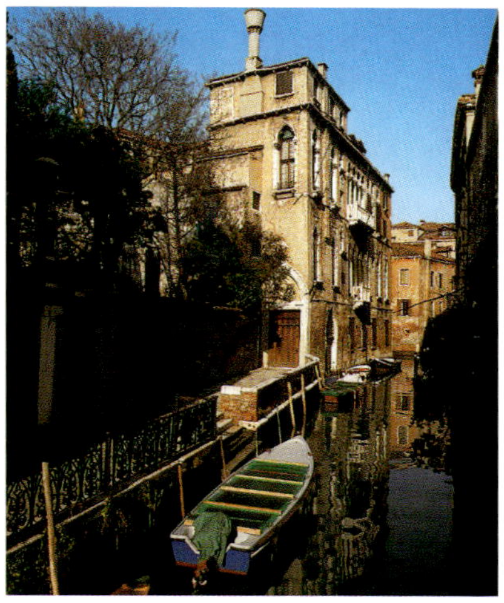

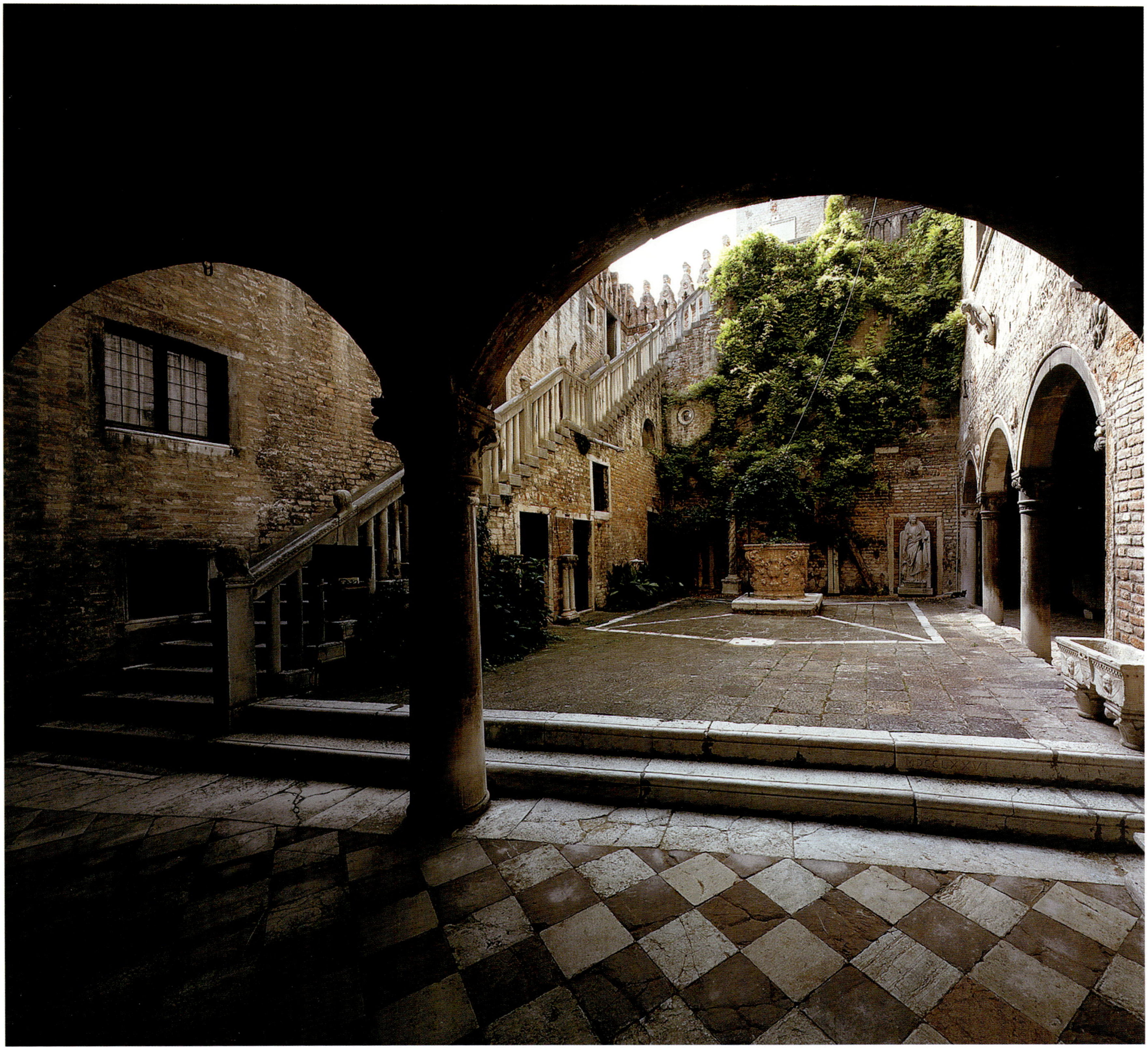

Palazzo Centani

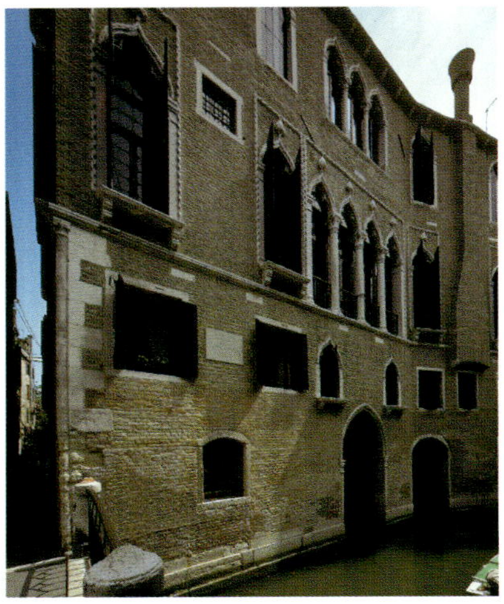

La façade de ce petit palais gothique tardif, qui donne sur le rio de San Tomà, est compacte, dépourvue de la dentelle de percements typique de l'architecture civile vénitienne du début du XVe siècle. Ses ouvertures en arcs brisés surbaissés sont caractérisées par un simple encadrement de marbre. La cour conserve un bel escalier extérieur à deux volées, porté par des arcs surbaissés. Compte tenu de l'exiguïté du terrain, l'escalier, qui se développe habituellement dans la cour découverte, se trouve ici contraint de glisser sous l'immeuble formant le porche au-dessus de l'entrée. C'est dans ce palais qu'est né, en 1707, l'écrivain Carlo Goldoni. Depuis 1952, il abrite le musée consacré au célèbre auteur et l'Istituto di Studi Teatrali.

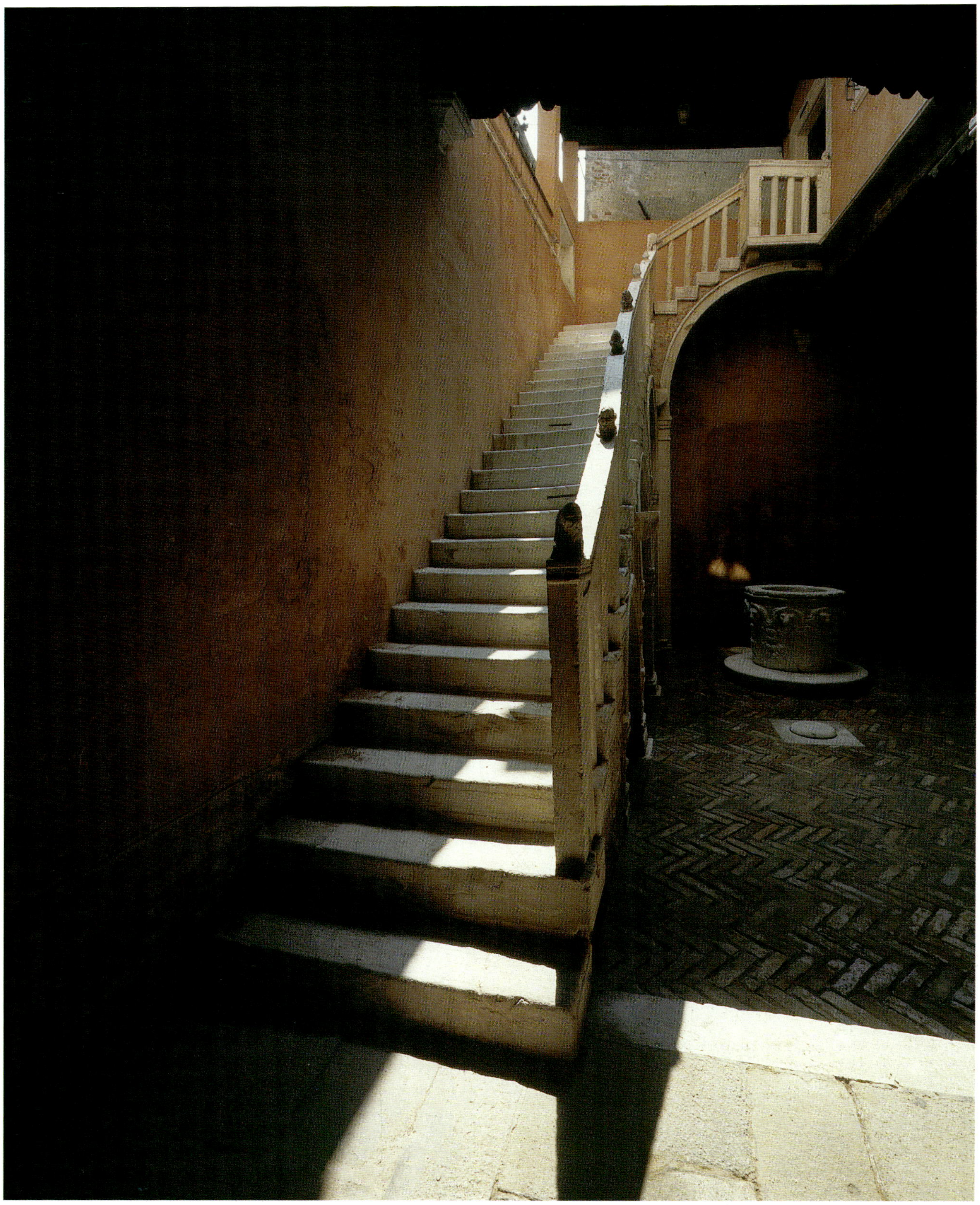

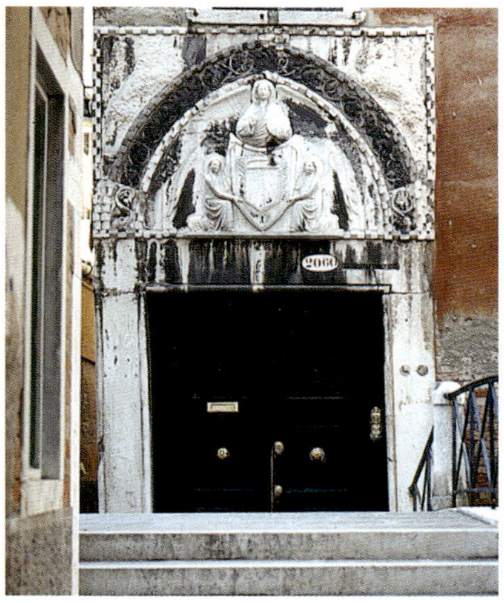

Casa Agnusdio

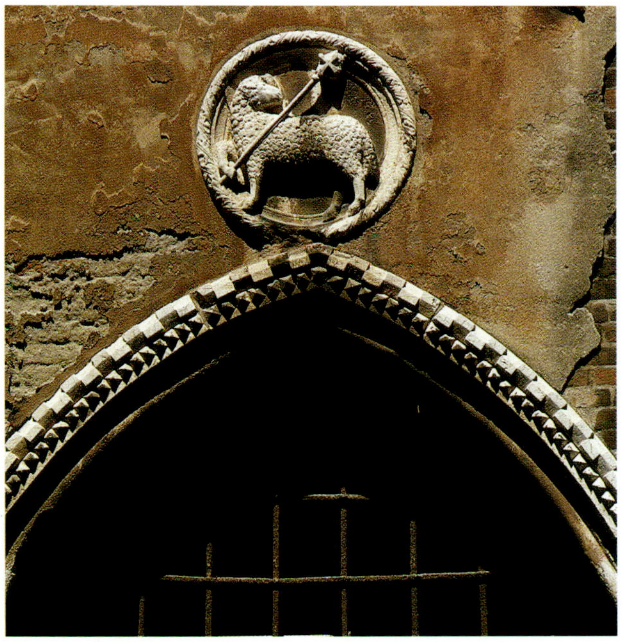

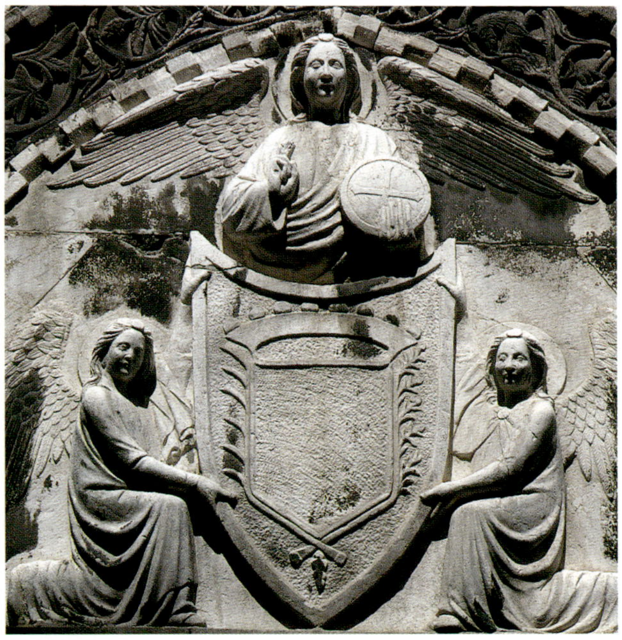

Sise dans le quartier de San Polo, riche en édifices gothiques et byzantins tardifs – comme les maisons voisines Zane, Barbaro et Zane-Viaro – Casa Agnusdio tire son nom d'un médaillon représentant l'Agneau mystique, encastré dans le mur au-dessus de la porte d'eau. Cet édifice de la fin du XIVe siècle est percé d'une loggia quintuple à colonnettes enrichie de sculptures des XIVe et XVe siècles, représentant les quatre Évangélistes et l'Annonciation. C'est un cas unique de bas-relief en écoinçon. Un élégant ange porte-écu du début du XVe siècle et des éléments décoratifs de style byzantin ornent le portail d'accès par la rue.

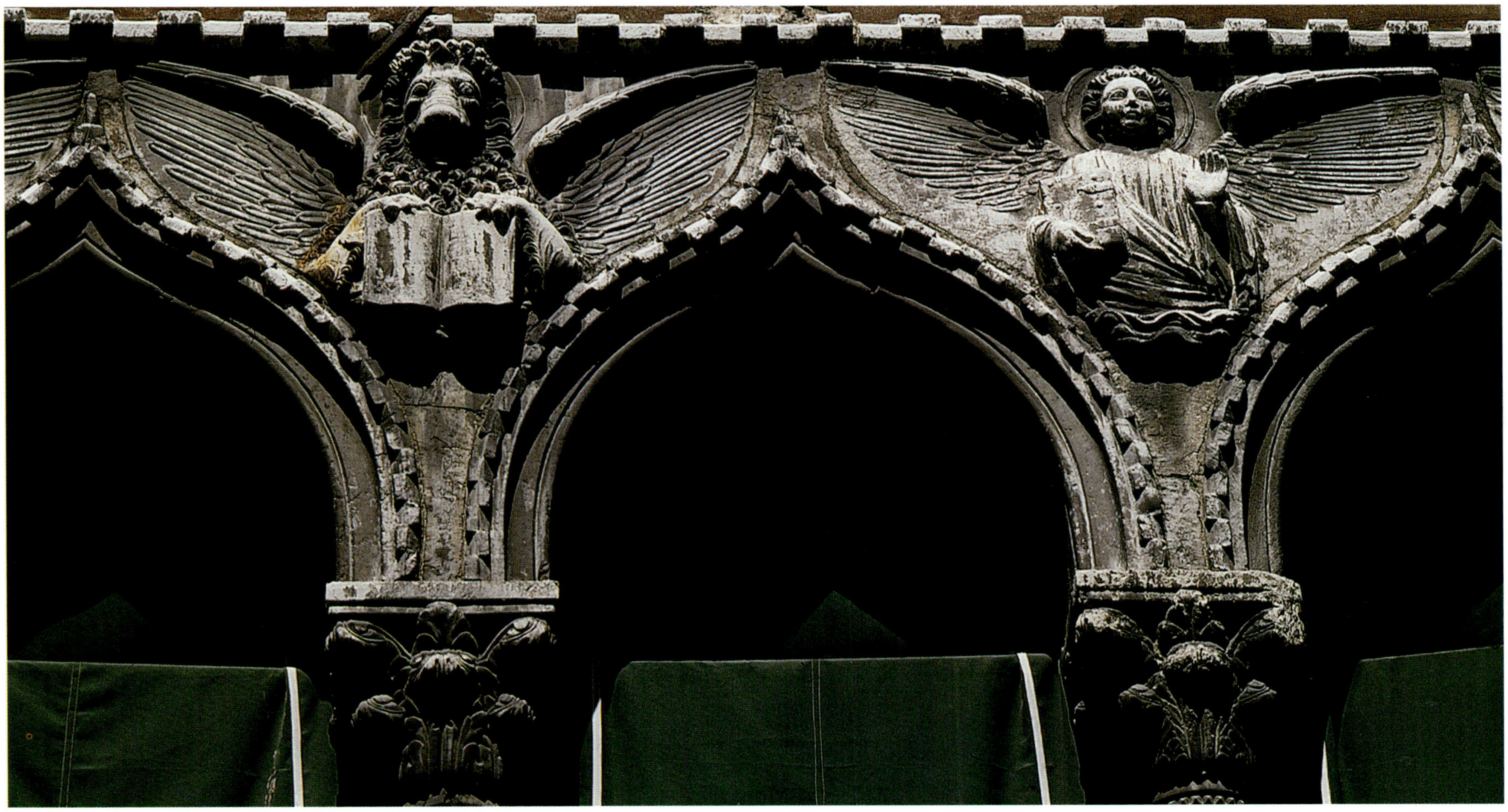

Église Sant' Alvise

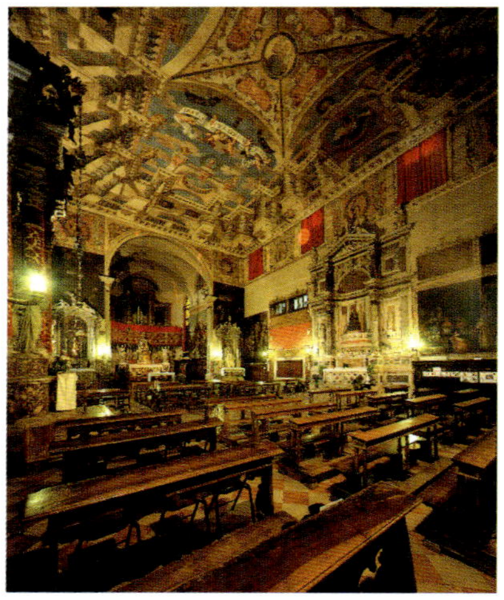

Antonia Venier, fondatrice de cette église, la fit bâtir au XIVe siècle, après que saint Louis d'Anjou (Alvise en vénitien) lui eut apparu en songe. La façade gothique, dépouillée, rythmée par six contreforts, est couronnée d'une bande lombarde et d'un pignon. Une petite rosace interrompt la composition au-dessus du portail, orné d'un tympan et de pinacles. L'intérieur a subi des remaniements et des restaurations, surtout aux XVIIe et XVIIIe siècles lorsque sont créés les autels latéraux mais aussi le plafond décoré en trompe-l'œil par Pietro Ricchi et Antonio Torri. Le chœur suspendu du XVe siècle, destiné aux religieuses du couvent voisin, est porté par des colonnes et des corbeaux aux décorations gothiques. L'église renferme trois chefs-d'œuvre de Tiepolo (*Le Couronnement d'épines*, *La Flagellation* et *La Montée au calvaire*), une toile de Caliari et des peintures sur bois *a tempera* du début du XVe siècle représentant des épisodes bibliques, d'un artiste proche de Bastiani.

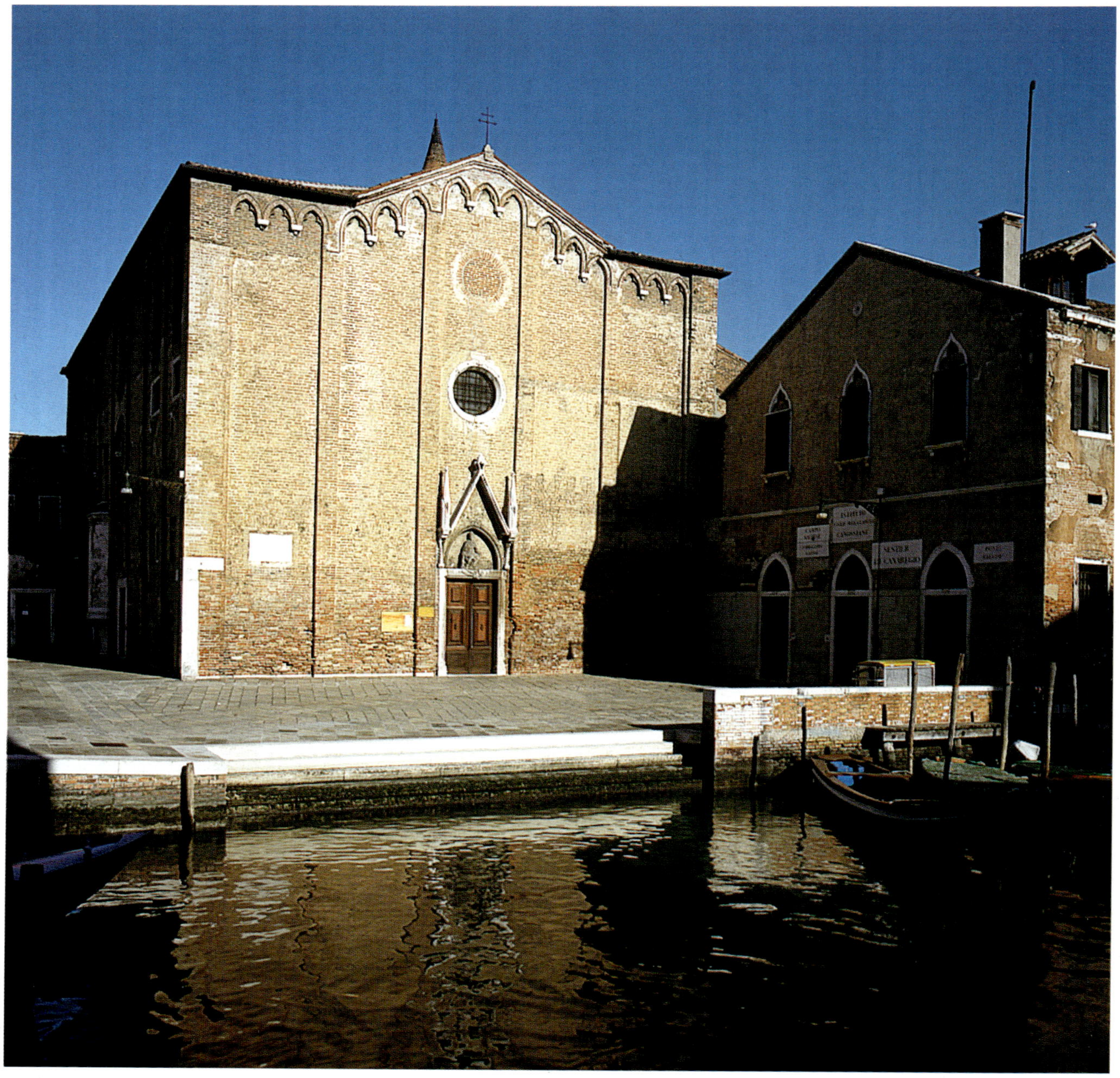

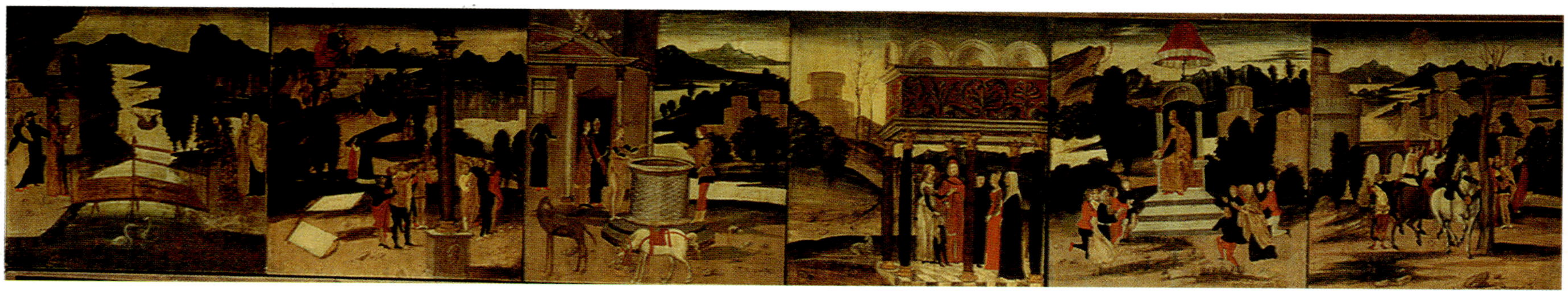

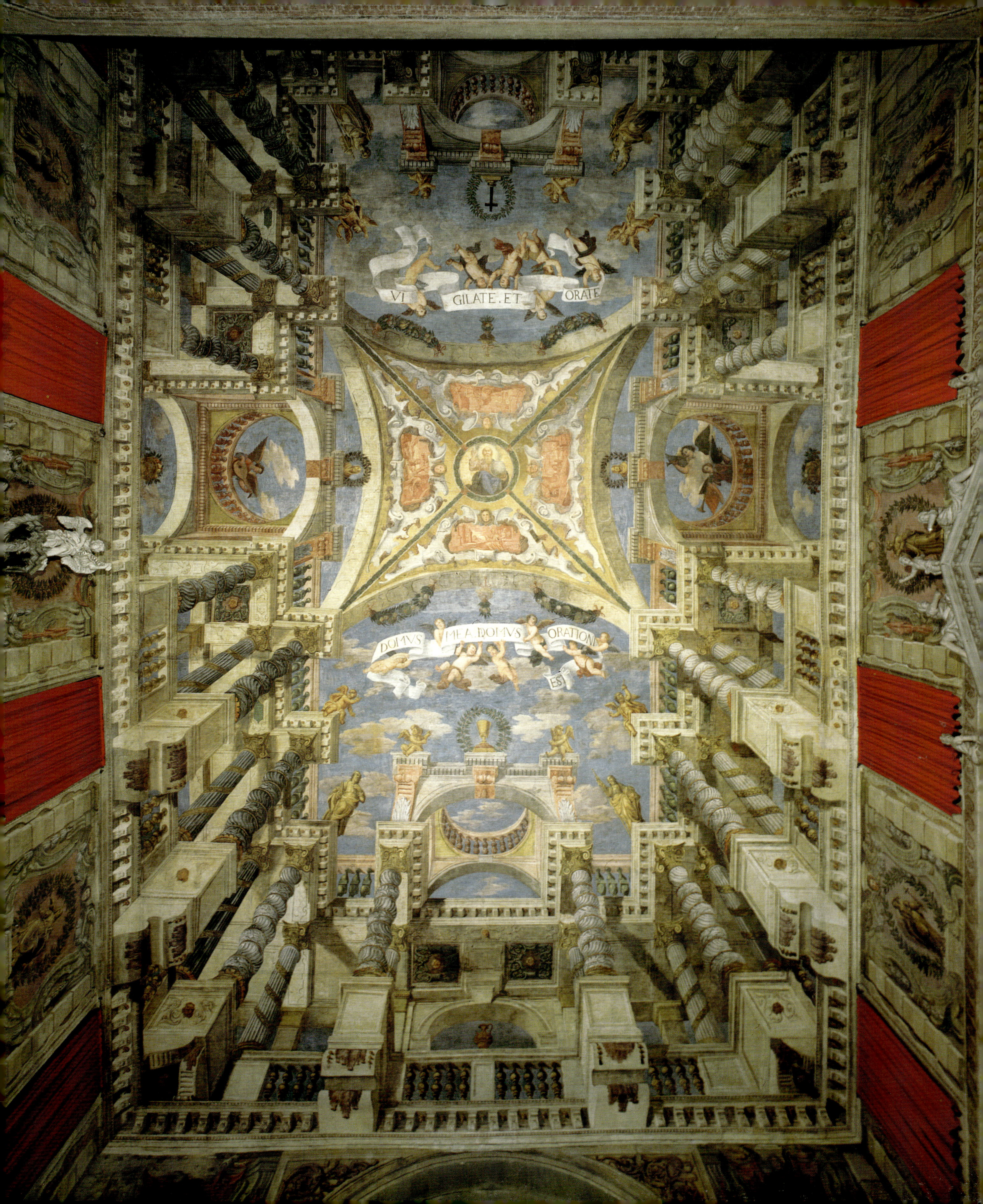
VI GILATE.ET ORATE
DOMVS MEA DOMVS ORATIONI
EST

Église San Zanipolo
(Santi Giovanni e Paolo)

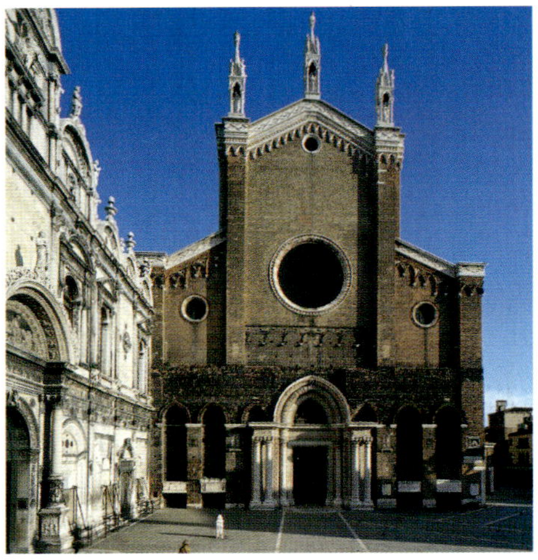

Le chantier de construction de cette église en briques dura près de deux siècles et fut achevé en 1430 par les dominicains. De plan cistercien, le vaisseau central présente des dimensions exceptionnelles, sa longueur dépassant les cent mètres. Sa toiture est portée par des croisées d'ogives et les bas-côtés, également voûtés et de dimensions plus réduites, soulignent par contraste l'ampleur de la nef centrale. Le chœur et quatre chapelles absidiales sont adossés au transept. Les colonnes de la porte d'entrée ont été récupérées à Torcello. Les vitraux comptent parmi les œuvres les plus importantes issues des fours de Murano : dessinés par Gerolamo Mocetto, ils furent exécutés par le maître verrier de' Landi entre 1510 et 1515. Cet énorme édifice constitue une sorte de panthéon républicain comme l'église dei Frari.

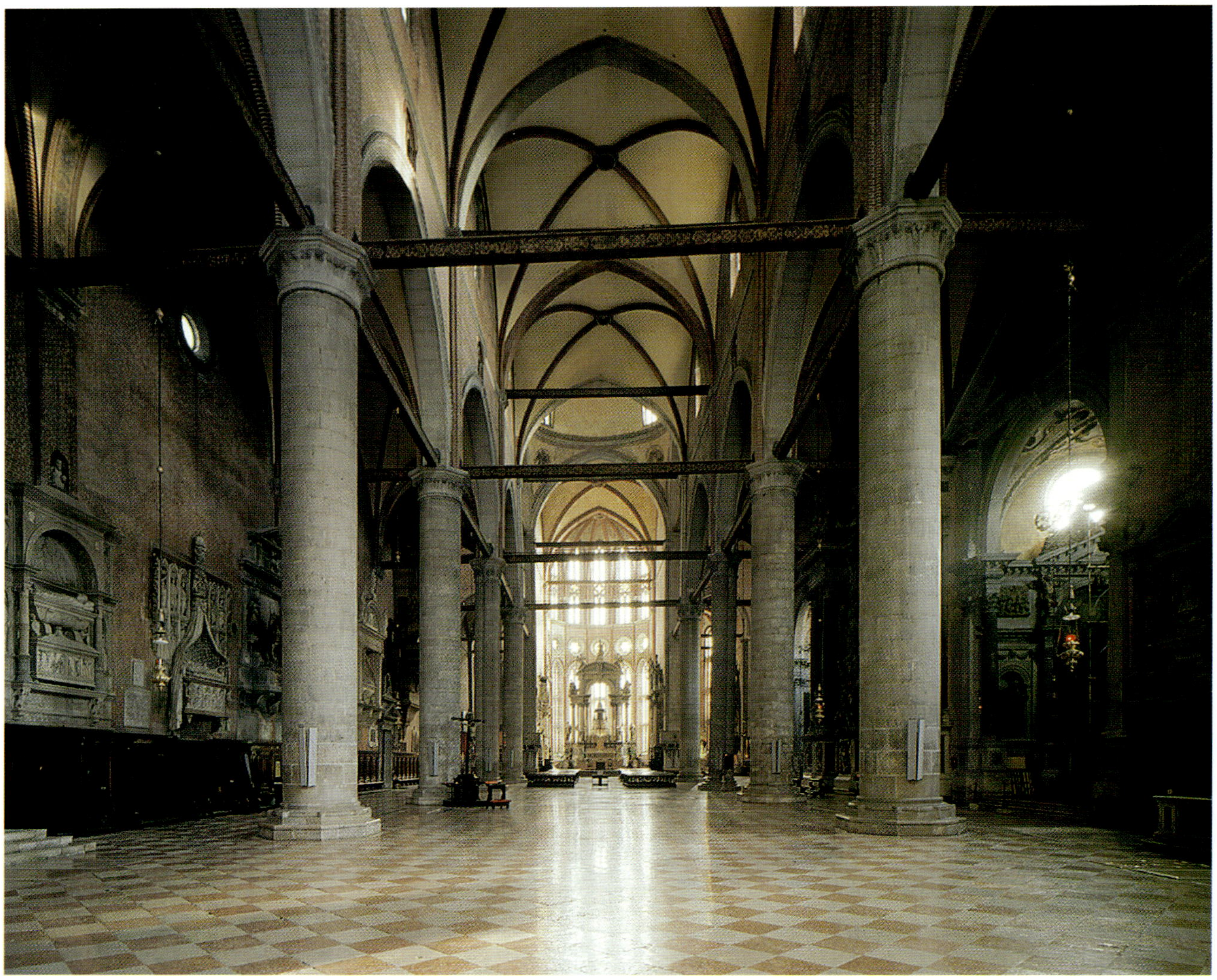

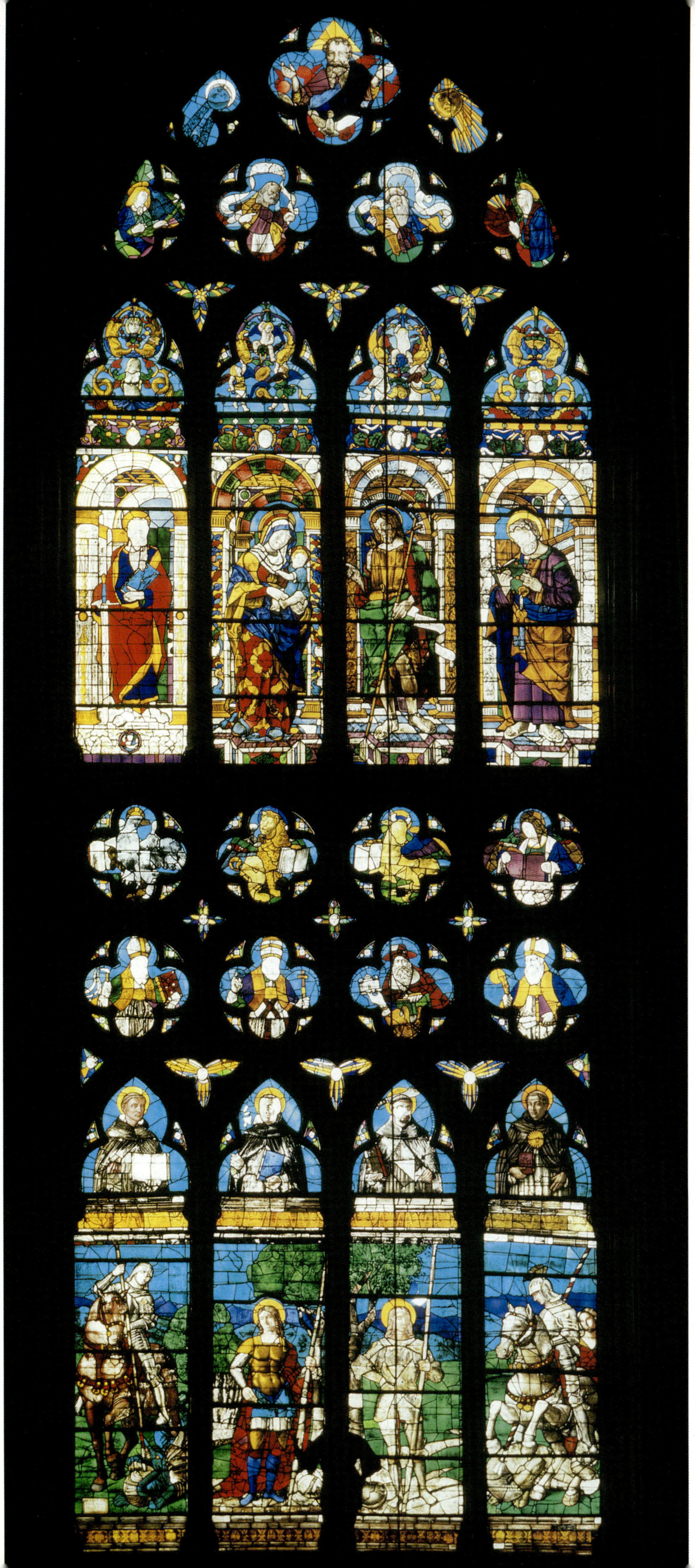

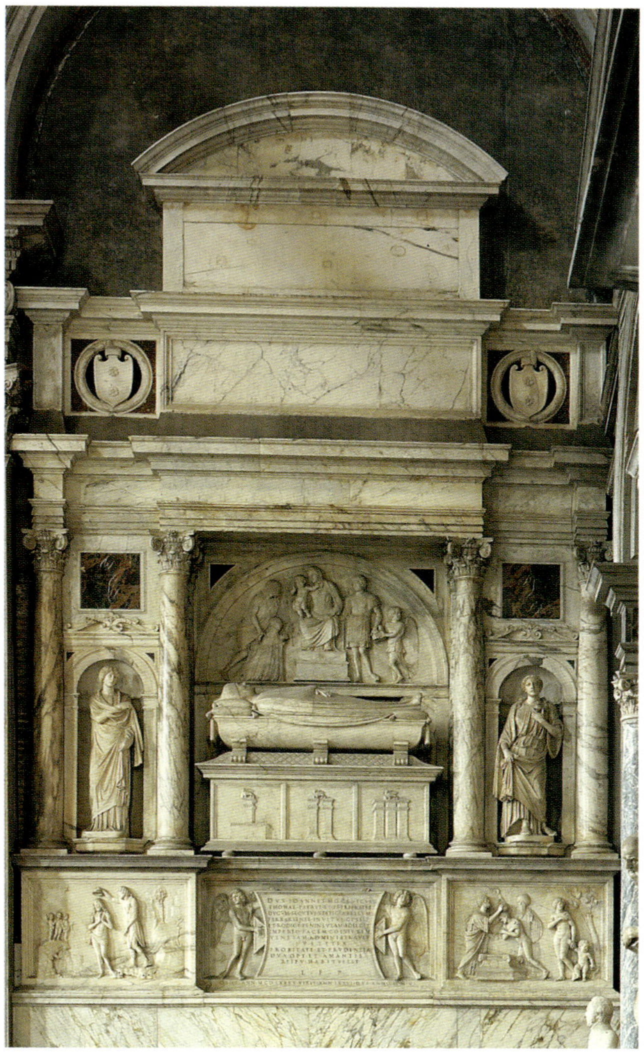

Le monument funéraire de Mocenigo (1476) est le chef-d'œuvre de Pietro Lombardo, sculpteur et architecte parmi les plus intéressants de la Renaissance vénitienne. En 1542, Lorenzo Lotto y peint *La Charité de saint Antonin*, œuvre de maturité qui s'éloigne du maniérisme de Titien et des représentations sacrées de Véronèse et du Tintoret. Parmi les très nombreuses œuvres d'art, il faut remarquer le *Polyptyque de saint Vincent Ferrier*, œuvre de jeunesse de Giovanni Bellini (1465). Dans *La Gloire de saint Dominique*, réalisée entre 1725 et 1727, Giambattista Piazzetta parvient à donner forme à la matière en créant simultanément un jeu de clair-obscur, préfiguration de l'expérience de Tiepolo. Le sarcophage de Jacopo Cavalli, réalisé en 1384 par Jacobello del Fiore, est une œuvre gothique raffinée figurant l'armure du condottiere de Vérone au service de la République.

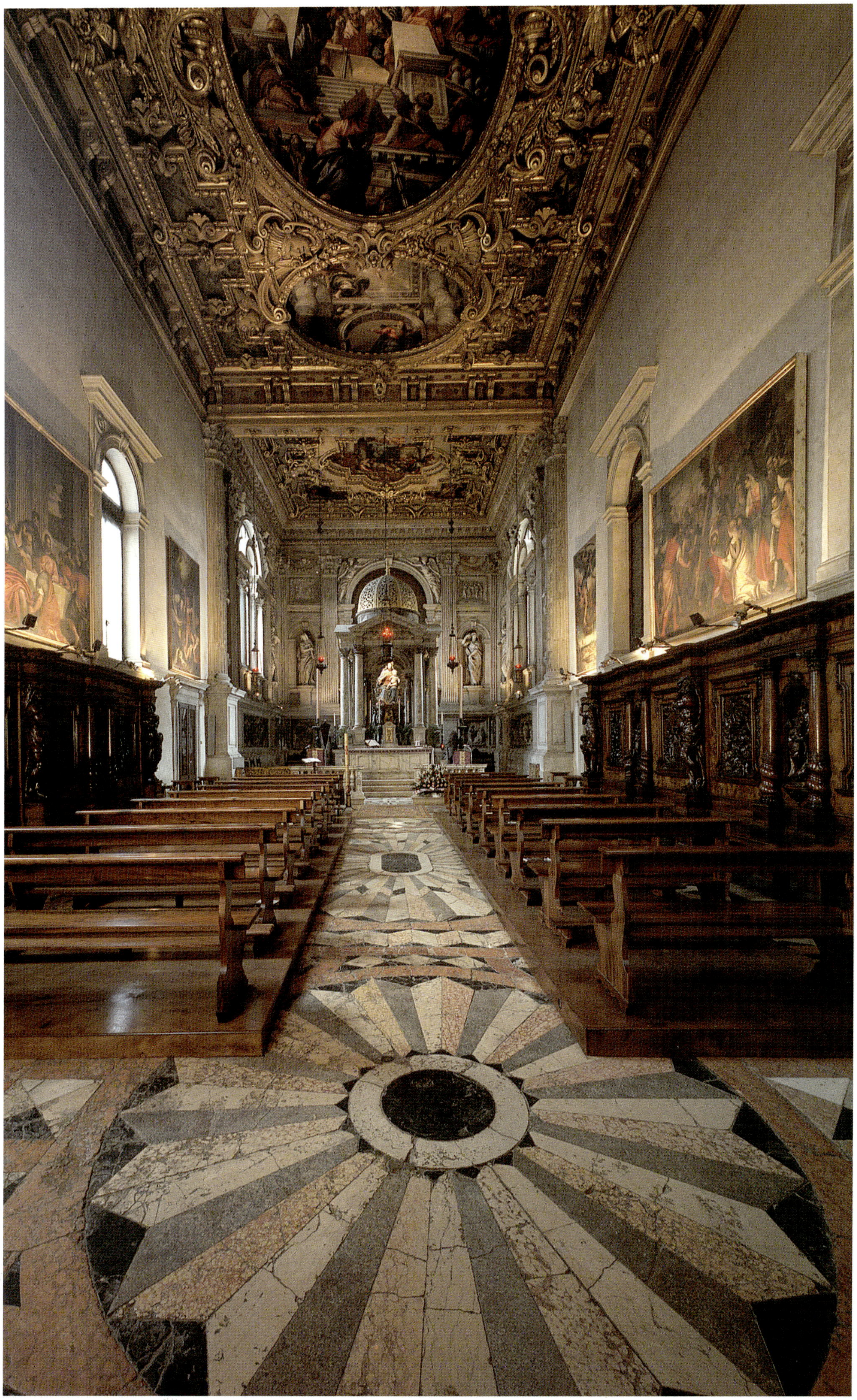

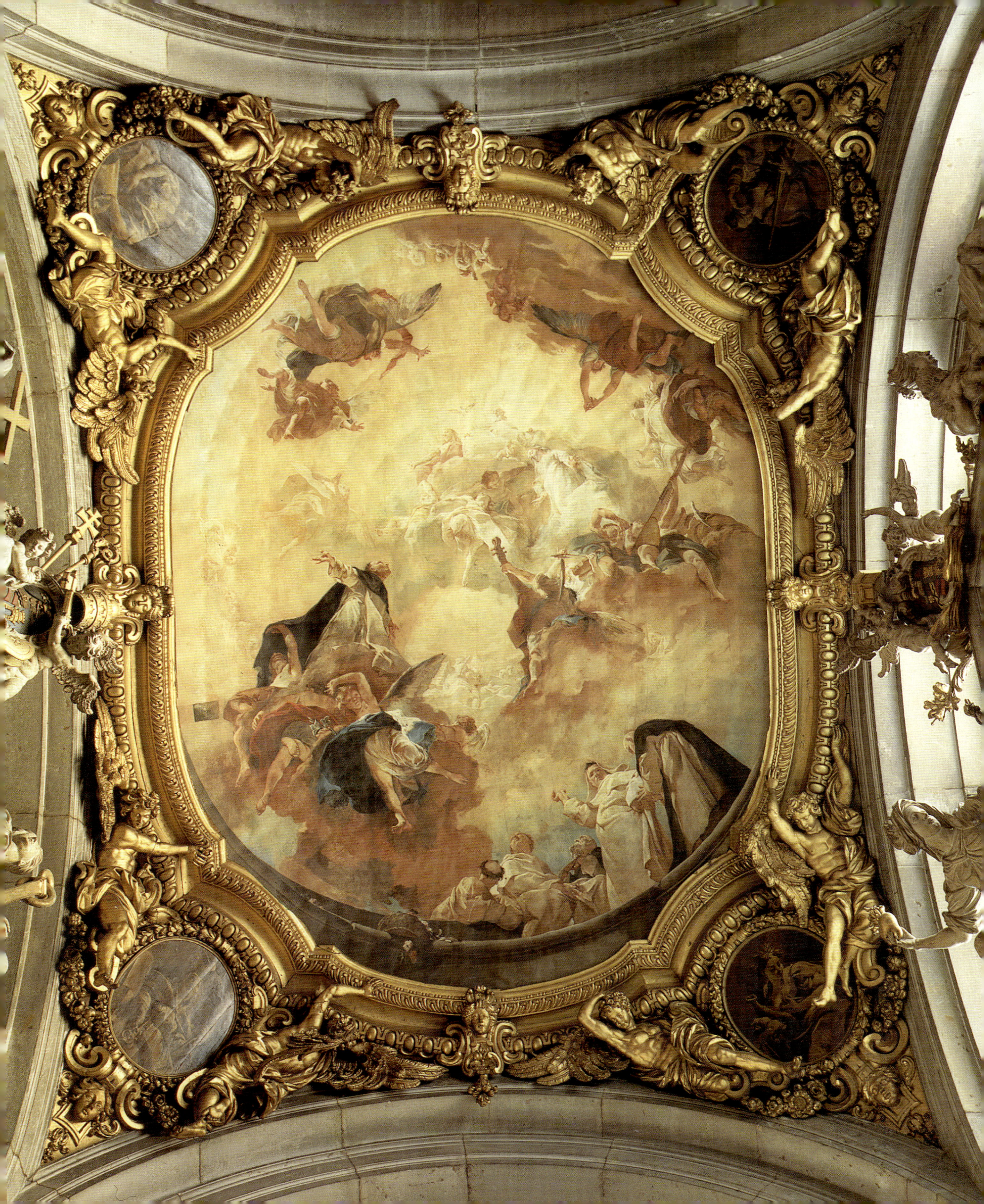

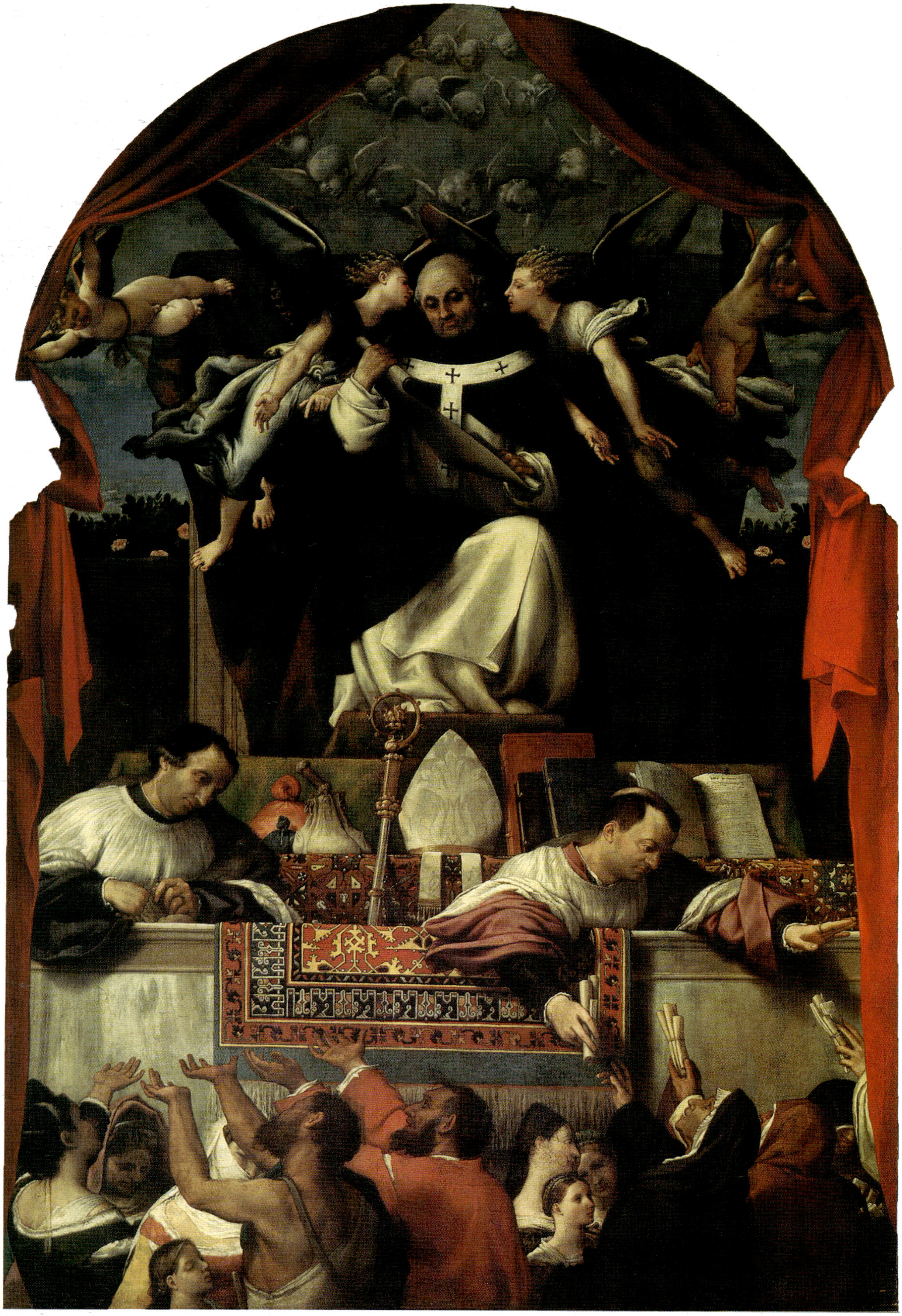

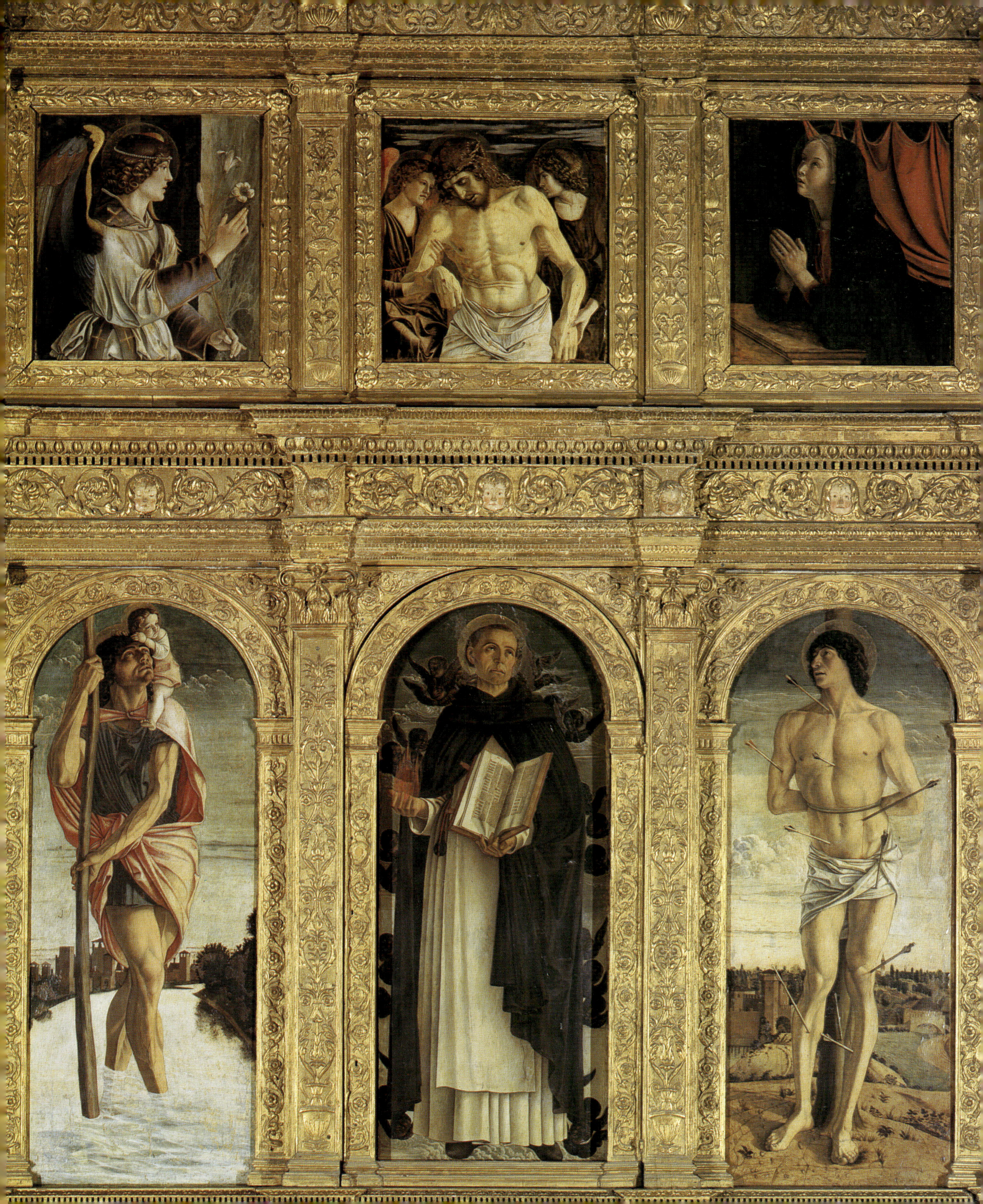

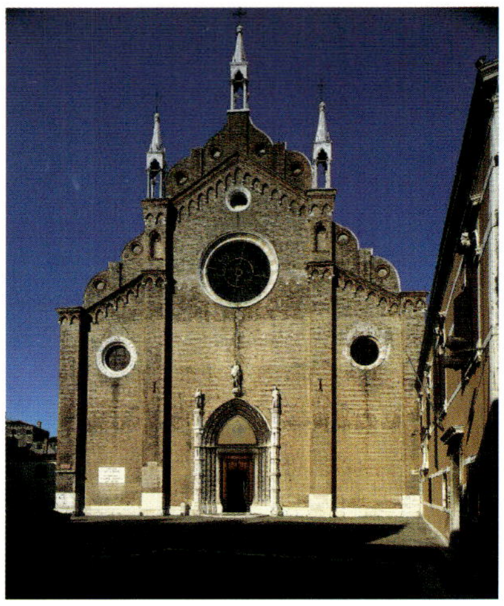

La façade tripartie percée de rosaces de cette église en briques, la plus grande de la ville, se caractérise par une architecture gothique sobre et dépouillée. Couronnée d'une corniche portée par des bandes lombardes la façade présente des frontons et des contreforts à volutes. L'ensemble est ponctué par trois clochetons formant pinacles. Le portail central, simple, est encadré par deux pilastres portant des figures saintes ainsi qu'une statue de la Vierge de Bartolomeo Bon. L'intérieur, long de quatre-vingt dix mètres, est en croix latine. Le vaisseau est réparti entre une nef centrale et deux bas-côtés, l'ensemble étant voûté par des croisées d'ogives. La structure est portée par douze piliers que relient des tirants en bois. Le chœur et six chapelles absidiales s'ouvrent sur un transept libre. Des briques en trompe l'œil ou des scènes sont peintes sur les murs couverts d'enduit.

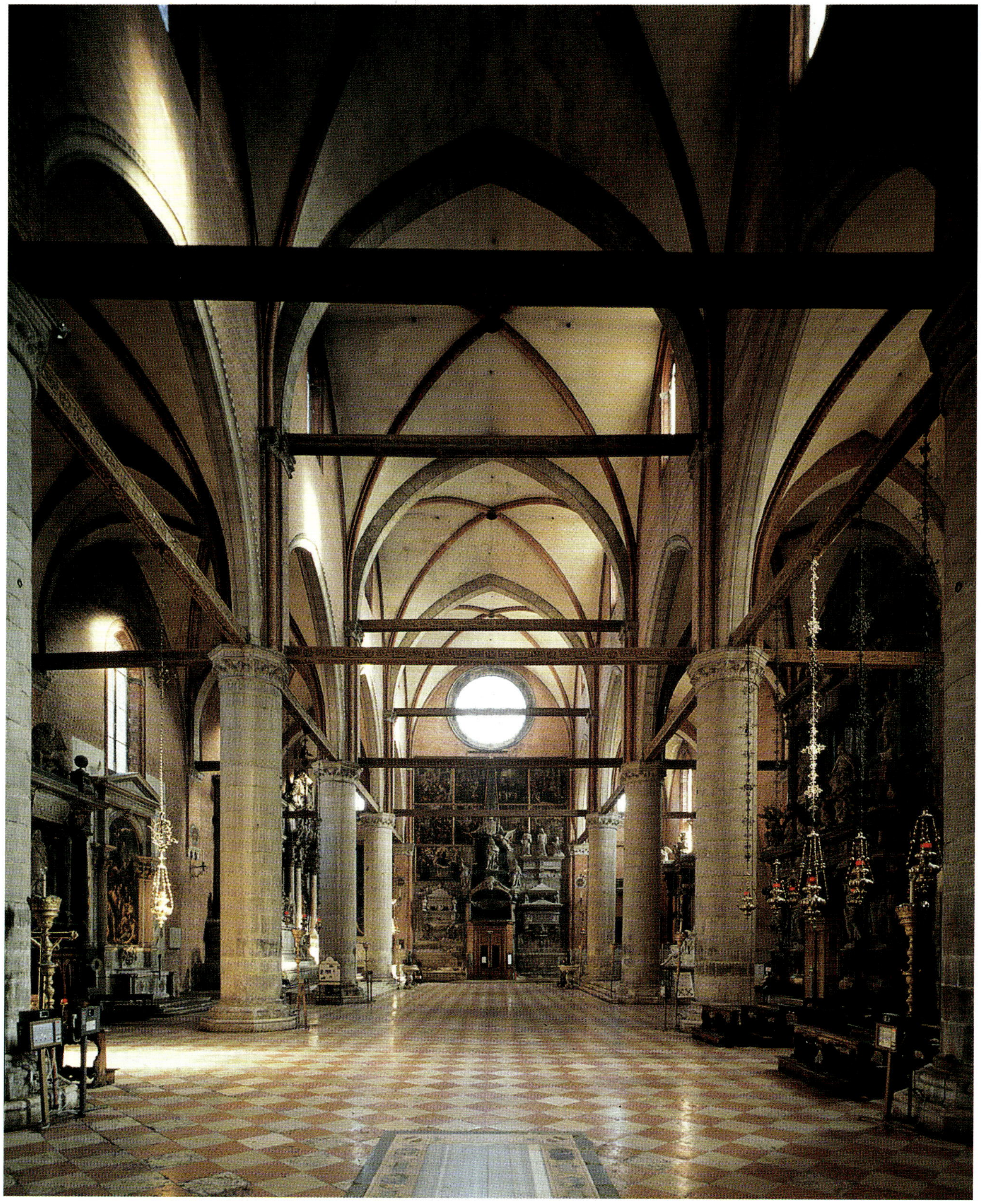

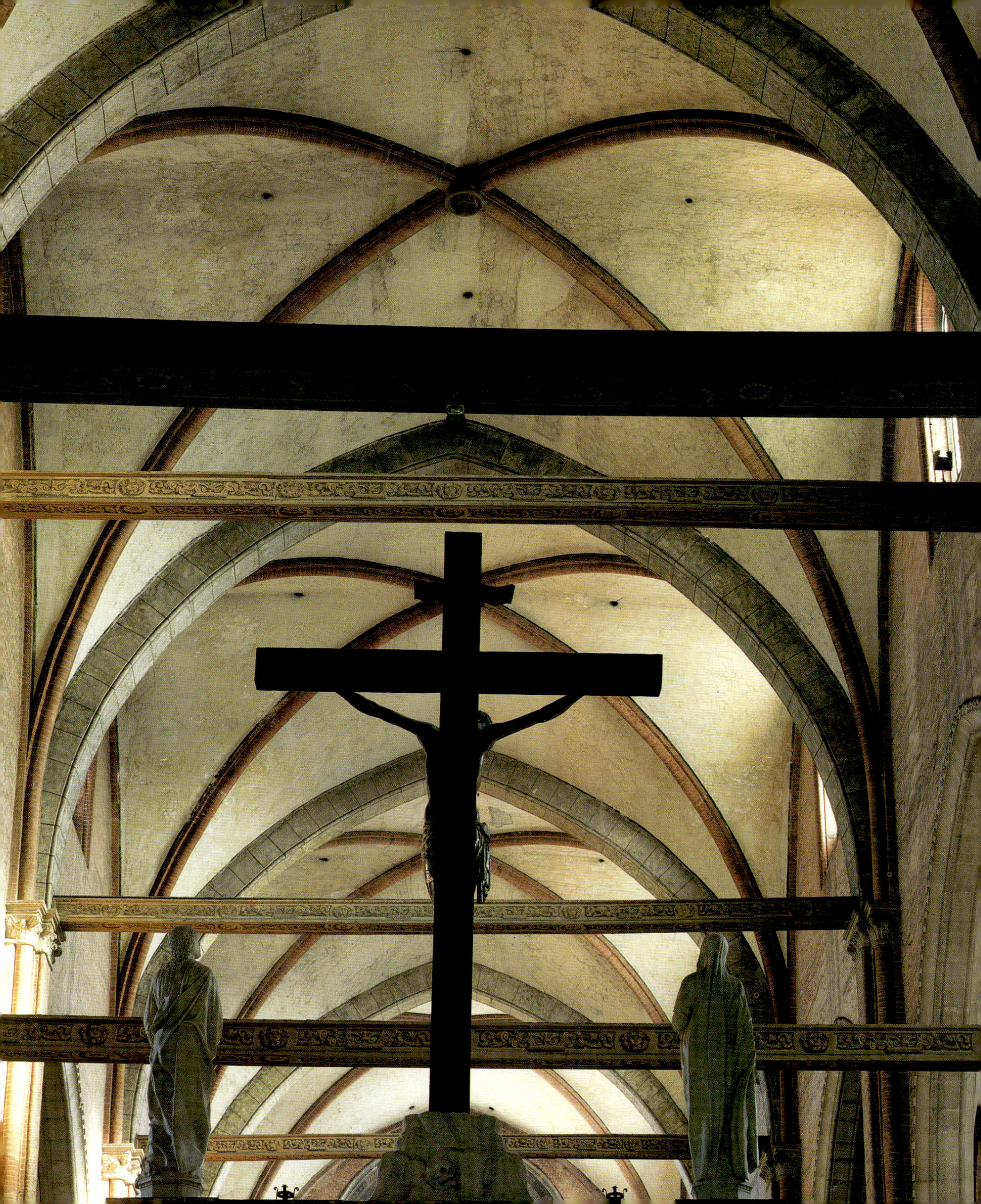

Avant le transept se trouve l'extraordinaire jubé de Lombardo (1475) renfermant les cent vingt-quatre stalles marquetées de Marco Cozzi (1468) destinées au chœur des frères : ce sont les seules stalles qui, à Venise, demeurent encore aujourd'hui au centre de la nef. Le double cloître plus tardif et la sacristie gothique se situent sur le côté. L'intérieur de cette immense bâtisse, construite par les franciscains à partir du XIIIe siècle, recèle de purs chefs-d'œuvre. A l'origine destiné à Titien, le monument funéraire conçu par Canova lui fut en définitive consacré et ses élèves le réalisèrent en 1827. De style néoclassique, il abrite dans un vase de porphyre le cœur de Canova, mort en 1822 ; le corps du sculpteur repose dans le temple de Possagno qu'il a également dessiné. Le mausolée, érigé par Luigi et Pietro Zandomeneghi entre 1838 et 1852, est consacré à Titien. L'église contient aussi la sépulture du compositeur Claudio Monteverdi, mort en 1643.

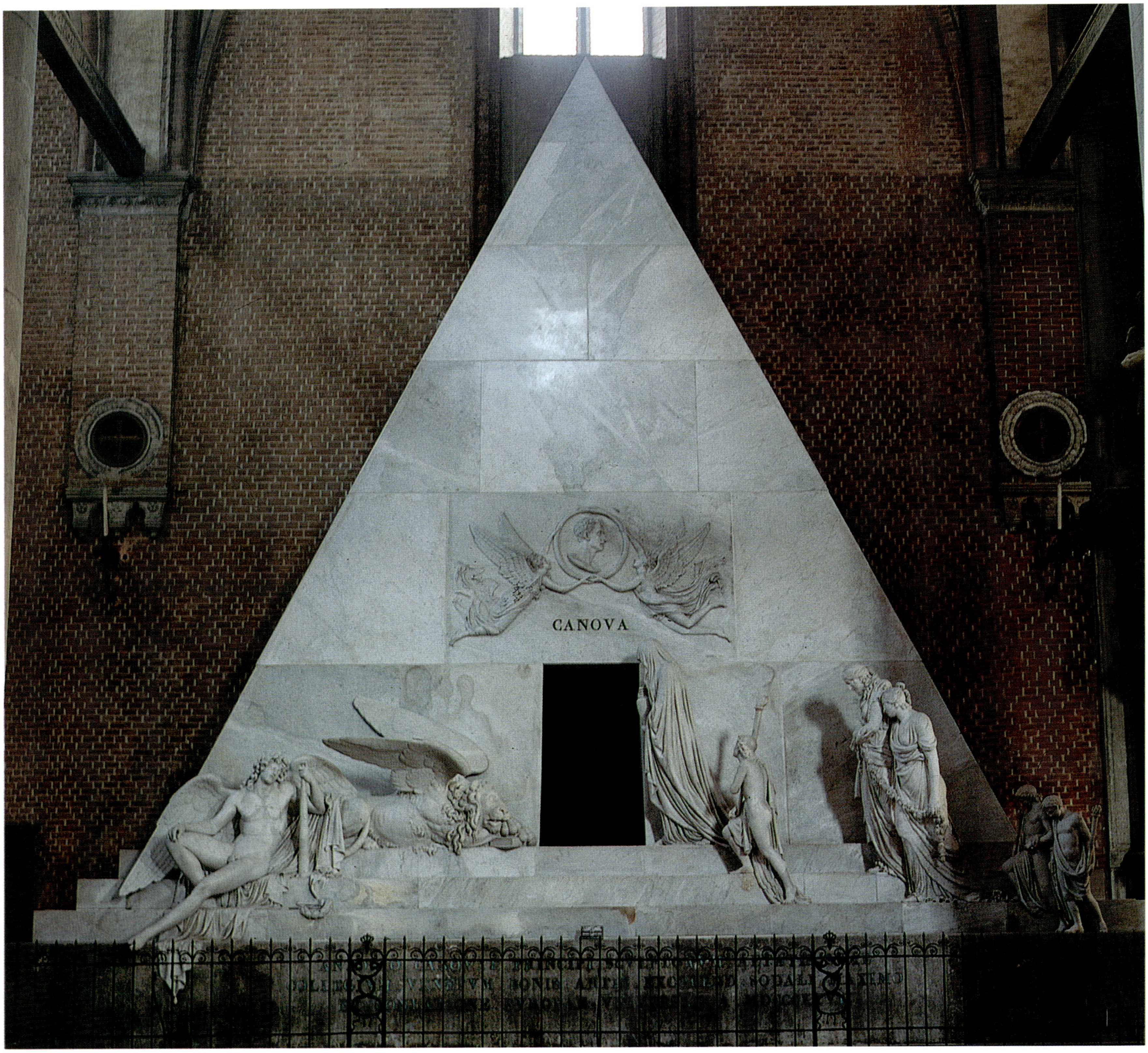

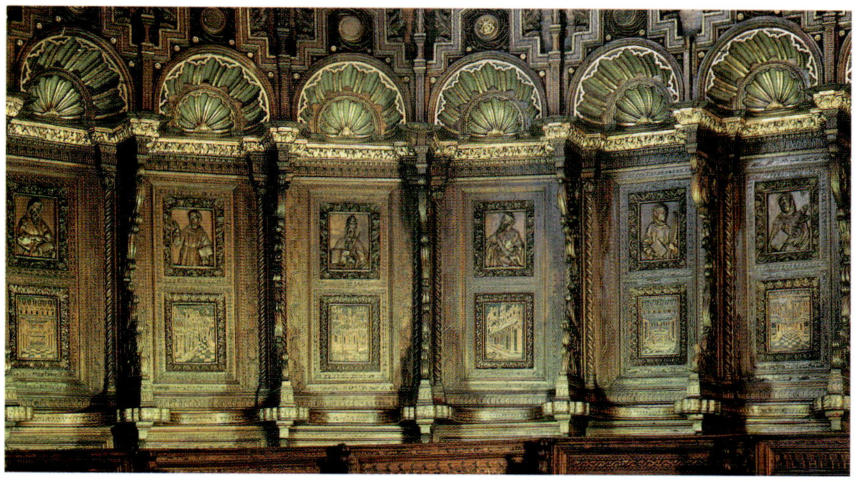

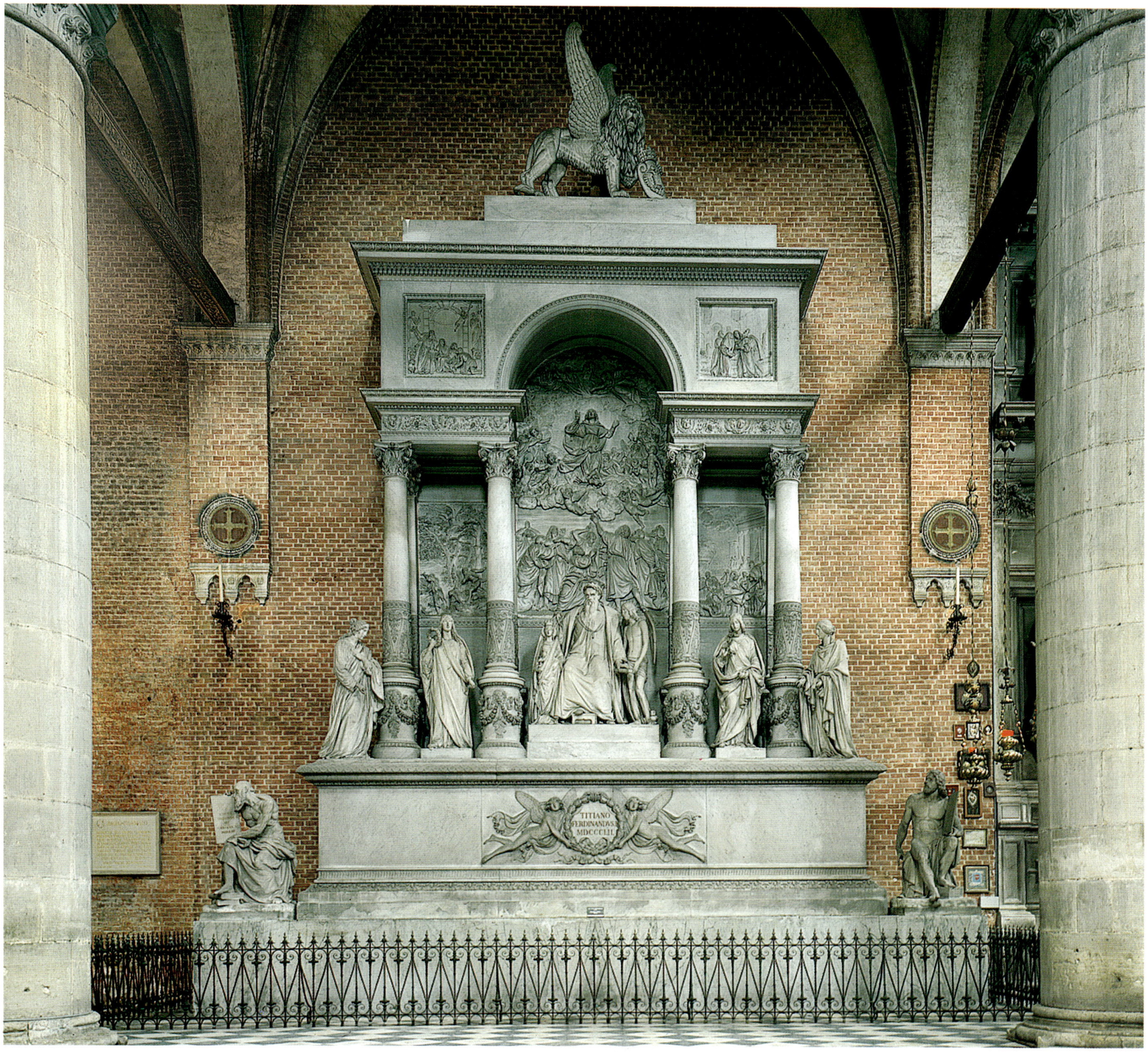
TITIANO
FERDINANDUS
MDCCCLII

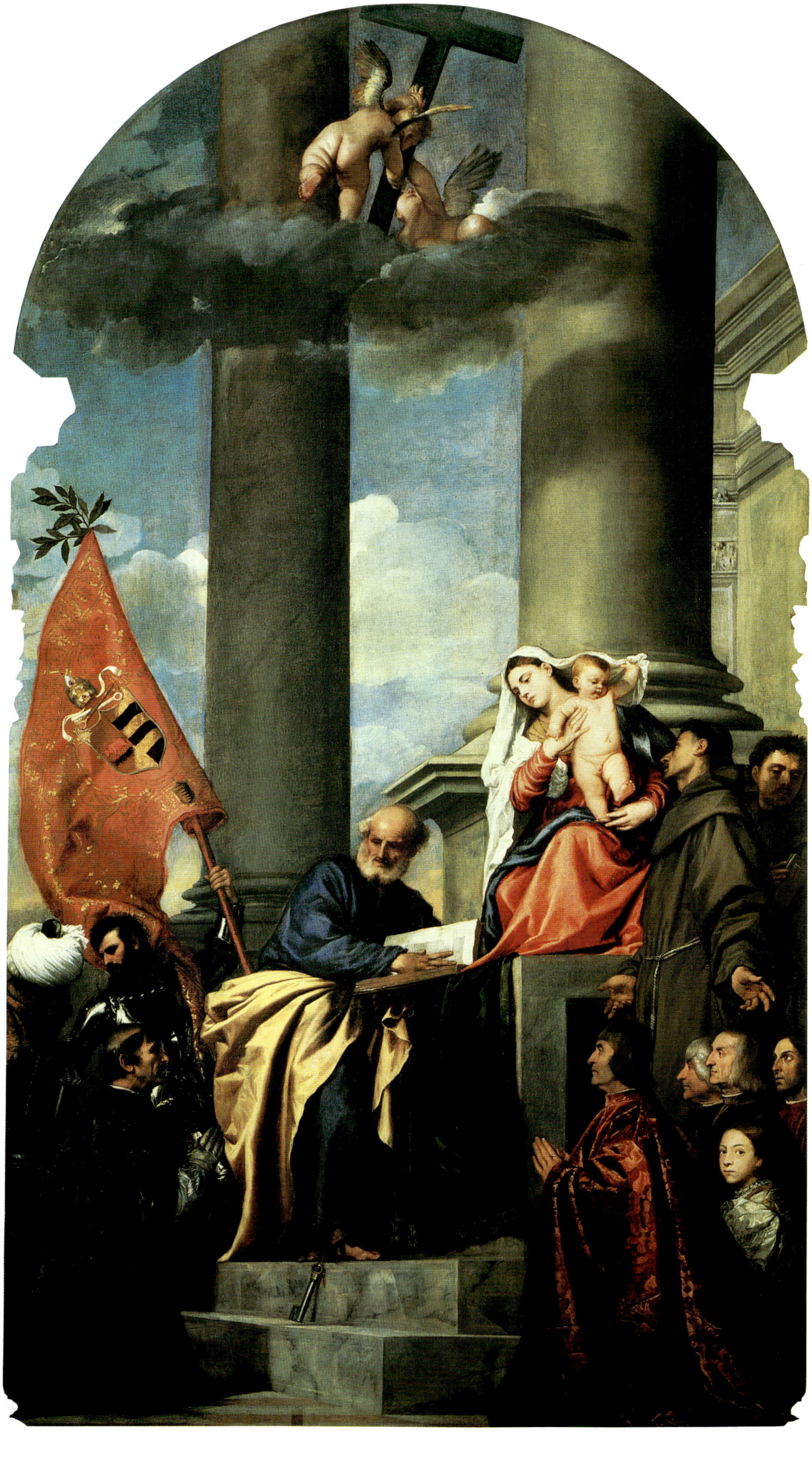

L'Assomption de Titien, immense retable réalisé par l'artiste en deux années de travail (1516-1518), est un chef-d'œuvre absolu. Le *Saint Jean Baptiste* de Donatello (1450) orne l'autel de la chapelle des Florentins ; bien qu'il soit encore marqué par des caractères stylistiques de la fin du gothique, le sculpteur est un des grands initiateurs de la Renaissance. Giovanni Bellini, avec sa *Vierge en majesté avec saints* (1488), maîtrise l'espace et la couleur, la fluidité de la lumière et des ombres. Il s'affirme comme le « patriarche » de la Renaissance vénitienne, celui qui ouvre la voie aux jeunes peintres locaux et accueille les influences des artistes du Nord de l'Europe comme Albrecht Dürer. La nouveauté de l'asymétrie du *Retable Pesaro*, œuvre de Titien (1519-1526), réside dans la rupture de l'axe central de composition.

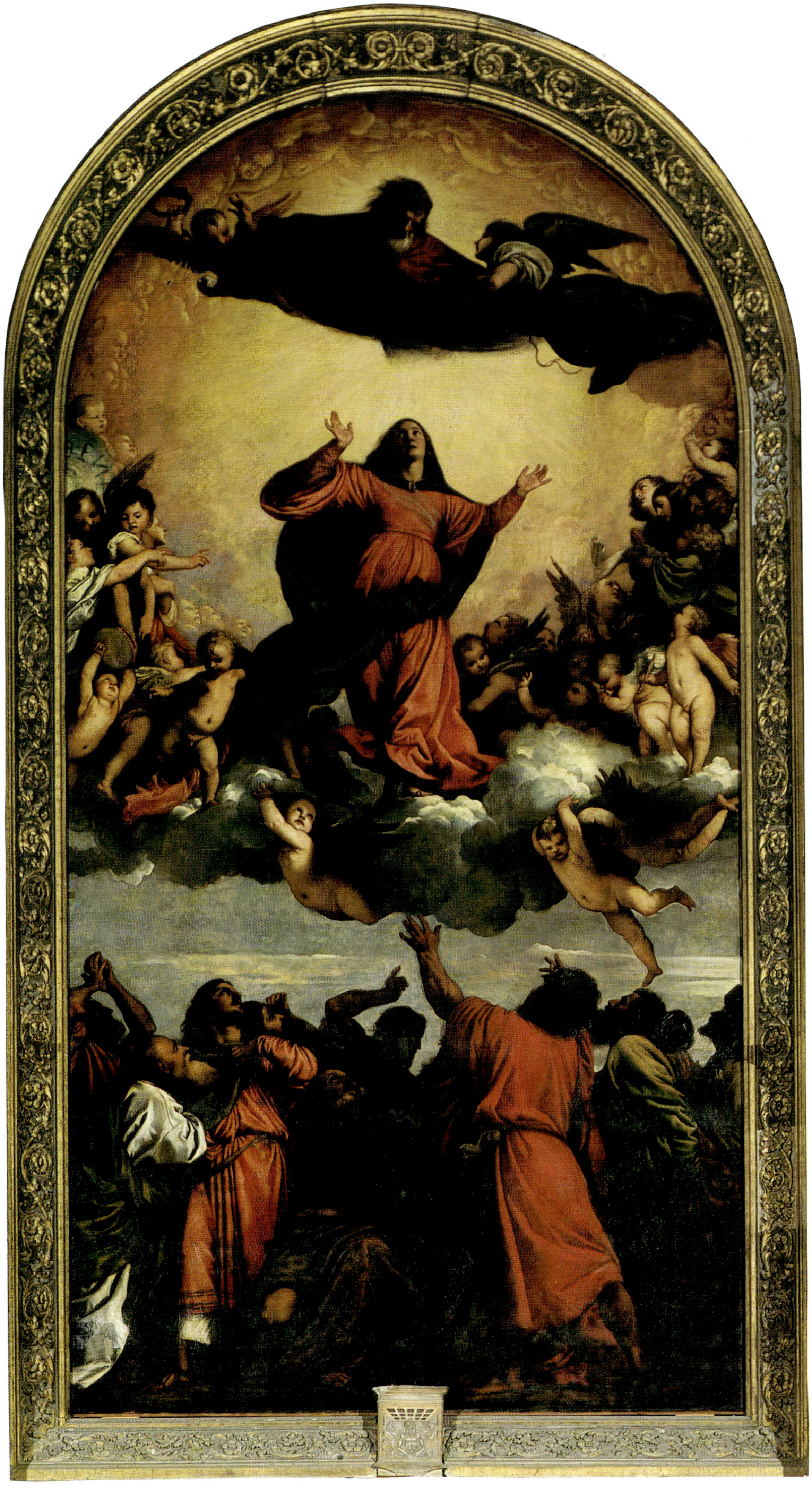

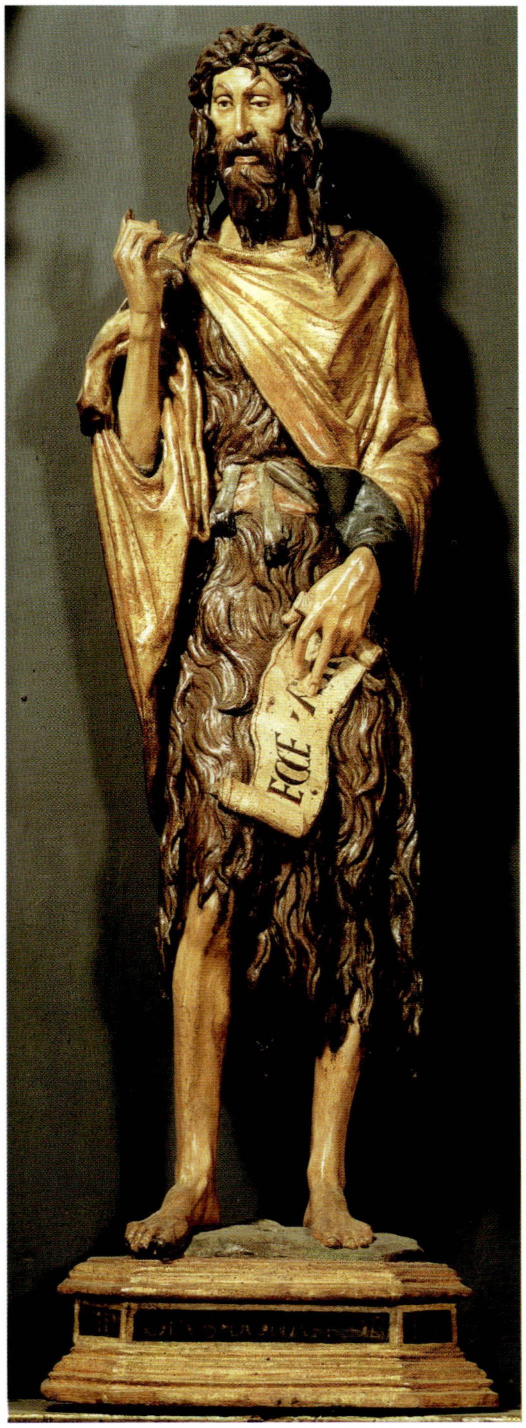

ECCE

Église Madonna dell' Orto

L'église, anciennement consacrée à saint Christophe, est dédiée à la Madone lorsqu'en 1377 on y place une sculpture de la Vierge qui, dans un verger proche, attirait les fidèles par ses miracles. La construction de l'édifice se poursuit pendant tout le XVe siècle. La façade principale en briques, proche de celle des Frari et de San Zanipolo mais dans des dimensions plus mesurées, se distingue des façades dépouillées des églises de cette période par la présence de baies et d'une ornementation qui lui confèrent sa particularité. Le portail de la fin du XVe siècle réunit au milieu de la façade le langage ogival du dernier gothique, exprimé par l'arc extérieur et celui de la Renaissance, déjà présent dans l'arc intérieur en plein cintre, porté par des colonnes latérales corinthiennes. Les bas-côtés, percés par des fenêtres à remplages, sont surmontés de niches contenant des statues. Comme le pignon de la nef centrale, ils se prolongent par des clochetons. Enfin, deux rosaces et des bandes lombardes complètent la composition. De nombreuses toiles du Tintoret, qui habitait à proximité, ornent le chœur et la chapelle absidiale pentagonale, ainsi qu'une *Madone* de Giovanni Bellini et un retable de Cima da Conegliano : *Saint Jean Baptiste et autres saints*.

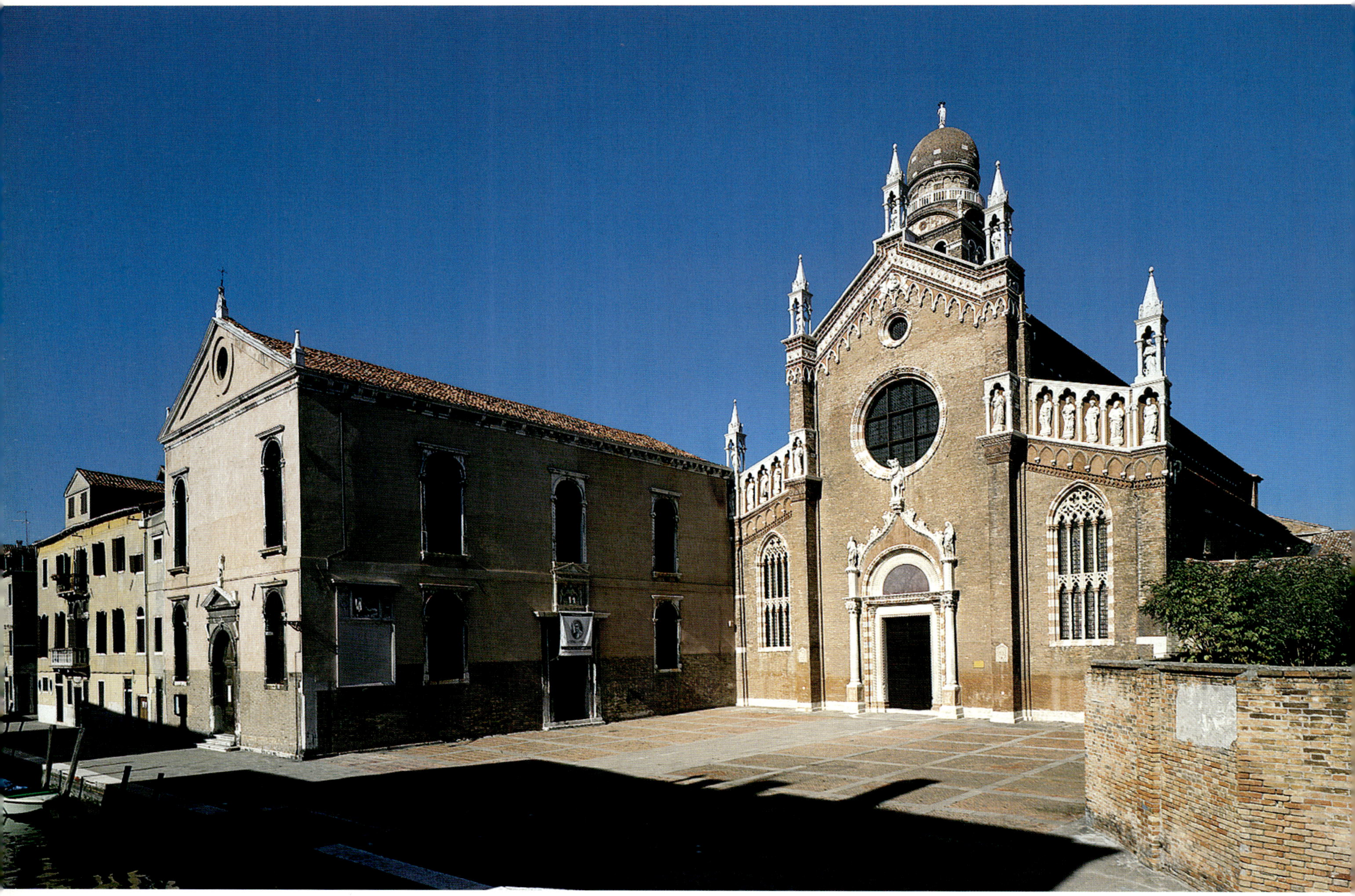

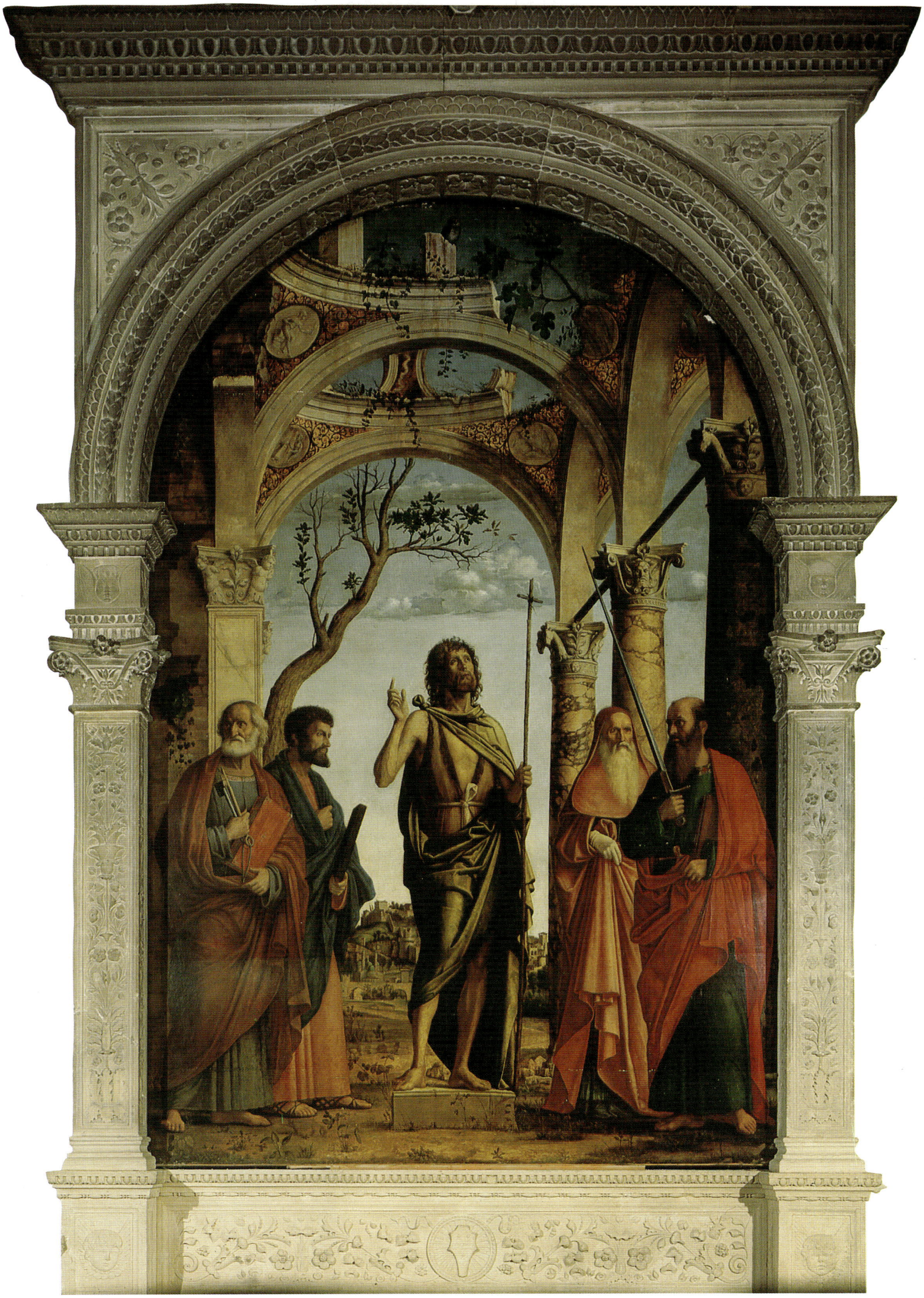

Église San Giovanni in Bragora

Dans le tissu serré des édifices délimitant le campo Bandiera e Moro, se dresse l'église San Giovanni in Bragora. La façade en briques répartie en trois corps, érigée en 1475, porte une tardive marque gothique déjà dépassée par son propre couronnement – le fronton central en plein cintre, raccordé par deux contreforts curvilignes – anticipation des tendances qui s'imposeront avec la Renaissance. L'abside à fond plat, réalisée par Sebastiano Mariani entre 1480 et 1495, est une œuvre de la Renaissance. L'intérieur sur un plan basilical, avec un plafond de bois en coque de bateau renversée, est de style gothique tardif. Aux murs sont accrochées des peintures de Palma le Jeune, d'Alvise et Bartolomeo Vivarini, de Paris Bordone, de Jacopo Marieschi, du Bissolo, de Francesco Maggiotto. Sur le maître-autel se déploie *Le Baptême du Christ*, merveilleux retable de Cima da Conegliano, auquel on doit également ici *Constantin portant la Croix et sainte Hélène*.

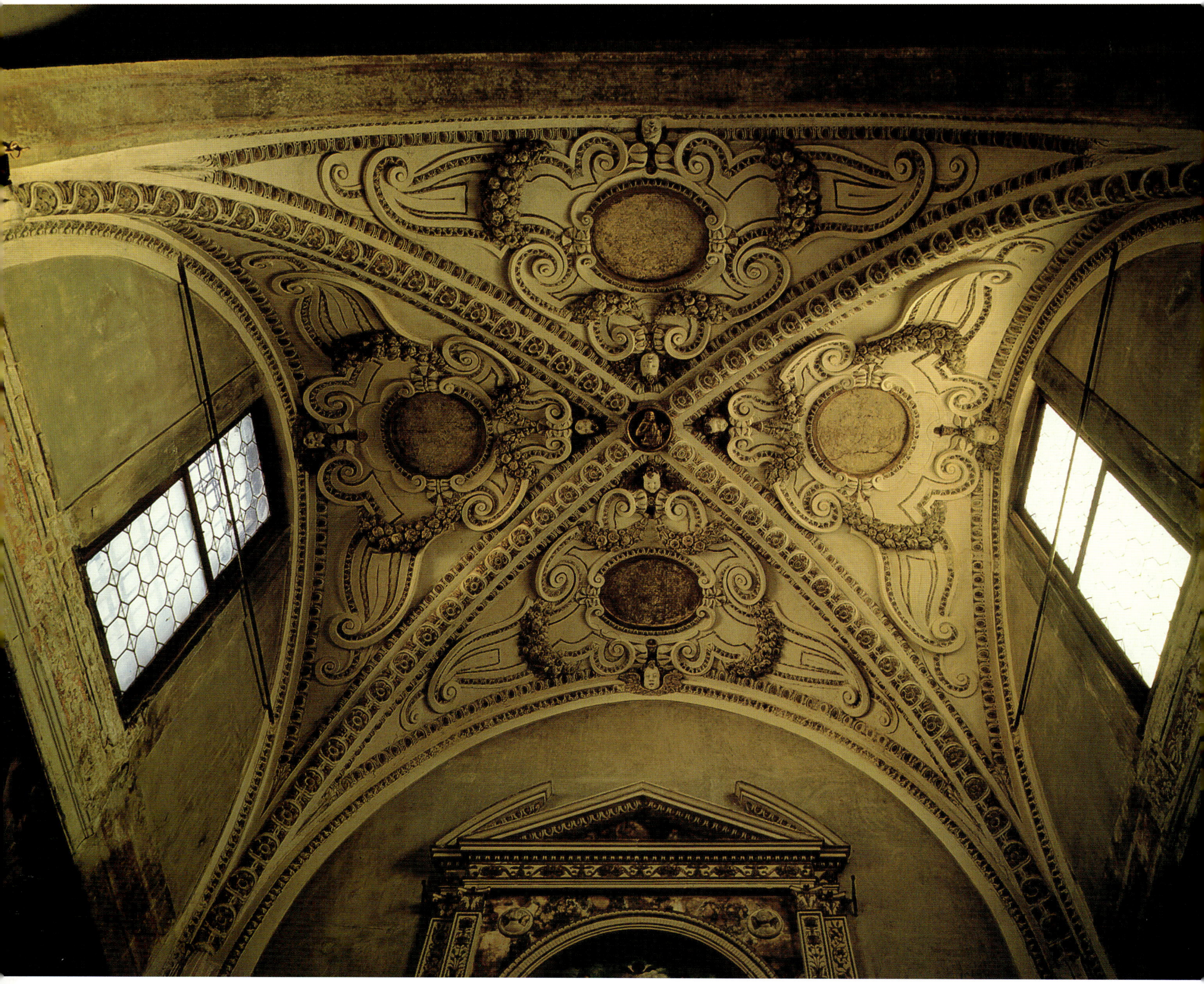

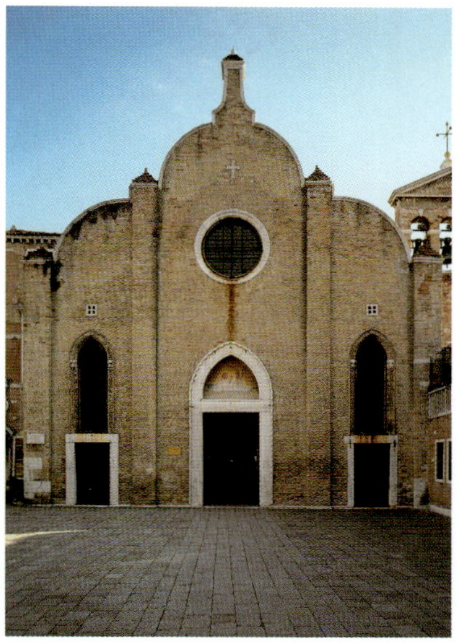

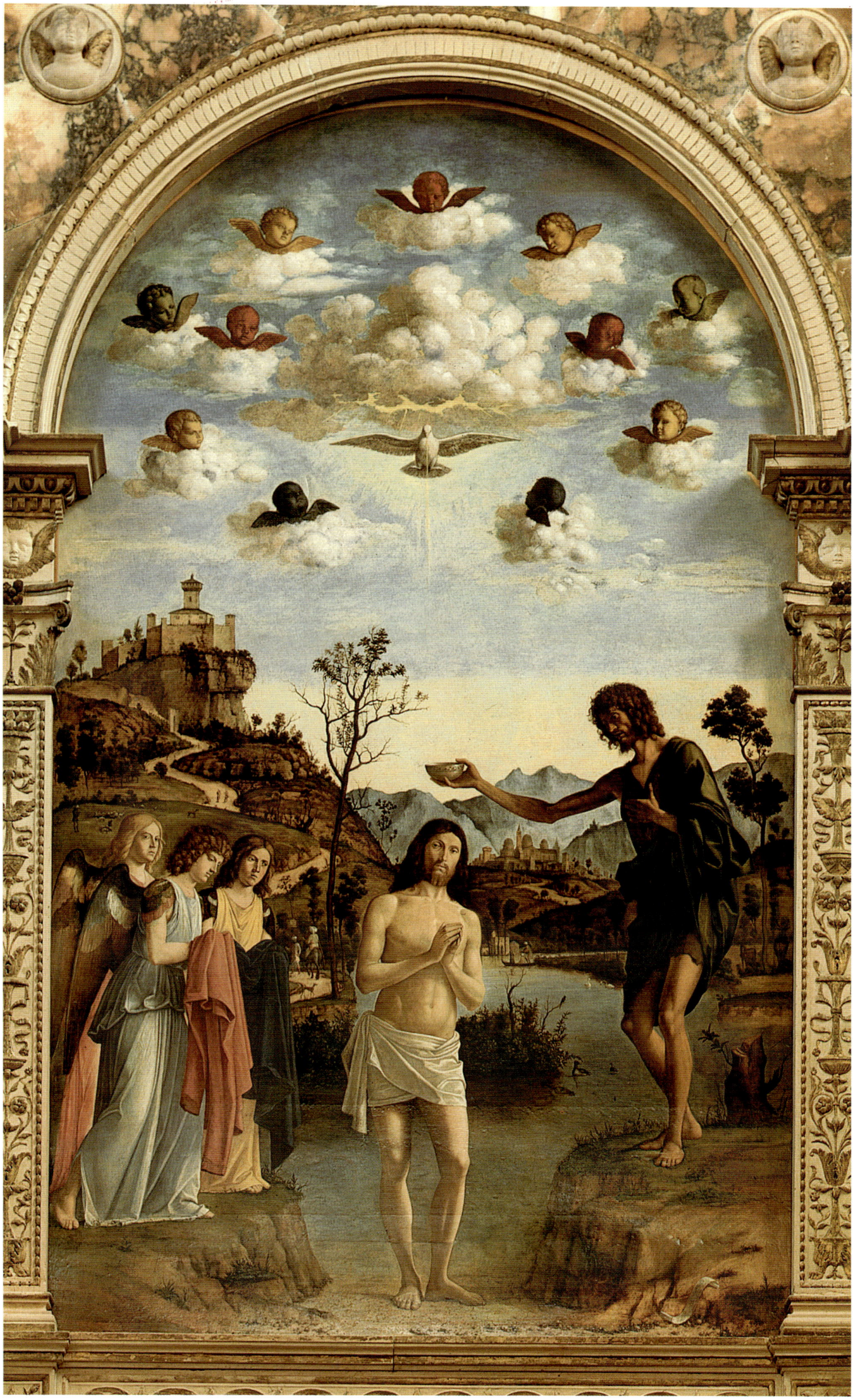

Abbaye San Gregorio

Important centre politique et religieux des premiers siècles de la République, l'abbaye bénédictine, fondée au IXe siècle par les moines de Sant'Ilario, est reconstruite dans un style gothique au milieu du XVe siècle. Le couvent est supprimé en 1775 et l'abbaye tombe en 1806 au rang de paroisse. L'église, qui héberge aujourd'hui un important laboratoire de restauration, est privée des œuvres d'art qu'elle abritait. Toutefois, on peut toujours admirer sa façade tripartie ornée d'une rosace et d'un beau portail. Après 1461, on rajoute une abside polygonale dont le développement vertical se voit renforcé par d'élégantes ouvertures à remplages sur toute la hauteur. Accolé à l'édifice et encore visible aujourd'hui, le cloître de 1342 possède une façade enrichie de baies trilobées et d'un portail à larmier fleuri couronné d'une sculpture gothique, qui s'ouvre sur le Grand Canal.

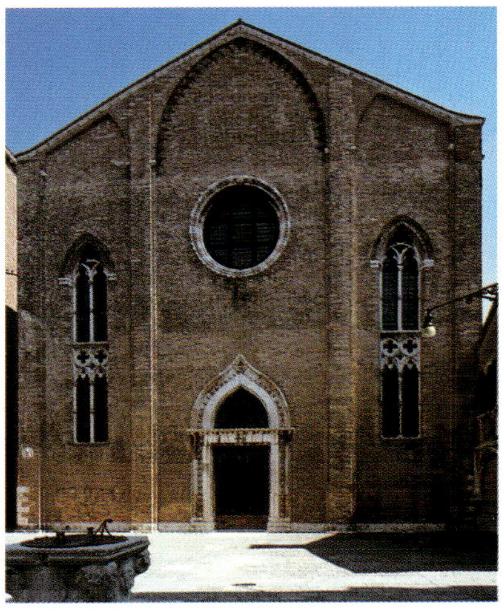

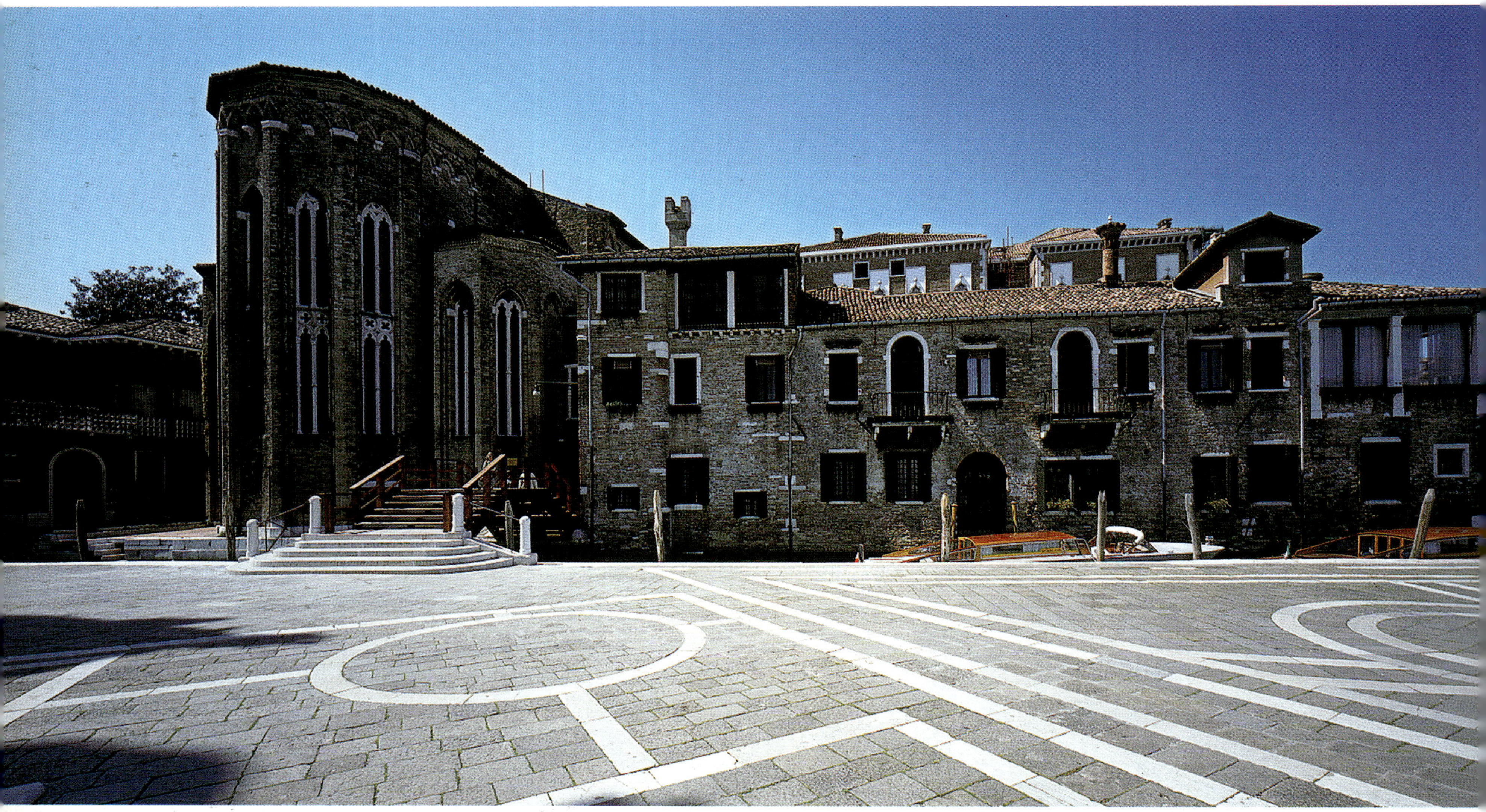

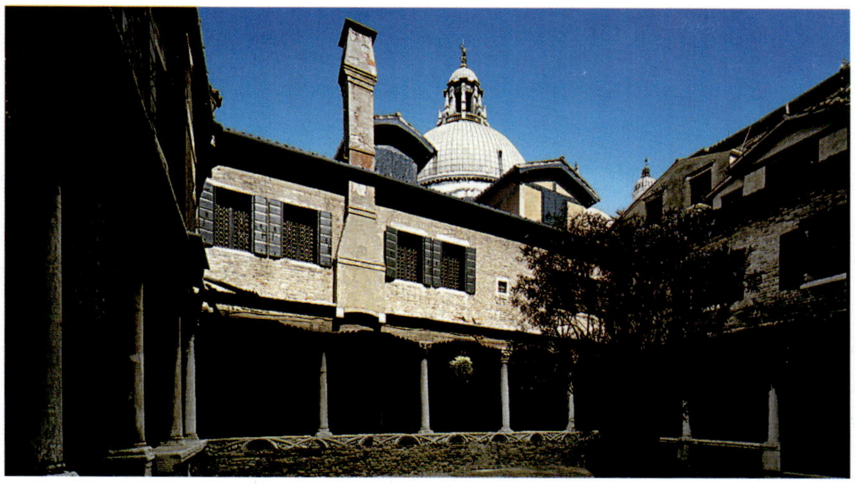

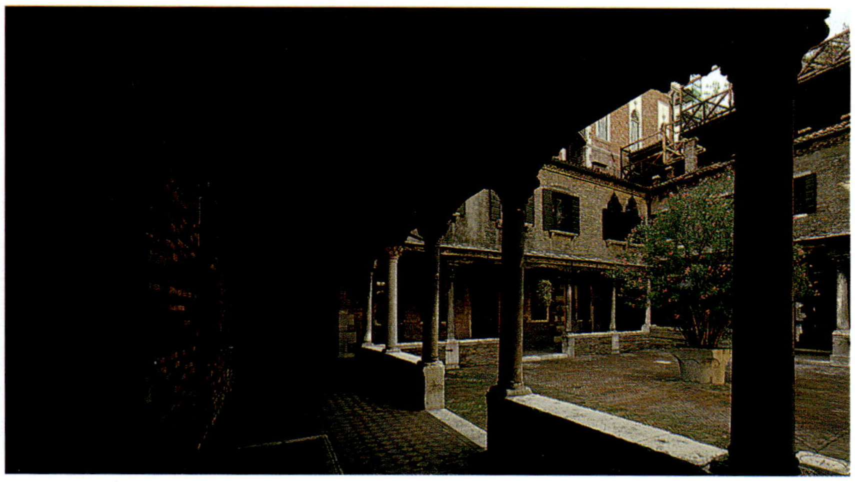

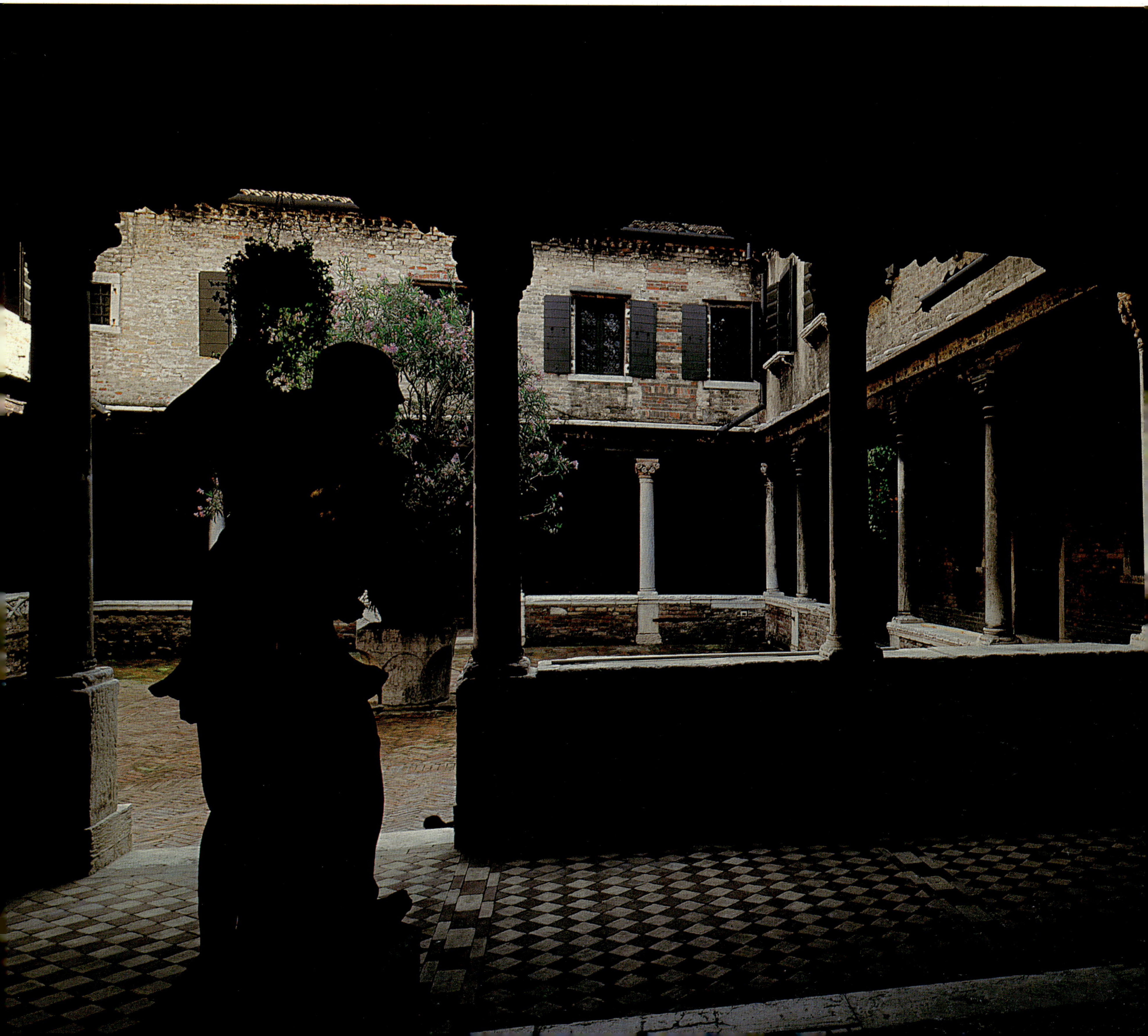

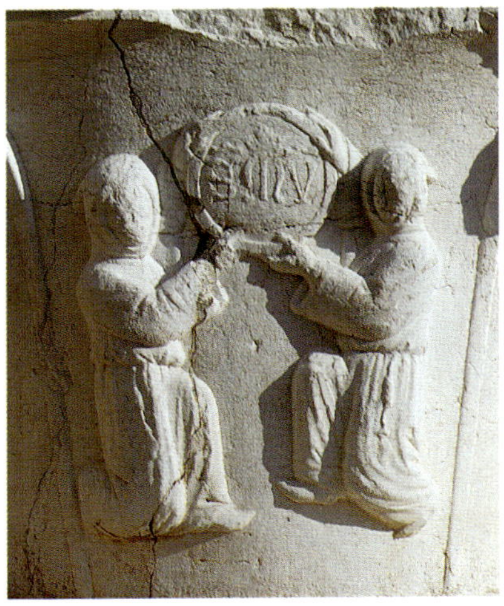

Sur le campo de l'abbaye se déploie le complexe monumental de la Misericordia. La Scuola Vecchia della Misericordia, ancien siège de l'ordre religieux du même nom depuis 1261, est reliée à l'église par le petit cloître gothique, seule survivance de l'ancien monastère. Achevé en 1461, l'édifice, œuvre sans doute de l'atelier des Bon, offre une façade qui se conclut par un pignon à volutes encadré par deux clochetons. Les fenêtres allongées et symétriques en arcs brisés encadraient un très beau bas-relief de Bartolomeo Bon, enlevé en 1612 et conservé maintenant au Victoria & Albert Museum de Londres. Un portique latéral, ouvert en 1508, longe la façade sur le canal. L'église voisine, prénommée à l'origine Santa Maria di Valverde, fut fondée en 936. La bâtisse gothique, qui depuis le XIIIe siècle a pris la place de l'édifice byzantin, est à nouveau transformée en 1651 et 1659 par le Bolognais Clemente Moli à la demande du sénateur Gaspare Moro dont la famille, en 1348, avait en charge l'abbaye. Moli, élève du Bernin, est, avec Antonio Gaspari qui lui succède, le seul à travailler dans la Venise baroque, alors totalement sous la coupe de Baldassare Longhena, auquel par ailleurs il apporte souvent sa collaboration de sculpteur. Un fronton courbe orné de sculptures couronne la façade baroque.

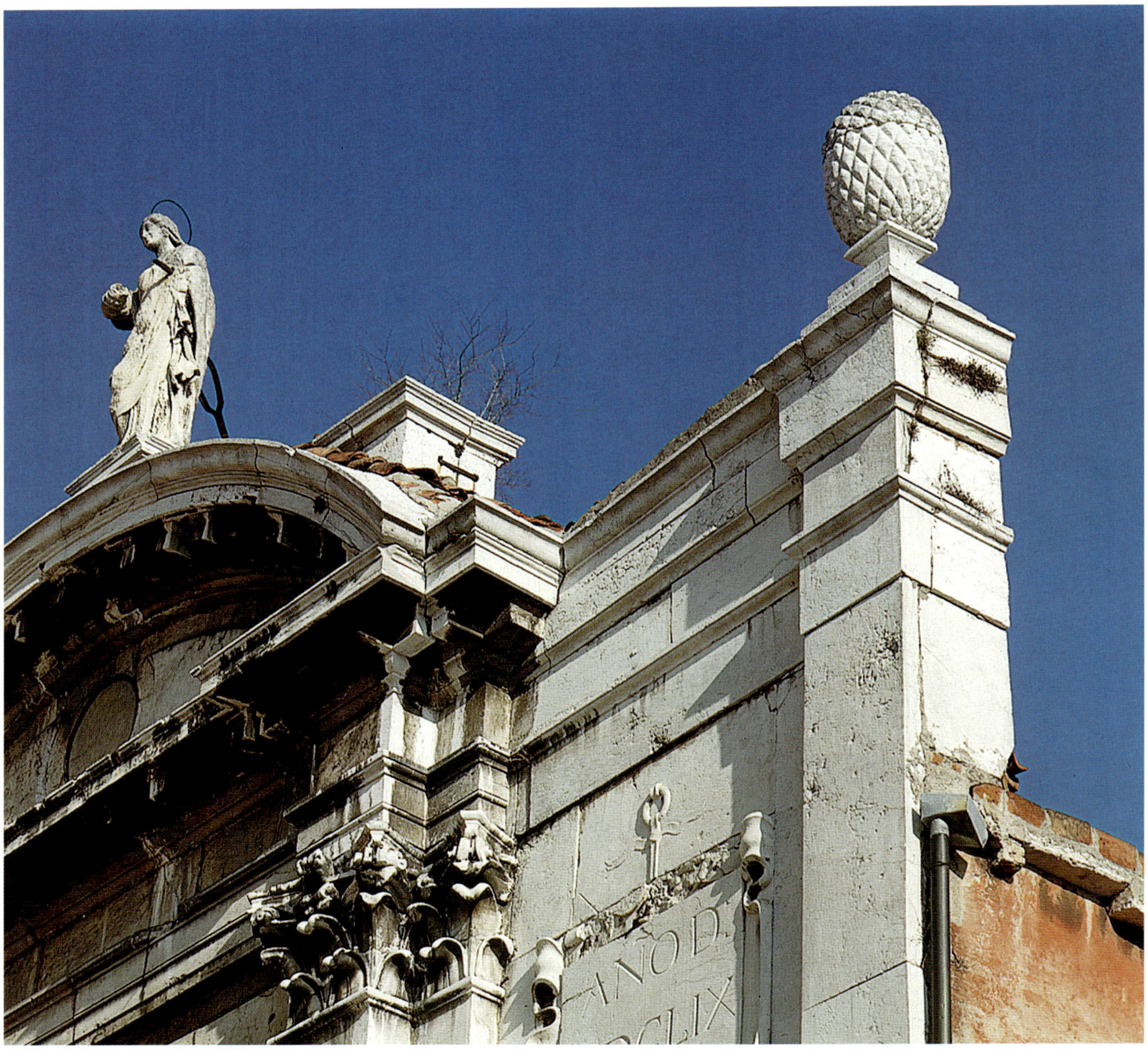

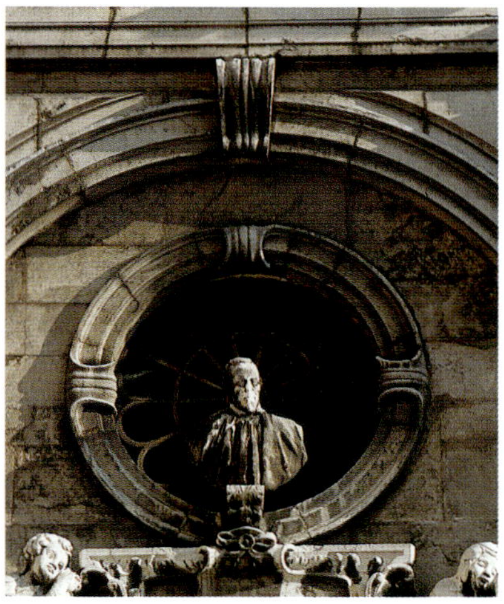

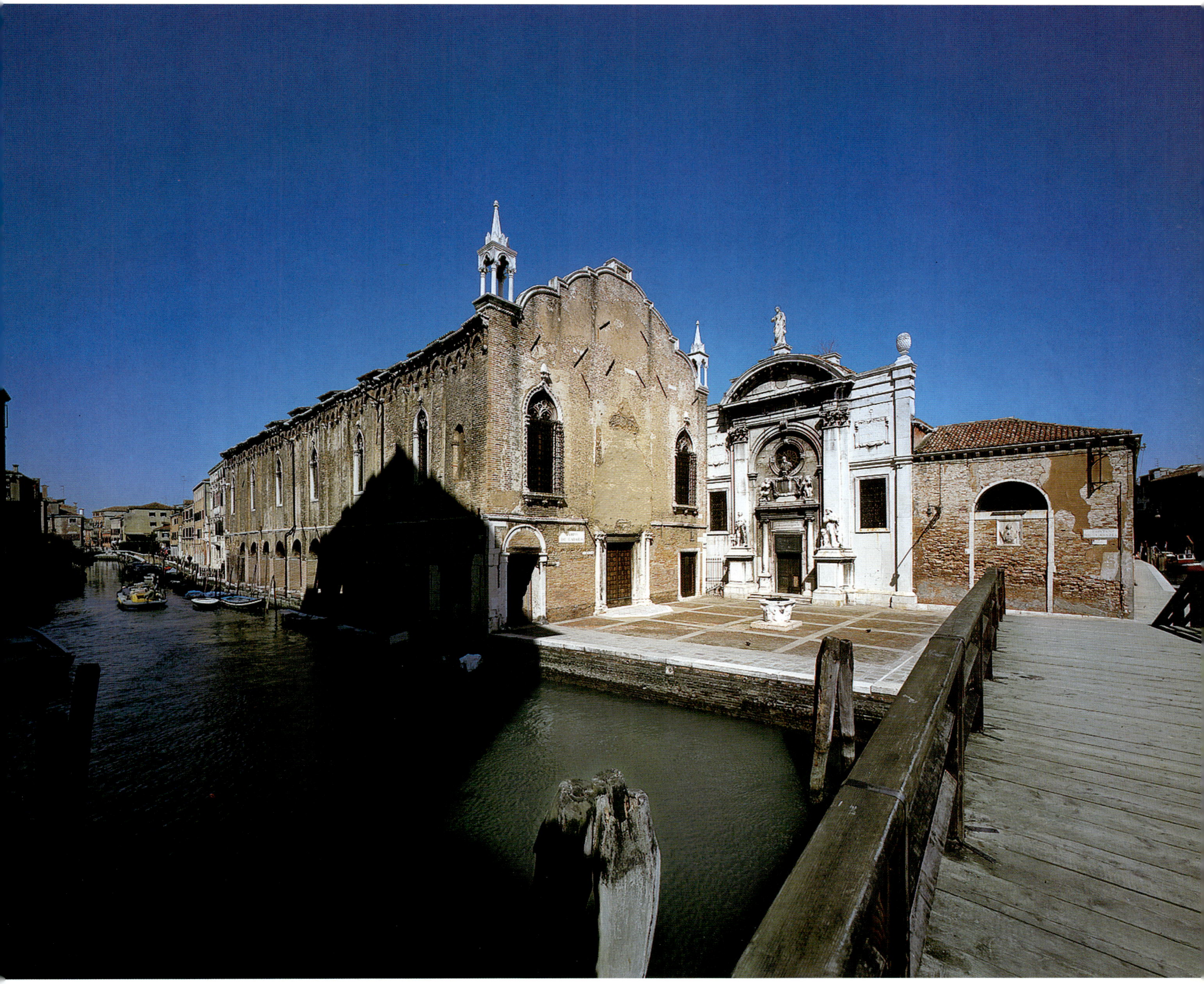

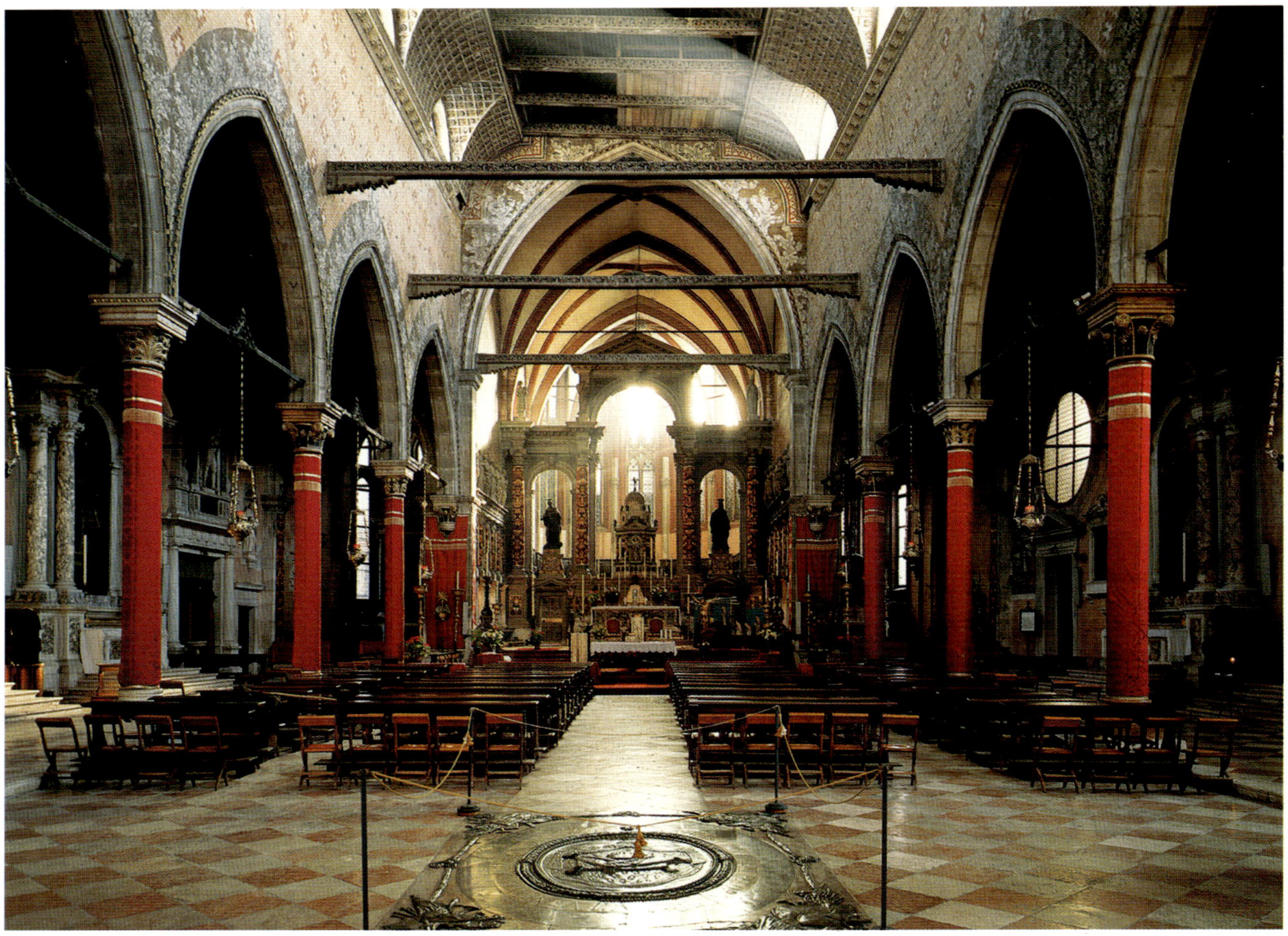

Chapelle du couvent des Augustins, elle est reconstruite vers le milieu du XIVe siècle, à la place d'un édifice du XIIIe siècle. La façade en briques tripartie est enrichie d'un portail gothique flamboyant de Bartolomeo Bon. L'intérieur comporte une nef et deux bas-côtés. Le plafond, en coque de bateau renversée, est à caissons ornés dé rosettes, exemple exquis des boiseries vénitiennes du début du XVe siècle. Les monuments funéraires, d'époques et de styles différents, encadrent la tombe du doge Francesco Morosini qui, couronnée d'un relief en bronze baroque de Filippo Parodi, campe dans la nef centrale. Des œuvres des ateliers de Lombardo, Vittoria, Campagna et Giulio del Moro, des peintures de Marieschi, Corona et Nicolò Bambini décorent les autels. Derrière le maître-autel du XVIIe siècle, l'abside, percée de grandes fenêtres gothiques, abrite le chœur des moines, avec ses stalles en marqueterie – œuvre gothique (1488) due à Marco Cozzi et Leonardo Scalamanzio – autrefois situées au milieu de la nef centrale. Dans la sacristie sont conservées les peintures de Paris Bordone, Palma le Vieux, Sante Peranda ainsi que trois œuvres du Tintoret – *La Cène*, *Le Lavement des pieds* et *La Prière au jardin des Oliviers* – et, en provenance de l'église San Vidal, la toile de Vittore Carpaccio, *La Gloire de saint Vital*. L'église renferme la sépulture de Giovanni Gabrieli, compositeur et premier organiste de Saint-Marc et la stèle funéraire du sénateur Giovanni Falier, œuvre de Canova (1801).

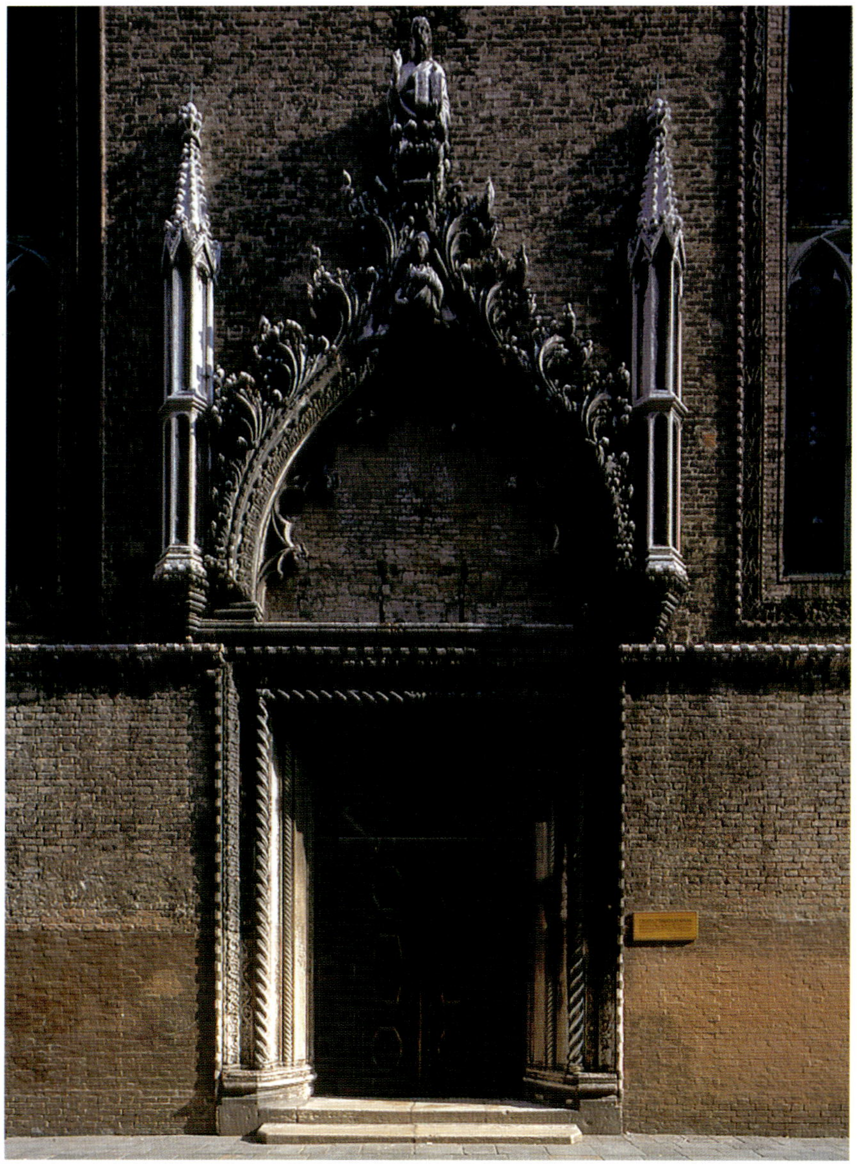

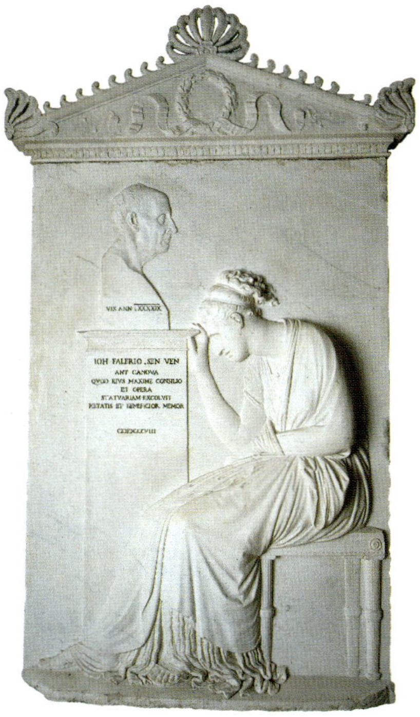

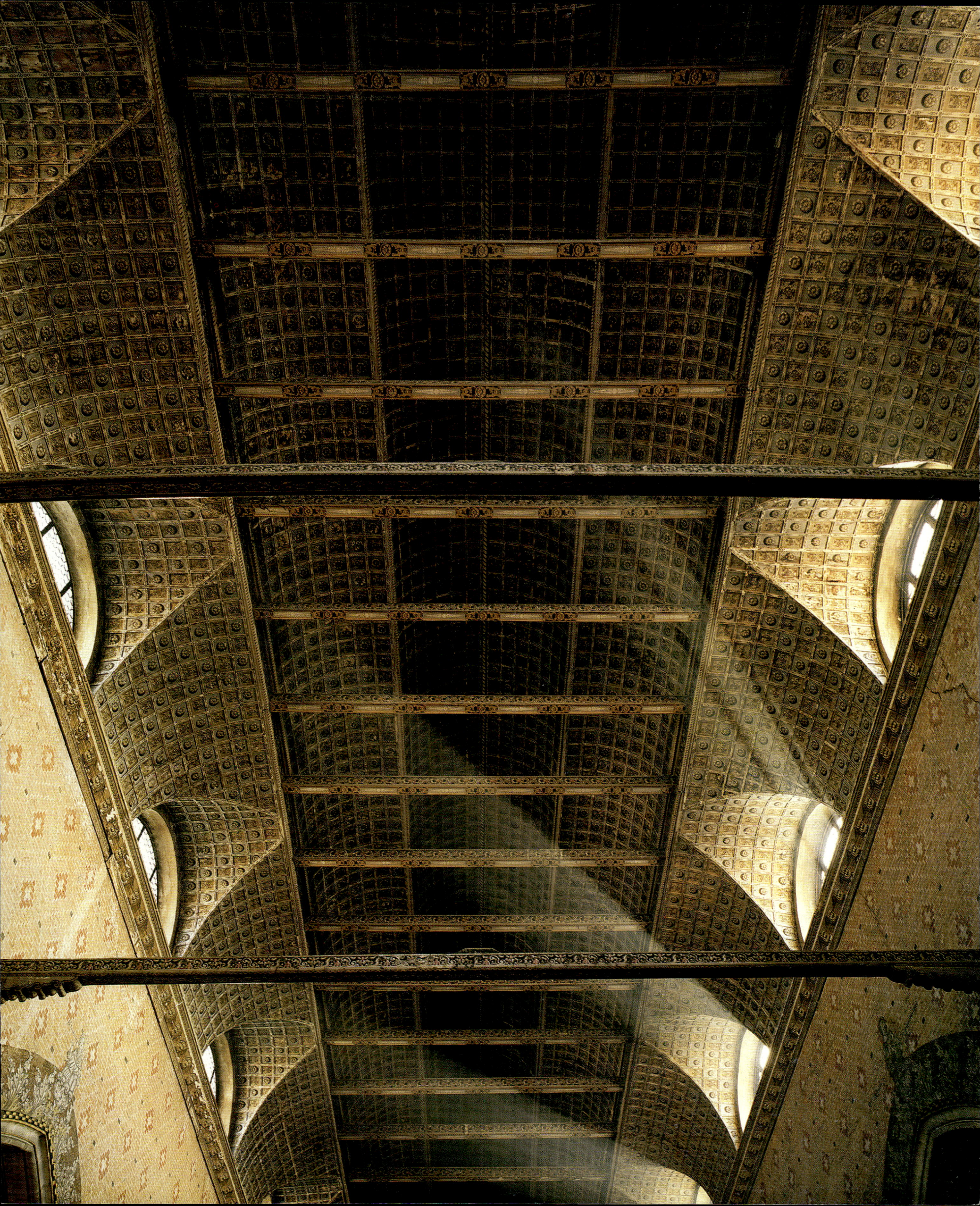

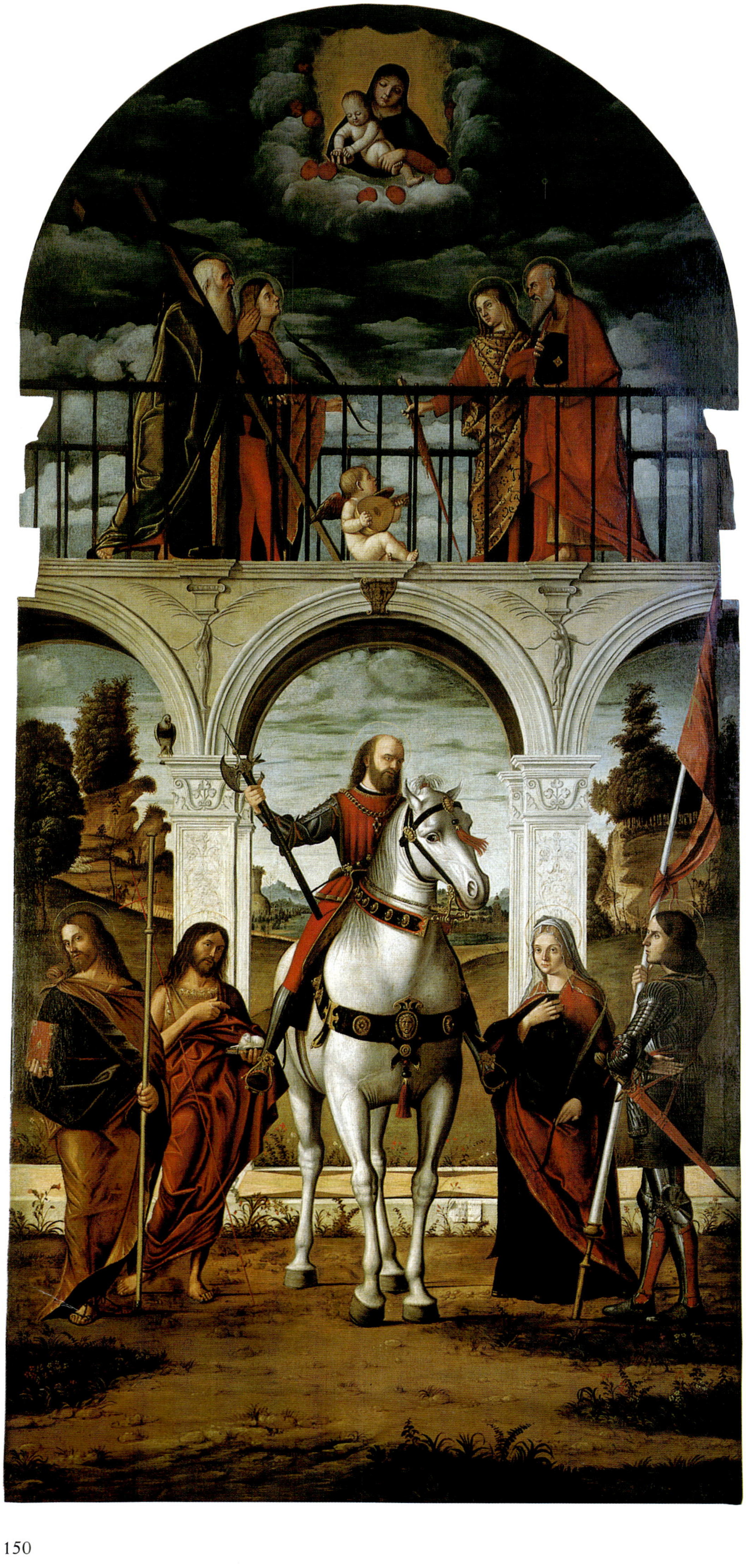

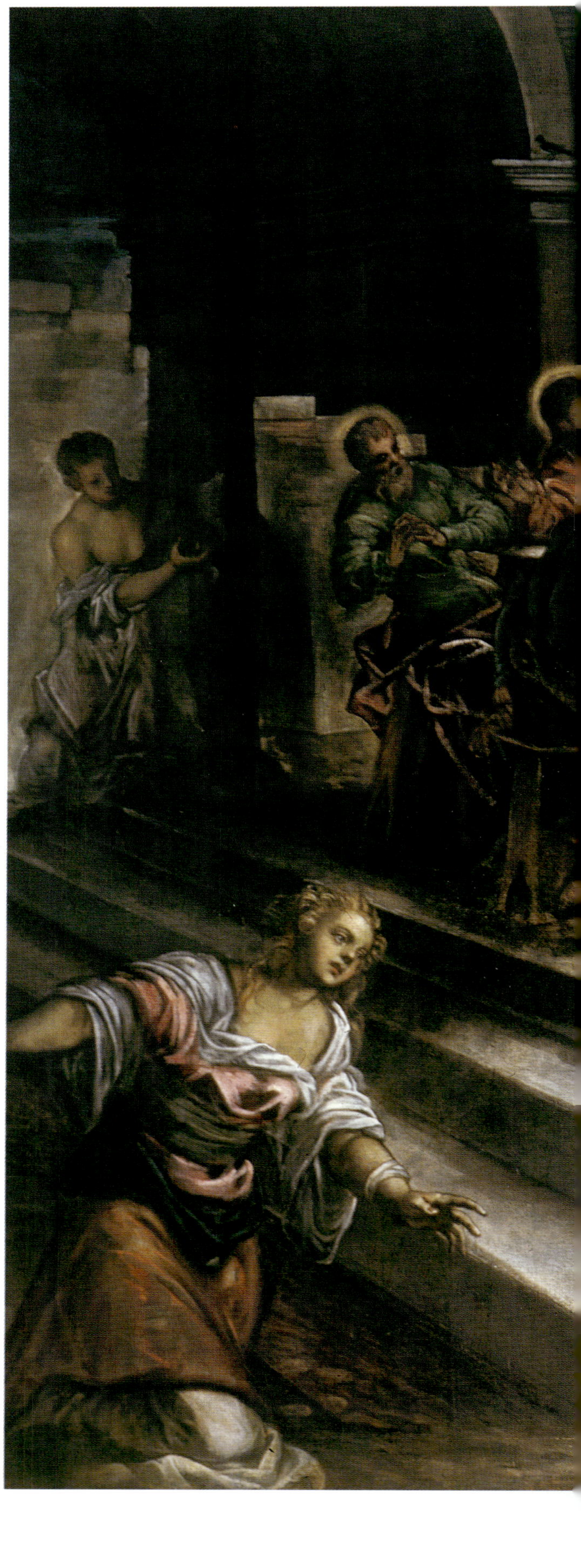

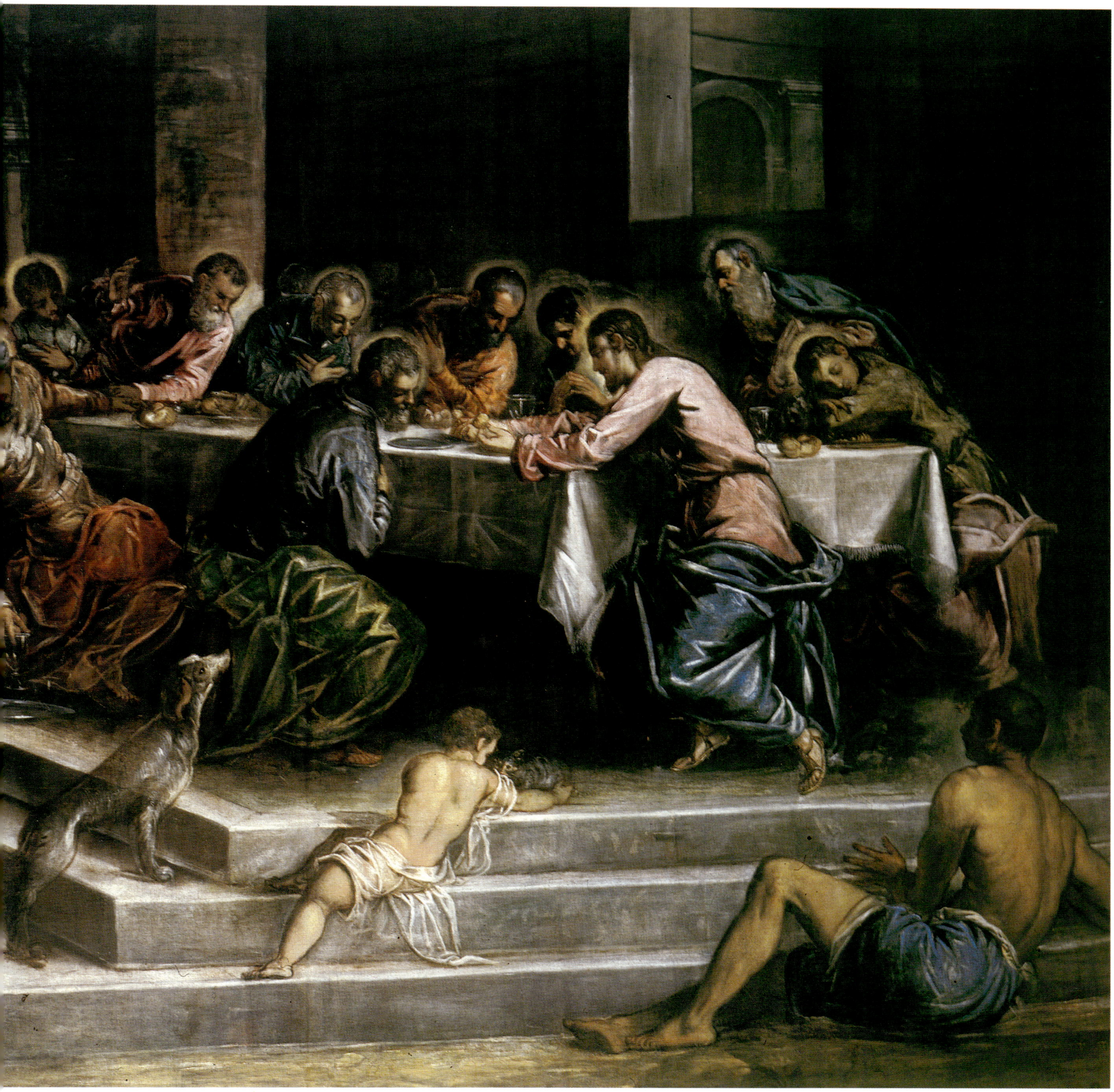

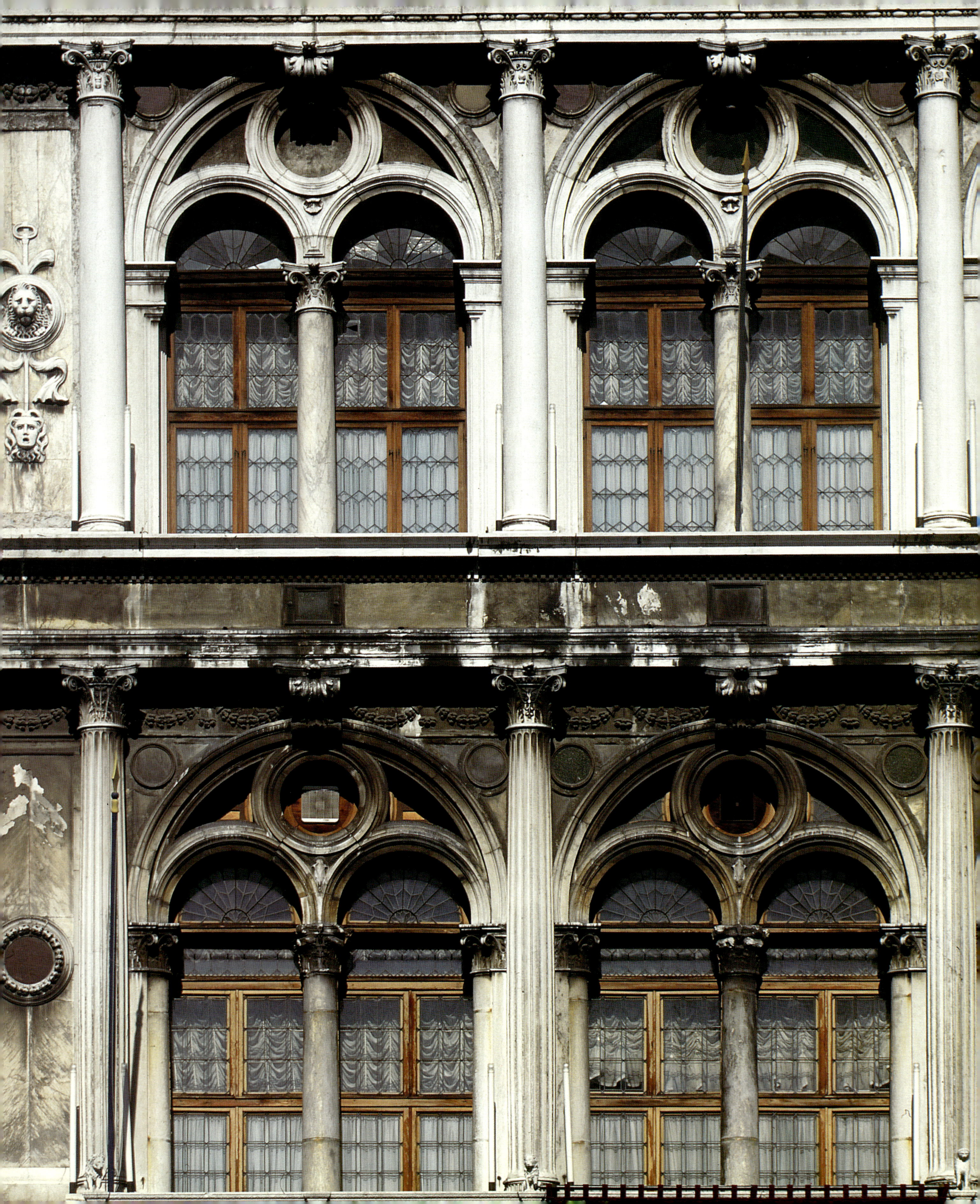

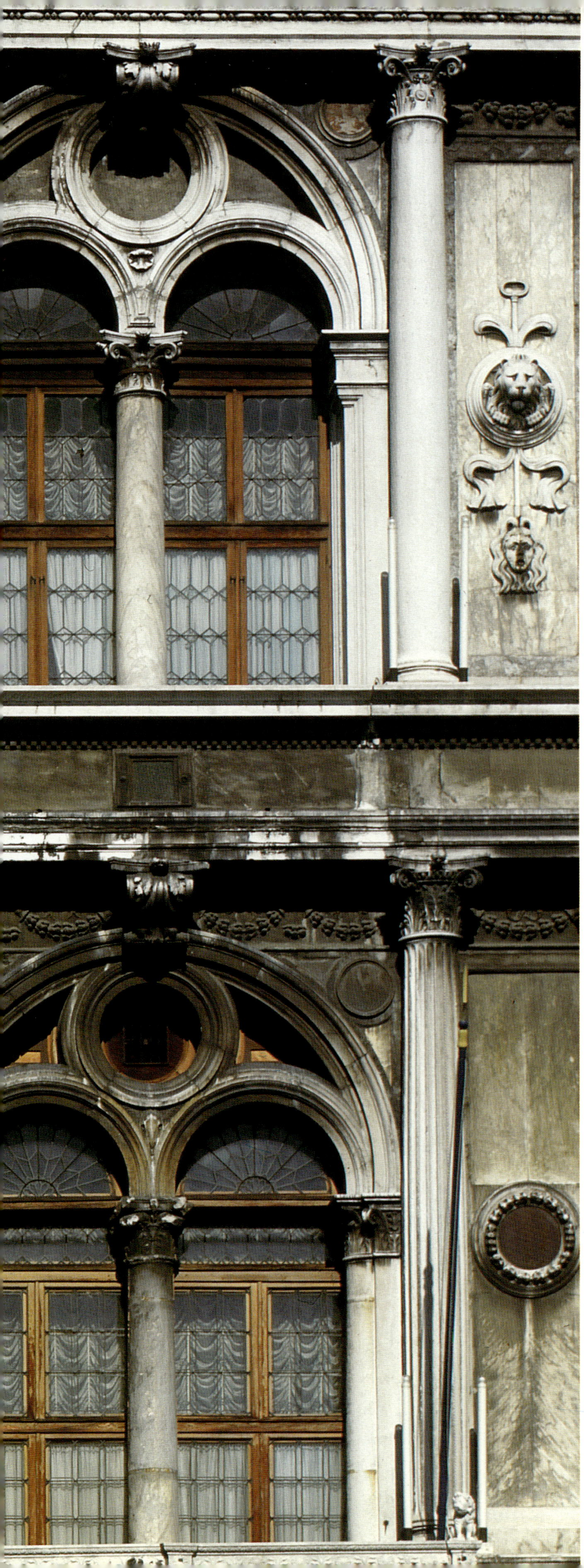

La ville moderne de la Renaissance

Mauro Codussi,
Palazzo Vendramin Calergi.

Ponte di Rialto

Construit au XIIe siècle comme un pont de barques, et transformé ensuite en passerelle de bois, avec une partie centrale mobile pour permettre le passage des grandes embarcations, le ponte di Rialto demeure pendant des siècles le seul lien entre les deux rives du Grand Canal. Il constitue la porte d'accès au quartier de Rialto, centre du commerce vénitien. Reconstruit à plusieurs reprises et restauré, il est néanmoins délabré lorsqu'il s'écroule en 1514, l'année du grand incendie qui engloutit presque tout le quartier de Rialto. La querelle autour de la reconstruction dure soixante-dix ans : elle reflète les positions qui animent le débat politique dans la Venise du XVIe siècle. Au concours lancé parmi les architectes participent les plus grands – selon Vasari, Michel-Ange lui-même. Andrea Palladio imagine un pont triomphal à la façon des Anciens, tandis que Vicenzo Scamozzi, donné favori, dessine un pont qui servira de modèle à celui de Cannaregio, érigé beaucoup plus tard : le Ponte dei Tre Archi. Le vainqueur du concours est Antonio da Ponte : avec son neveu Antonio Contino, il réalise l'œuvre entre 1588 et 1591. Sobre et dépouillé, le pont s'élance sur vingt-huit mètres en un arc d'une portée unique.
Le passage des piétons se fait par trois corridors à emmarchements, séparés par deux galeries abritant des boutiques, sur une largeur de vingt-quatre mètres. Au sommet de l'arc se trouvent deux pavillons d'où l'on a une vision panoramique sur le Grand Canal.

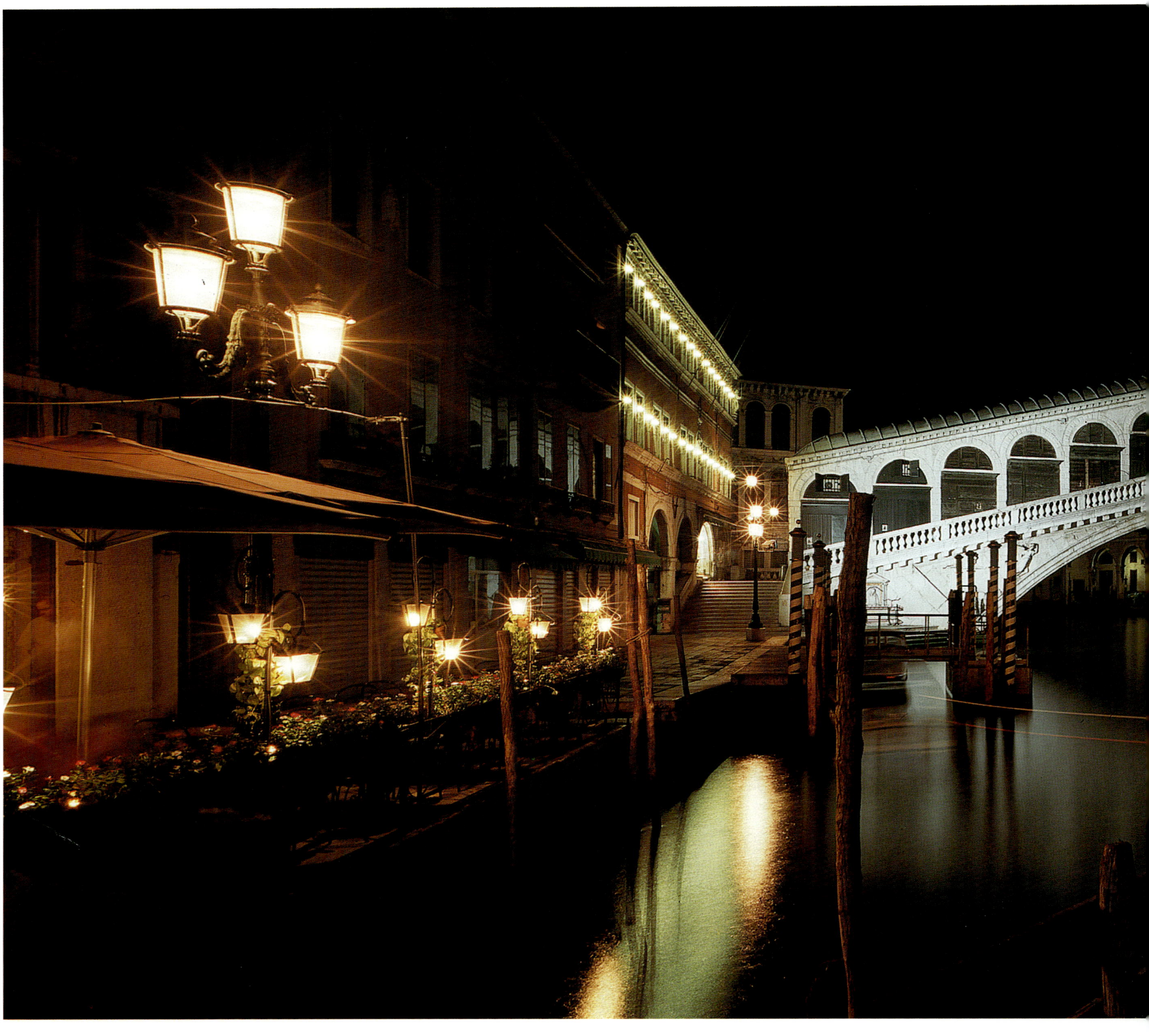

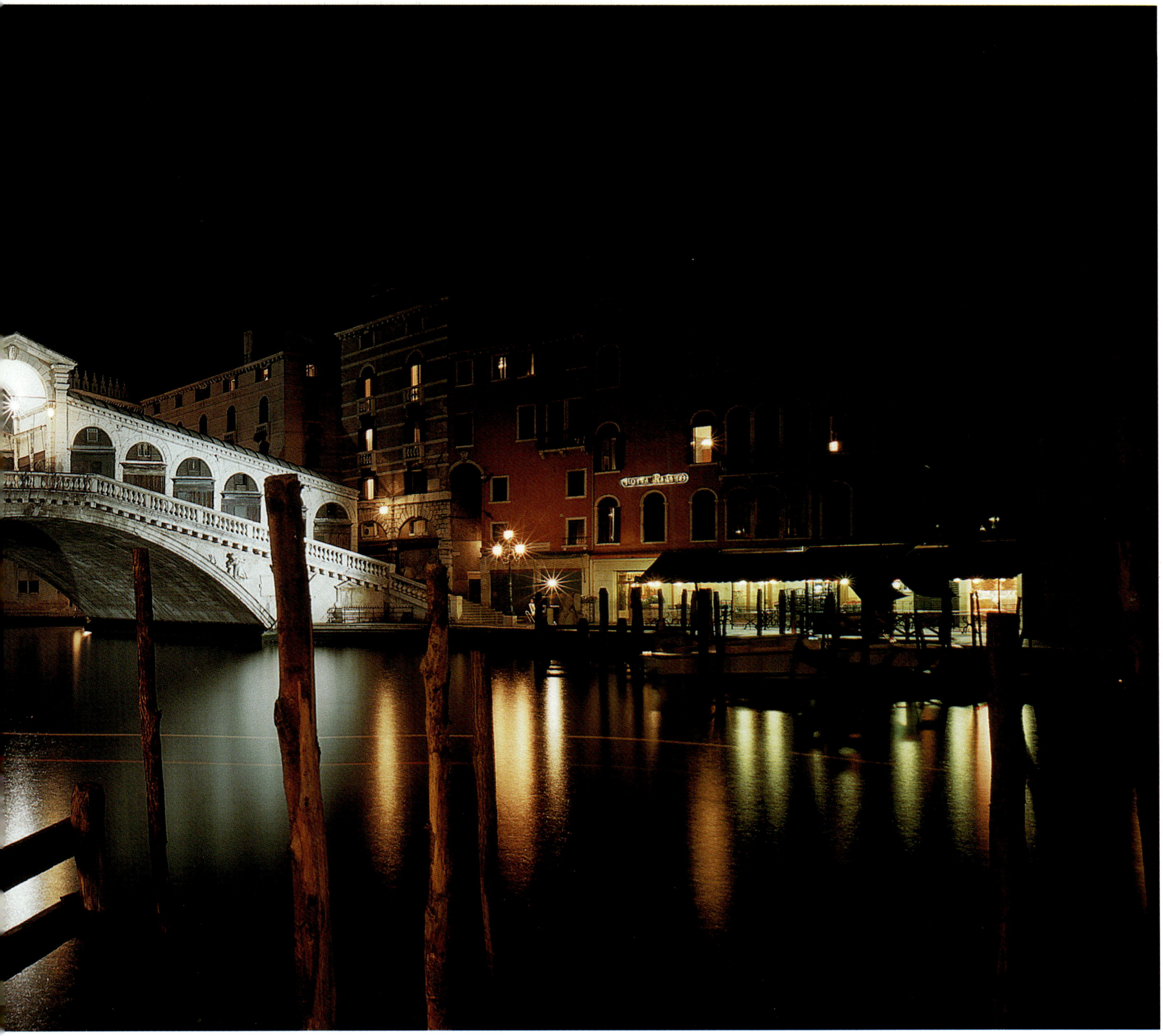

L'Arsenal

Cœur de la puissance mercantile et militaire de la République, l'Arsenal occupe une vaste zone. Pour sa création, on évoque, mais sans pouvoir le prouver, la date traditionnelle de 1104. Il est toutefois certain que, dès le début du XIIIe siècle, ce périmètre sert de lieu de dépôt et d'atelier de construction et de réparation des navires, des armes, des rames et de différents instruments de navigation. Étendu aux XVe-XVIe siècles à la totalité de la zone nord-est de la ville, il occupe jusqu'à 16 000 ouvriers.

Sous le doge Pasquale Malipiero, l'accès à l'Arsenal, une sorte d'arc de triomphe à la gloire maritime de la République, est érigé selon les nouveaux modèles classiques à partir de 1460. Sur un linteau puissant porté par des chapiteaux vénéto-byzantins du XIe siècle – récupérés d'une construction précédente – le lion de Saint-Marc se dresse, orgueilleux, devant le tympan. La porte, premier élément architectural abouti de la Renaissance vénitienne, est flanquée de quatre lions, gardiens symboliques.

Les deux lions proches de la porte faisaient partie du butin de Francesco Morosini lors de la conquête de la Morée en 1687. Les deux autres étaient parvenus à Venise précédemment. Le lion central, dont la tête est une adjonction postérieure, est une sculpture grecque archaïque du VIe siècle av. J.C. qui vient de l'île de Délos. Il est placé ici pour rappeler la reconquête de Corfou en 1716.

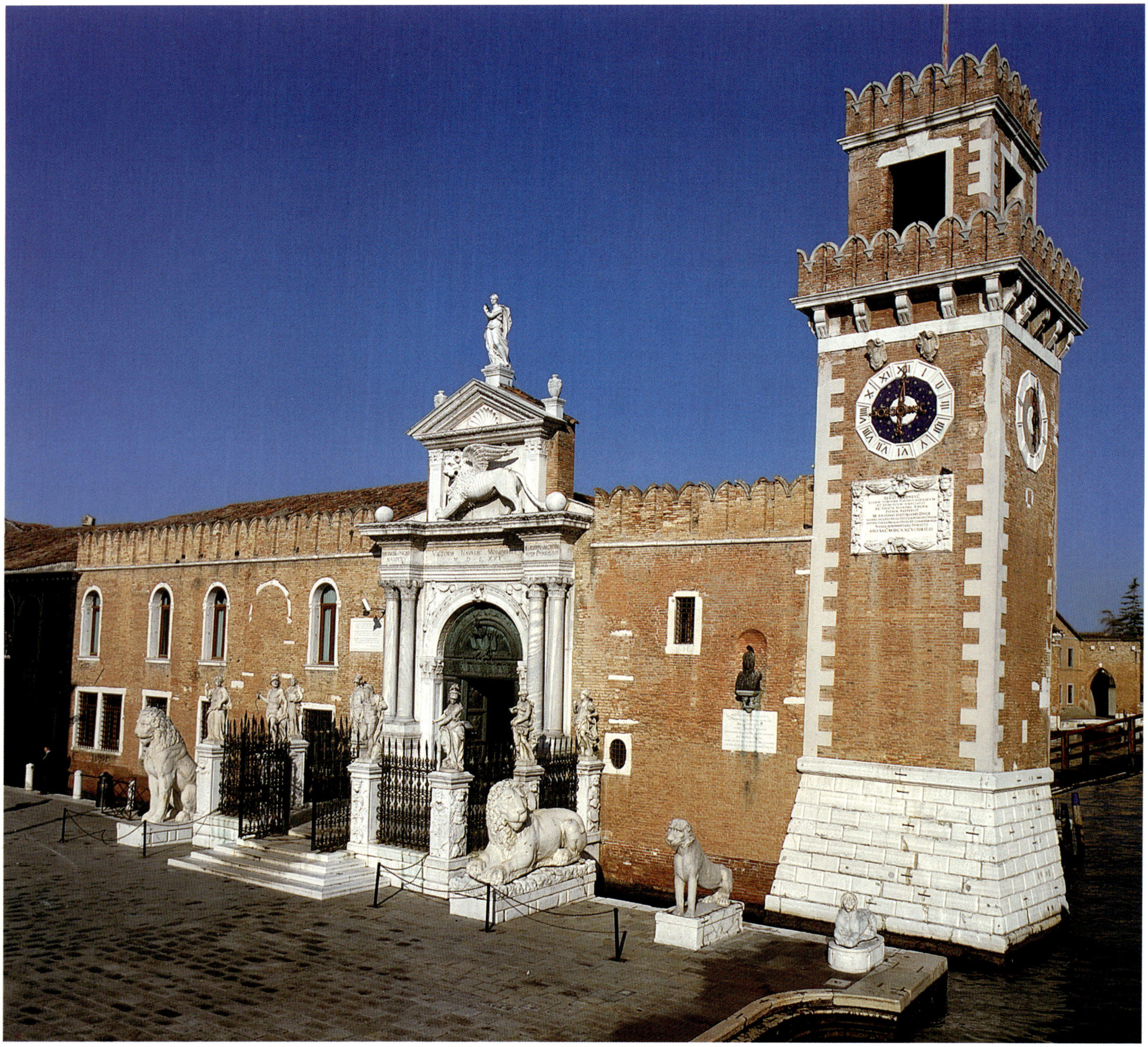

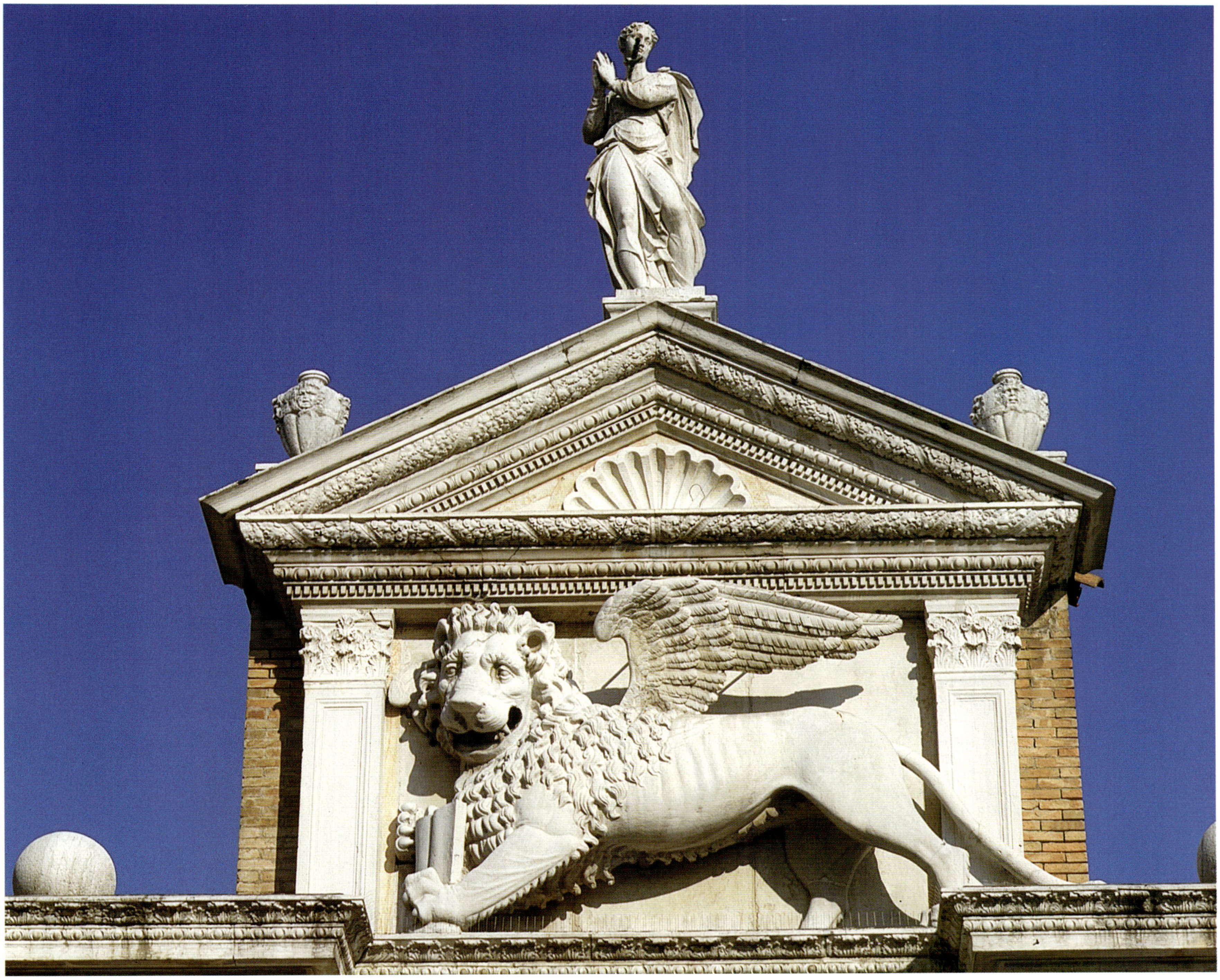

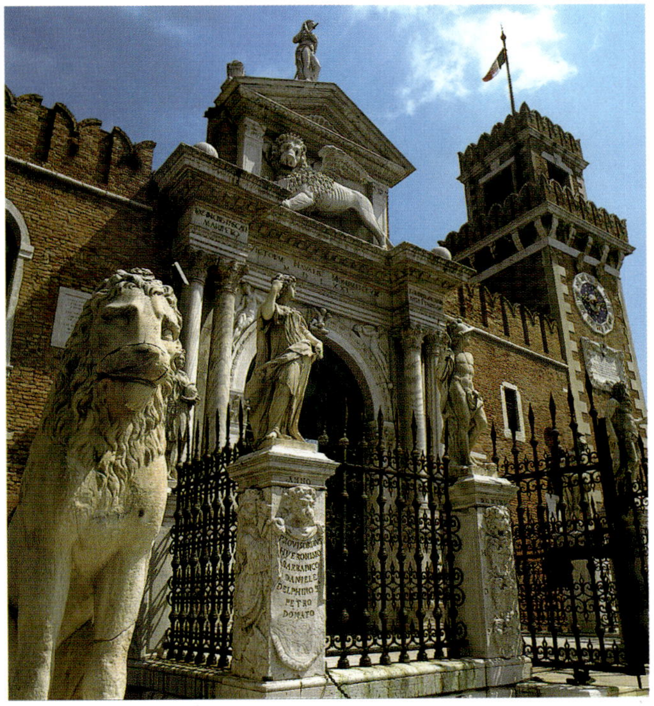

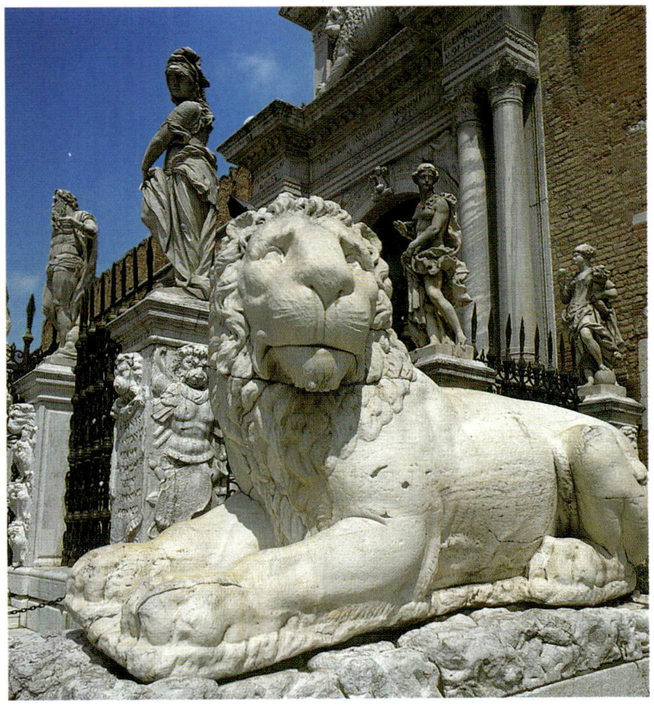

Palazzo Dario

GENIO URBIS IOANNES DARIUS : l'inscription que porte la façade exprime la volonté de célébration de la République, propre à la Renaissance. Le bâtiment est érigé entre 1487 et 1492 par un artiste de l'école des Lombardo, peut-être par Pietro lui-même, pour Giovanni Dario, secrétaire de la légation vénitienne auprès de l'empereur ottoman Mahomet II. La façade asymétrique et la polychromie des marbres, de tradition locale, accompagnent des détails propres à la Renaissance tels que les moulures classiques et les arcs en plein cintre, manifestations précoces d'un renouveau qui s'imposera avec Sansovino. La façade sur le jardin conserve la physionomie gothique tardive de la construction précédente datant des XIVe-XVe siècles. Depuis le début du XIXe siècle, le palais a été habité par plusieurs étrangers comme Rawdon Brown, chercheur anglais qui a travaillé sur l'histoire de Venise et a restauré le palais, et l'écrivain Henri de Régnier, qui le mentionne dans ses écrits.

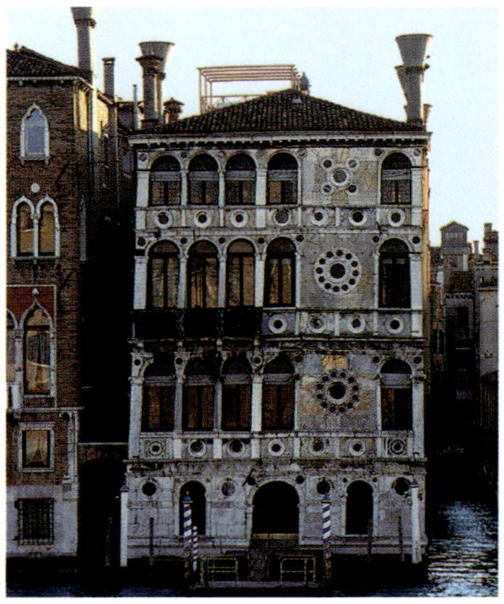

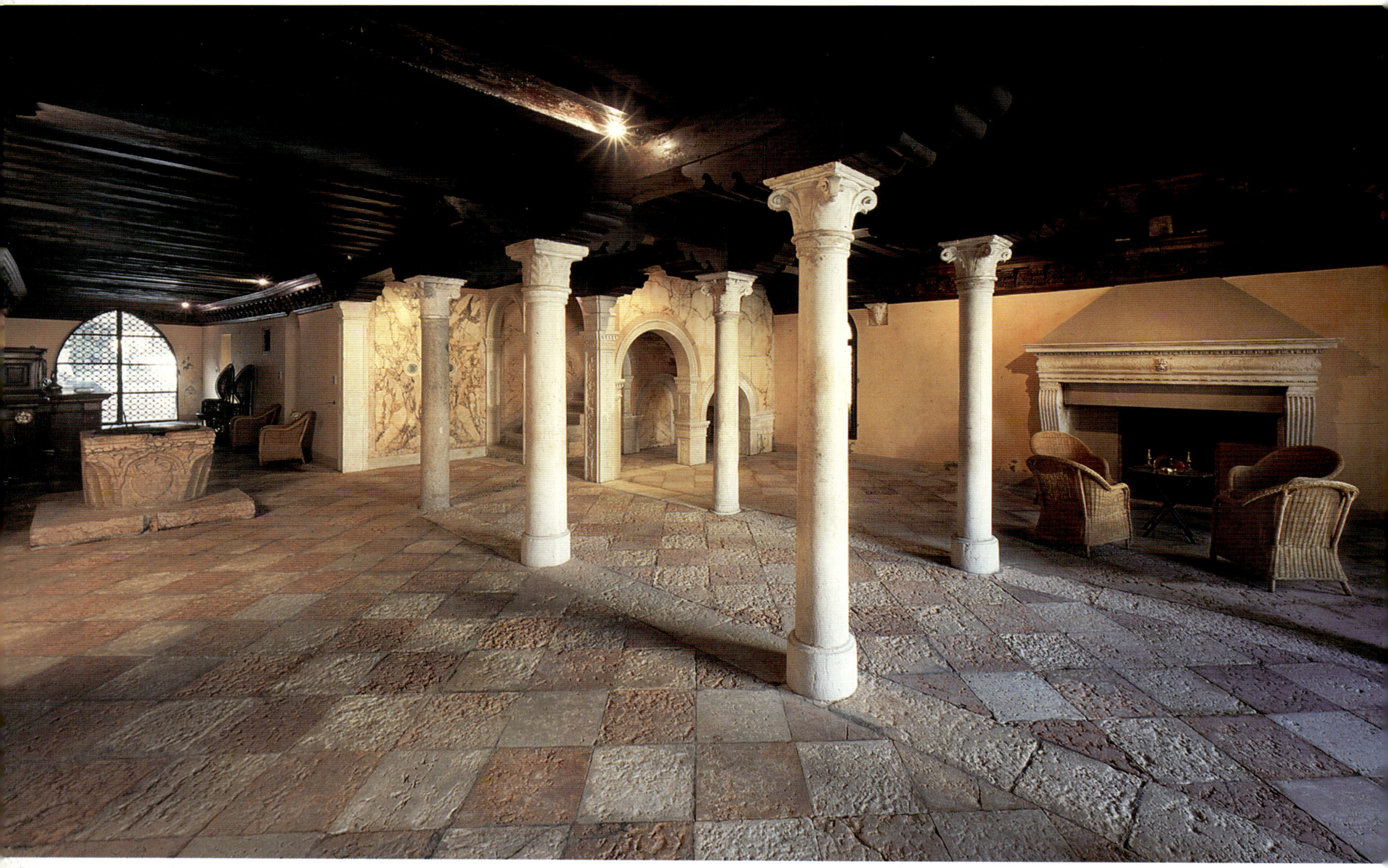

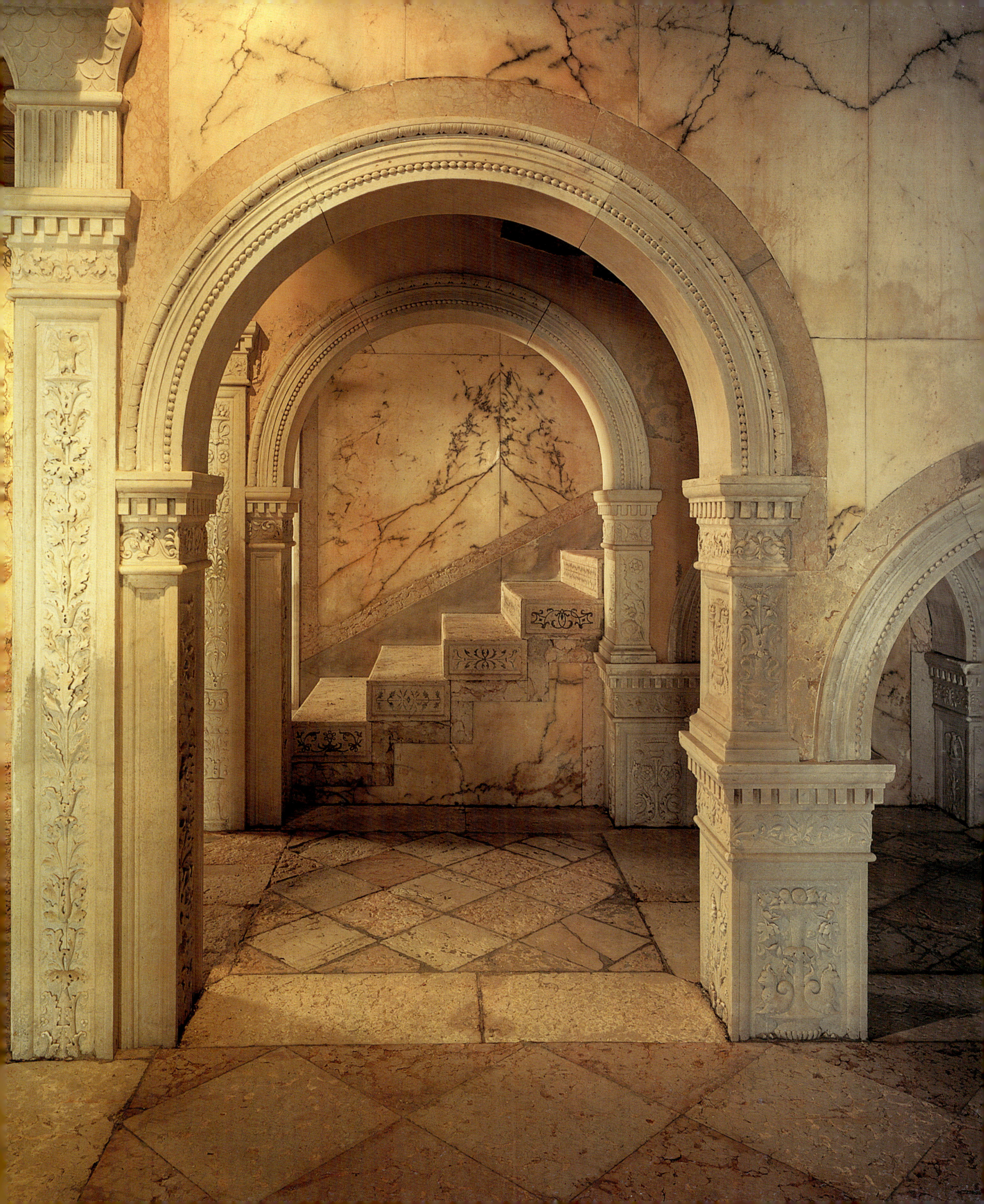

Fondaco dei Tedeschi

La communauté germanique a toujours été importante à Venise. La ville, porte de l'Orient, était une étape fondamentale pour les voyageurs venus du Nord. Parmi eux, des marchands, des banquiers, des peintres, des musiciens et des écrivains influencèrent la culture vénitienne du XVIe siècle. L'édifice, assigné comme siège de la nation allemande, est construit à Rialto, centre commercial de la ville. Détruit lors d'un incendie, il est reconstruit sur ordre du Sénat, conscient de son importance économique. Les travaux sont confiés en 1505 à Giorgio Spavento, qui réalise le projet de Gerolamo Tedesco : un édifice carré, plus large et spacieux que le précédent, développé autour d'une cour intérieure dont les façades sont marquées par des coursives. Spavento meurt en 1509 et Scarpagnino lui succède dans la direction des travaux. La façade sur le Grand Canal présente un vestibule à arcades, encadré de parties fermées en pierre qui se prolongent par des tours d'angle. La façade est surélevée à leur hauteur lors d'une restauration de 1836, lorsque le toit sera surmonté de merlons en pierre d'Istrie. En 1508, Giorgione est chargé de couvrir de fresques la façade principale et la façade latérale droite, visible du Ponte di Rialto. Le jeune Titien travaille avec lui. Malheureusement ne demeurent que quelques fragments de cette œuvre, dont un personnage complet, conservé actuellement à la Ca' d'Oro. Le bâtiment abrite aujourd'hui la poste centrale.

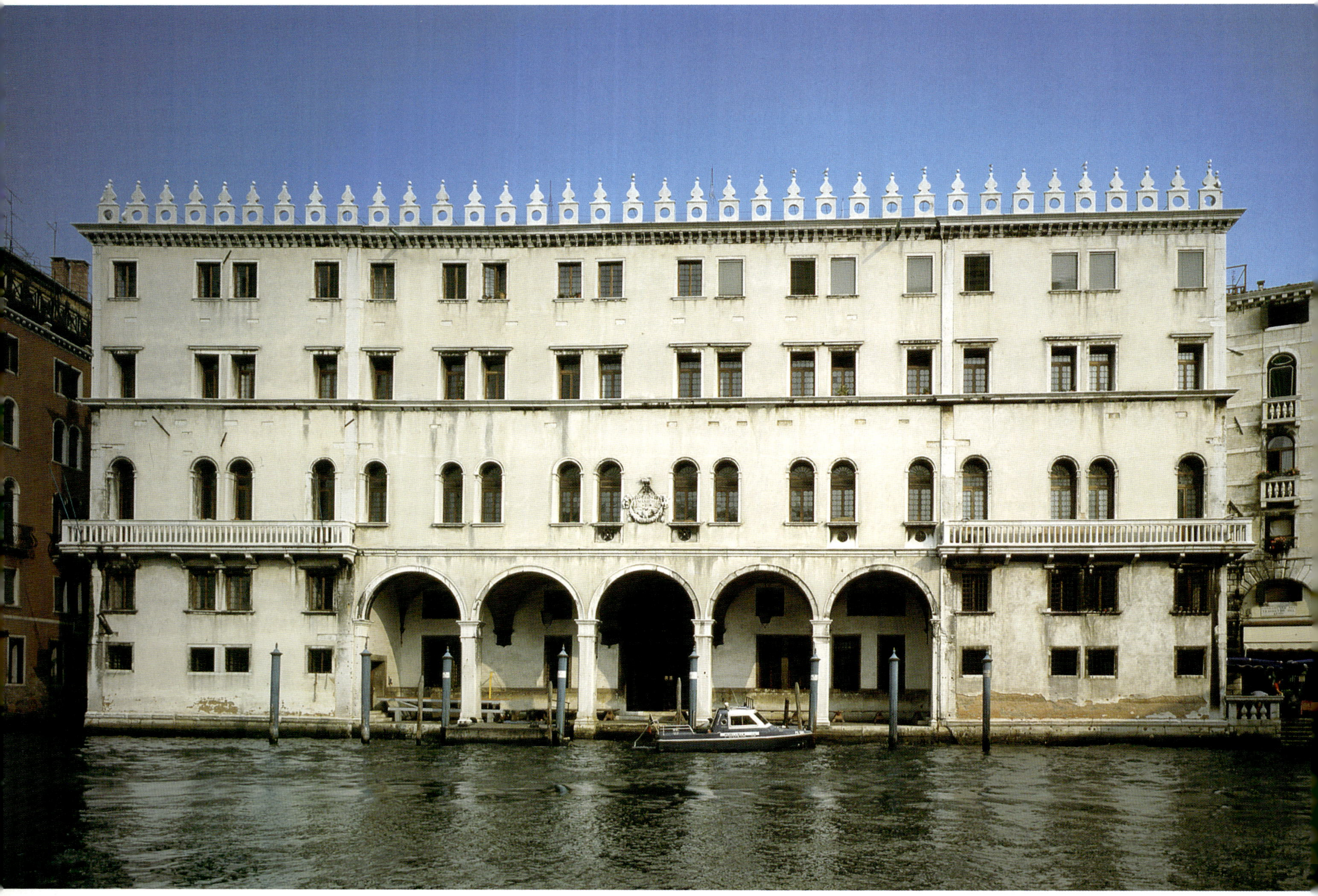

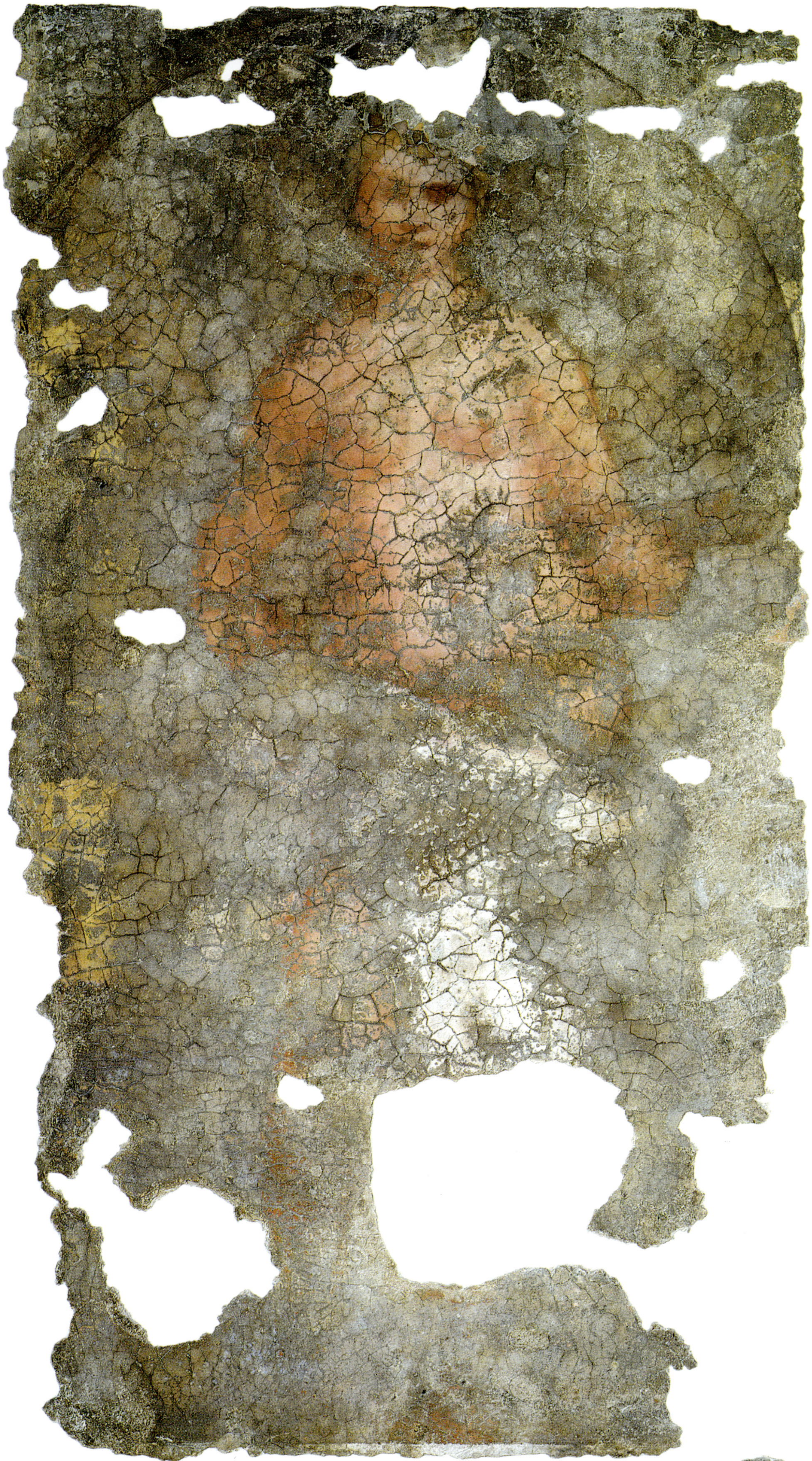

Église San Giobbe

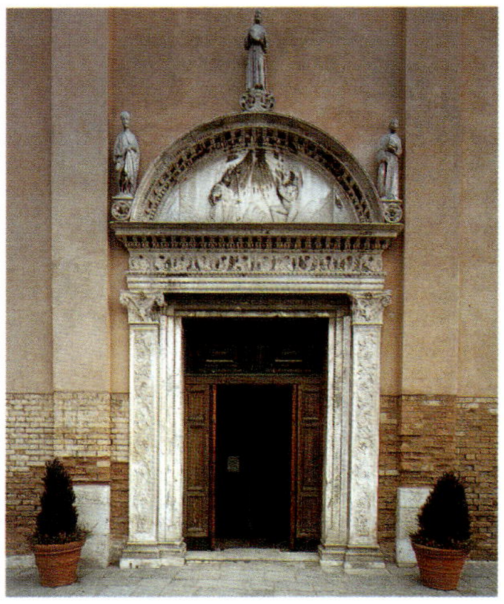

L'église, érigée en 1450 et remaniée par Antonio Gambello et Pietro Lombardo, est un bon exemple de la rencontre entre le gothique et la Renaissance. Sur la façade dépouillée en briques se découpe le portail ouvragé de Lombardo, et dans la simplicité de la nef et du chœur s'inscrit un arc sculpté de son atelier. Les trois œuvres majeures qui s'y trouvaient – *La Prière au jardin des Oliviers* de Basaiti, le retable homonyme de Giovanni Bellini et *La Présentation au Temple* de Carpaccio – sont exposées aux Gallerie dell' Accademia, mais l'église conserve encore un important patrimoine pictural et entre autres *La Nativité* de Gerolamo Savoldo (1540), une œuvre d'Antonio Rossellino, auteur de l'autel de la chapelle Martini, et le plafond recouvert de faïence des Della Robbia dans la même chapelle.

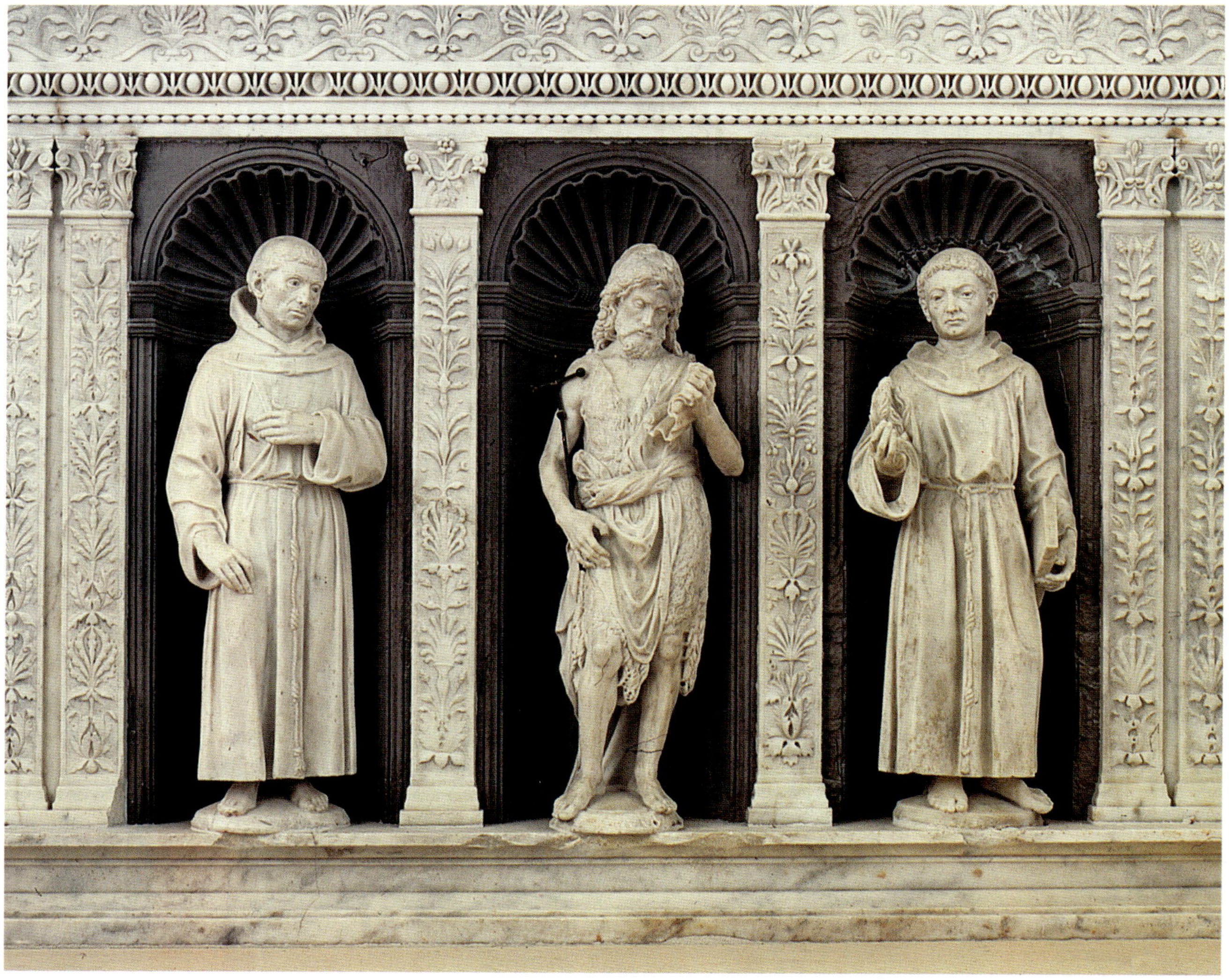

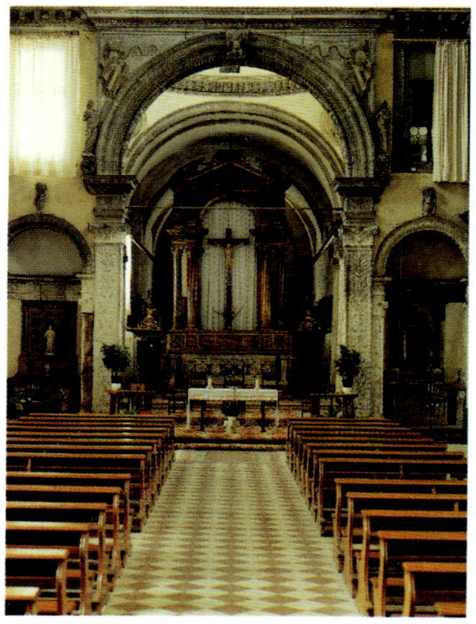

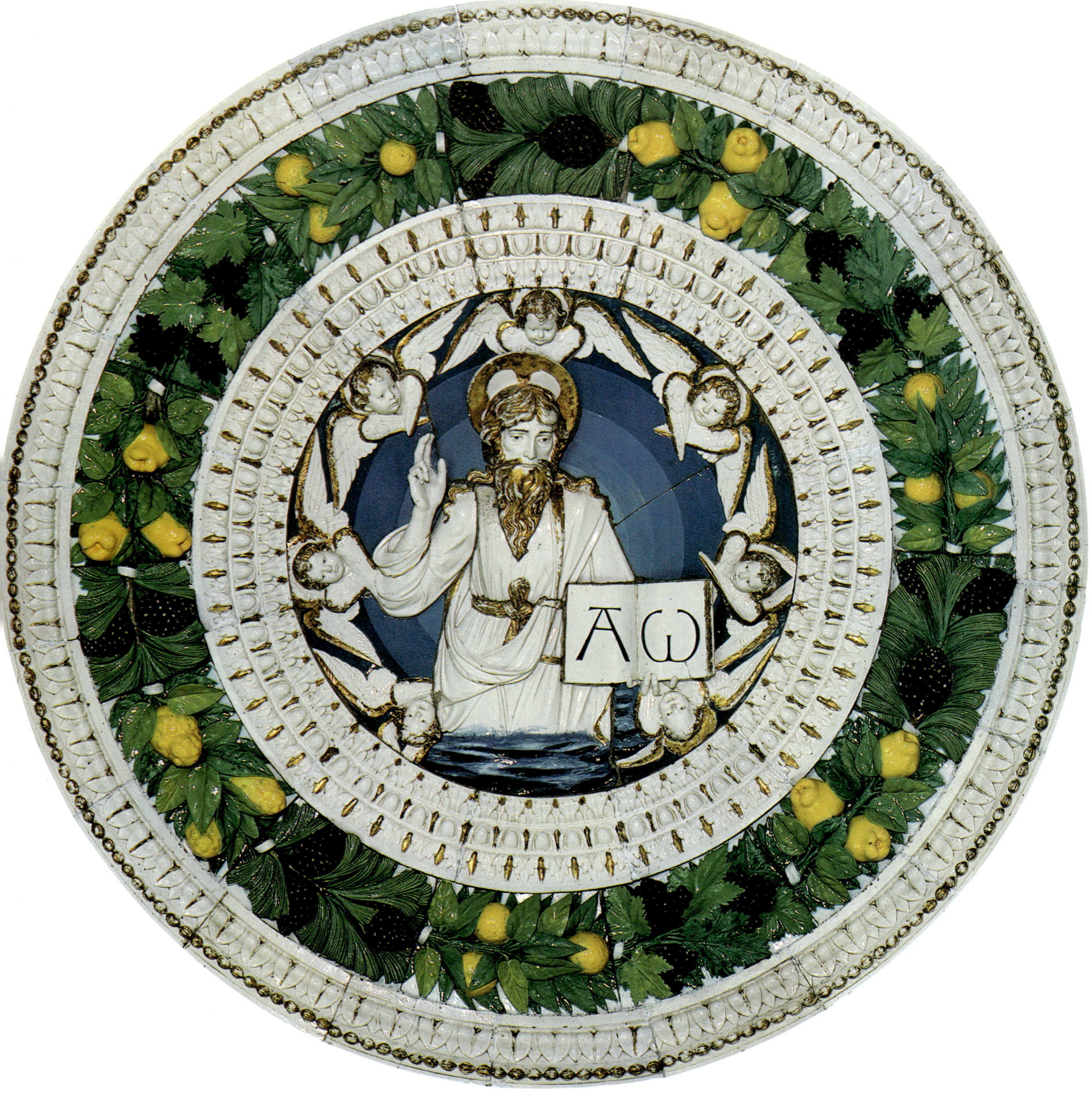
AΩ

Palazzo Mastelli del Cammello

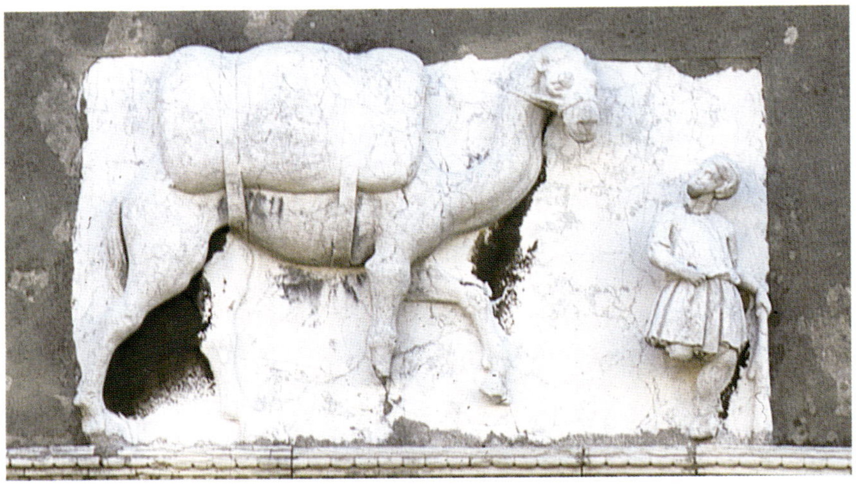

Cet édifice gothique du XVe siècle doit son appellation à un bas-relief qui représente un homme suivi d'un chameau, à droite du balcon du premier étage. Ce motif sculpté figurerait le premier propriétaire du palais, d'origine levantine. On distingue sur la façade des vestiges de frises et de médaillons byzantins, et, dans une fenêtre de gauche, les fragments du fût d'une colonne romaine. La loggia centrale du second étage s'inscrit dans la tradition de la Ca' d'Oro, avec des influences orientales marquées.

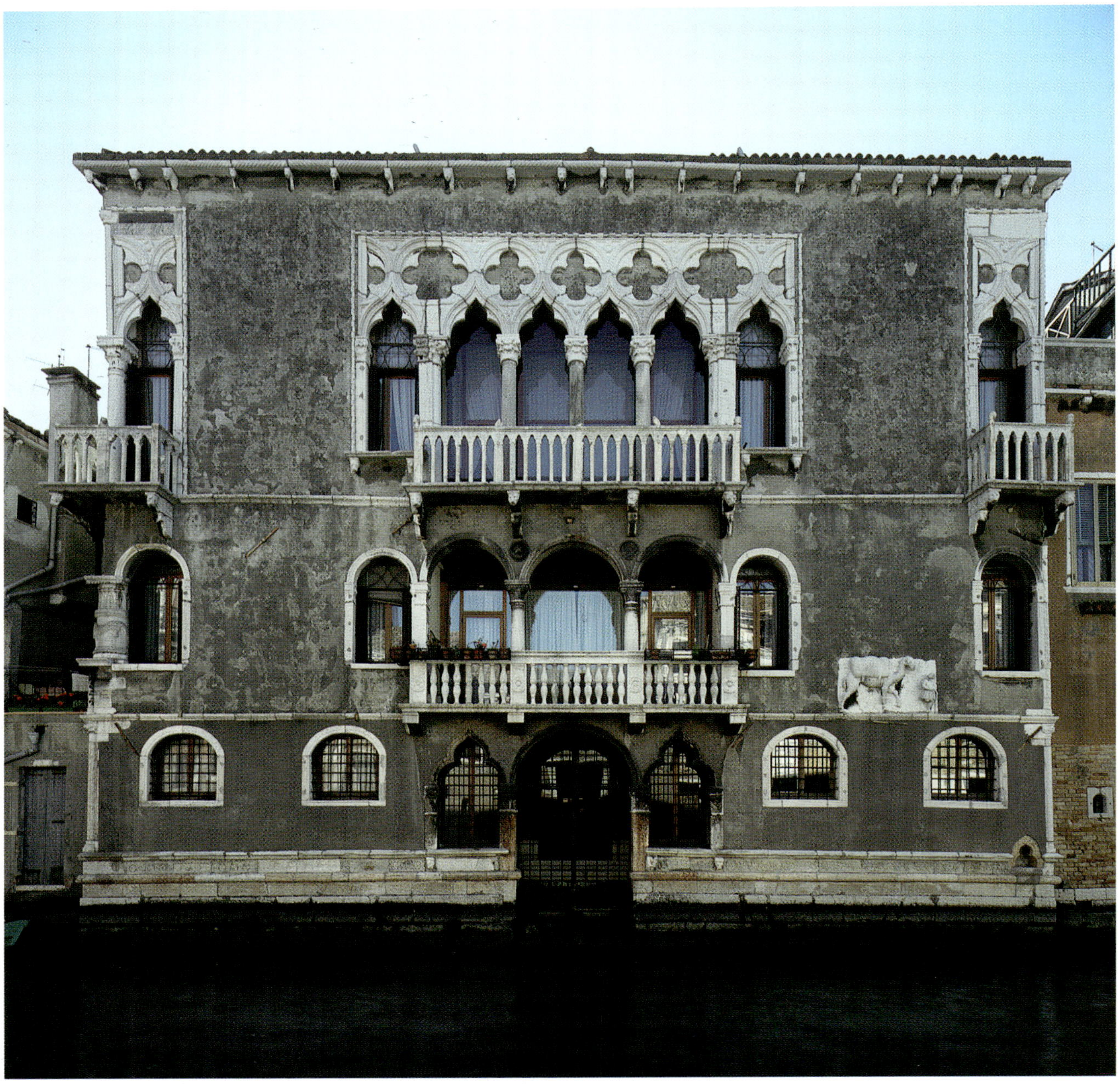

Scala Contarini del Bovolo

Sur la façade côté rue du palais Contarini, qui concilie le gothique et les débuts de la Renaissance, se dresse la célèbre Scala del Bovolo – terme vénitien qui signifie « escalier en vis » – qui frappa l'imagination des Vénitiens au point que la famille elle-même fut désignée ainsi. Érigé en 1499 par Pietro Contarini, l'escalier est probablement l'œuvre de l'artisan Giovanni Candi. Il est contenu dans une tour circulaire extérieure qui reproduit un modèle byzantin typique. Le développement de l'escalier, scandé par des arcs rampants, recherche une unité avec les galeries superposées de l'édifice lui-même, ce qui donne une impression de continuité entre les arcades de la tour et celles de la façade.

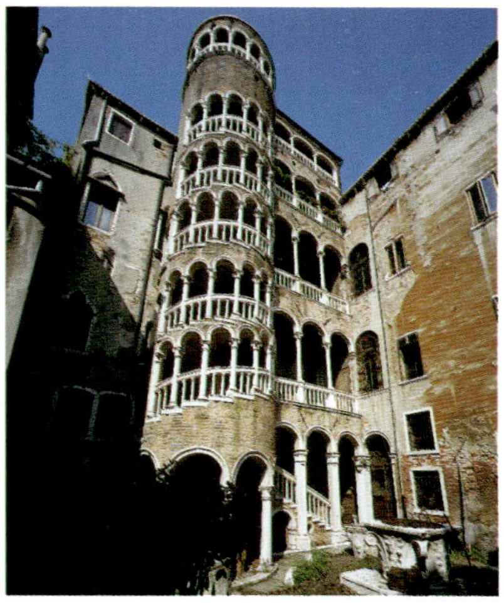

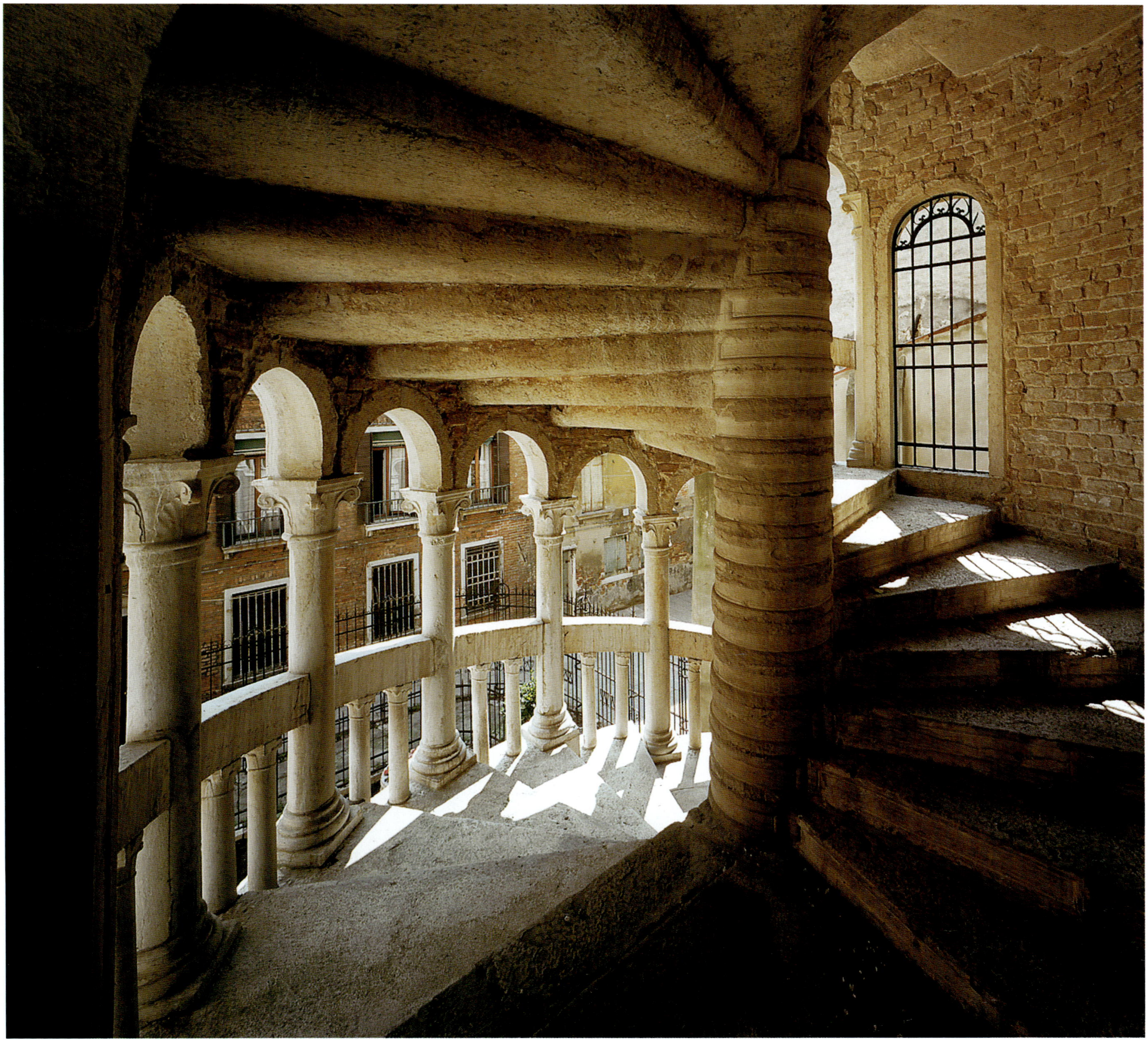

Palazzo Corner-Spinelli

C'est en 1490 que Mauro Codussi projette le Palazzo Corner-Spinelli. La façade à deux étages sur le Grand Canal s'élève sur un rez-de-chaussée à bossages inspiré de la Renaissance toscane. Les fenêtres doubles, portant un oculus, rappellent le style gothique tardif local, tandis que le style Renaissance s'exprime par les réseaux formant des arcs en plein cintre dans les fenêtres et par les pilastres d'angle. L'intérieur, remanié par Sanmicheli, est l'œuvre de Giorgio Vasari, dans le style maniériste typique de l'époque : le plafond, composé de panneaux en trompe-l'œil et de personnages, influença les peintres vénitiens, en particulier Véronèse, le Tintoret et Titien. Il a été démonté et dispersé entre différentes collections. Le plafond qui lui fut substitué, composé de caissons de bois peints en bleu et or, remonte à 1547. Chaque caisson, cerné par un cadre, porte un motif décoratif central différent : aigles, médaillons, masques, éléments végétaux, pignons…

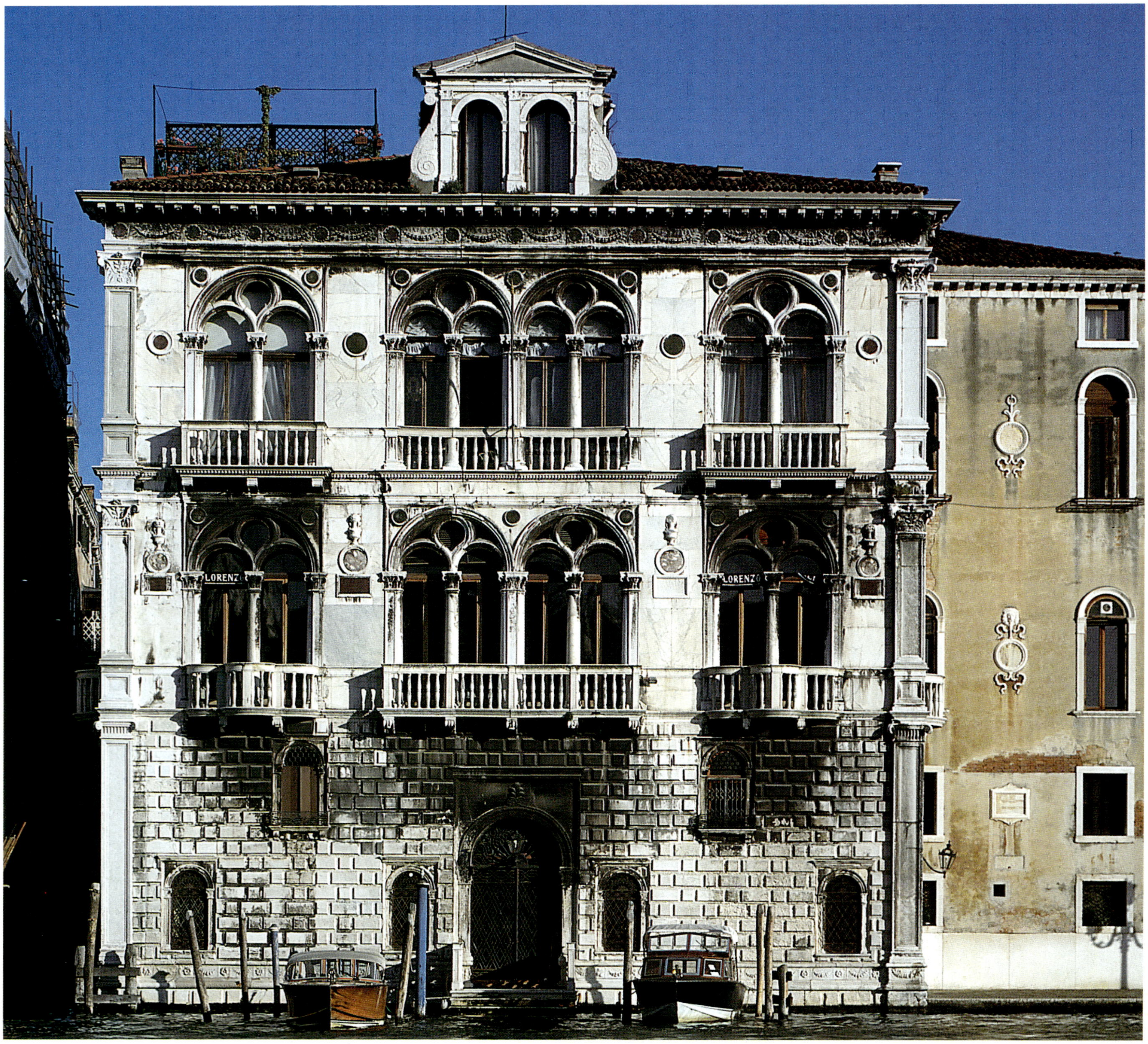

Palazzo Grimani

Le palais des Grimani, famille proche de la cure pontificale, est une orgueilleuse expression de cette partie de la noblesse vénitienne du XIVe siècle qui souhaite affirmer sa gloire jusque dans ses constructions. Grandiose édifice pensé par Michele Sanmicheli, le palais, commencé en 1550 par l'architecte véronais, est poursuivi après sa disparition, en 1559, par Guglielmo de' Grigi, qui l'achève deux années plus tard. La façade monumentale, traditionnellement répartie sur trois niveaux, est rythmée par des serliennes.
Au rez-de-chaussée s'ouvre un vestibule à triple entrée, emprunté au modèle romain. L'accès est encadré par trois colonnes corinthiennes cannelées.
Le plan dérive de l'adaptation d'un schéma qui avait été pensé pour le Palazzo Corner della Ca' Grande, sur un lot trapézoïdal. L'aspect monumental de la façade, aux dimensions pourtant réduites, est obtenu par la profondeur des baies et la forte saillie des balcons et des corniches.

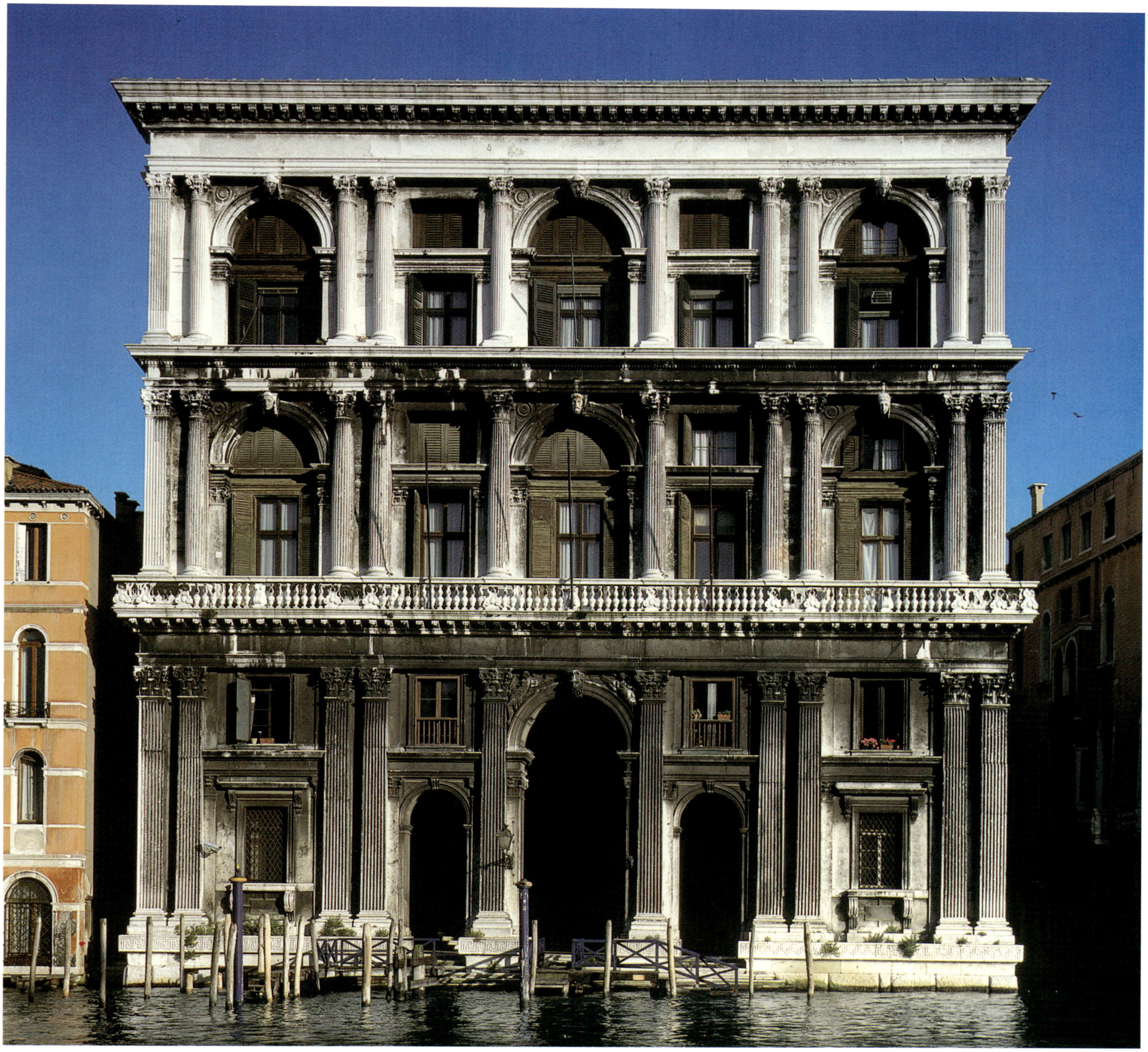

Palazzo dei Camerlenghi

Édifié sur le Grand Canal, le Palazzo dei Camerlenghi occupe une position nodale au pied du Ponte di Rialto. Trois de ses façades donnent sur l'eau et il bénéficie, sur tout son pourtour, d'un décor homogène en pierre d'Istrie, à l'origine incrusté de pierres polychromes aujourd'hui disparues. Érigé par Guglielmo de' Grigi entre 1525 et 1528, il se veut la conclusion idéale de la restructuration du périmètre de Rialto après le grand incendie de 1514. La composition, marquée par des ordres superposés, s'enrichit de frises à guirlandes et d'une remarquable corniche à modillons. Le palais, autrefois prison et siège des Camerlenghi, trésoriers de la Sérénissime, abrite aujourd'hui la Cour des Comptes. Derrière l'édifice se situe le marché aux herbes.

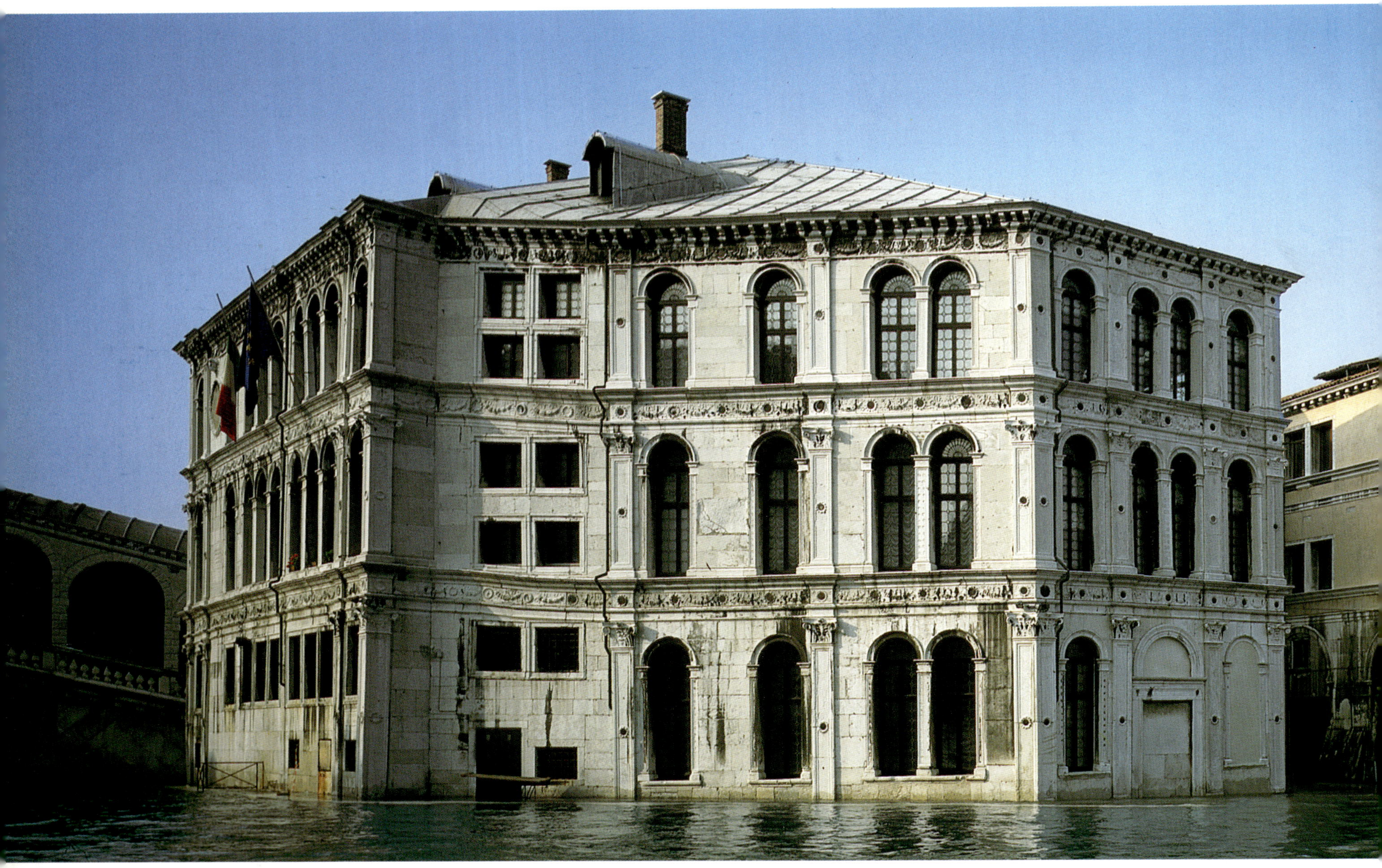

Palazzo Vendramin Calergi

Ce palais est une véritable somme de langages et de styles vénitiens et toscans de la Renaissance. Construit par Codussi entre 1481 et 1504, il réélabore des schémas déjà appliqués au palais Corner-Spinelli. Les Lombardo l'achèvent en 1509, et Vincenzo Scamozzi ajoute l'aile sur le jardin au début du XVIIe siècle. La façade, où figure l'inscription NON NOBIS DOMINE, comme pour en excuser le faste, présente une série de fenêtres doubles à arcs plein cintre et oculi, qui font le lien entre la tradition toscane et vénitienne, le gothique et la Renaissance. En revanche, les colonnes engagées qui les encadrent relèvent de la seule expérience toscane. La corniche présente une forte saillie décorée de motifs héraldiques, reflet des expériences humanistes du centre de l'Italie. Dans le palais, aujourd'hui siège du Casino d'hiver, quelques pièces, revêtues de cuir doré du XVIe siècle, sont embellies d'extraordinaires cheminées à décoration maniériste. D'autres salles ont été modernisées en 1844 par la duchesse de Berry. C'est ici que mourut Richard Wagner, le 13 février 1883.

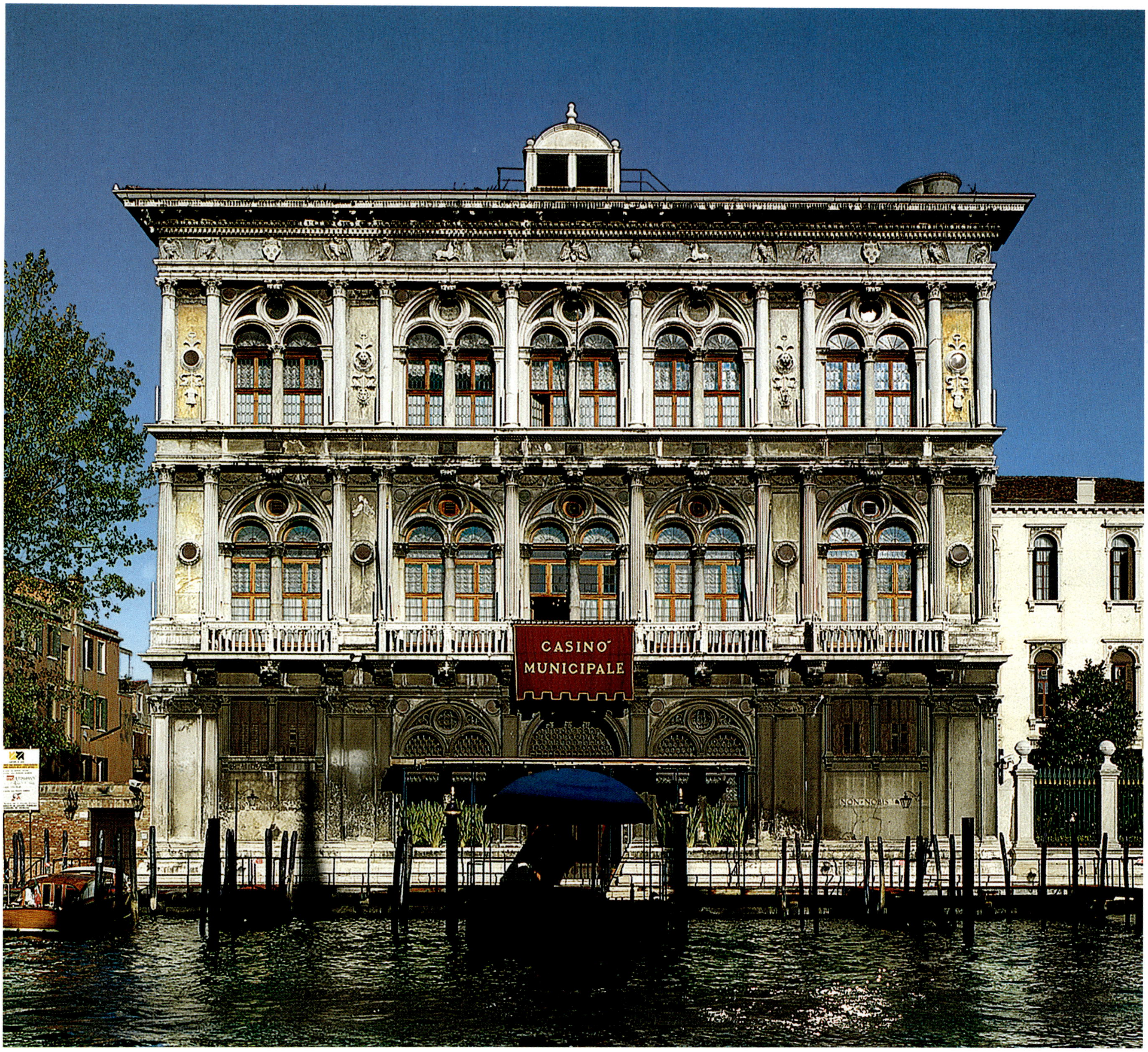

Palazzo Corner della Ca' Grande

Giorgio Corner, membre d'une illustre famille vénitienne et frère de la reine de Chypre, acquiert l'édifice byzantino-gothique de Bartolomeo Malombra afin d'y réaliser un audacieux programme de rénovation architecturale qui demeure inachevé à sa mort en 1527. Son neveu Zorzetto, en confiant les travaux à Sansovino, fait de l'édifice un exemple de la nouvelle façon de construire dans la lagune. Complété autour de 1560, le palais présente une façade à bossages ouverte par trois arcs donnant accès à la fois au vestibule et au patio. Les deux registres de colonnes doubles superposées, d'ordres ionique et corinthien, adoptent le langage architectural du centre de l'Italie. Authentique monument à la gloire de la noblesse, sa distribution est organisée d'une façon nouvelle autour d'une cour carrée « à la romaine ». Acquis par la ville pendant la domination autrichienne, le palais est devenu le siège de la préfecture depuis 1866.

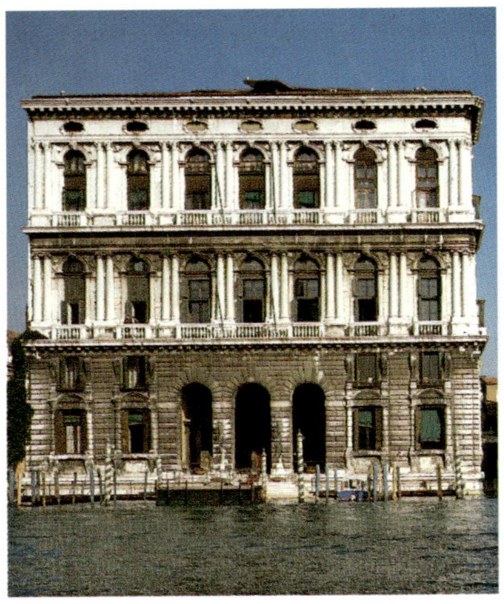

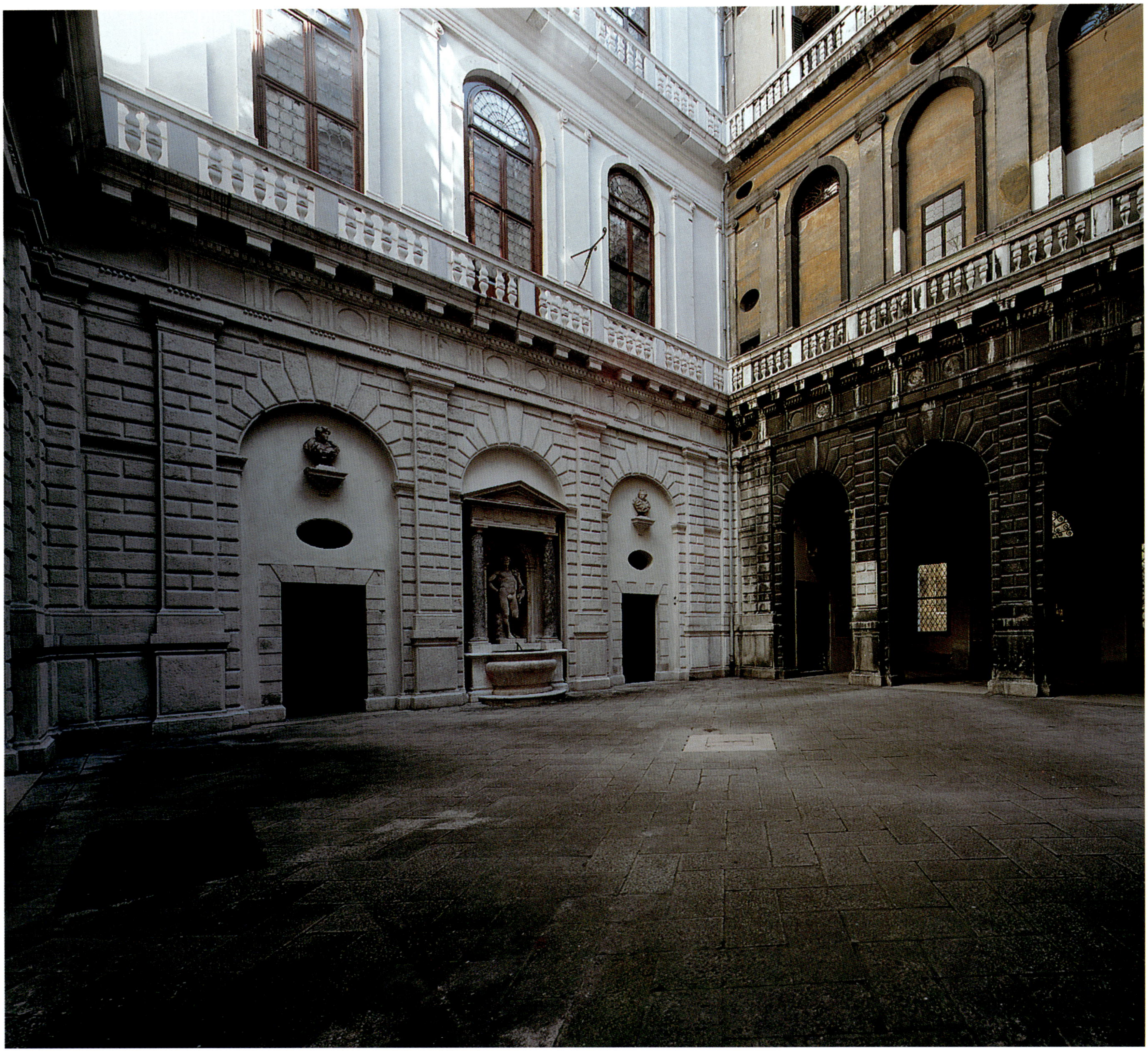

Palazzo Trevisan à Murano

Entre le XVe et le XVIe siècle, l'île de Murano devient pour la noblesse vénitienne un lieu privilégié de villégiature, cadre idéal de loisirs littéraires raffinés. Le Palazzo Trevisan, édifice sophistiqué de la fin de la Renaissance, érigé en 1557 par un architecte inconnu, résume de façon emblématique l'accomplissement d'une rencontre intellectuelle, à laquelle participent Alessandro Vittoria, Véronèse et Palladio, qui se réunissent dans l'île sous l'égide de Daniele Barbaro. La façade, fortement ordonnancée et ornée de fresques de Prospero Bresciano aujourd'hui perdues, est dominée par la vaste serlienne centrale à fronton et par la corniche en saillie prononcée. A l'intérieur du bâtiment se développe un extraordinaire programme composé de gypseries raffinées de Vittoria, de grotesques et de paysages arcadiens de Bernardino India et surtout d'un cycle de fresques que Véronèse réalise en 1557, anticipant celles qu'il réalisera plus tard à la villa Barbaro à Maser.

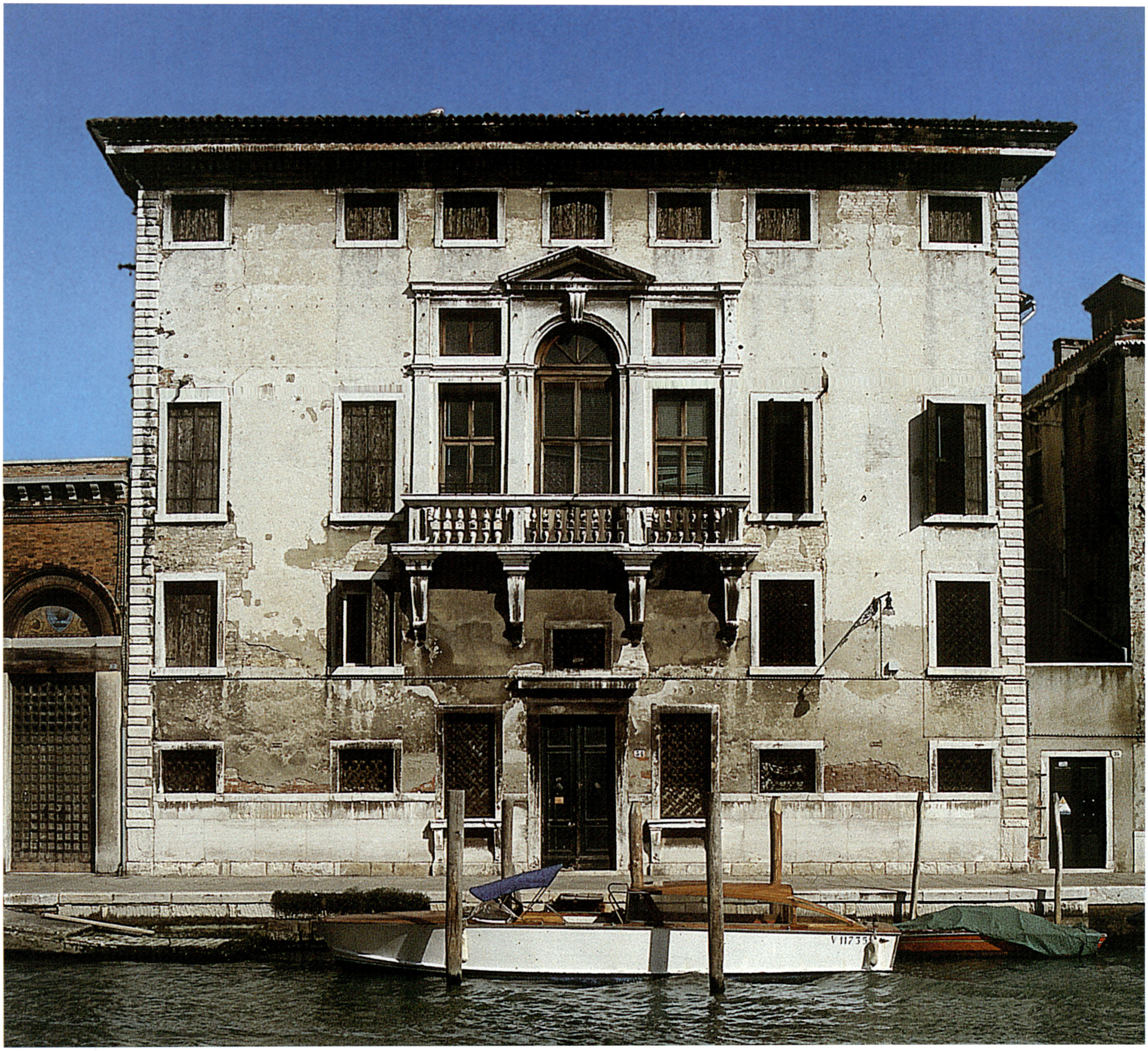

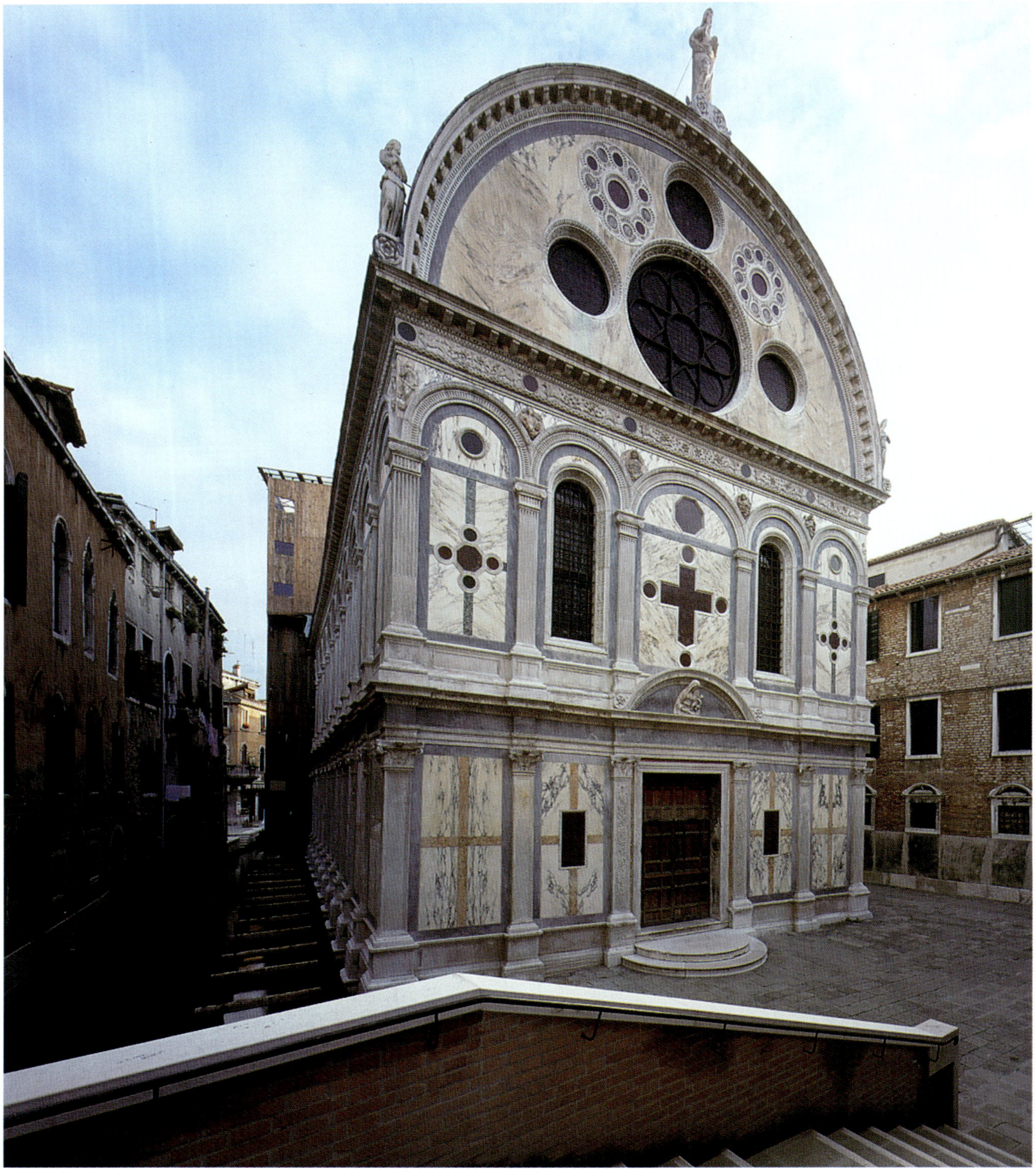

Cette église est érigée par Pietro Lombardo entre 1481, année où l'on en décide la construction sur le lieu où Francesco Amadi avait placé le retable de la Vierge, et 1494. Un bâtiment parallélépipédique surmonté d'une voûte en berceau pour la nef et un carré surmonté d'une coupole pour le chœur : ses formes épurées donnent à Santa Maria dei Miracoli l'apparence d'un écrin revêtu à l'extérieur et à l'intérieur de marbres polychromes, de médaillons et de panneaux de porphyre. C'est un rappel de la Sérénissime des origines, avec l'élégance des débuts de la Renaissance de l'atelier de Lombardo. A l'intérieur, la nef, simple, est séparée du chœur par un escalier qui domine le somptueux volume. L'espace réservé aux fidèles et l'espace sacré sont fortement contrastés : simplicité d'un côté et extrême élaboration de l'autre. La salle est précédée par une galerie avec plafond de bois orné de motifs inspirés de Titien ; dans l'or des caissons de la voûte, Piermaria et Gerolamo Pennacchi, Vincenzo Dalle Destre et Lattanzio da Rimini peignirent au début du XVIe siècle cinquante portraits de prophètes et de patriarches. Les balustrades en marbre qui délimitent les deux tribunes latérales du chœur – où se trouve la peinture sur bois de la *Vierge à l'Enfant*, sur un pré fleuri – sont ponctuées par quatre petites sculptures.

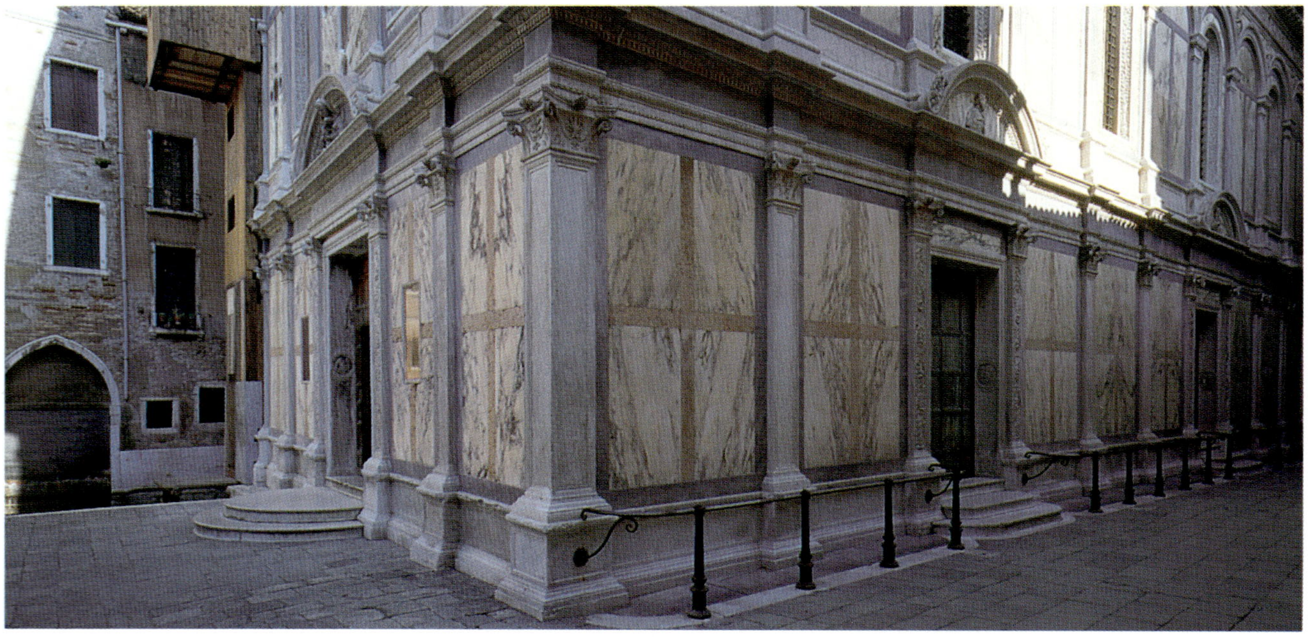

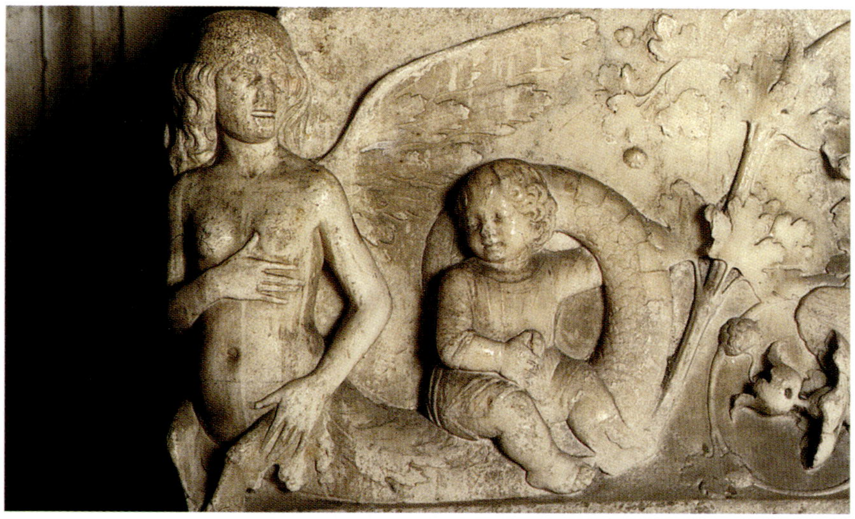
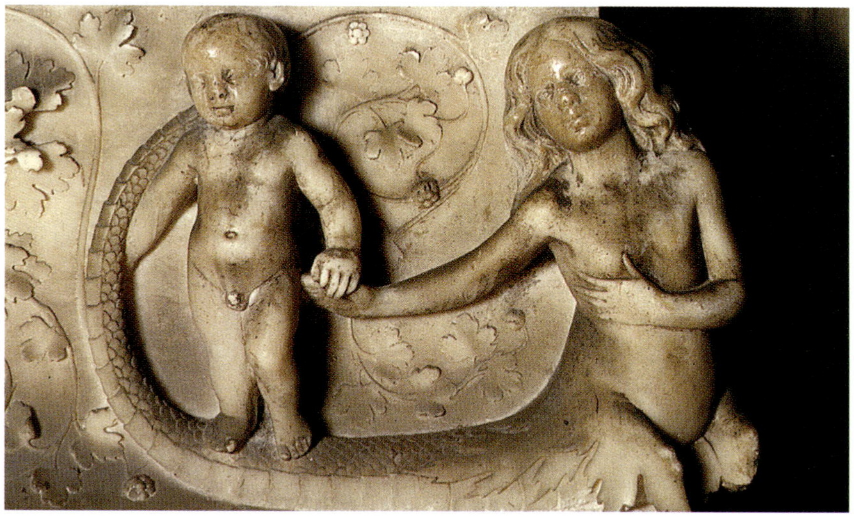
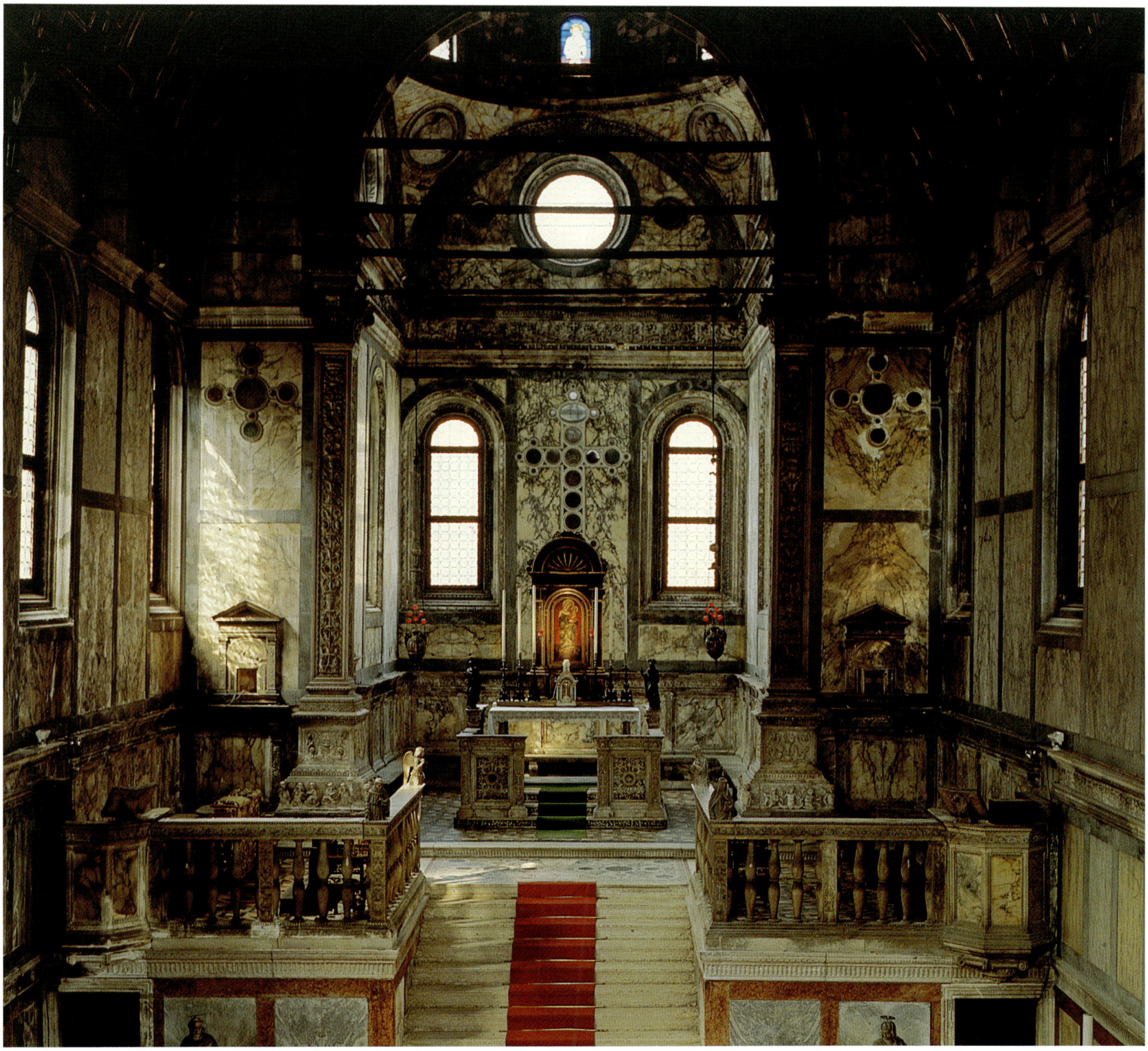

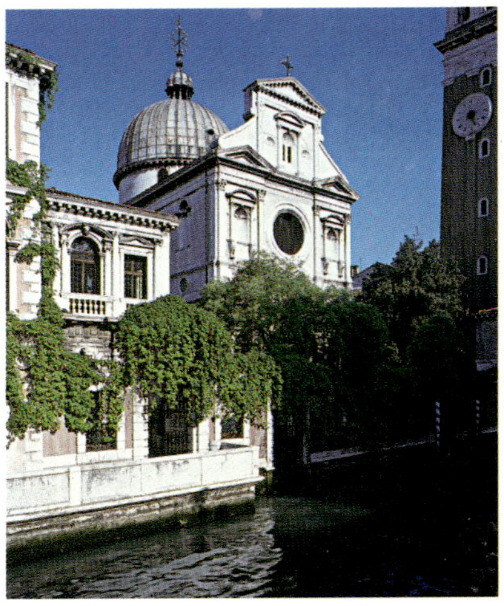

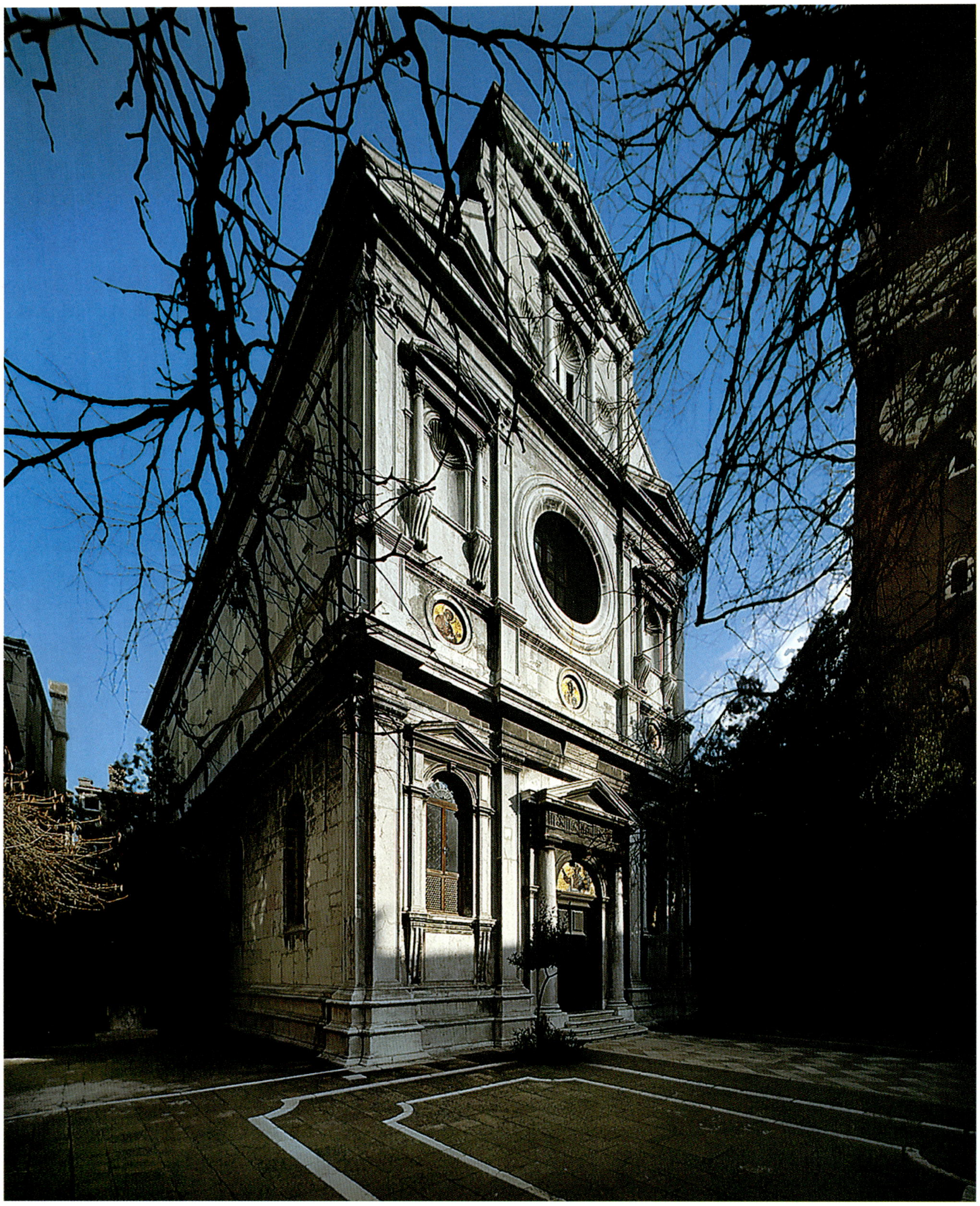

La communauté grecque, présente dans la ville depuis le XIe siècle, augmente considérablement après la chute de Constantinople en 1453. Ce n'est qu'en 1526 toutefois que les Grecs obtiennent du Sénat l'autorisation de pratiquer le culte orthodoxe et de bâtir leur propre église. Les travaux débutent en 1539 avec Sante Lombardo et se poursuivent avec Giannantonio Chiona. La façade tripartie, animée par des niches, des oculi et des tympans, s'élève sur un parvis qui domine le rio, bordé ici par des édifices de Longhena, propriété de la communauté. Sur les côtés de l'église se dressent le campanile de la fin du XVIe siècle, œuvre de Simone Sorella, et deux édifices baroques de Longhena, érigés entre 1678 et 1680. Ils hébergent la Scuola di San Nicolò et le Collegio Flangini, siège des institutions culturelles helléniques. L'intérieur de l'église présente une nef unique, somptueusement achevée par un jubé (*iconostasis*) protégeant le chœur réservé aux officiants. D'imposantes icônes de saints, œuvres du Crétois Michele Damaskinos, du XVIe siècle, l'habillent et se détachent sur le fond doré. A droite des portes monumentales, on peut remarquer un Christ Pantocrator. Giovanni da Cipro, Emmanuel Zane, Giorgio Klonzas, représentants de la peinture crétoise, qui se proposaient de remettre en question la fixité byzantine séculaire à travers la nouvelle expérience vénitienne, collaborèrent entre la fin du XVIe et le début du XVIIe siècle à enrichir ce lieu sacré. De cet atelier de peinture original sortit le génie visionnaire de Domenico Theotokopoulos, dit El Greco.

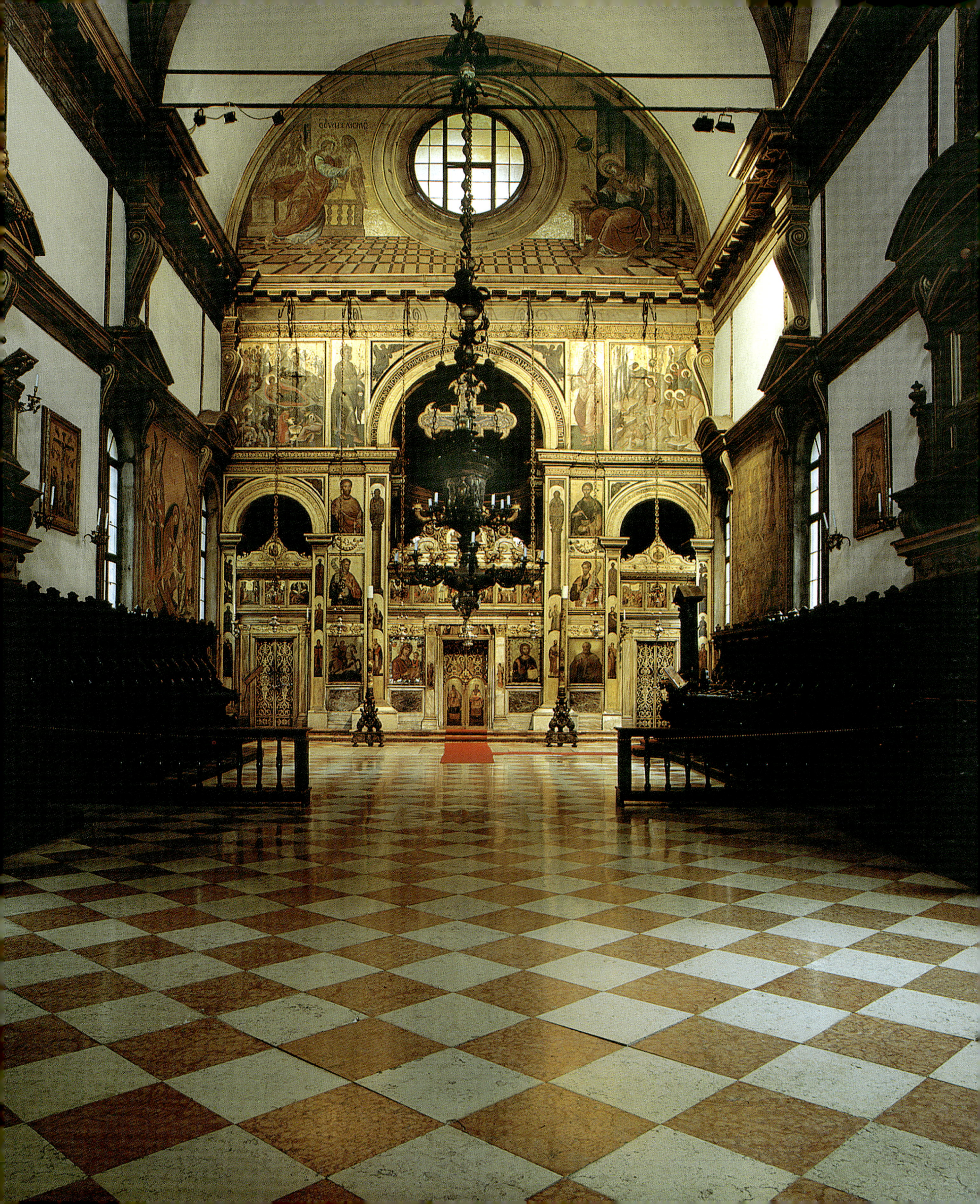

Église San Giovanni Crisostomo

La sobre façade peinte, couronnée d'éléments curvilignes, typiques du langage codussien, répond à la sobre harmonie de l'intérieur à croix grecque, auquel la coupole imprime un puissant développement vertical. L'église, reconstruite par Mauro Codussi entre 1497 et 1504, propose des solutions déjà expérimentées cinq années auparavant à Santa Maria Formosa.
Sur le fond blanc, le gris des linteaux se découpe avec un extraordinaire effet de clair-obscur ; les chapiteaux dessinent un jeu élégant. Le retable en marbre lombardien, du début du XVIe siècle, figurant le couronnement de la Vierge, appartient à cette même école qui tend à conjuguer traditions locales et mouvement de la Renaissance. Deux véritables chefs-d'œuvre sont conservés dans l'église : *Saint Christophe, saint Jérôme et saint Augustin* de Giovanni Bellini, ainsi que *Saint Jean Chrysostome avec d'autres saints*, toile peinte entre 1508 et 1509 par Sebastiano del Piombo.

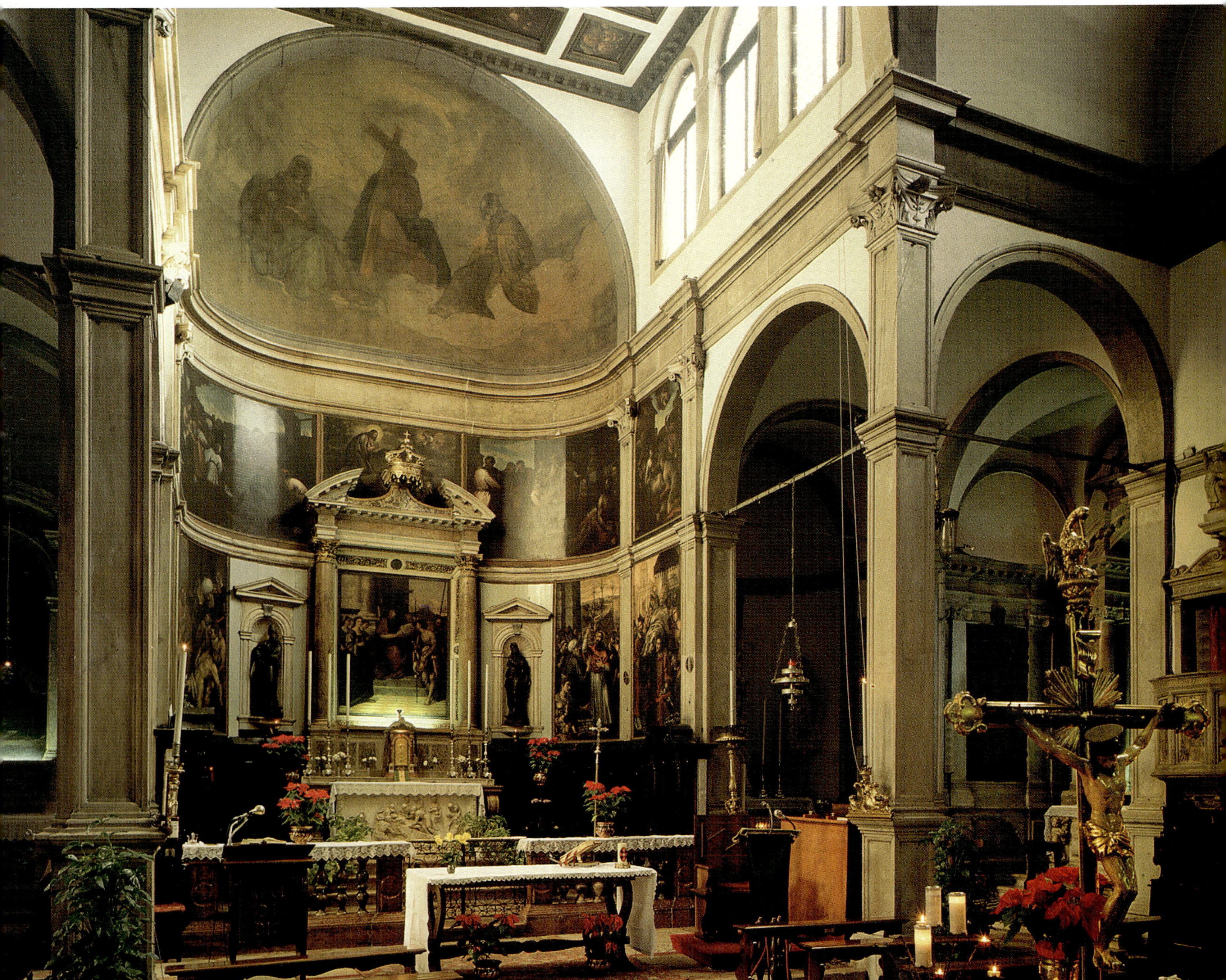

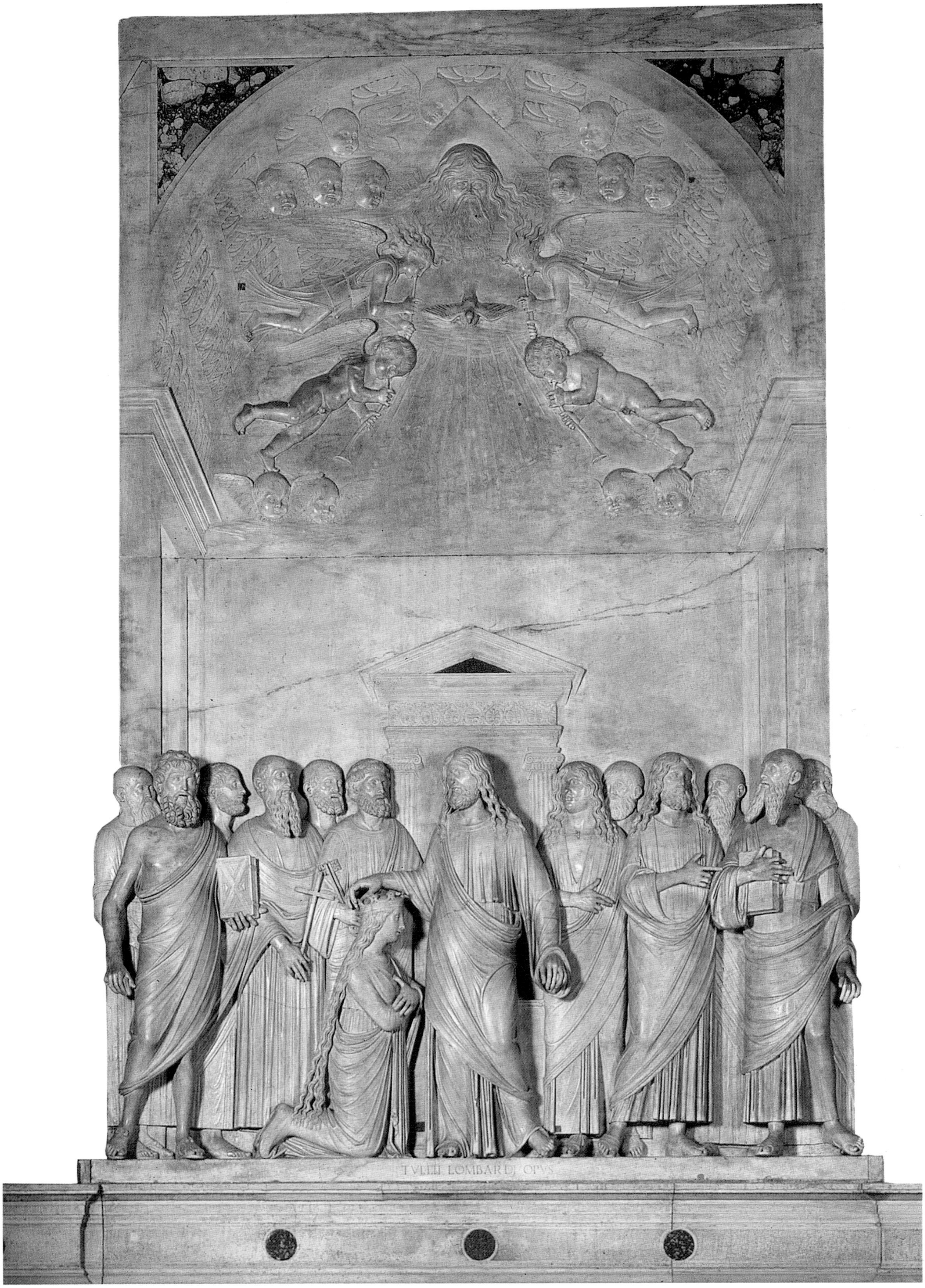
TVLLII LOMBARDI OPVS

Église Santa Maria Mater Domini

Construite entre 1504 et 1540 dans des formes sobres et élégantes qui font écho au modèle codussien, l'église est un des premiers édifices authentiquement Renaissance dans la lagune. Pour le projet, on parle de Giovanni Buora et de Jacopo Sansovino, qui aurait complété la façade. L'intérieur en croix grecque, étonnamment lumineux compte tenu de l'emplacement de l'édifice, marque les prémisses de la Renaissance vénitienne. L'espace est rythmé par des pilastres élancés et des nervures en pierre qui contrastent avec le fond blanc. Les autels lombardiens en marbre, les sculptures de Lorenzo Bregno, les œuvres picturales du Tintoret et de Bonifacio de' Pitati et les stucs donatelliens de couleur au-dessus du maître-autel sont une manifestation de l'humanisme toscan. Le chef-d'œuvre pictural de l'église est sans aucun doute la *Sainte Christine en adoration devant le Christ mort*, peint en 1520 par Vincenzo Catena. La précision du paysage vénitien et les conquêtes belliniennes sont fixées dans un choix chromatique sophistiqué ; quant aux personnages, ils évoquent des influences nordiques et annoncent le maniérisme.

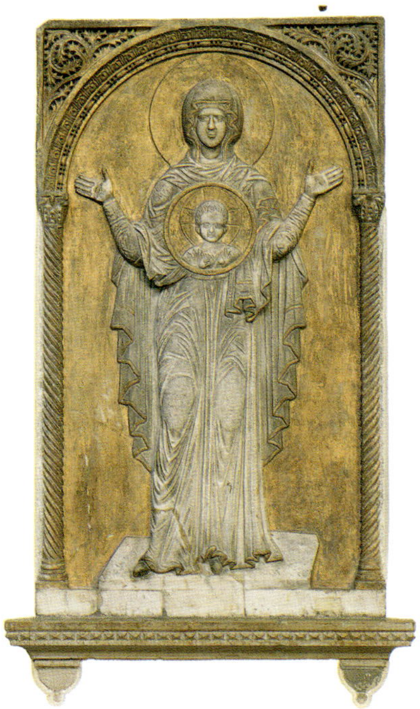

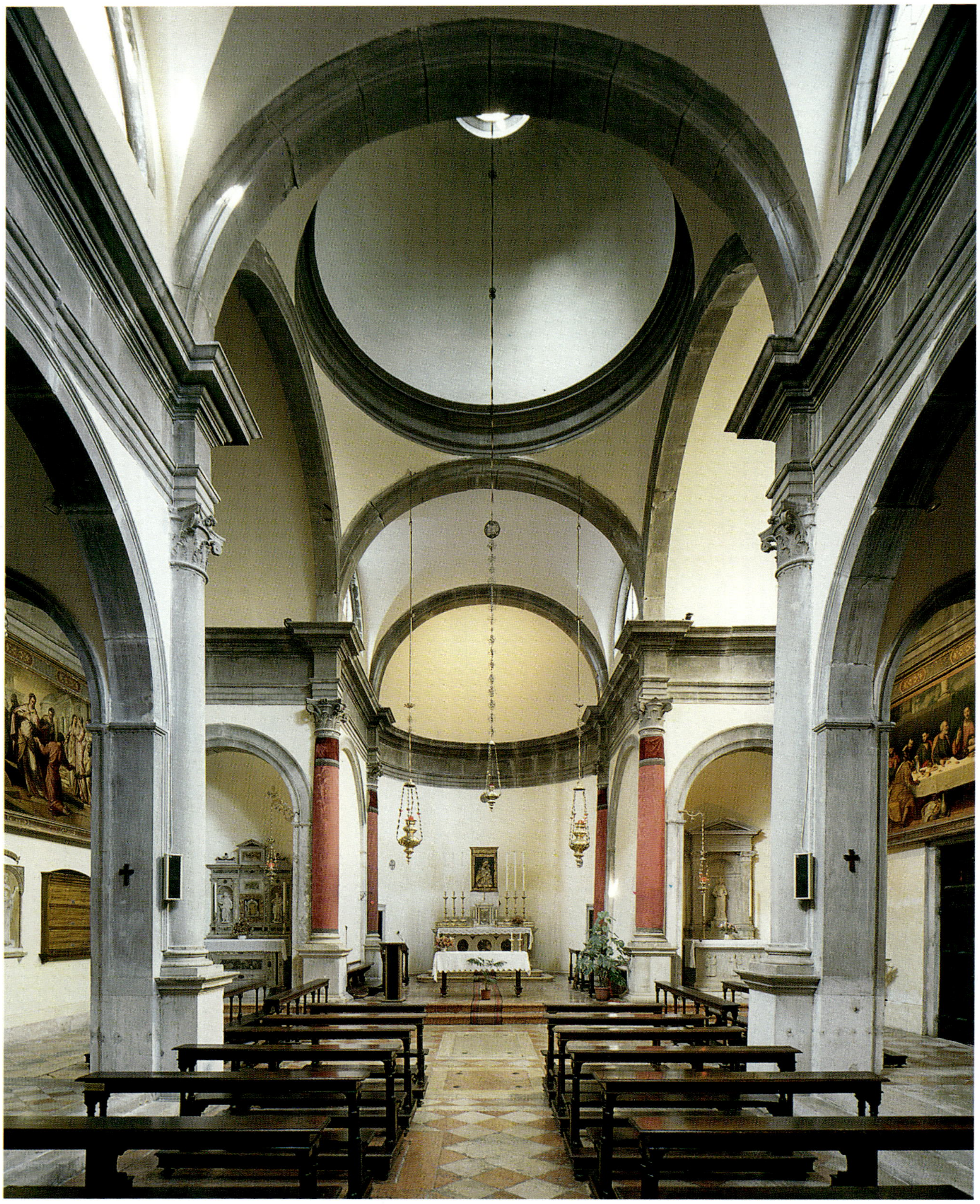

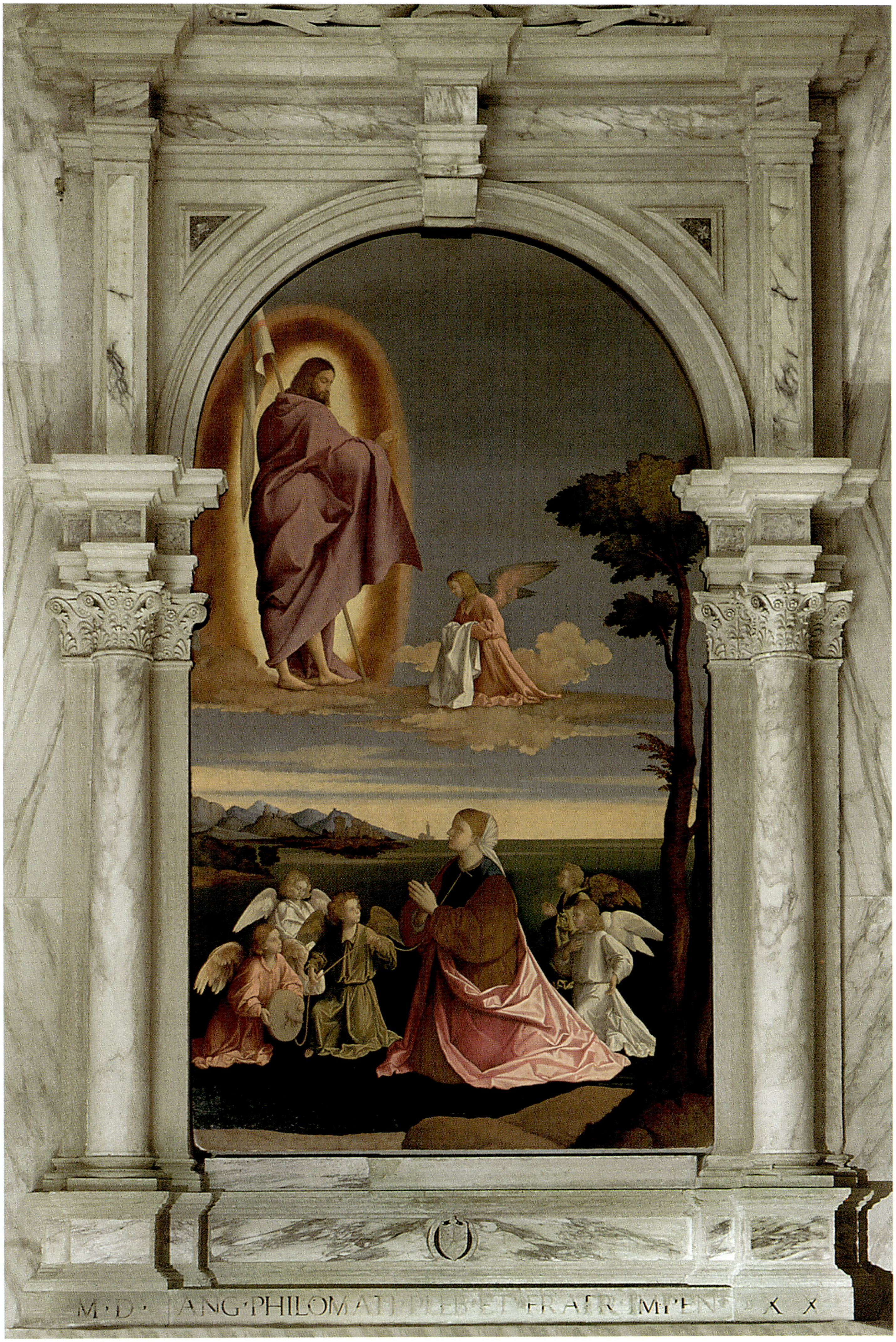
M·D· ANG·PHILOMATI·PLEB·ET·FRATR·IMPEN· X X

Église Santa Maria Formosa

Déjà présente au VIIe siècle, l'église est reconstruite au IXe siècle et transformée par Codussi en 1492. Sur un plan en croix latine s'élèvent des volumes épurés. Le jeu des voûtes et des arcs est souligné par des nervures qui se détachent sur l'enduit blanc et indiquent l'inspiration architecturale toscane, enrichie d'éléments propres au langage local. *Le Triptyque de la Vierge* de Bartolomeo Vivarini est placé en 1473 sur un élégant autel en marbre. Les façades extérieures dominent l'espace du campo ; le monument au *capitano da mar* Vincenzo Cappello, dont la famille avait pris en charge la construction, surmonte la façade sur le canal, érigée en 1542. Les autres façades, de 1604, portent également l'écu et le buste de Cappello. Le campanile de Francesco Zucconi date aussi du XVIIe siècle ; on y accède par une porte surmontée d'un masque grotesque.

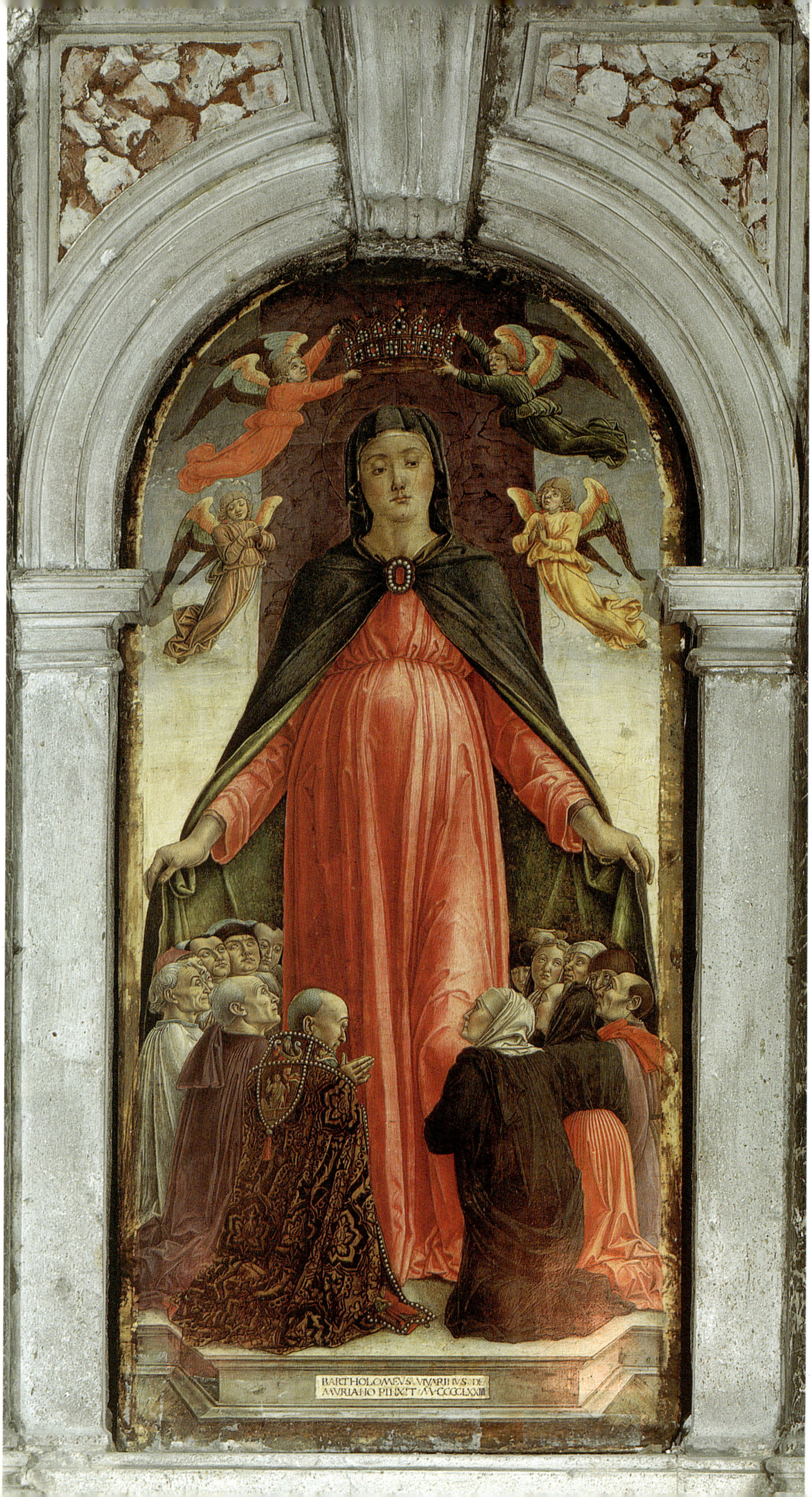

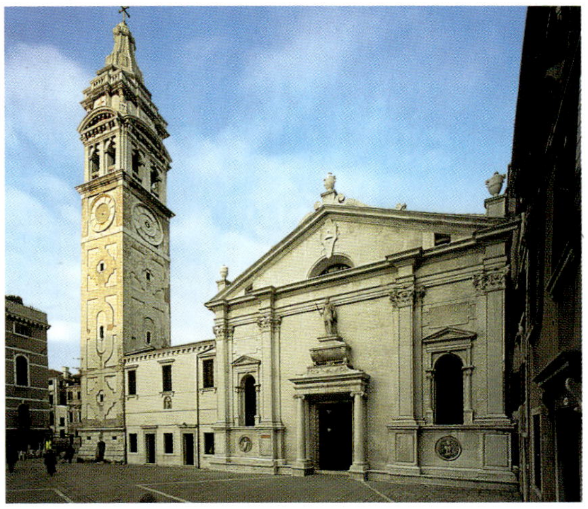

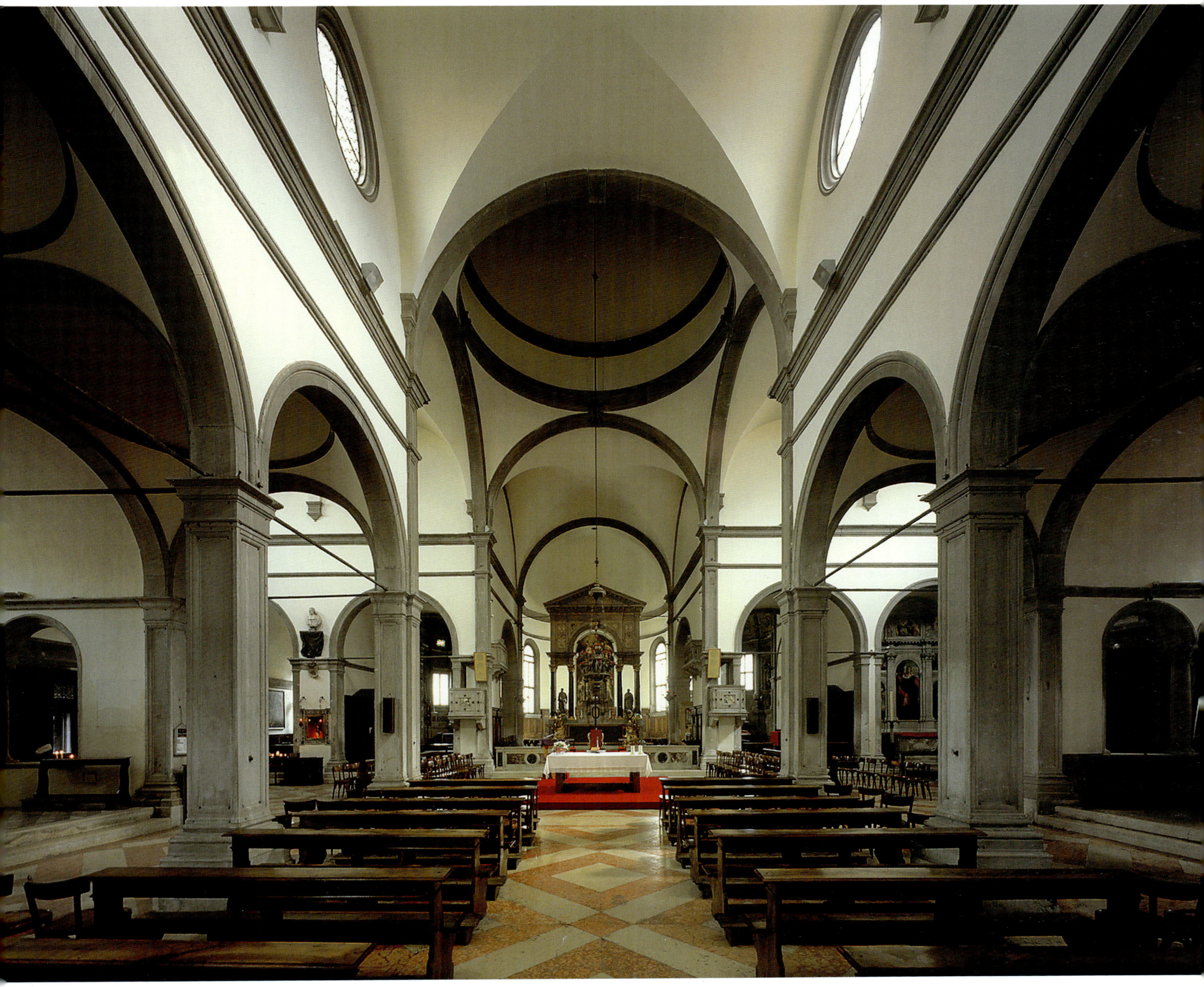

Église San Michele in Isola

Présente depuis le Xe siècle, cette église, attenante à un monastère, subit entre 1469 et 1478 une reconstruction totale sous la direction de Mauro Codussi. La masse blanche en pierre d'Istrie de la façade est tripartie, avec un tympan semi-circulaire, et deux contreforts aux moulures raffinées. Il s'agit là du premier édifice réellement Renaissance dans la lagune dont le modèle sera largement diffusé en Vénétie. Juxtaposé à la façade, le précieux volume sur plan hexagonal de la chapelle Emiliani fut érigé en 1530 par Guglielmo de' Grigi, dit le Bergamasque. Sur le côté opposé, on accède au cloître du Quattrocento qui précède le cimetière communal, placé ici au XIXe siècle, après la fusion des églises et des îles de San Cristoforo et de San Michele.

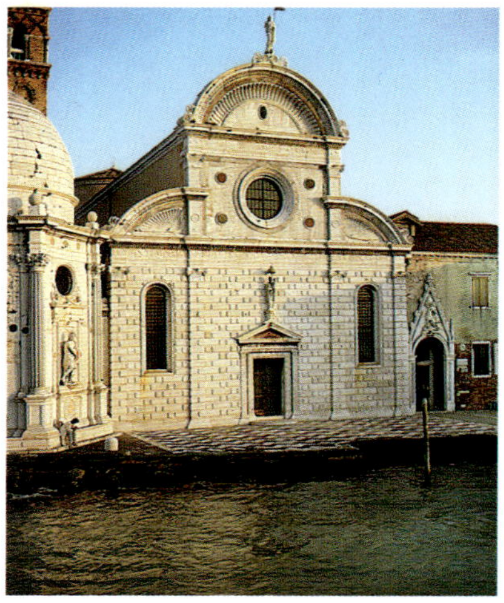

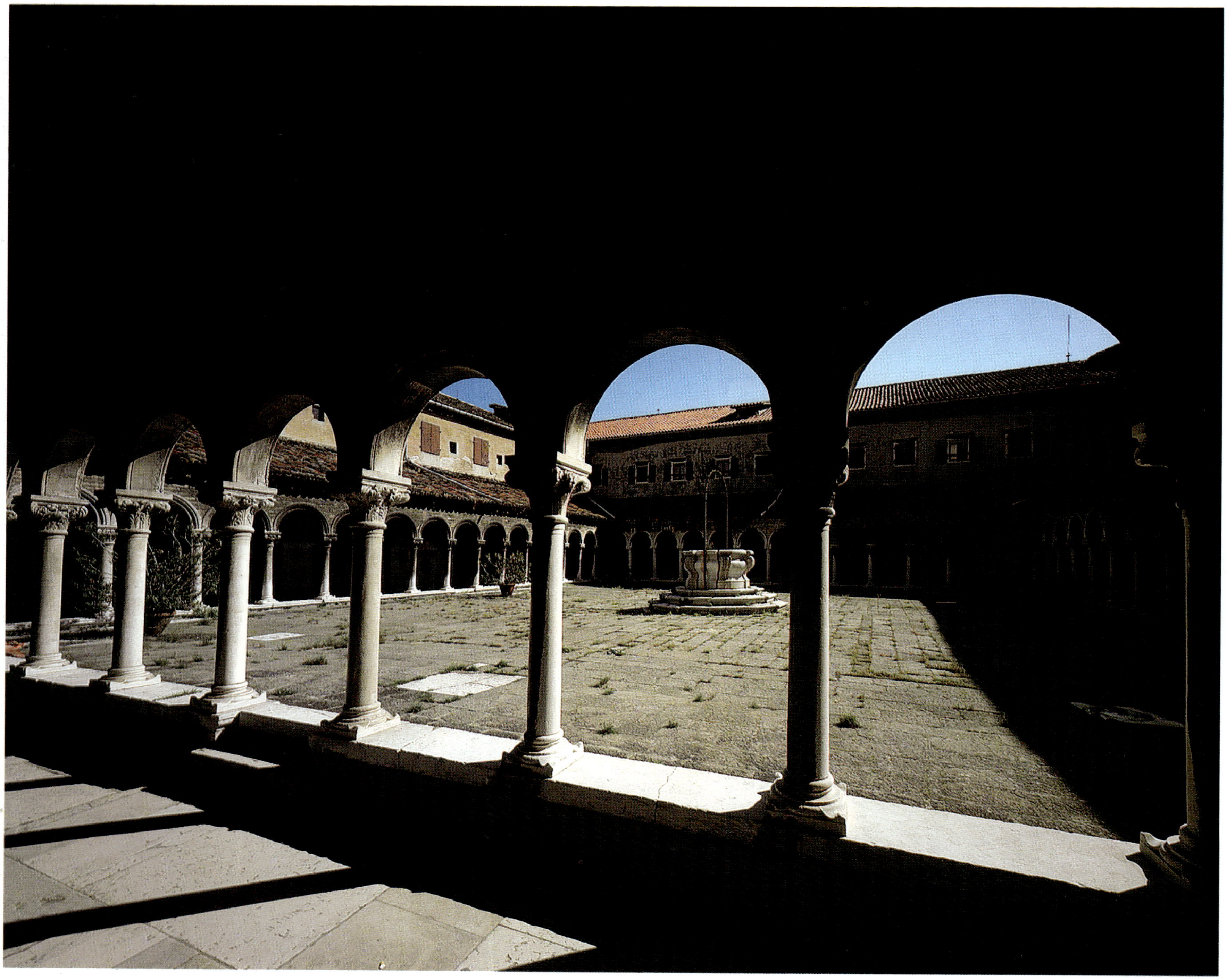

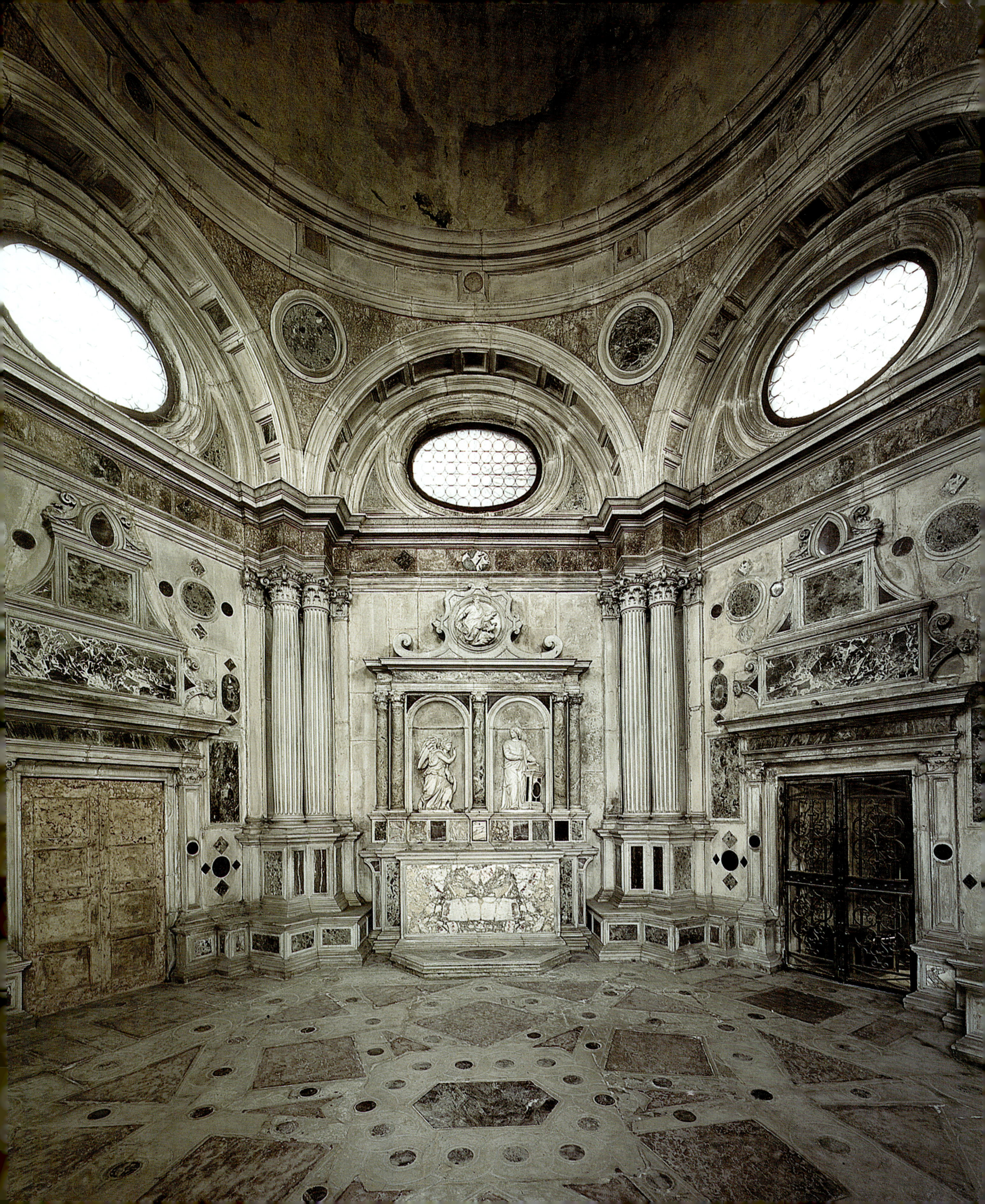

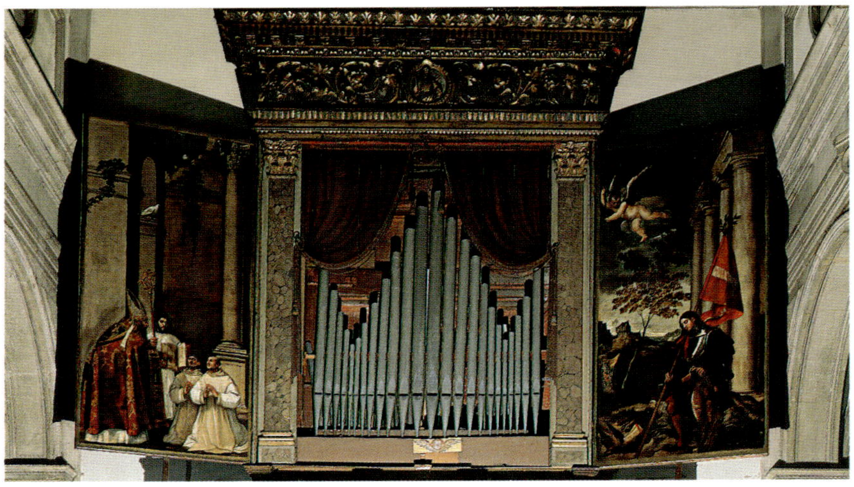

L'église, dont la fondation remonte au VIIe siècle, est plusieurs fois reconstruite avant de présenter dès le XVIe siècle l'aspect qu'elle a aujourd'hui. Giorgio Spavento est l'auteur du projet architectural, mais Tullio Lombardo lui succède et Jacopo Sansovino achève les travaux. La façade principale, érigée en 1663 par Giuseppe Sardi, est ornée de sculptures de Bernardo Falcone. L'intérieur solennel d'empreinte Renaissance présente un riche pavement en marqueterie de marbre ; la lumière y pénètre à travers les lanterneaux ajoutés aux trois coupoles par Vincenzo Scamozzi en 1569. Dans l'église se trouvent des sculptures d'Alessandro Vittoria et de Campagna, et un orgue dessiné par Jacopo Sansovino, dont les battants sont peints par Francesco Vecellio, frère de Titien, et deux toiles magistrales du célèbre peintre : *La Transfiguration*, placée sur le maître-autel, et *L'Annonciation*, dans la chapelle Cornovì (voir page 187). On peut également y admirer *Saint Léonard, Saint Laurent Justinien et des saints* de Francesco Fontebasso (voir page 186). Dans cette église sont ensevelis Caterina Cornaro, reine de Chypre, et, dans un monument funéraire conçu par Jacopo Sansovino, le doge Francesco Venier.

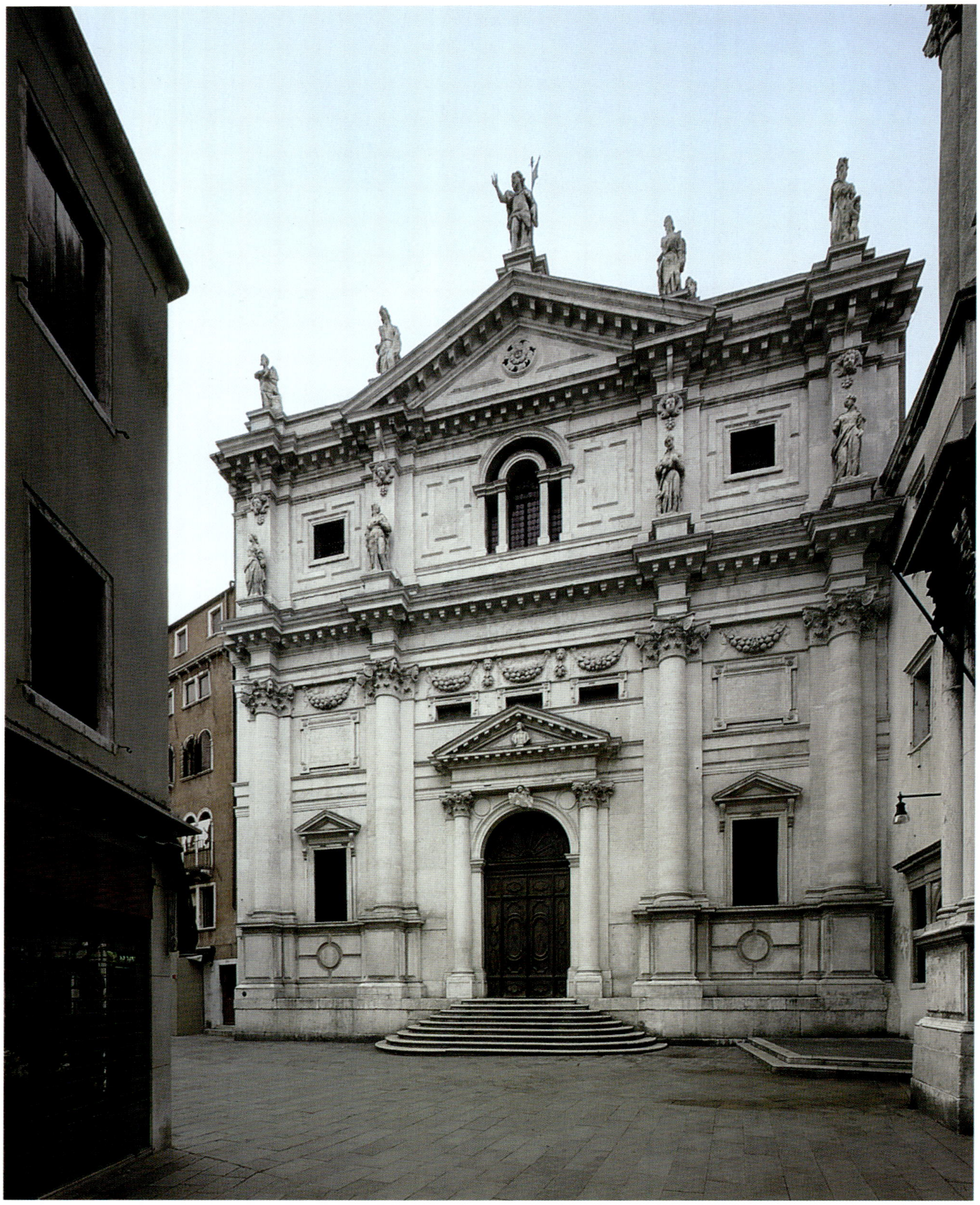

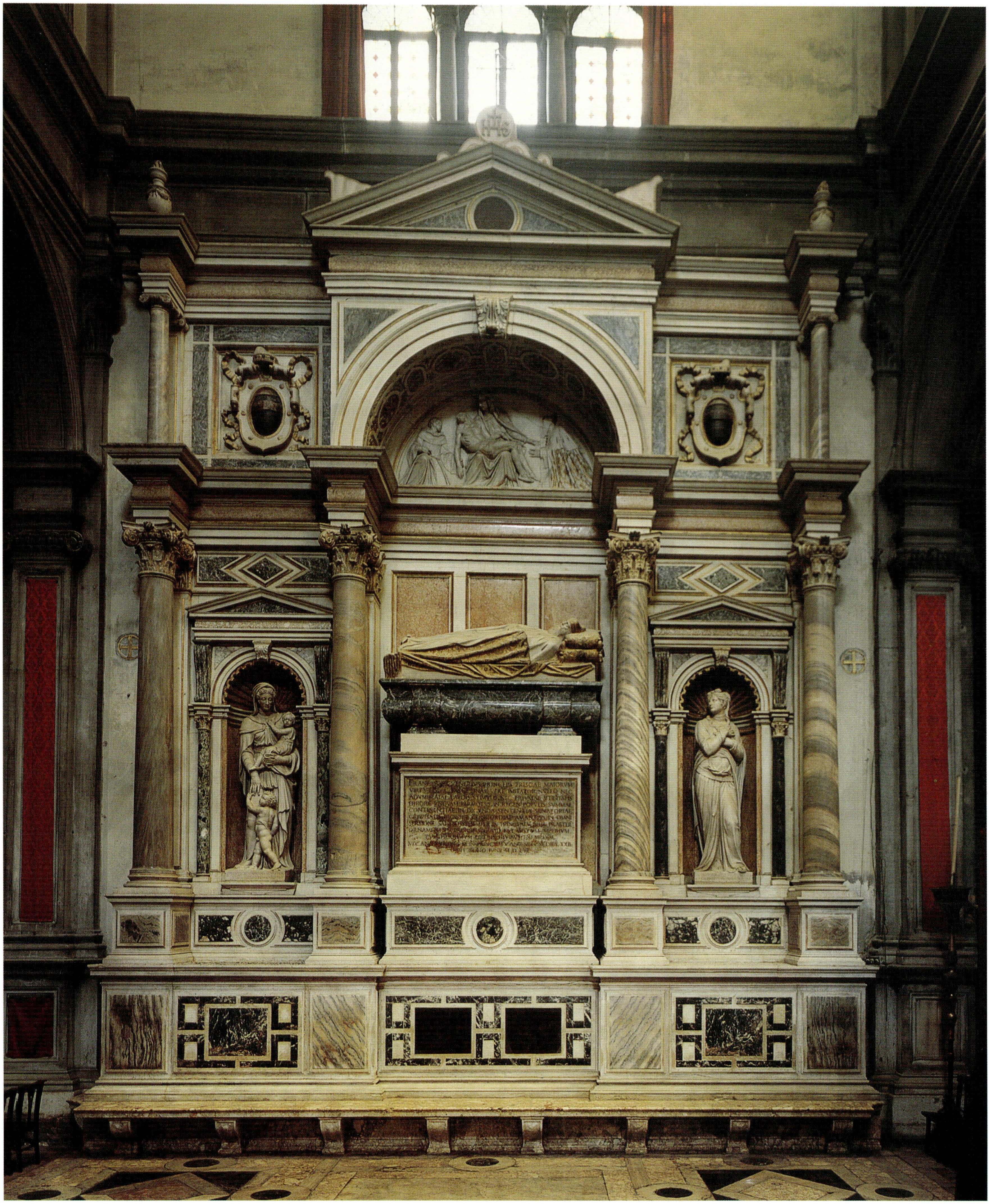

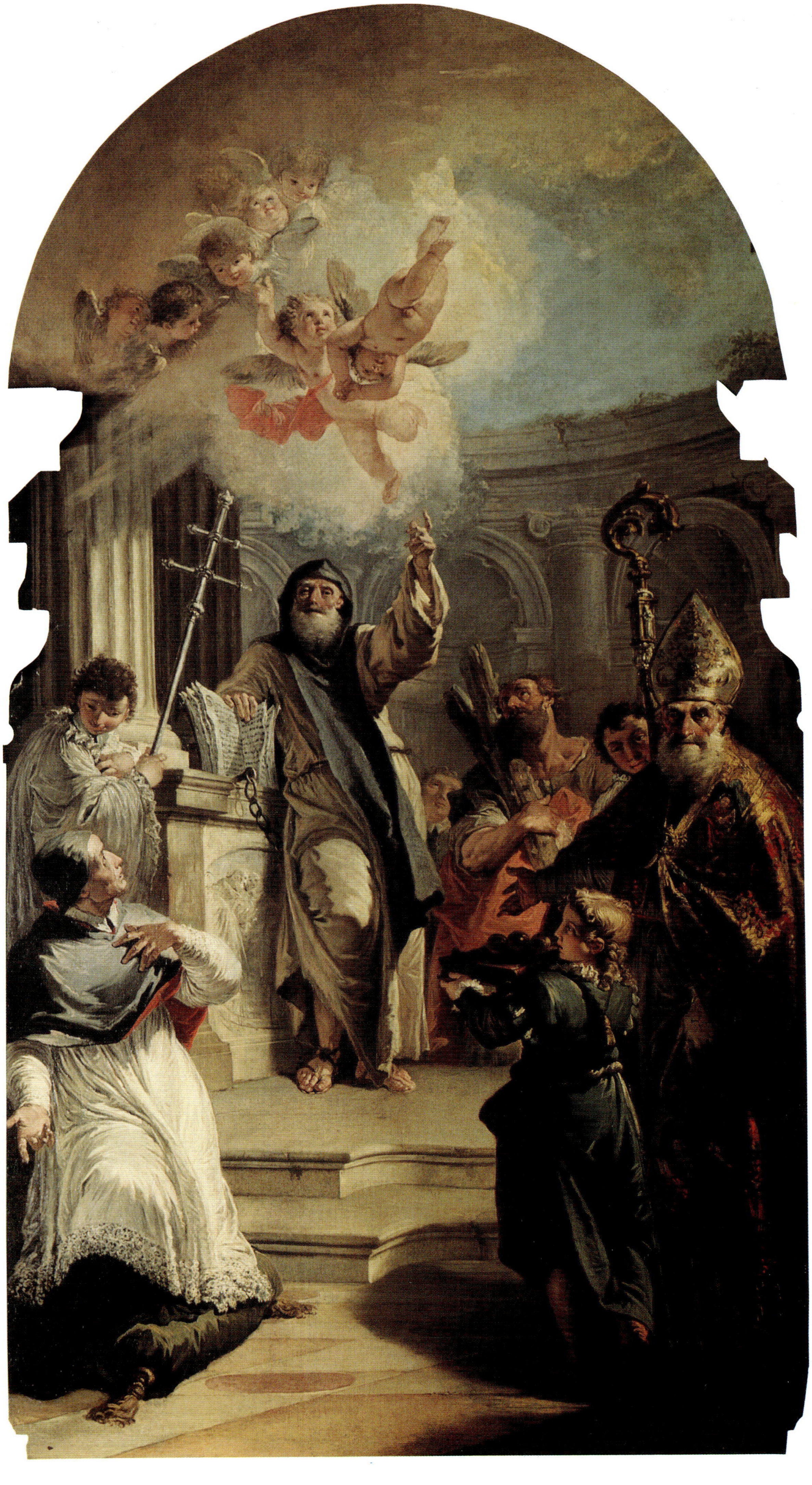

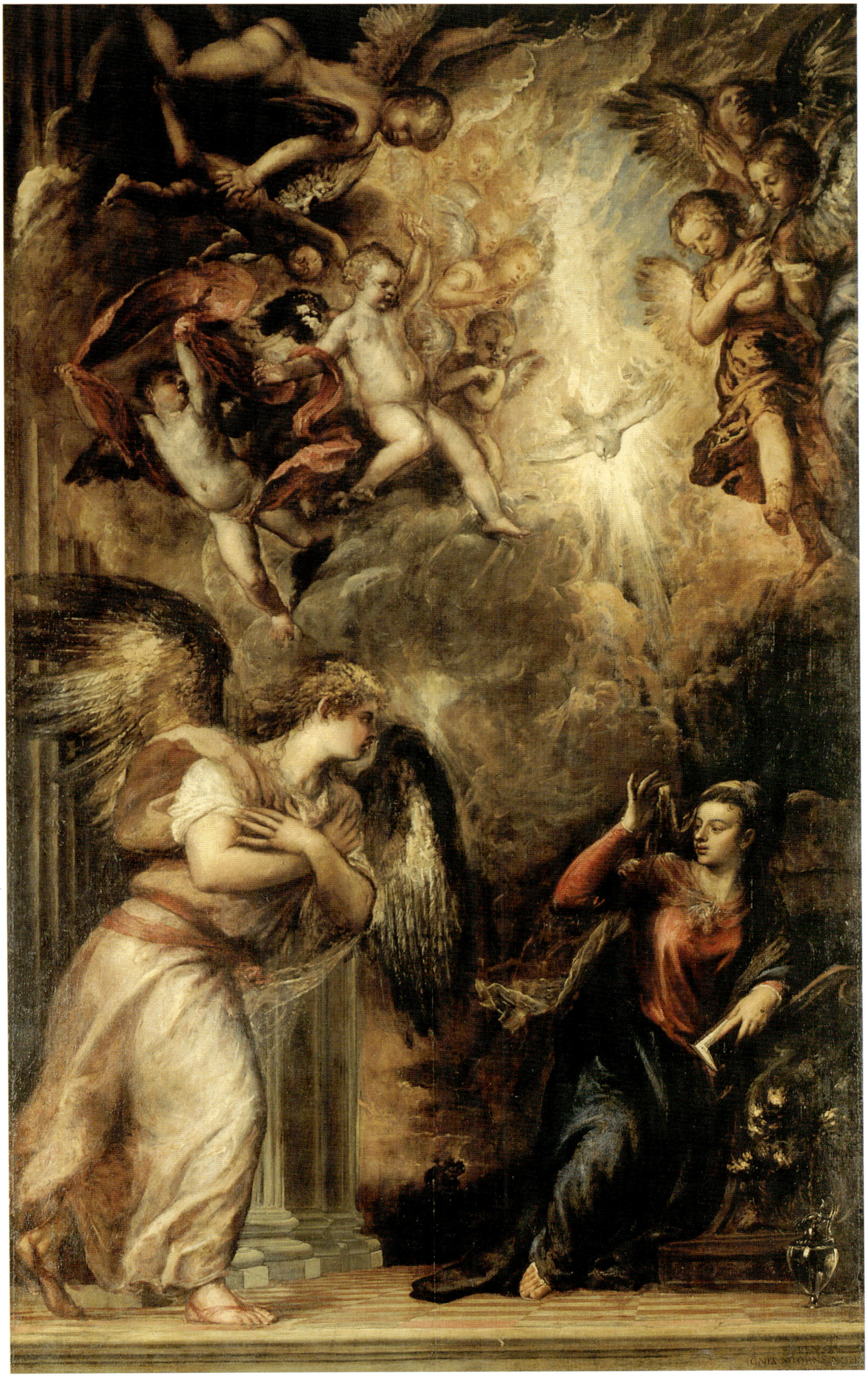

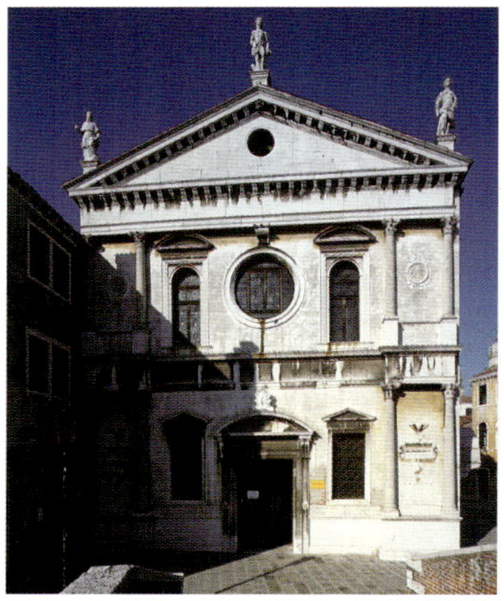

Simple et de caractère classique, la façade de cette église est érigée entre 1505 et 1548, sur un projet du prote Antonio Scarpagnino. L'intérieur en croix latine présente une nef unique avec un chœur à coupole tandis qu'un chœur suspendu s'articule sur les deux côtés. Aux détails d'architecture réels se mêlent des trompe-l'œil de Véronèse, qui est enseveli au pied de l'orgue dont il avait décoré les portes en 1559. Il a peint ici, entre 1551 et 1565, quelques œuvres géniales, fresques et toiles, qui forment un ensemble artistique sans égal. Dans la chapelle Lando, à gauche du maître-autel, on aperçoit un pavement en terre cuite de 1510 : au centre sont figurés les commanditaires, une famille qui donna un doge à la République au XVIe siècle. Sur le sol figurent des masques, des paysages, des motifs allégoriques et des animaux issus d'un atelier vénitien et très semblables à ceux de l'abbaye belge de Herckenrode. L'artisan, qui semble peu habitué à l'ornementation des sols, y dessina des motifs circulaires, certainement conçus à l'origine pour décorer la vaisselle.

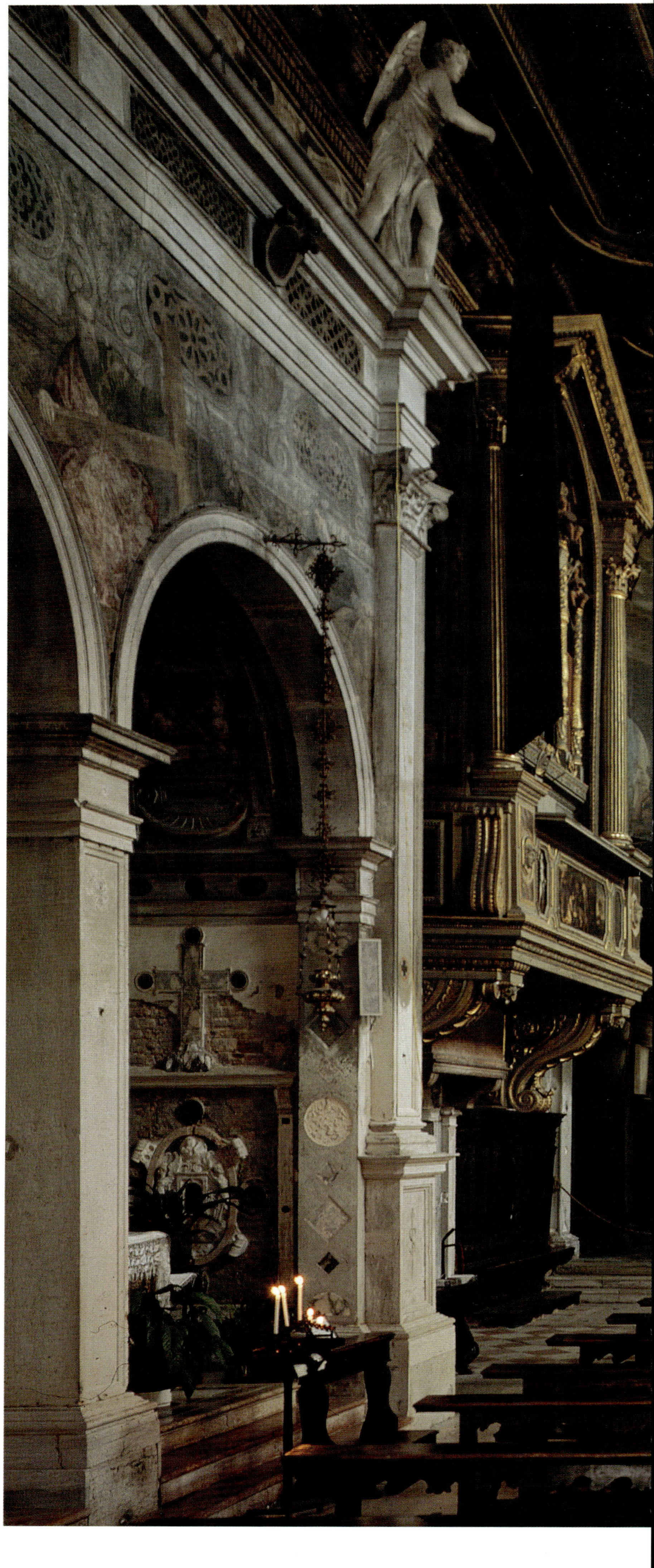

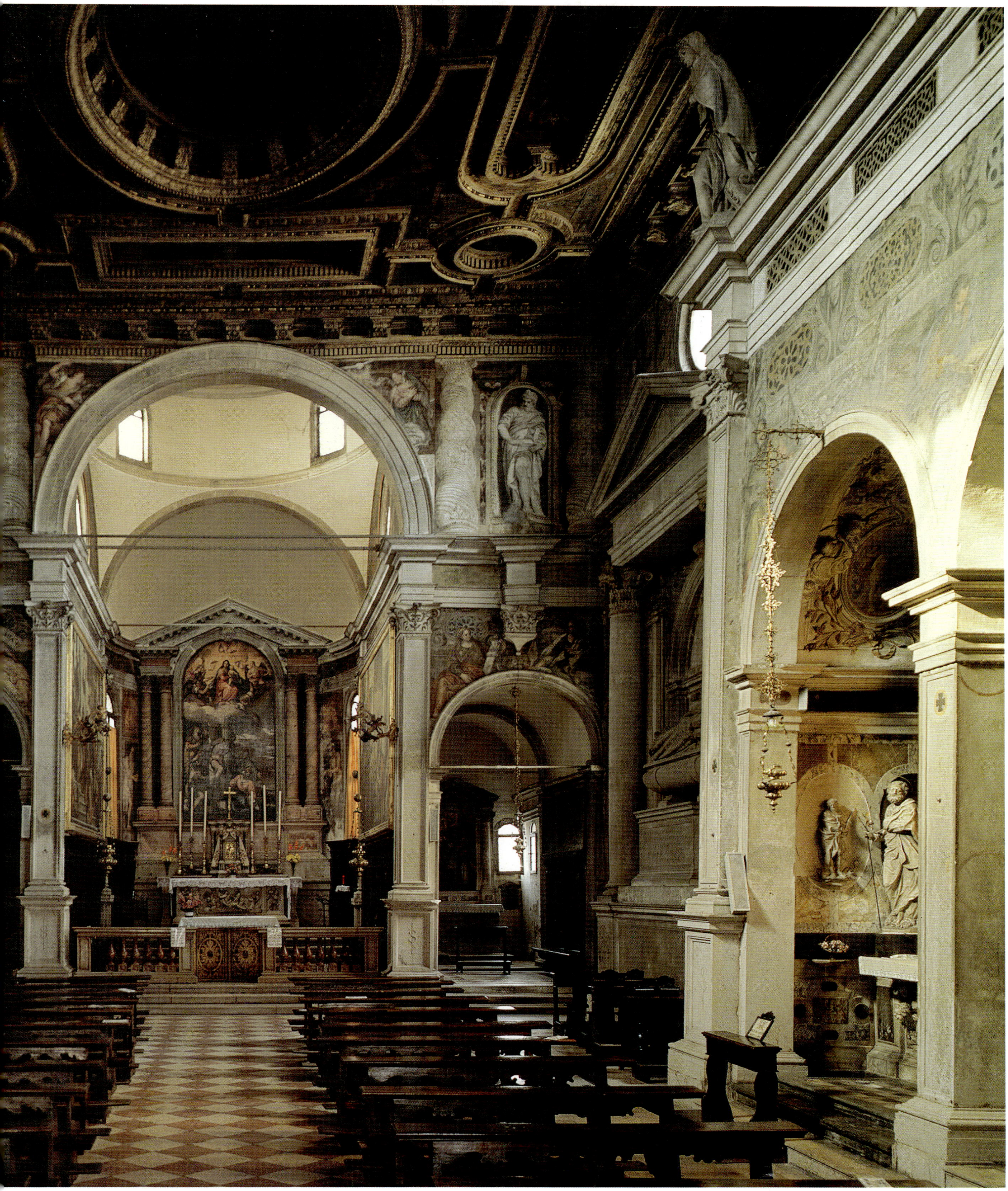

Église San Zaccaria

Fondé au IXe siècle, l'édifice présente une façade début Renaissance. La construction imposante est le fruit de deux interventions, entre 1444 et 1500 : l'une de style gothique tardif d'Antonio Gambello et l'autre Renaissance de Mauro Codussi. On doit au premier la chapelle Sant'Anastasio et la chapelle San Tarasio, qui datent de la première moitié du XVe siècle. Codussi, lui, intervient sur la façade principale en pierre, en développant une série de registres horizontaux, couronnés par des contreforts et un tympan curviligne. Des bandeaux saillants portés par des doubles colonnes divisent ces registres, et les doubles pilastres marquent l'emplacement de la nef. Dans l'église, des colonnes élancées la séparent des bas-côtés. Trait particulier : les chapelles rayonnantes ainsi que les stalles en bois de la chapelle Sant'Anastasio, œuvres des frères Marco et Francesco Cozzi, réadaptées à la fin du XVIe siècle.
La chapelle San Tarasio a gardé au pied de son autel les restes d'une mosaïque qui ornait l'abside de la précédente église romane byzantine. L'église possède un patrimoine artistique exceptionnel : des chapiteaux d'Antonio Buora et un retable du Tintoret, *La Naissance de saint Jean Baptiste*.

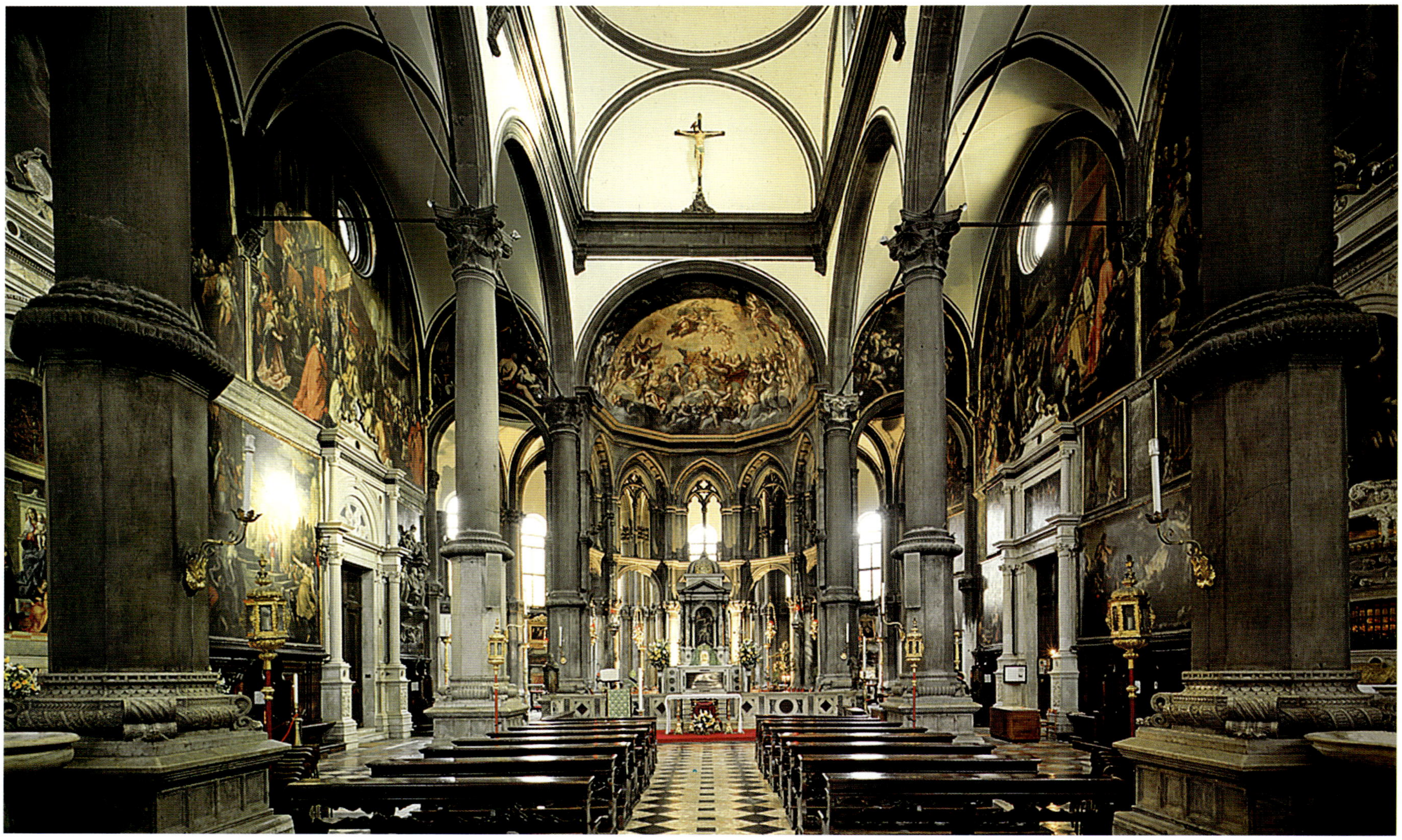

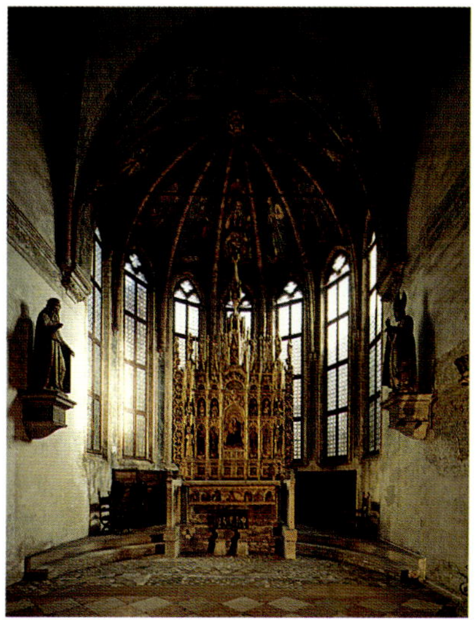

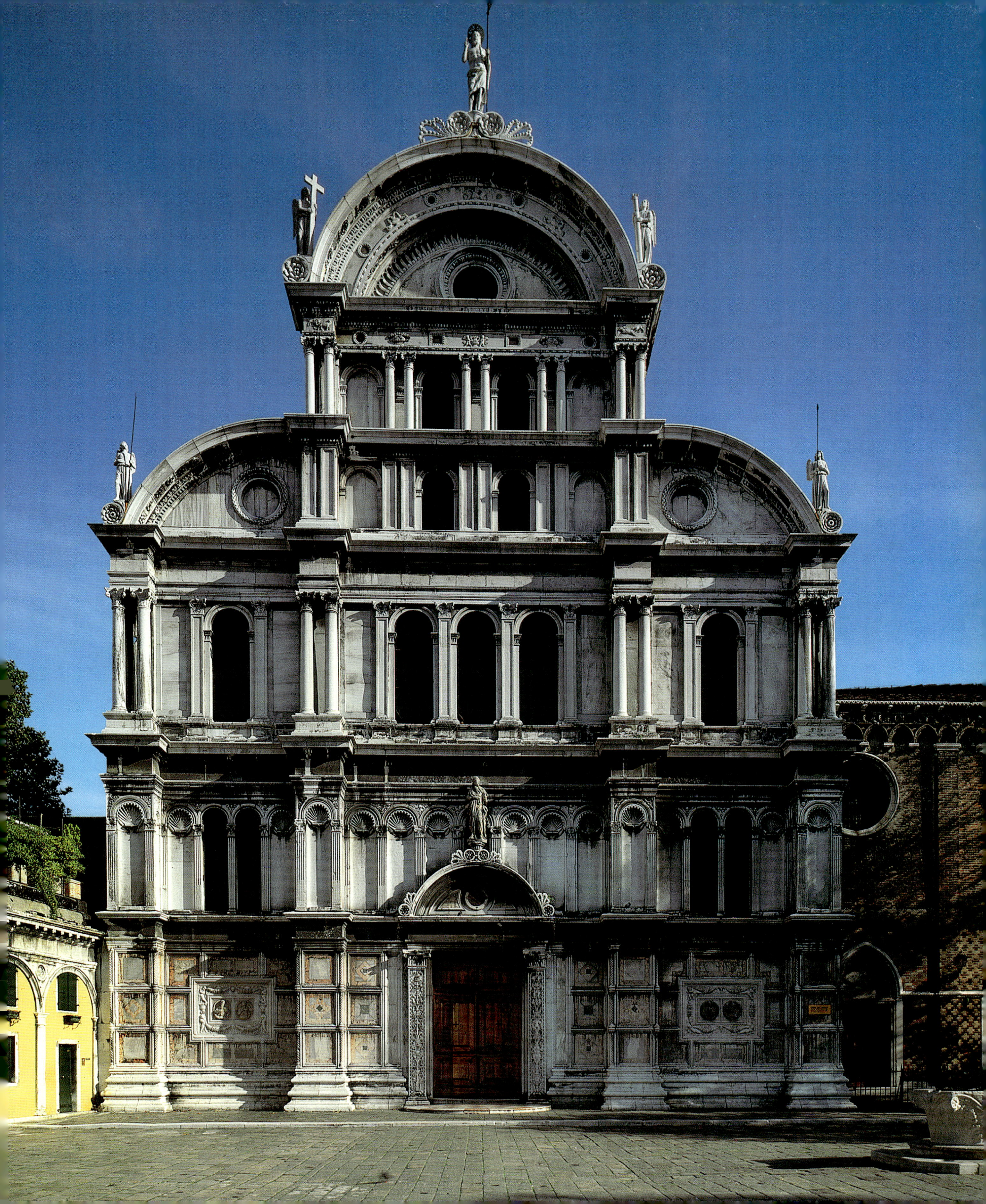

En 1505, à l'âge de soixante-quinze ans, Giovanni Bellini réalise pour San Zaccaria une œuvre intéressante par son rapport lumière-couleur, *La Pala de San Zaccaria*, qui fut enlevée par Napoléon en 1797 et restituée en 1816. Le polyptyque d'Antonio Vivarini, *La Madone de Mastro Stefano*, de 1443, reprend la typologie introduite dans la lagune par Paolo Veneziano. Le monument funéraire d'Alessandro Vittoria, commencé par l'artiste lui-même en 1556, continué par son beau-frère et collaborateur Alessandro Rubini, sera achevé par ses élèves après la mort de ce dernier.

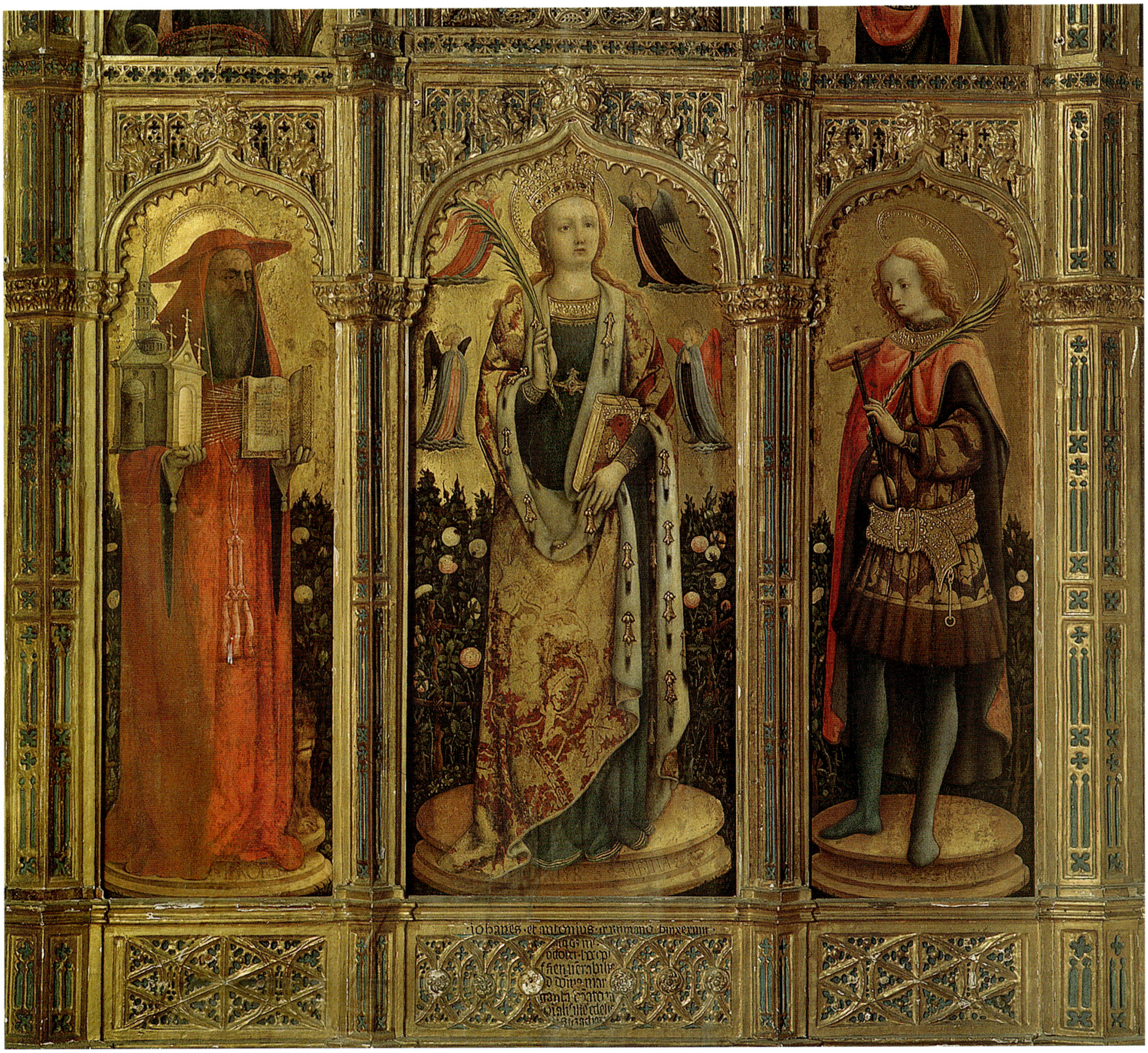

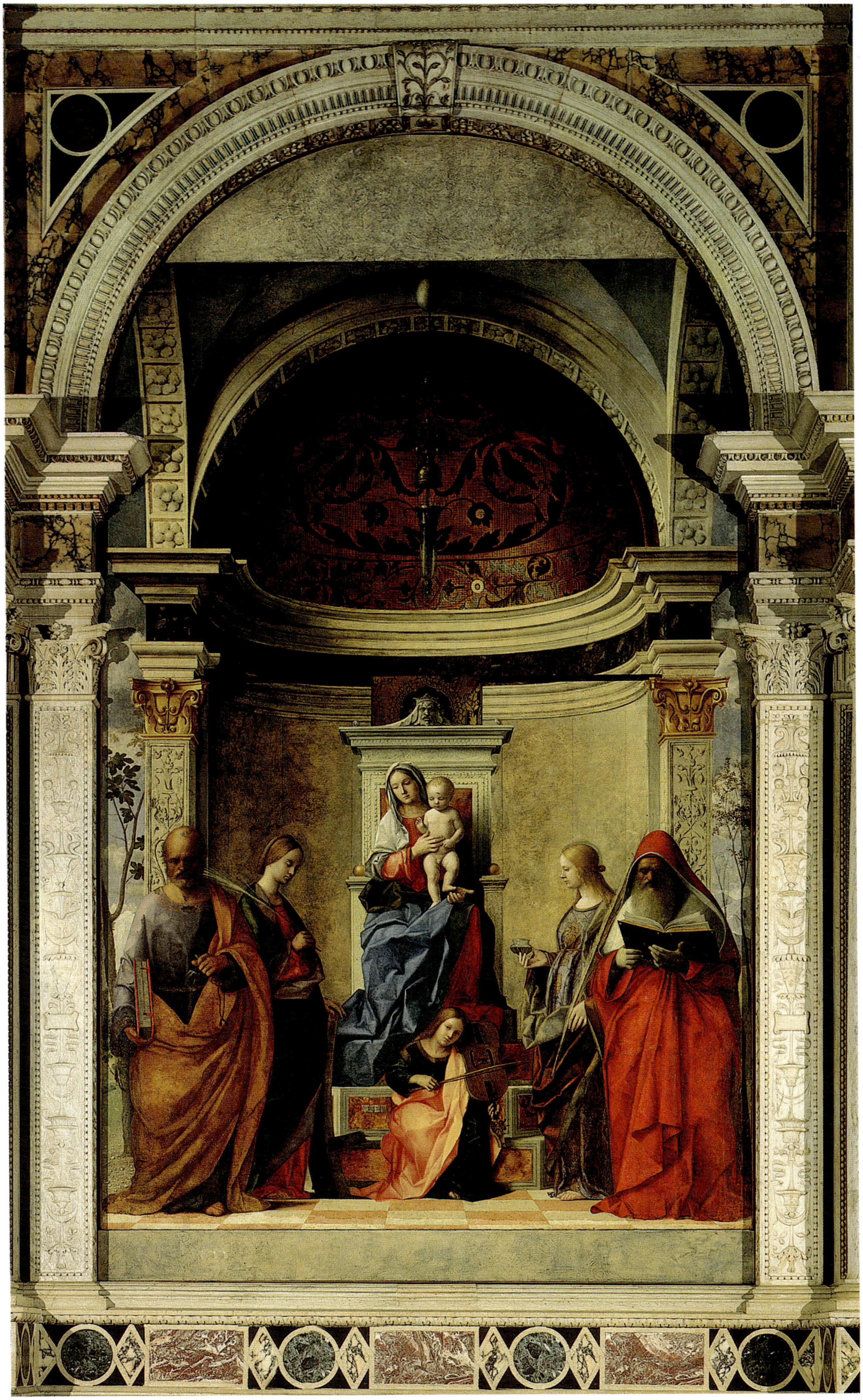

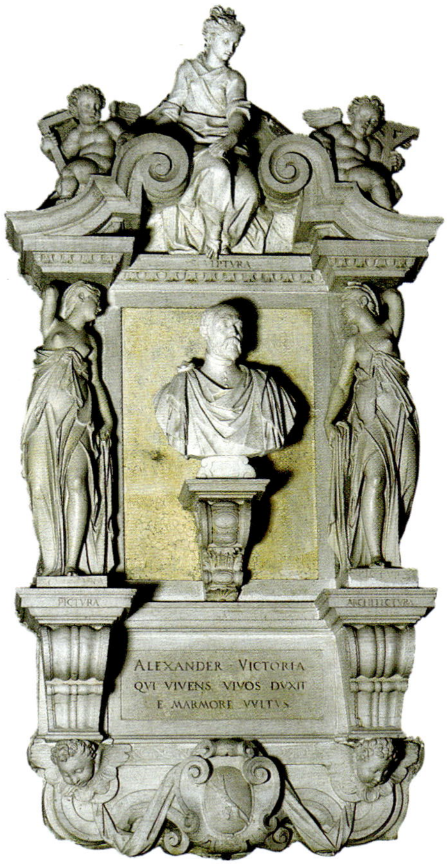
PICTVRA
ARCHITECTVRA
ALEXANDER · VICTORIA
QVI VIVENS VIVOS DVXIT
E MARMORE VVLTVS

Sur l'île de San Giorgio Maggiore s'installe en 968 un monastère bénédictin. Son importance s'accroît au cours des siècles au point que Côme de Médicis, exilé de Florence, s'y réfugie, accompagné de l'architecte Michelozzo, qui construit la première œuvre de la Renaissance à Venise : la bibliothèque du couvent, qu'un incendie détruisit en 1614. L'église présente une façade revêtue de pierre et couronnée d'un fronton. La travée centrale, encadrée de colonnes doubles, est mise en valeur par la composition d'Andrea Palladio, qui affirme aussi ses qualités d'urbaniste en modifiant l'orientation de l'église pour dresser sa façade sur le bassin et en faire un décor, pendant de celui de la place Saint-Marc. Commencée en 1566, elle sera terminée au début du XVIIe siècle par Simone Sorella. Le plan est à croix latine avec un chœur très étiré qui lui donne une grande profondeur. Partagée en trois par des pilastres multiples, la nef est recouverte d'une coupole au-dessus du transept. L'église est riche en peintures, parmi lesquelles *La Cène* du Tintoret, placée au fond du chœur. Le cloître, commencé par Palladio en 1579, était inachevé lors de sa mort, survenue en 1580. Quatre côtés à arcades portant sur des colonnes doubles en délimitent le périmètre. Conception théâtrale de Baldassare Longhena, le grand escalier se partage en deux volées symétriques ; il fut édifié entre 1641 et 1643. L'on doit également à Longhena la reconstruction de la bibliothèque, qui devint un espace baroque imposant et abrite plus de cent mille volumes.

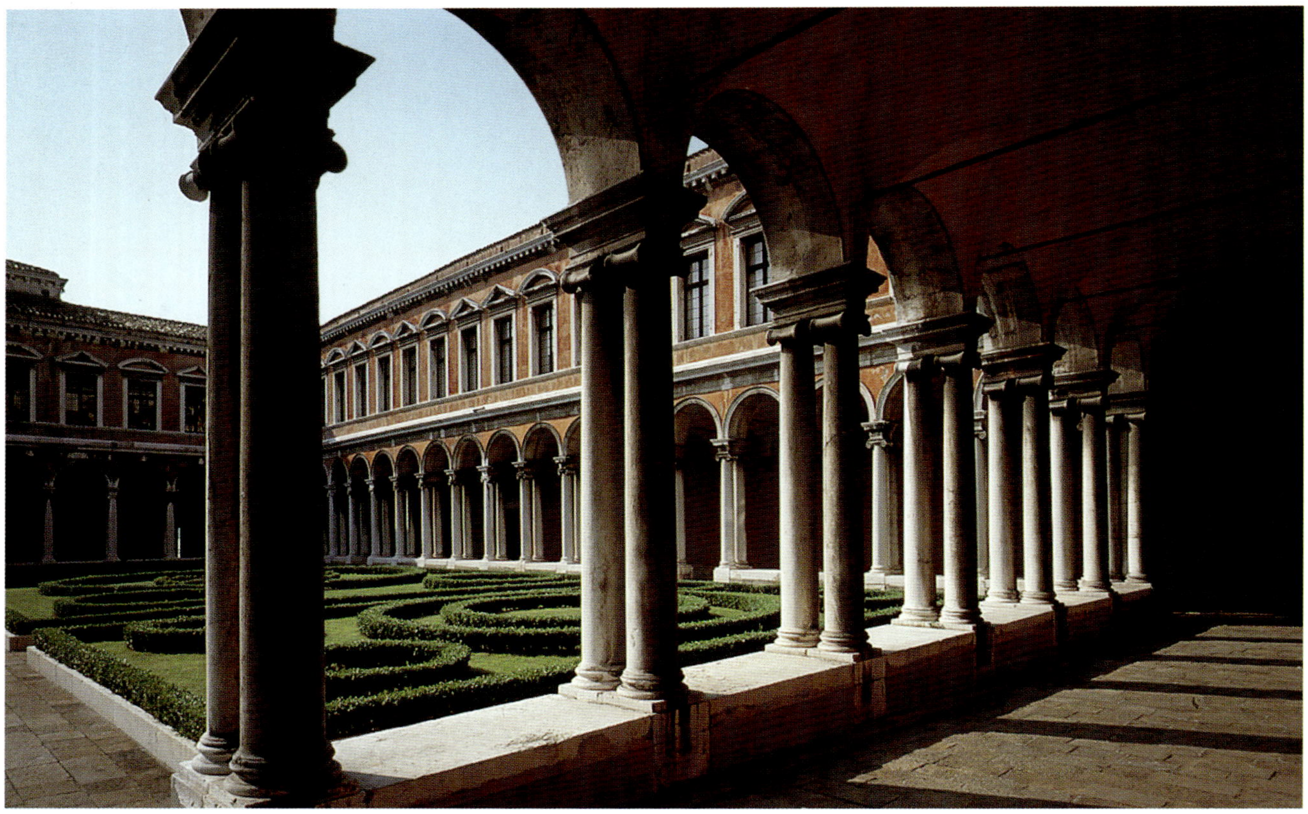

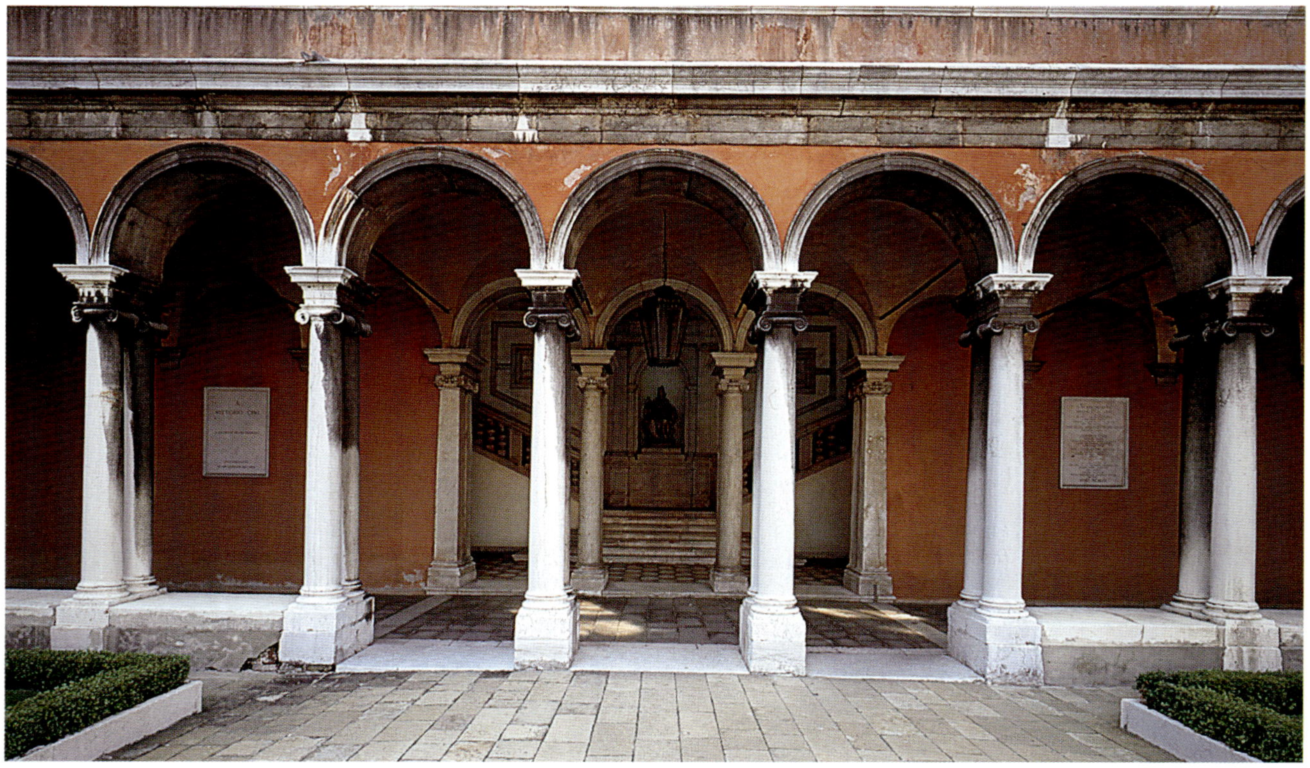

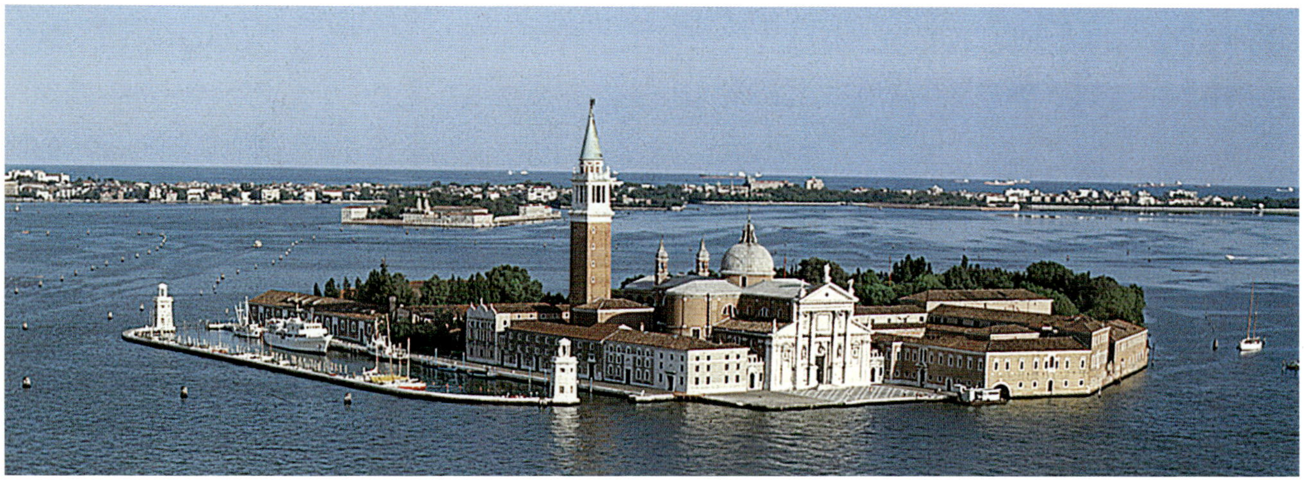

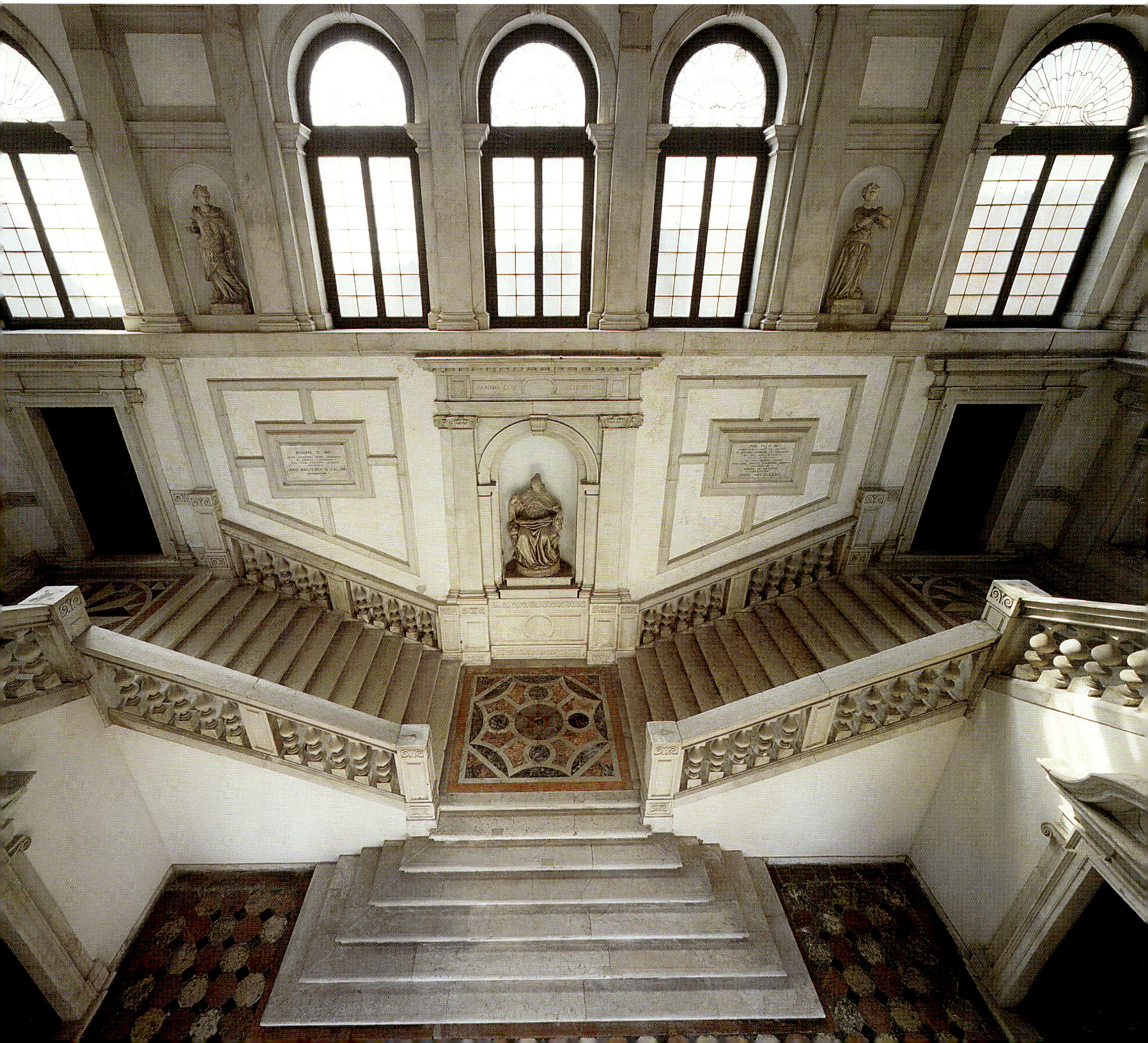

Église delle Zitelle (Église et hospice Santa Maria della Visitazione)

L'église consacrée à Santa Maria della Visitazione forme, avec l'hospice qui l'entoure sur trois côtés, un ensemble unique. L'institution recevait au XVIIIe siècle des jeunes filles pauvres qui se consacraient à la broderie – elles confectionnaient une dentelle très recherchée – mais également à l'activité musicale, comme en témoigne le plan de l'espace, carré à angles arrondis, présentant les qualités acoustiques nécessaires. L'église est conçue d'après un projet supposé de Palladio, réalisé deux années après sa mort, en 1582, par Jacopo Bozzetto. Elle est surmontée d'une vaste coupole qui la couronne entièrement et élargit la perspective intérieure. La façade à deux registres présente un fronton surmonté de deux clochetons. A l'arrière de l'église se trouve la galerie du cloître. En cela, cet édifice constitue le prototype des hospices vénitiens. Remaniée au XVIIIe siècle, l'église delle Zitelle abrite un patrimoine pictural composé d'œuvres de Bassano et de Vassillachi, ainsi que *La Prière au jardin des Oliviers* de Palma le Jeune, où figurent les portraits des commanditaires ensevelis ici : Pasquale et Elisabetta Foppa.

Scuola Grande della Misericordia

C'est en 1541 qu'Alessandro Caravia, personnalité bien connue du monde vénitien, imprégné des préoccupations religieuses de l'époque, lance un appel sévère pour un retour à l'austérité des Scuole, responsables selon lui de programmes de construction trop ambitieux. La Scuola Grande della Misericordia, conçue en 1532 et rythmée par de grandes fenêtres, demeure ainsi inachevée. Jacopo Sansovino, qui en a fait le projet, abandonne le chantier en 1544, ses propositions n'étant pas retenues.

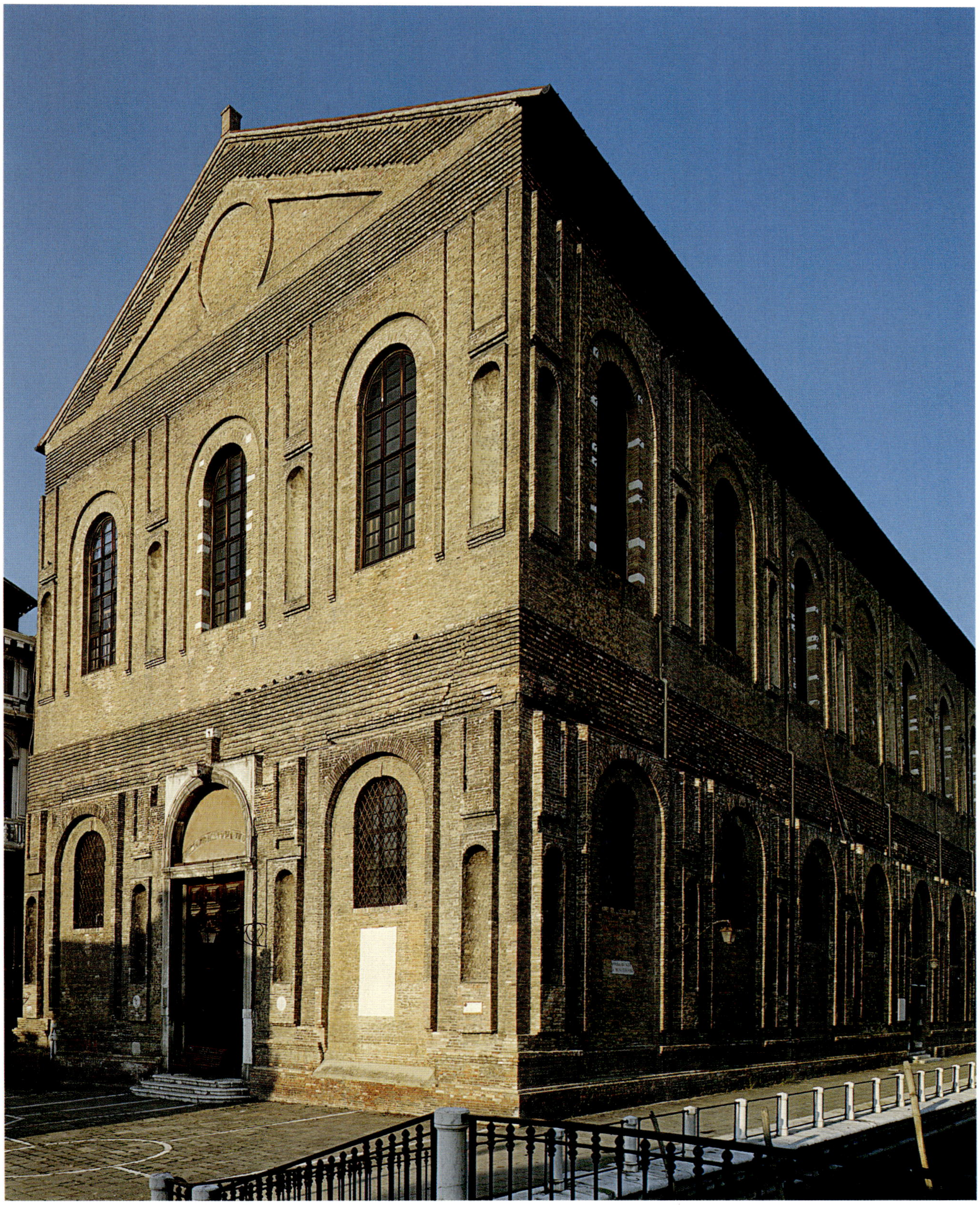

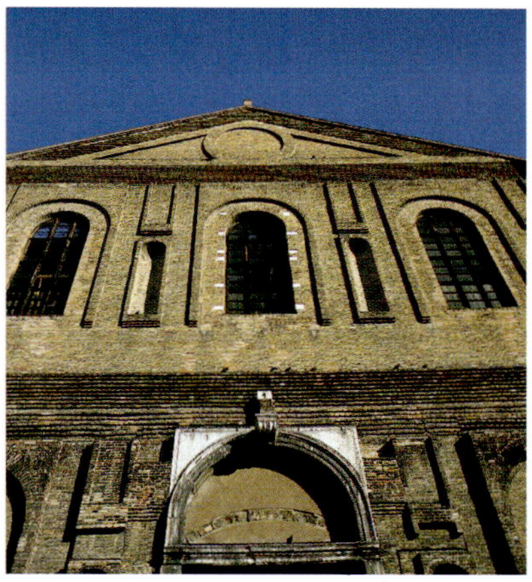

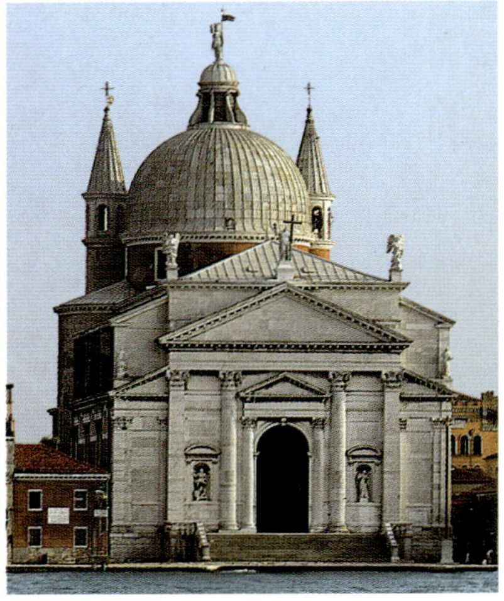

Érigé en *ex voto* après la peste de 1576, le sanctuaire del Redentore est commencé par Andrea Palladio l'année suivante. Depuis sa fondation et jusqu'à nos jours, chaque troisième dimanche du mois de juillet, une procession s'y rend à travers le canal de la Giudecca, franchissant un pont de barques assemblées pour l'occasion. L'édifice, complété par Antonio da Ponte en 1592, repose sur un soubassement à bossages. Un vaste escalier, semblable à ceux que Palladio a placés dans ses villas, évoque l'architecture classique et conduit à l'entrée. La façade, au parement de pierre, présente une succession de frontons complets ou fragmentés qui l'animent, en dépit de son faible relief.
A l'opposé, le chevet se compose de volumes cylindriques et très dépouillés. Deux niches, dont chacune contient une sculpture de Campagna, encadrent l'entrée. L'intérieur se dresse selon un plan en croix latine avec un chœur étiré et un transept elliptique, et abrite des œuvres d'Alvise Vivarini, Francesco Bassano, Pietro Vecchia, Carlo Saraceni, Véronèse et son école. De grandes fenêtres palladiennes éclairent la nef bordée de six chapelles, qui présente une voûte en berceau. Dans le chœur en double abside prend place le maître-autel avec son tabernacle baroque et les sculptures en bronze de Gerolamo Campagna. L'église est considérée comme l'œuvre majeure de Palladio.

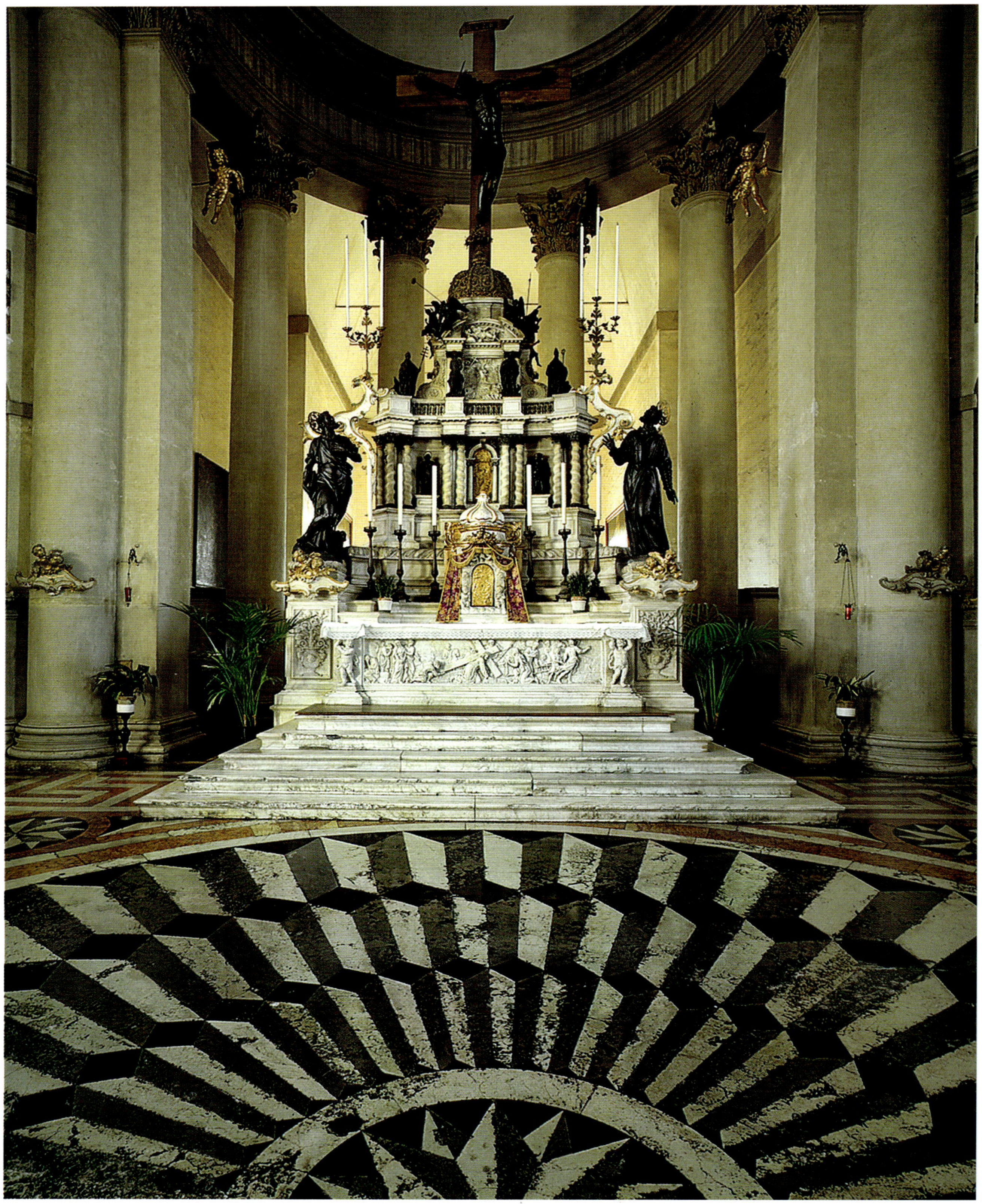

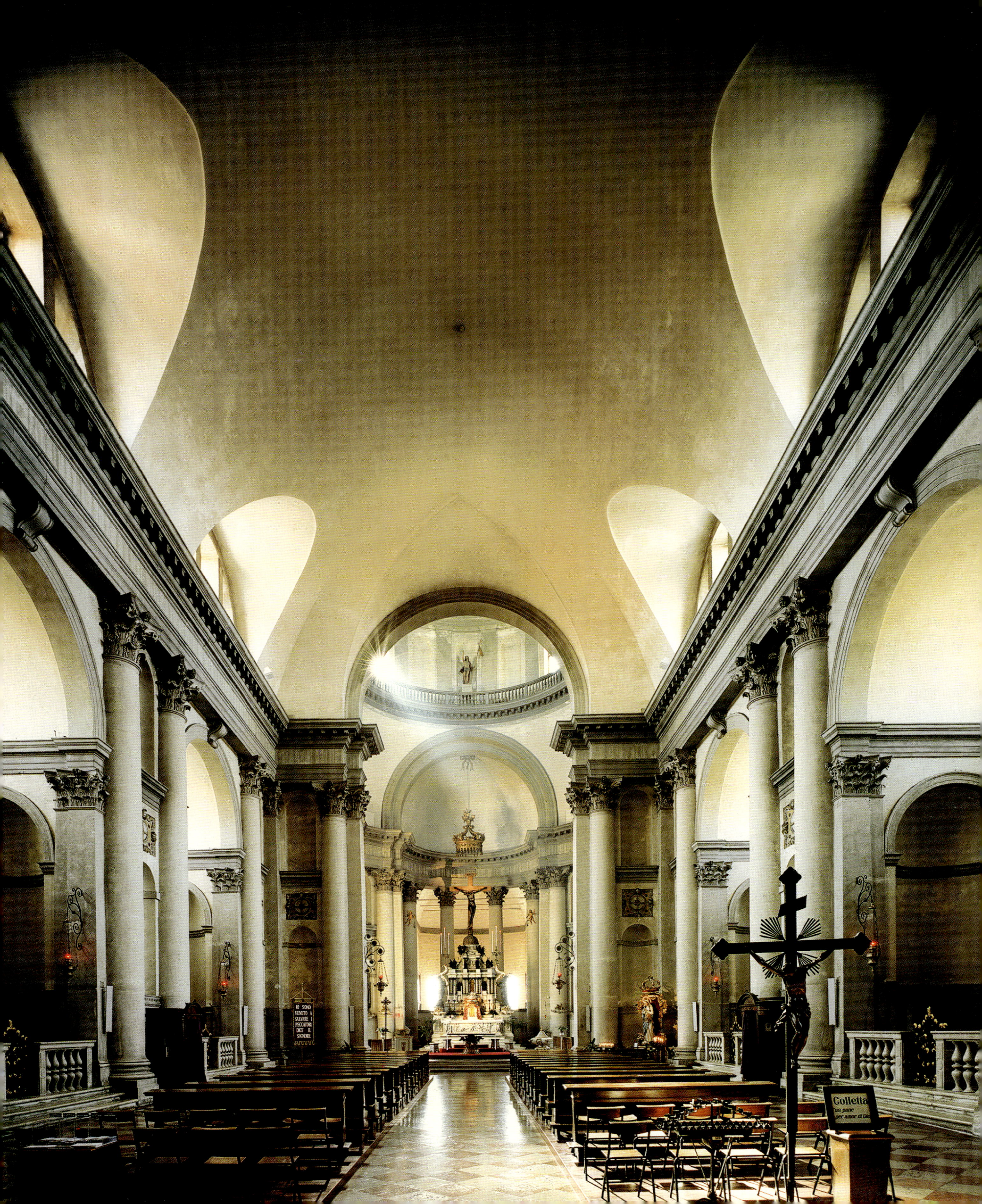
IO SONO VENUTO A SALVARE I PECCATORI DICE IL SIGNORE
Colletta
un pane

Église San Francesco della Vigna

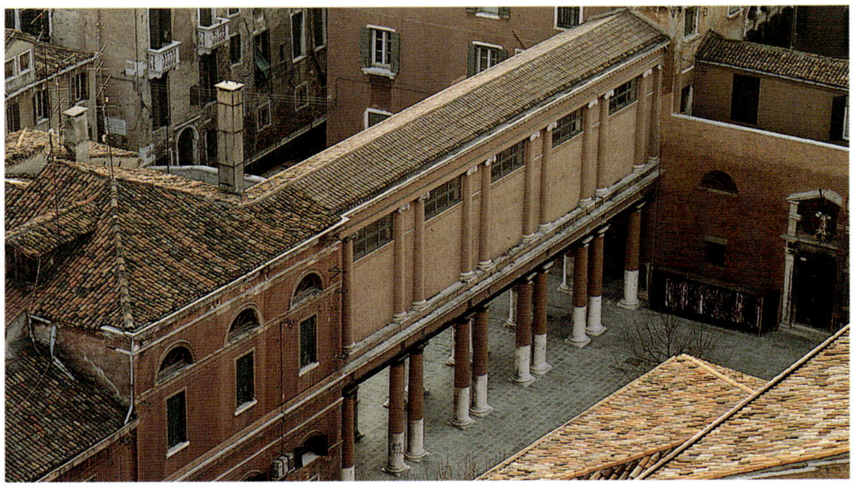

Il s'agit là de la première intervention de Sansovino dans la ville, sur les vestiges d'une église gothique. Le plan équilibré en croix latine, d'inspiration toscane, est empreint des conceptions néoplatoniciennes du prieur Francesco Zorzi ; auteur de *Problemata* et du traité *De Harmonia Mundi*, il était convaincu de la nécessité d'une réforme spirituelle dans l'Église catholique. Les programmes de rénovation de la famille Gritti, dont le palais donne sur le campo devant l'église, se reflètent dans les chapelles. L'extraordinaire chapelle dei Giustinian est ornée de sculptures et de reliefs lombardiens.
Après la mort d'Andrea Gritti en 1538, ce sont les Grimani, en particulier le patriarche d'Aquilée, Giovanni, commanditaire d'une décoration à la romaine sur la voûte de sa chapelle, qui financent les travaux de l'église, achevée en 1568. Sa façade tripartie, portée par quatre colossales colonnes engagées à chapiteaux corinthiens et couronnée d'un fronton, est l'œuvre d'Andrea Palladio. Parmi les œuvres d'art de Véronèse, Alessandro Vittoria, Giovanni Bellini et Tiepolo, on remarque aussi *La Vierge en majesté avec l'Enfant*, peinte par Antonio da Negroponte en 1470, chargée de significations symboliques.

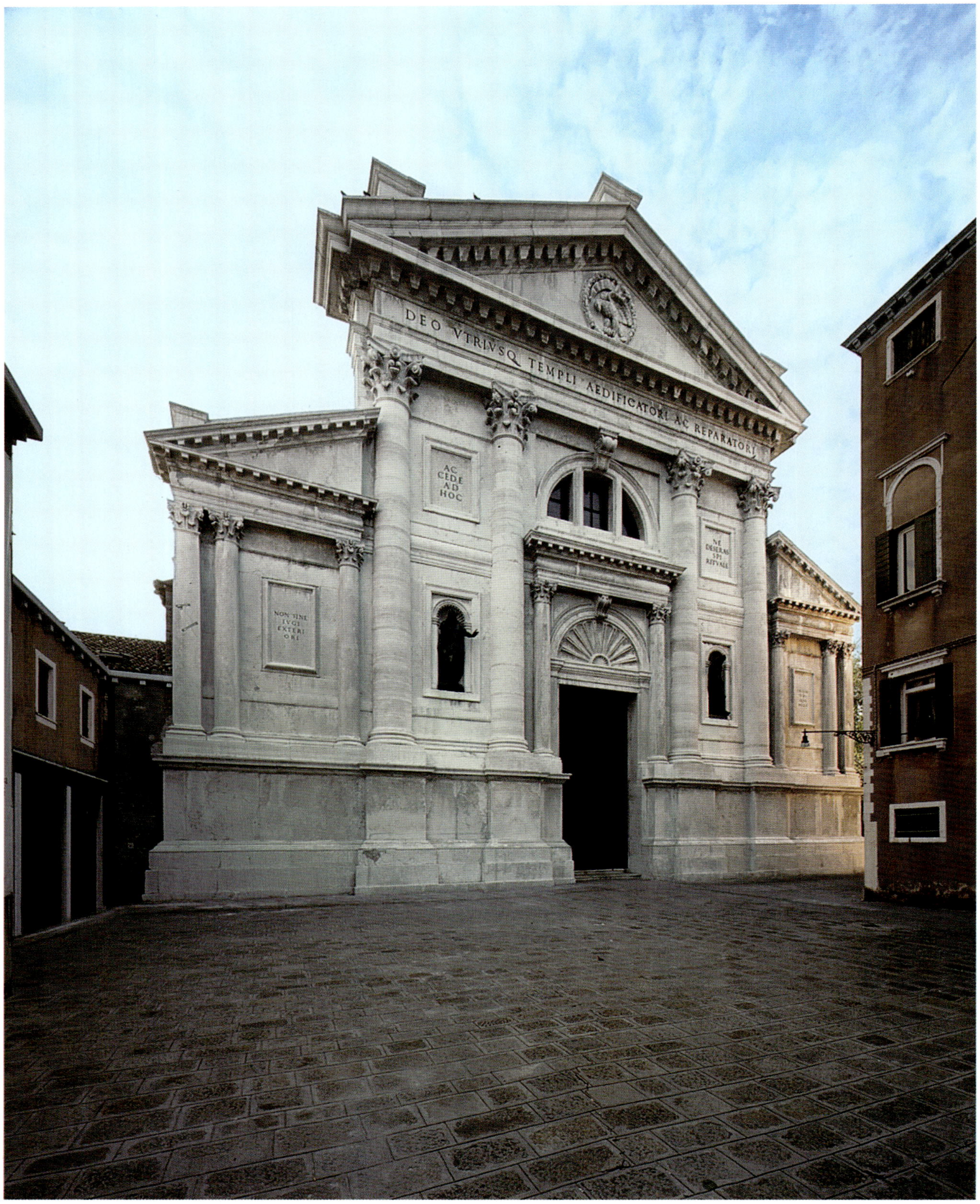

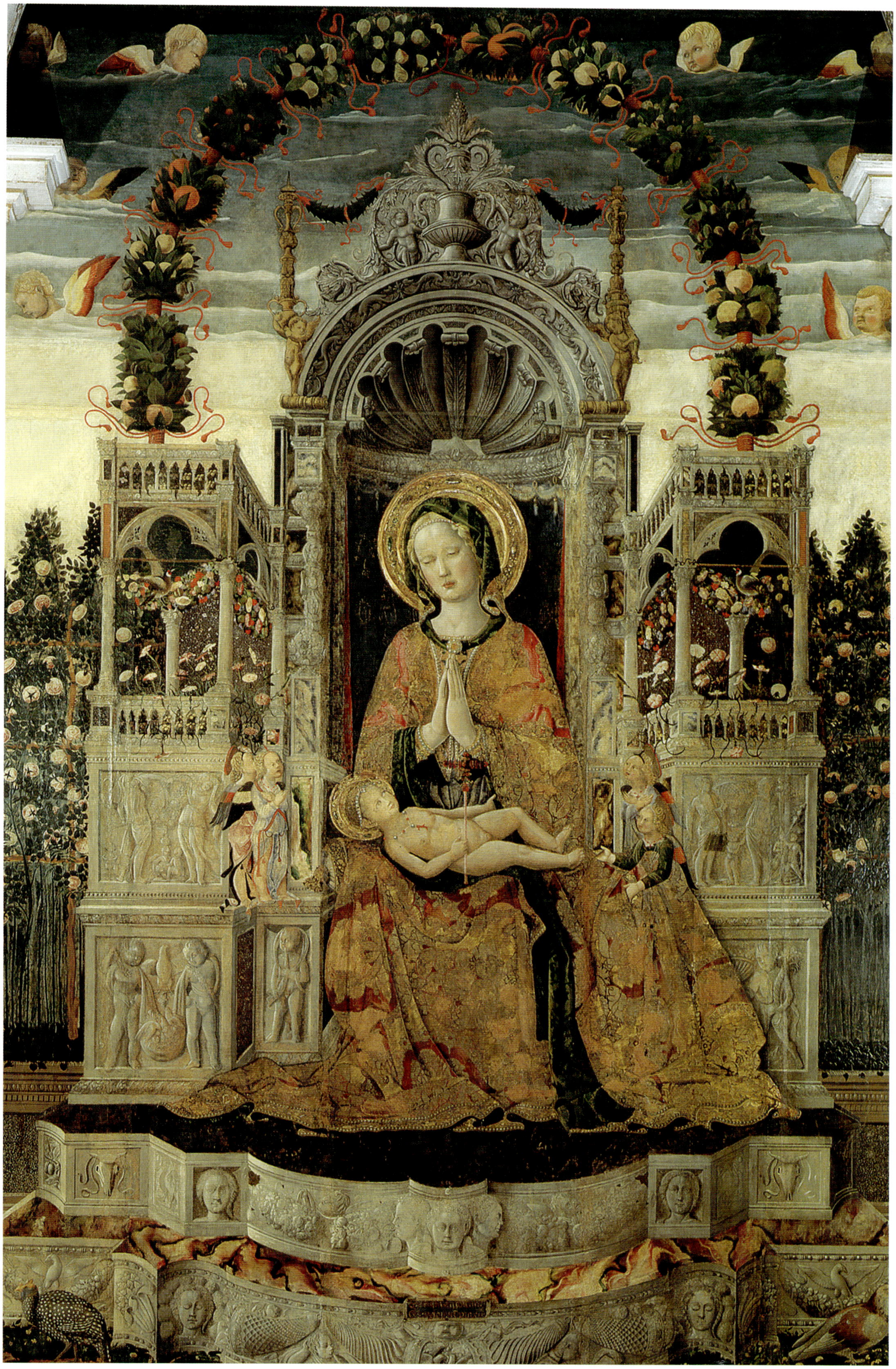

Église San Pietro di Castello

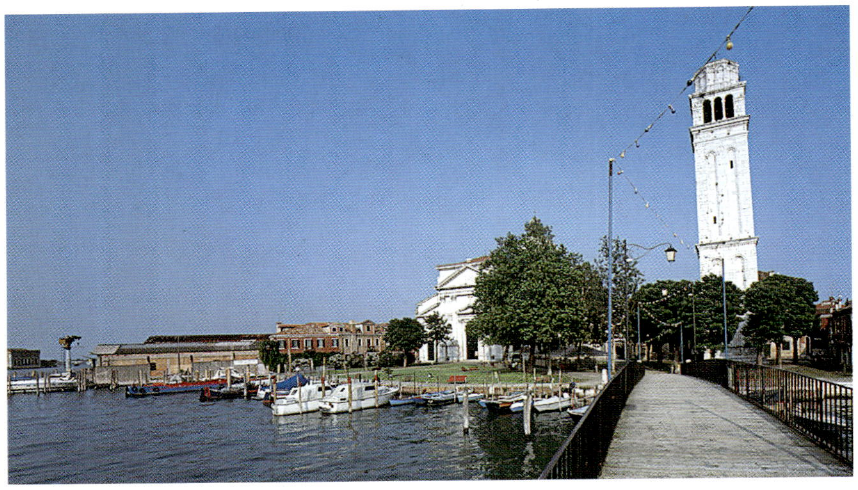

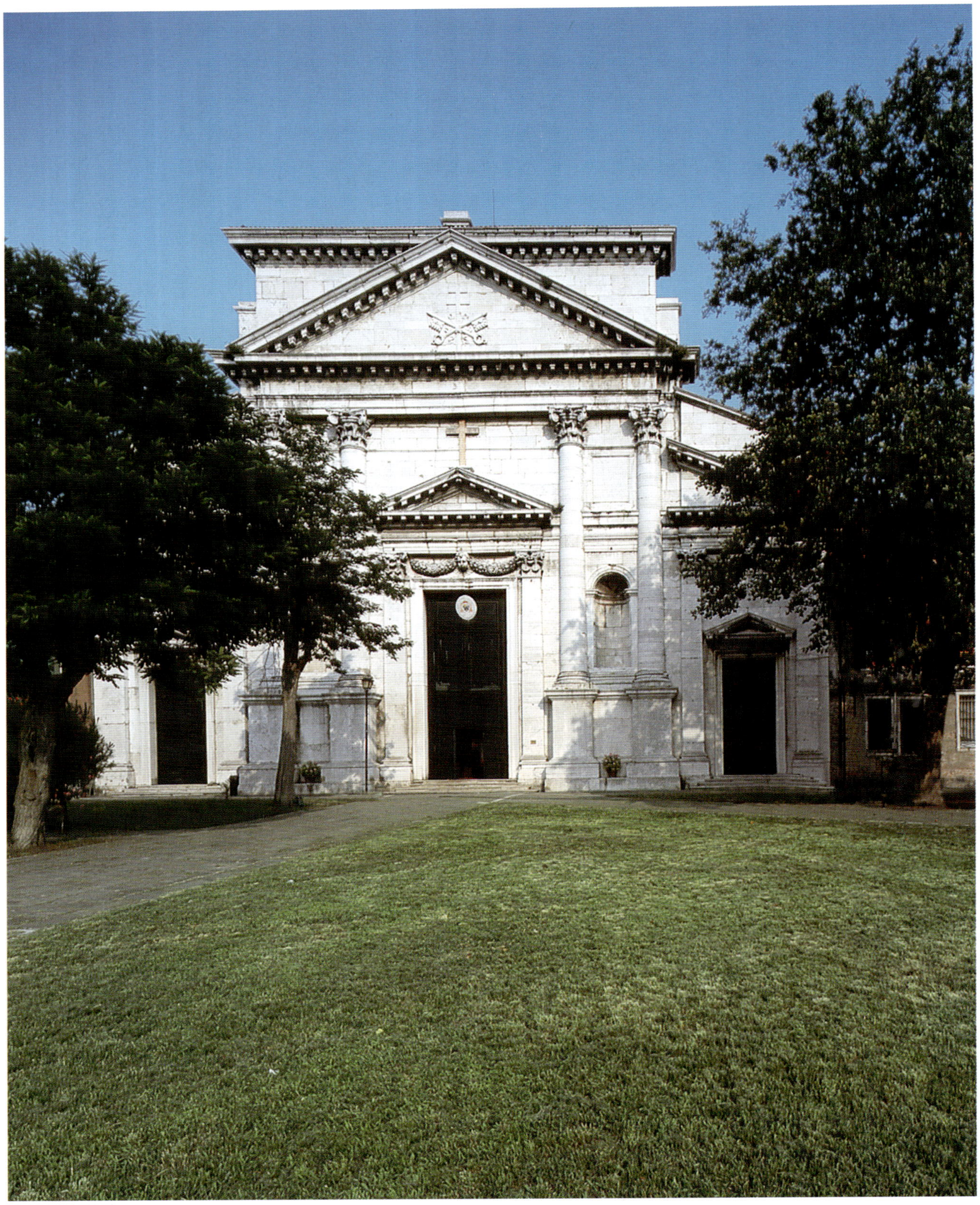

La petite île de San Pietro di Castello – appelée aussi Olivolo – est l'un des premiers lieux d'établissement dans la lagune. Un fort s'y dressait autrefois pour défendre la ville et l'église, siège de l'évêché, soumise à l'origine au pouvoir de Grado, fut élevée à la dignité patriarcale en 1451, lorsque le pape Nicolas V investit de ce titre Lorenzo Giustiniani (saint Laurent Justinien). Jusqu'en 1807, date à laquelle le siège est transféré à Saint-Marc, l'église aura le rang de cathédrale de la ville. S'inspirant de Palladio, Smeraldi puis Grapiglia érigent l'église entre 1596 et 1621. La façade est inspirée de celle de l'église del Redentore, alors que le plan rappelle San Giorgio. Le maître-autel, imposante œuvre baroque qui domine le chœur, est construit en 1649 par Clemente Moli, responsable des sculptures réalisées d'après un dessin de Longhena ; l'abside est habillée de fresques par Pellegrini. La chapelle baroque du cardinal Vendramin, ornée de sculptures de Barthel et d'un retable de Luca Giordano, date de 1653 ; elle est l'œuvre de Longhena. Sur les côtés de l'édifice s'élèvent le clocher, recouvert de pierre d'Istrie et érigé par Codussi vers 1490, et le palais patriarcal, édifice allongé et dépouillé.

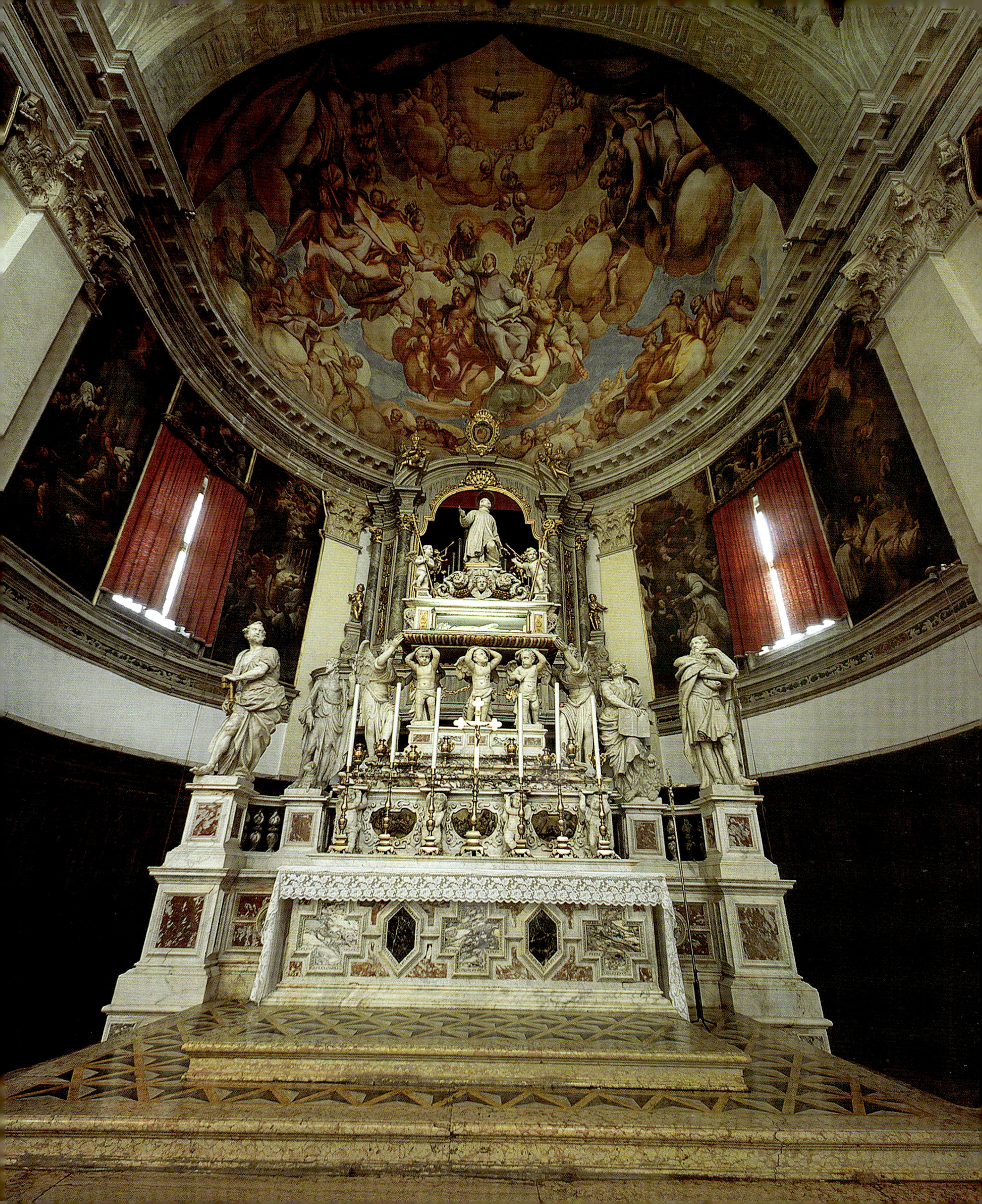

Scuola di San Giorgio degli Schiavoni (Scuola Dalmata dei Santi Giorgio e Trifone)

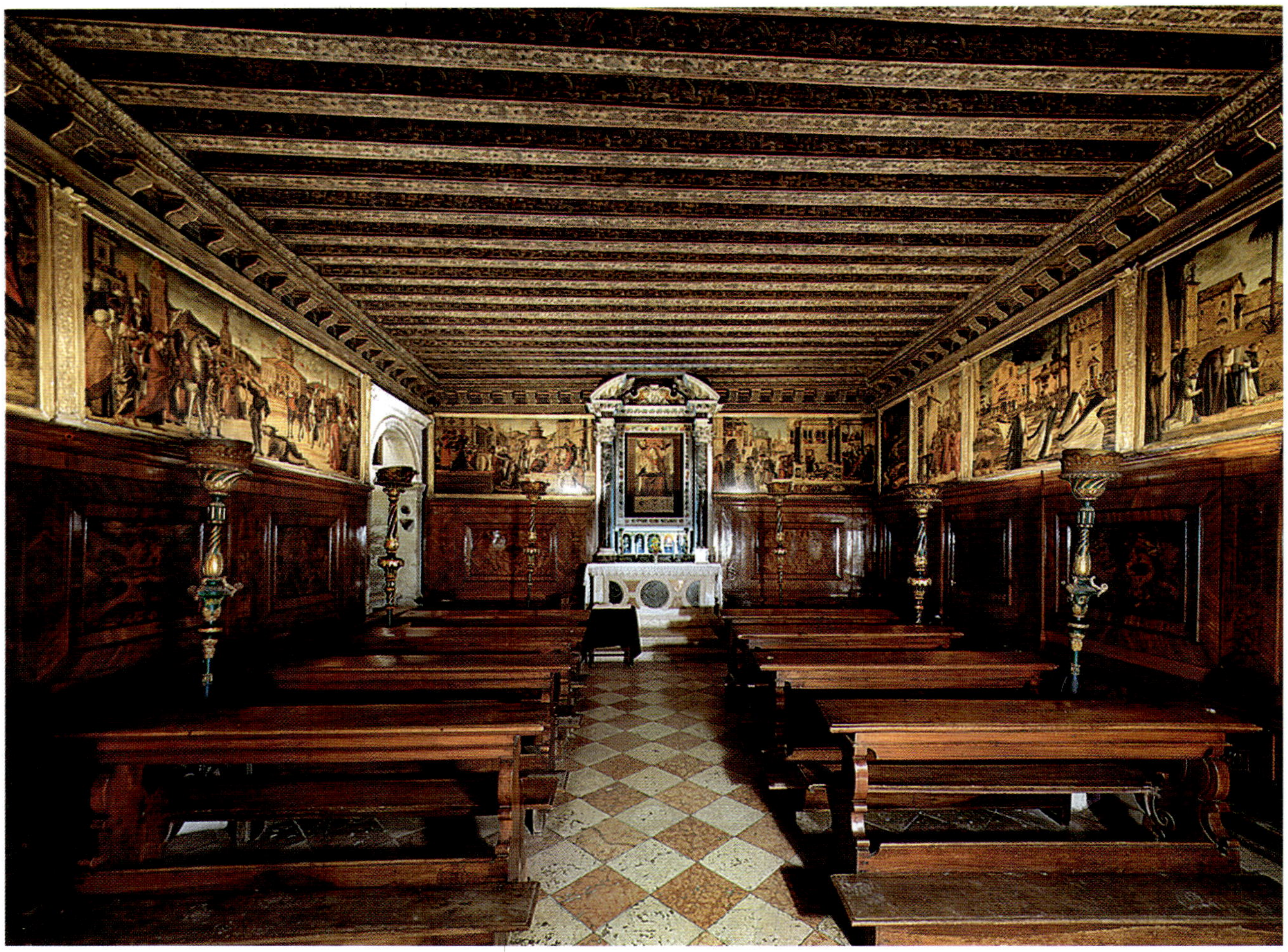

La Scuola degli Schiavoni est fondée sur le rio dei Greci par la confrérie des Dalmates, instituée en 1451, dans l'église San Giovanni dei Cavalieri di Malta. L'édifice qui l'abrite occupe un terrain concédé par l'hôpital Santa Caterina. La façade de la Scuola, de langage sansovinien, est reconstruite en 1551 sur l'emplacement d'un bâtiment plus modeste du Quattrocento, par Giovanni De Zan, prote de l'Arsenal. Les sculptures de marbre, dont le *Saint Georges* réalisé en 1552 par Pietro da Salò, sont insérées au-dessus du portail. De Zan conserve le plan intérieur de l'édifice préexistant et déplace au rez-de-chaussée les toiles peintes par Vittore Carpaccio, entre 1502 et 1507, dans les boiseries où elles se trouvent maintenant. Les neuf toiles qui racontent l'histoire de trois saints protecteurs de la nation dalmate – Georges, Tryphon et Jérôme – représentent une étape cruciale de la carrière du peintre. Les édifices orientaux identifiables sur les fonds des tableaux sont tirés de gravures contemporaines de Reuwich et de Breidenbach. L'œuvre de Carpaccio a aussi valeur de document historique sur le costume vénitien de la Renaissance.

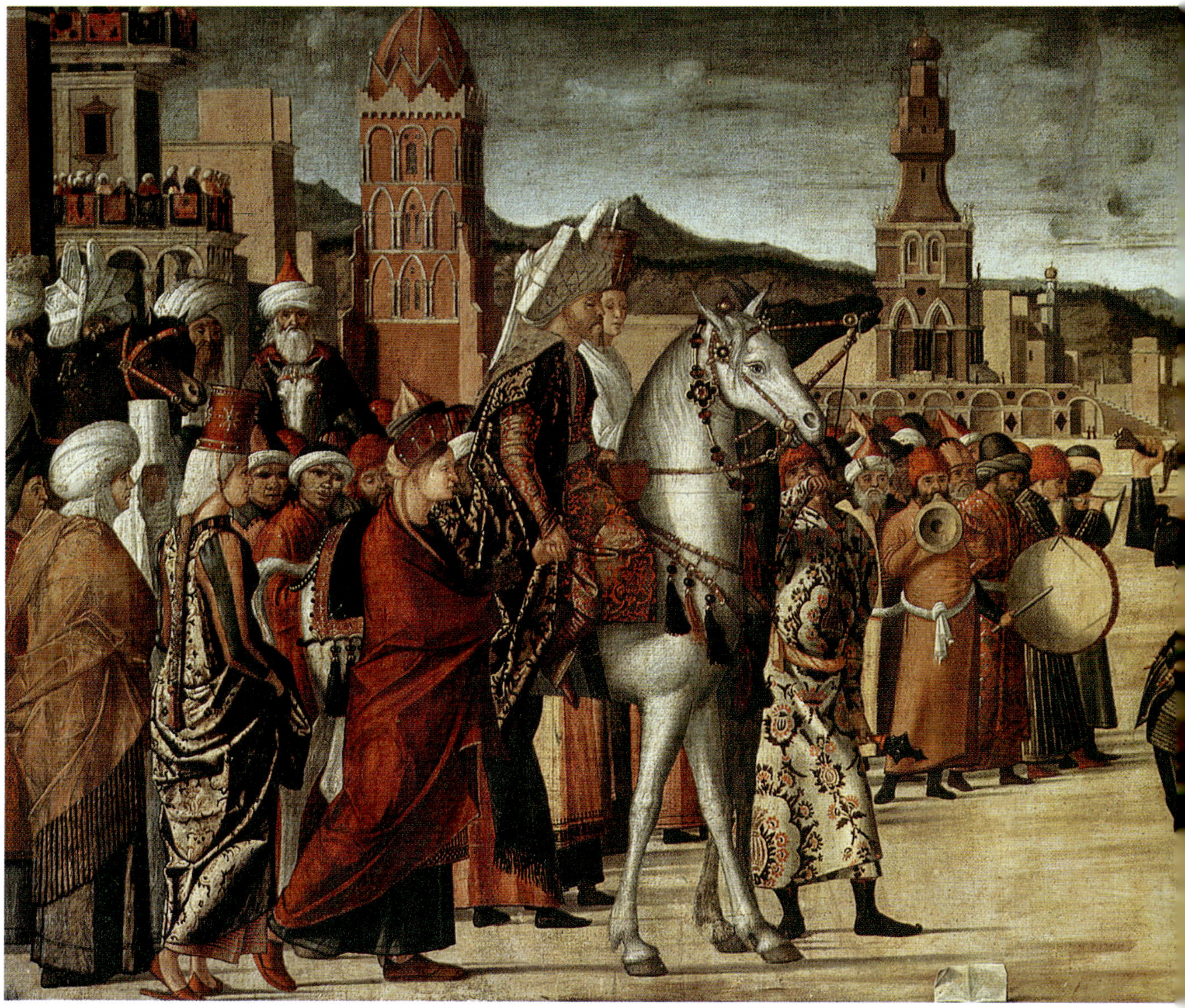

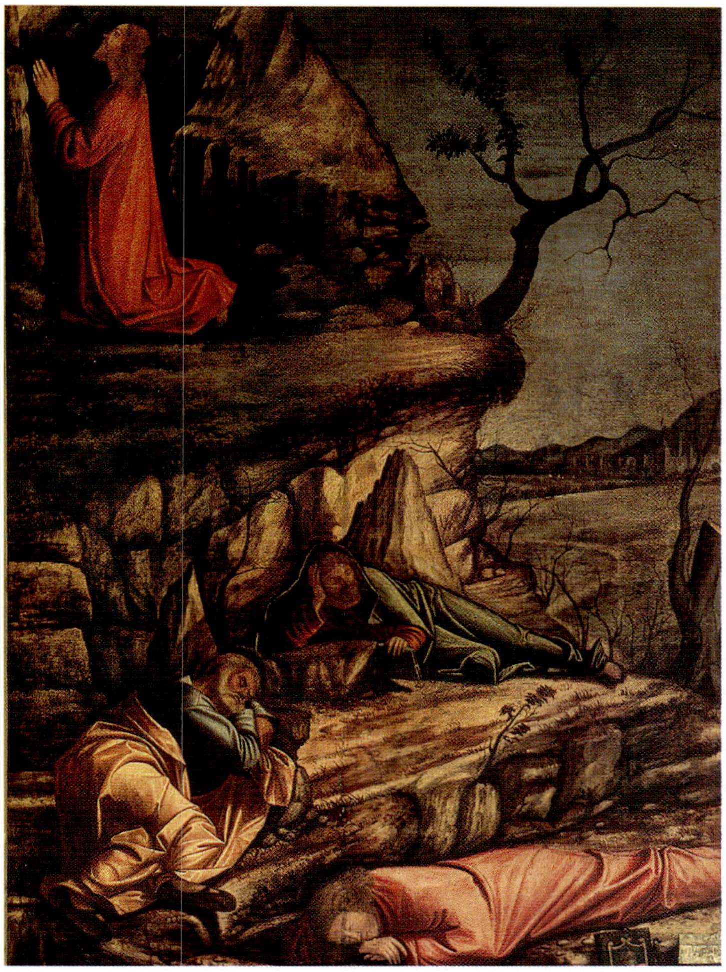

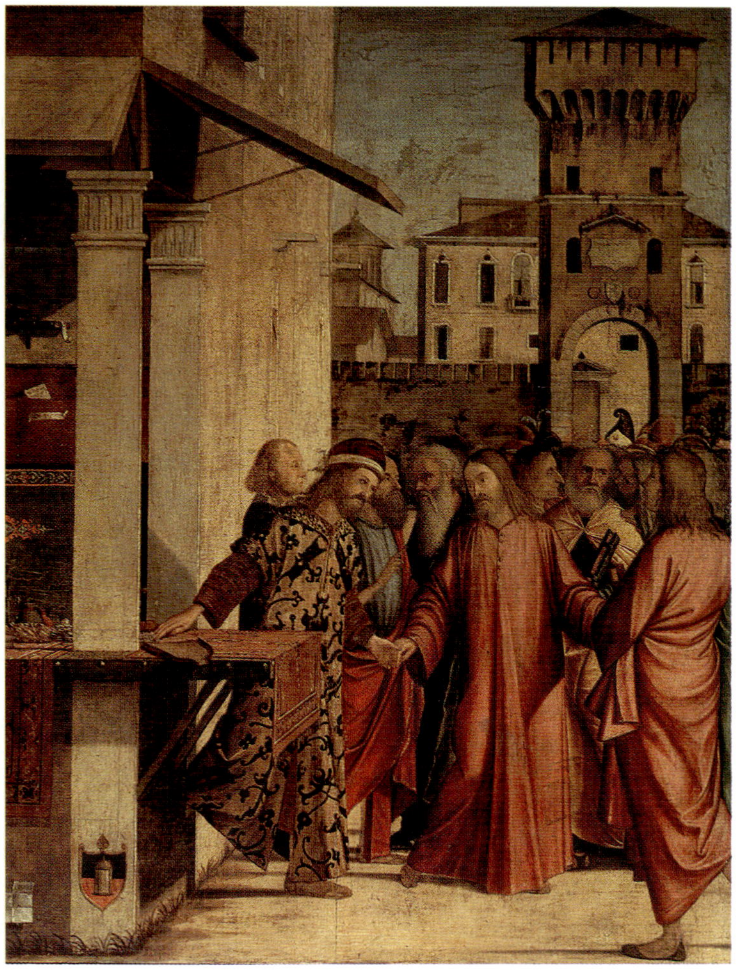

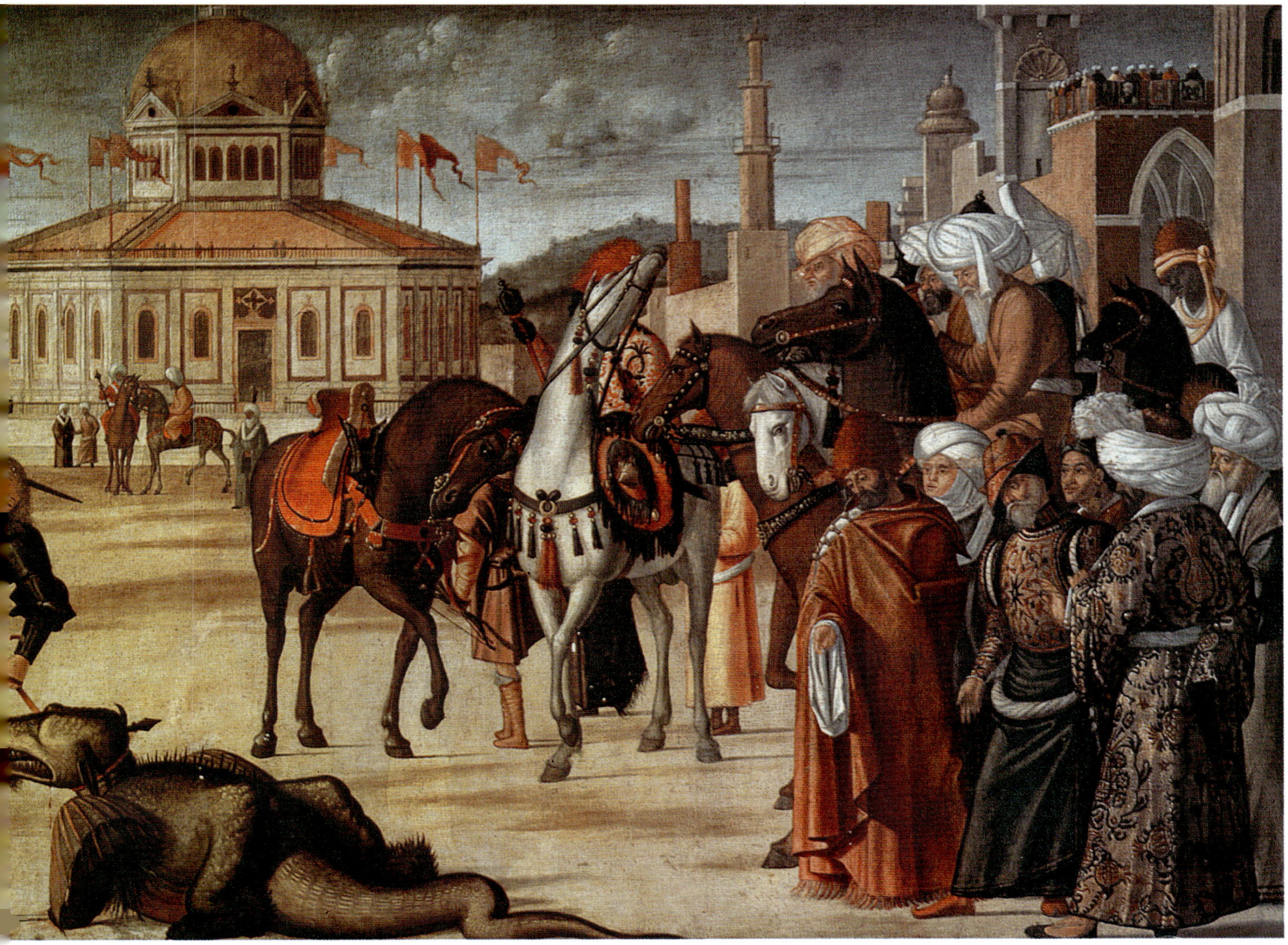

Dans la *Vision de saint Augustin*, le théologien, face à son écritoire, semble totalement détaché des contingences matérielles. Le réalisme sophistiqué des peintres flamands rejoint la conception architecturale de l'espace des Toscans dans cette œuvre du grand artiste vénitien. La conjonction du profane et du sacré est signifiée par certaines représentations : l'astrolabe et les partitions musicales et, dans l'armoire, les objets liturgiques.

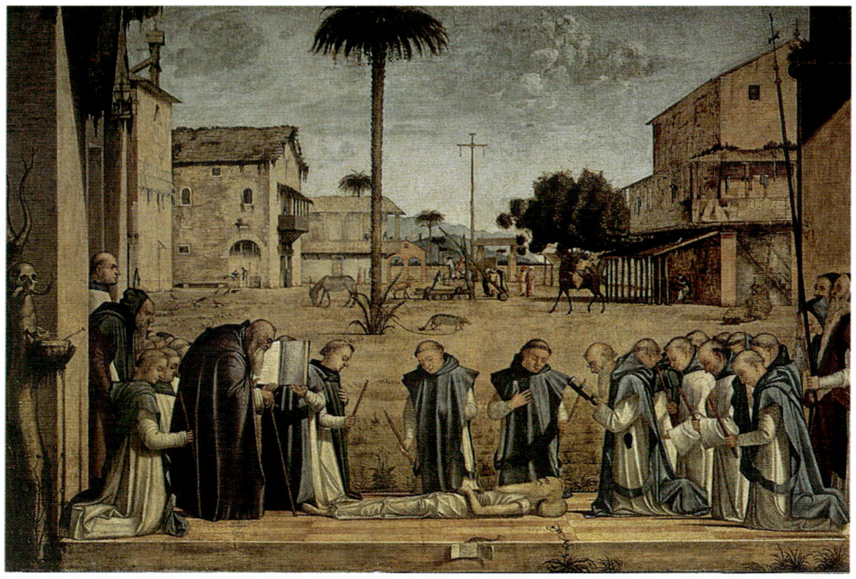

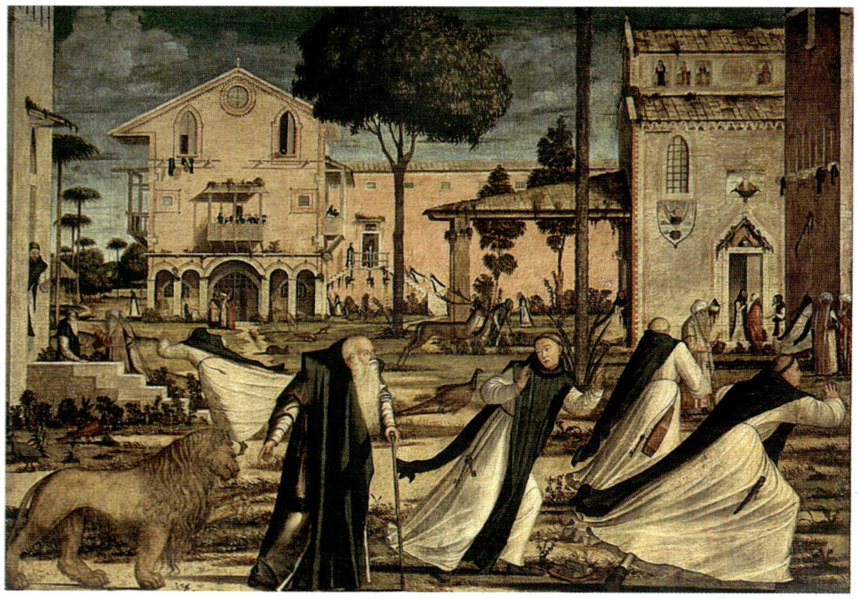

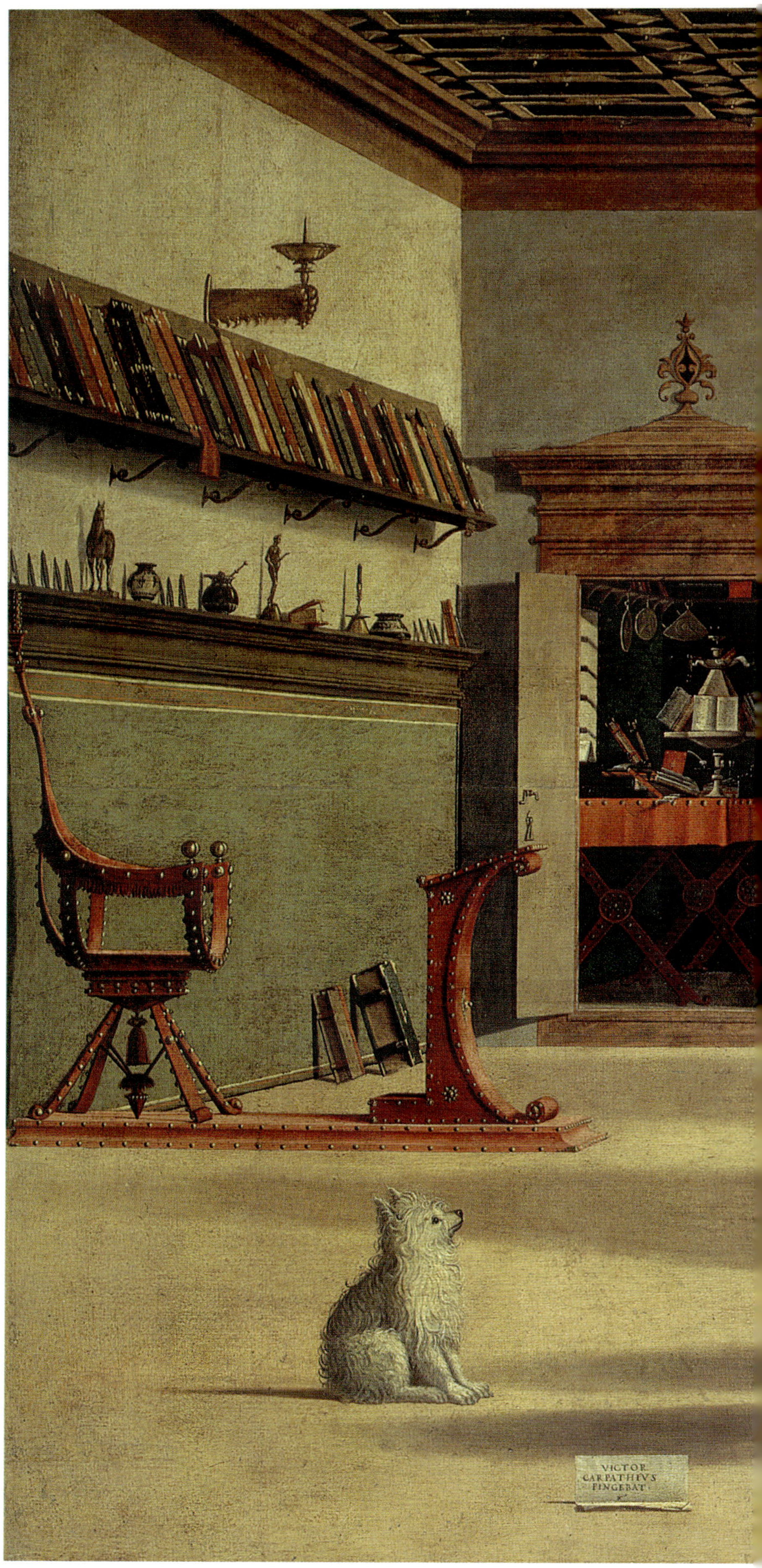

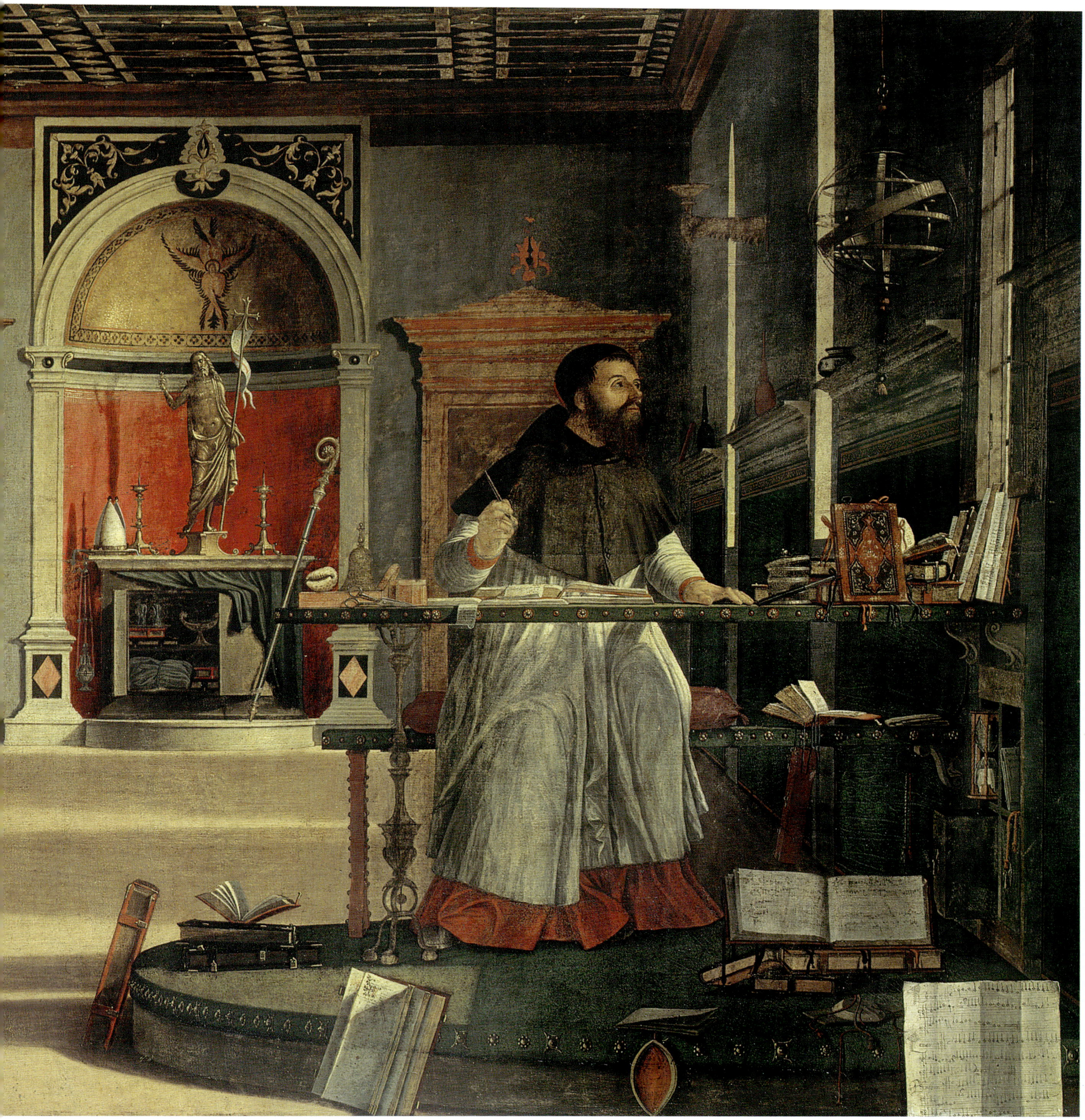

Scuola Grande di San Marco

Créée en 1260, la Scuola Grande di San Marco est reconstruite en 1485, après un incendie dévastateur. Le chantier est confié à Pietro Lombardo, aidé de ses fils et d'Antonio Buora, mais Mauro Codussi prendra la direction des travaux en 1490 et les portera à terme en 1495. Le couronnement en tympans curvilignes de l'édifice est délibérément codussien et reprend les arcades de la basilique Saint-Marc. La riche ornementation et le chromatisme éclatant révèlent le langage lombardien dans la partie inférieure de la façade, qui présente, fait exceptionnel, des trompe-l'œil en bas-relief et marqueteries de marbre. Elle se partage en deux zones rythmées par des pilastres corinthiens. L'asymétrie extérieure correspond à la distribution intérieure : plus haute et monumentale, la partie gauche sur laquelle s'ouvre le portail principal, œuvre probable de Buora, donne sur un vestibule avec une salle à l'étage, tandis que la façade de droite masque le lieu où l'on hébergeait les visiteurs. Les Scuole des confréries à but caritatif participaient à la gestion de la cité et rivalisaient de faste, ce qui fut fortement contesté par les milieux vénitiens proches de la Réforme.

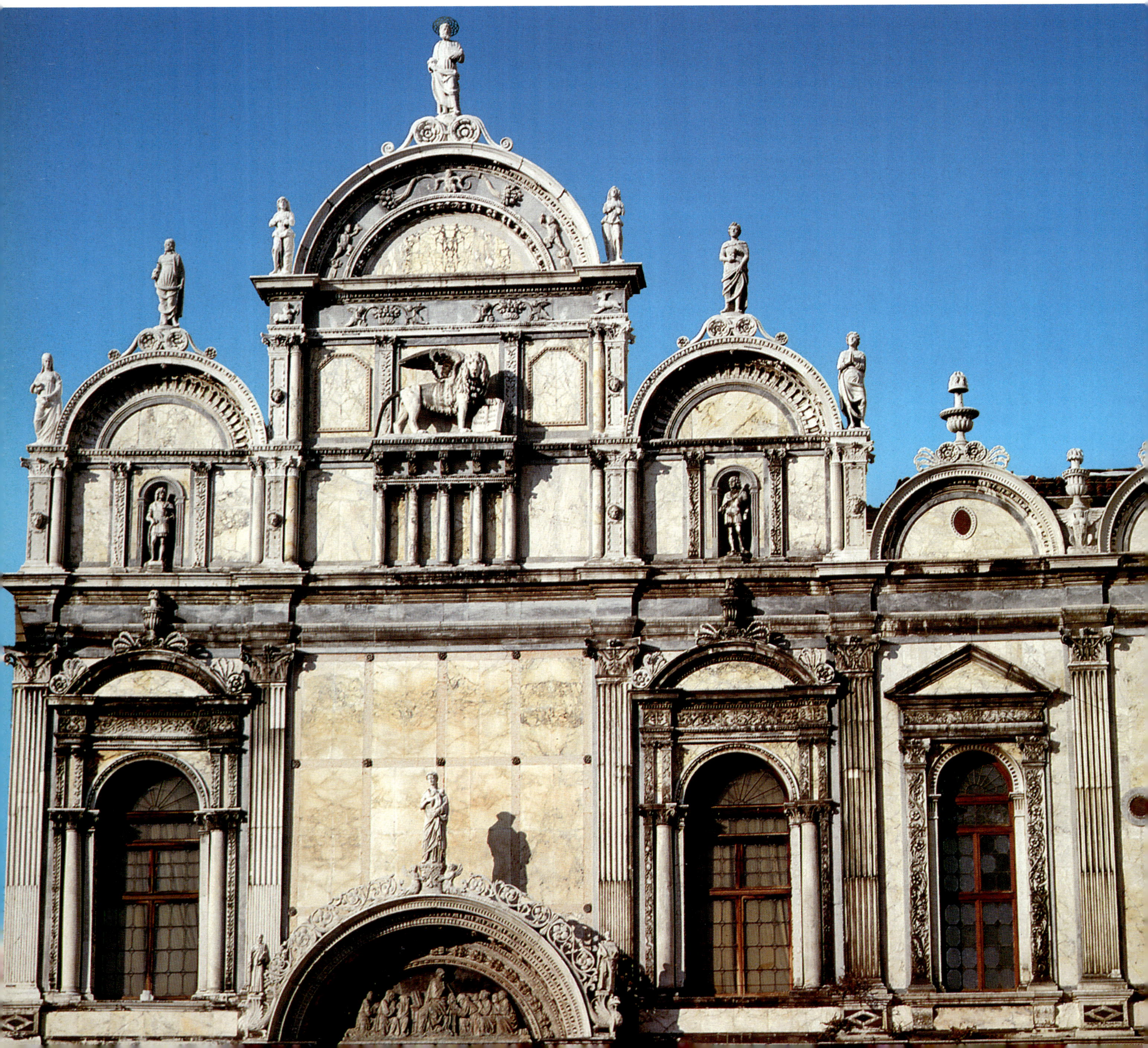

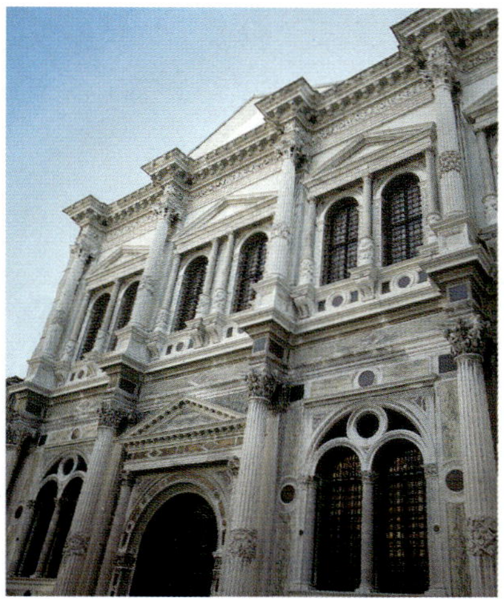

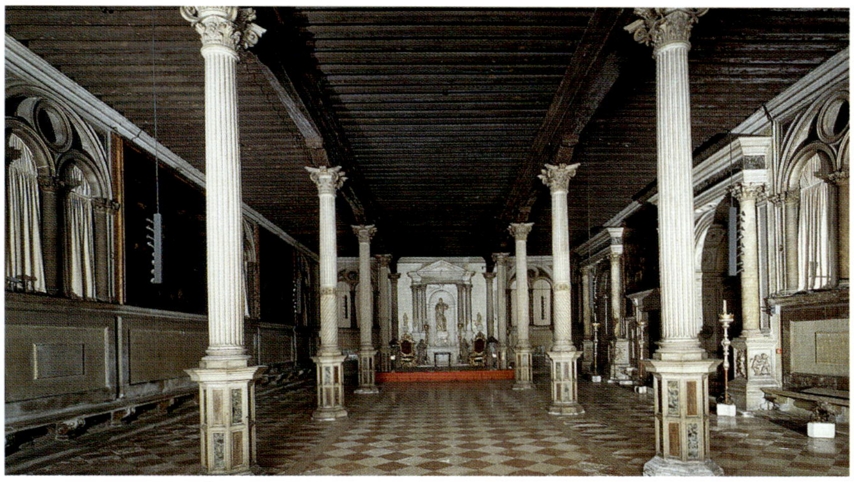

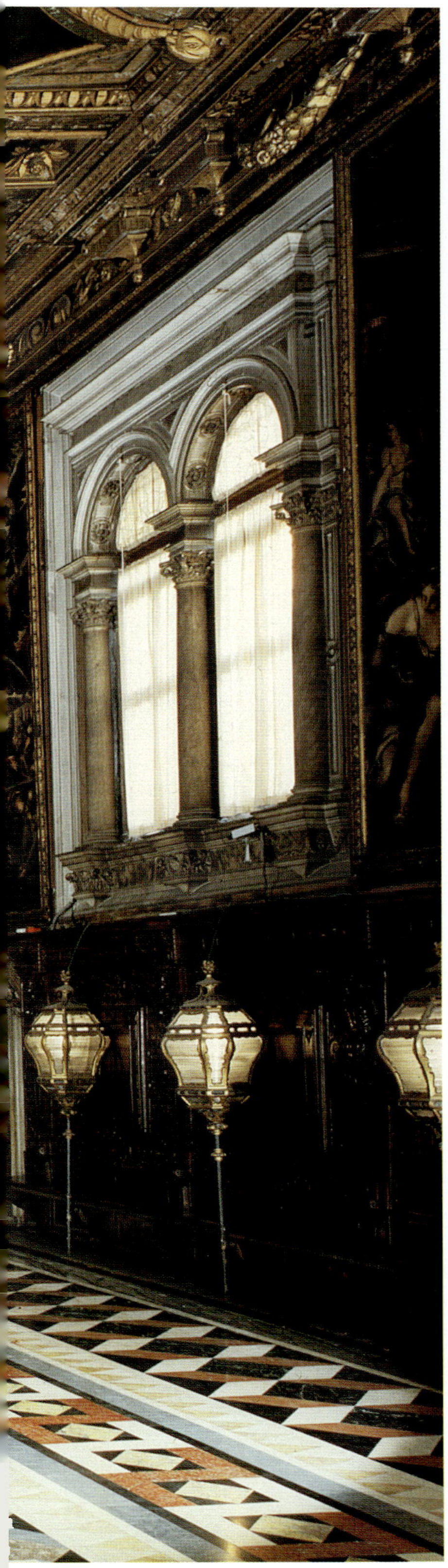

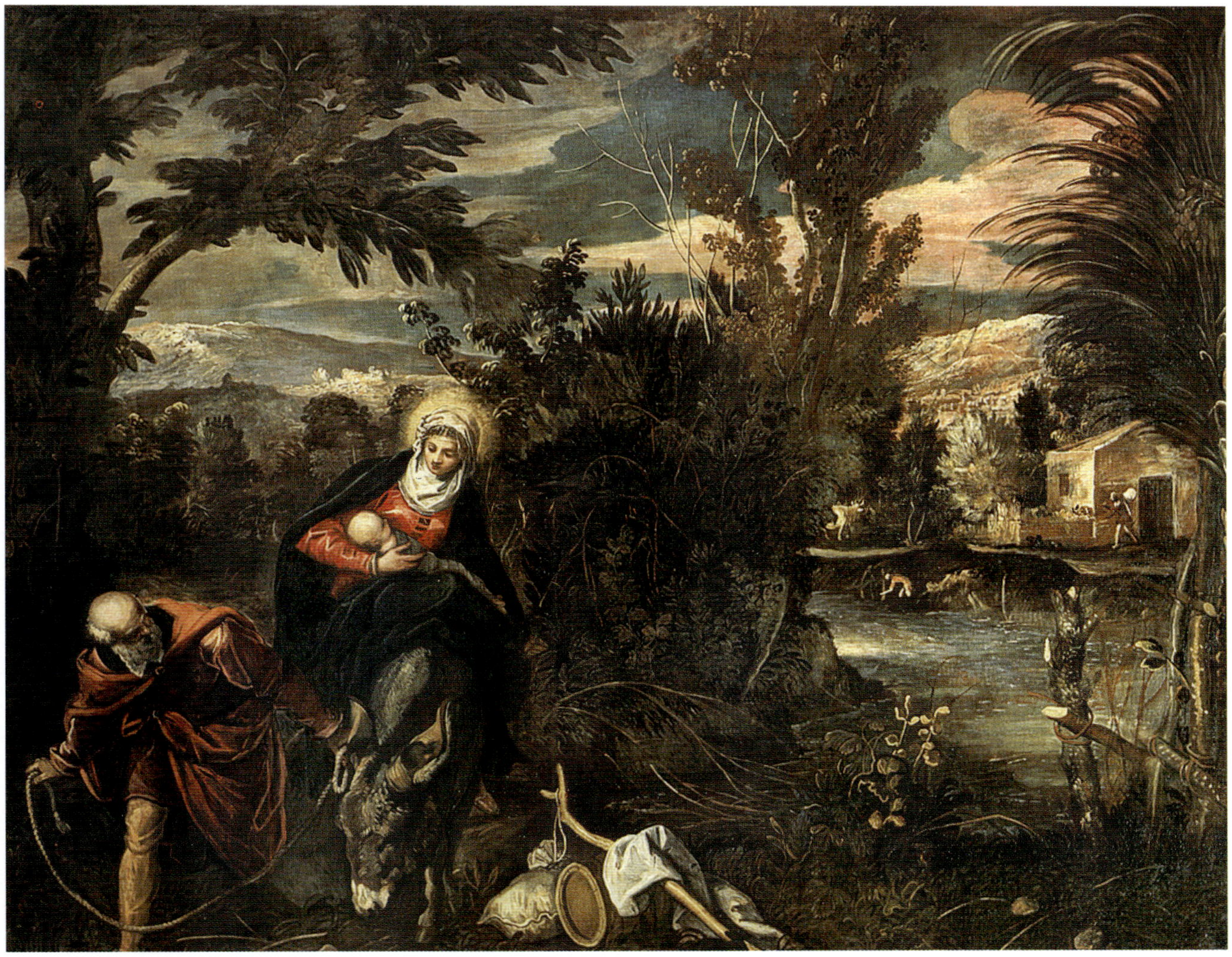

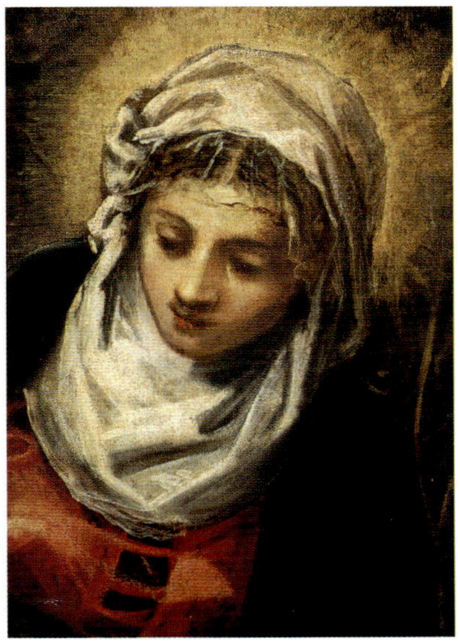

Sous le patronage de la famille Badoer, la Scuola s'établit dans un premier édifice gothique. En 1481, Pietro Lombardo réalise une clôture en marbre, percée d'un portail et de deux fenêtres évidées en marbre. Au-dessus de l'architrave, un tympan porte un aigle, symbole de Jean l'Évangéliste, et une croix pour rappeler la célèbre relique que Filippo de' Masseris, chancelier de la cour de Chypre, avait donnée à la confrérie en 1369. Depuis les interventions de Mauro Codussi à la fin du XVe siècle, l'édifice forme avec le portail lombardien une sorte de pièce à ciel ouvert. Le majestueux escalier à double volée, de langage humaniste, est construit en 1498 par Codussi qui réussit à utiliser au mieux un espace réduit. Le plafond voûté, agrémenté de précieuses décorations et de nielles, est éclairé par des fenêtres doubles inscrites dans un arc en plein cintre. La grande salle est ornée d'œuvres du XVIIe siècle de Sante Peranda, du Tintoret, d'Andrea Vicentino, et de sculptures de Gianmaria Morlaiter, tandis que le plafond est décoré au XVIIIe siècle par Giuseppe Angeli, Jacopo Guarana, Michele Marieschi, Gaspare Diziani et Giandomenico Tiepolo. Le salon de l'étage supérieur, construit par Giorgio Massari en 1727, comporte un sol en marqueteries de marbres polychromes de 1753. Il est lumineux et élégant avec des connotations baroques, un baroque solennel et mesuré, plus proche du XVIe siècle vénitien que de Longhena.

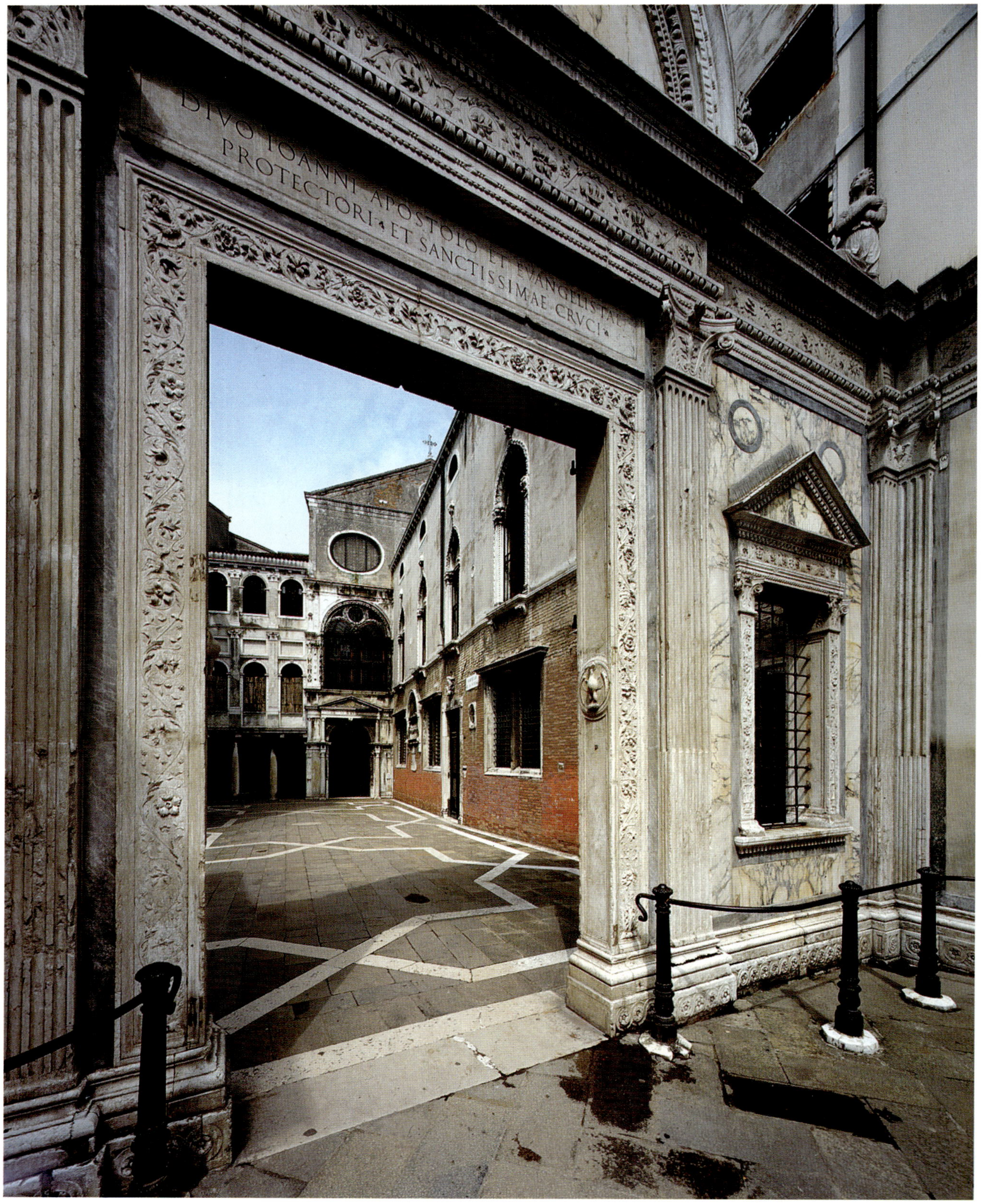

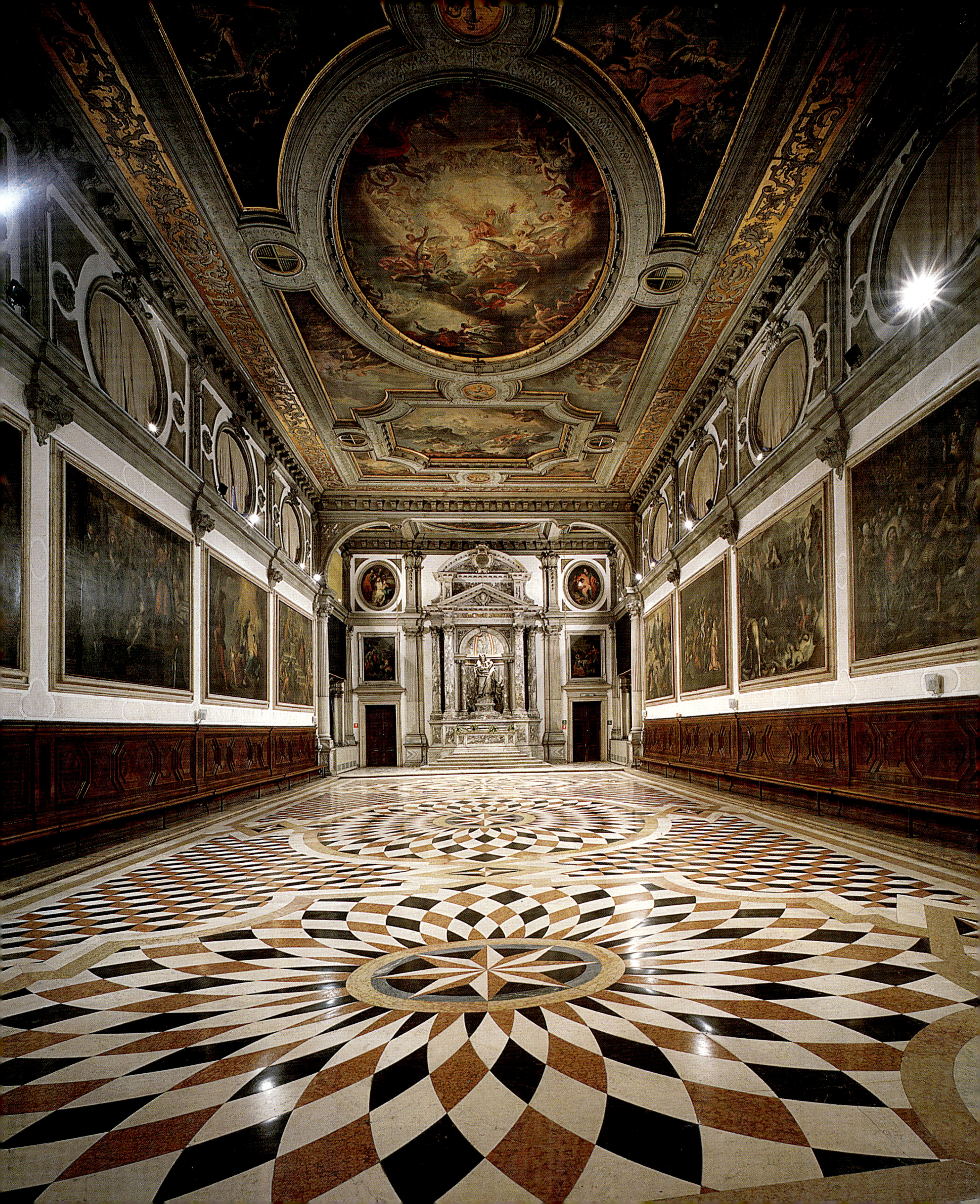

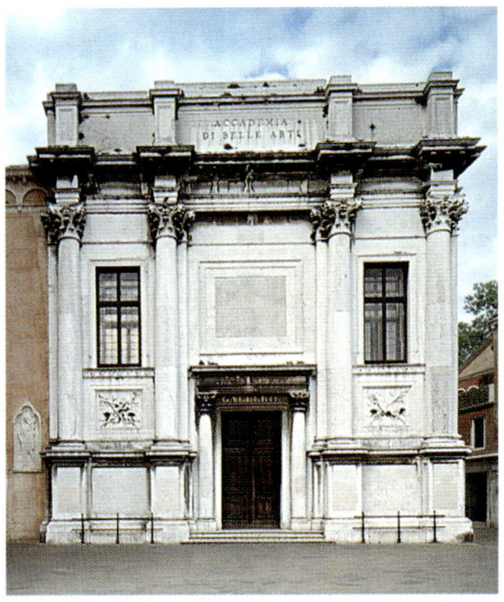

L'ancien couvent della Carità, fondé au XIe siècle, fut au sommet de sa splendeur au milieu du Quattrocento, lorsque Bartolomeo Bon en érigea l'église gothique. Un siècle plus tard, Andrea Palladio est chargé de restructurer l'ensemble, comportant quatre cloîtres, selon les nouvelles normes architecturales. L'ambitieux projet n'aboutit pas et le monastère traverse une période de déclin, aggravée par l'incendie de 1630 qui le détruisit partiellement. En 1806, les autorités napoléoniennes décident d'y placer l'Accademia di Belle Arti, nouvelle appellation de l'Accademia di pittori e scultori construite en 1750 sous la direction de Piazzetta à proximité de la place Saint-Marc. Sur un projet d'Antonio Selva, suivi par un de ses élèves, Antonio Lazzari, les travaux se poursuivent jusqu'en 1845. Les Gallerie abritent aujourd'hui des dizaines de toiles des maîtres de la peinture vénitienne.

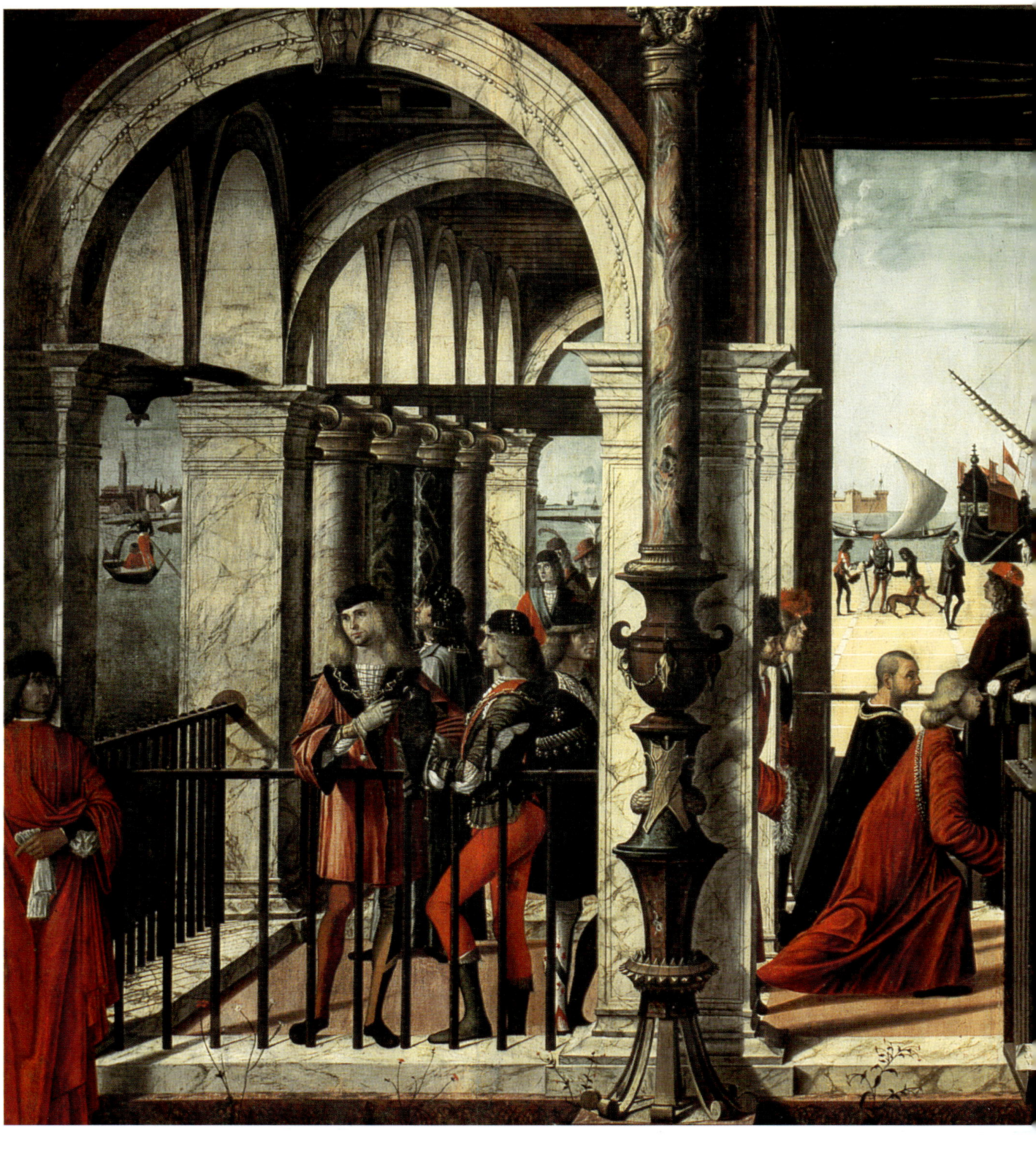

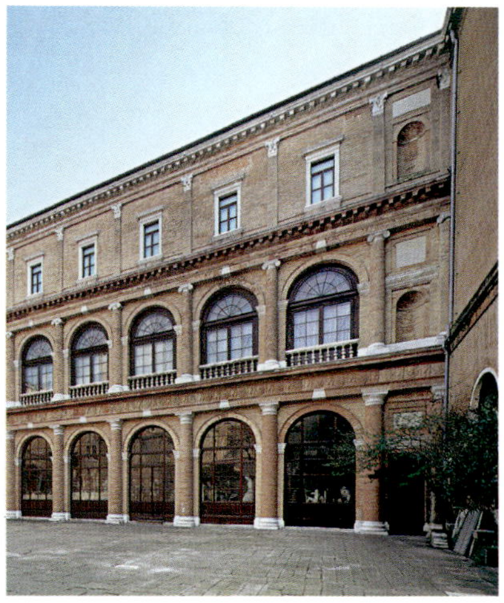

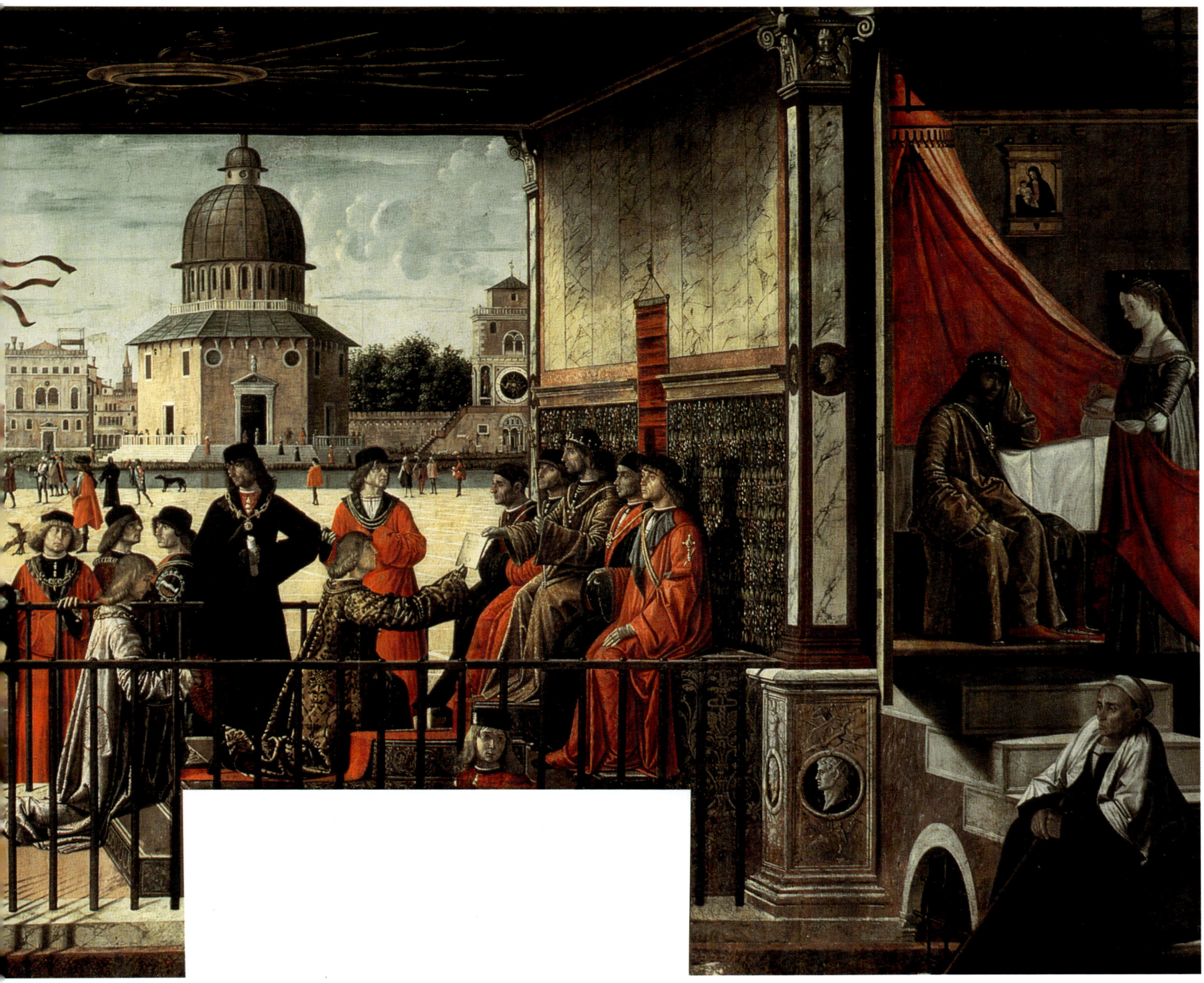

L'agencement actuel du musée a été pensé par Carlo Scarpa, qui le réalisa entre 1945 et 1948, suivi d'une nouvelle intervention en 1960. Les chefs-d'œuvre présentés sont innombrables : de la peinture gothique de Paolo Veneziano et des Vivarini jusqu'à la peinture de la Renaissance avec *La Tempête* de Giorgione (ci-contre), en passant par Carpaccio, avec *Le Cycle de sainte Ursule* (page précédente), Bellini et Titien. Les œuvres du Cinquecento sont nombreuses. Parmi elles, la célèbre toile de Véronèse, reproduite ci-dessous, dans laquelle sont représentées les fastueuses mœurs aristocratiques de l'époque, valut au peintre d'être convoqué auprès du Saint Siège, qui le taxait d'hérésie. Véronèse dut précipitamment changer le titre de son tableau. *La Dernière Cène* devint *Repas dans la maison de Levi*.
De nombreuses œuvres du XVIIIe siècle sont également conservées dans le musée : l'une d'elles, signée Tiepolo, est reproduite page suivante.

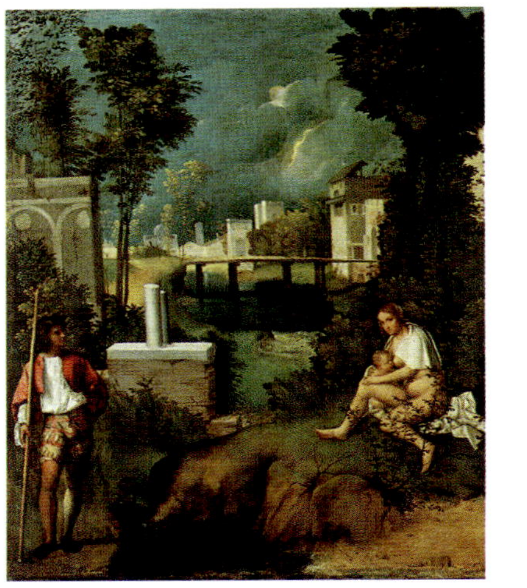

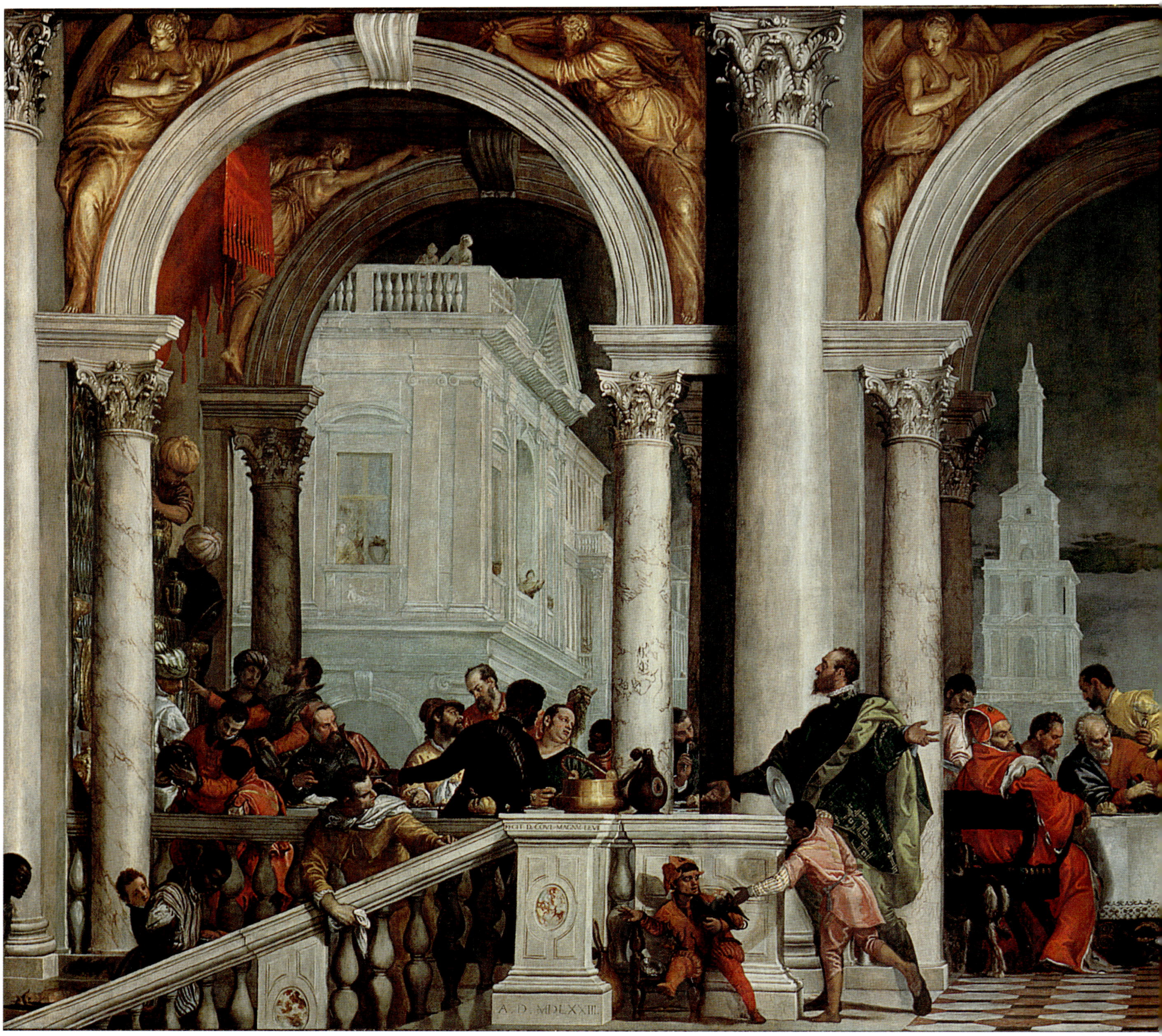

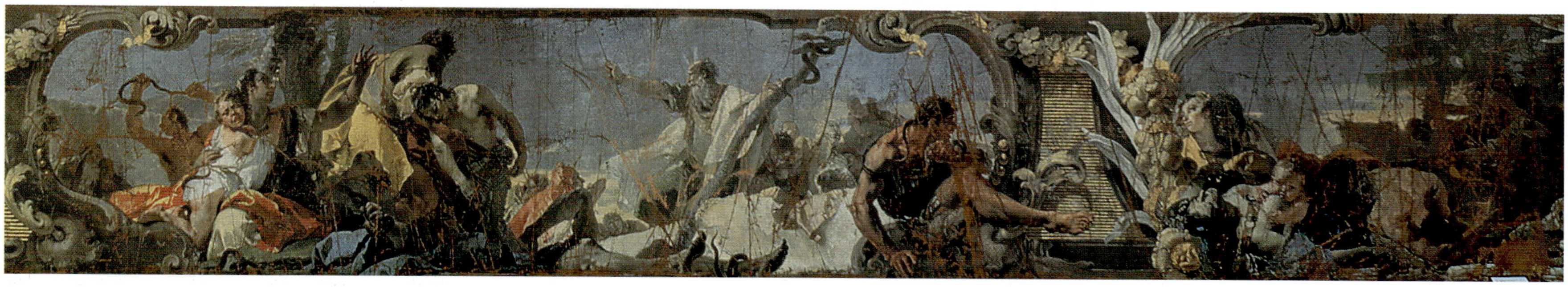

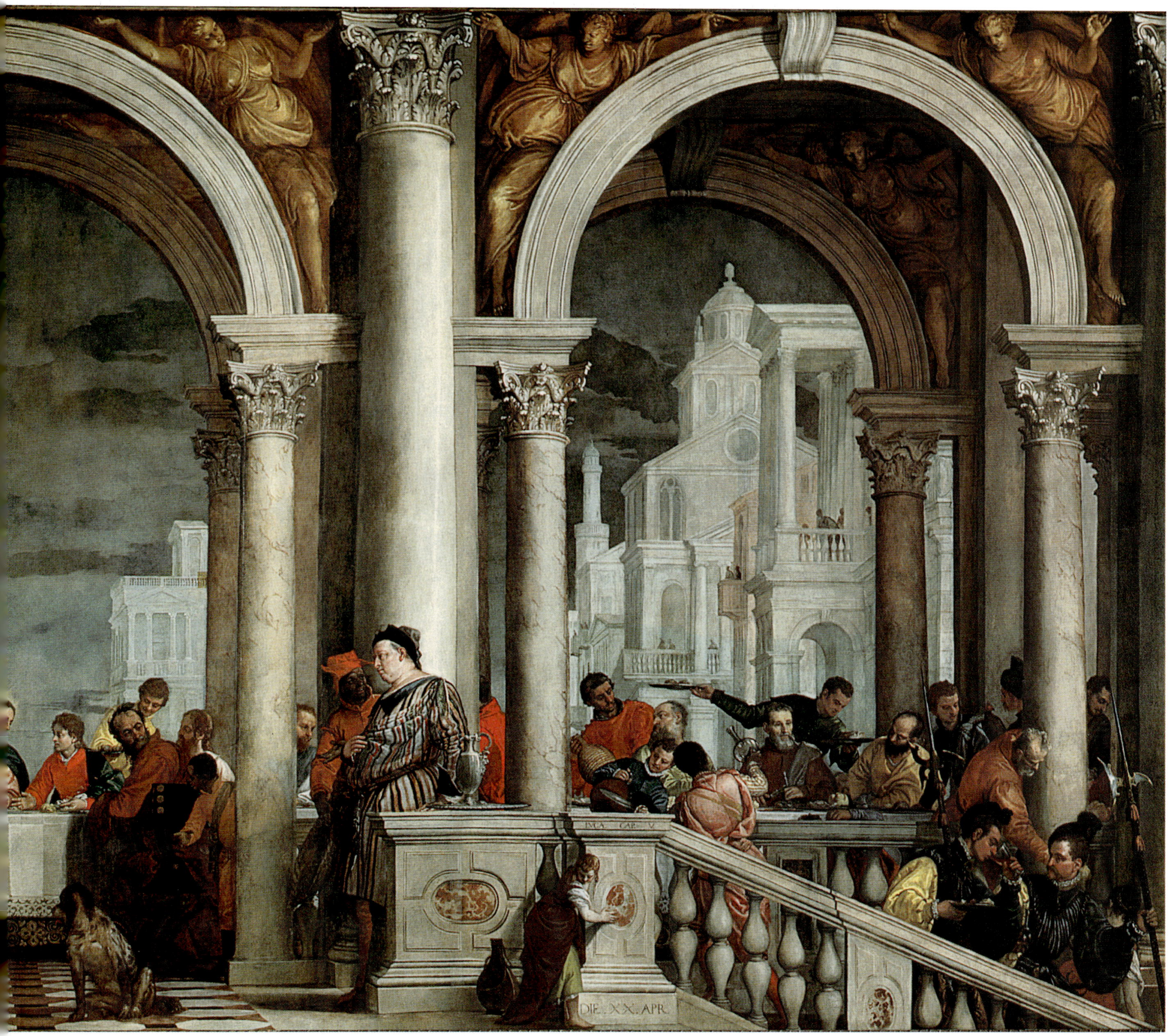
DIE. XX. APR.

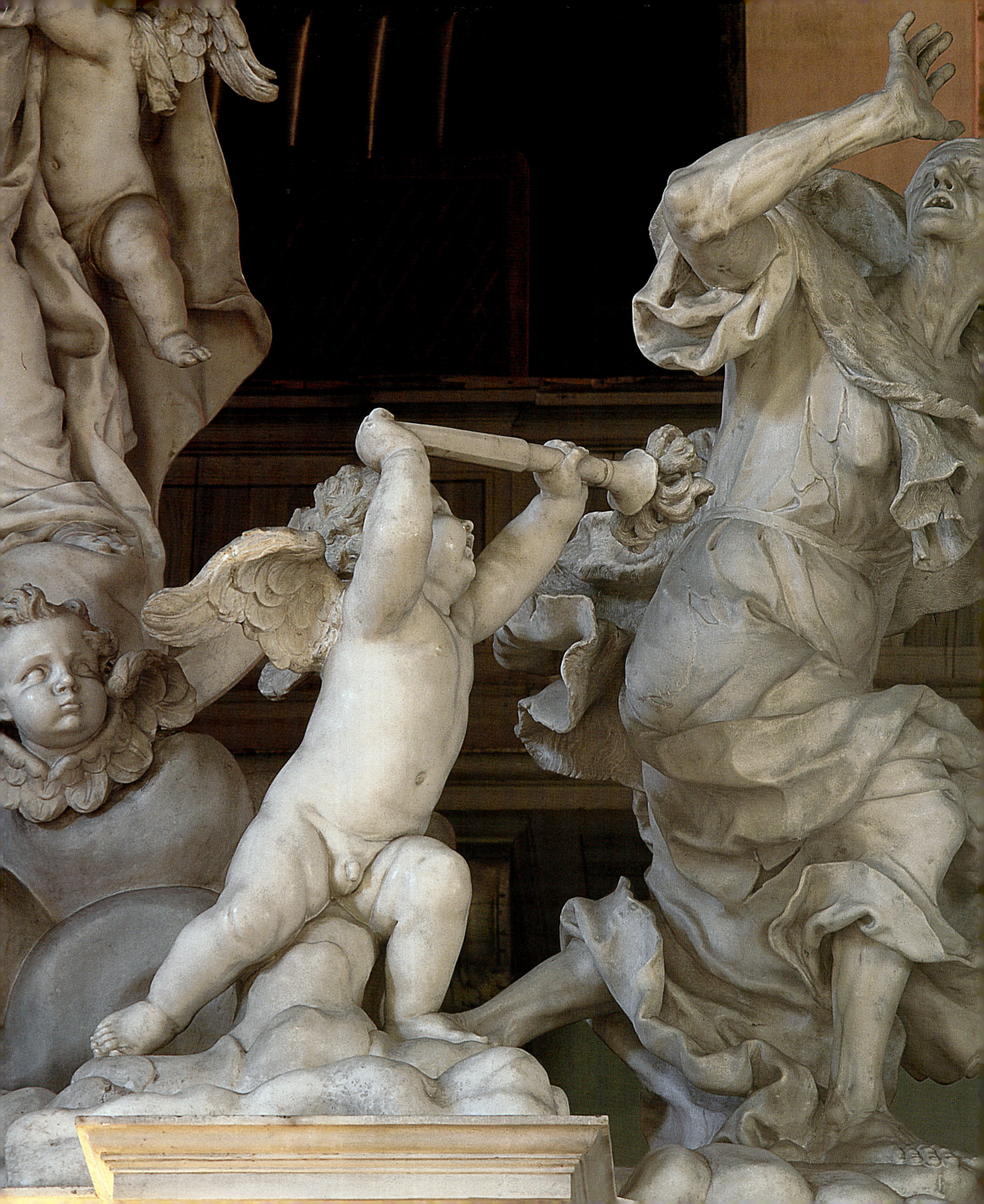

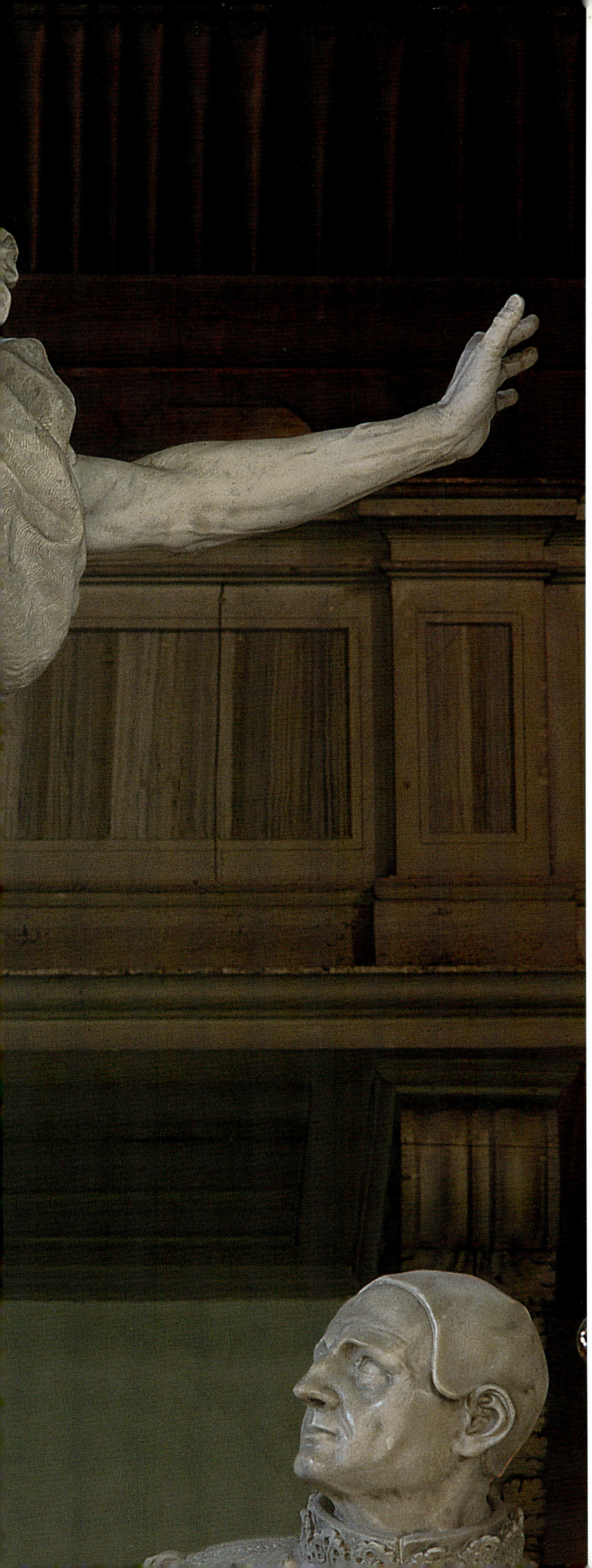

L'avènement de la culture baroque

Juste Le Court,
Basilique Santa Maria della Salute,
maître-autel

Le palais, conçu par Baldassare Longhena en 1667 pour la famille Priuli Bon, fut achevé entre 1750 et 1758 pour la famille Rezzonico par Giorgio Massari. La composition affirmée des trois niveaux, de type sansovinien, est fortement chargée de sculptures, et les dés et balustrades filantes des balcons soulignent leur partition. Le rythme vertical est accusé par les colonnes engagées. Les deux étages nobles présentent de grandes fenêtres à arcs en plein cintre, décorées de mascarons et de sculptures. Le dernier niveau, particulièrement élancé, englobe l'attique, percé d'oculi et rythmé par de courtes colonnettes cannelées. Les salles du palais sont luxueusement décorées par des artistes tels que Tiepolo, Guarana et Crosato. Des niches ouvragées et une série de trompe-l'œil dilatent les volumes déjà importants. L'étage noble, auquel on accède par un escalier d'honneur monumental, culmine de façon théâtrale dans le fastueux salon de bal : il accueillera de somptueuses fêtes

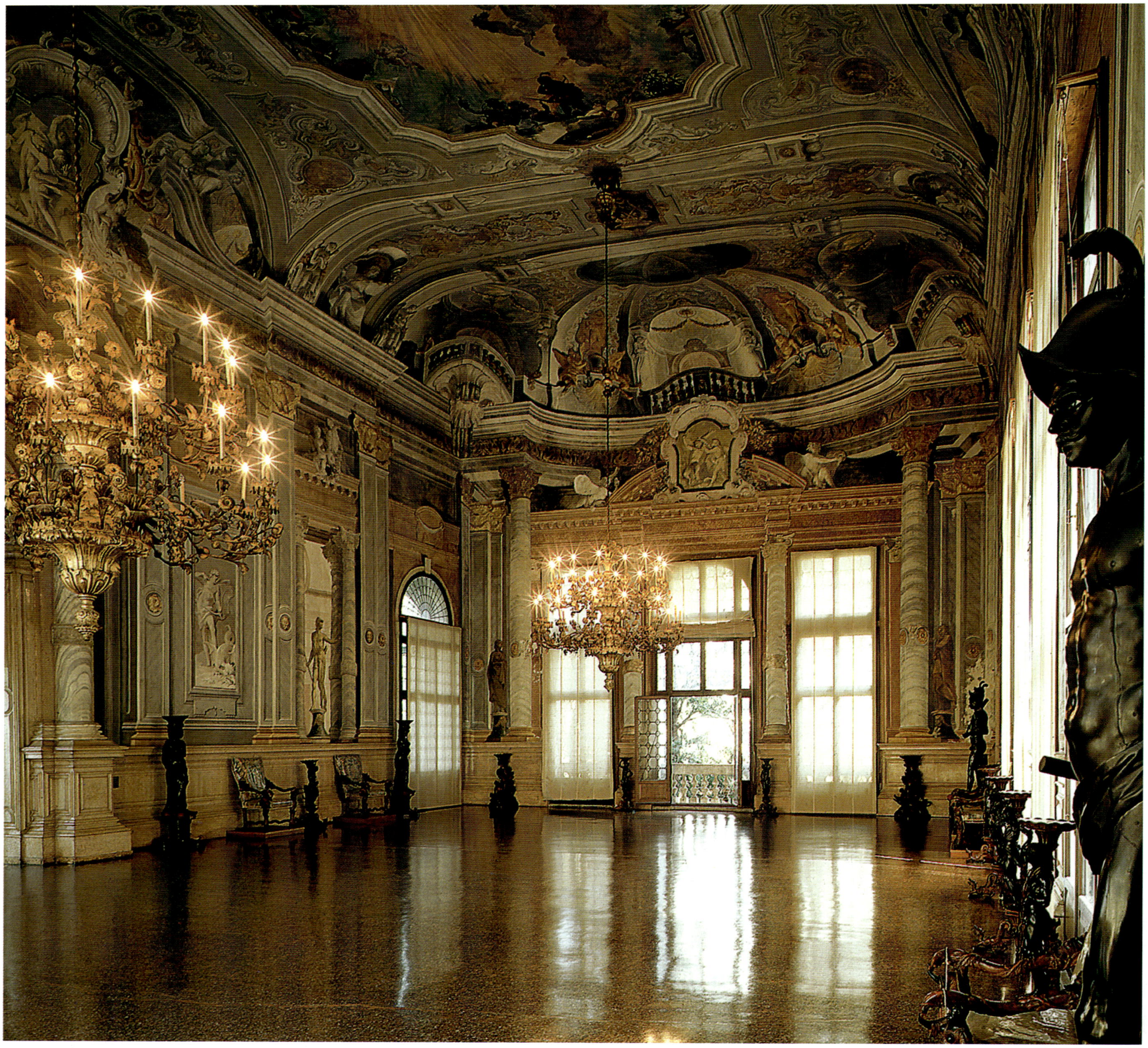

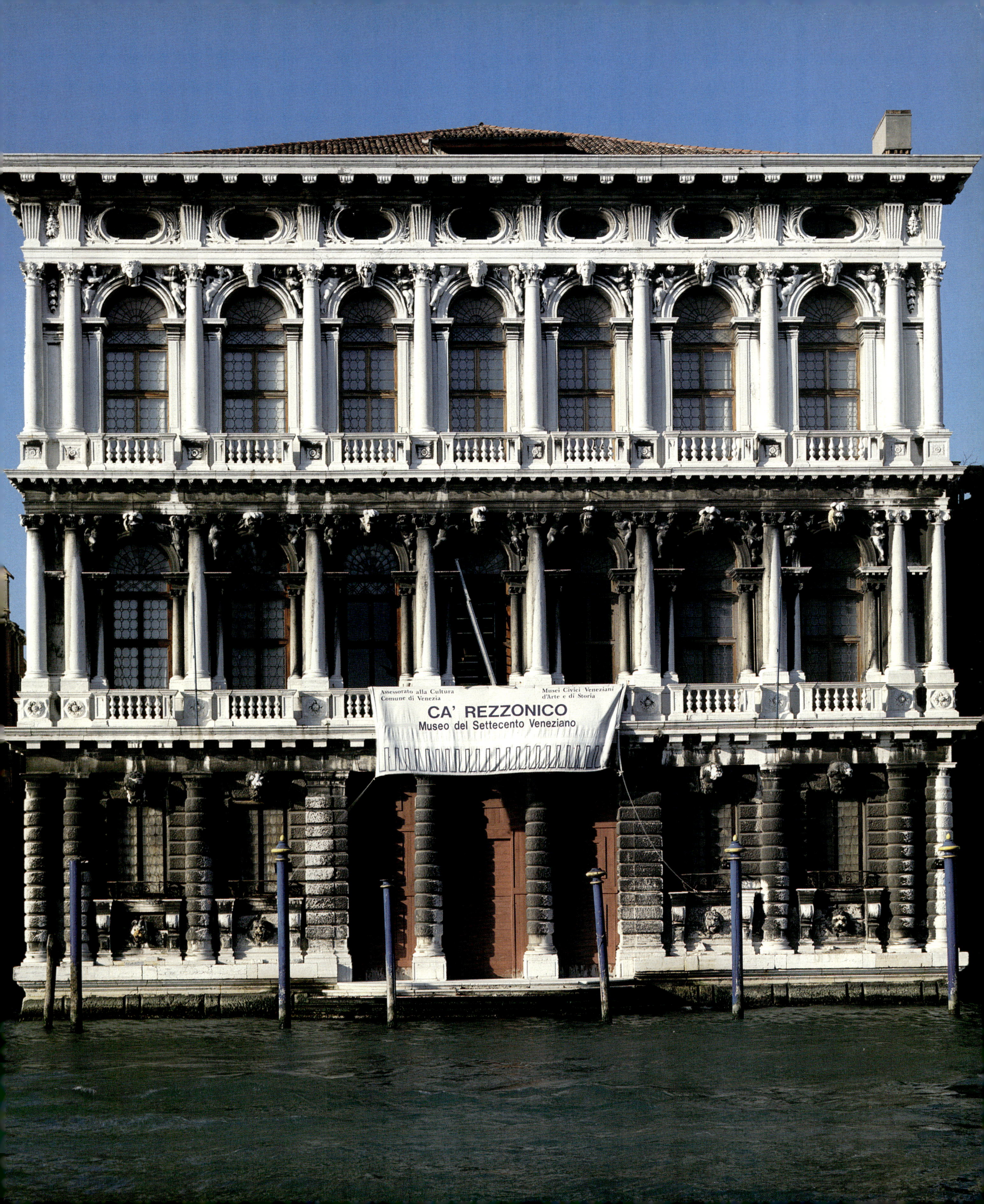
Assessorato alla Cultura
Comune di Venezia
Musei Civici Veneziani
d'Arte e di Storia
CA' REZZONICO
Museo del Settecento Veneziano

jusqu'aux années 1930. Au fil des siècles, le palais passe entre plusieurs mains, dont celles du poète anglais Robert Browning et celles du comte Hirschel de' Minerbi, auquel la municipalité de Venise l'achète en 1935 pour en faire le musée du Settecento vénitien, composé de précieuses collections d'art et de mobilier. Celui-ci, de même que les sculptures, a été réalisé entre 1700 et 1723 par Brustolon, dans des bois durs et précieux. Il y sculpte aussi les statues des Maures. La salle Tiepolo, ainsi nommée à cause de la toile du plafond qui provient du Palazzo Minotto Barbarigo, est également meublée de fauteuils de Brustolon. Des petits tableaux de l'école vénitienne et un portrait d'Alessandro Longhi côtoient des miroirs en rocaille, des meubles à la façon de Chine de Calbo Crotta, des toiles célèbres de Pietro Longhi (*La Polenta*) ou de son école (*Banquet à la Giudecca*) et le *Grand Canal à San Tomà* de Canaletto.

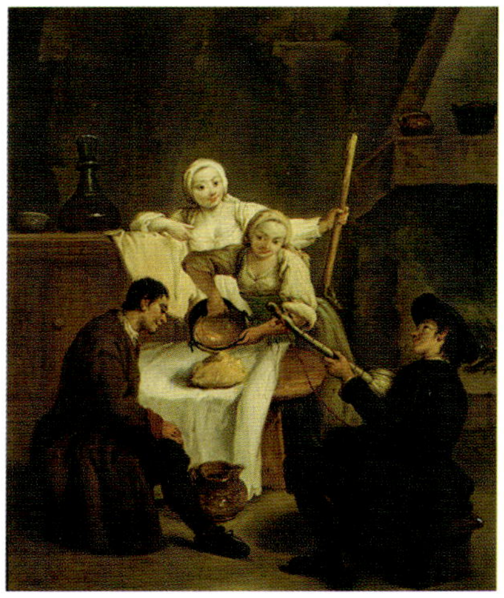

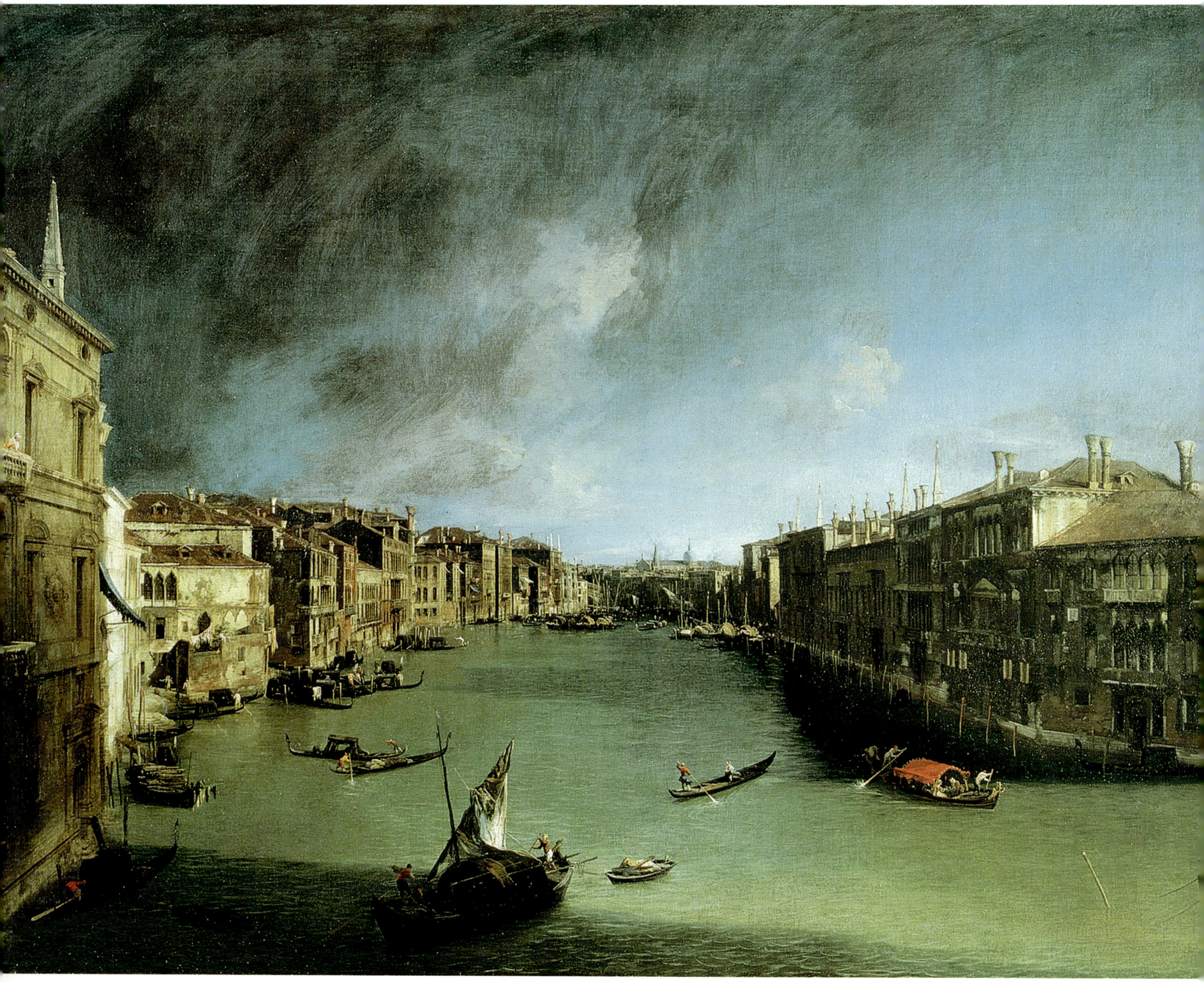

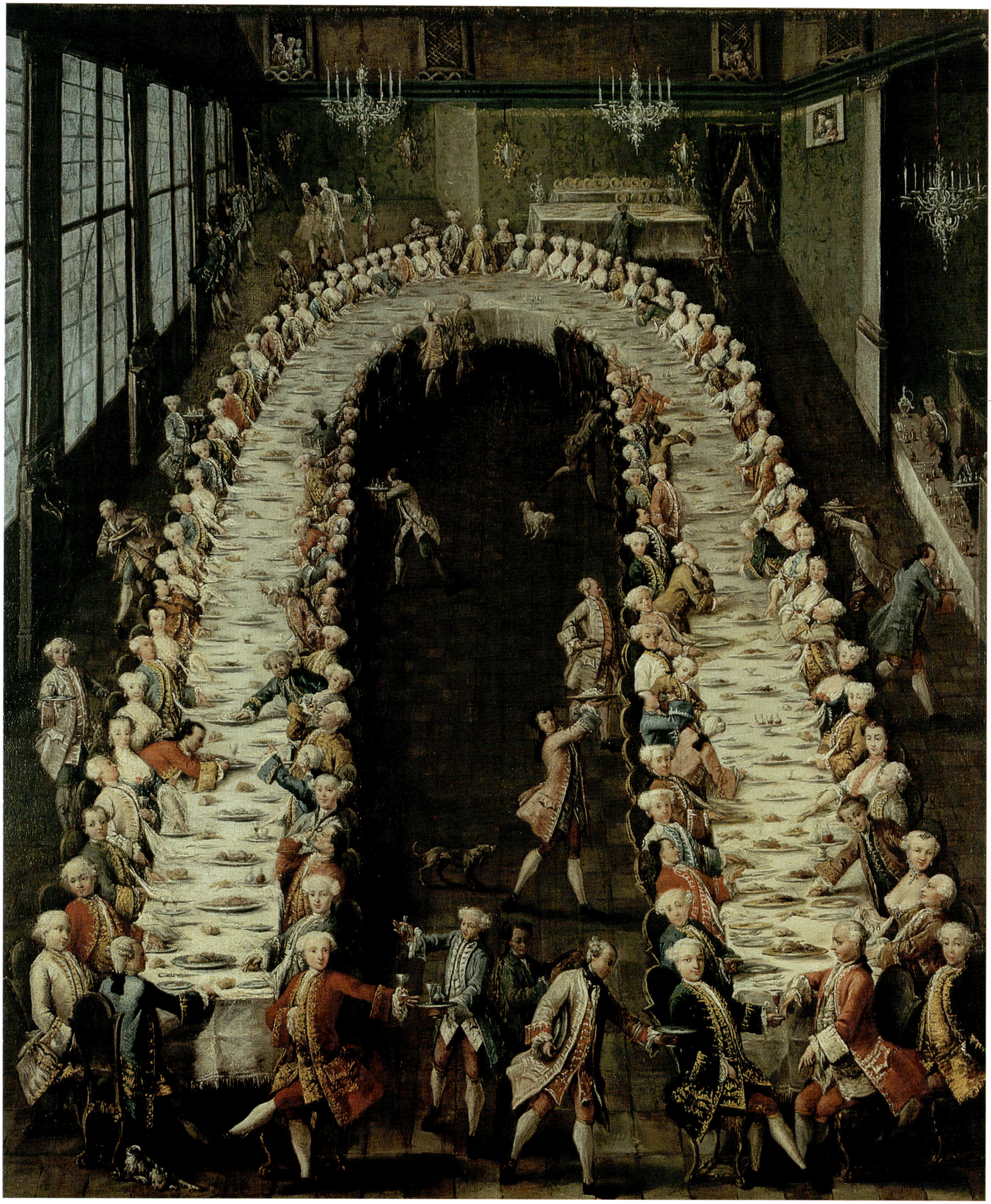

Ca' Pesaro

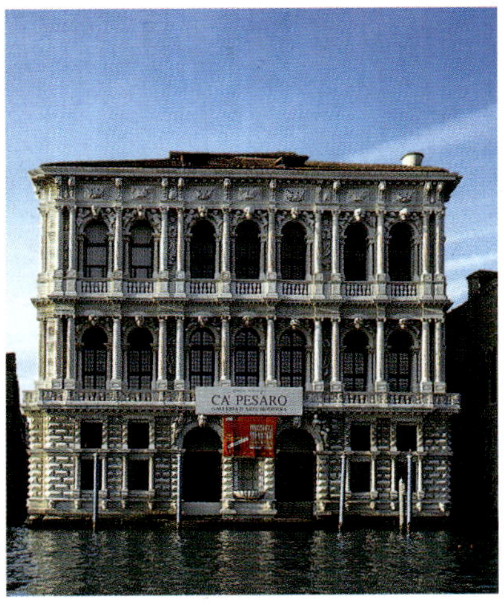

Assemblage de trois constructions différentes, l'ambitieux édifice affirme par son somptueux décor baroque la splendeur de la famille Pesaro, parvenue à son apogée lorsque Giovanni devient doge en 1652. Le rez-de-chaussée à bossages et le premier étage, où le goût théâtral propre au XVIIe siècle amplifie le traditionnel schéma triparti sansovinien, est achevé par Baldassare Longhena, mort en 1682. Vingt ans plus tard, Antonio Gaspari érige le second étage. Particularité de la Ca' Pesaro, le retour de la façade noble sur le canal latéral. Passé entre les mains des Gradenigo, le palais échoit au XIXe siècle à la duchesse Felicita Bevilacqua La Masa, qui le lègue à la ville en 1889. Fondé en 1897, le Musée d'art moderne s'y installe en 1902.

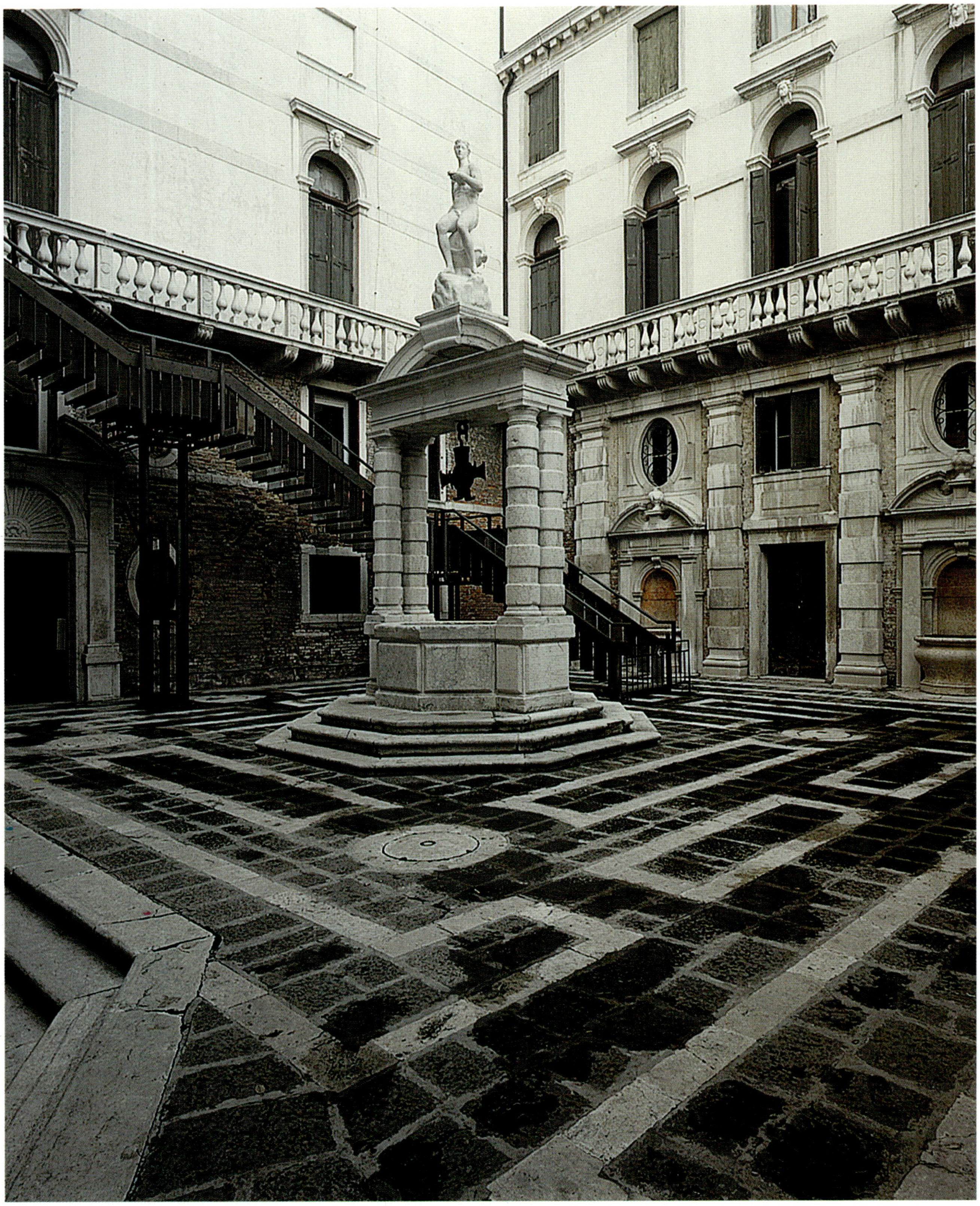

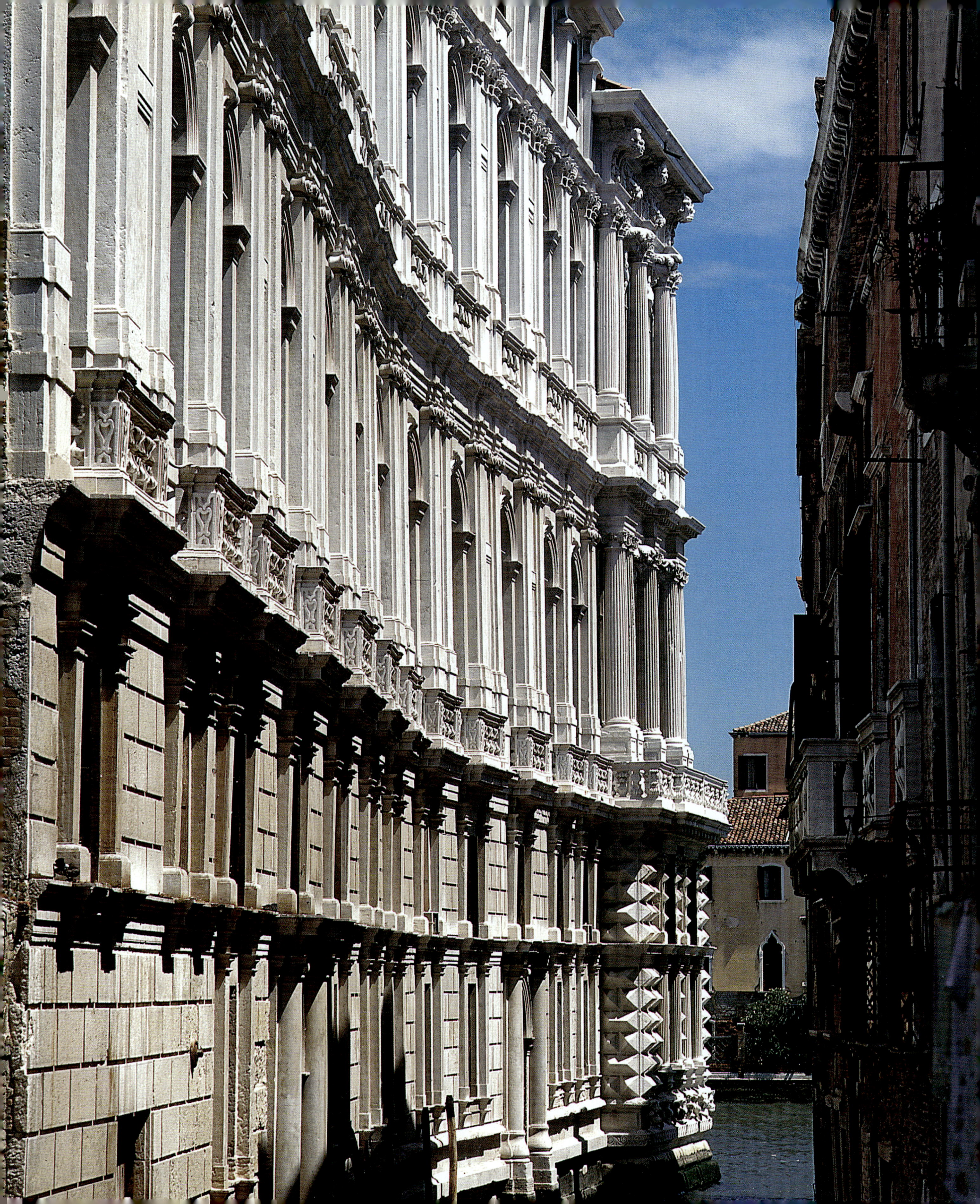

Grâce aux toiles acquises pendant un siècle par la Biennale – parmi lesquelles la *Judith* de Klimt, des œuvres du Blaue Reiter, de Matisse et des surréalistes –, le musée témoigne de l'évolution artistique des XIXᵉ et XXᵉ siècles ; il possède aussi une collection d'œuvres d'artistes italiens : Francesco Hayez, Arturo Martini, Giuseppe Santomaso et Emilio Vedova y figurent.

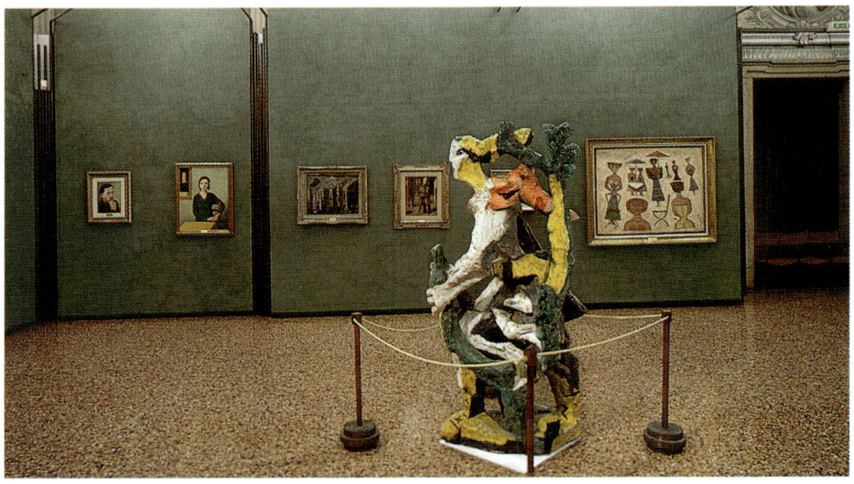

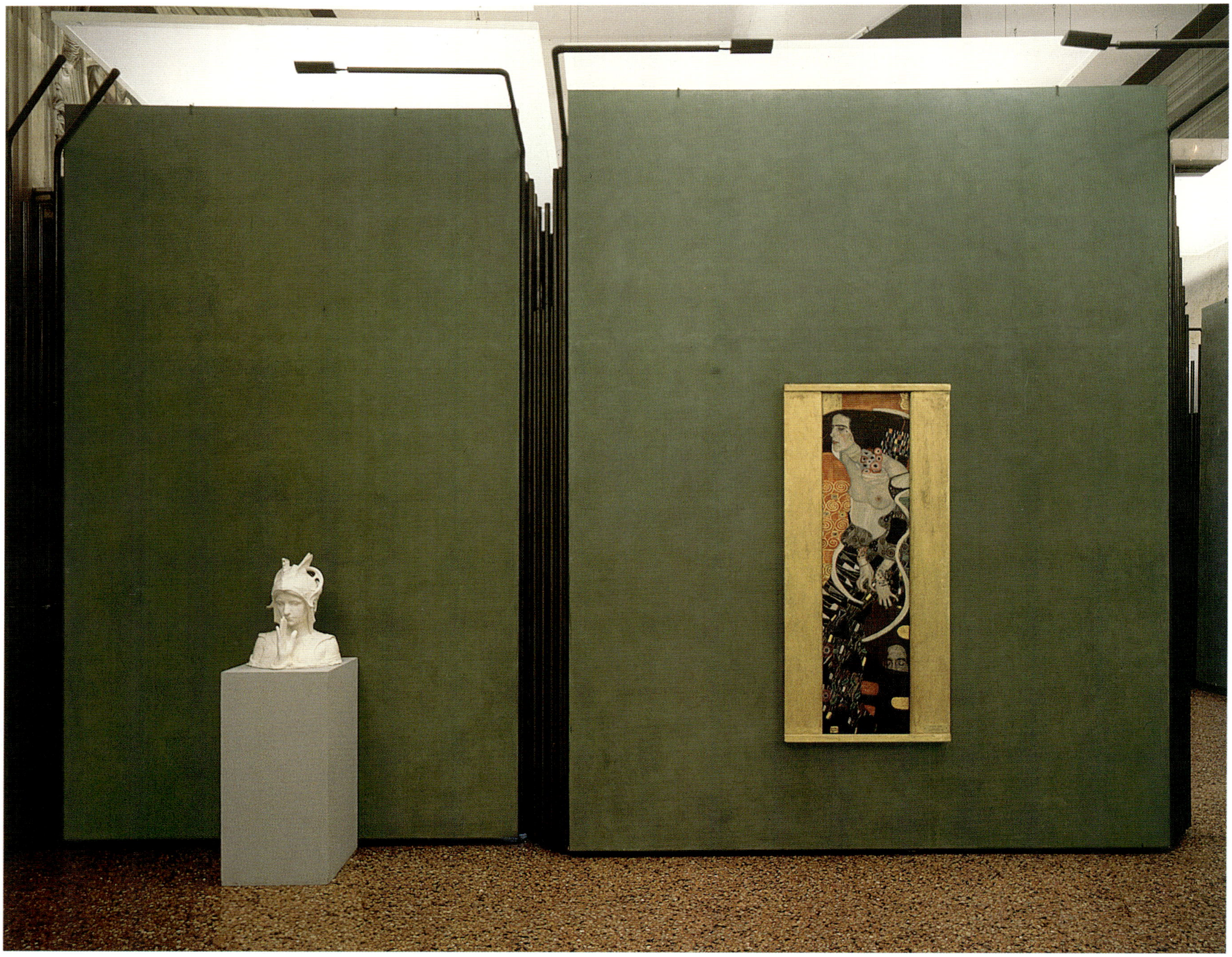

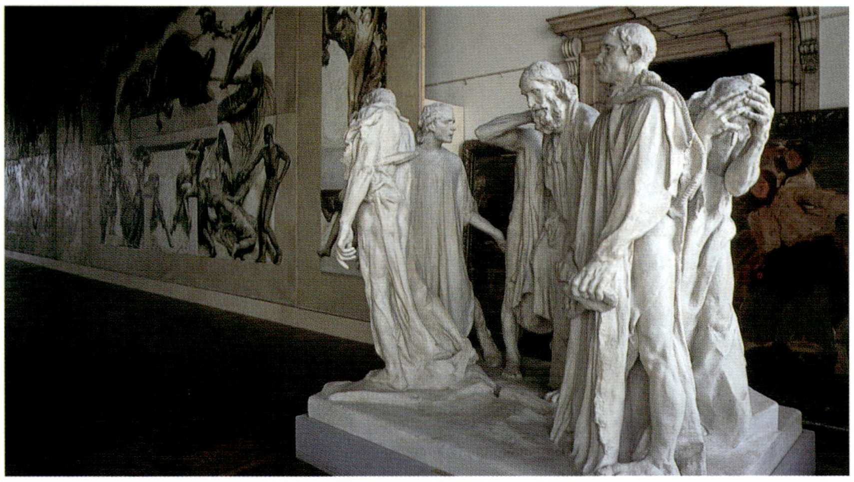

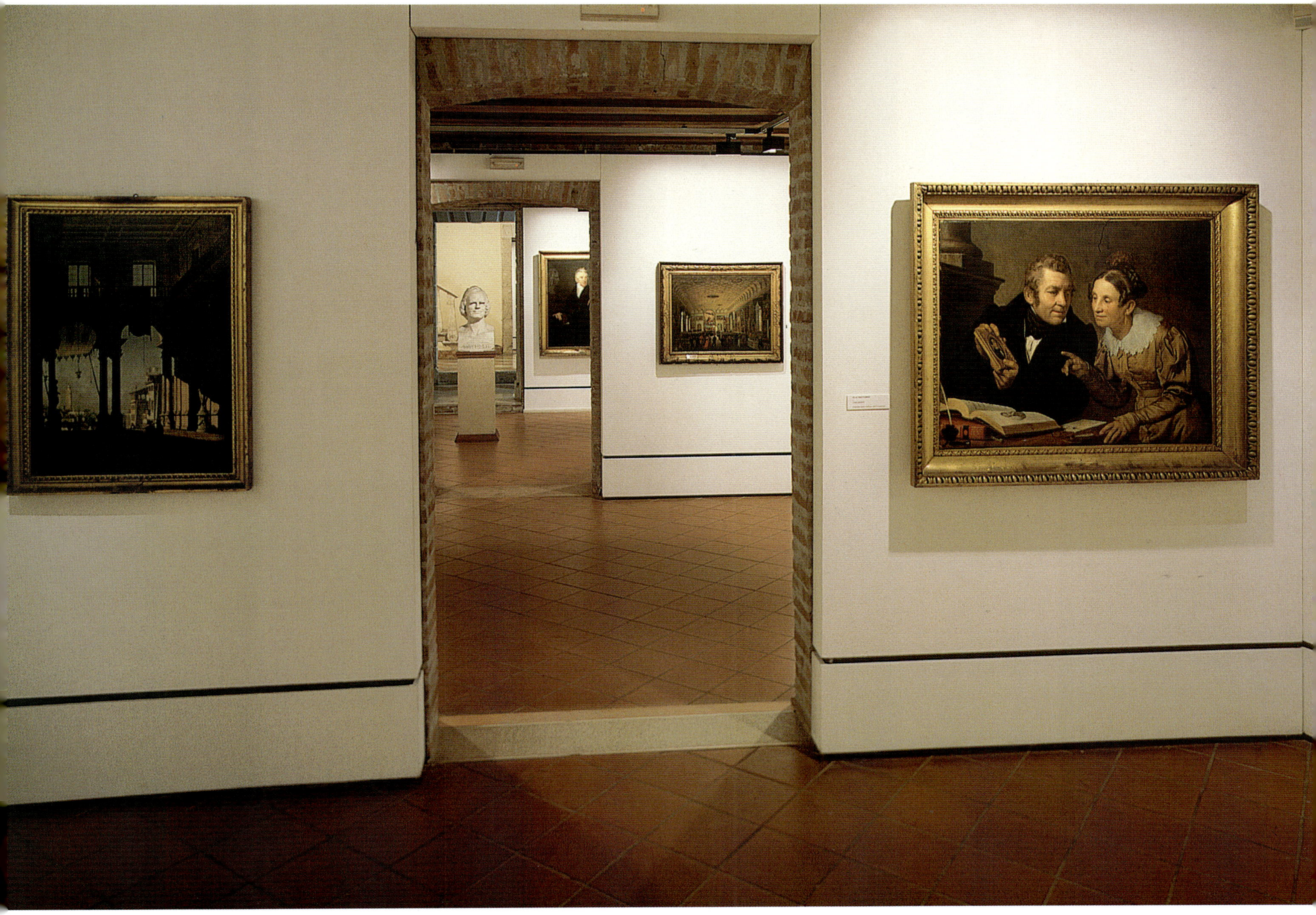

Attribué à Alessandro Vittoria, sculpteur et élève de Sansovino, le Palazzo Balbi domine le Grand Canal à l'endroit où celui-ci forme un coude entre les ponts de l'Accademia et de Rialto. Plusieurs peintres l'ont représenté, dont Marieschi et Canaletto. Considérée comme une œuvre de transition vers le baroque, la demeure porte encore la marque architecturale du XVIe siècle. Érigée probablement entre 1582 et 1591 – dans le testament de Nicolò Balbi, on s'y réfère comme à un édifice dont la structure est achevée – il présente une façade maniériste. Le rez-de-chaussée à bossages est percé de trois portails ; des tympans curvilignes ou triangulaires brisés surmontent les fenêtres des étages supérieurs ; les loggias des deux étages nobles sont portées par des colonnes doubles ioniques et des balustres de tradition sansovinienne garnissent leurs balcons, fortement en saillie. Des oculi ovales rythment l'attique, de fastueux écus de la maison Balbi sont placés au premier étage sur les trumeaux, tandis que les obélisques qui surmontent le toit sont le symbole des *capitani da mar*, les amiraux de la République.

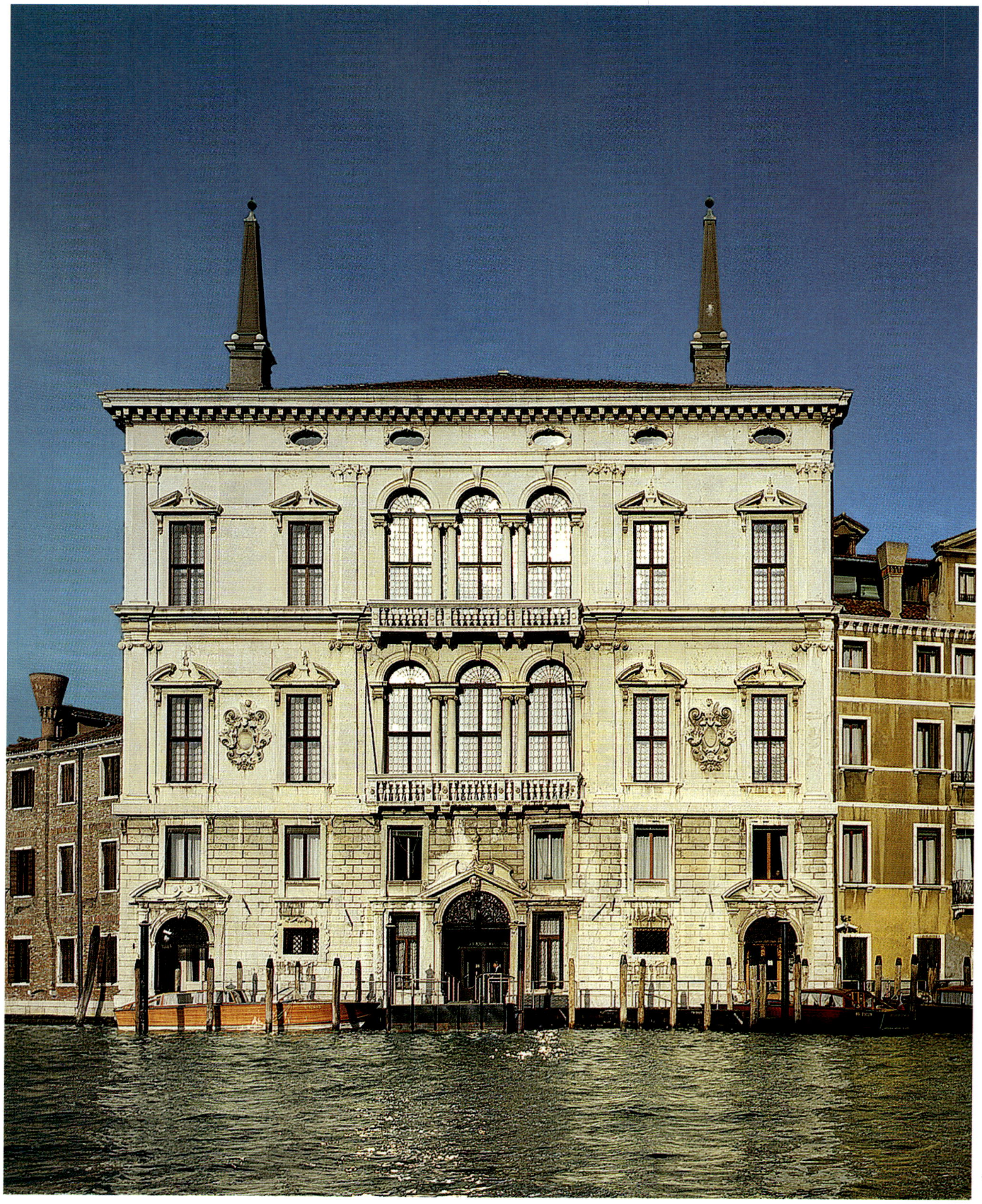

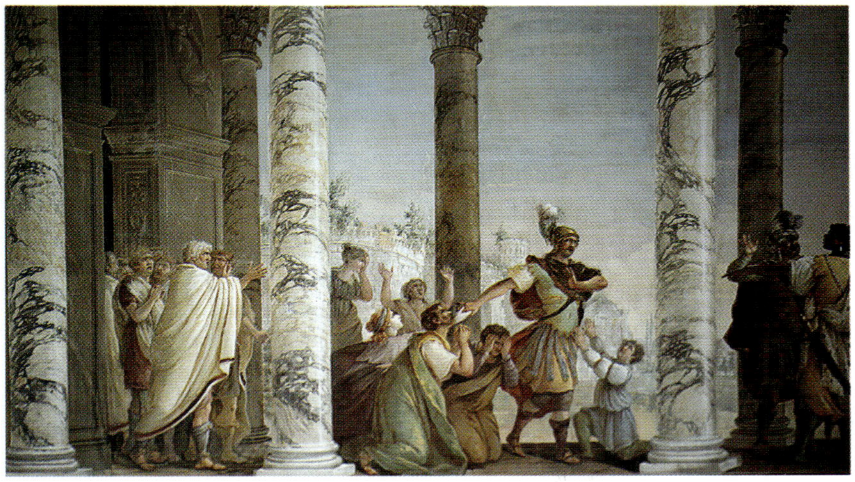

Palazzo Belloni-Battaglia

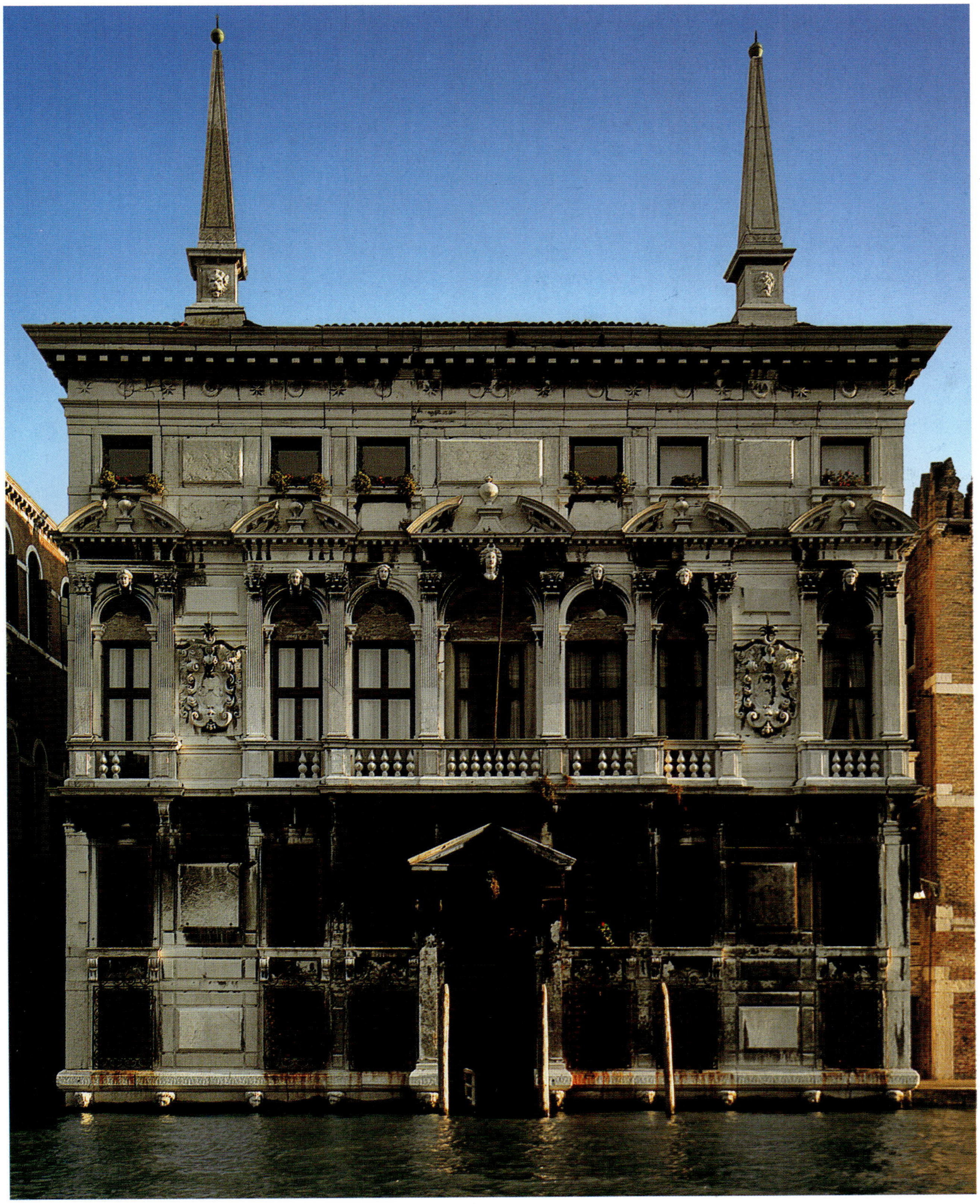

Admis dans l'aristocratie vénitienne en 1647, les Belloni acquièrent un édifice du XIVe siècle sur le Grand Canal dont ils engagent la restructuration, poursuivie jusqu'en 1663. A l'étage noble, la façade est rythmée par une fenêtre quintuple, de dimensions inégales, et deux autres fenêtres sur les côtés, toutes surmontées de tympans. Entre les fenêtres figurent les écus baroques aux armes des Belloni et deux obélisques couronnent le palais.

Par mariage, il passe à la famille Battaglia, qui le vend en 1804 au négociant Antonio Capovilla. Ce dernier en transforme l'intérieur pour la somme de 100 000 ducats, et lui donne le caractère néoclassique qu'il conserve encore. Dans le *portego*, vestibule de dimension réduite, Giambattista Canal et Davide Rossi ont peint en trompe-l'œil un atrium à colonnade, historié de scènes homériques. La symétrie de la composition et les couleurs froides de la fresque reflètent le triomphe du néoclassicisme dans la lagune. Dans la salle ouvrant sur le Grand Canal, la décoration est d'inspiration anglaise et française : le plafond, que se partagent de faux reliefs monochromes tirés des *Triomphes* de Mantegna et des stucs inspirés de la production de céramiques de Josiah Wedgwood, est une œuvre proche de celles des néoclassiques européens.

Palazzo Giustinian à Murano

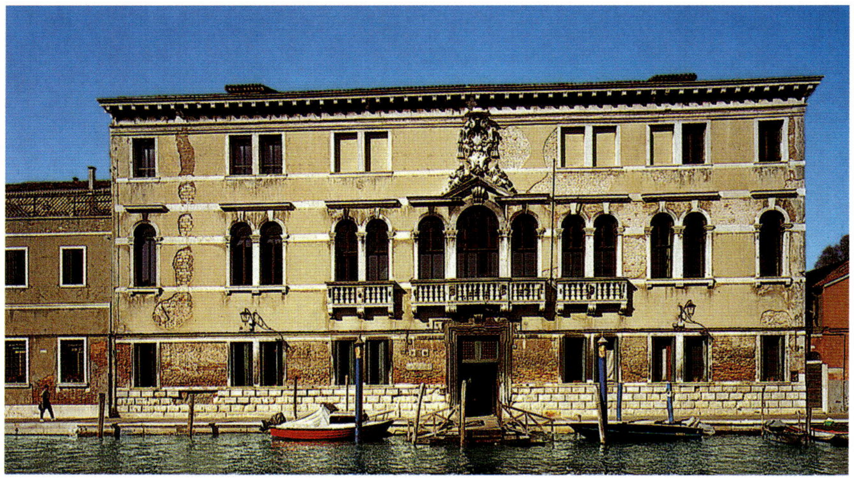

Érigé au XIVe siècle, ce palais subit une transformation baroque par Antonio Gaspari au XVIIe siècle. L'architecte lui donne un caractère résidentiel patricien, qu'il reproduira peu après de façon plus libre, originale et « romaine » à Ca' Zenobio. En 1707, à la suite du transfert du siège épiscopal à Murano voulu par Marco Giustinian, le palais devient la résidence de l'évêque de Torcello et conserve cette fonction jusqu'en 1805. Siège de la mairie en 1840, il sera transformé en musée du verre par l'abbé Zanetti en 1861. Le travail du verre est pratiqué à Murano depuis 1291, date du décret qui contraint les maîtres verriers vénitiens à s'établir dans l'île, sous prétexte des risques d'incendies qu'ils représentent pour la ville ; en vérité, il s'agit de protéger le monopole d'un art inimitable et fructueux pour la Sérénissime. Les collections retracent le travail du verre soufflé, technique jalousement gardée pendant des siècles par les maîtres verriers qui jouissaient de privilèges équivalents à ceux des nobles. Parmi les pièces exposées, on remarque la célèbre coupe nuptiale Barovier, des calices utilisés au XVe siècle et des lampadaires rococo, notamment ceux de Giuseppe Briati qui au XVIIe siècle introduisit à Murano la façon de Bohême, s'attirant la haine des autres verriers. Après que son four eut été pris d'assaut par ses concurrents, il obtint du Sénat de se réinstaller à Venise.

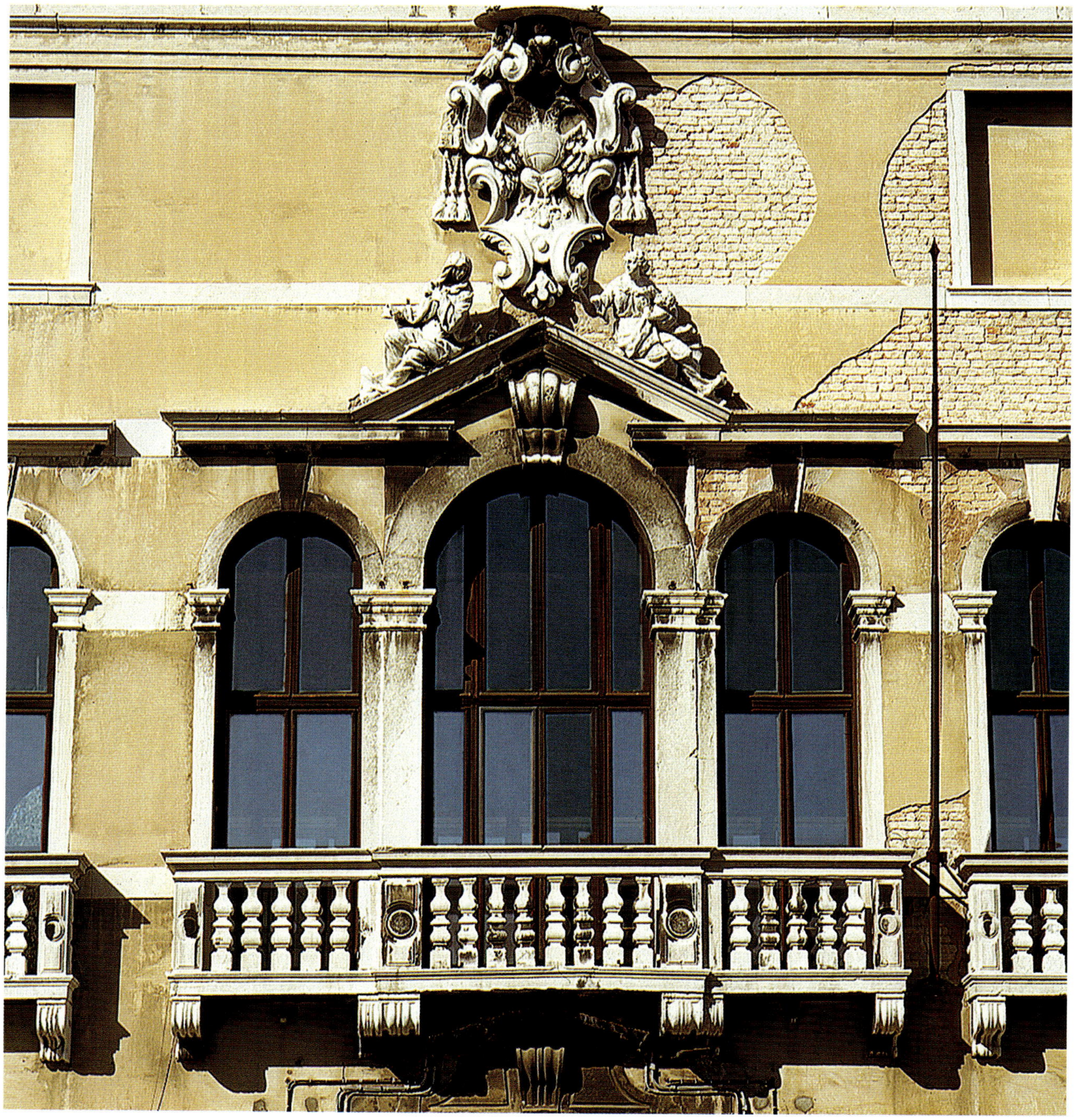

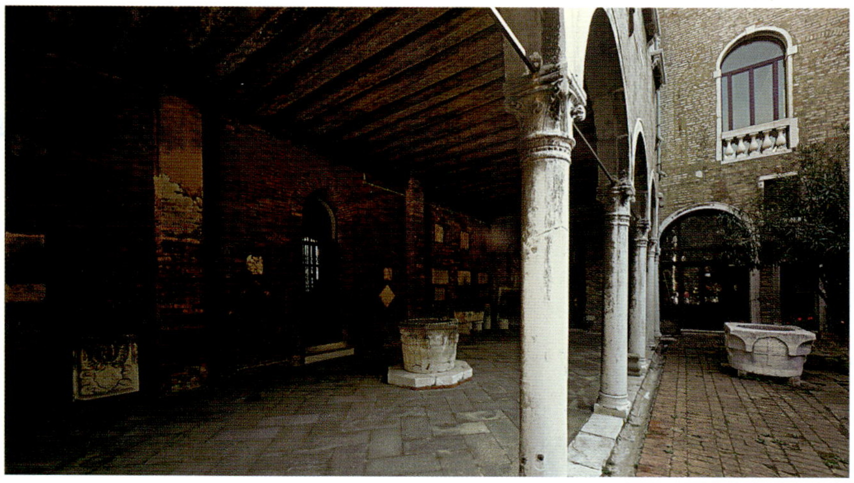

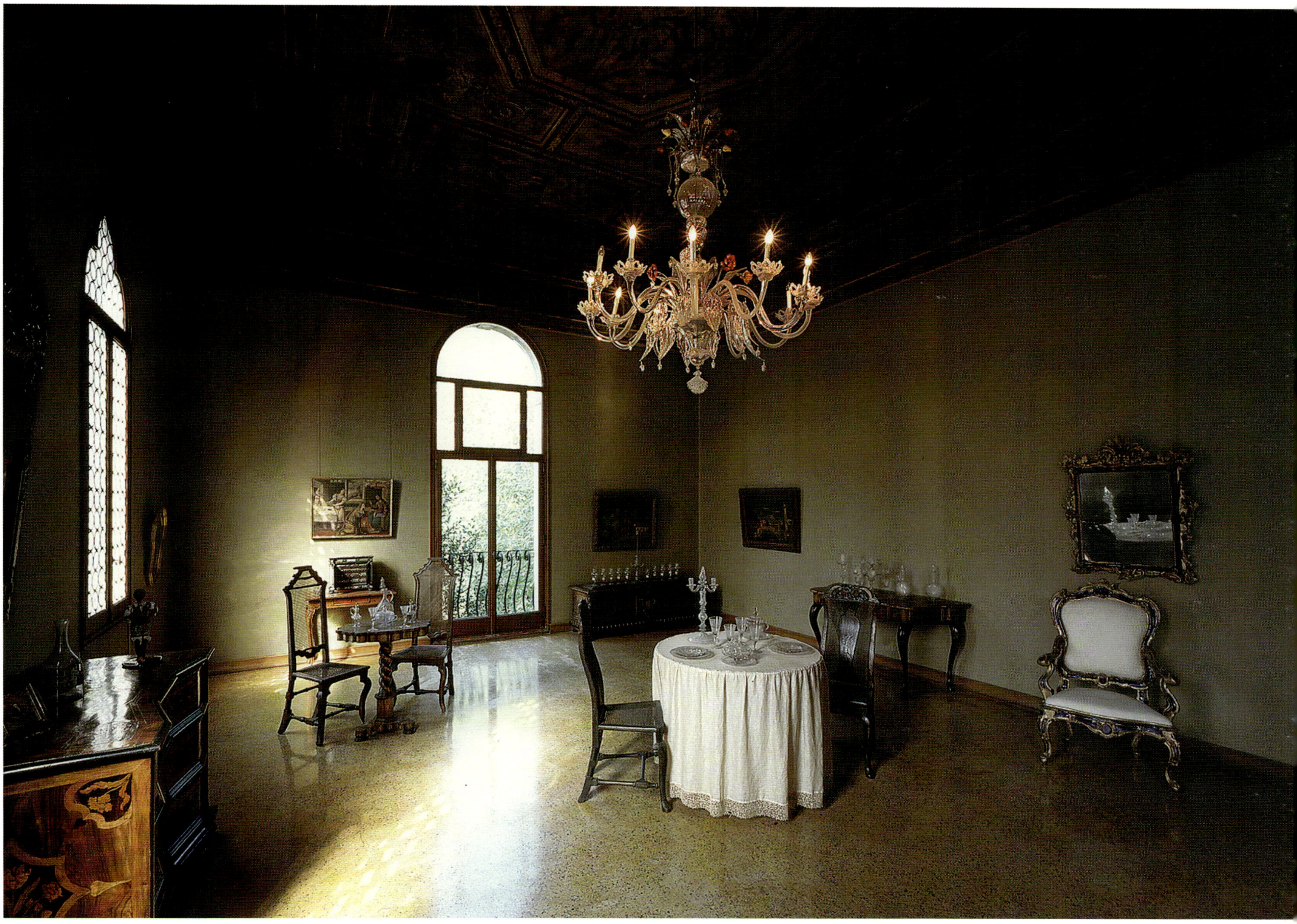

Palazzo Giustinian Lolin

Construit entre le XIVe et le XVe siècle, le palais gothique est rénové entre 1623 et 1625 par Giovanni Lolin, qui laisse à son gendre Giovanni Giustinian une somme importante pour remanier l'édifice selon le style en cours. C'est sur la façade que porte l'intervention du jeune Longhena qui signe ici l'une de ses premières réalisations vénitiennes. Simple et plate, entièrement recouverte de pierre d'Istrie, mais très recherchée dans les détails : petits balcons, colonnettes et encadrements.

Le rez-de-chaussée, privé de l'entresol classique, paraît trop bas pour porter les étages supérieurs. La hauteur des fenêtres répond à un impératif imposé par les précédentes ouvertures gothiques, tandis que la rigueur de la façade est marquée par des influences de Scamozzi, spécialement dans les fenêtres en plein cintre. Demeure de la duchesse de Parme, le palais est acquis par Ugo et Olga Levi, qui y réunissent des partitions de musique originales au sein de la fondation portant leur nom.

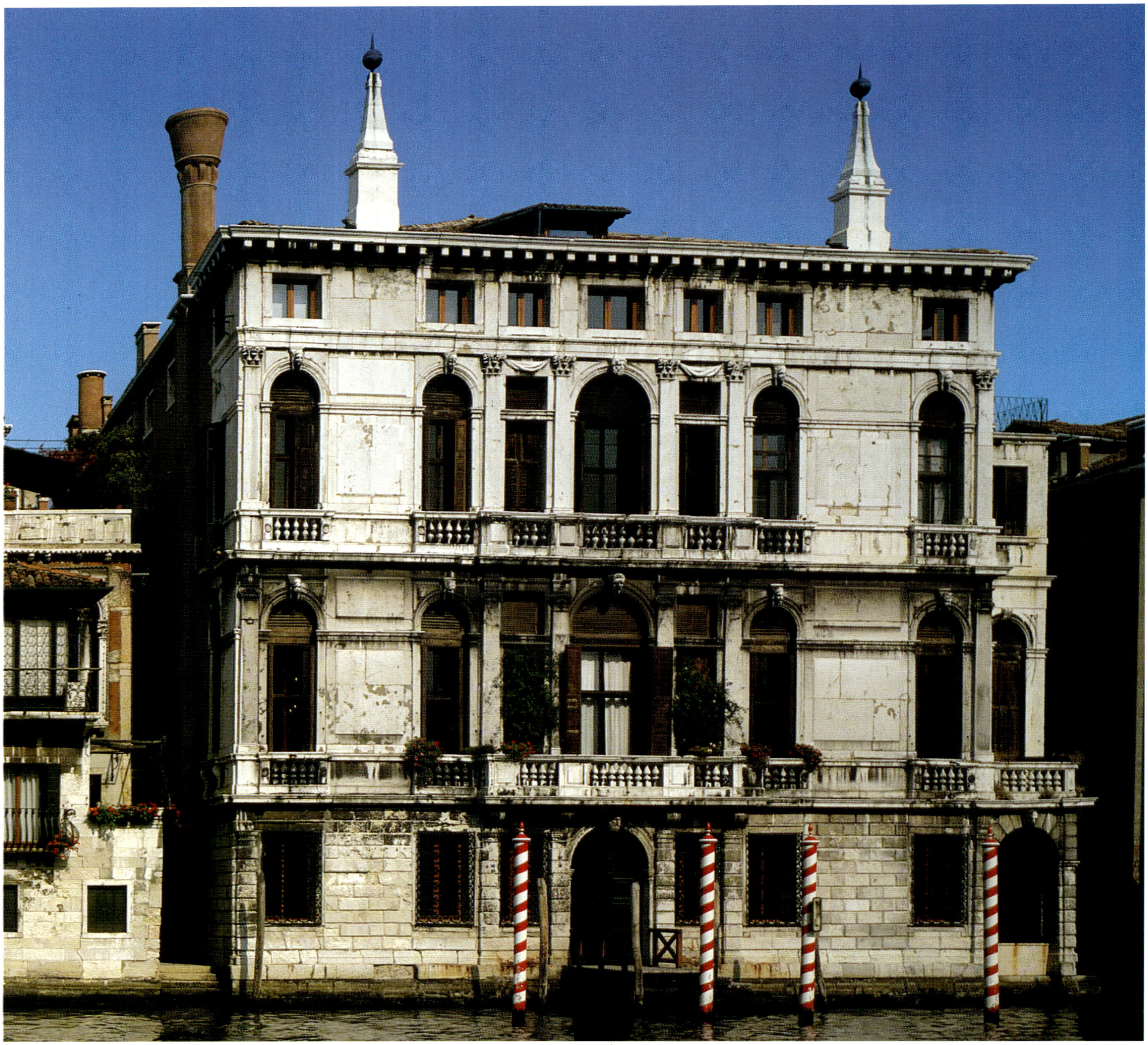

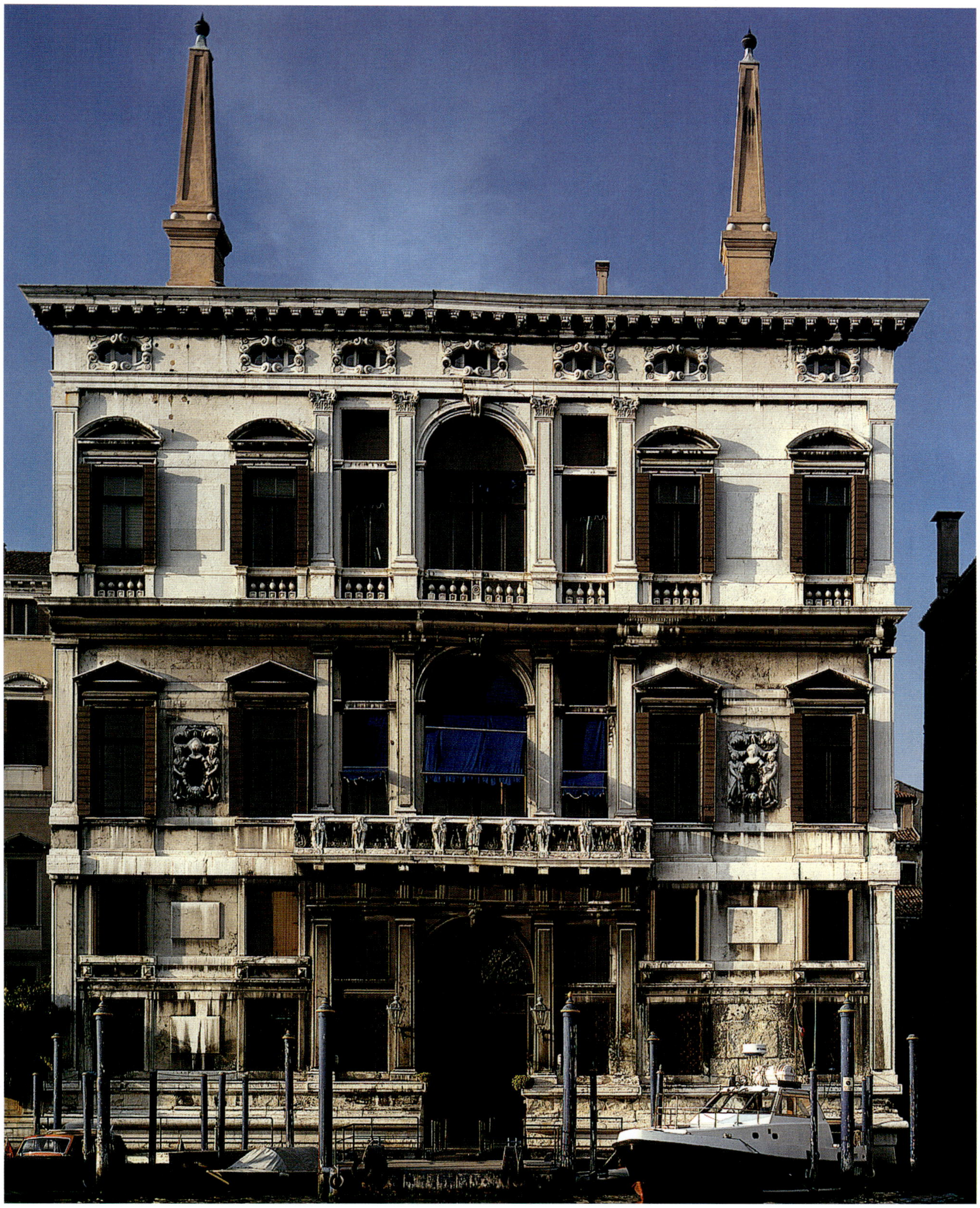

La construction de l'édifice peut être datée des années 1560 puisque le palais apparaît déjà sur un tableau représentant la famille Coccina peint en 1571 par Véronèse, aujourd'hui conservé à Dresde. Originaires de Bergame, les Coccina étaient de riches marchands, commanditaires du peintre qui réalisera pour eux trois autres toiles célèbres. Ils s'adressèrent à un architecte lui aussi bergamasque, Giangiacomo de' Grigi, fils de Guglielmo, pour le projet de leur propre palais. La façade est percée au centre par des serliennes superposées, avec un balcon en avancée à l'étage noble. Un important bandeau sépare le premier étage du second, surmonté d'un attique. Une corniche à modillons porte le toit et deux obélisques, solution propre à la fin du XVIe siècle. En 1864, le palais passe aux comtes Papadopoli-Aldobrandini qui, dix ans plus tard, en font redécorer l'intérieur par l'antiquaire Michelangelo Guggenheim, avec un éclectisme luxueux. En 1922, le palais devient la propriété des comtes Arrivabene.

Ca' Zenobio

Œuvre de l'architecte Antonio Gaspari, la longue façade baroque du palais, construit sur le rio dei Carmini entre 1690 et 1700, cache un plan en U. Gaspari est sans doute le seul architecte vénitien de cette époque à se laisser séduire par le langage délibérément baroque de la Rome du Bernin et de Borromini. La façade, très systématiquement ordonnancée, est marquée par une travée centrale portant balcons et serliennes au premier étage, et fronton curviligne en attique. Au rez-de-chaussée, bas et dépouillé, répond une corniche à modillons qui accuse la linéarité de l'édifice. Des peintres locaux prêtent leur concours pour décorer l'intérieur du palais : Gregorio Lazzarini, son jeune élève Giambattista Tiepolo et Luca Carlevarijs, tellement lié au commanditaire qu'il est connu sous le nom de « Luca di Ca' Zenobio ». Il est l'auteur des trois paysages du *portego*. La salle de bal de l'étage noble est décorée de stucs blanc et or rutilants – œuvre probable d'Abbondio Stazio – qui se nouent

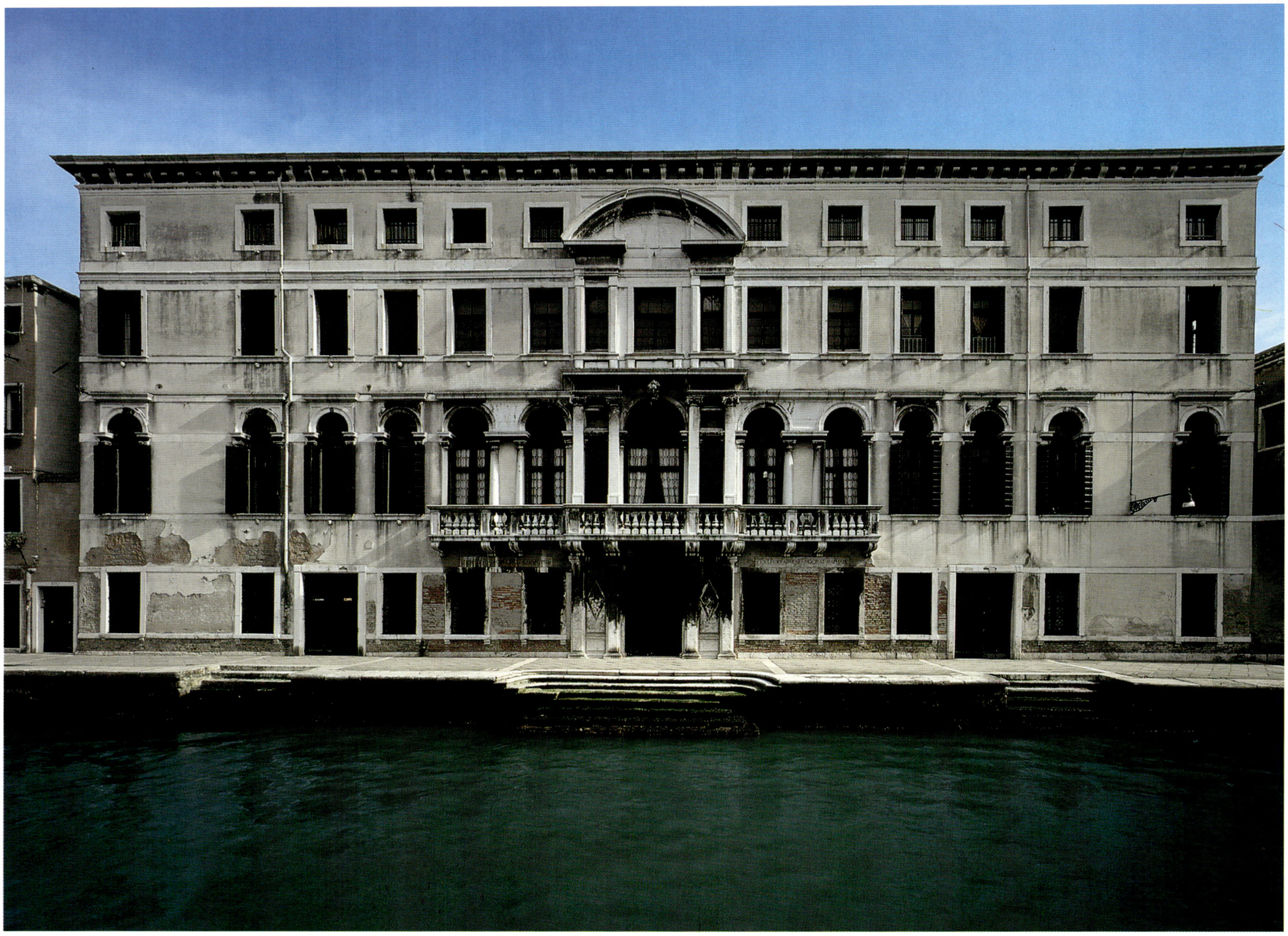

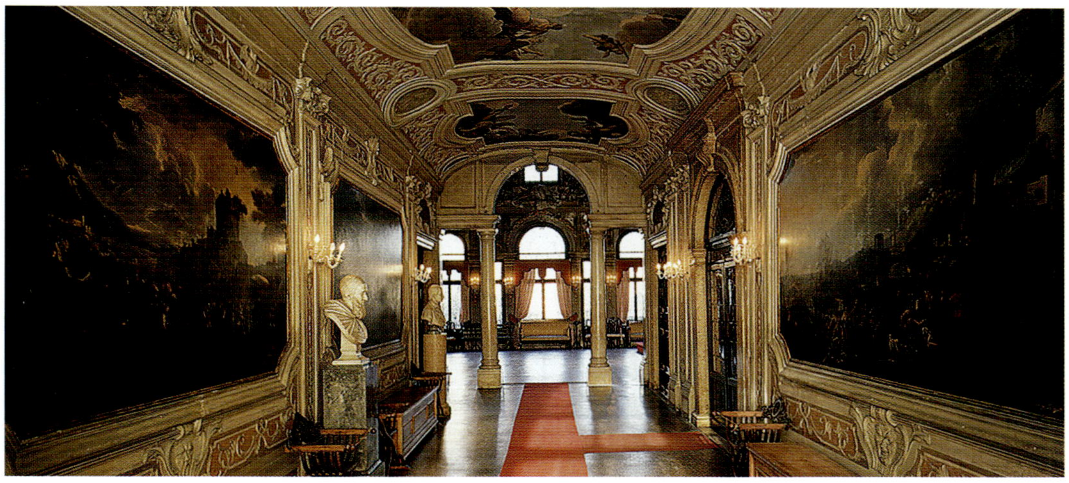

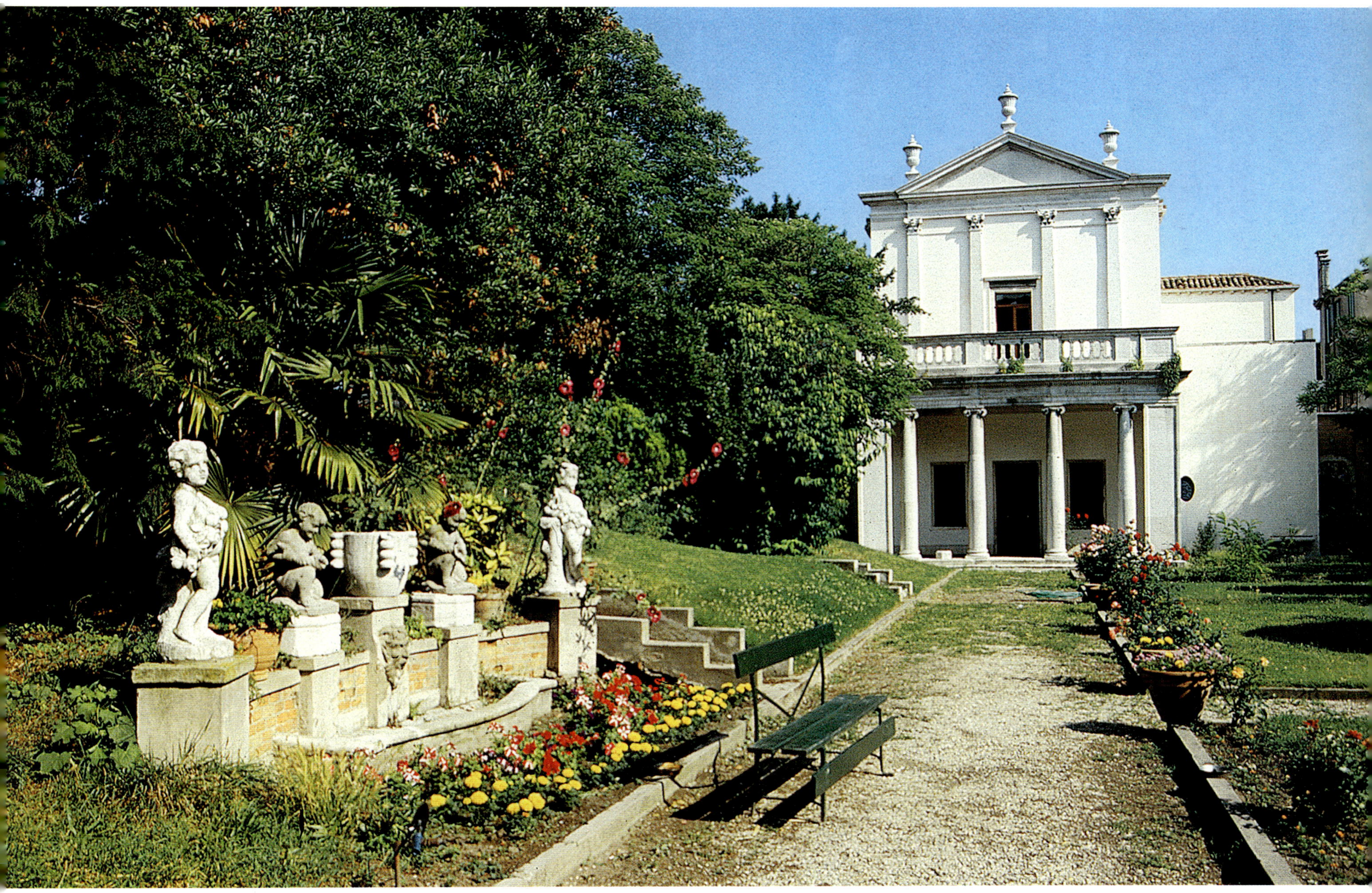

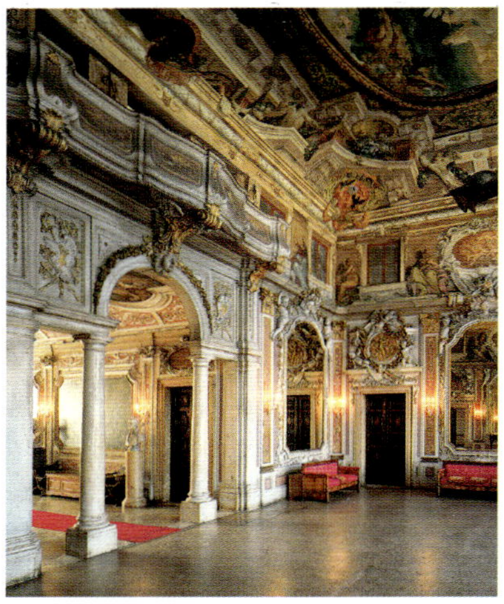

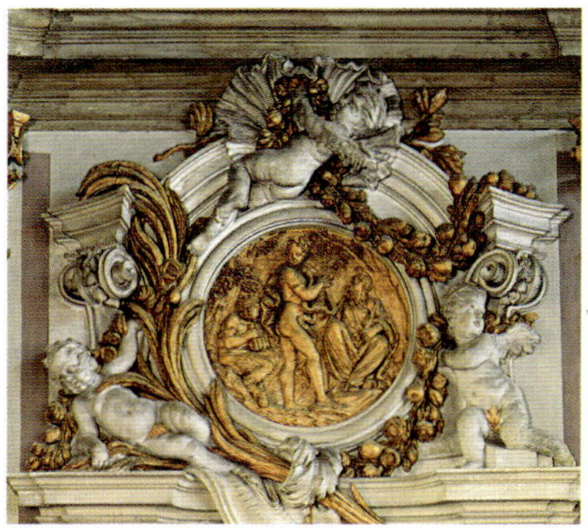

autour des portes et des miroirs cernés de guirlandes, bas-reliefs et sculptures diverses. Le plafond, « approfondi » par le pinceau exubérant de Lodovico Dorigny, représente des nains, des nus, des urnes et des tapis orientaux allégoriques dans une exaltation chorale des armes des Zenobio. A la fin du XVIIIe siècle, Tomaso Temanza construit au fond du jardin un pavillon de facture néoclassique, pour y abriter la bibliothèque et les archives. Le palais est aujourd'hui le siège du collège des pères arméniens.

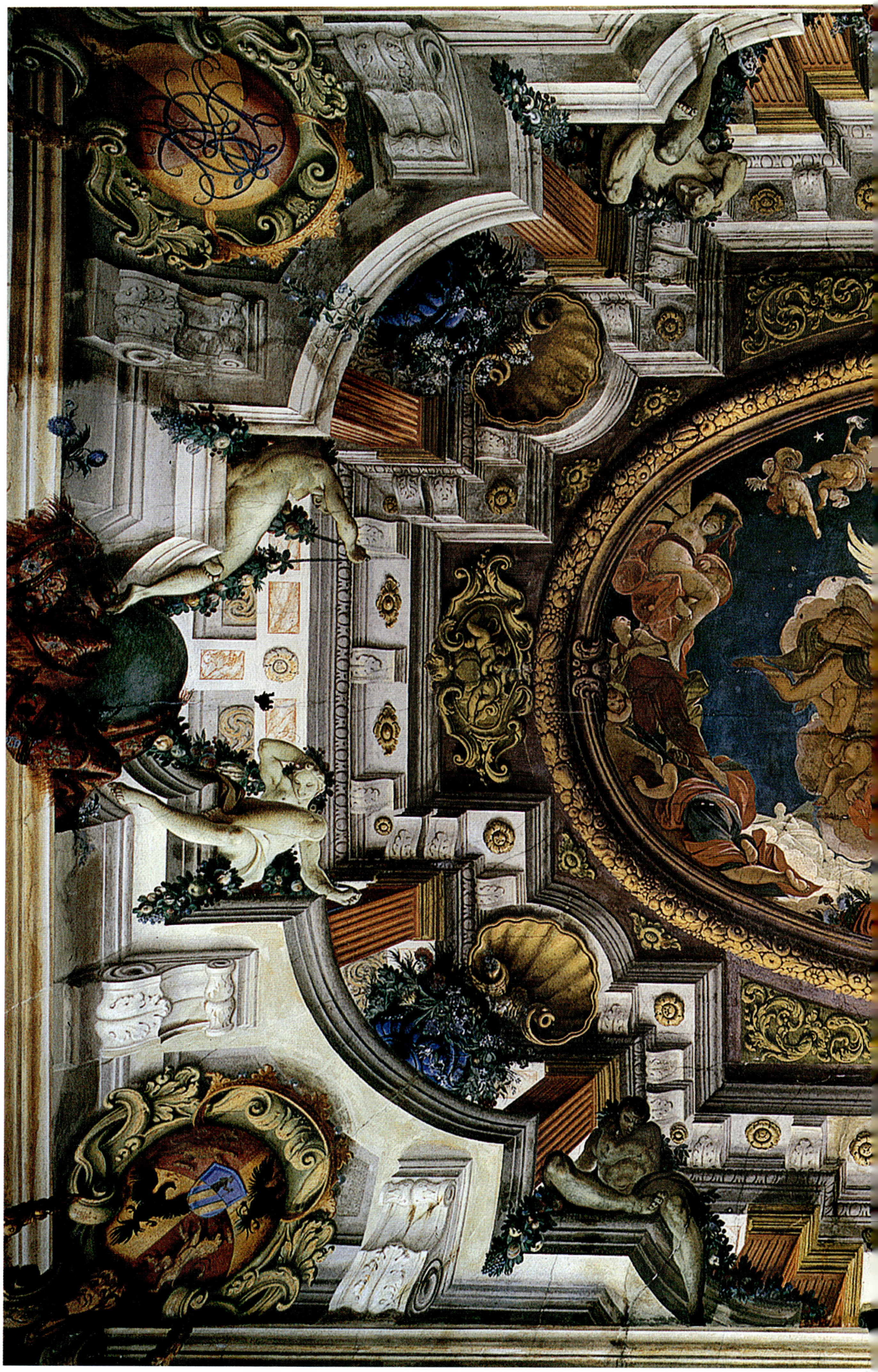

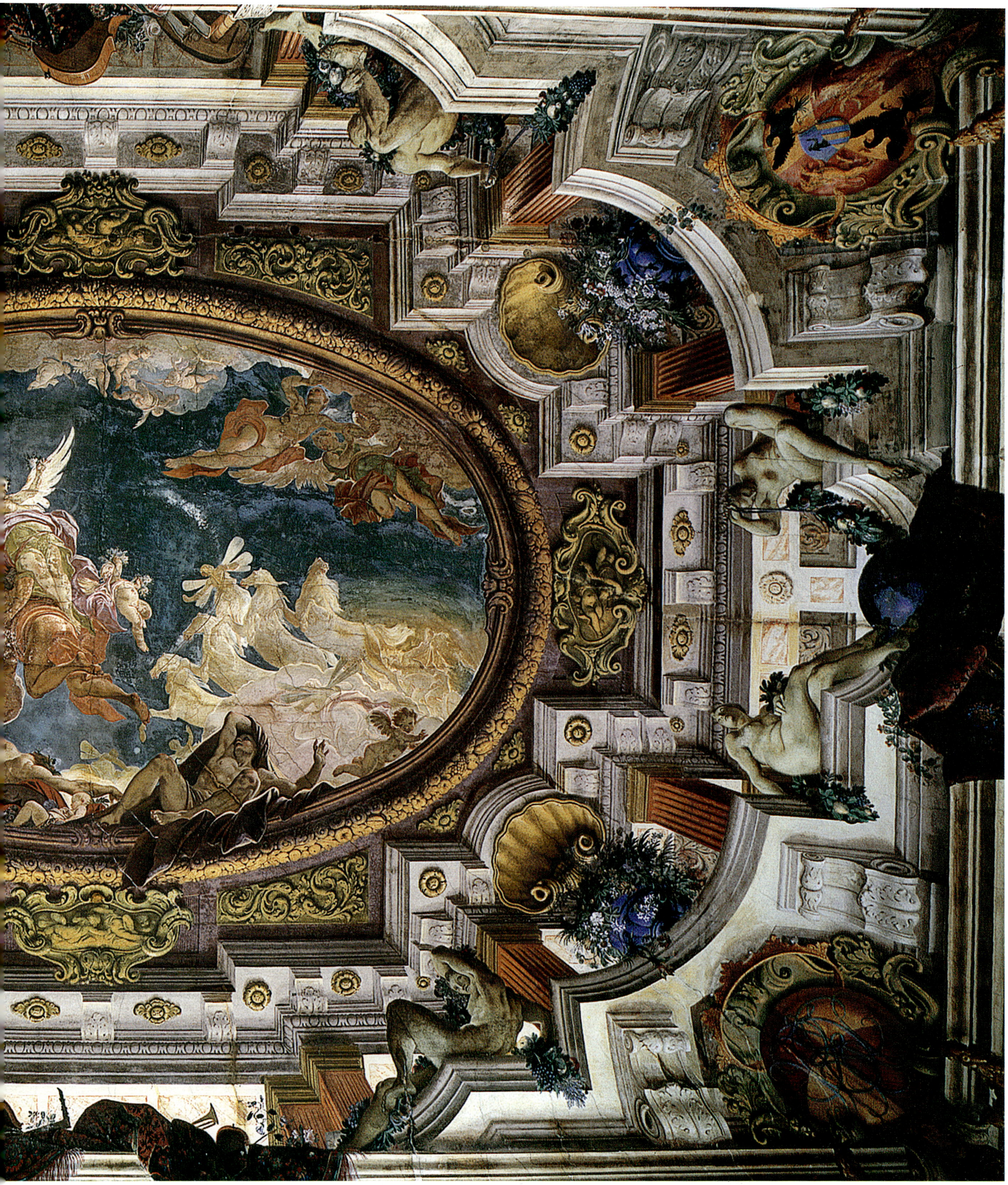

Palazzo Michiel dalle Colonne

Partant d'un édifice vénéto-byzantin préexistant, Antonio Gaspari, interprète du baroque romain dans la lagune, crée à la fin du XVIIe siècle une nouvelle conception architecturale. Les serliennes des étages nobles côtoient des fenêtres à linteau droit et des entablements richement ornés, d'où émergent des figures sculptées. La galerie du rez-de-chaussée témoigne encore de la construction initiale de ce palais qui deviendra la propriété des Zeno, puis du duc de Mantoue en 1707 et enfin des Michiel.

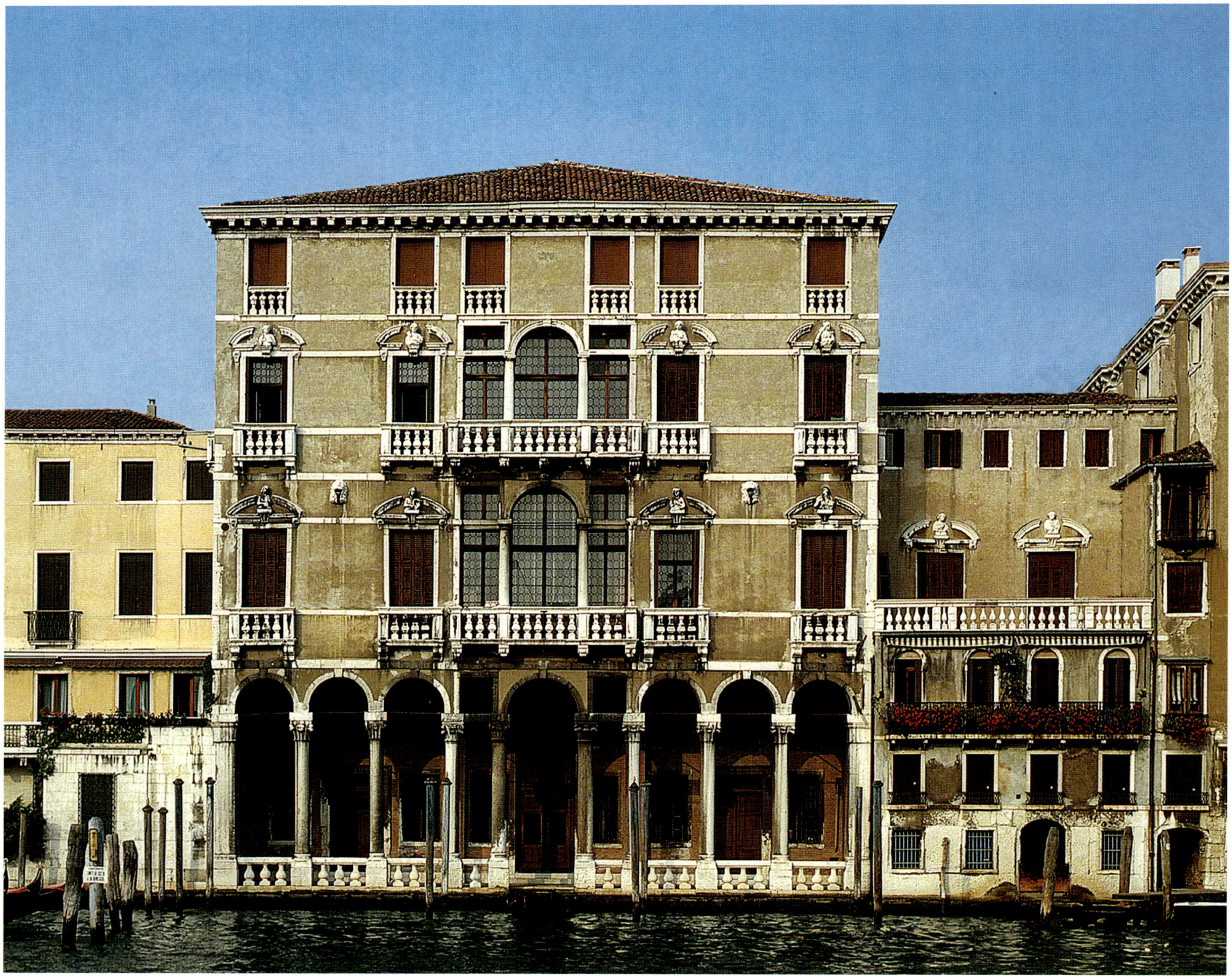

Palazzo Moro-Lin

Édifié en 1670 par le peintre toscan Sebastiano Mazzoni pour un commanditaire peintre lui aussi – le célèbre Pietro Liberi –, le palais, dit aussi « palais aux treize fenêtres », est né de la transformation de deux édifices gothiques préexistants. La façade à bossages est rythmée par des fenêtres à arc en plein cintre, séparées par des pilastres portant des chapiteaux des trois ordres, corinthien, dorique et ionique. En 1703, on ajoute un étage qui trouble l'harmonie d'origine. Passé entre les mains des Lin, famille originaire de Bergame et admise par acquisition dans la noblesse en 1686, il parvient par mariage aux Moro en 1788. Au XVIIIe siècle, il est à plusieurs reprises décoré de fresques par Bellucci, Antonio Molinari, Gregorio Lazzarini, Simonini et Luca Carlevarijs, et par Carlo Bevilacqua et Pietro Moro au siècle suivant. Malheureusement, ces œuvres ont disparu. Au XIXe siècle, Francesco Hayez et Ludovico Lipparini établissent leur atelier dans ce palais.

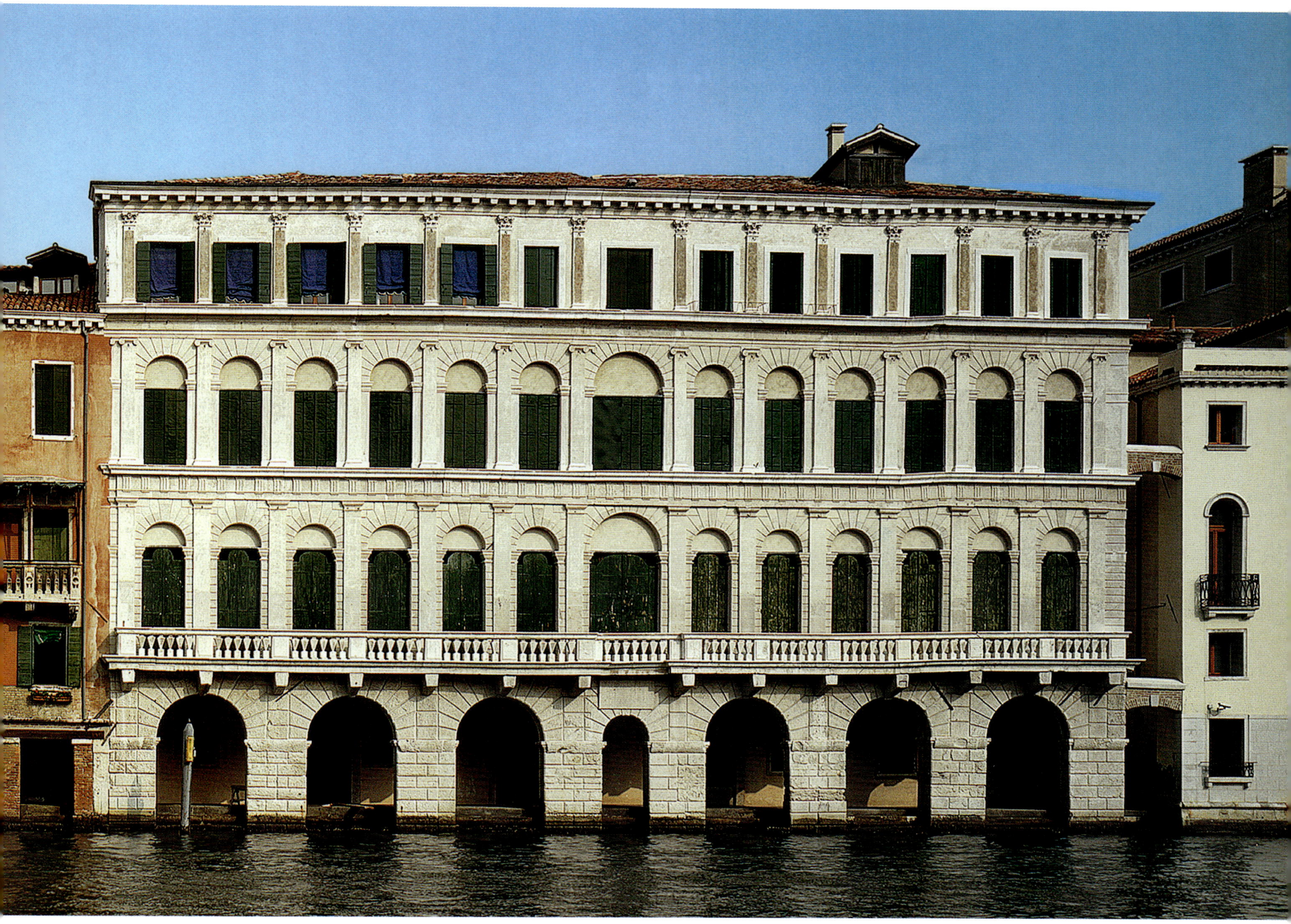

Il y a peu de temps encore, l'arrivée à Venise se faisait essentiellement par la mer. En rentrant dans la ville par le bassin de Saint-Marc, les navires devaient procéder au dédouanement des marchandises qu'ils transportaient à la douane située sur la pointe orientale du *sestiere* de Dorsoduro. En 1677, Giuseppe Benoni, vainqueur du concours lancé pour la reconstruction de l'édifice du XIVe siècle, érige une tour carrée en pierre d'Istrie, soutenue par un portique formé de robustes colonnes à bossages. A son sommet se dresse le groupe en bronze du sculpteur Bernardo Falcone, composé de deux atlantes soutenant le globe terrestre doré, surmonté d'une girouette figurant la fortune.

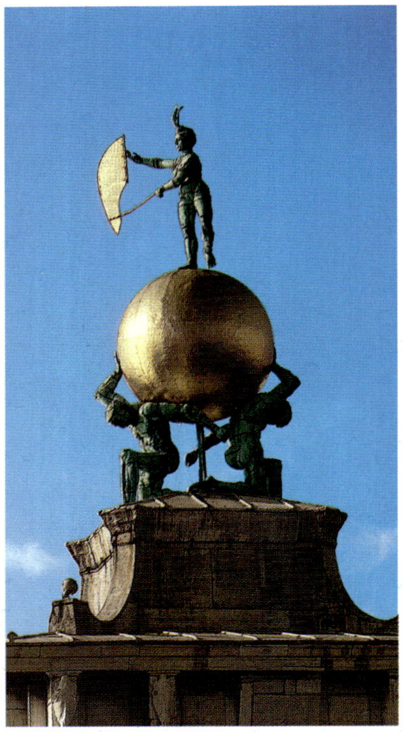

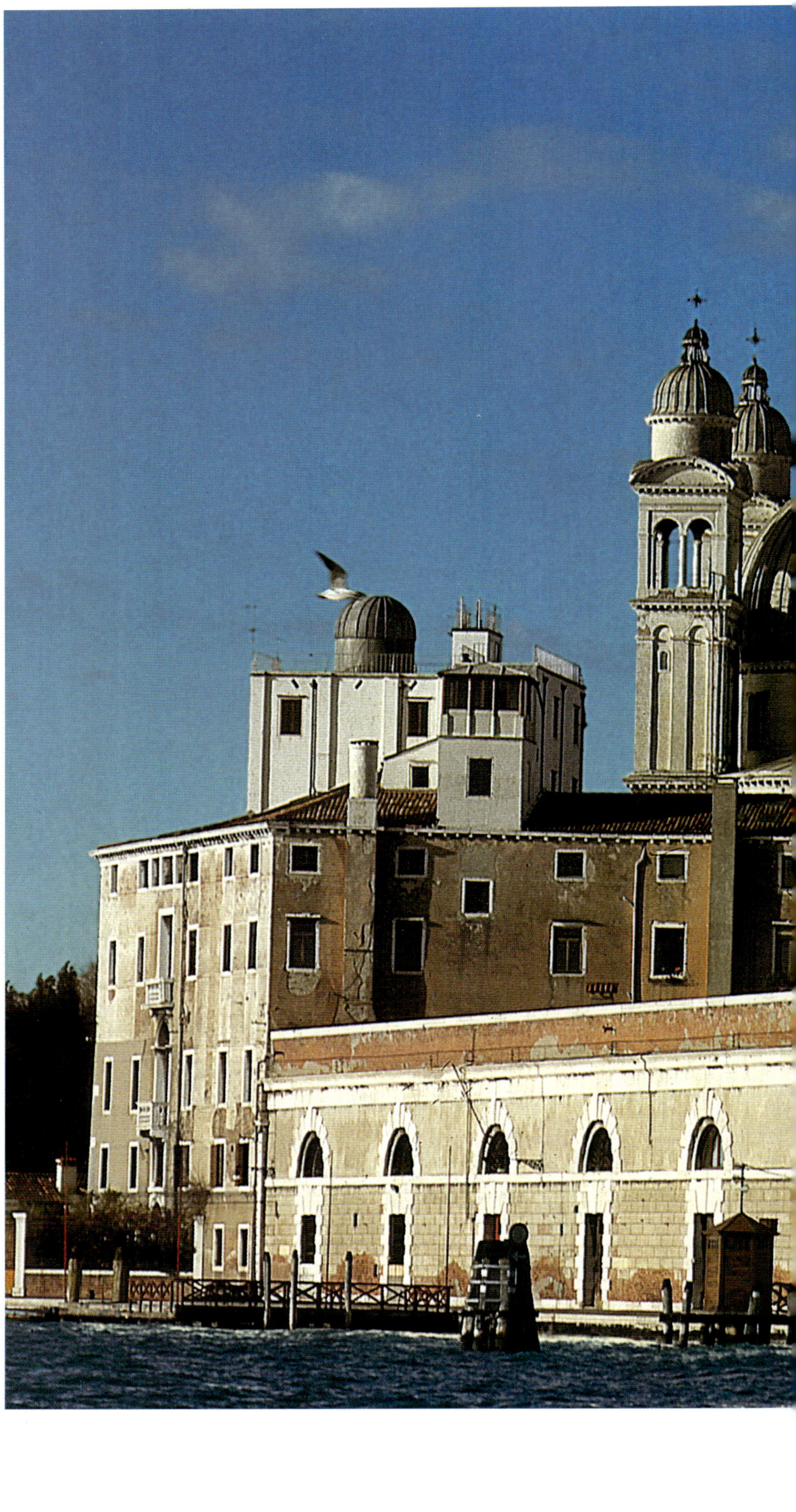

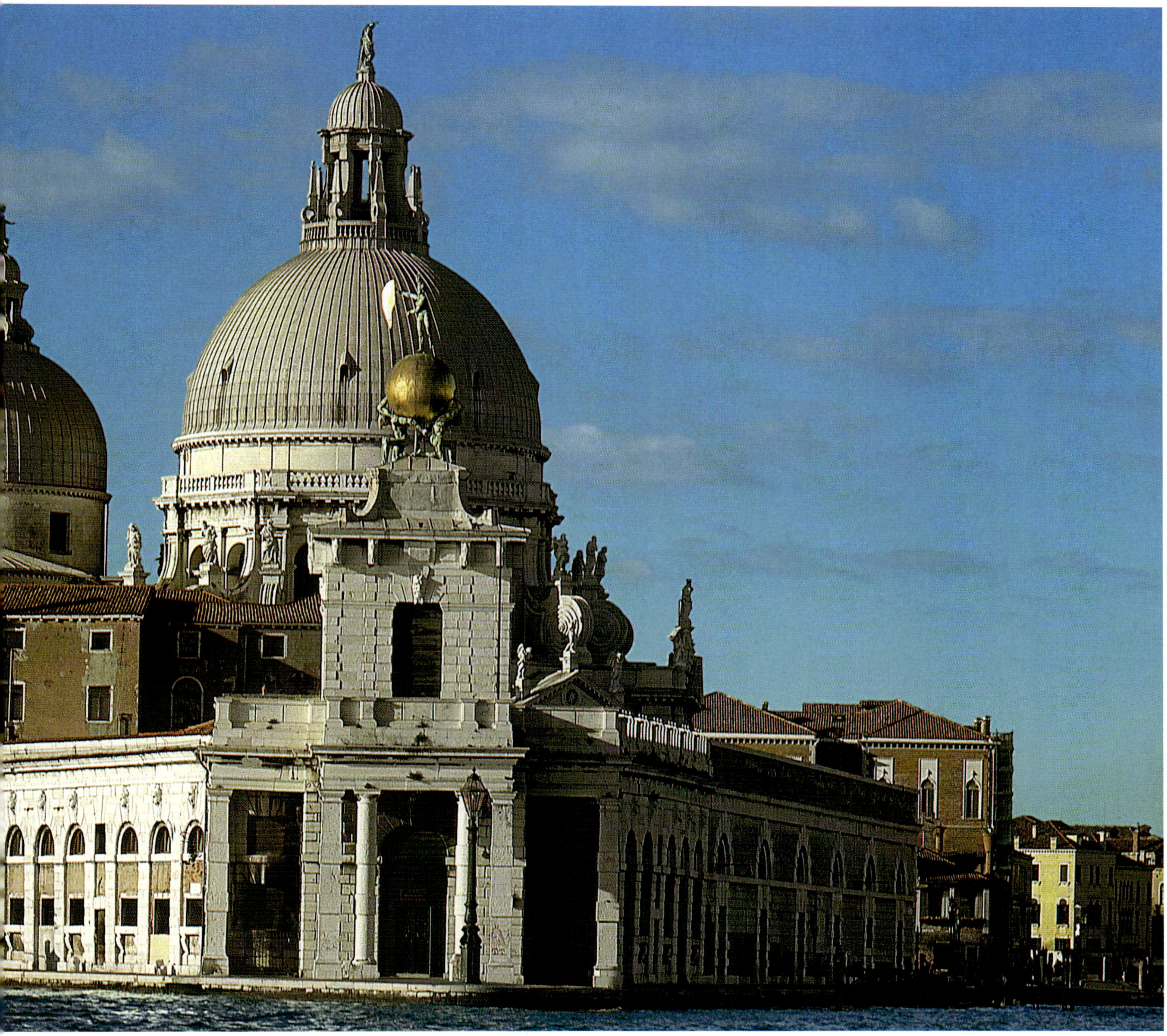

Église degli Scalzi

La reconstruction baroque de la modeste église des Carmelitani Scalzi, consacrée à sainte Marie de Nazareth, est confiée à Baldassare Longhena en 1660. En fait, Giuseppe Sardi sera chargé en 1672 de compléter la façade extérieure, tandis que l'intérieur recevra un revêtement de marbres polychromes dans une apothéose baroque qui culmine sur le maître-autel conçu par le carme Fra Giuseppe Pozzo, frère du célèbre Andrea. Sur la voûte, Giambattista Tiepolo peint en 1743 une fresque – malheureusement détruite en 1915 par un bombardement autrichien –, dont un croquis et quelques fragments latéraux se trouvent aux Gallerie dell' Accademia. Les grands travaux sont promus et financés par la famille Manin, de récente noblesse, qui, à travers le mécénat religieux, réalise d'ambitieux programmes de construction. Lodovico Manin, dernier doge de la République, déposé en 1797 – lorsque Napoléon prit la ville et la livra aux Autrichiens – est enseveli ici.

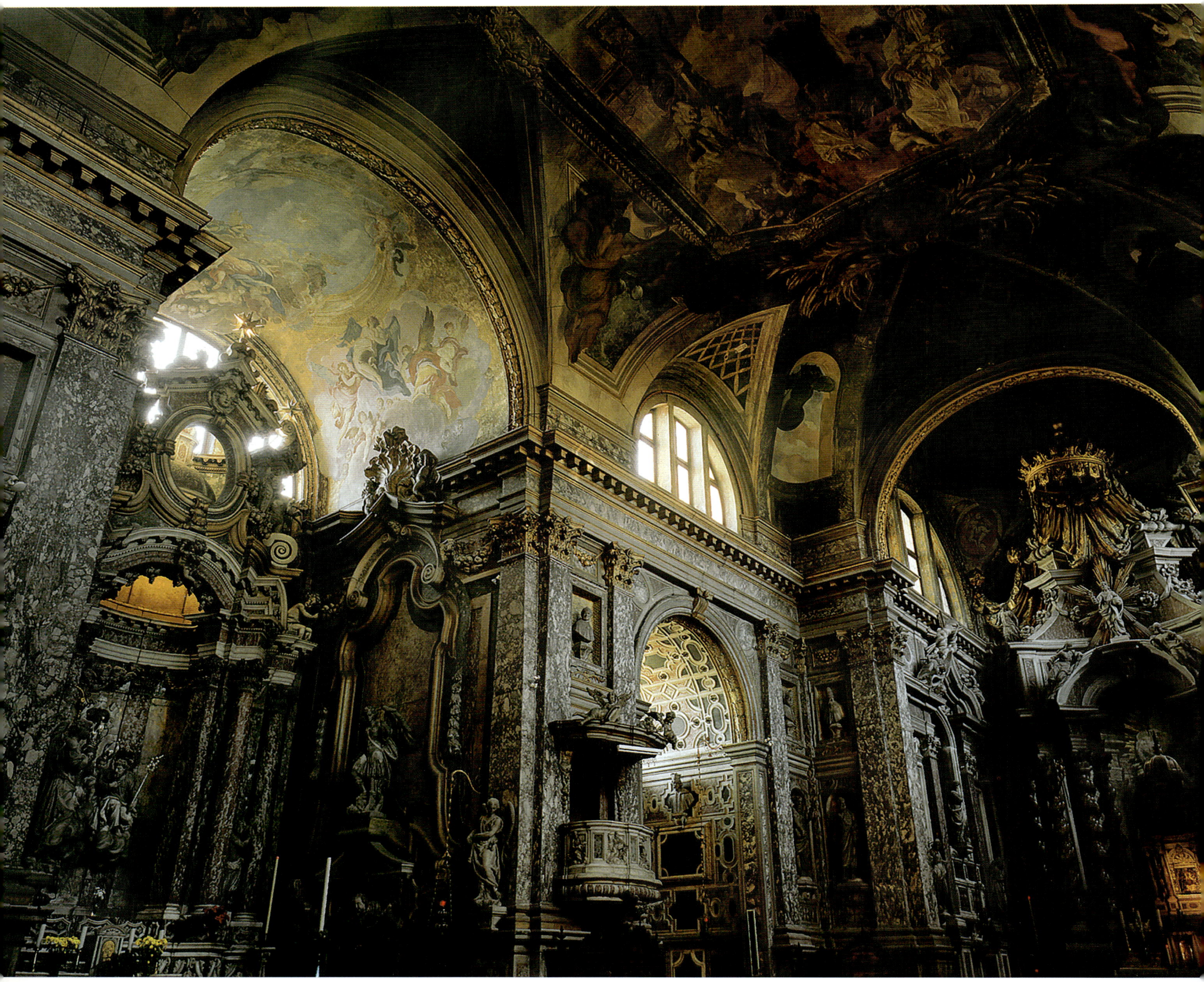

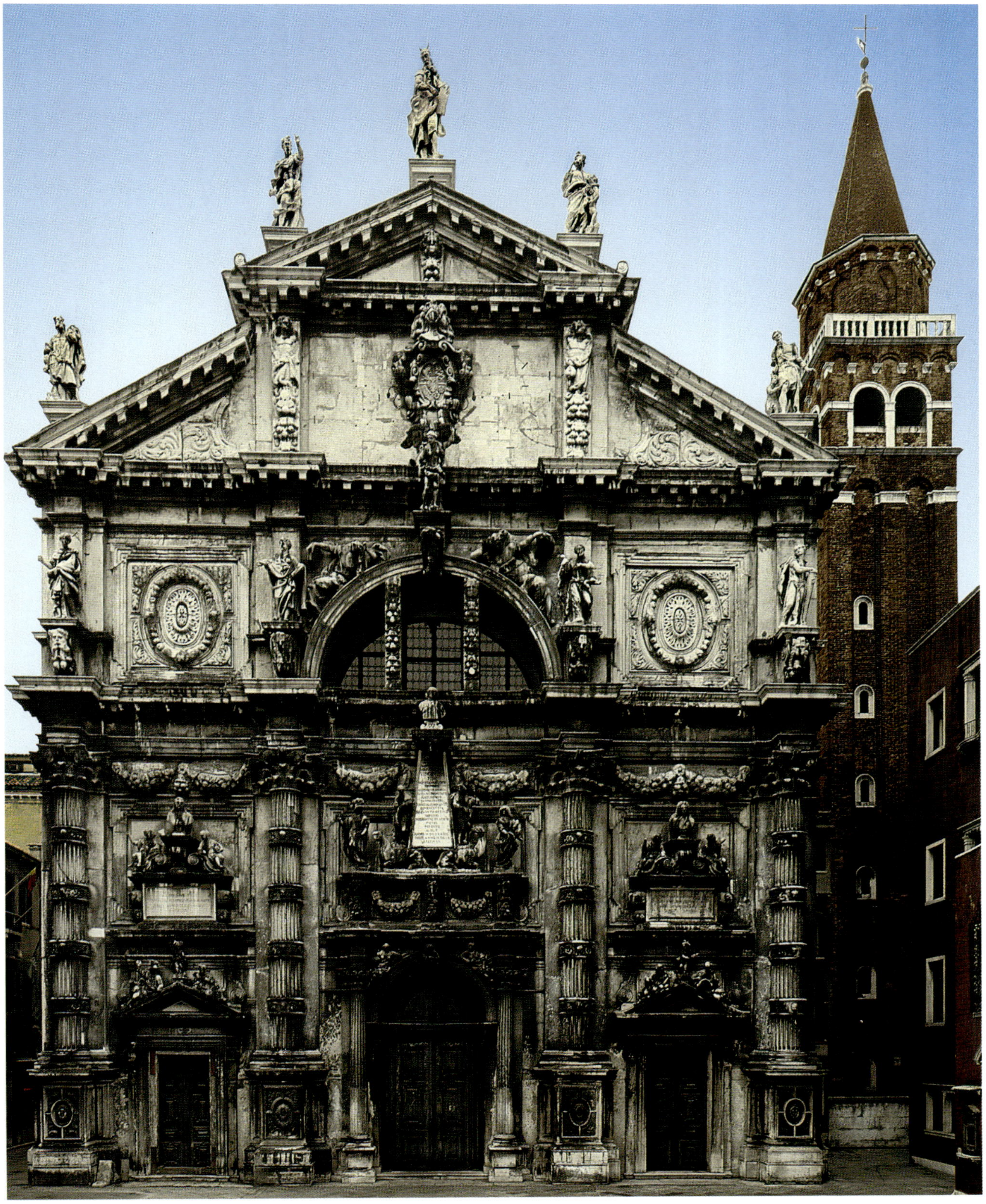

Érigée en 1668 par Alessandro Tremignon sur un édifice préexistant du Moyen Age, l'église domine la perspective rectiligne d'une des importantes percées du XIXe siècle : la via XXII Marzo. L'emphatique façade baroque, recouverte d'une ornementation exubérante, peuplée de sculptures du Flamand Heinrich Meyring qui en troublent la composition, est une affirmation de l'orgueil patricien. Les frères Fini, de noblesse récente, qui demeuraient dans un palais voisin sur le Grand Canal, allouèrent 30 000 ducats à cette transformation. Leurs bustes émergent toujours de la composition théâtrale de statues et l'écu familial s'affiche sur le tympan. La surcharge décorative du baroque s'atténue au-dessus du bandeau porté par les piliers à bossages, bagues et guirlandes.

Église dei Gesuiti
(Santa Maria Assunta)

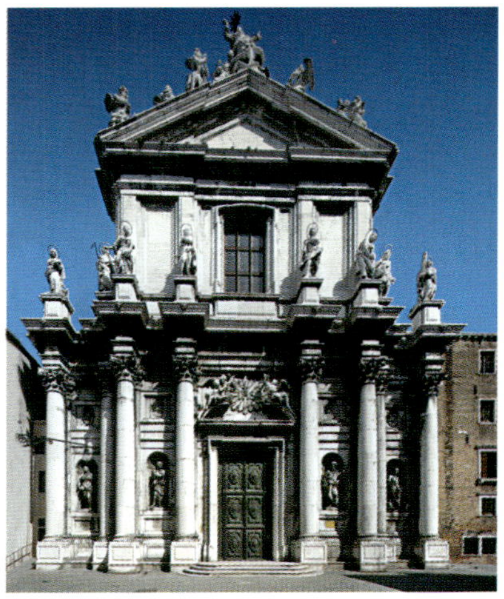

Après avoir été de nouveau admis à Venise, les jésuites s'établissent en 1657 dans le couvent dei Crociferi dont ils reconstruisent l'église médiévale. Entre 1715 et 1728, Domenico Rossi bâtit l'église, avec l'aide de Giovanni Battista Fattoretto ; la façade reproduit un modèle typiquement jésuite. L'intérieur très étiré, avec de grandes chapelles latérales, est décoré de stucs d'Abbondio Stazio et de Tencalla ; le *marmorino* reproduit en trompe-l'œil un tissu de brocart sur les murs ; la chaire théâtrale affiche les couleurs des Manin, grands financiers de cette construction et liés à l'ordre.
Dessiné par Fra Giuseppe Pozzo, l'autel baroque, composé de dix colonnes torsadées en marbre vert ancien, porte une coupole ajourée, œuvre de langage romain, directement inspirée des projets d'Andrea Pozzo, membre de la Compagnie de Jésus, et interprète architectural de ses préceptes. A côté des peintures du Tintoret, de Palma le Jeune et de Liberi, l'église abrite *Le Martyre de saint Laurent* de Titien, de 1559. Le monument colossal érigé par Sansovino à la gloire de la noble famille Lezze est un vestige de l'ancienne église dei Crociferi. A gauche du maître-autel, un monument réalisé en 1595 par Gerolamo Campagna célèbre le doge Pasquale Cicogna.

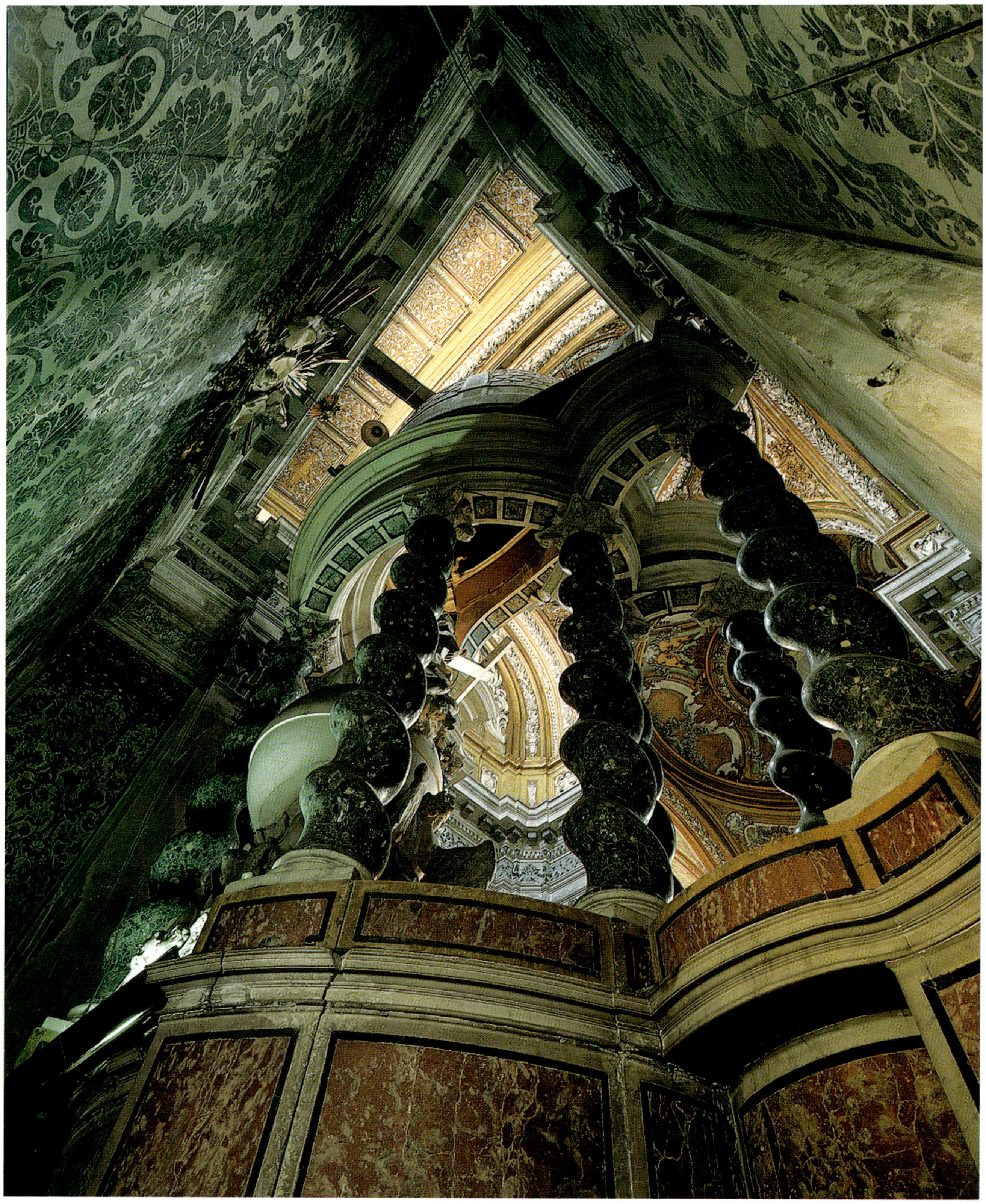

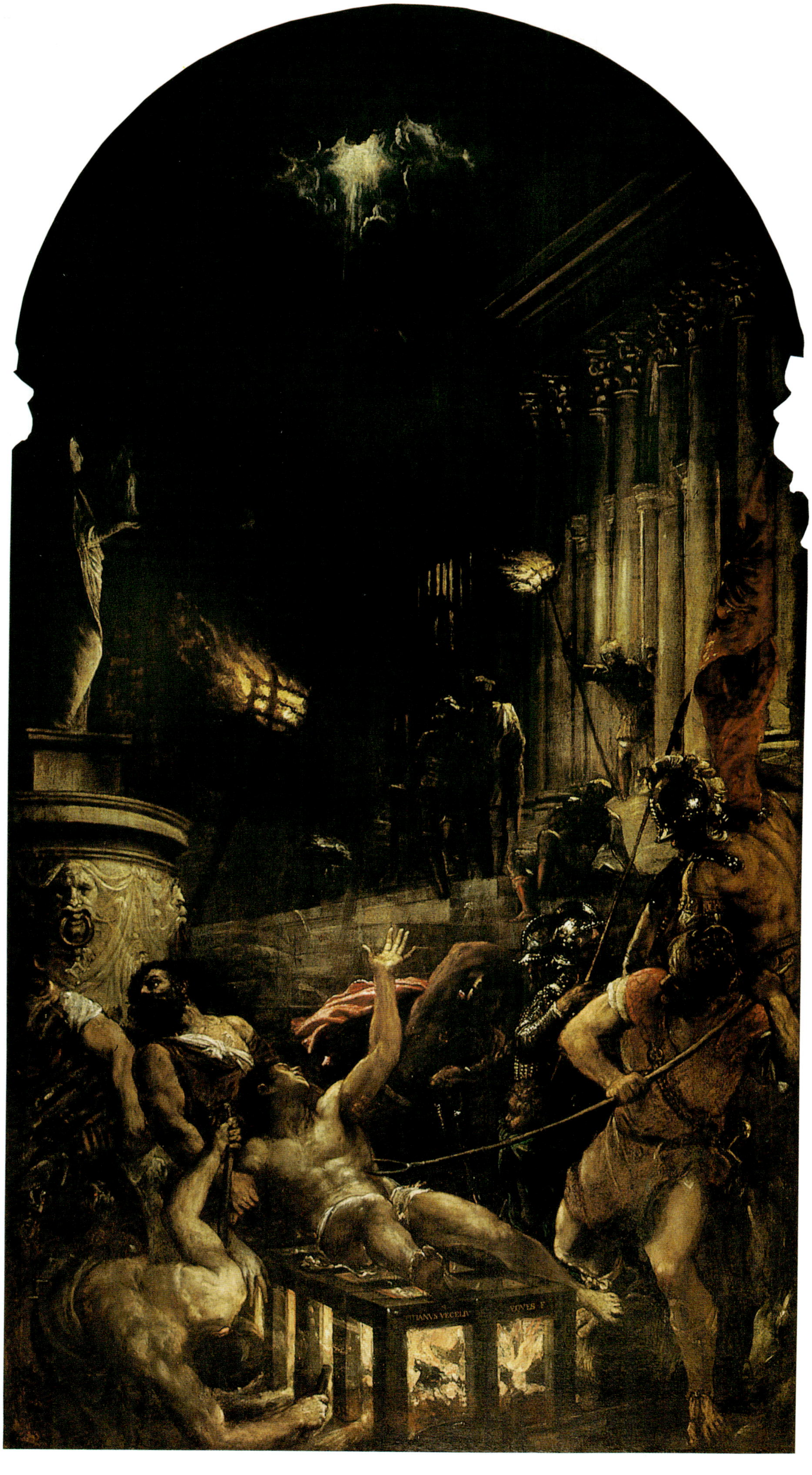

Ospedaletto

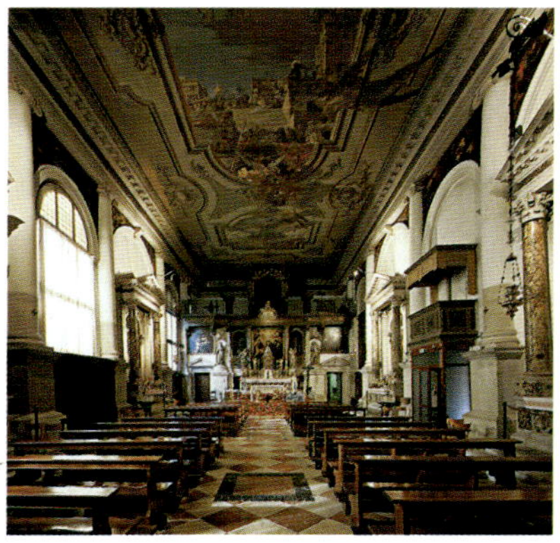

L'histoire de cet hospice fondé en 1527 pour accueillir les personnes âgées ou les malades dans l'indigence est étroitement liée à la production musicale du XVIIIe siècle. Comme à la Pietà, des jeunes filles y apprennent la musique sous la direction de grands maîtres, tels Nicolò Porpora, Tommaso Traetta, Pasquale Anfossi et surtout Domenico Cimarosa. Dans le salon de musique en forme d'ellipse, réalisé par Matteo Lucchesi, se réunissait le chœur des jeunes filles, qui figure dans un trompe-l'œil. Cette salle est décorée de fresques par Jacopo Guarana en 1776 : des images allégoriques, mises en valeur dans des cadres d'Agostino Mengozzi Colonna, en évoquent la fonction. Giuseppe Sardi a dessiné l'escalier adjacent que Baldassare Longhena complétera. Cet architecte achève aussi en 1674 la façade baroque de l'église voisine, commencée par Sardi en 1667. Caractérisée par un double registre d'éléments architecturaux et sculpturaux, elle présente des pilastres ornés de grotesques qui deviennent, au rez-de-chaussée, des Hermès inquiétants. L'ensemble de la façade est conçu comme un monument funéraire à Bartolomeo Carnioni, commanditaire de l'œuvre. L'intérieur, une salle rectangulaire, abrite une importante collection de sculptures et de peintures des XVIe et XVIIe siècles, avec des œuvres de Pittoni, Loth, Celesti et Tiepolo.

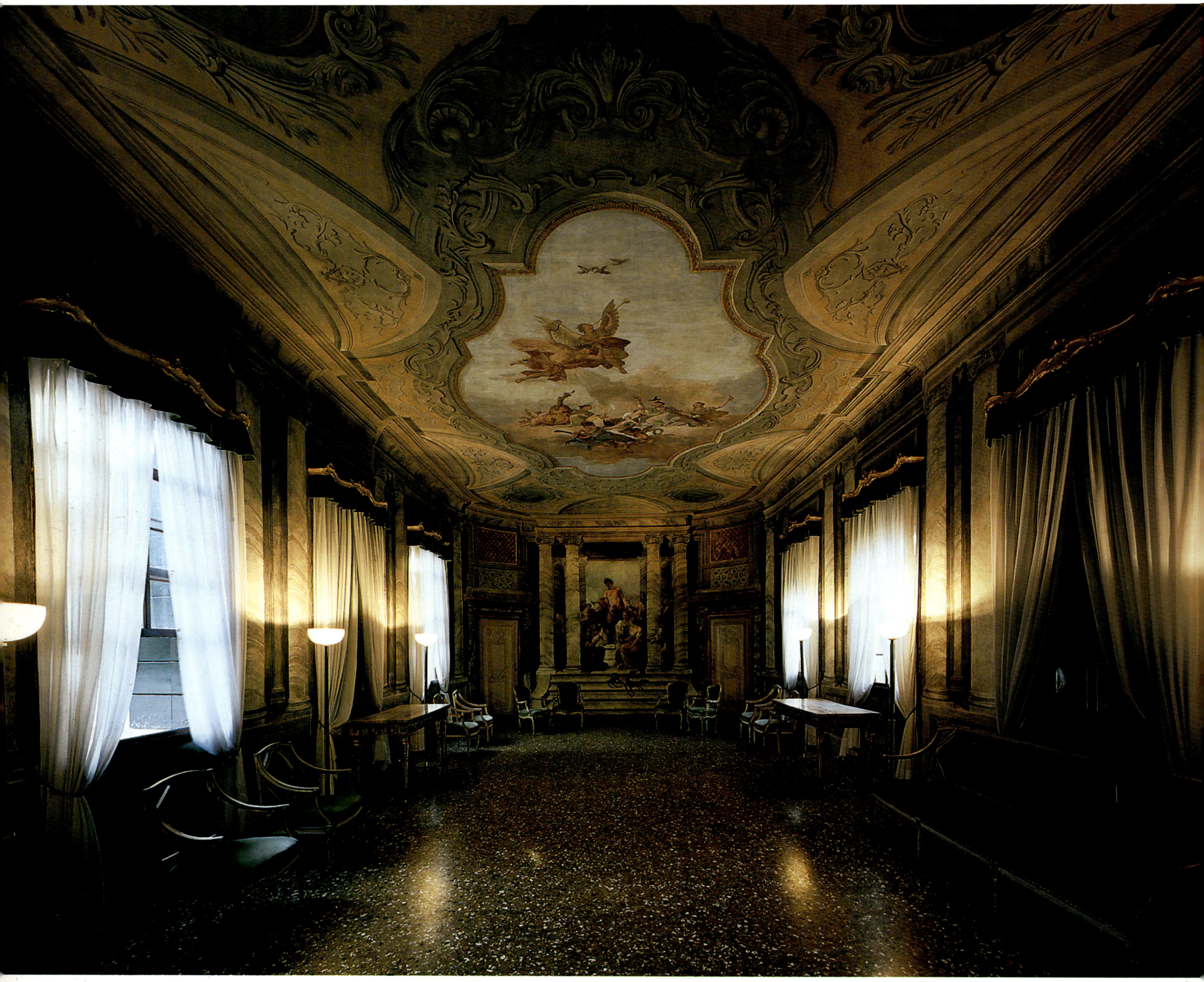

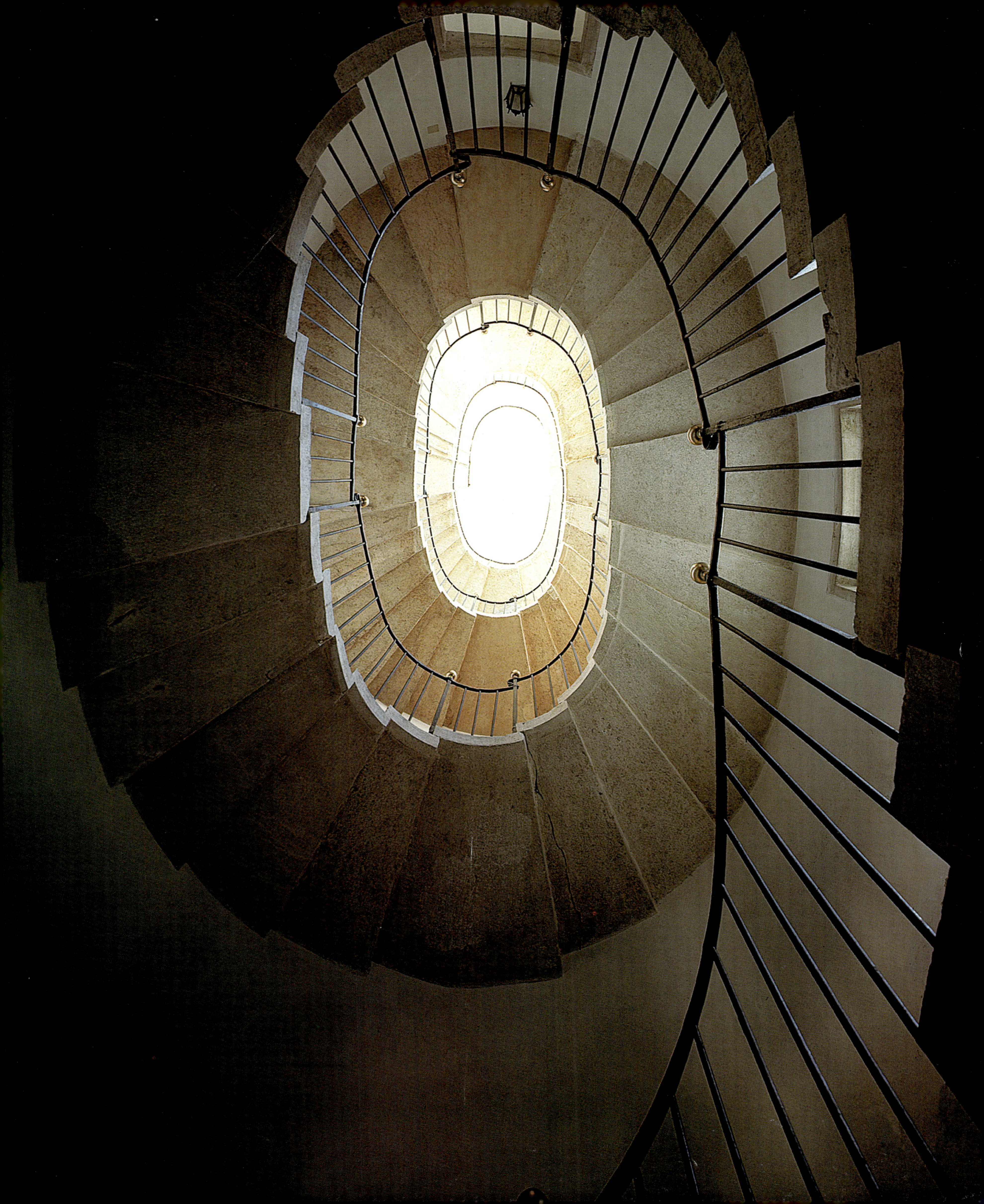

Cette église, appelée aussi Santa Maria Zobenigo, en référence à la famille Jubanico qui la fonda au Xᵉ siècle, doit sa façade baroque à Giuseppe Sardi, qui la réalise entre 1678 et 1683. Le double registre de pilastres jumelés ioniques et corinthiens est soutenu par des contreforts courbes et s'achève dans un petit tympan curviligne, tandis que des sculptures de Juste Le Court enrichissent le contour de l'édifice. Commanditaire, la famille Barbaro assume les dépenses de la reconstruction et en fait une sorte de monument célébrant une classe, ce qui n'est pas fréquent dans une Venise baroque où l'aristocratie préfère la discrétion. Dans la partie centrale supérieure est placée l'effigie du *capitano da mar* Antonio Barbaro : posé sur un piédestal, il tient un bâton de commandement pour souligner la signification de l'ensemble. Les six plans en bas-relief des villes de Zara, Candie, Padoue, Rome, Corfou et Split, qui ornent la partie inférieure, font aussi référence aux charges et aux actions politiques de Barbaro. L'intérieur à nef unique, enrichie d'un plafond orné de toiles baroques de Zanchi, recèle des peintures prestigieuses de Salviati, le Tintoret, Loth, Piazzetta, Schiavone, Palma le Jeune et Rubens. Le faste baroque a inspiré la facture de l'autel et l'ornementation du sol en mosaïque de marbres.

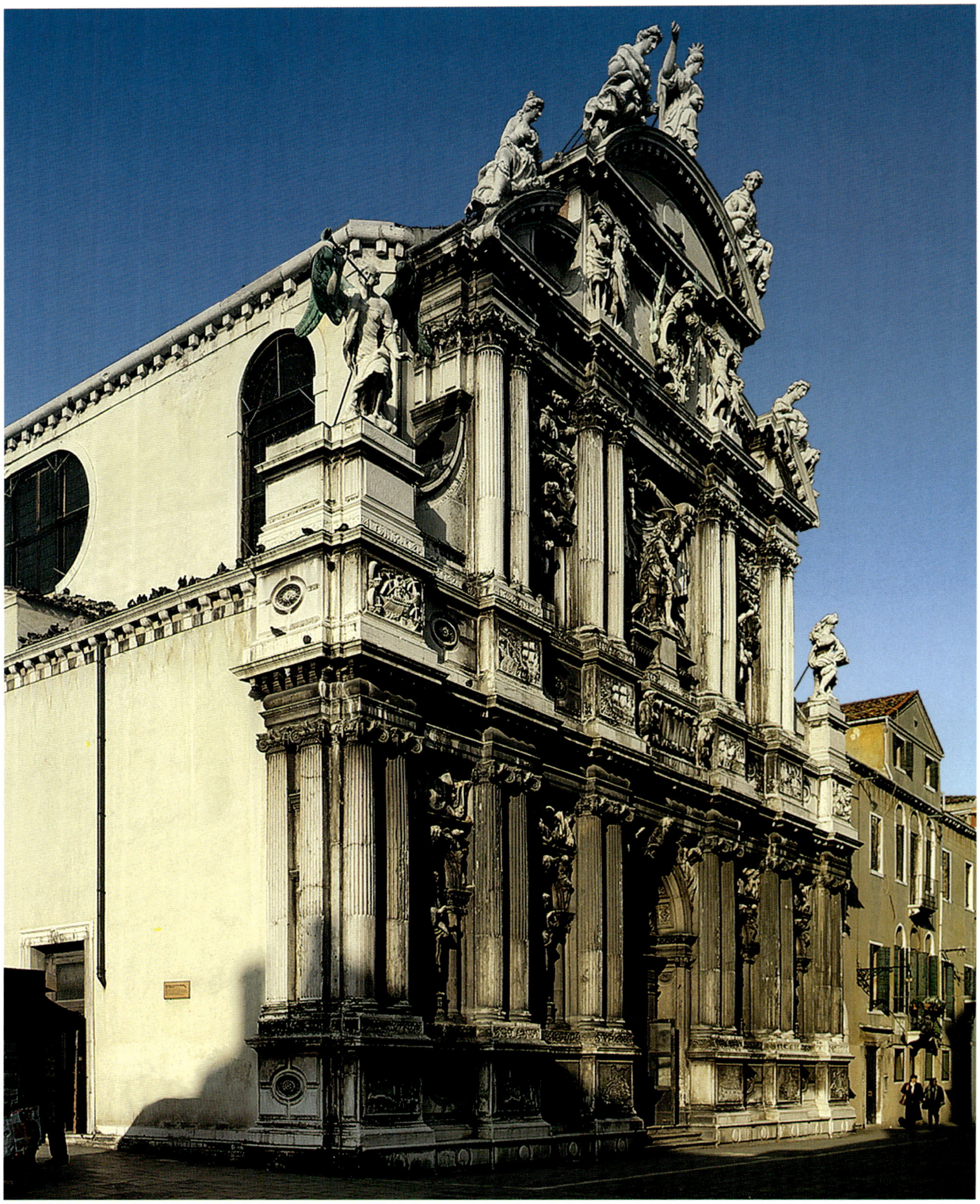

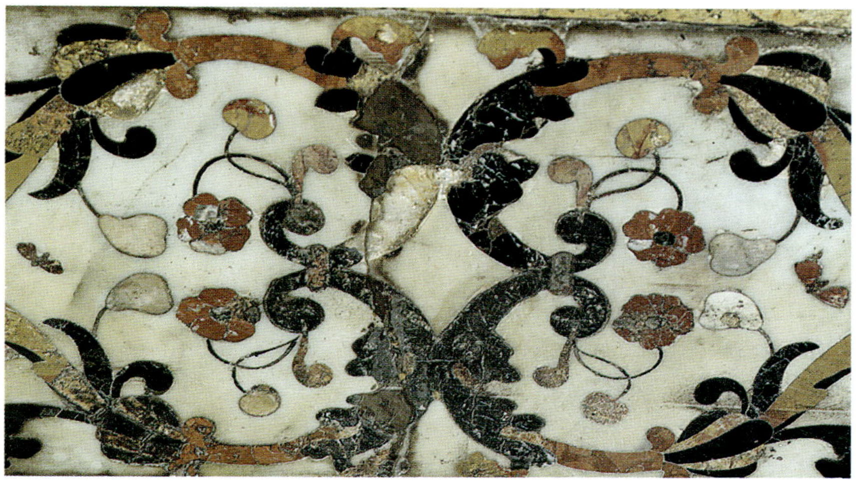

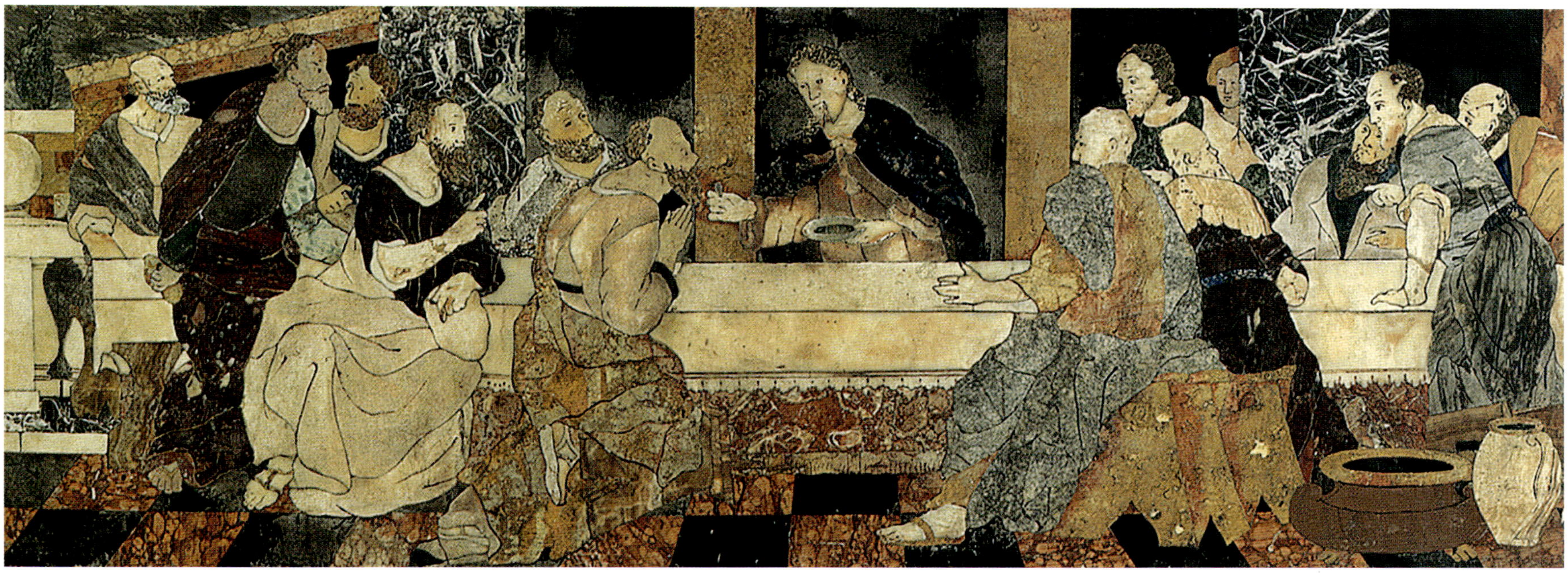

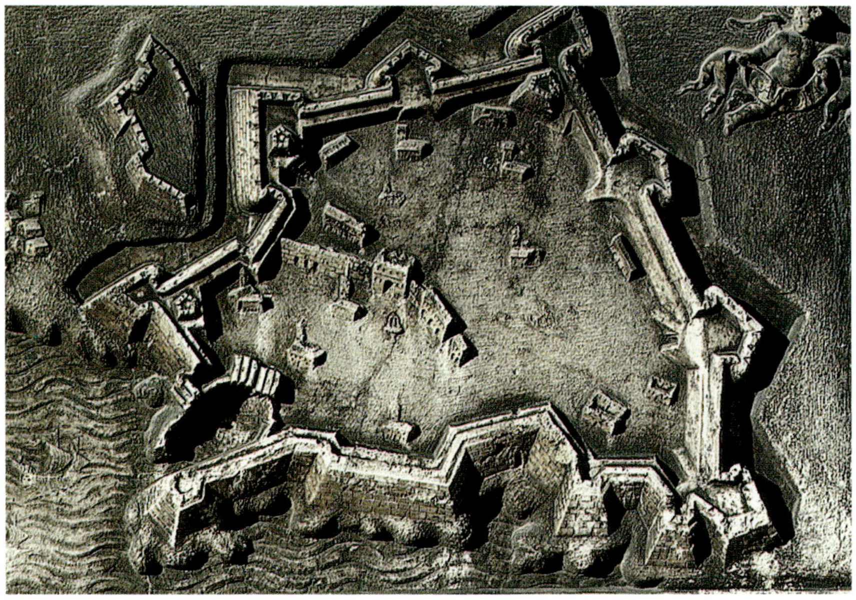

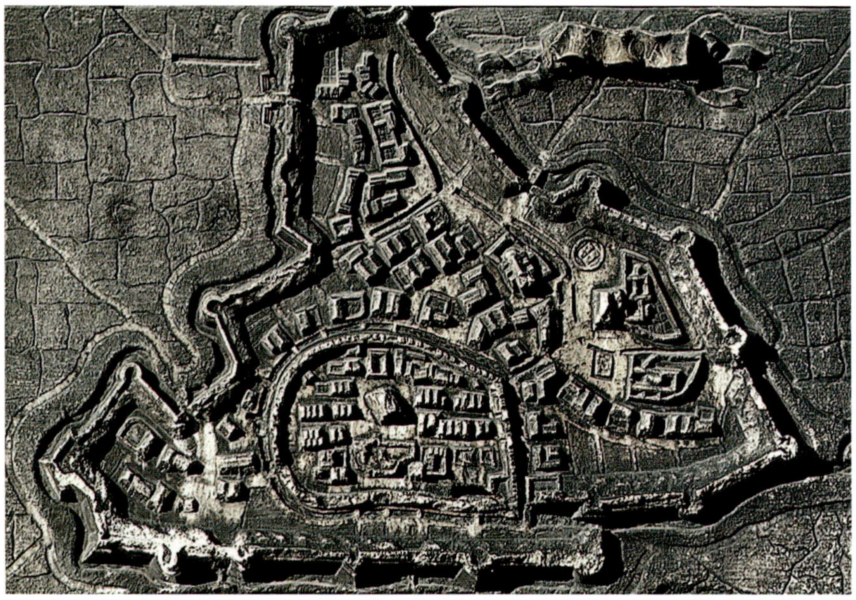

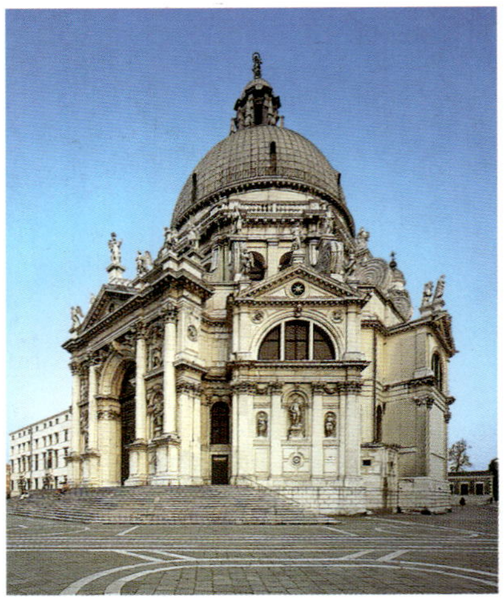

Construite par Baldassare Longhena à partir de 1631, la plus célèbre église baroque de Venise est élevée pour répondre à un vœu que la ville entière avait fait à la Vierge lors de la terrible peste de l'année précédente, sous le dogat de Contarini. Fidèles à leur vœu, les Vénitiens continuent de se rendre tous les 21 novembre en pèlerinage à Santa Maria della Salute. L'imposante coupole qui couronne la basilique est soutenue par d'élégantes volutes à spirale, surmontées de sculptures, tandis que l'édifice se détache à l'extrémité du Grand Canal.

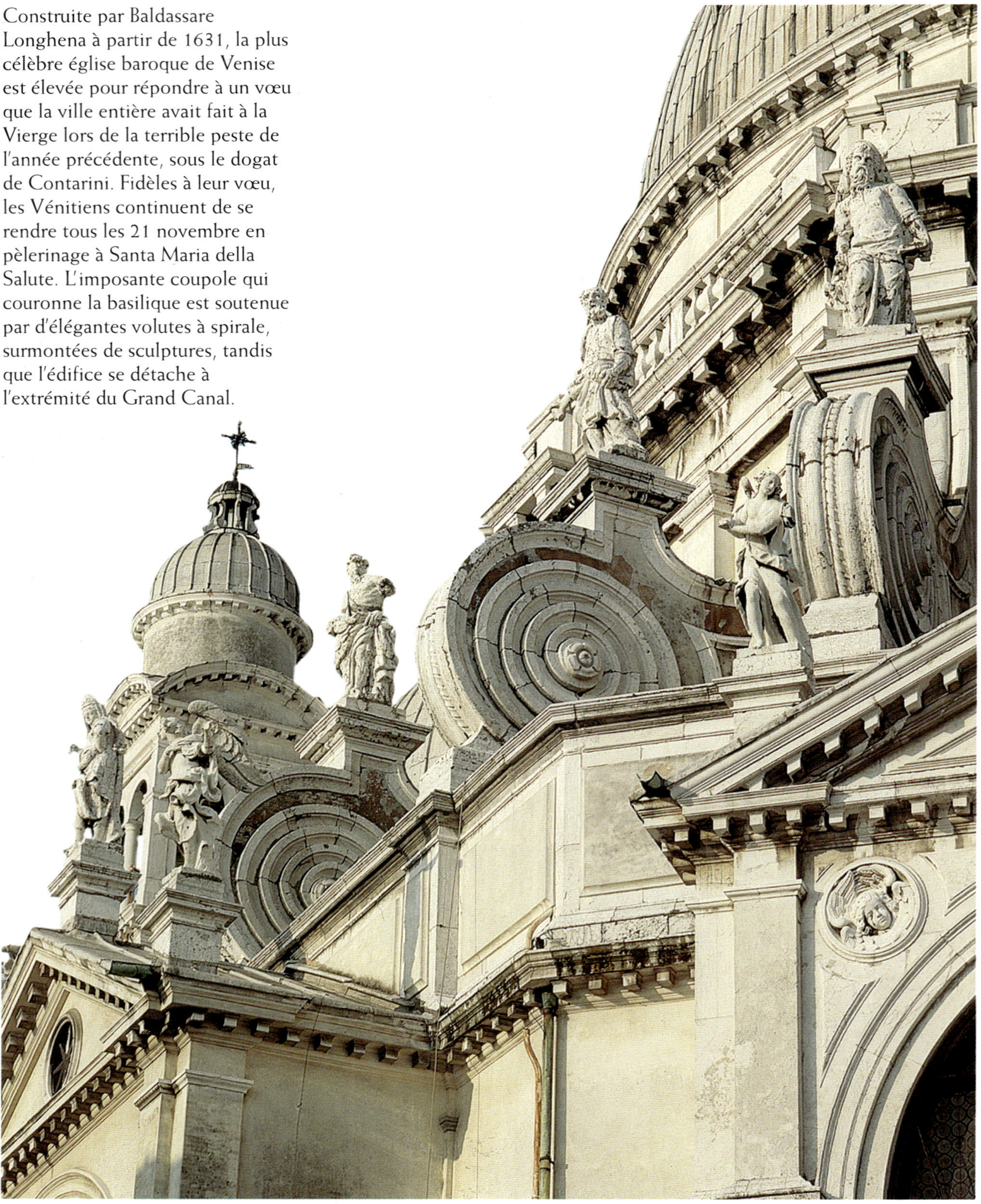

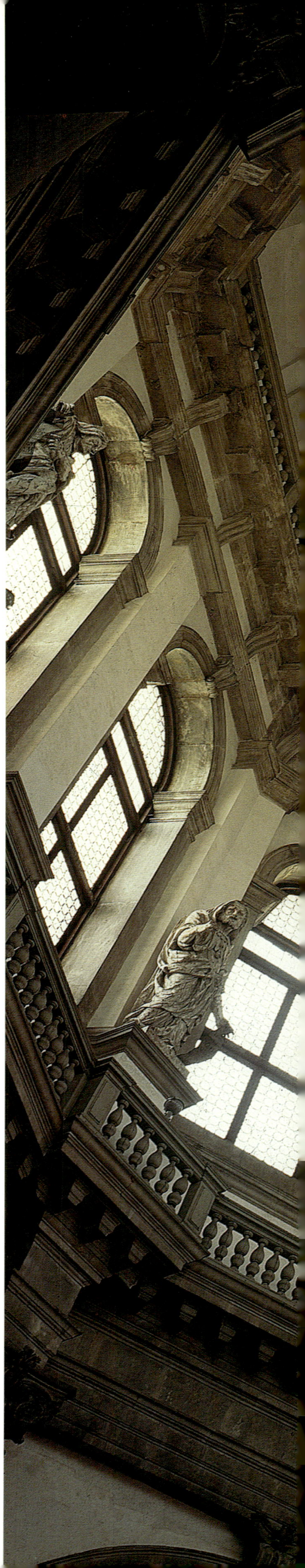

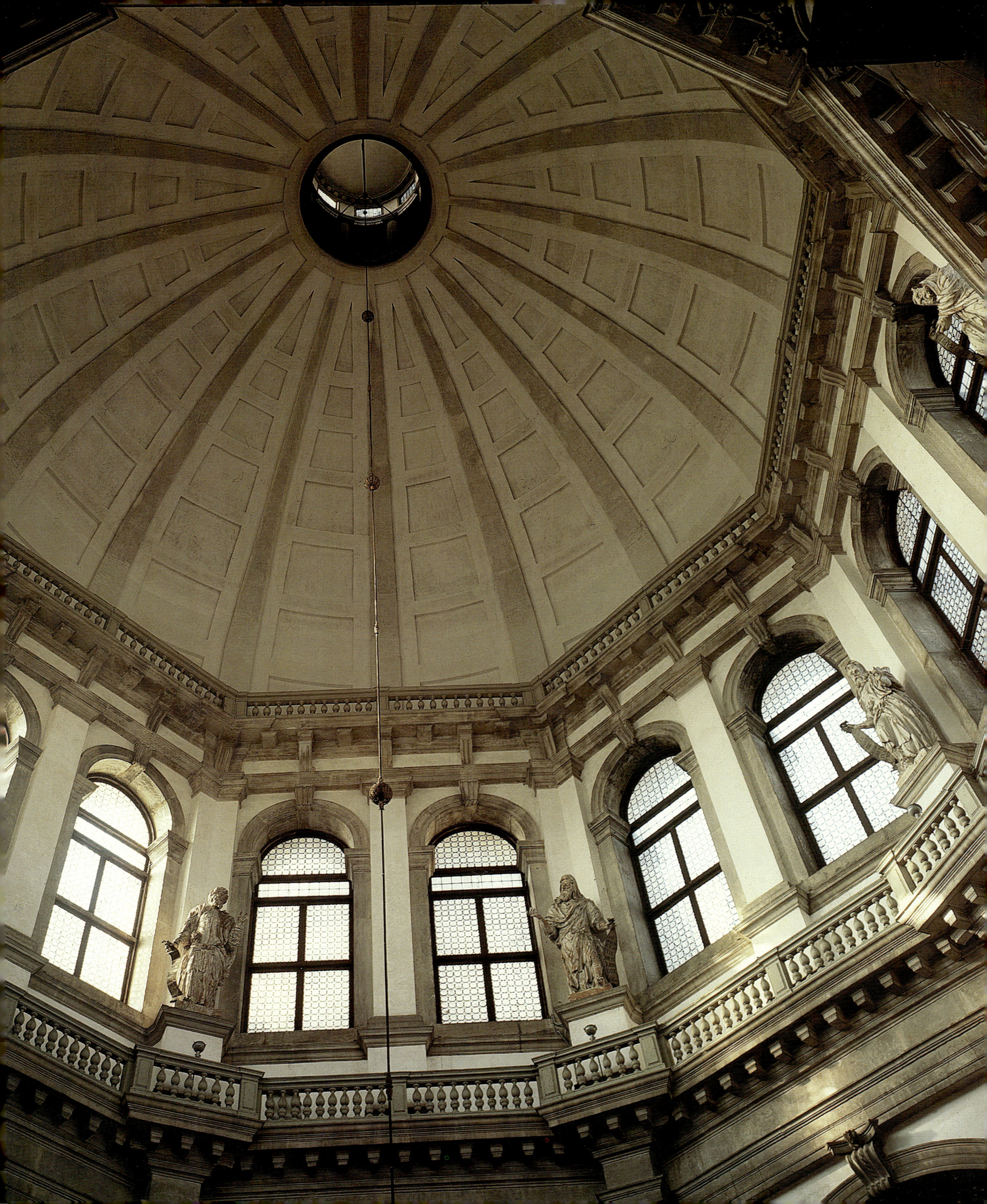

A l'intérieur, sur un plan centré – référence à des modèles paléochrétiens et byzantins – s'ouvre le chœur elliptique. Parmi les nombreuses œuvres de Sassoferrato, Luca Giordano, le Tintoret et Titien, il faut signaler le maître-autel baroque, œuvre de Juste Le Court, qui abrite une icône byzantine du XIIe siècle, la *Vierge Mesopanditissa*, apportée de Candie par le doge Morosini en 1672. Le pavement en mosaïque de marbres polychromes représente des roses, symbole marial par excellence, et une étoile de David, qui évoque le roi d'Israël dont la Vierge est censée descendre. A partir du disque central, entouré par l'inscription « UNDE ORIGO INDE SALUS», les cercles s'élargissent de façon concentrique.

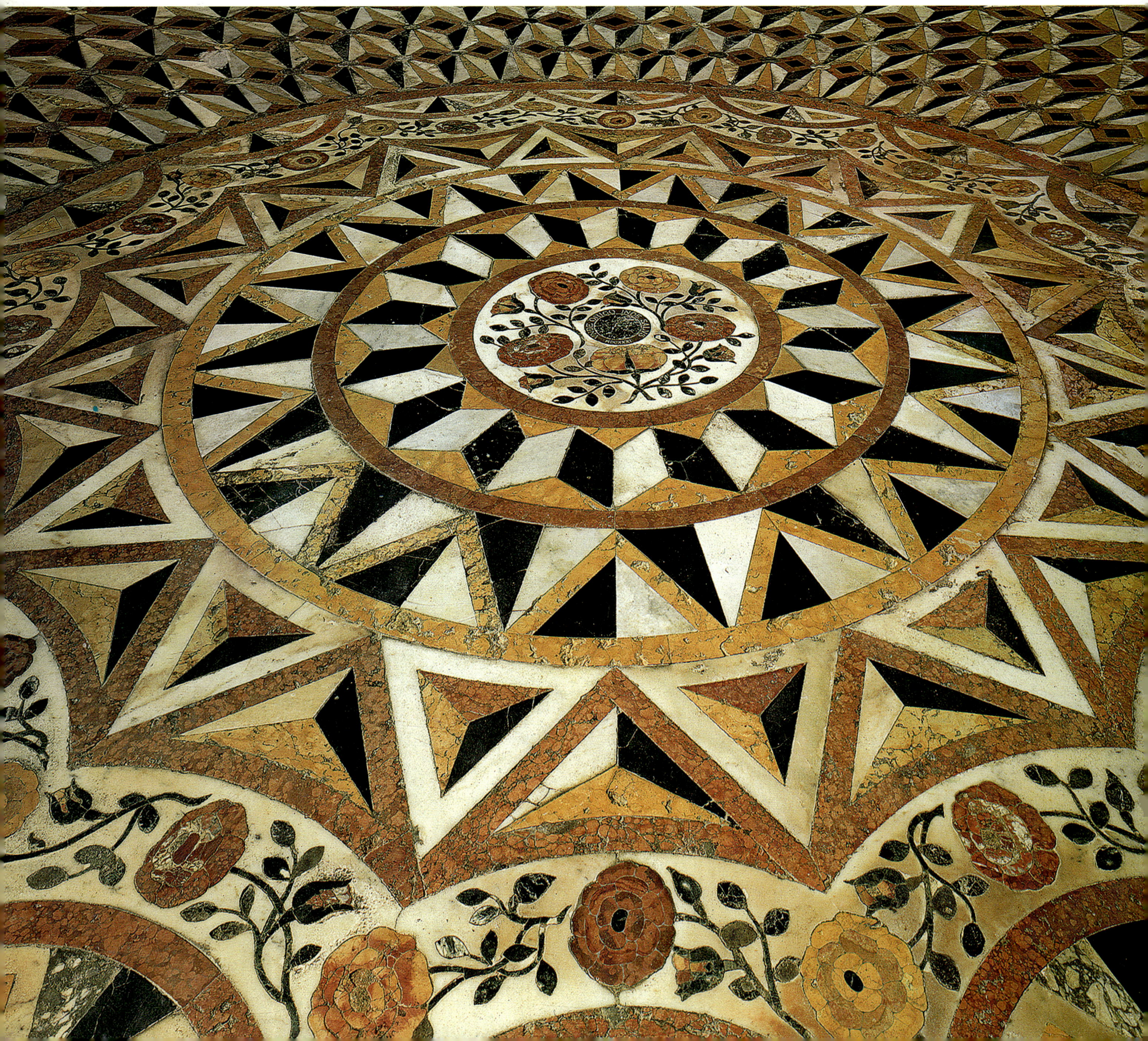

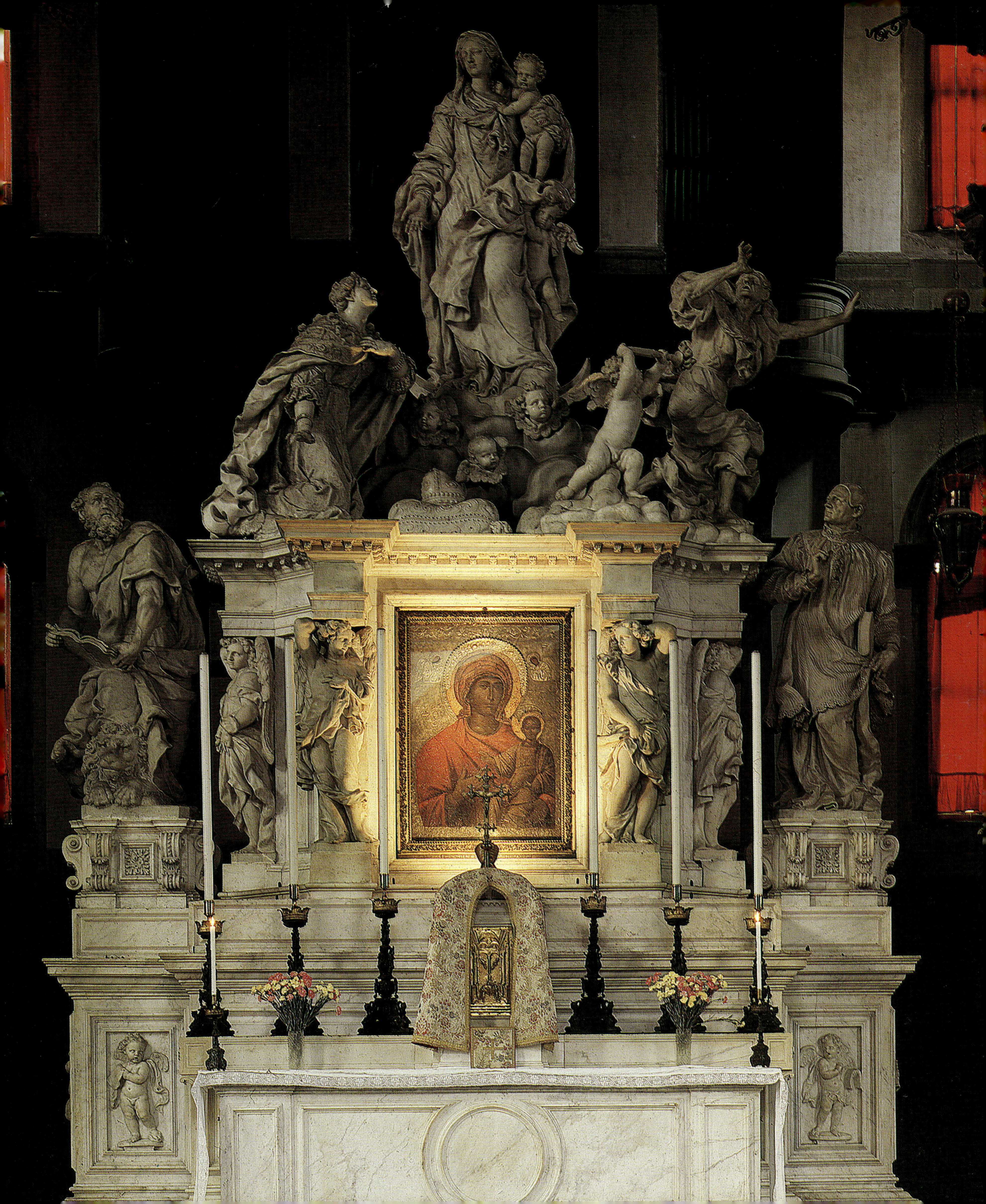

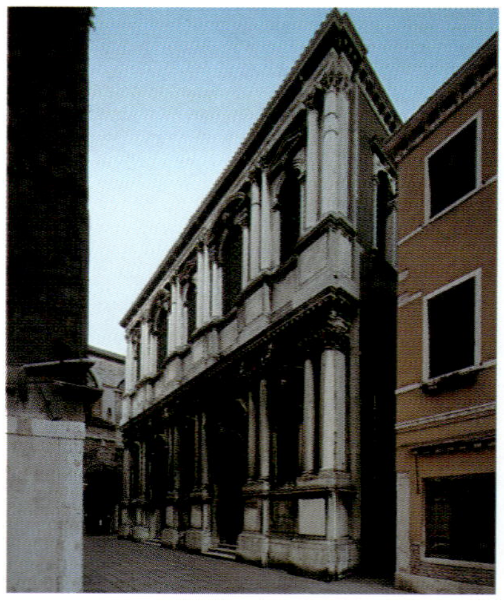

Le plus grand architecte du baroque vénitien, Baldassare Longhena, se charge de la construction de cette bâtisse à deux reprises : d'abord entre 1627 et 1663, ensuite entre 1668 et 1670. Il conçoit une façade à deux registres, avec des colonnes doubles reposant sur des bandeaux. La façade latérale présente un soubassement à bossages, interrompu par deux portails surmontés d'un tympan. A l'intérieur, de forme rectangulaire, la décoration baroque et rococo, la marqueterie de marbre du sol, l'autel et l'ornementation picturale composent un ensemble baroque tardif unique. Le plafond est décoré surtout par Giambattista Tiepolo, aidé de son maître Gregorio Lazzarini et d'Antonio Zanchi. Tiepolo, qui peint entre 1739 et 1749 un ensemble divisé en neuf compartiments, donne au salon une grande luminosité grâce au choix des couleurs : blanc, turquoise, rose et vert. L'ensemble culmine dans la toile centrale. La décoration en stuc de l'escalier est d'Abbondio Stazio, les médaillons du début du XVIIIe siècle sont l'œuvre de Sante Piatti.

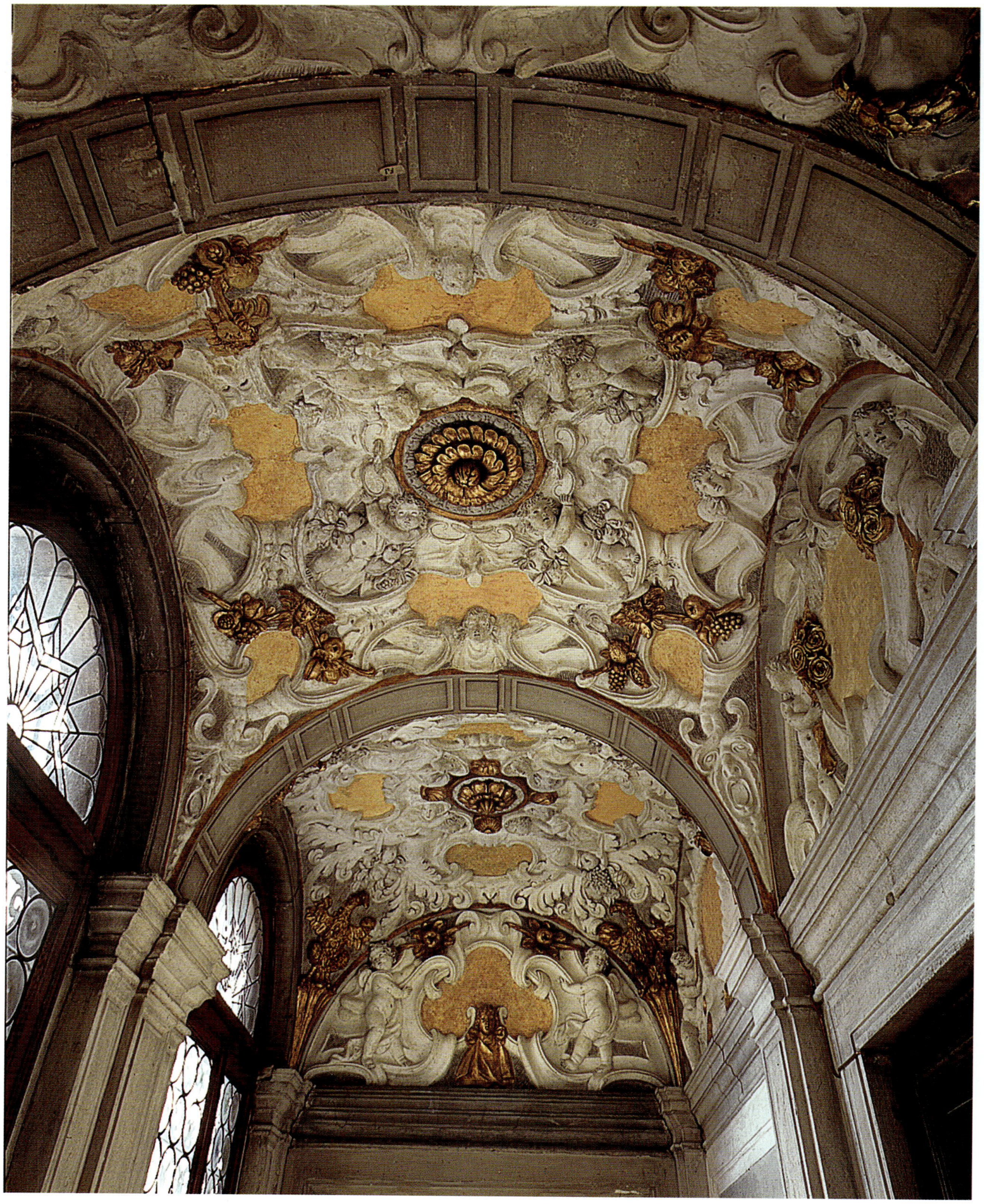

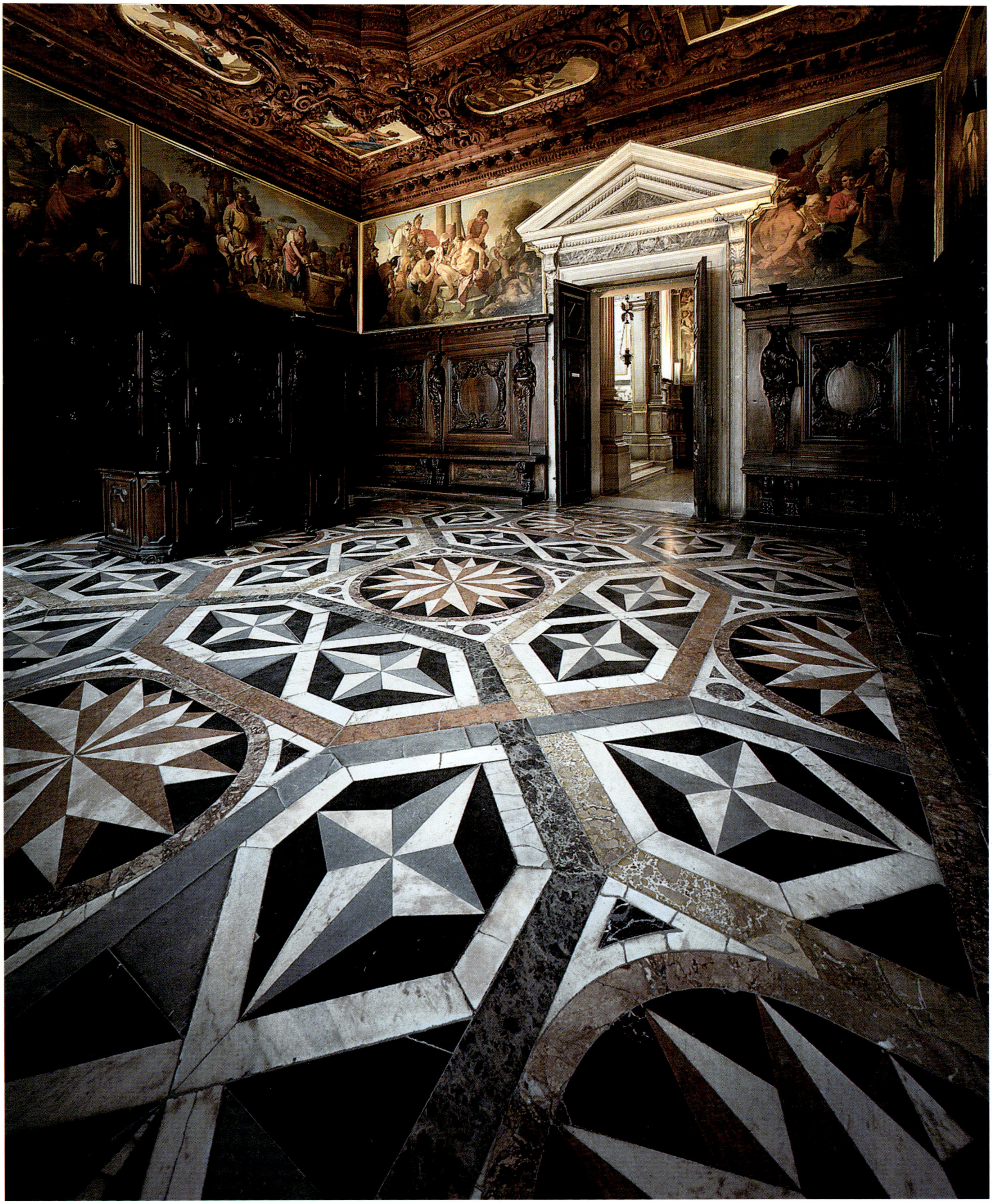

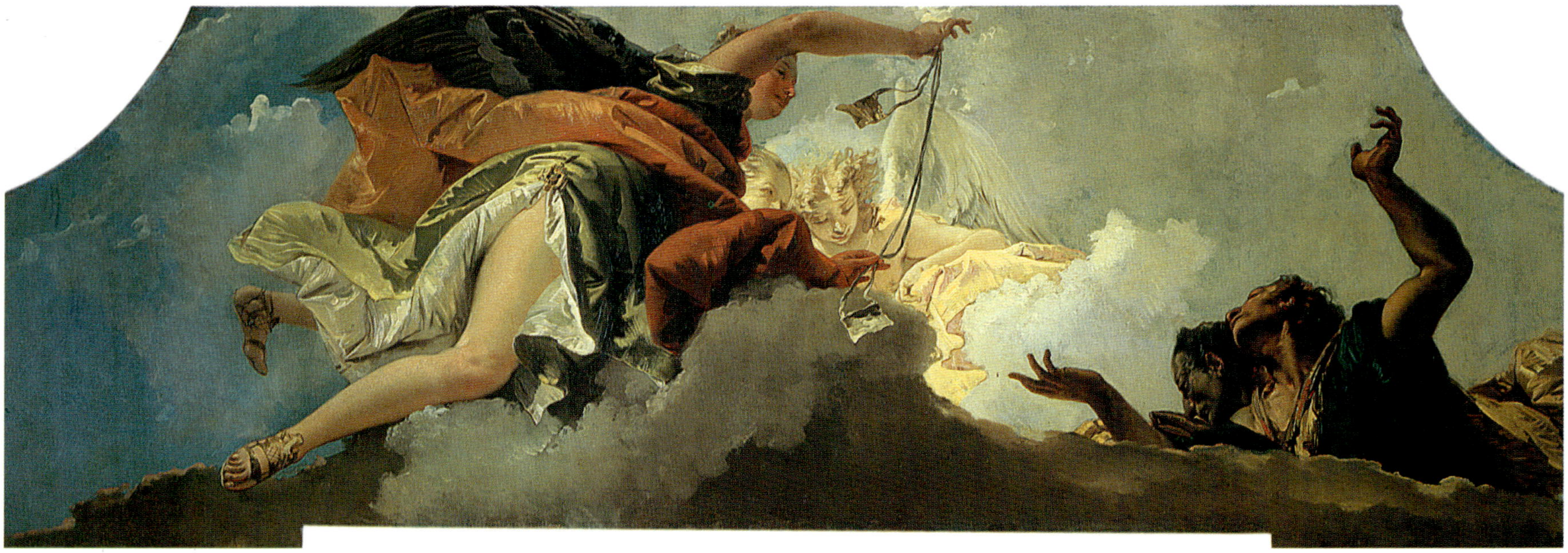

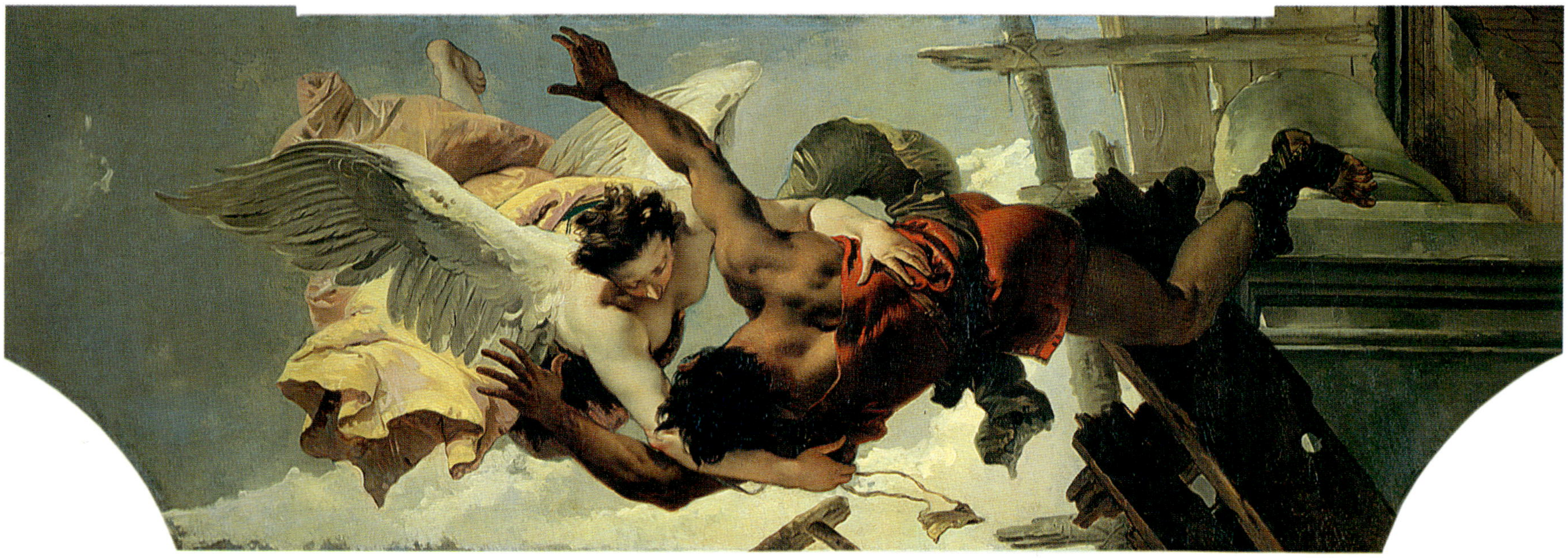

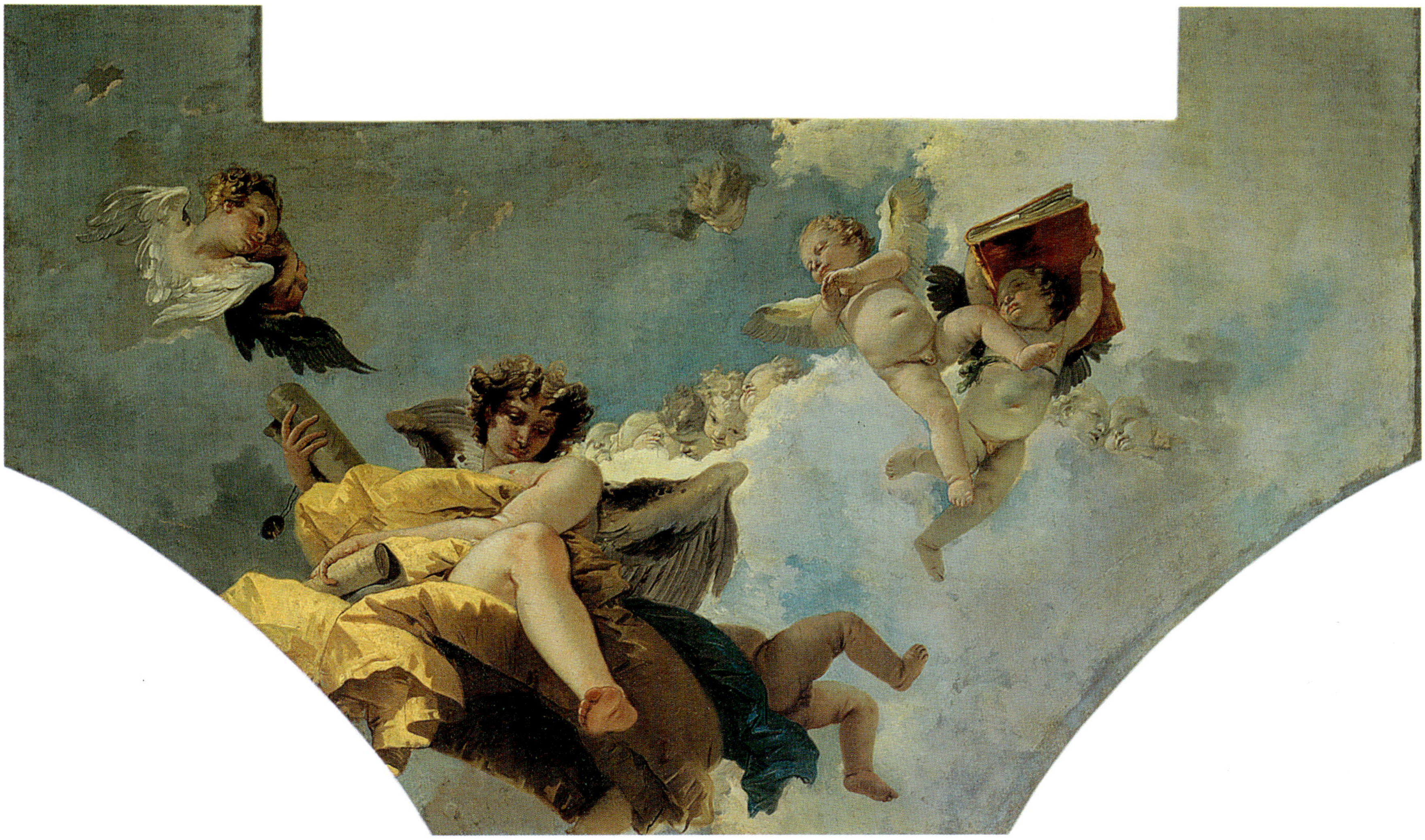

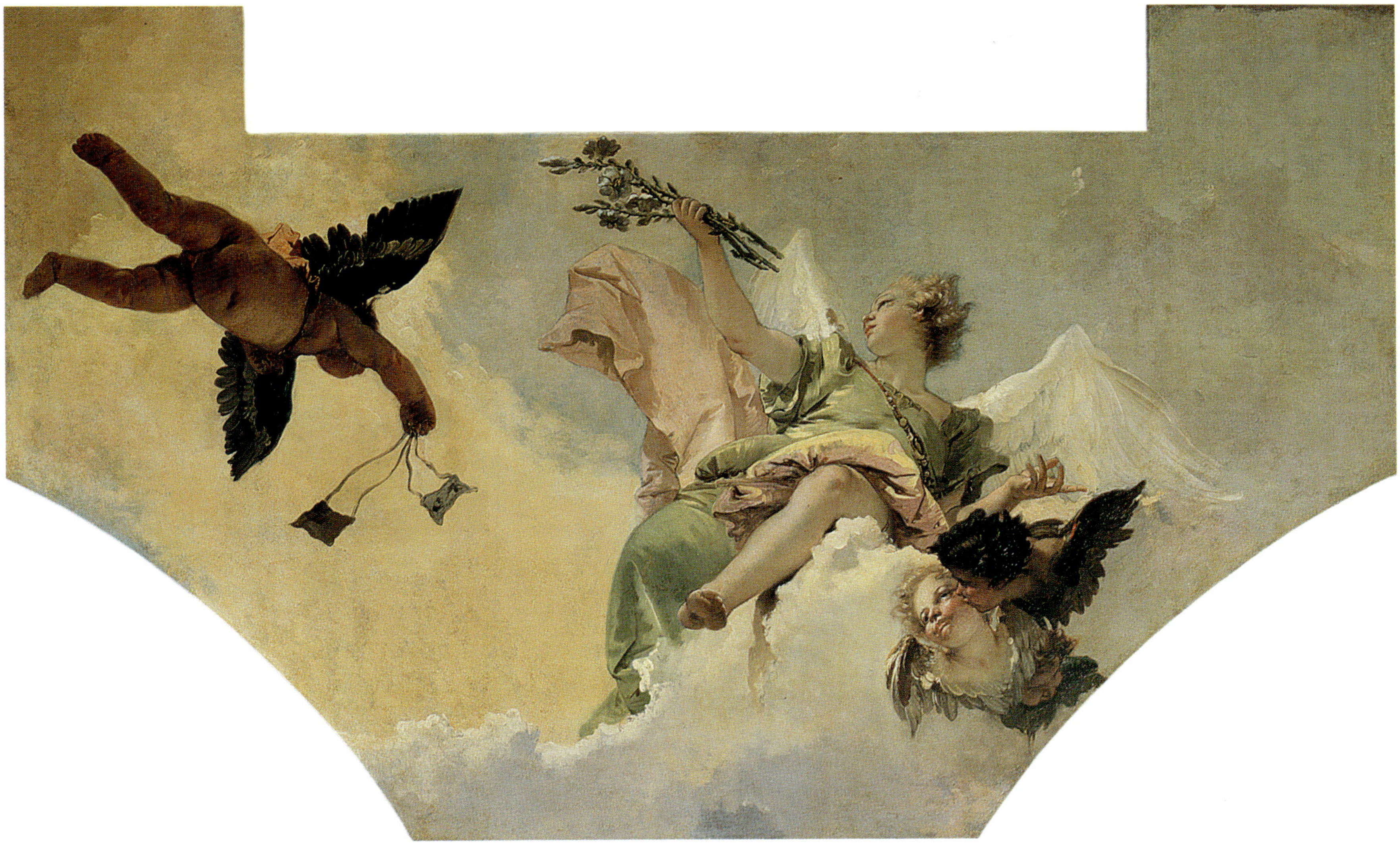

Ce sont des Juifs levantins, originaires de la péninsule Ibérique et de l'Empire ottoman, qui commanditent la construction de cet édifice dans le ghetto de Venise, entre 1683 et 1700. L'intérieur, à l'imposant décor baroque, est certainement la réalisation la plus luxueuse du ghetto. Tapissé de brocarts rouges, éclairé par de nombreux lustres en bronze – don de la communauté juive d'Amsterdam –, le temple est couronné par un gynécée dissimulé par des claires-voies en bois. Le plafond ciselé et la *bimà*, lieu central de prière, sont attribués au célèbre ébéniste Brustolon, artiste qui s'inscrit dans la tradition baroque.

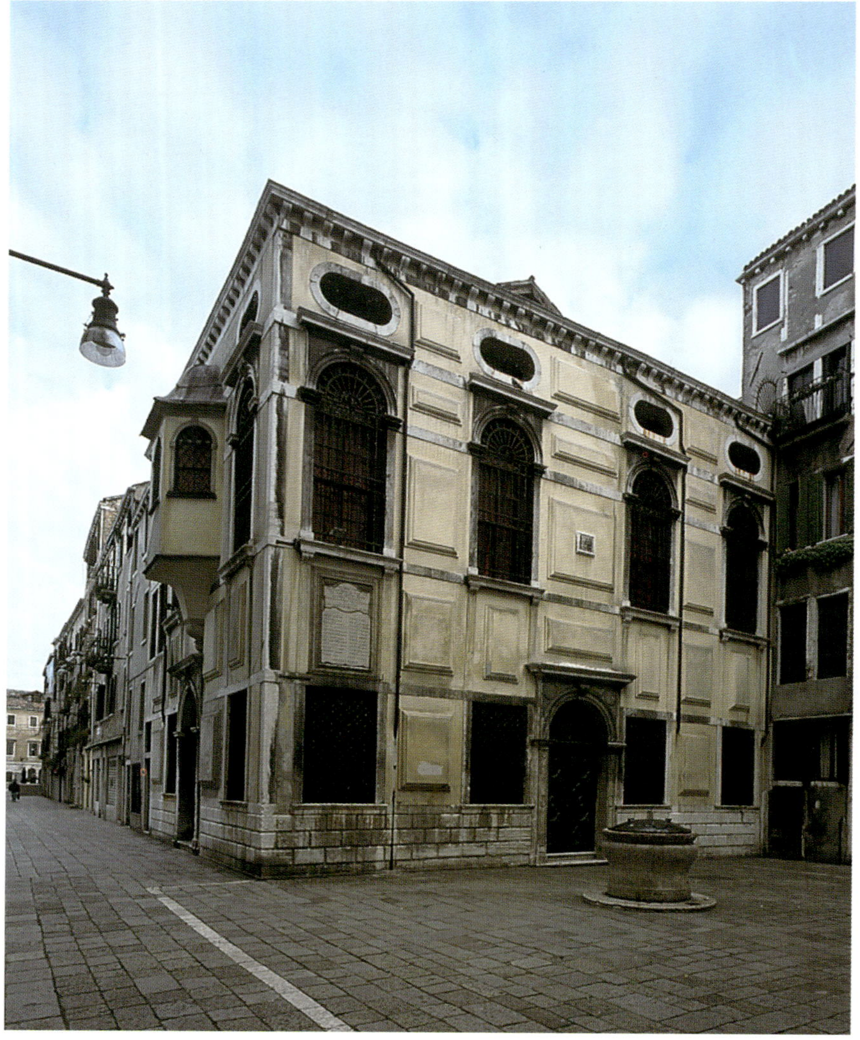

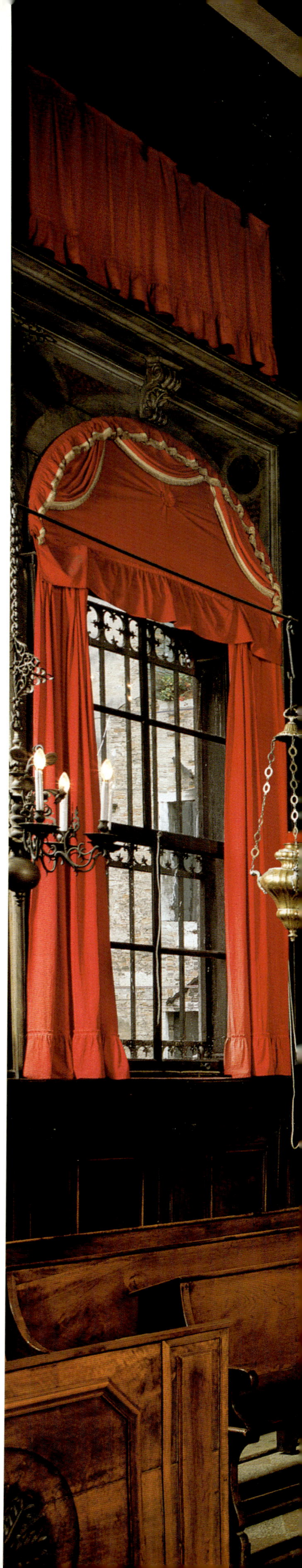

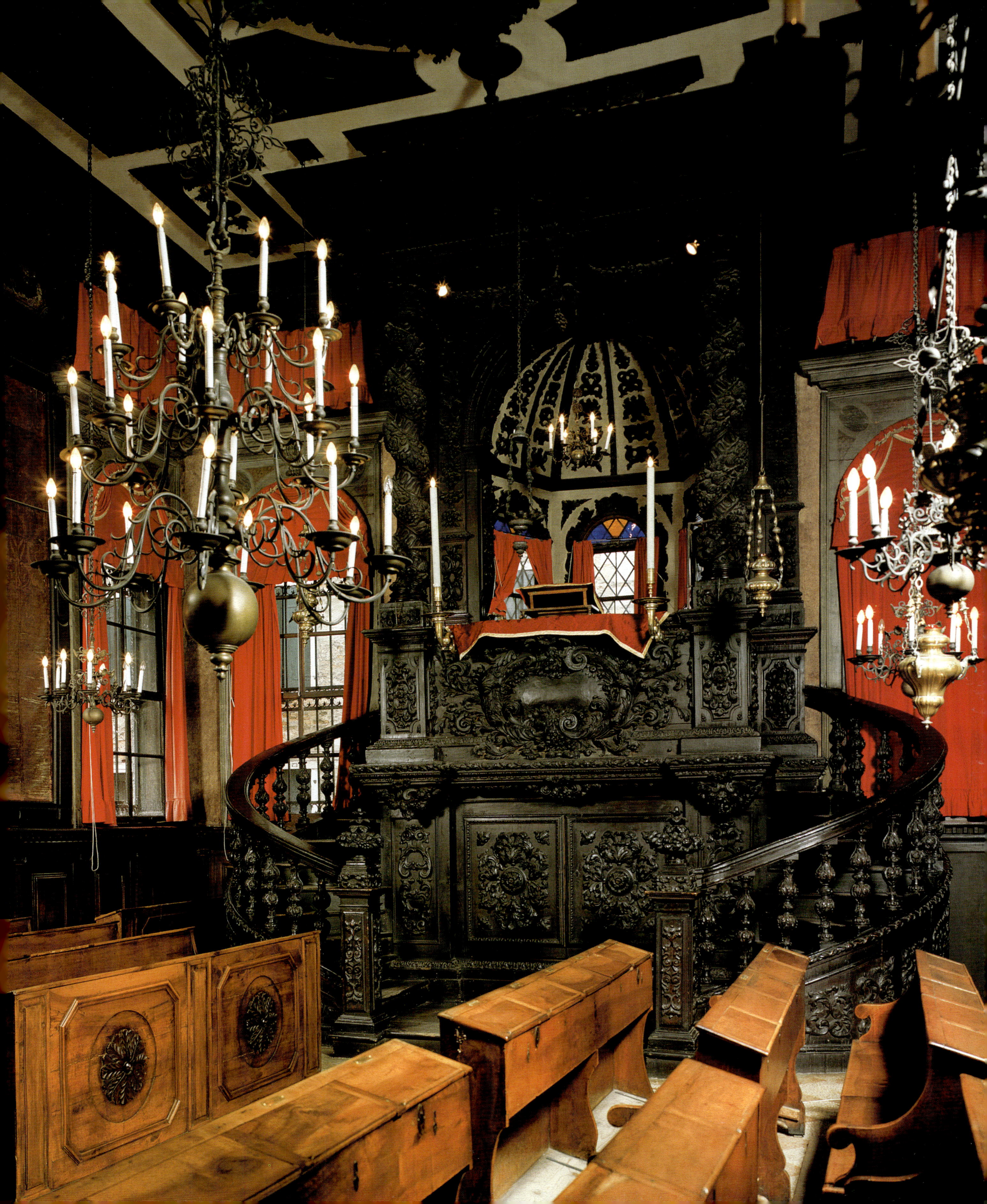

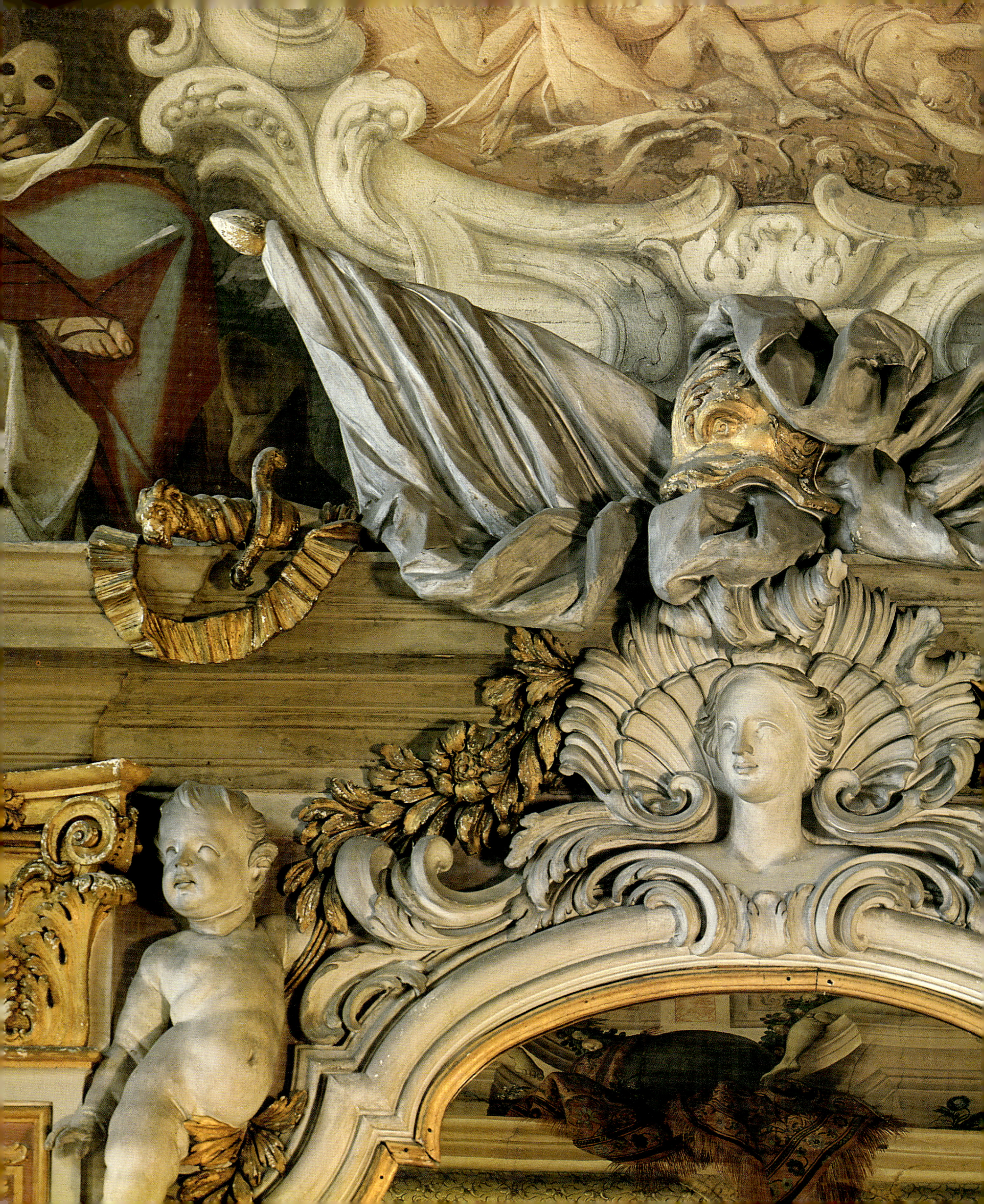

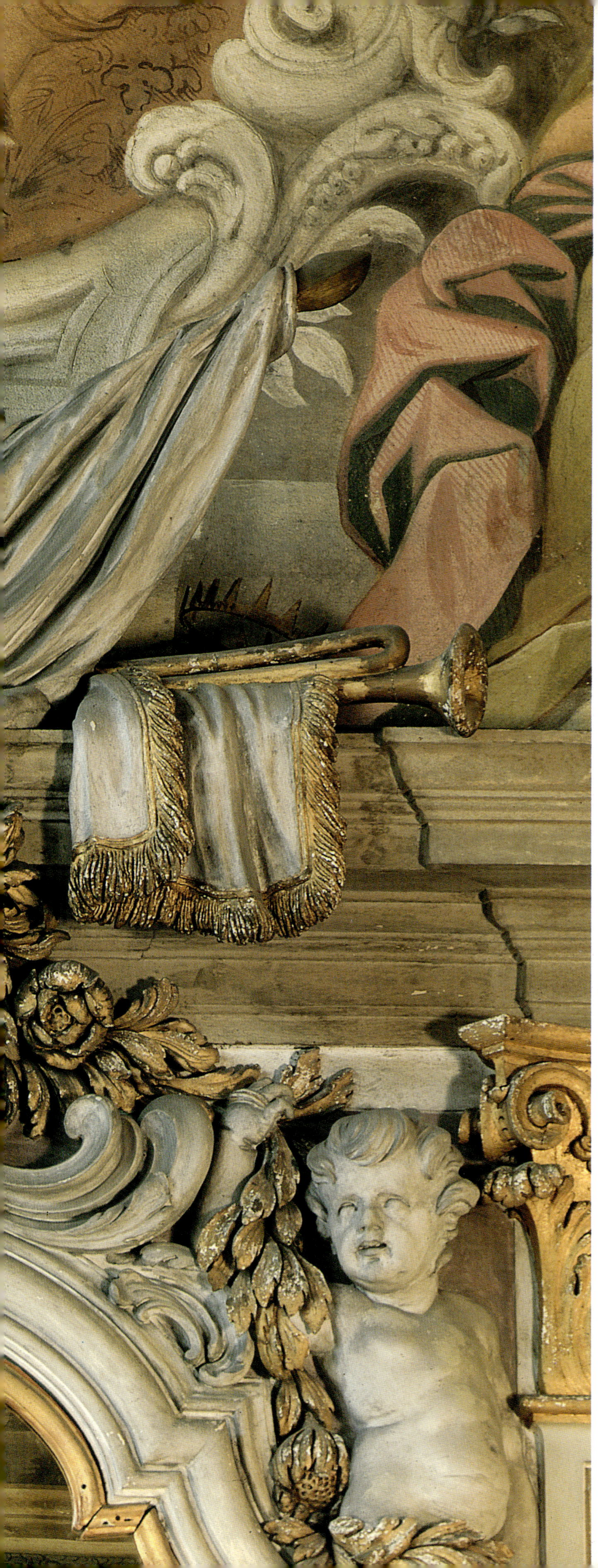

Dix-huitième siècle : le triomphe

Palazzo Labia.
Décoration du salon.

Palazzo Grassi

Exemple de résidence nobiliaire de la dernière période de la République, le palais, construit pour la famille Grassi par Giorgio Massari en 1748, est achevé après sa mort, en 1772. Confronté à Ca' Rezzonico sur le Grand Canal, le palais adopte les formes plus sévères de la seconde moitié du XVIIIe siècle. Le rez-de-chaussée à bossages n'est marqué que d'un portail. Les étages sont assis sur des bandeaux portant les balcons, tandis que les fenêtres à frontons du second surmontent celles en plein cintre du premier. La façade latérale demeure dépouillée. La construction grandiose, qui se réfère au schéma de la Ca' Corner, se développe autour d'une cour à colonnes sur laquelle, au premier étage, ouvre une loggia. L'escalier à trois volées présente des décorations picturales du XVIIIe siècle de Michelangelo Morleiter, figurant des dames et des chevaliers masqués que l'on retrouve dans la fresque du plafond, *Apothéose de la famille Grassi*, œuvre attribuée à Fabio Canal. Après avoir subi une restauration radicale, réalisée en 1984, par Gae Aulenti pour une société privée, le palais abrite aujourd'hui de grandes expositions.

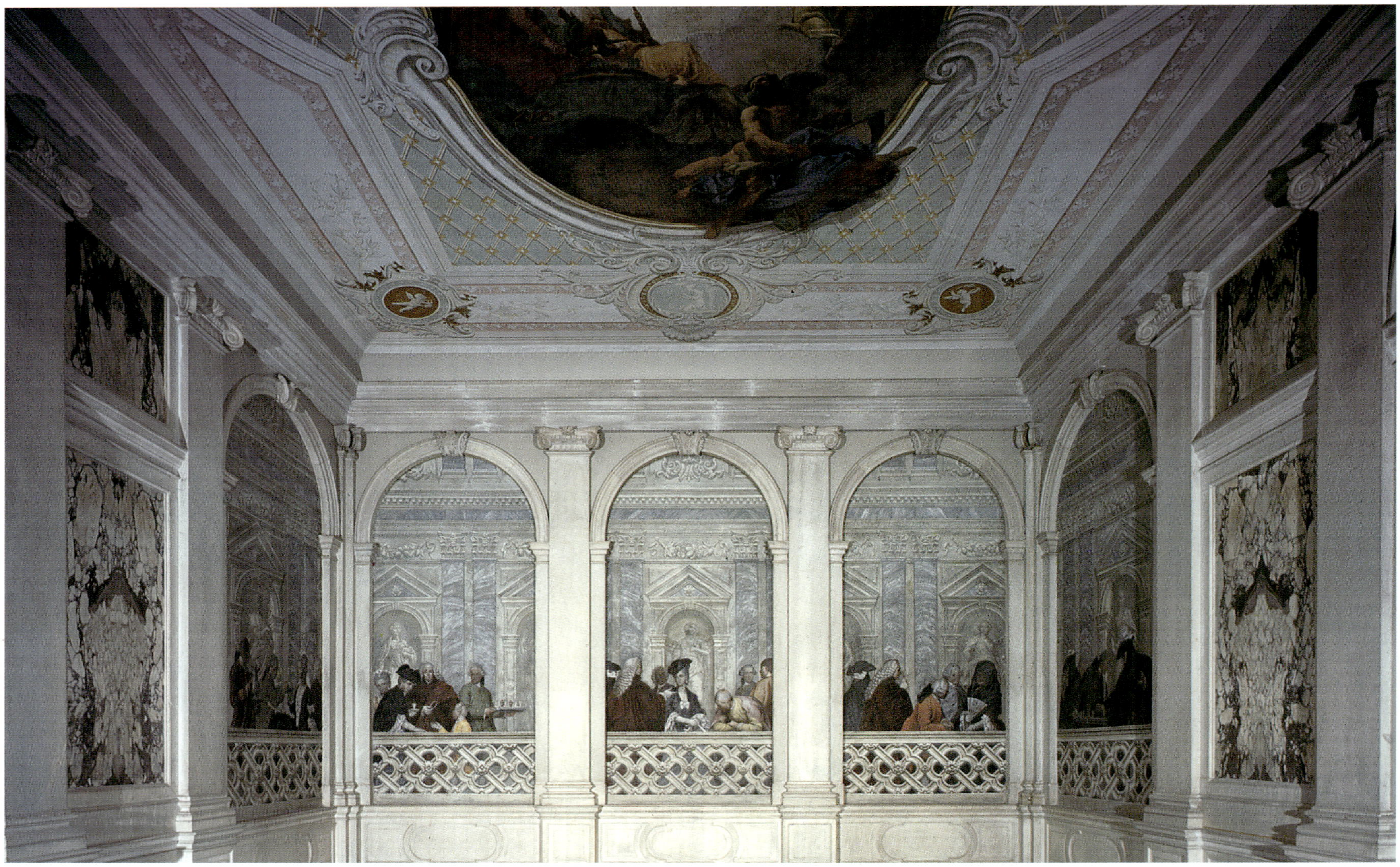

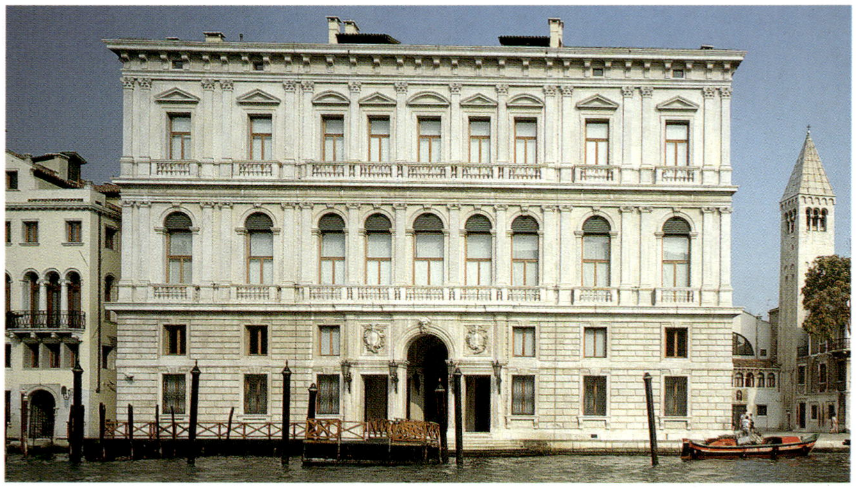

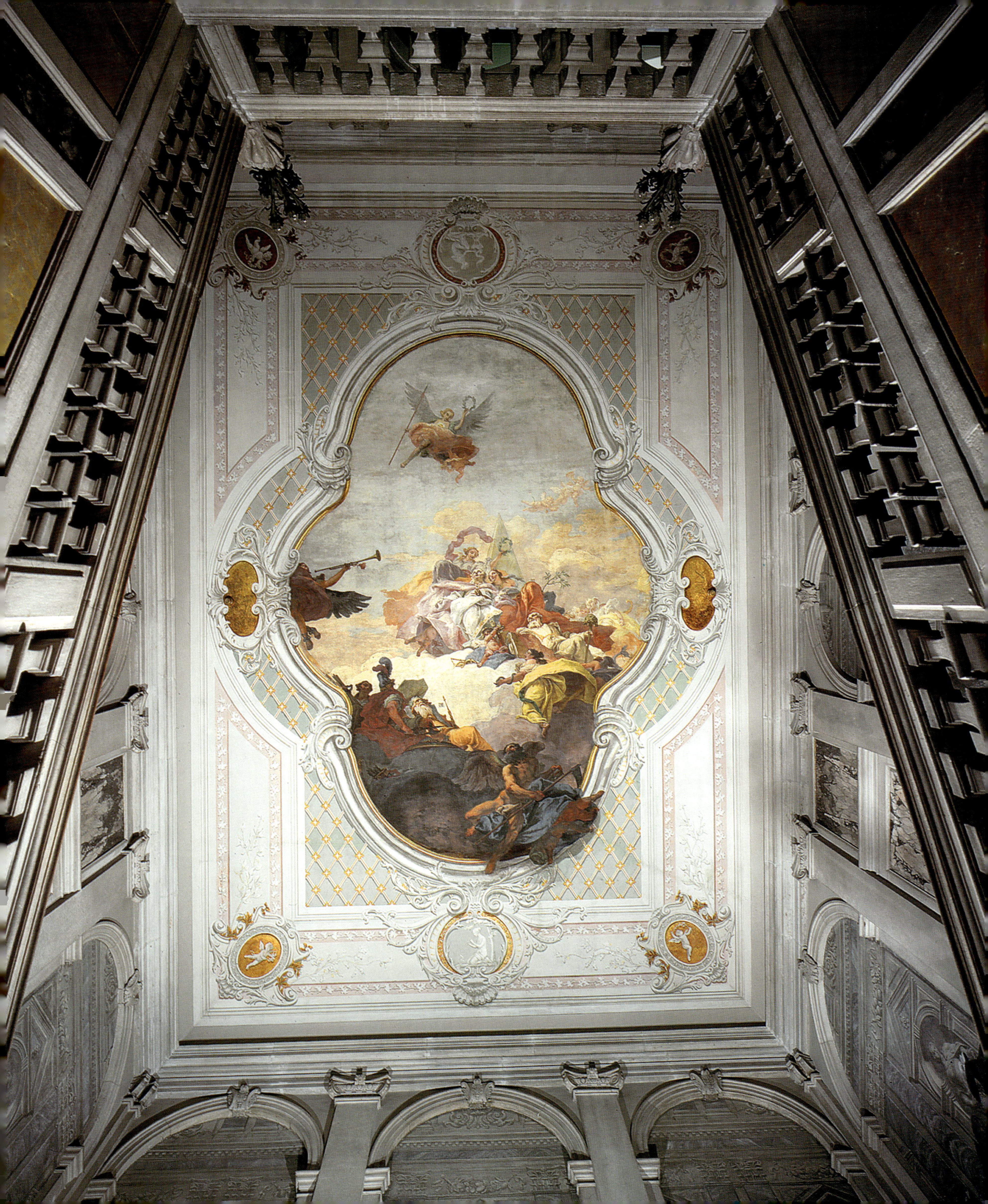

Palazzo Labia

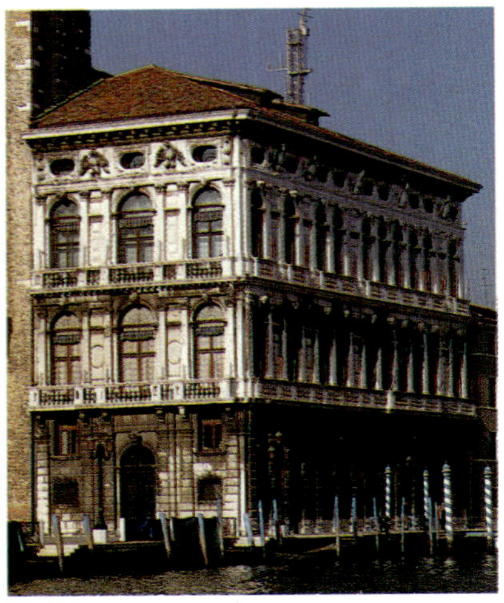

C'est au croisement du rio de Cannaregio et du Grand Canal que se dresse le Palazzo Labia, construit au début du XVIIIe siècle par Alessandro Tremignon, auquel succède Andrea Cominelli, qui termine les travaux en 1720. Le rythme régulier des ouvertures marque les deux étages nobles, qui reposent sur un rez-de-chaussée à bossages et que surmonte un attique percé d'oculi, entre lesquels s'intercalent les aigles de l'écu des Labia. Ces très riches marchands d'origine catalane, admis dans la noblesse vénitienne en 1647, sont au centre de fêtes et de réceptions somptueuses dont l'une s'acheva par le légendaire lancement dans le canal de la vaisselle en argent et en or du palais. La fresque du salon est réalisée entre 1746 et 1749 par Tiepolo et Girolamo Mengozzi Colonna. Œuvre majeure, elle culmine dans le *Banquet d'Antoine et Cléopâtre* de Tiepolo. L'extraordinaire mobilier du palais a malheureusement été dispersé lors d'une vente publique par le dernier propriétaire, Charles de Beisteigui.

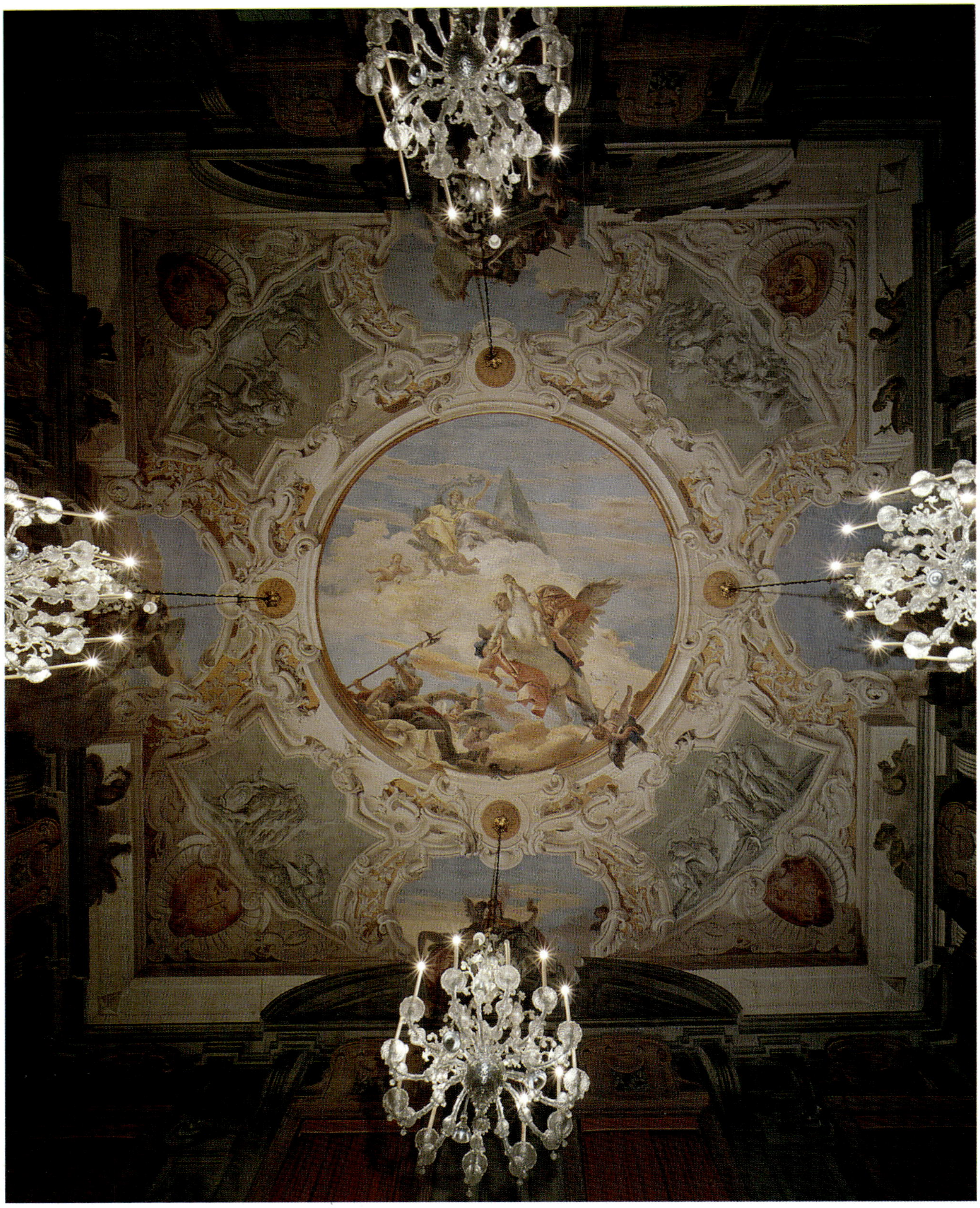

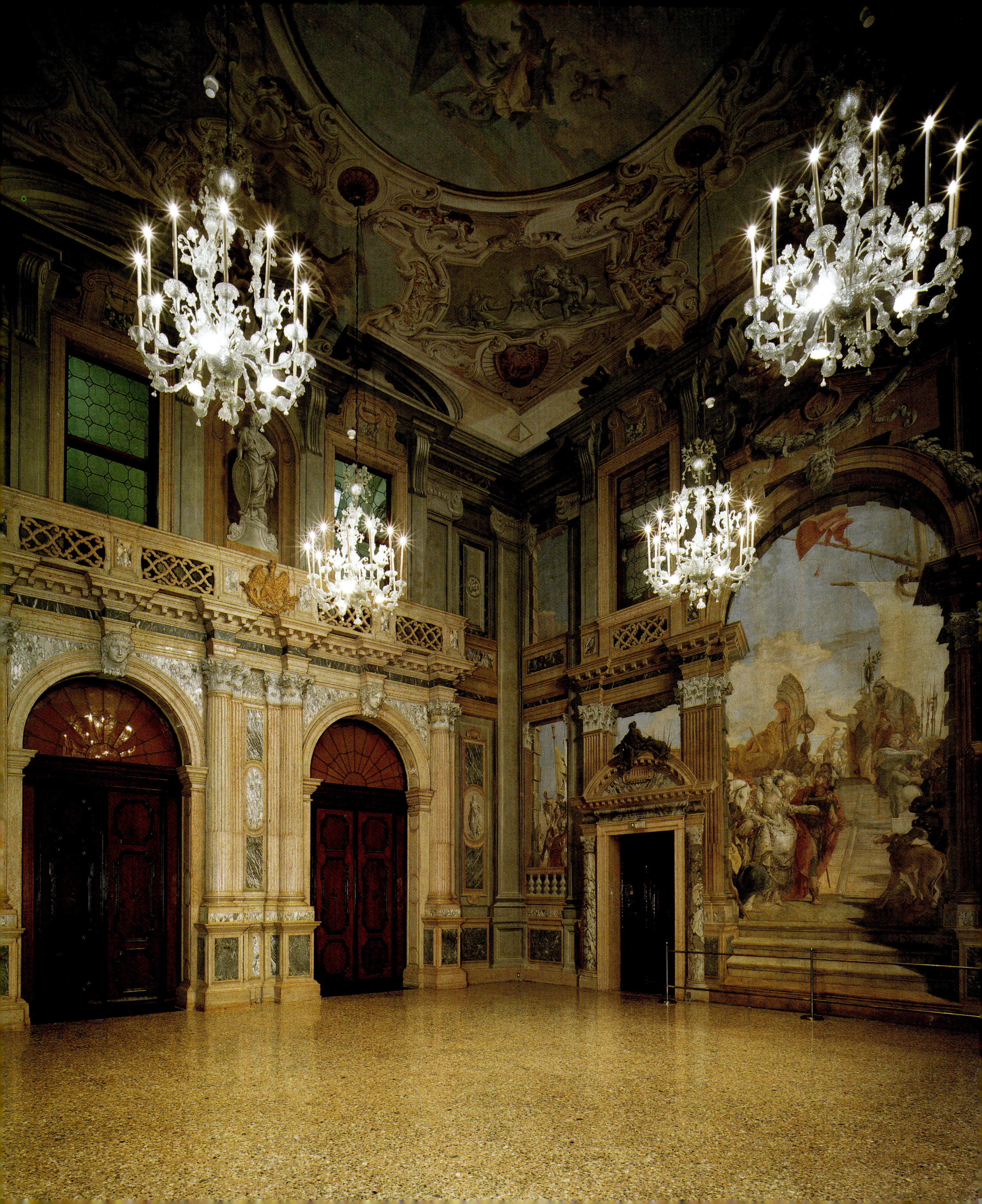

L'église faisait partie de l'Ospedale dei Mendicanti, une des neuf institutions vénitiennes d'assistance fondées à la fin du XVIe siècle. Commencée d'après un projet de Vincenzo Scamozzi, en 1633, elle est sertie d'une façade néopalladienne en pierre blanche, œuvre de Giuseppe Sardi. Les larges vestibules qui précèdent la nef étaient destinés à atténuer les bruits de l'extérieur pendant les concerts des *putte*, les jeunes filles, aussi fréquents que dans les autres institutions caritatives de la ville. A l'arrière, s'élève le monument à Alvise Mocenigo, philanthrope et défenseur héroïque de Candie ; conçu par Sardi en 1658, il est décoré de sculptures de Juste Le Court et de reliefs de John Bushnell. Dans ces œuvres prend corps l'opulence baroque de l'espace interne de l'édifice. En plus des toiles de Véronèse et du Tintoret que détient l'église, *Sainte Hélène adorant la vraie Croix* est la seule œuvre du Guerchin qui se trouve à Venise.

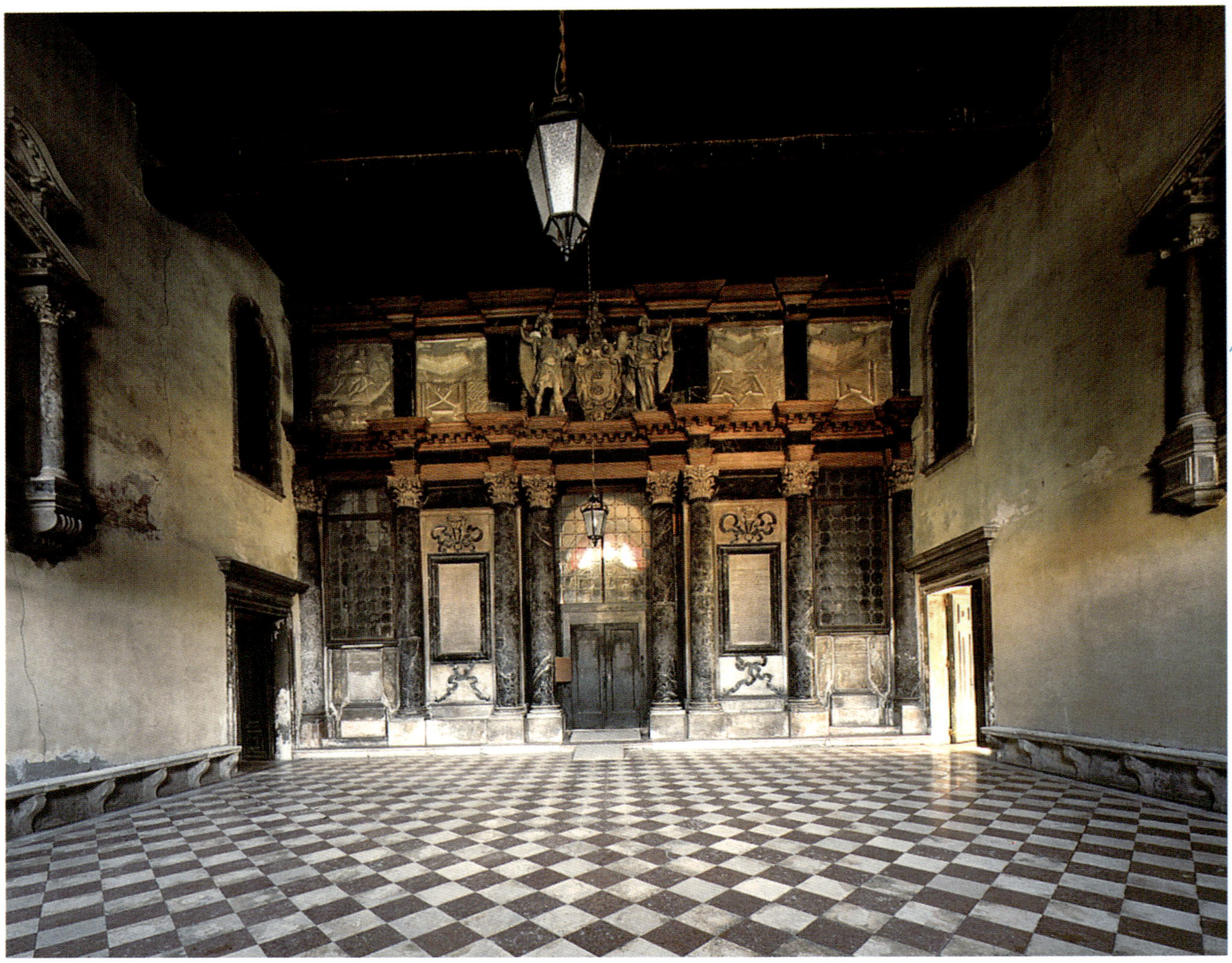

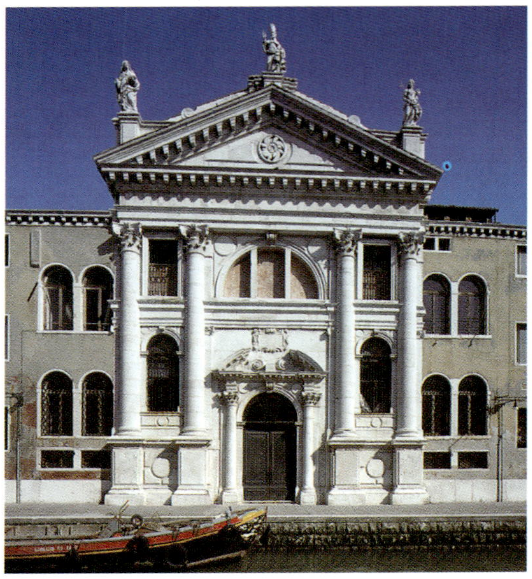

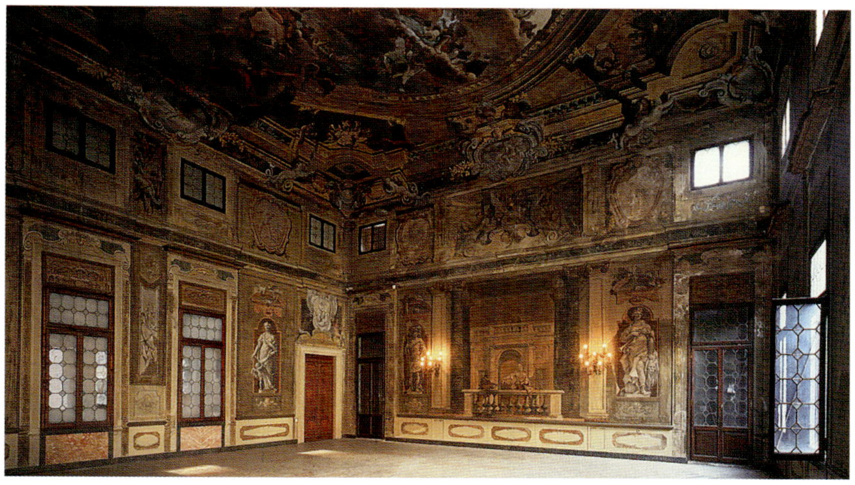

Palazzo Sagredo

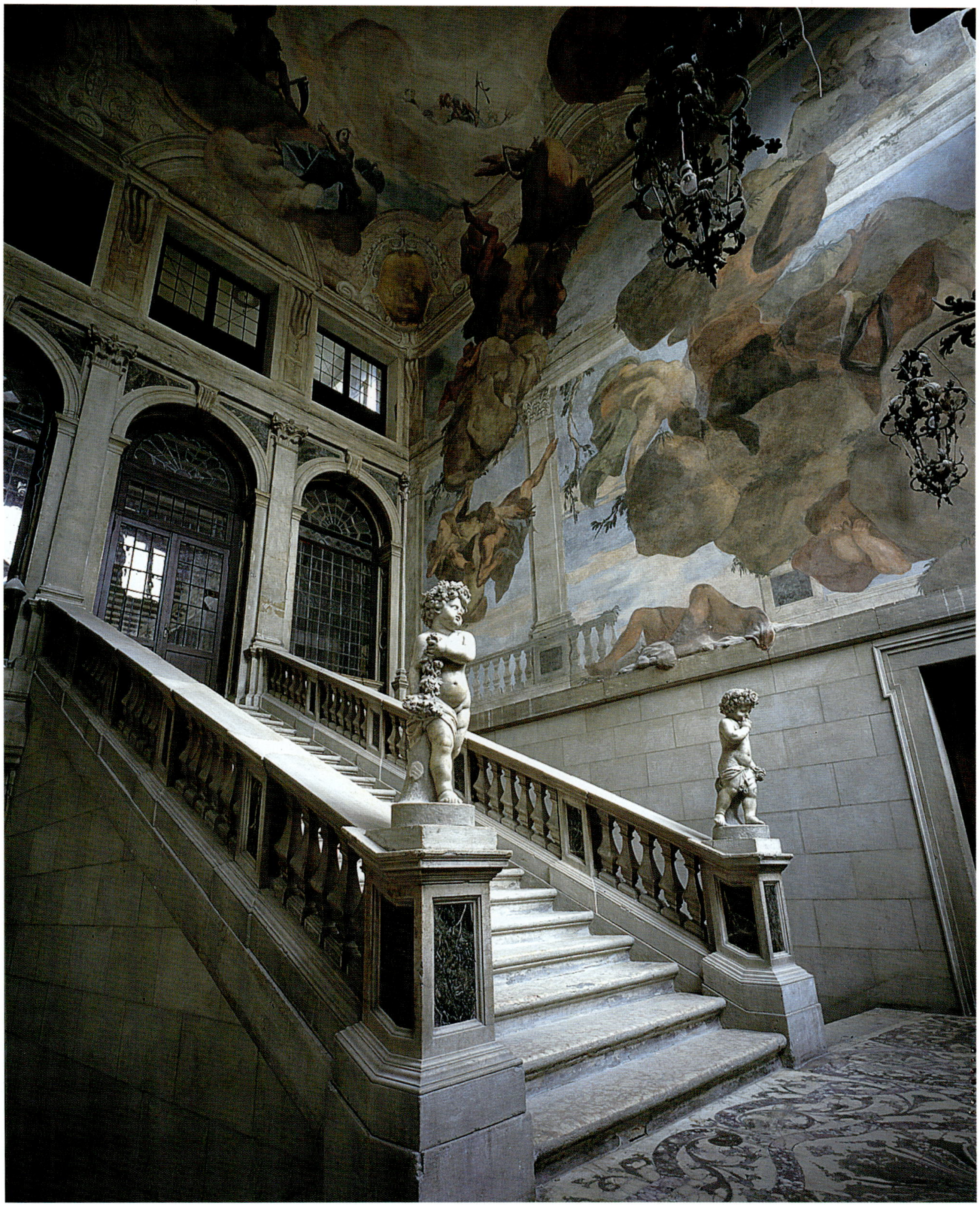

L'édifice de structure gothique, propriété des Morosini, est entièrement remanié en 1718 lorsqu'il passe entre les mains de Gherardo Sagredo. Celui-ci fait appel à Abbondio Stazio et à Tencalla pour réaliser les stucs du *mezzanino* haut, tandis que le fastueux escalier, œuvre d'Andrea Tirali, se dresse dans le hall d'entrée. En 1734, Pietro Longhi peint sur le plafond du même hall une grande fresque : *La Chute des Géants*. En 1738, Temanza conçoit le projet de restructurer complètement le palais de façon classique, mais celui-ci n'aboutit pas. Après la dispersion des riches collections de peintures, Ca' Sagredo est privée en 1906 d'une exceptionnelle alcôve en stuc, qui se trouve actuellement au Metropolitan Museum de New York.
Les peintures du *portego*, au premier étage, réalisées en 1773, sont l'œuvre d'Andrea Urbani, peintre et scénographe renommé.

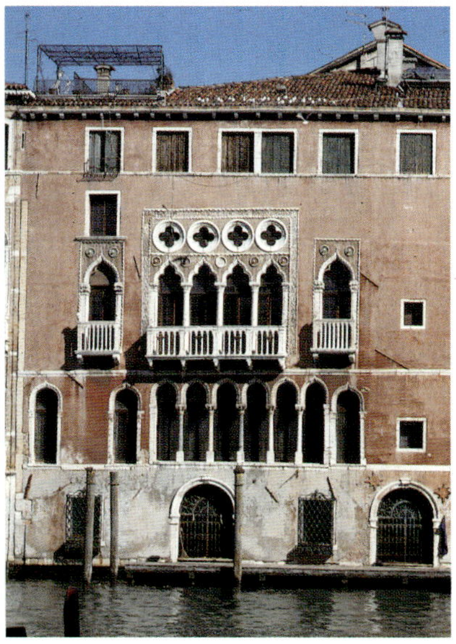

Église dei Tolentini (San Nicolò da Tolentino)

Après le sac de Rome, les pères de l'ordre des Théatins quittèrent la ville et s'établirent ici, dans l'oratoire San Nicolò da Tolentino, en 1528. L'ordre prendra de l'importance et décidera d'ériger une église et un monastère. Palladio conçoit un projet qui n'est pas réalisé, mais qui influencera l'aménagement du XVIIIe siècle, et les travaux sont confiés à Vincenzo Scamozzi en 1591. Le schéma de l'église est d'empreinte palladienne : une nef en croix latine avec trois chapelles de chaque côté précède le chœur. Derrière le maître-autel de Longhena, orné de sculptures de Le Court, est situé le chœur des moines. Le patrimoine artistique de l'église est important : des œuvres de Palma le Jeune, Bassano, de' Pitati, Strozzi et Giordano, et un monument du XVIIIe siècle au patriarche Francesco Morosini, du sculpteur Parodi. Le tambour de la croisée du transept est fermé par un plafond embelli par des fresques de Zompini et de Mengozzi Colonna. Entre 1706 et 1714, Andrea Tirali ajoute sur la façade en briques un portique à colonnes corinthiennes, et un fronton d'inspiration palladienne.

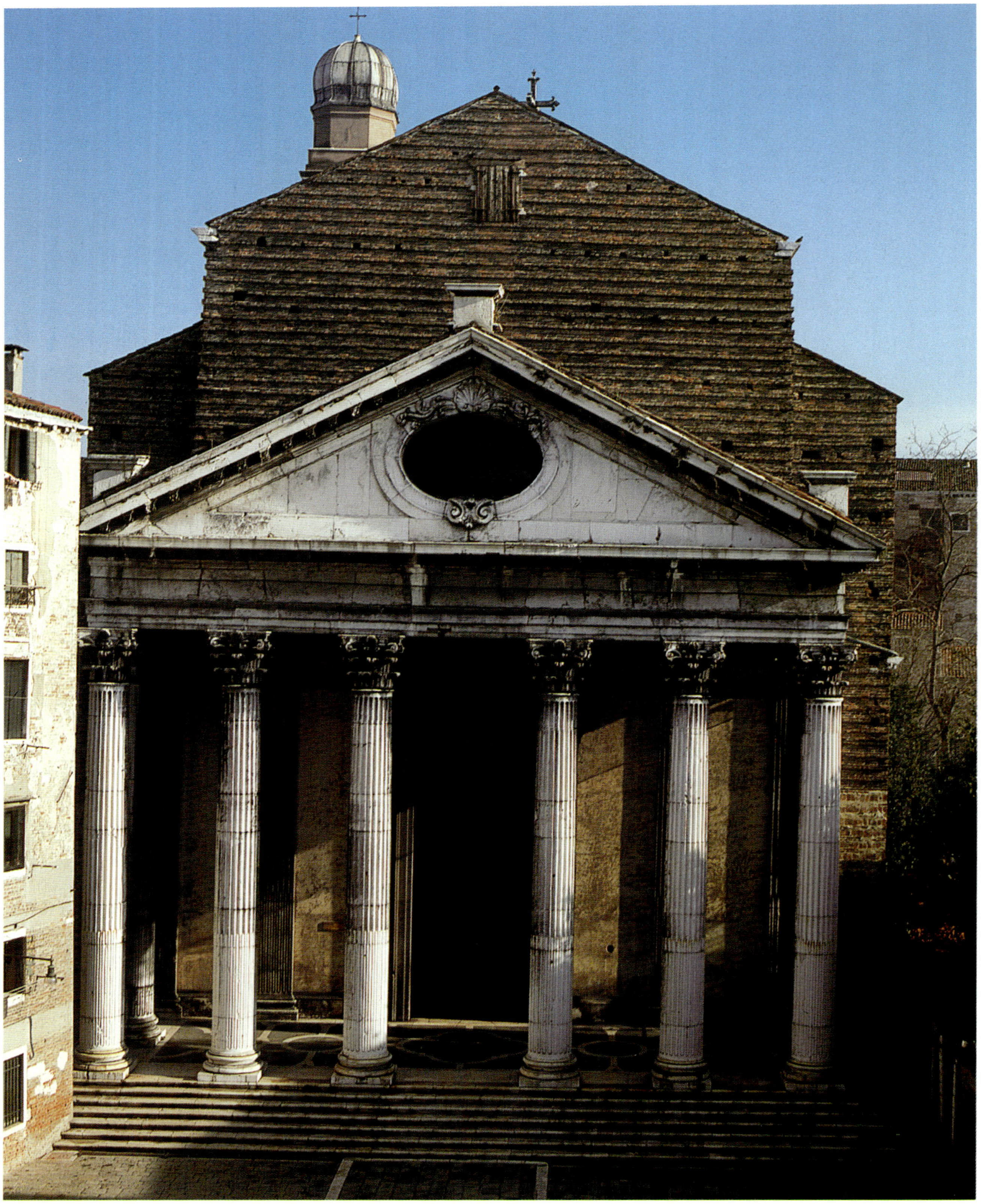

Église San Stae
(Sant' Eustachio)

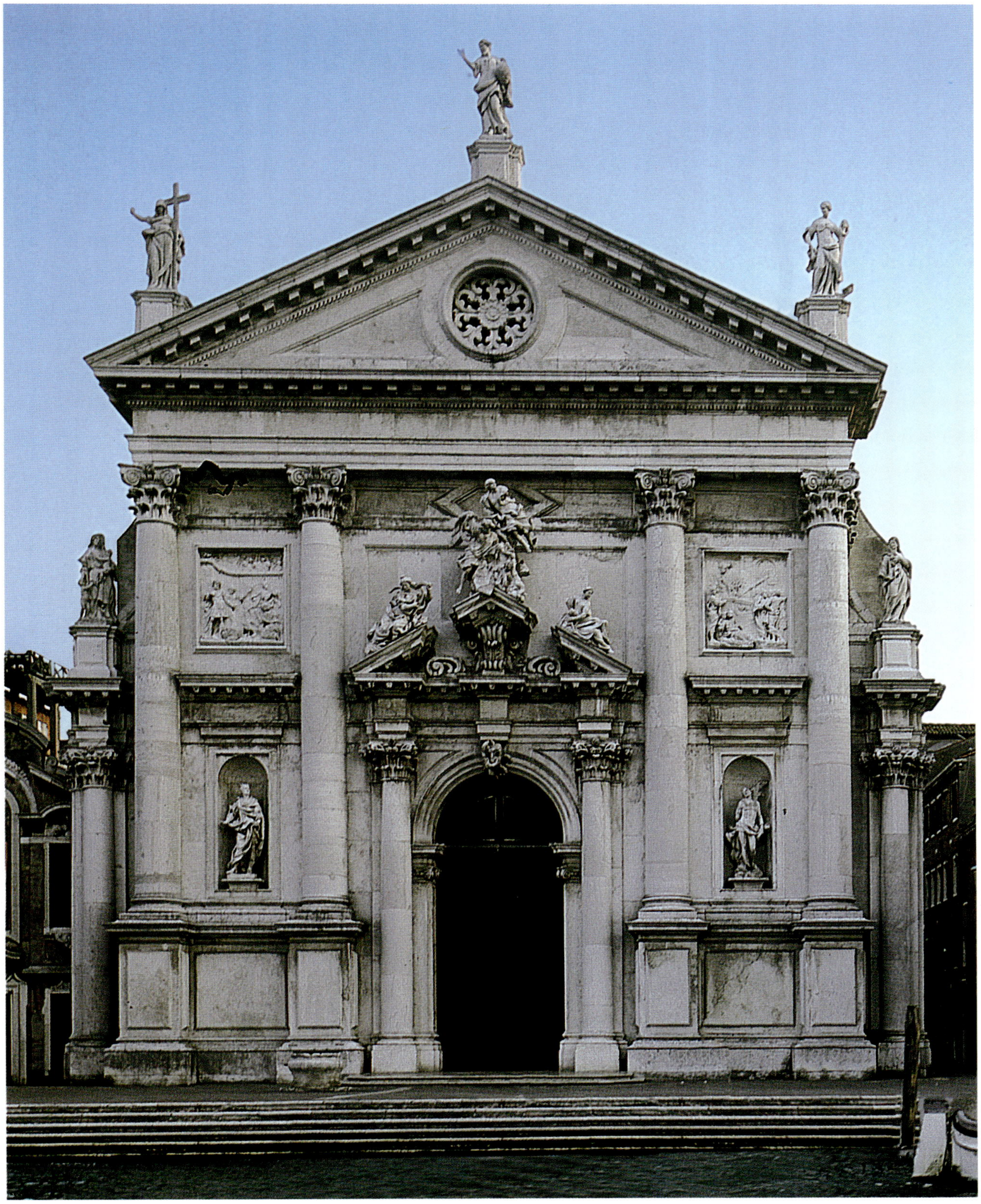

Reconstruite en 1678 par Giovanni Grassi, cette église sur le Grand Canal comporte une nef flanquée de trois chapelles latérales et recouverte d'un plafond voûté, éclairé par une double série de fenêtres. Réalisée par Domenico Rossi en 1709 grâce à un legs des Mocenigo, la façade est érigée en un an. Elle représente la transition entre le baroque et le style néo-palladien du XVIIIe siècle. Ses colonnes corinthiennes portent un fronton triangulaire. Sur les côtés, au-delà des pilastres, des colonnes soutiennent des statues qui débordent la façade proprement dite, amplifiant les dimensions du bâtiment. A l'intérieur, Sebastiano Ricci réalise une fresque sur le plafond du chœur et, grâce à la donation de l'aristocrate Andrea Stazio, douze toiles représentant les apôtres sont commanditées à d'autres artistes du XVIIIe siècle dont Ricci, Piazzetta et le jeune Tiepolo.

Église dei Gesuati (Santa Maria del Rosario)

Édifiée par Giorgio Massari entre 1726 et 1736 pour l'ordre des dominicains, qui remplace celui des jésuites, l'église donne sur les Zattere ; sa façade tripartie aux ordres colossaux porte des niches et des statues superposées. Ses colonnes corinthiennes soutiennent un fronton de style palladien. L'intérieur comporte une nef unique aux angles à pans coupés, rythmée par des pilastres corinthiens, enrichie de marqueterie de marbre au sol. Le tabernacle du maître-autel est en lapis-lazuli.

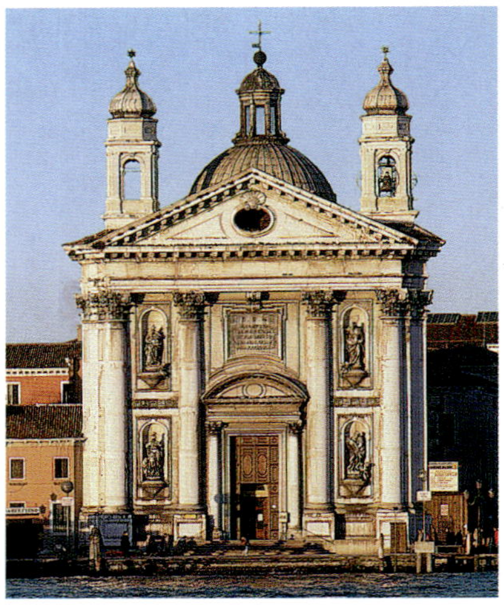

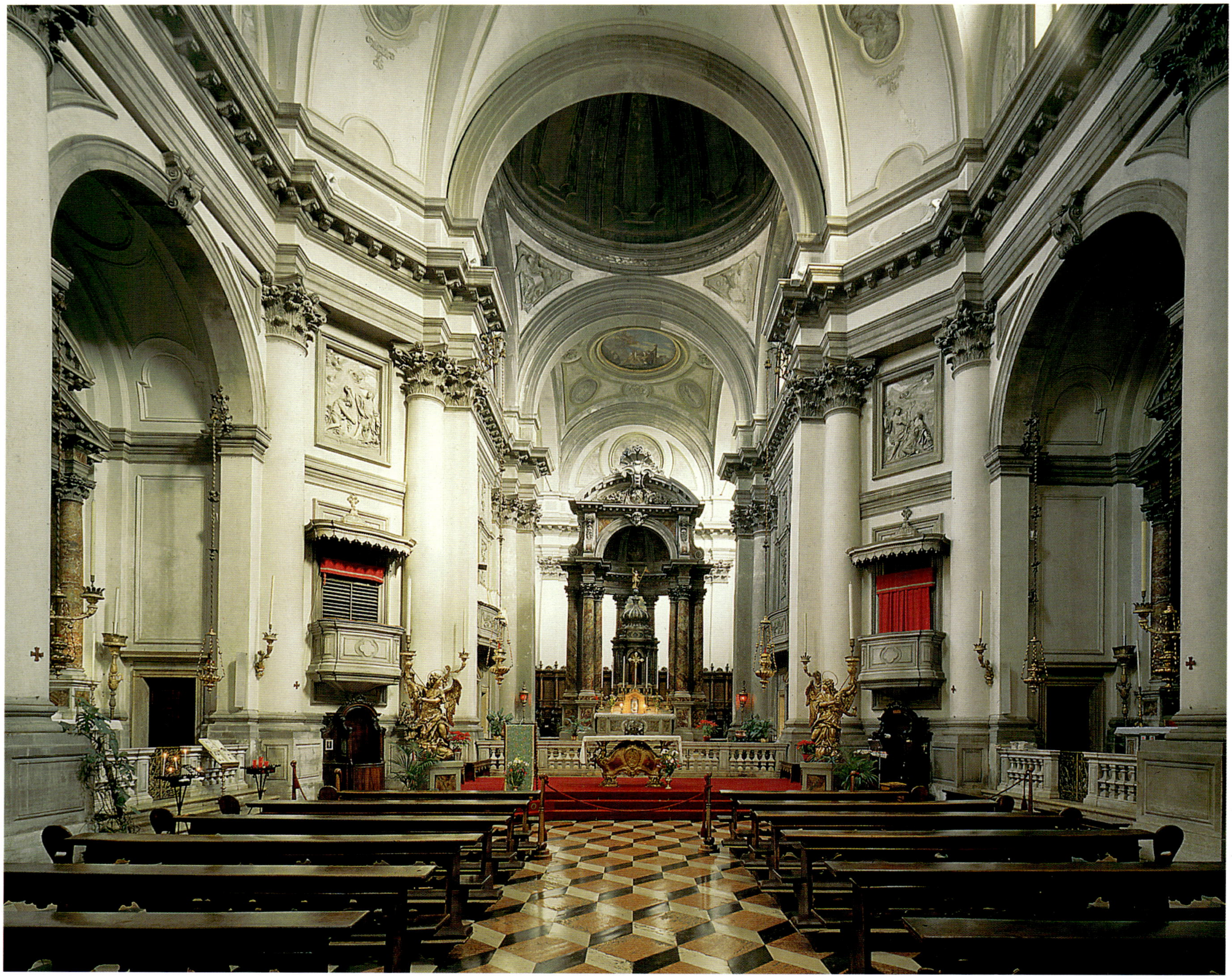

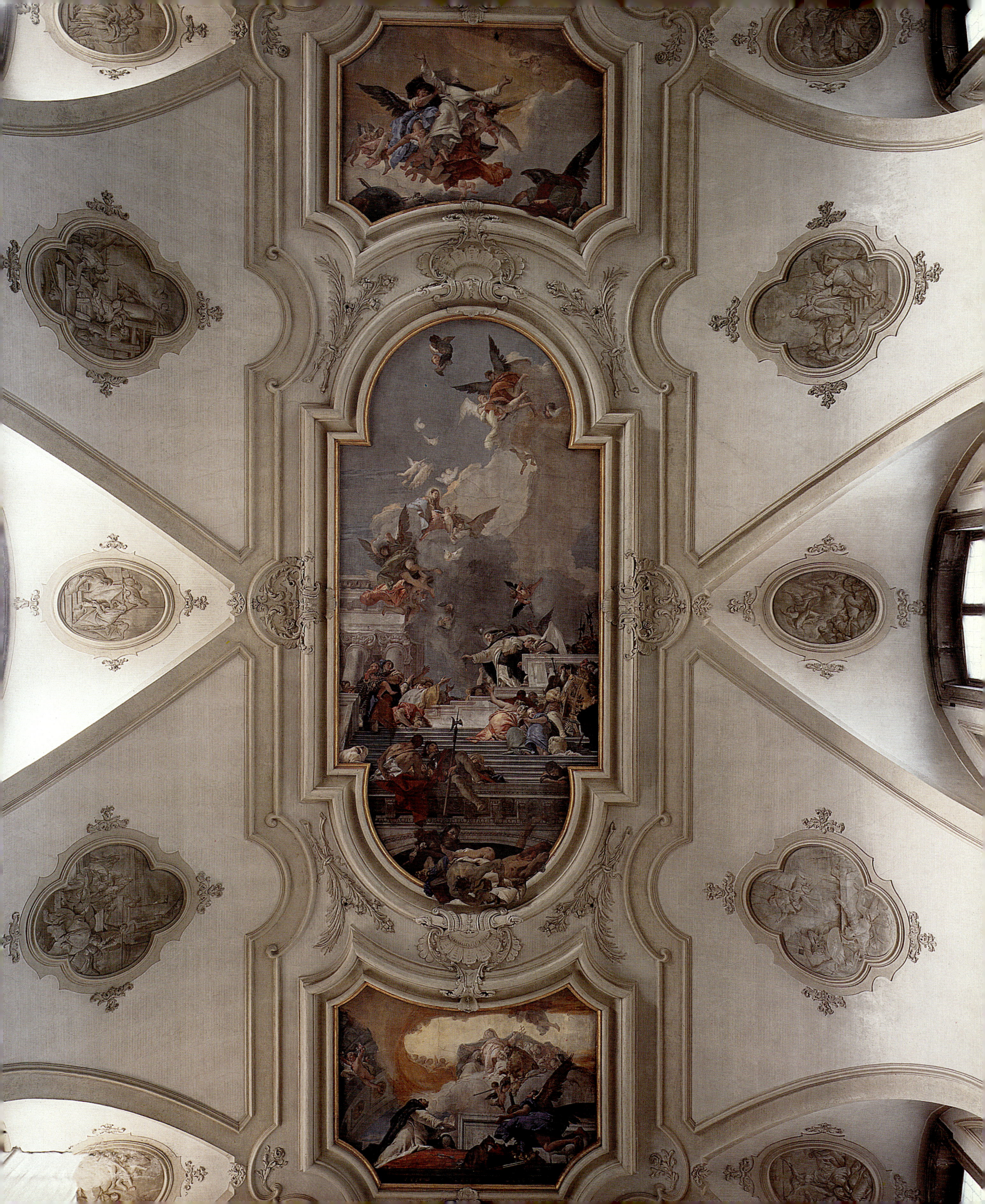

Riche en œuvres d'art des grands maîtres vénitiens du XVIIIe siècle, l'église s'enorgueillit d'un plafond décoré de fresques et de grisailles par le jeune Tiepolo, entre 1737 et 1739. D'autres fresques de Tiepolo ornent la partie centrale et le chœur, dont *La Vierge et sainte Catherine de Sienne, sainte Rose de Lima et sainte Agnès de Montepulciano* (ci-contre), commanditée en 1740 et empreinte de classicisme. On peut admirer également des peintures du Tintoret, de Giambattista Piazzetta, et de Sebastiano Ricci, peintre de Belluno du XVIIe siècle, à qui l'on doit *Pie V entre saint Thomas et saint Pierre martyr* (reproduit en page de droite).

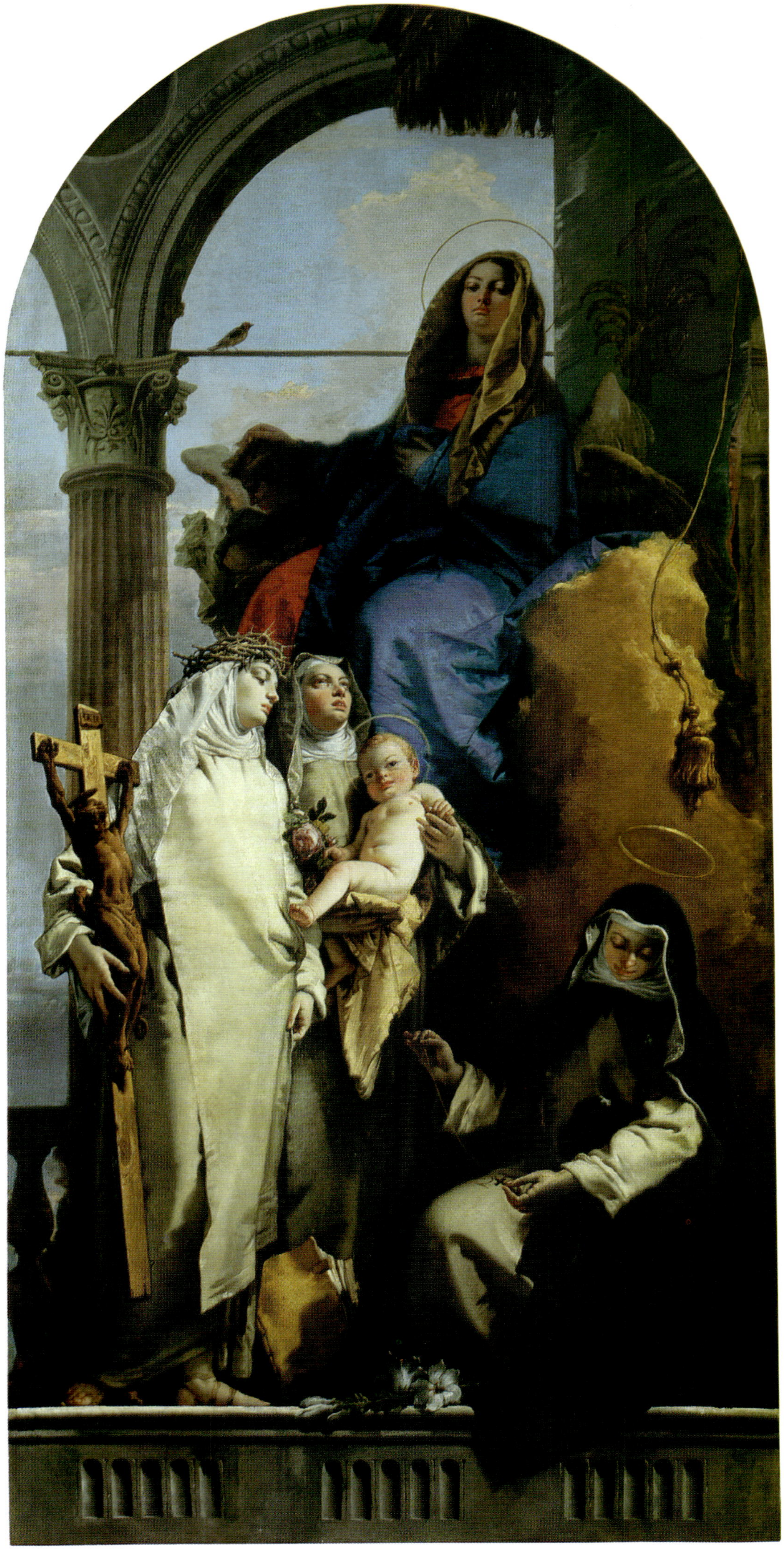

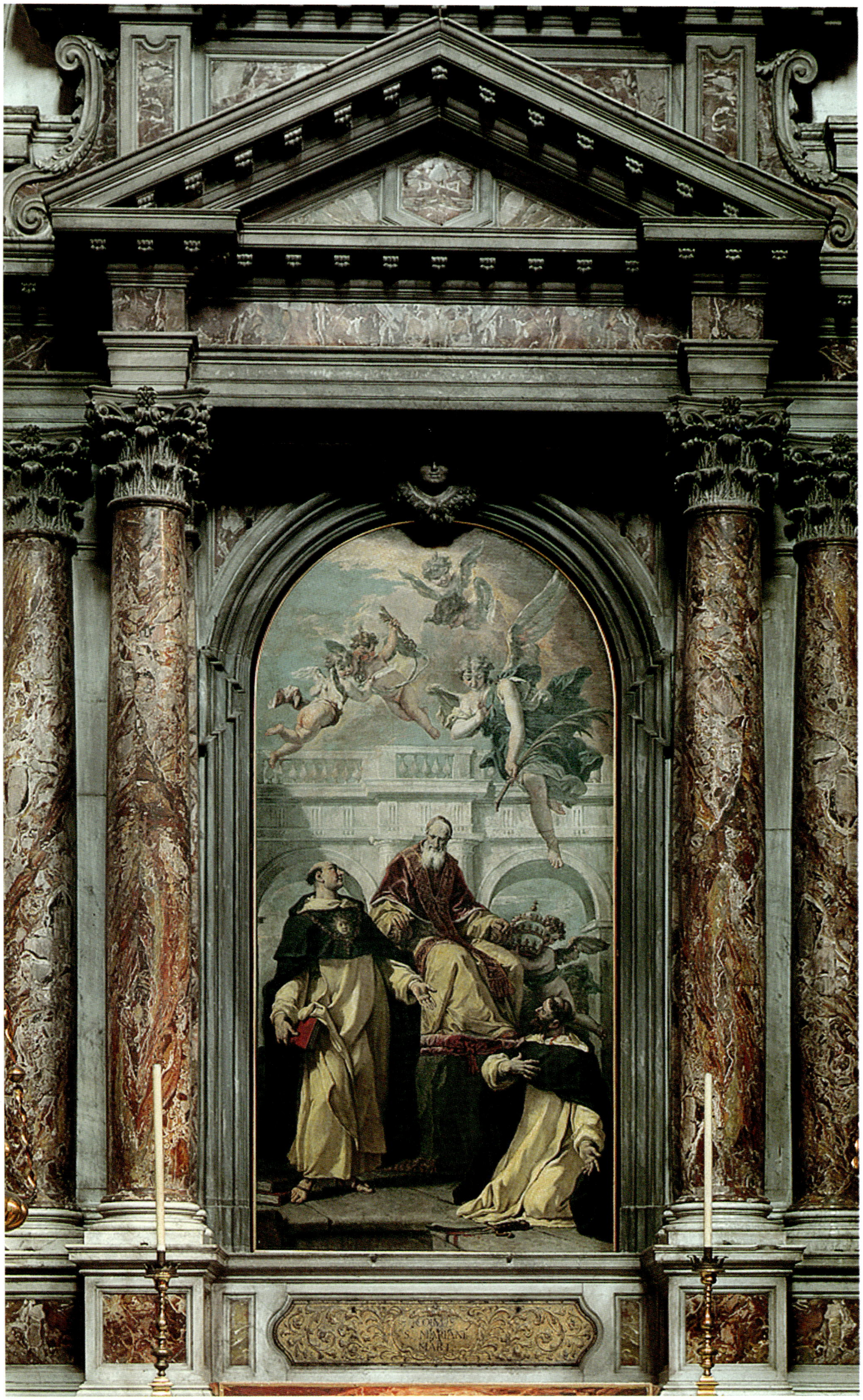

Après la démolition de l'église du XIIIe siècle qui la précédait, l'église della Maddalena fut entièrement reconstruite dans un style néoclassique, aux environs de 1760 par Tomaso Temanza, théoricien du nouveau langage architectural rationaliste. Authentique précurseur du néoclassicisme dans la lagune, il réalise dans cette église son chef-d'œuvre. Située sur le campo qui porte le même nom, légèrement en recul par rapport à la Strada Nuova, Santa Maria Maddalena se singularise par son volume épuré et compact, développé sur un plan circulaire et caractérisé par la pierre blanche lisse du revêtement. La référence de Temanza est le Panthéon de Rome, mais l'intérieur, aux dimensions réduites – où Temanza fut enseveli en 1789 – forme un plan hexagonal animé par des chapelles et un chœur elliptique. Quatre colonnes ioniques soutiennent le porche surmonté d'un fronton triangulaire. L'ensemble est couronné d'une coupole surbaissée et d'un lanterneau.

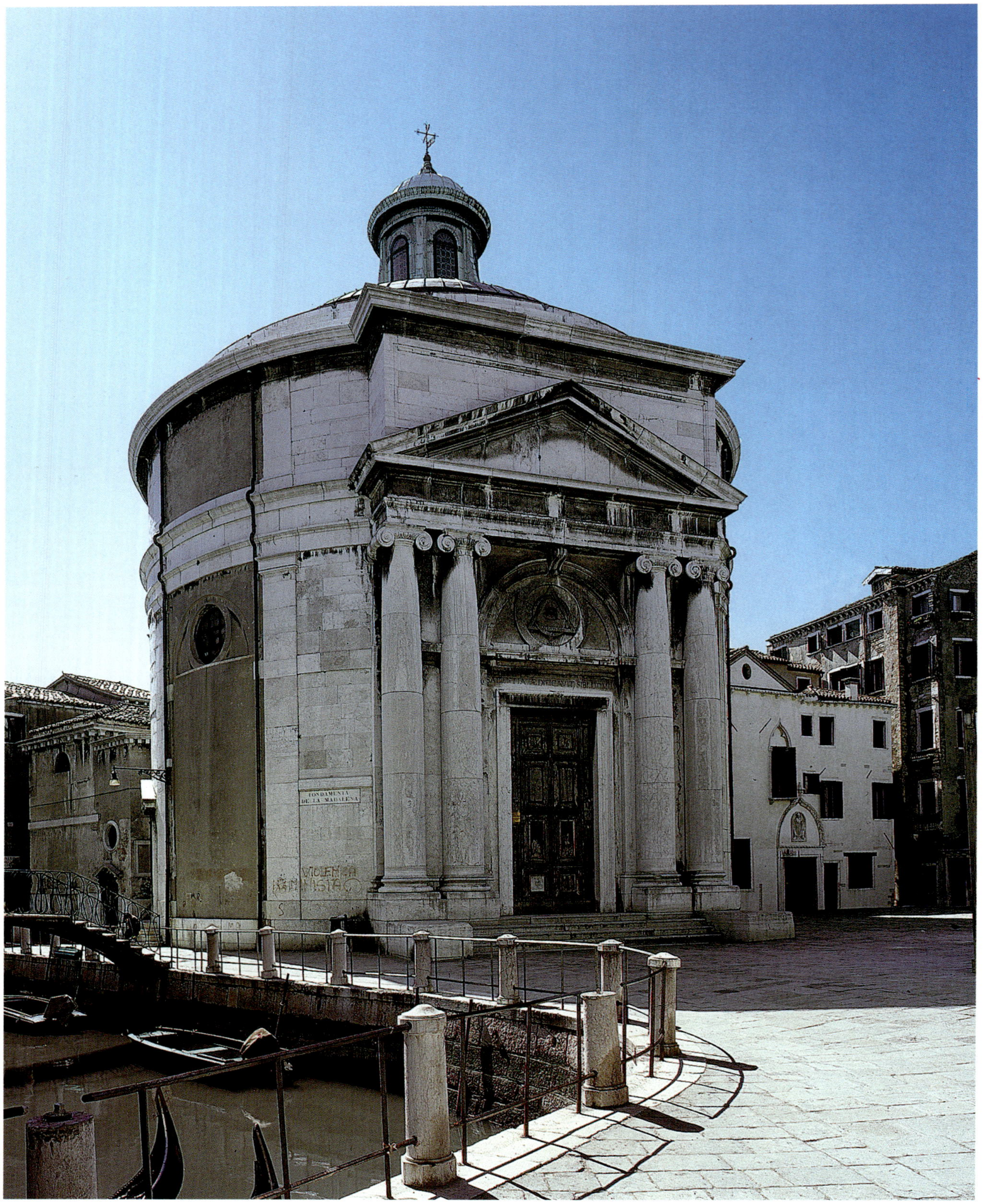

Église della Pietà
(della Visitazione)

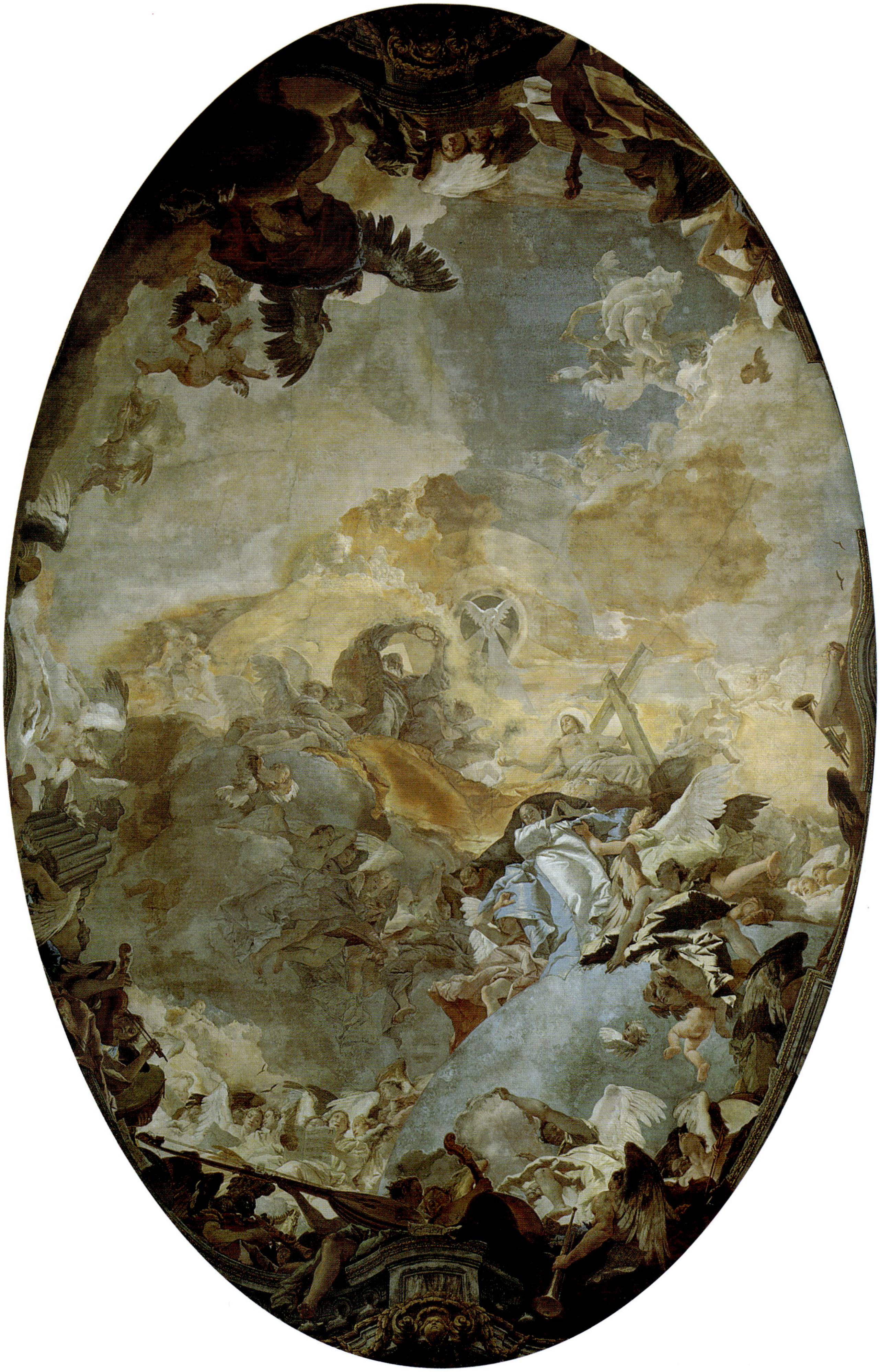

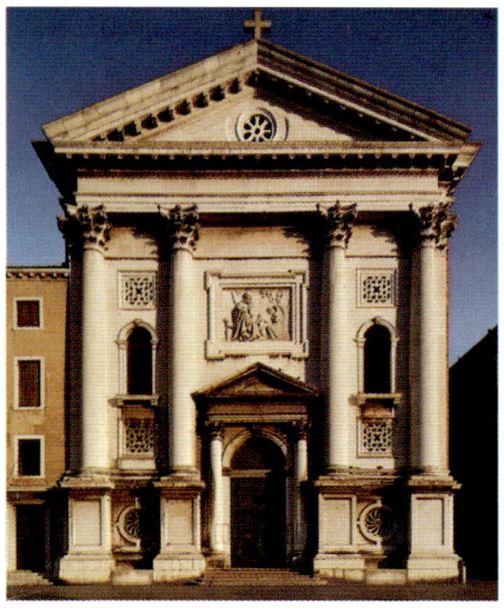

L'Ospedale della Pietà, fondé en 1346 pour accueillir et élever les orphelines sans ressources, devient au XVIIIe siècle une extraordinaire école de création musicale ; Antonio Vivaldi, le célèbre « prêtre rouge », y devient maître du chœur et de violon à partir de 1703. Il compose pour l'institution la plupart de ses œuvres. La façade de l'église della Pietà, de langage palladien, est dessinée par Massari entre 1744 et 1760 ; elle ne sera achevée qu'en 1906 grâce à un legs. La nef, de forme elliptique, précédée d'un narthex, trouve sa conclusion dans le chœur. La vocation délibérément musicale du lieu est soulignée par trois tribunes suspendues ; derrière leurs grilles en fer forgé, les jeunes filles de l'institution – *putte ospealere* – chantaient, pour la plus grande joie des hôtes étrangers, tels Charles de Brosses et les comtes du Nord, lorsque la Sérénissime souhaitait leur rendre hommage. Sur le plafond, une fresque de Giambattista Tiepolo figure des anges jouant de la musique autour de la Vierge. Entre 1754 et 1755, l'artiste réalisa pour l'église une autre œuvre, malheureusement perdue au moment de l'intervention sur la façade au début du XXe siècle.

Église della Fava
(Santa Maria della Consolazione)

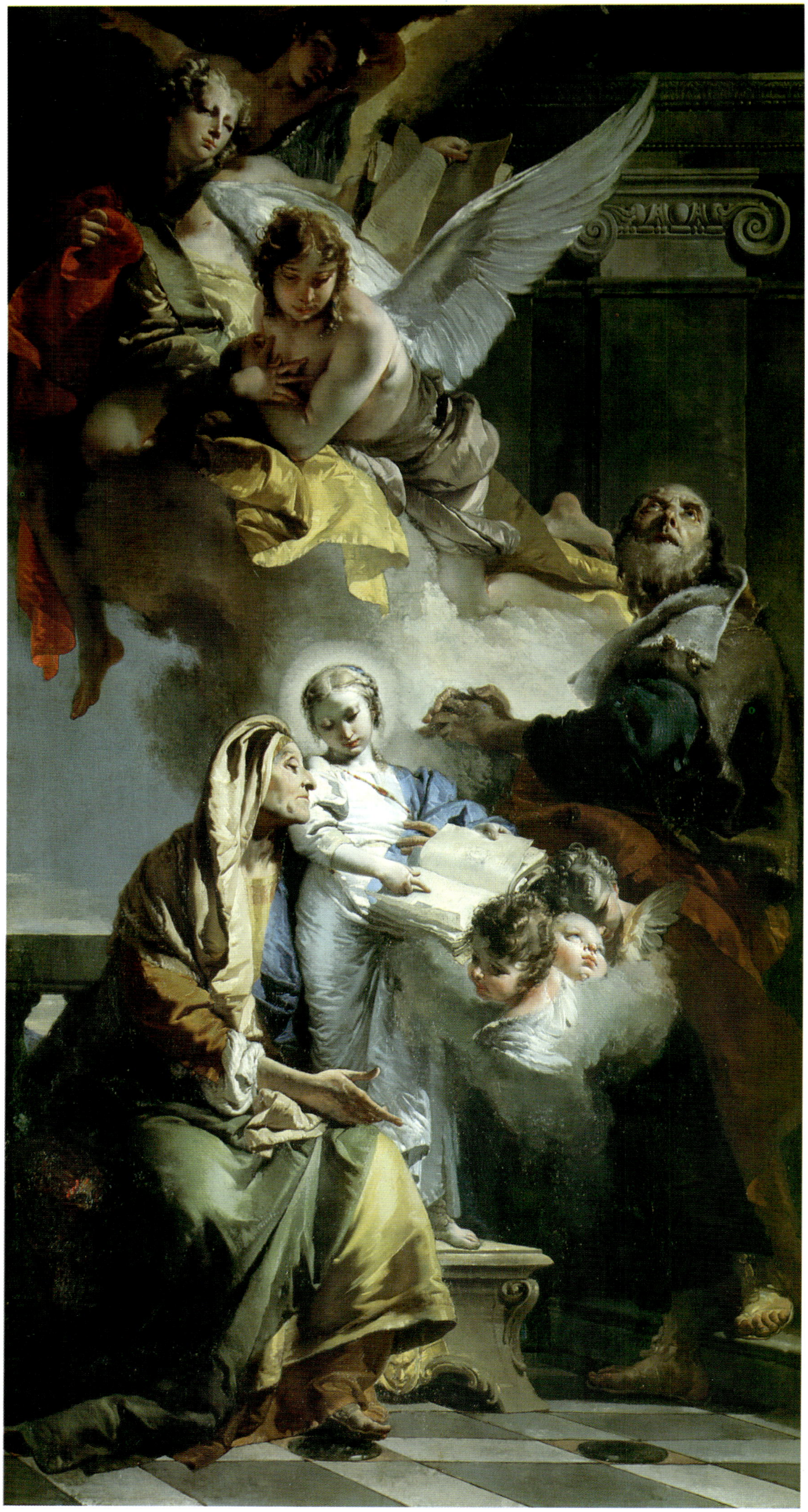

L'église actuelle fut commencée au début du XVIIIe siècle par Antonio Gaspari, sur le site d'un oratoire du XVe siècle. Le projet de Gaspari, sensible au langage baroque romain, ne pouvait être accepté dans un milieu aussi respectueux de l'école palladienne que celui de Venise. Le résultat fut une nef unique, à plan elliptique et angles arrondis, avec trois amples chapelles sur les côtés. Pourvue d'un grand portail, la façade en briques, composée verticalement, est demeurée inachevée. En 1750, Giorgio Massari érige le chœur et le maître-autel. Des statues de saints et d'évangélistes occupent les huit niches entre les pilastres et des toiles du XVIIIe siècle sont accrochées au-dessus des autels. Des peintures de Cignaroli, de Jacopo Amigoni et de Piazzetta, lequel serait enseveli ici, dans la tombe de famille de son ami Giambattista Albrizzi, sont également conservées dans l'église dont le chef-d'œuvre pictural est sans conteste la grande toile de Giambattista Tiepolo, *L'Éducation de la Vierge*, de 1732.

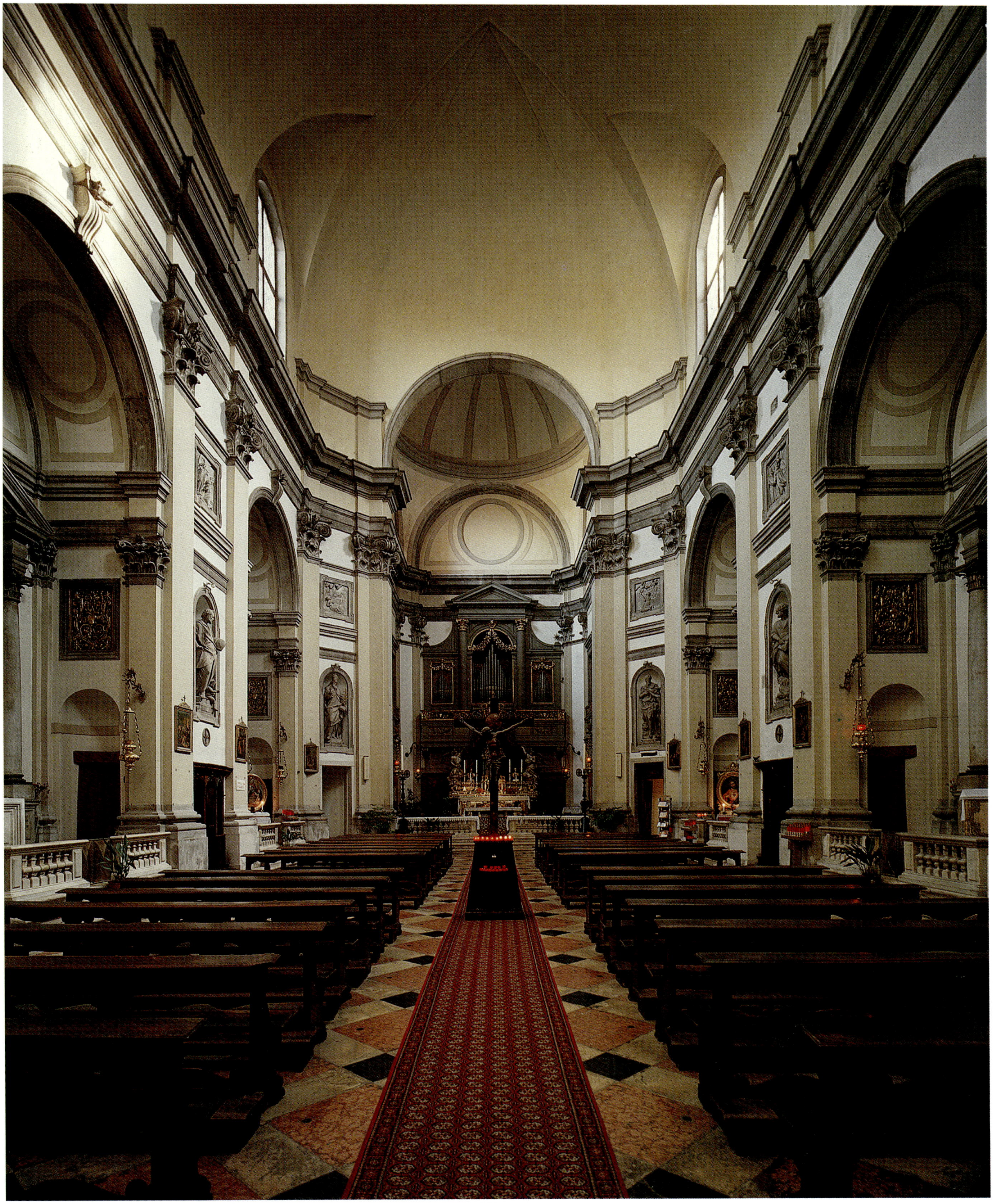

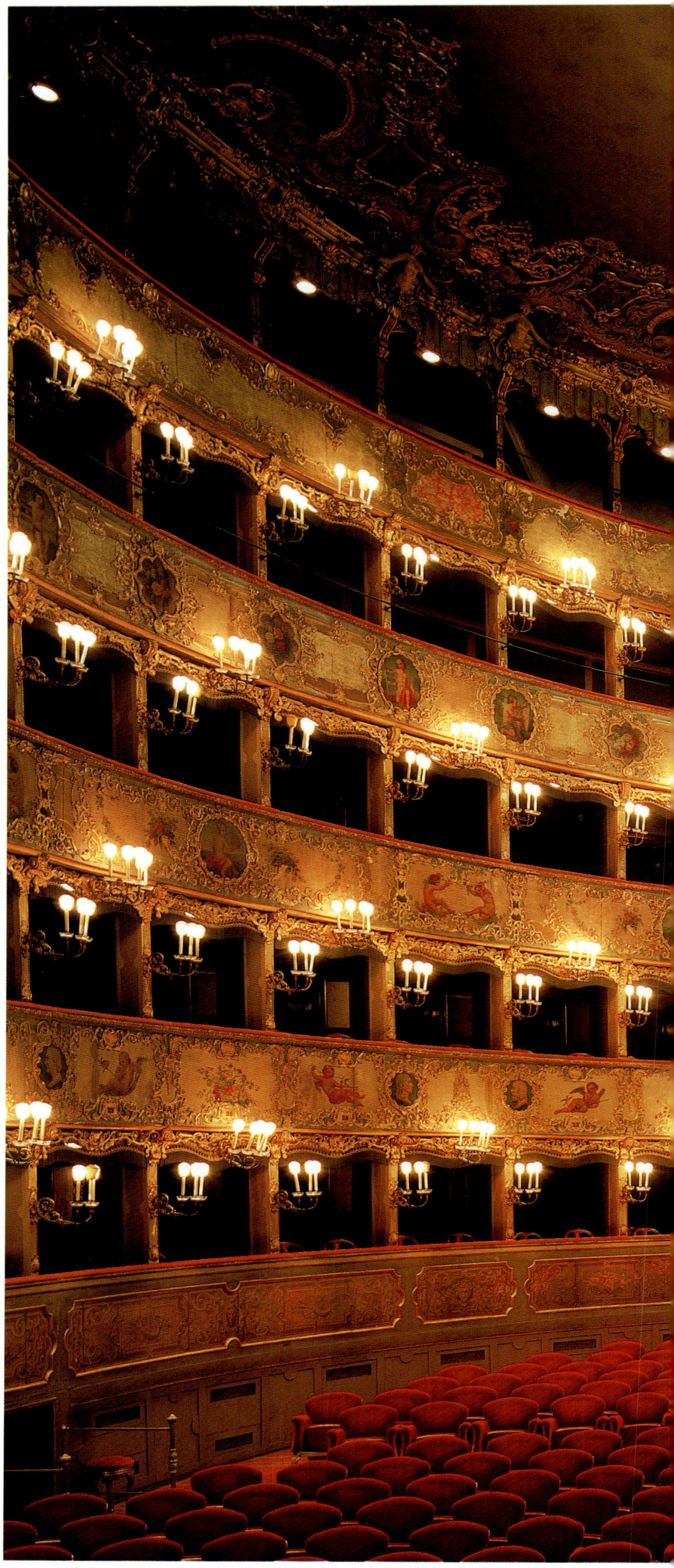

De ces images, il ne reste malheureusement rien puisque le théâtre a été détruit pour la troisième fois par un gigantesque incendie, le 29 janvier 1996. Après qu'il eut brûlé pour la première fois en 1773, vingt-neuf projets furent présentés pour sa reconstruction. Ce fut celui du jeune Selva, d'empreinte néoclassique, qui fut retenu. L'intérieur fut fidèlement reconstitué après le nouvel incendie de 1836 par les frères Meduna, élèves de Selva. Puis Giambattista Meduna décora la salle en 1854, en s'inspirant d'un XVIIIe siècle revisité : l'aménagement aujourd'hui perdu croulait sous les dorures dont la pièce maîtresse était la loge royale. Les médaillons, les loges et les groupes représentés sur le plafond, conçus par Leonardo Gavagnin en 1864, étaient de langage néoclassique. Les salons Apollinee furent remaniés au milieu du XIXe siècle. La façade néoclassique, dont la construction remonte à 1790, est le seul élément qui a résisté à tous les incendies, y compris le dernier.

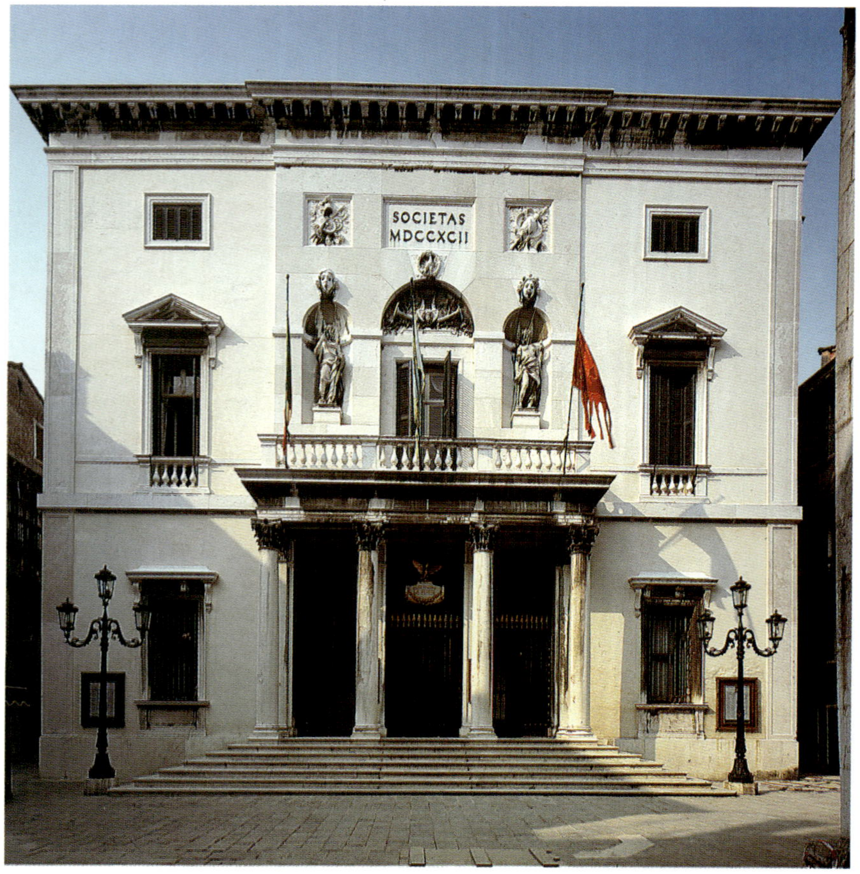

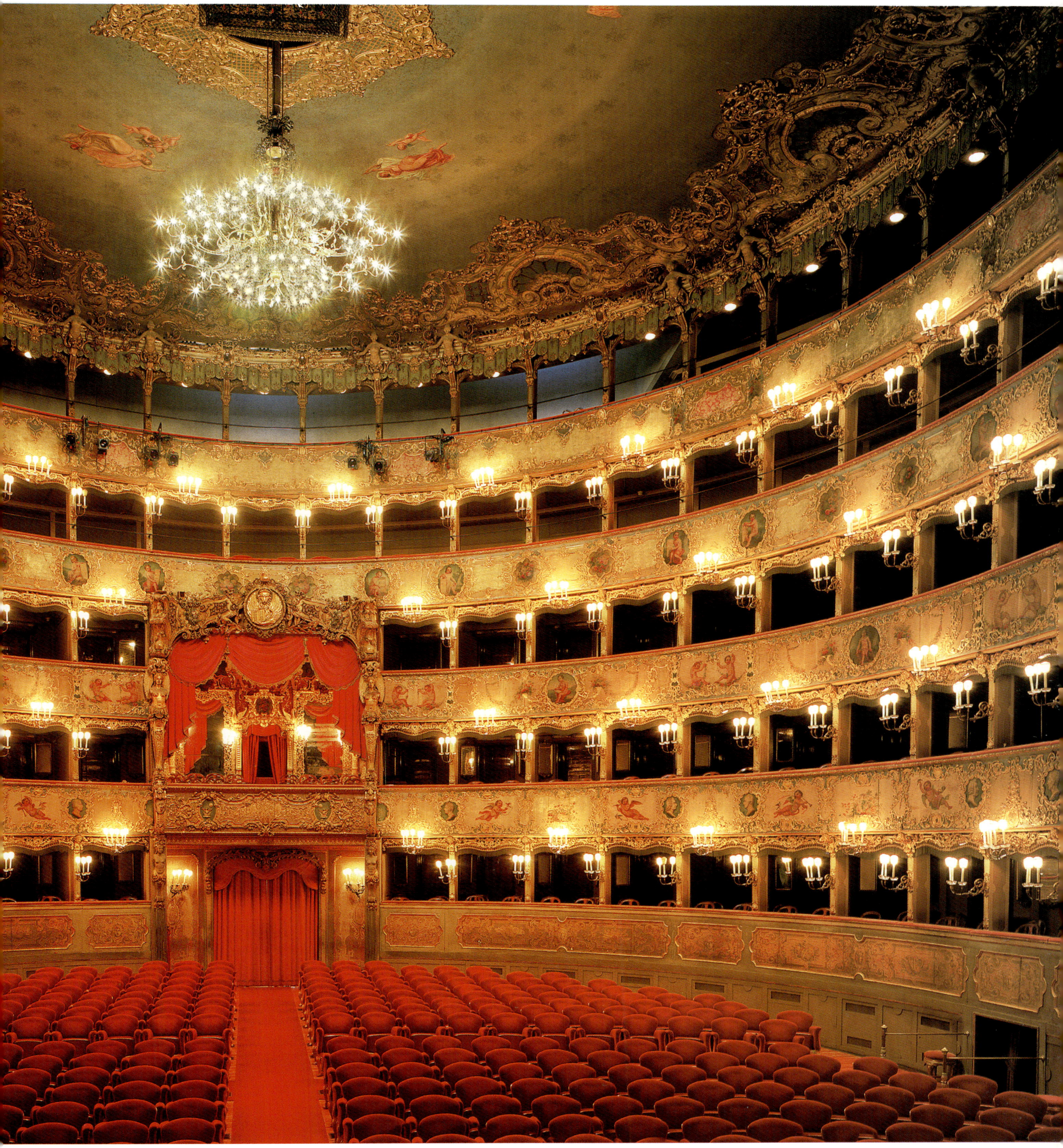

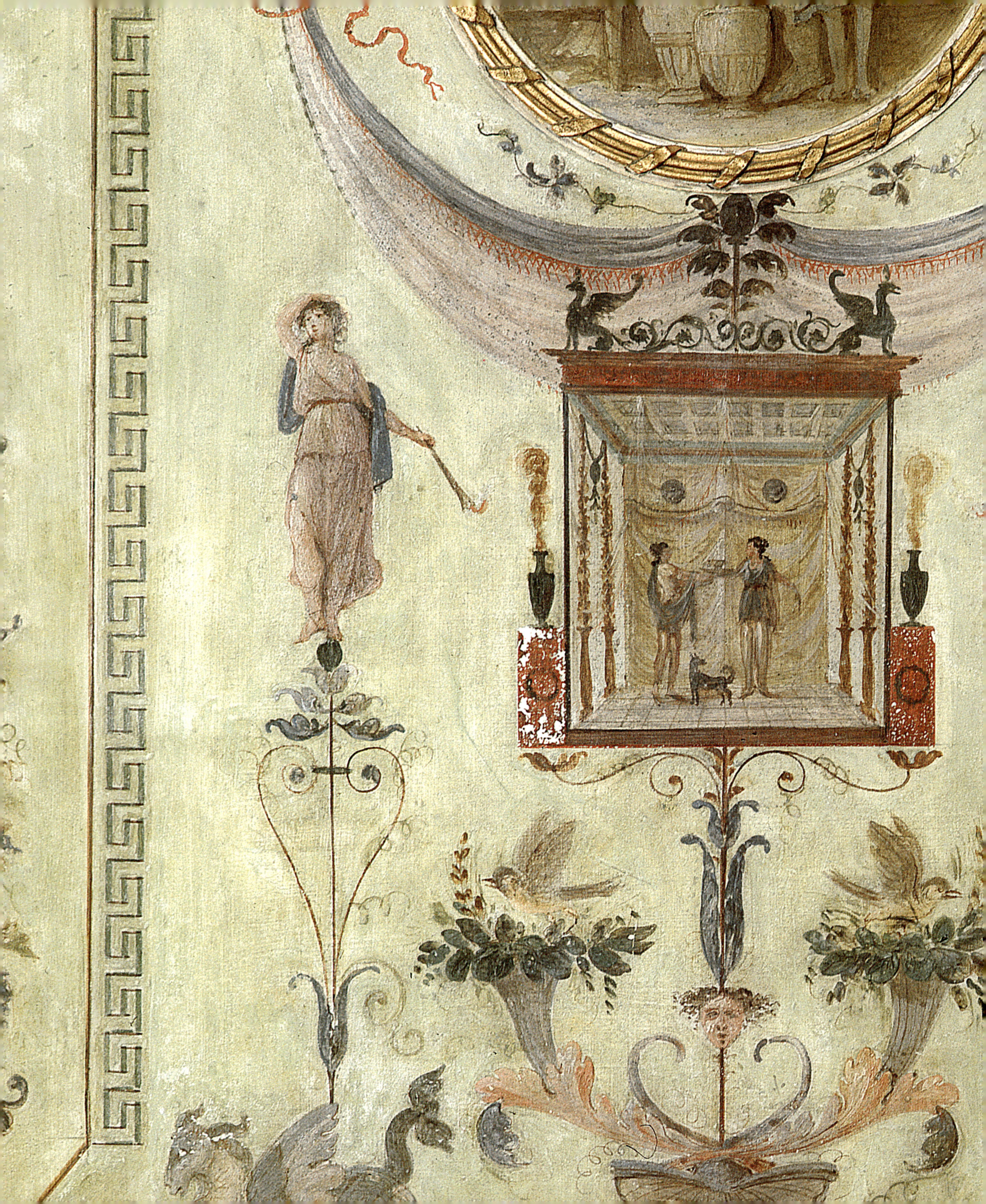

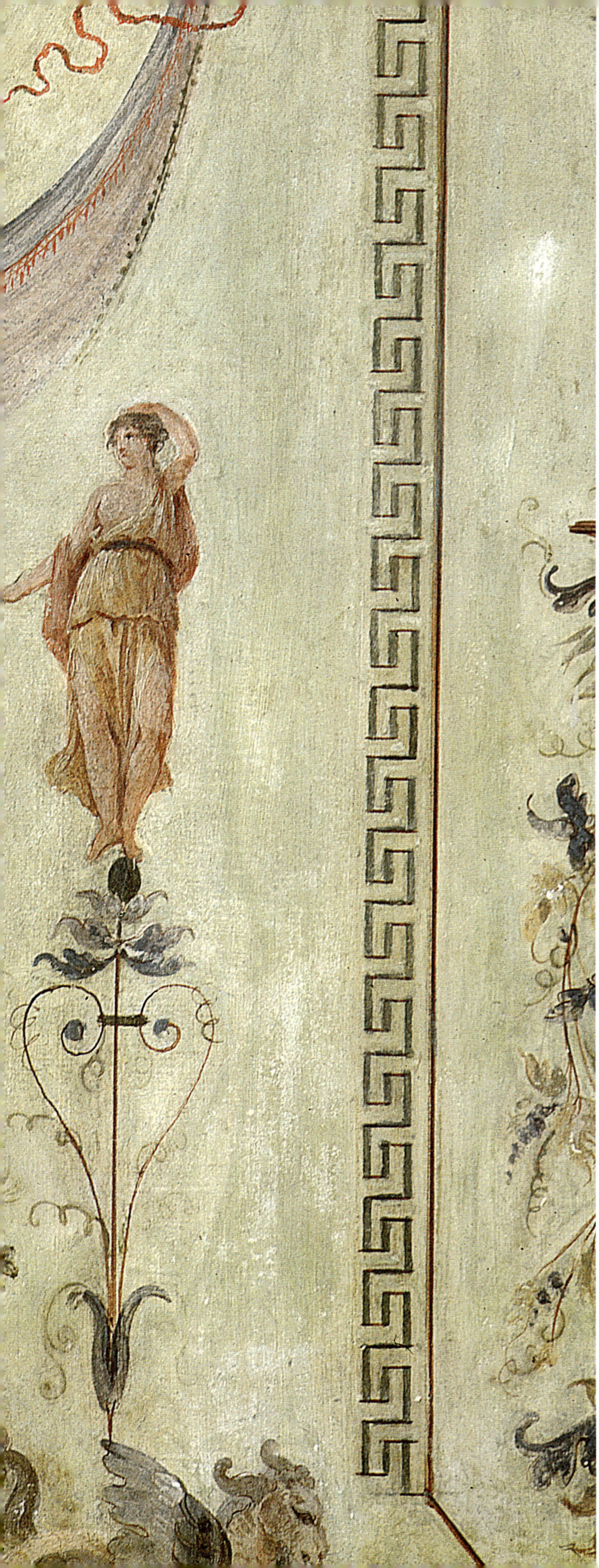

Venise néoclassique et romantique

Palazzo Ziani.
Grotesques du salon.

Coffee House

Réalisé entre 1815 et 1817, le pavillon fut dessiné par Lorenzo Santi dans le cadre du réaménagement de l'aire de Saint-Marc décidé par Napoléon ; il constitue un paradoxe dans la ville. Complètement dégagé de toute réinterprétation et citation, non suivi d'imitations, le pavillon est érigé sur un site libéré par la démolition des Graneri di Terra Nova, les greniers de la République.
Santi, siennois d'origine mais romain de formation, arrivé à Venise à la suite de Giuseppe Soli, dessine un projet en opposition au néoclassicisme local, projet dans lequel l'ornementation prévaut sur l'architecture, et où des réminiscences romaines et françaises se mêlent. La frêle colonnade dorique contraste avec les piles d'angles portant l'entablement orné de frises.
La coupole et les quatre dés surmontés de sculptures accentuent le caractère ludique du pavillon, qui ressort vivement comparé aux imposants édifices du périmètre de Saint-Marc.

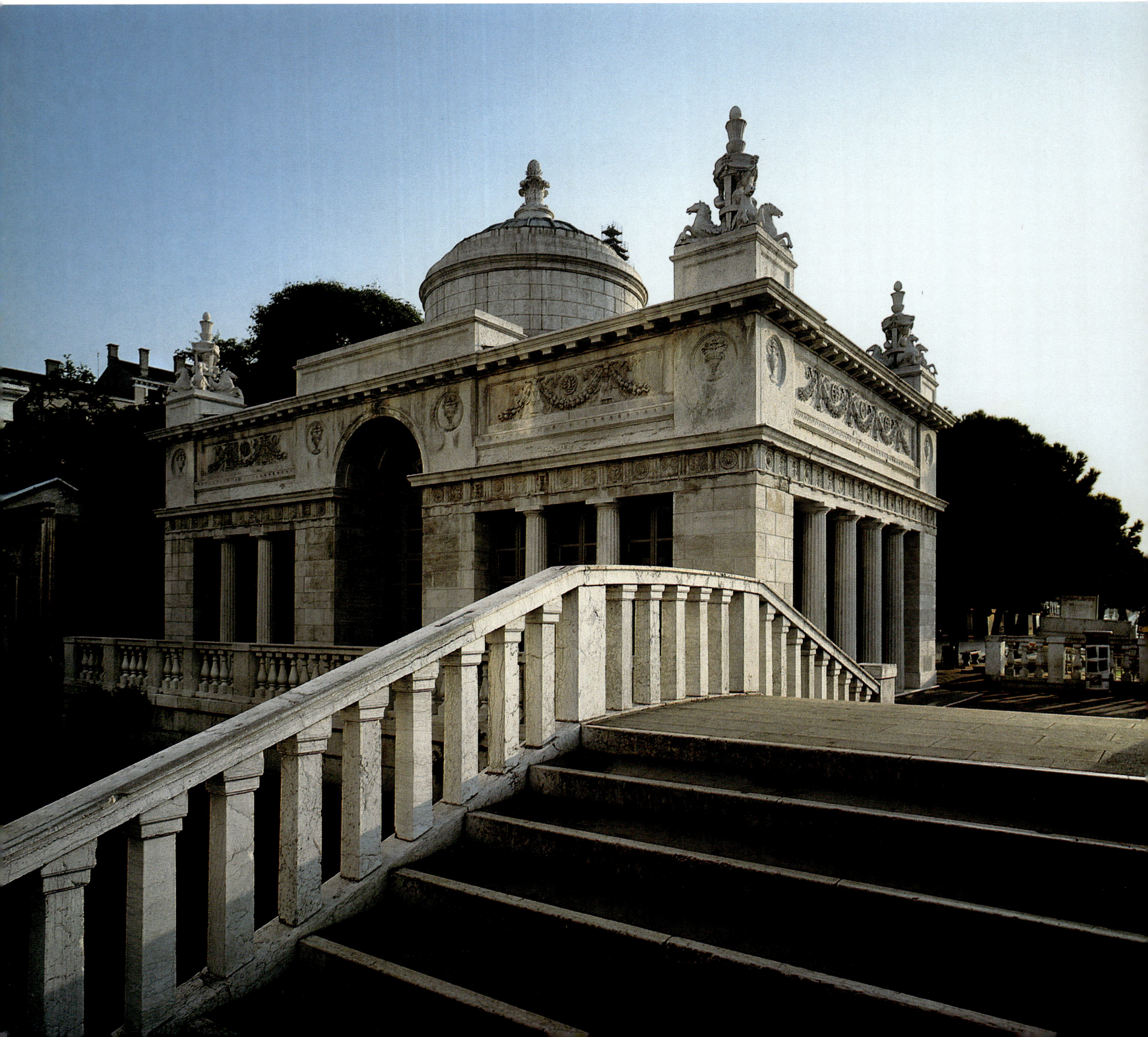

Parmi les artistes prolifiques formés à l'école de Giuseppe Borsato, chantre du néoclassicisme vénitien, Pietro Moro travailla dans plusieurs édifices de la ville, seul ou en collaboration avec Borsato, Bevilacqua et Davide Rossi. Après des débuts au Palazzo Manin en 1800 et une intervention au Palazzo Reale en 1807, il reçoit plusieurs commandes de nobles vénitiens, dont celle de la Ca' Ziani à San Zulian. Les salons et les pièces attenantes du second étage sont ornés de peintures à sujet mythologique, géométriques et de statues en trompe-l'œil. D'austères épisodes de l'histoire romaine, des bacchanales, des grotesques et des camées monochromes couvrent murs et plafonds, dans un répertoire souvent utilisé par l'artiste.

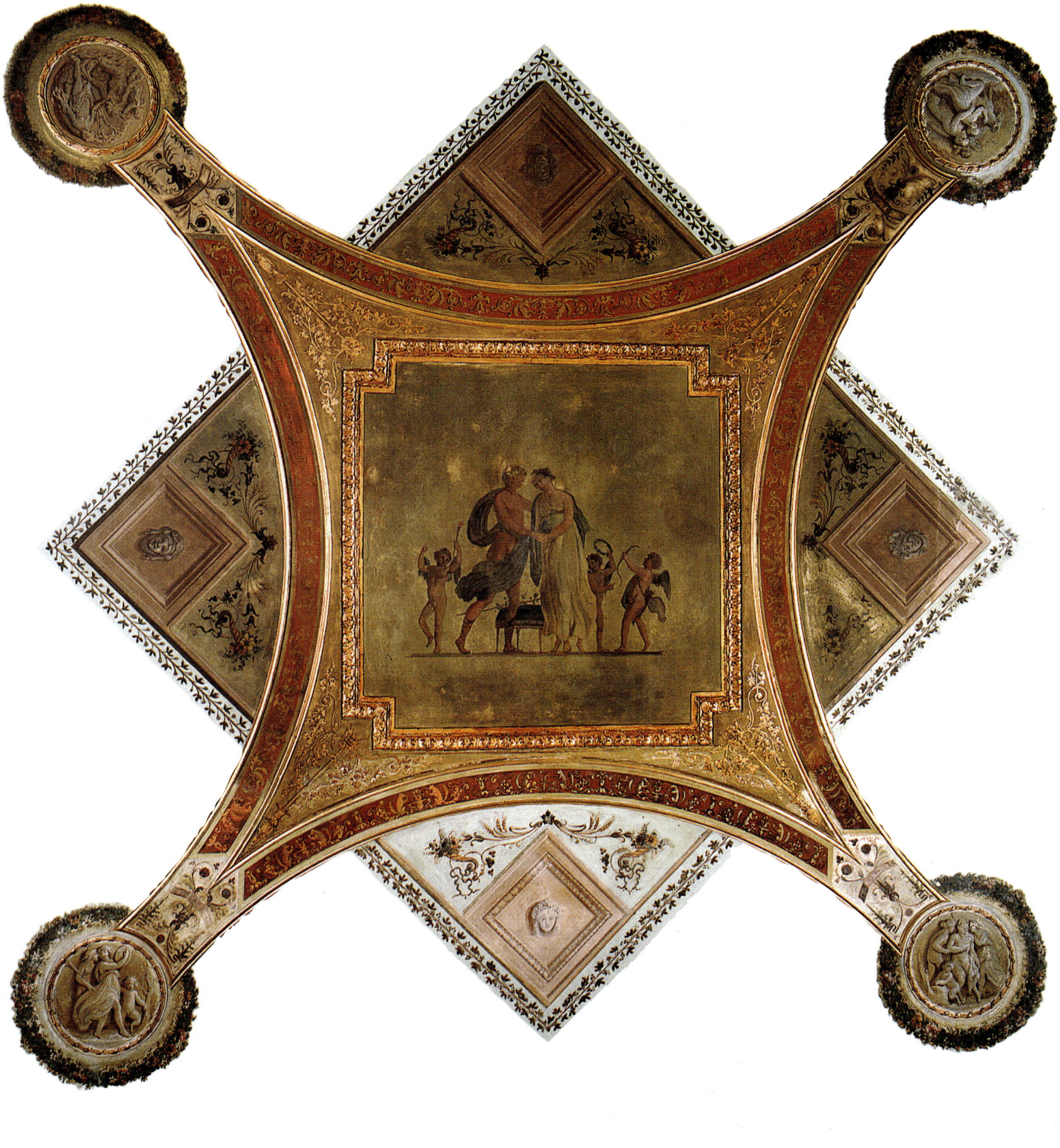

Palazzo Giovanelli

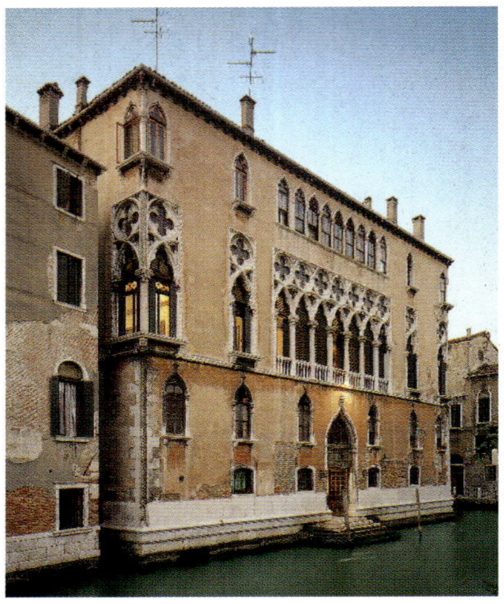

Exceptionnel lieu de rencontre entre gothique flamboyant du Quattrocento et néogothique, le palais, érigé au XVe siècle par les Donà, est restauré et en partie reconstruit pour le comte Andrea Giovanelli par Giambattista Meduna entre 1847 et 1848. La façade sur le canal est fortement marquée par le percement des oculi quadrilobes de la loggia, évocation claire de l'architecture de la Ca' d'Oro, édifice sur lequel Meduna travaille pendant la restauration du Palazzo Giovanelli. Le goût néogothique imprègne fortement les intérieurs. Depuis le hall d'accès et l'escalier de forme octogonale, éclairé par un lanterneau avec rosace, l'intervention sophistiquée de Meduna révèle ses intentions : créer un univers décoratif nourri simultanément du gothique local et du style flamboyant international.

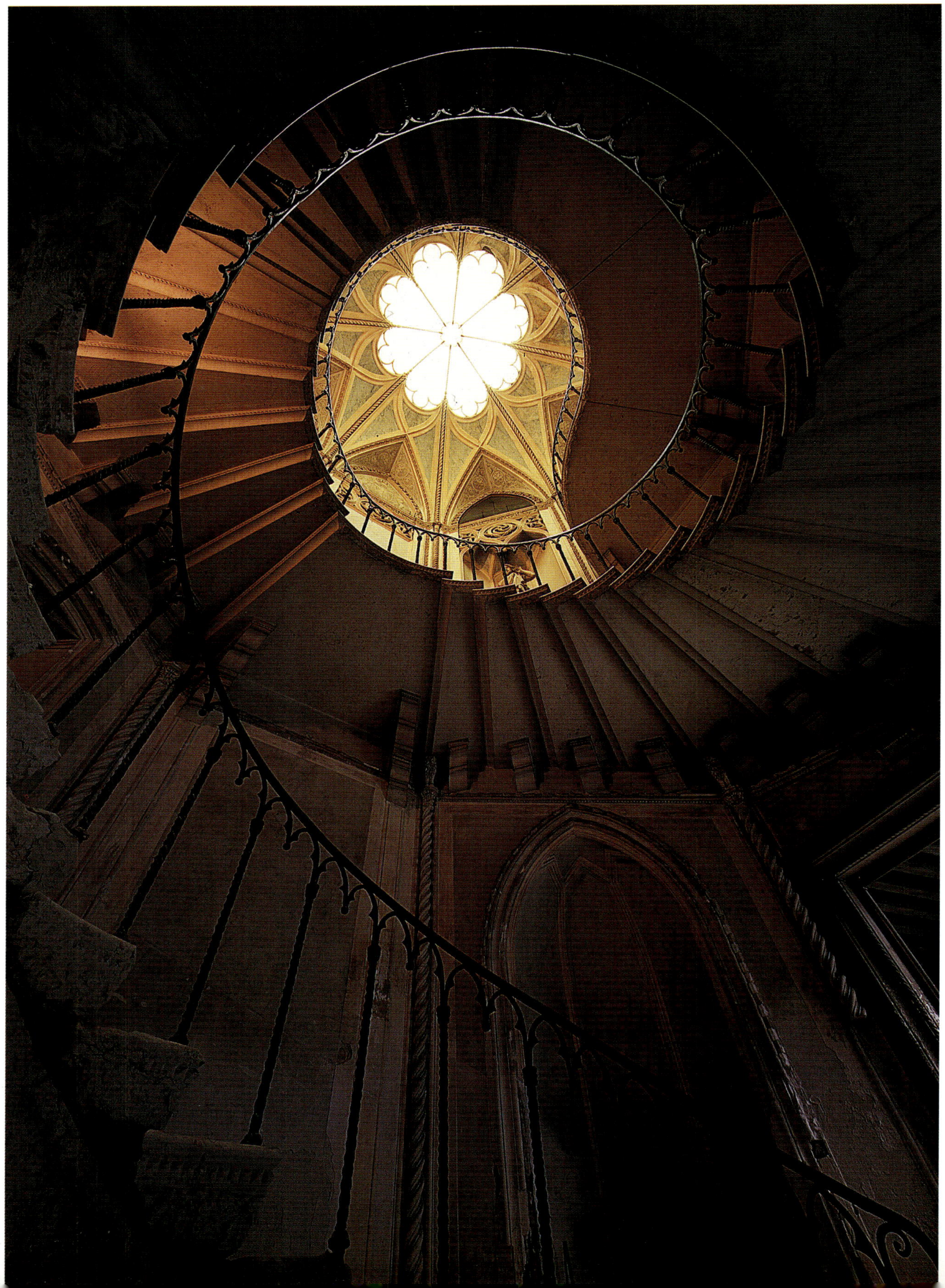

Église San Maurizio

Déjà reconstruite en 1590, en lieu et place d'une église plus ancienne, San Maurizio est remaniée en 1806 par Giannantonio Selva, puis par Antonio Diedo, qui terminera les travaux en 1828. Selva succède dans ce projet à Zaguri, qui semble avoir promu l'idée de reproduire dans ce lieu les formes de l'église San Geminiano, située place Saint-Marc et abattue lors de l'intervention napoléonienne.
Le plan à croix grecque renvoie à des solutions codussiennes par son schéma de quatre bras se croisant sous une coupole centrale. La façade sereine subit une mise à jour : elle est revêtue de pierres et ornée de tables sculptées posées de part et d'autre de la baie surmontant le portail. Dans l'espace carré de l'intérieur s'insère la petite abside semi-circulaire où, parmi les grisailles de Giuseppe Borsato, s'élève au-dessus de l'autel un tabernacle néoclassique de Giannantonio Selva.

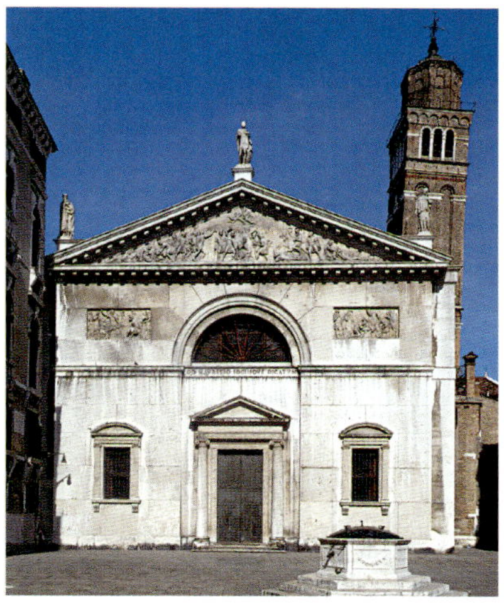

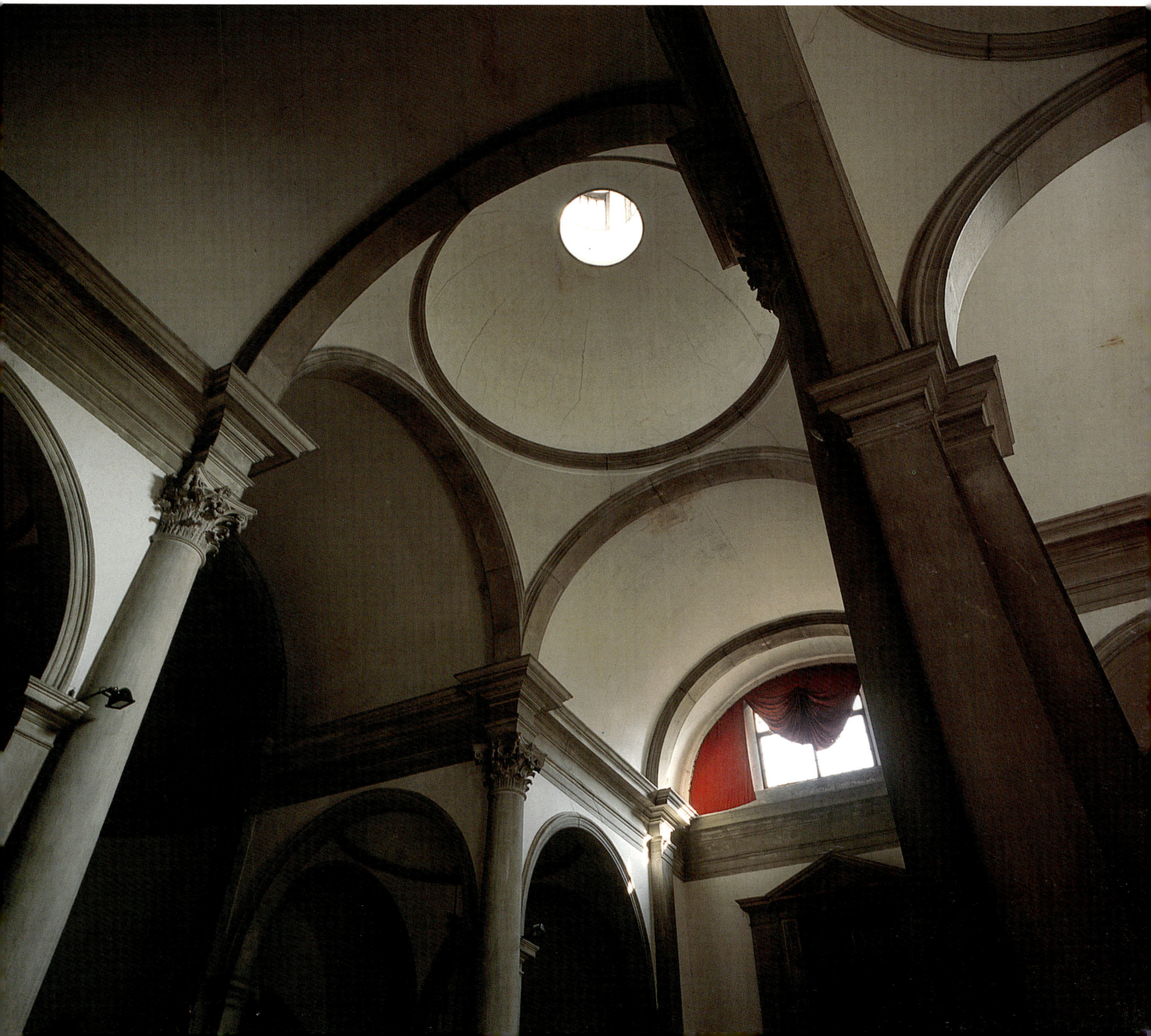

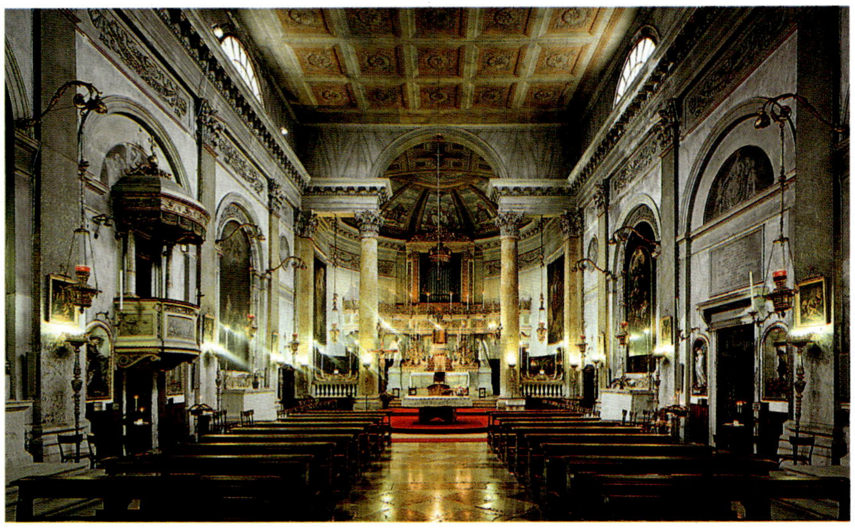

L'église, qui remonte au IXe siècle, est entièrement reconstruite en 1837 selon une conception néo-classique par Lorenzo Santi, puis modifiée ensuite par Meduna en 1843 pour atténuer ce qui, aux yeux des commanditaires, apparaît comme une architecture excessivement laïque. L'intérieur néoclassique rattache les autels latéraux au maître-autel. L'église abrite un polyptyque du Trecento et *Le Baptême du Christ* du Tintoret.

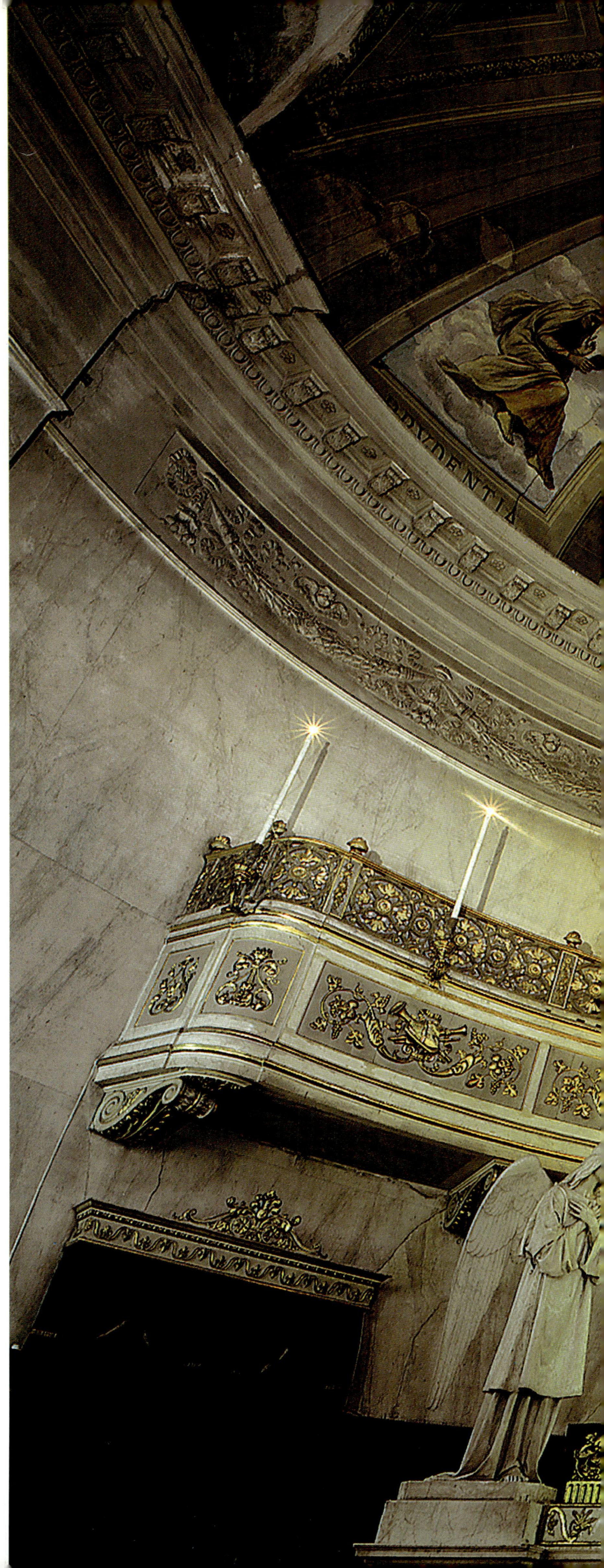

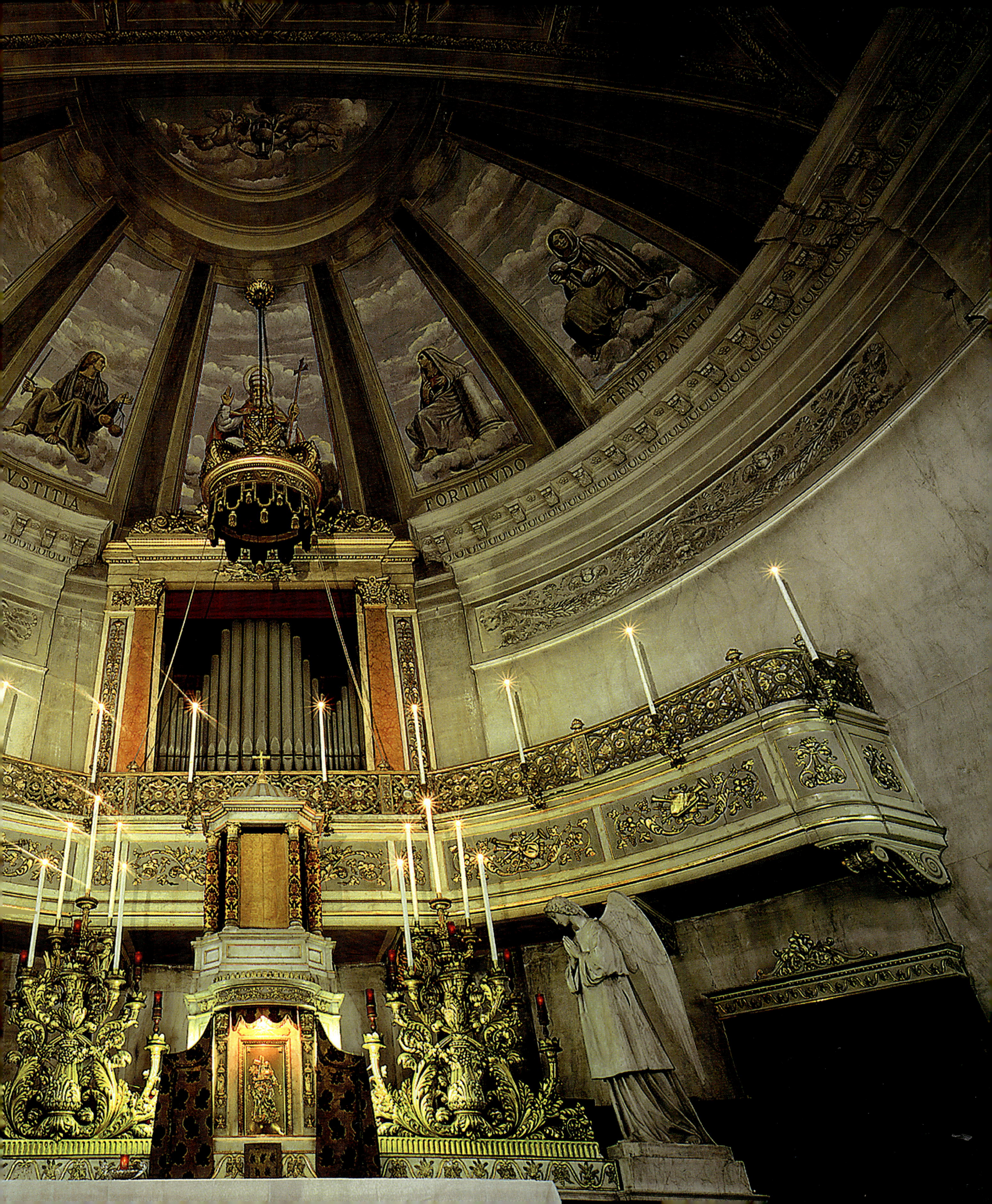
FORTITVDO
TEMPERANTIA

Cimetière San Michele in Isola

En 1837, après le comblement du canal qui les séparait, les deux îles San Michele et San Cristoforo della Pace furent réunies.
A San Michele se trouvent l'église Renaissance et le petit baptistère annexe ; quant à San Cristoforo della Pace, elle était, dès 1807, destinée par le gouvernement du vice-roi napoléonien à devenir le cimetière de la ville, hors de la zone d'habitation. Après que plusieurs projets eurent été refusés et que deux concours eurent échoué, entre 1872 et 1881, l'architecte Annibale Forcellini propose une solution fonctionnelle qui exploite horizontalement le site en renonçant à l'affirmation monumentale. Dans une élégante empreinte néogothique le rose du mur s'oppose au cimetière vert planté de cyprès, une sorte d'« île des morts » böcklinienne, choisie pour dernière demeure par plusieurs personnages célèbres parvenus ici dans la gondole funèbre, au-dessus de laquelle se penche l'ange au visage éteint. Parmi les artistes et intellectuels de toutes nationalités, attirés par la Venise cosmopolite entre la fin du XIXe siècle et les années 1930, reposent ici Serge Diaghilev, Igor Stravinsky et Ezra Pound.

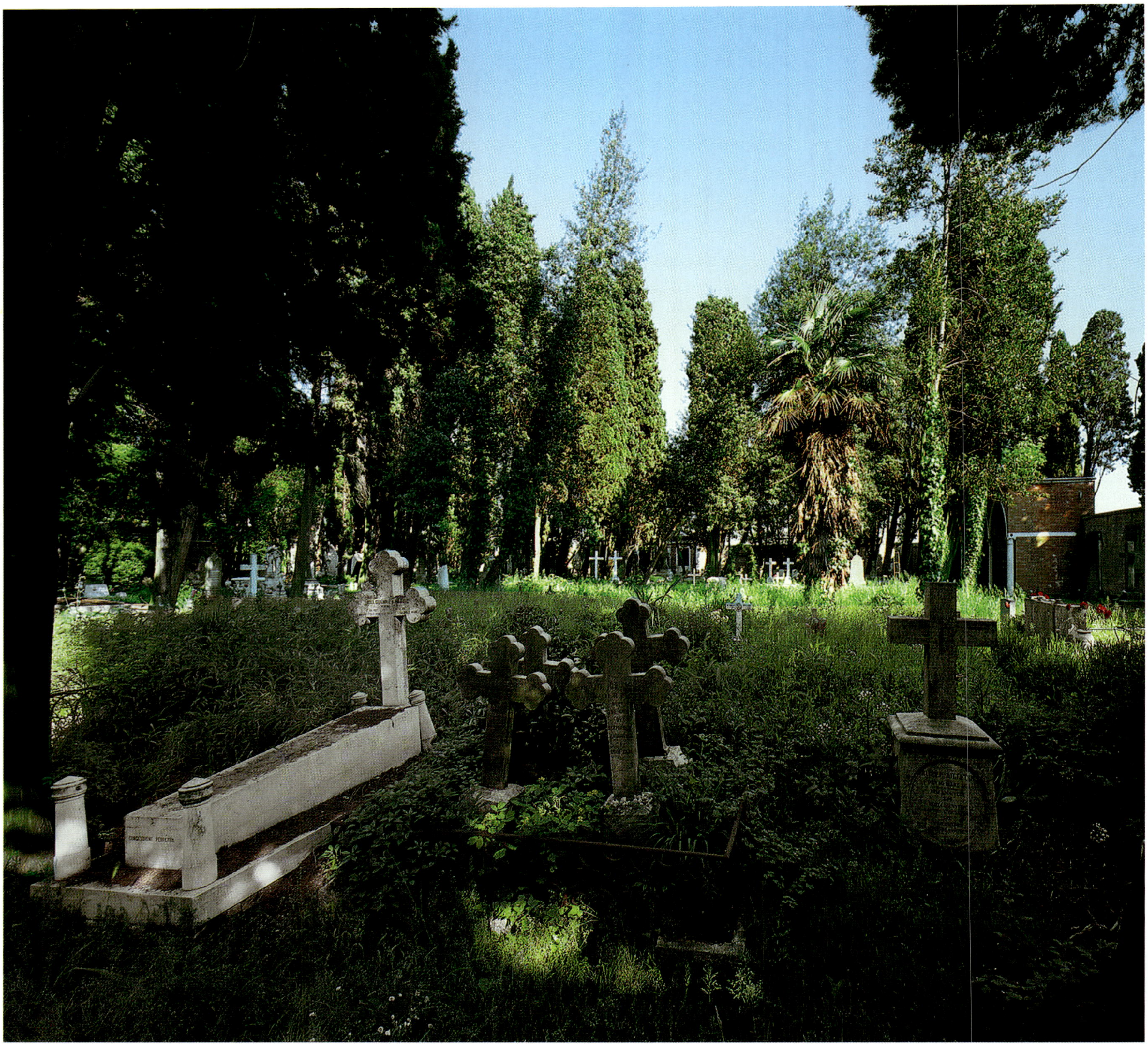

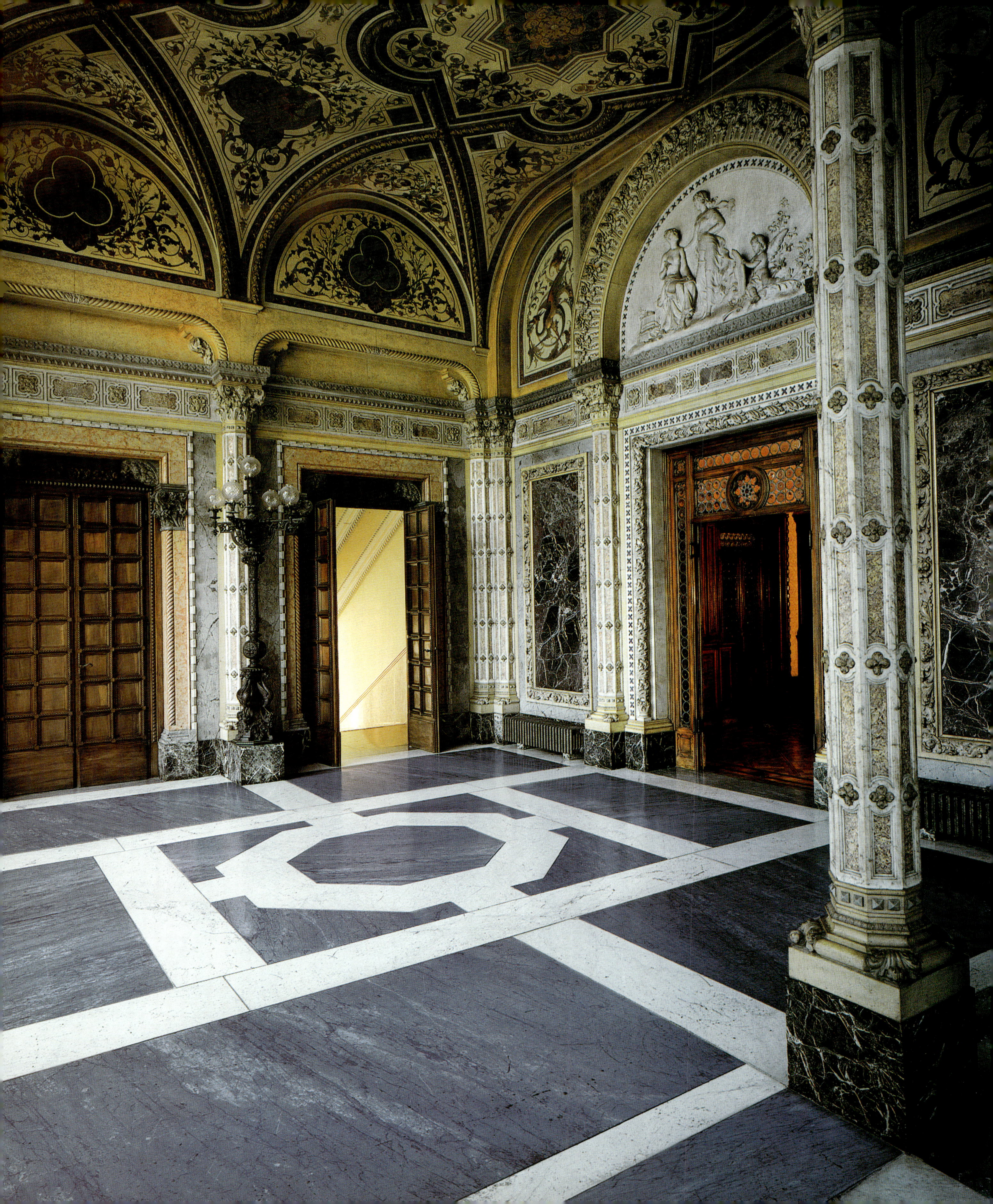

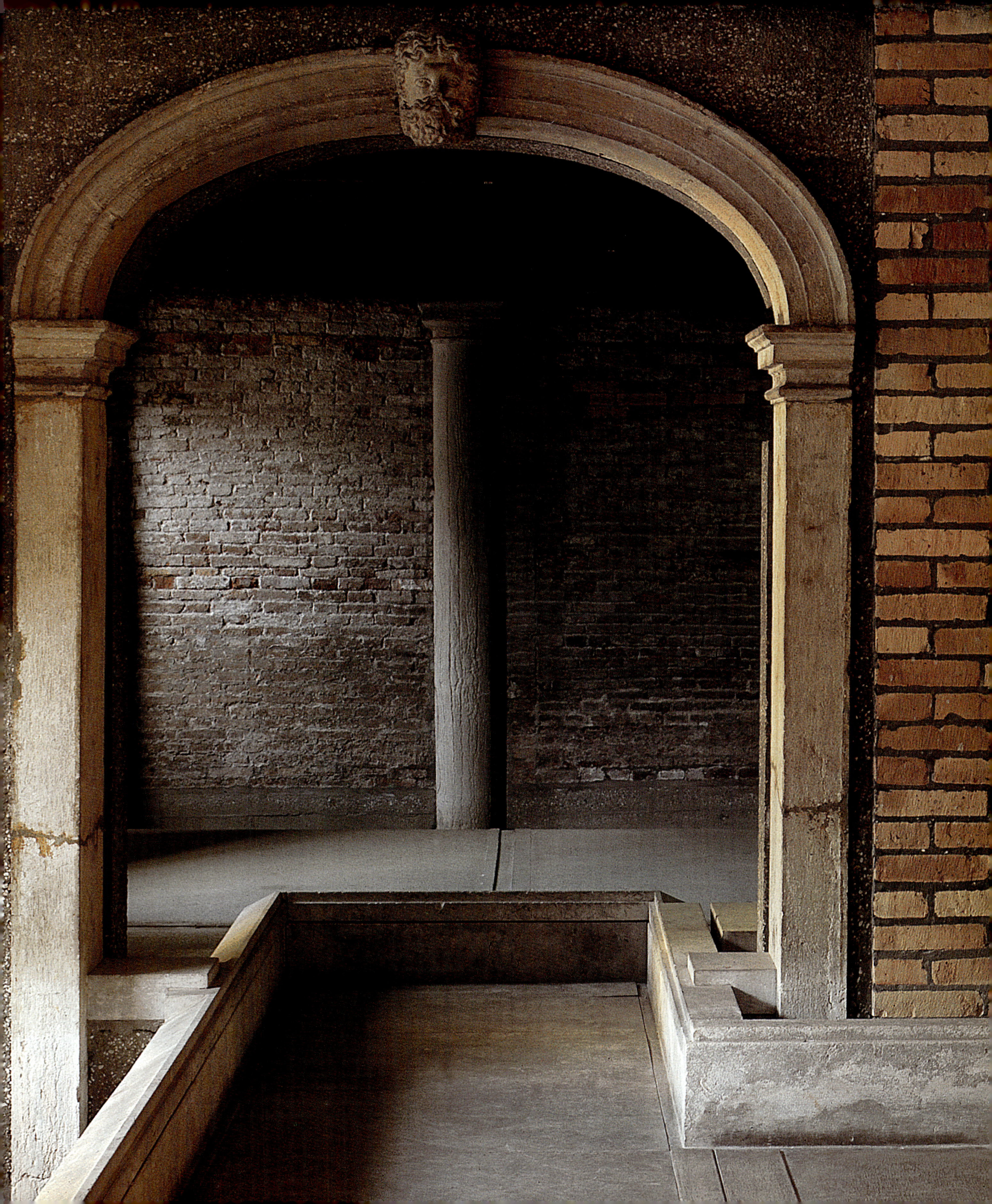

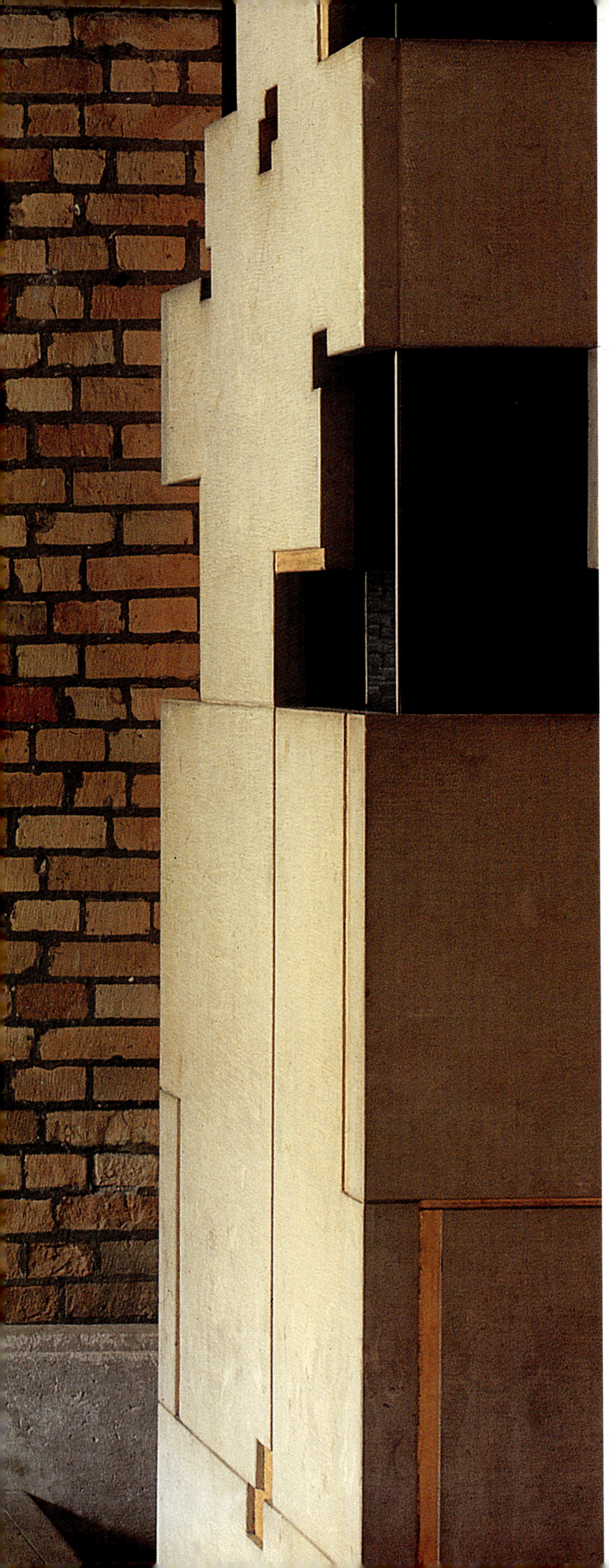

Conservation, transformation et modernité

Carlo Scarpa, Fondazione Scientifica Querini Stampalia, hall d'entrée.

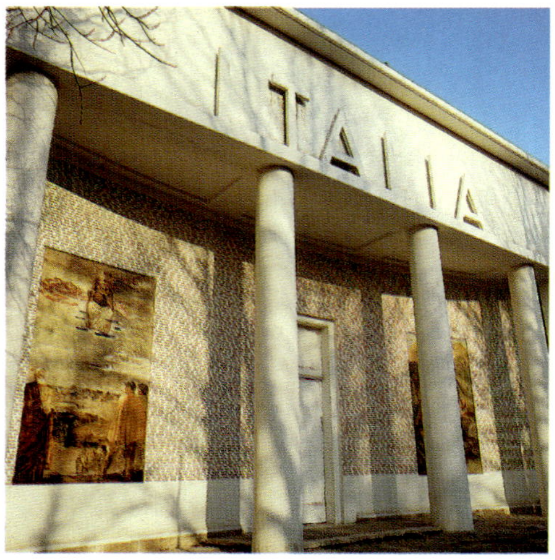

Les interventions d'architecture contemporaine sont rares à Venise. D'où l'intérêt particulier des pavillons de la Biennale d'art. Totalement isolée du tissu urbain, séparée par l'eau et nichée au cœur d'un parc, la situation de la Biennale, choisie en 1895, l'exclut de toute référence urbaine vénitienne. Elle devient ainsi, entre 1930 et 1965, le lieu d'expression privilégié et autonome du moderne dans ses diverses tendances. Parmi les autres pavillons, il faut mentionner le pavillon hollandais, œuvre de Rietveld en 1954, celui de la Finlande, réalisé en 1956 par Alvar Aalto, et celui érigé par Hoffmann pour l'Autriche en 1934. Carlo Scarpa y réalise entre 1948 et 1954 les guichets, les portes du jardin du pavillon italien et le pavillon vénézuélien. La voie d'accès s'achève par le pavillon italien, qui devrait être reconstruit par Francesco Cellini.

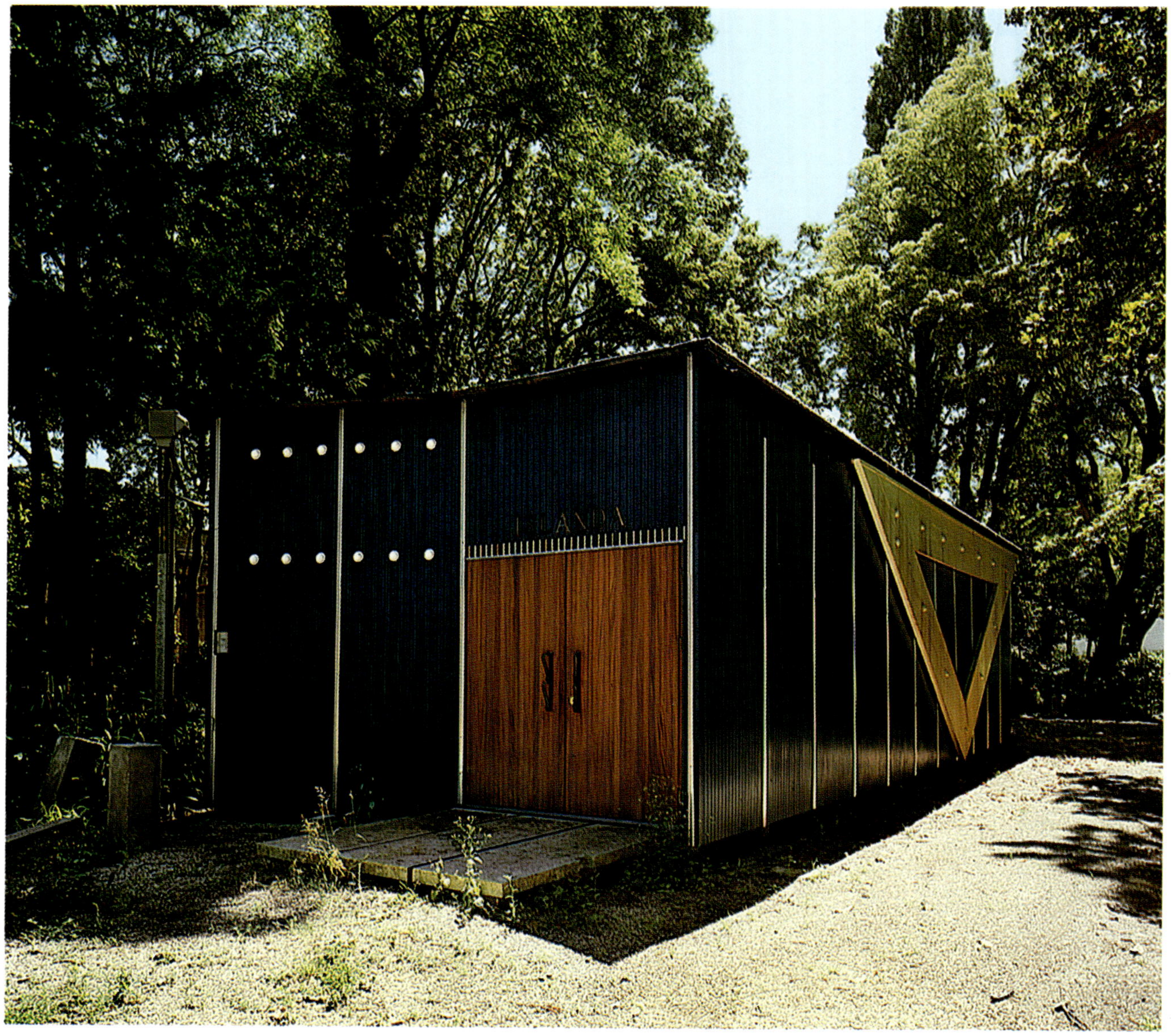

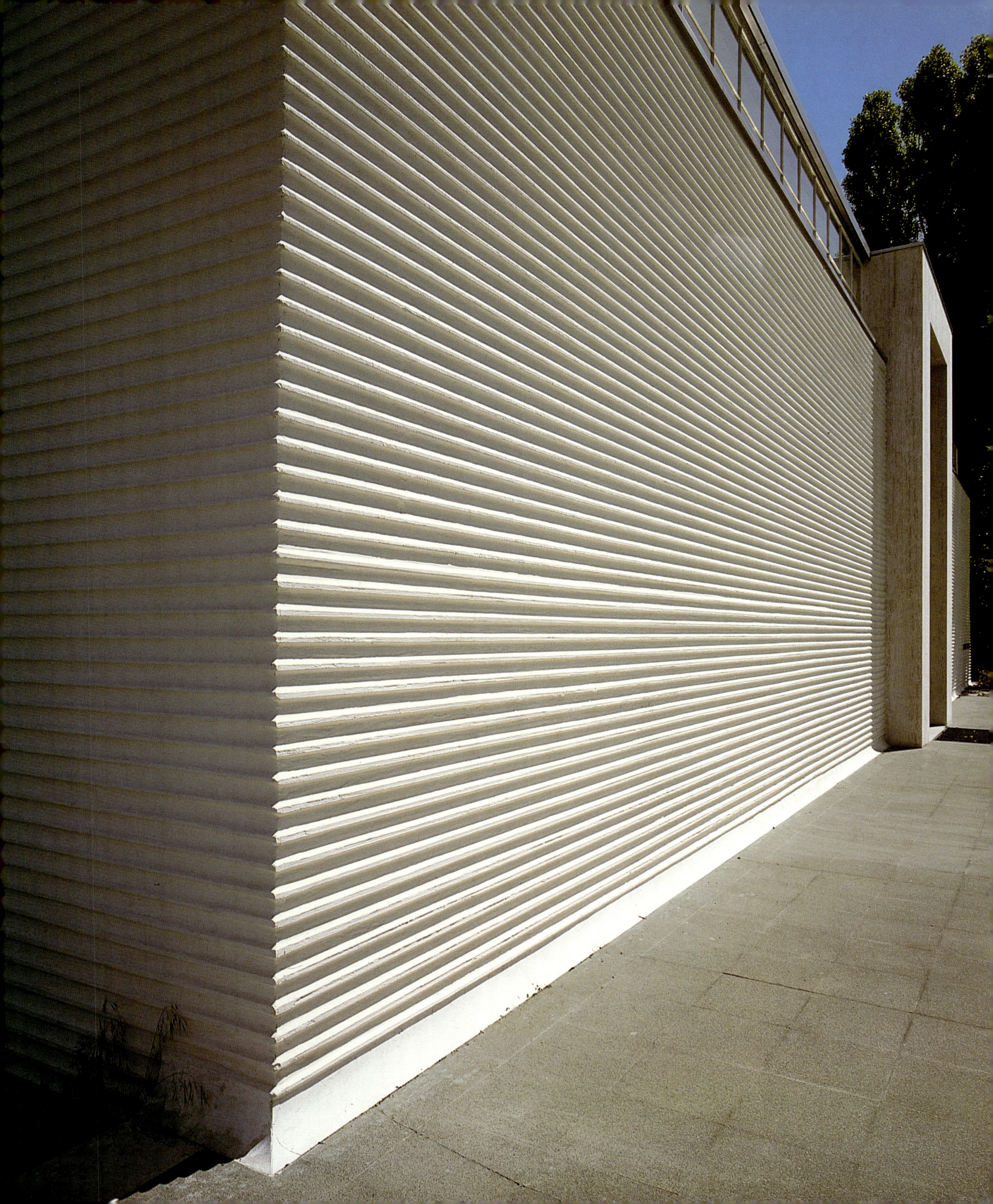

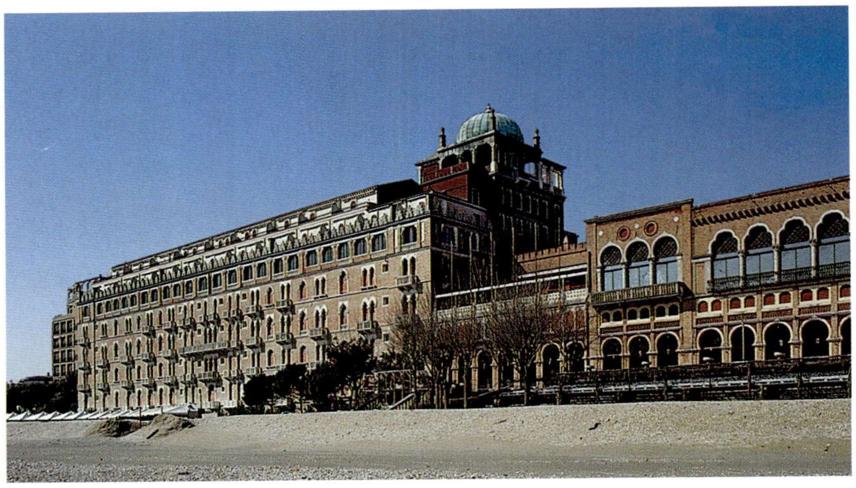

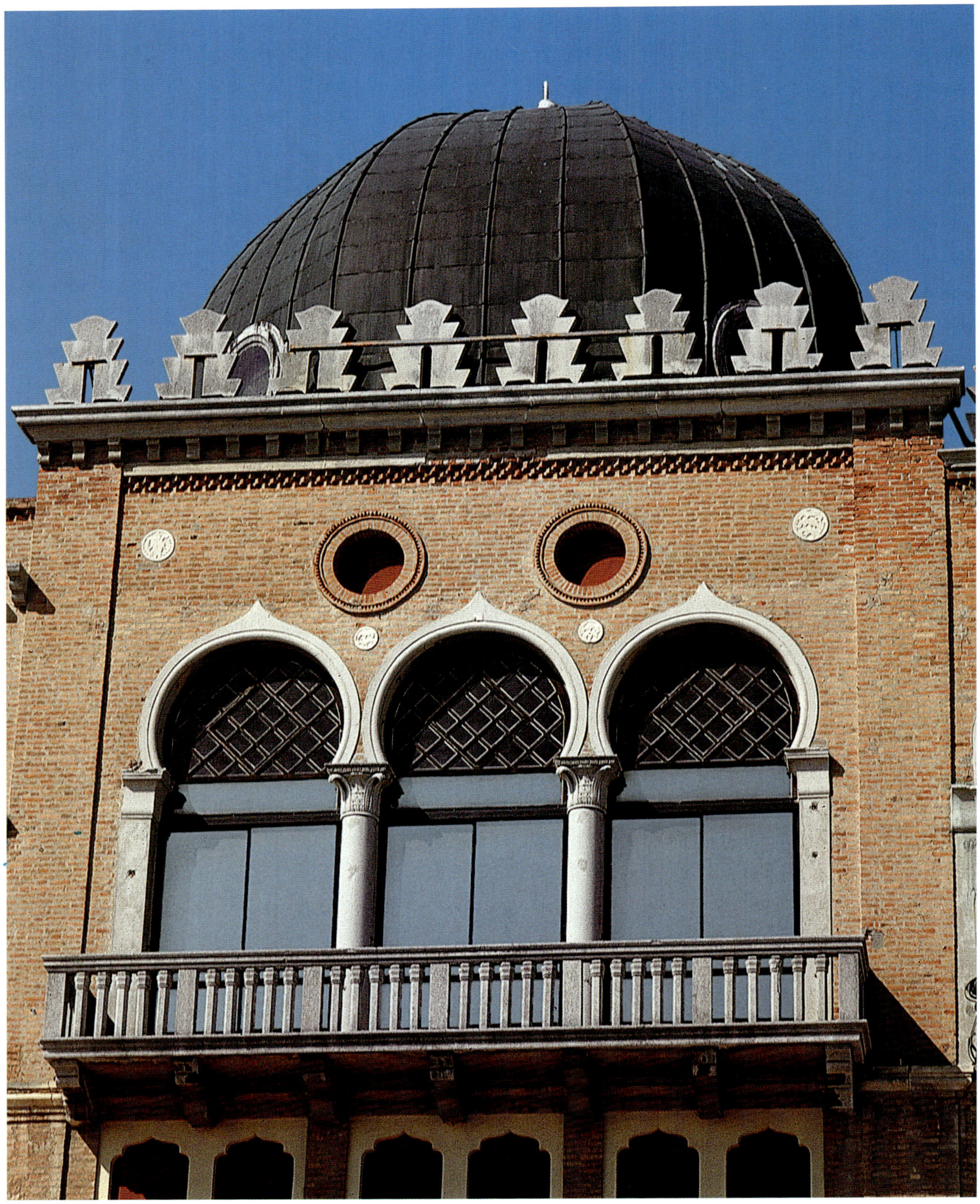

Dessiné par Giovanni Sardi en 1908, l'hôtel Excelsior devient aussitôt, comme l'hôtel des Bains, un des lieux de villégiature favoris des touristes élégants et cosmopolites du début du siècle. Sa longue façade, animée de coupoles, et élancée par des merlons, des tourelles et des terrasses, réunit des éléments qui renvoient à la tradition vénéto-byzantine d'influence orientale, faisant référence en particulier au Grand Hôtel du Caire, de la même époque. Malgré des remaniements récents, l'intérieur conserve des salles d'origine, comme la grande et lumineuse salle à manger ornée de stucs, de riches lampadaires, d'appliques en verre de Murano et d'un mobilier néo-Louis XVI. Après l'*acqua alta* de 1966 qui détruisit les cabines d'origine de la célèbre plage du Lido, Ignazio Gardella en dessina des nouvelles dans un style orientaliste.

Casa Torres

Sur le rio del Gaffaro, cette petite construction est une expression de la mode néogothique à Venise. L'architecte Giuseppe Torres a puisé dans le répertoire historique de la ville : les éléments d'architecture romane et vénéto-byzantine, comme la fenêtre multiple à colonnettes de la façade, se juxtaposent aux cheminées en entonnoir souvent représentées dans les tableaux de Carpaccio. Le bâtiment conçu dans un mode intimiste n'a pas cédé à l'esprit pompier en vogue à l'époque.

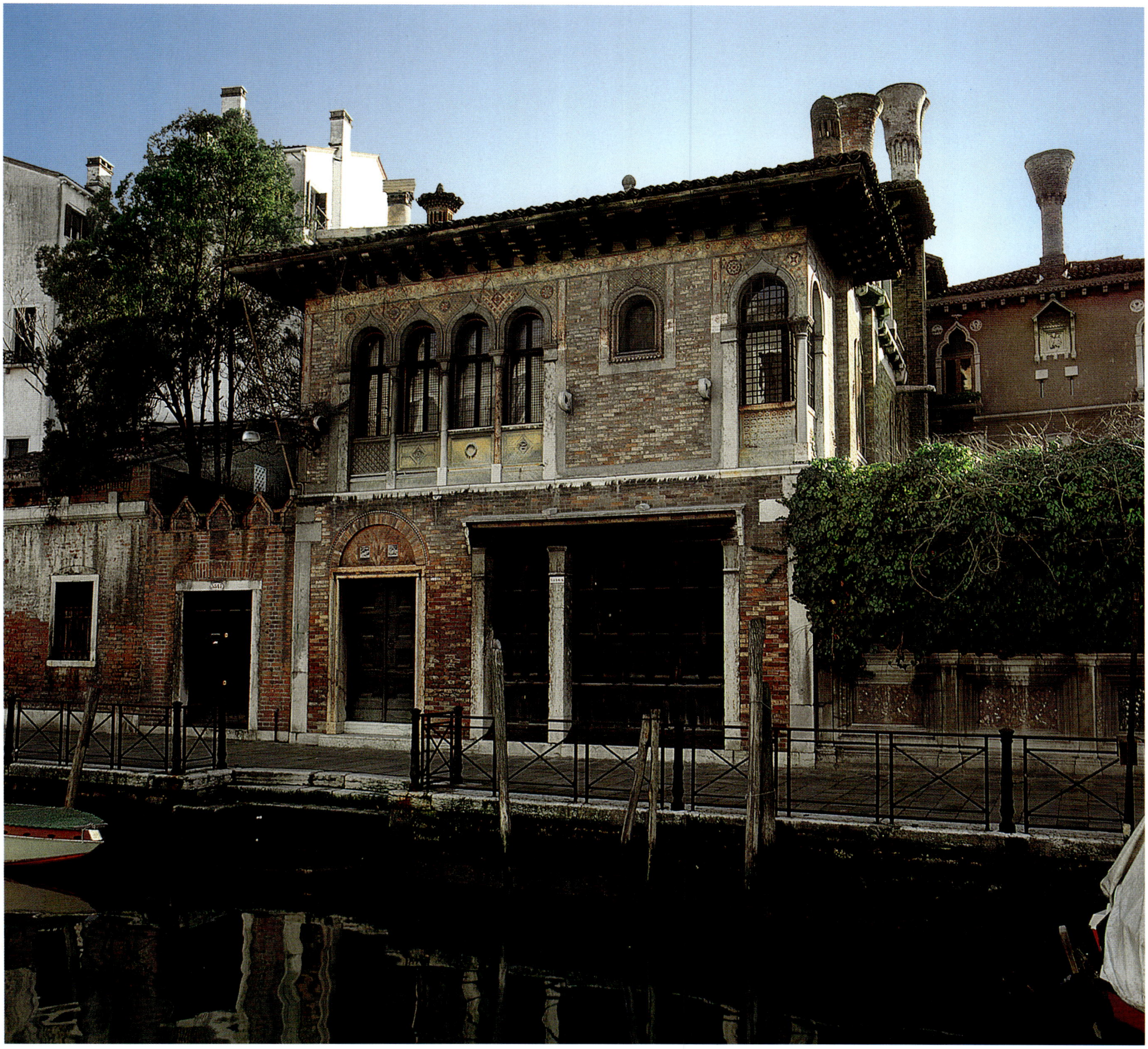

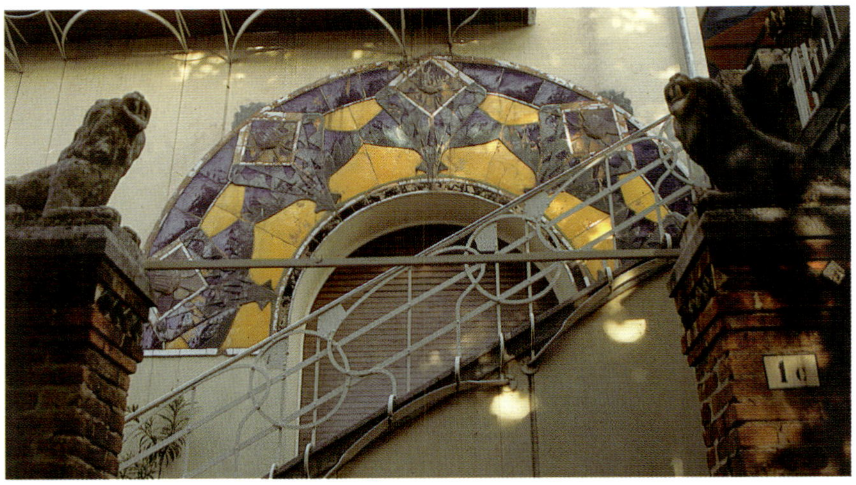

Aujourd'hui lieu de villégiature international, le Lido fut, entre le XIXe et le XXe siècle, le théâtre de l'architecture romantique vénitienne. La réinvention du gothique flamboyant d'influence orientale génère ici, libres des contraintes urbaines passéistes, les œuvres dont surgiront les inventions Art Nouveau de Torres et de Guido Costante Sullam. Ce dernier architecte est l'auteur de la villa Monplaisir, construite pour Nicolò Spada, fondateur de la Compagnia Italiana Grandi Alberghi. Selon un plan asymétrique, cet essai d'architecture Art Nouveau s'inspire des expériences réalisées à la même époque par Victor Horta et des stylisations sophistiquées d'Hoffmann. La décoration, qui fait usage de divers matériaux tels la céramique vernissée polychrome, le bronze et le fer forgé, témoigne de la grande qualité des artisans vénitiens.

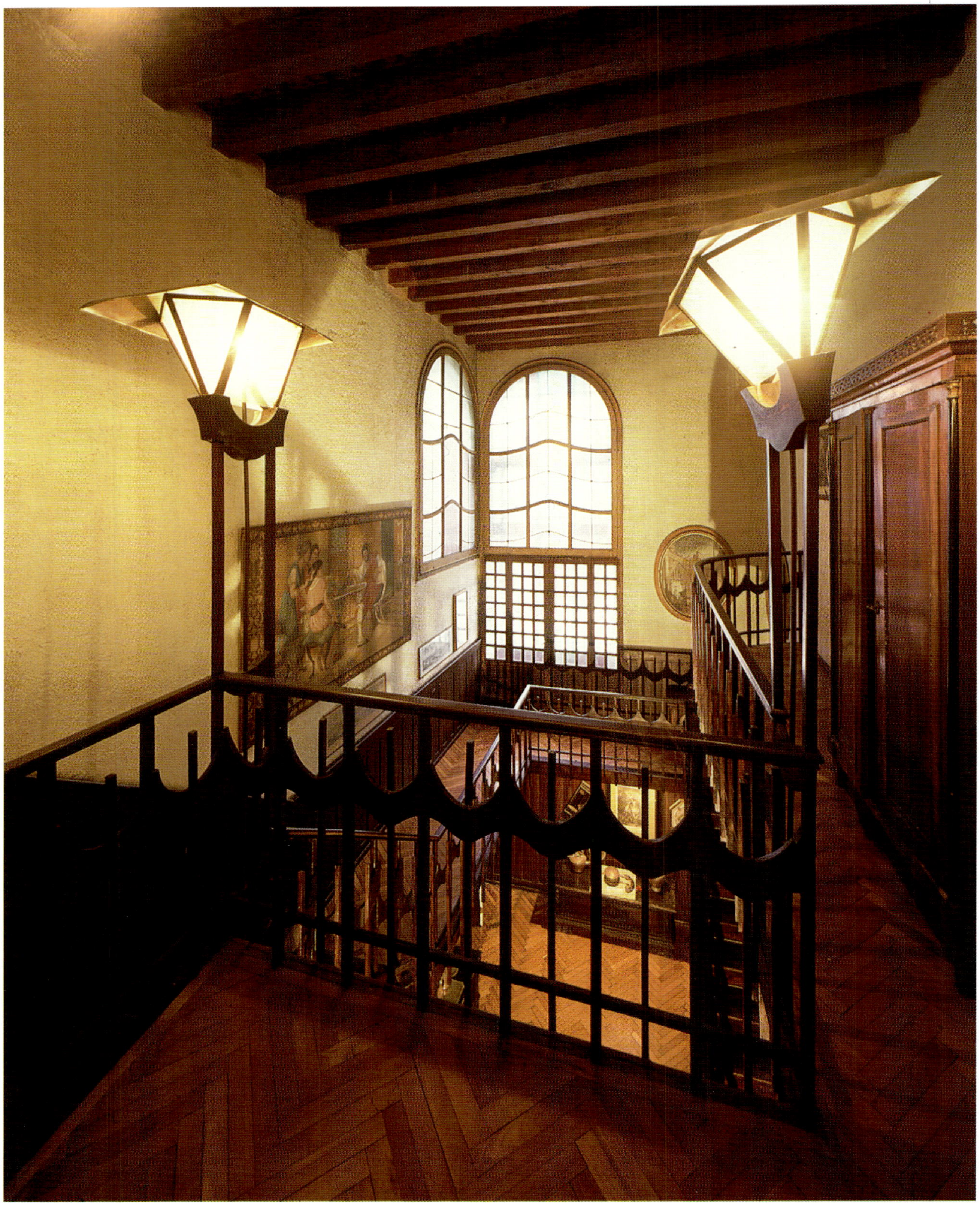

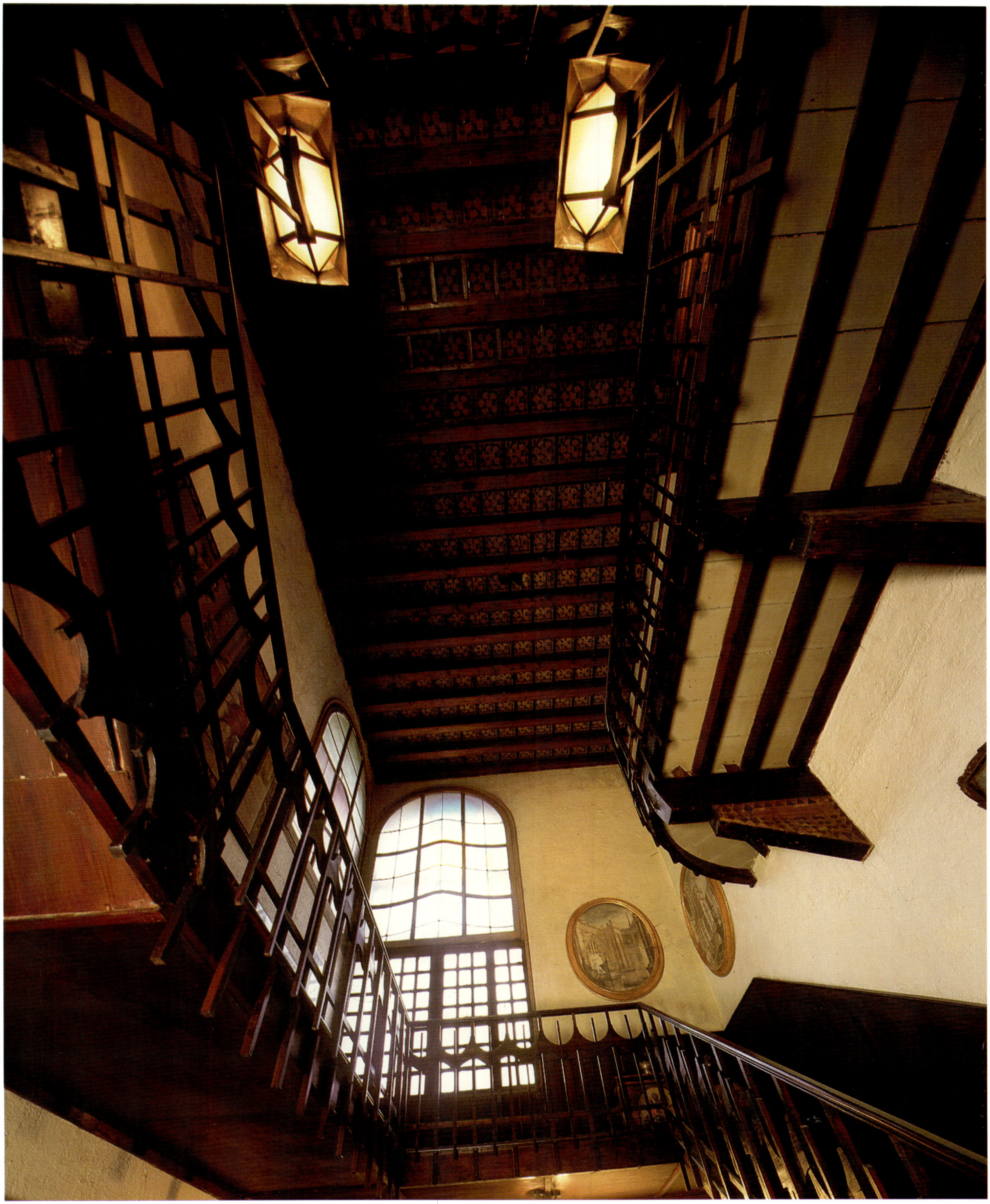

Casa del Farmacista

La bâtisse, aux lignes simples et raffinées, est construite au Lido en 1926-1927 par Brenno Del Giudice, avec des références stylistiques qui indiquent la persistance du retour au passé pendant l'entre-deux-guerres. Auteur d'un projet original pour l'établissement des Bains et d'autres villas du Lido, Del Giudice s'inspire du passé architectural vénitien à travers une réinterprétation à la fois libre et rigoureuse du baroque qui caractérisera sa démarche jusqu'aux années 1930.

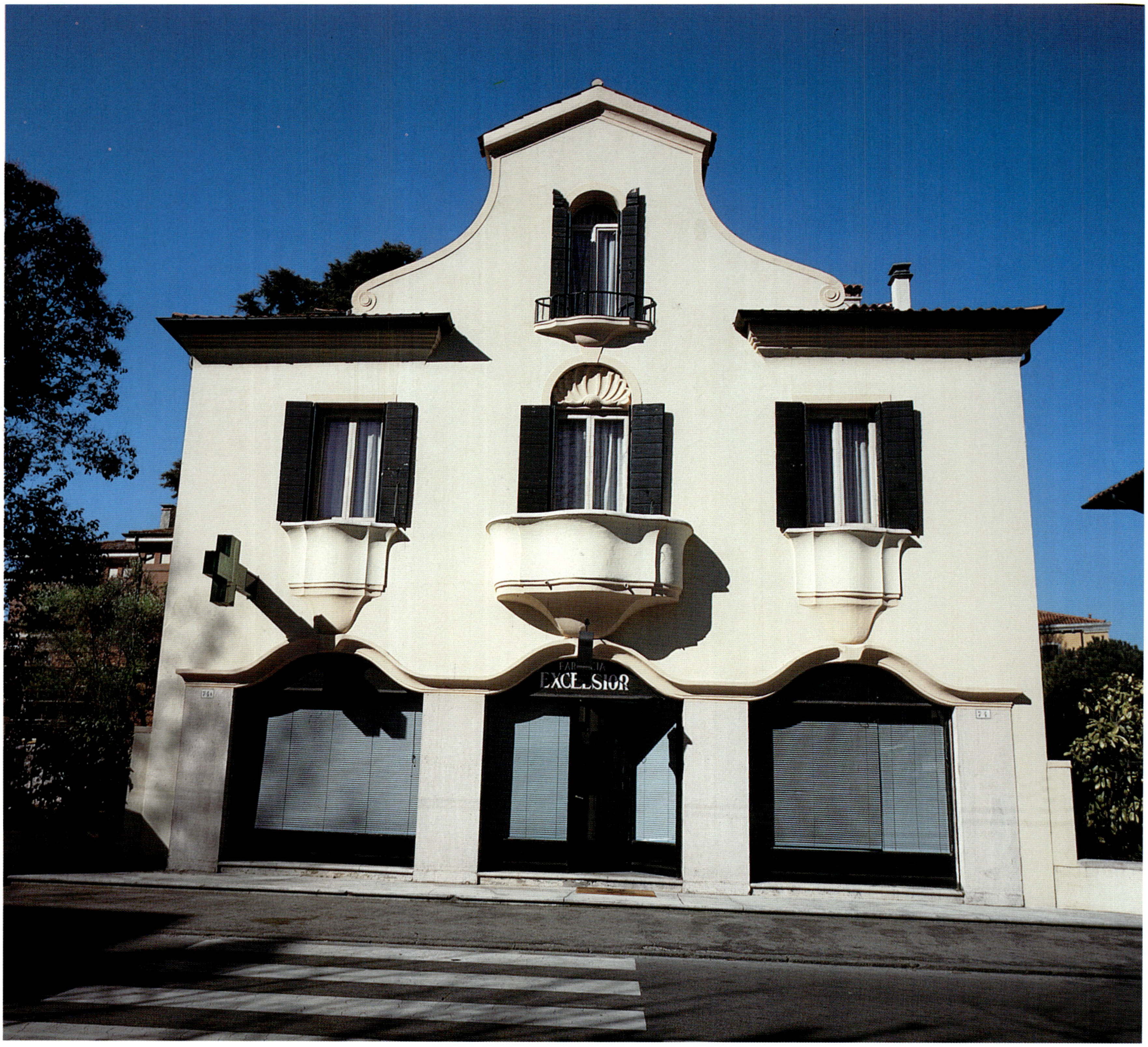

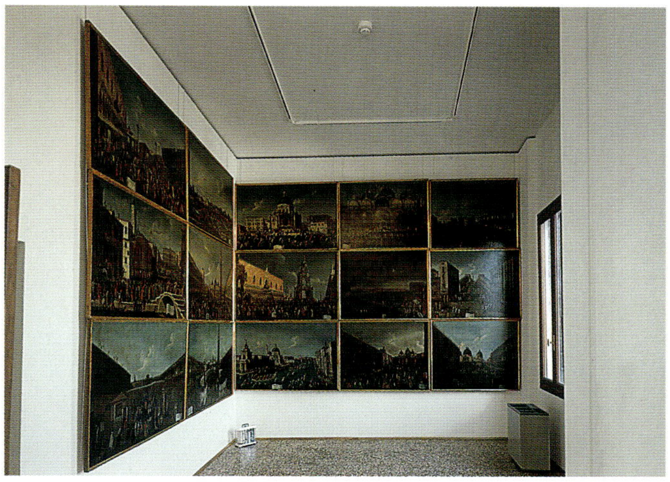

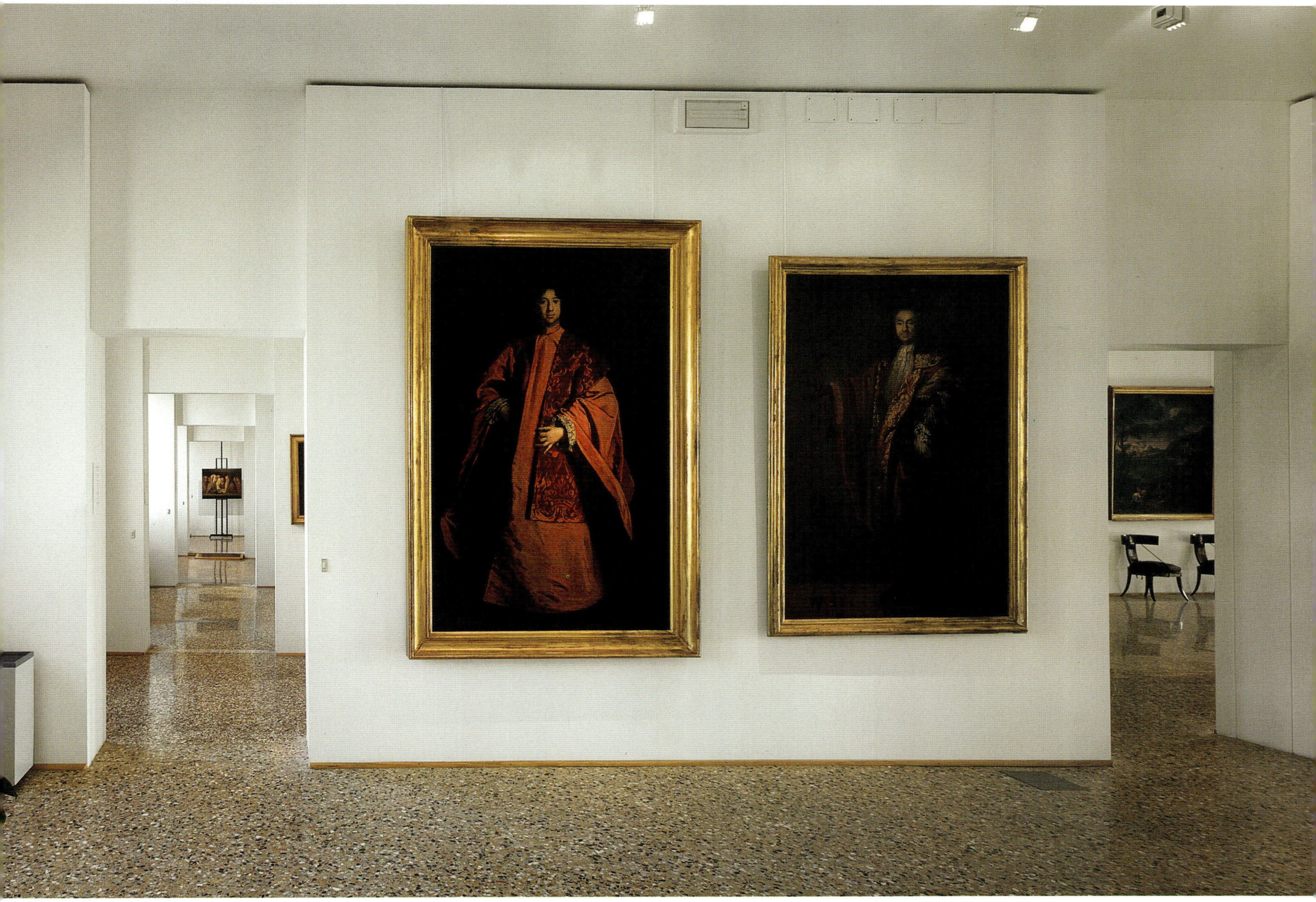

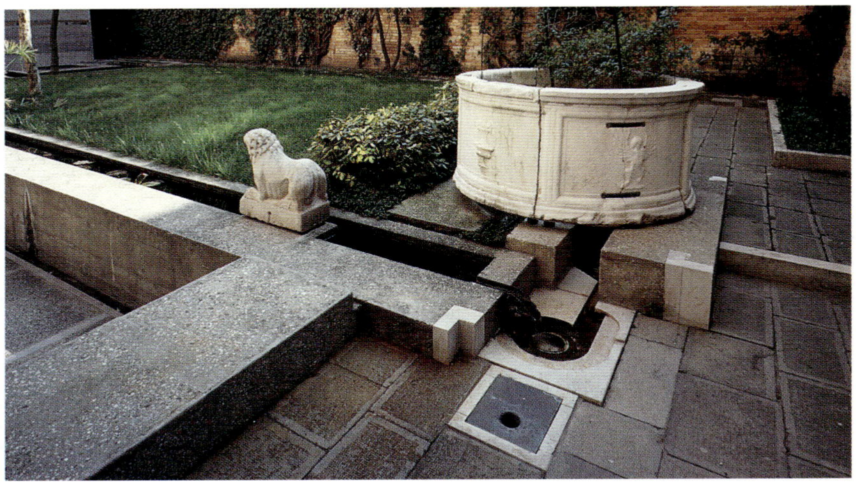

Entre 1961 et 1963, le rez-de-chaussée du palais est recomposé par Carlo Scarpa, auquel on doit aussi la conception du jardin, inspirée de la philosophie zen.
Son intervention concerne la salle d'exposition, le hall, dont le sol est en mosaïque de marbres polychromes, et un cheminement bordé d'un garde-corps en pierre et ciment, qui suit un parcours parallèle à celui de l'eau canalisée qui circule jusque dans l'édifice.
Un jeu géométrique de volumes en béton anime l'espace dans la partie centrale ; des grilles ferment les portiques. La texture des briques, les fines lignes de cuivre qui cernent les revêtements en pierre et la recherche chromatique sont autant de témoignages de l'intervention scarpienne.

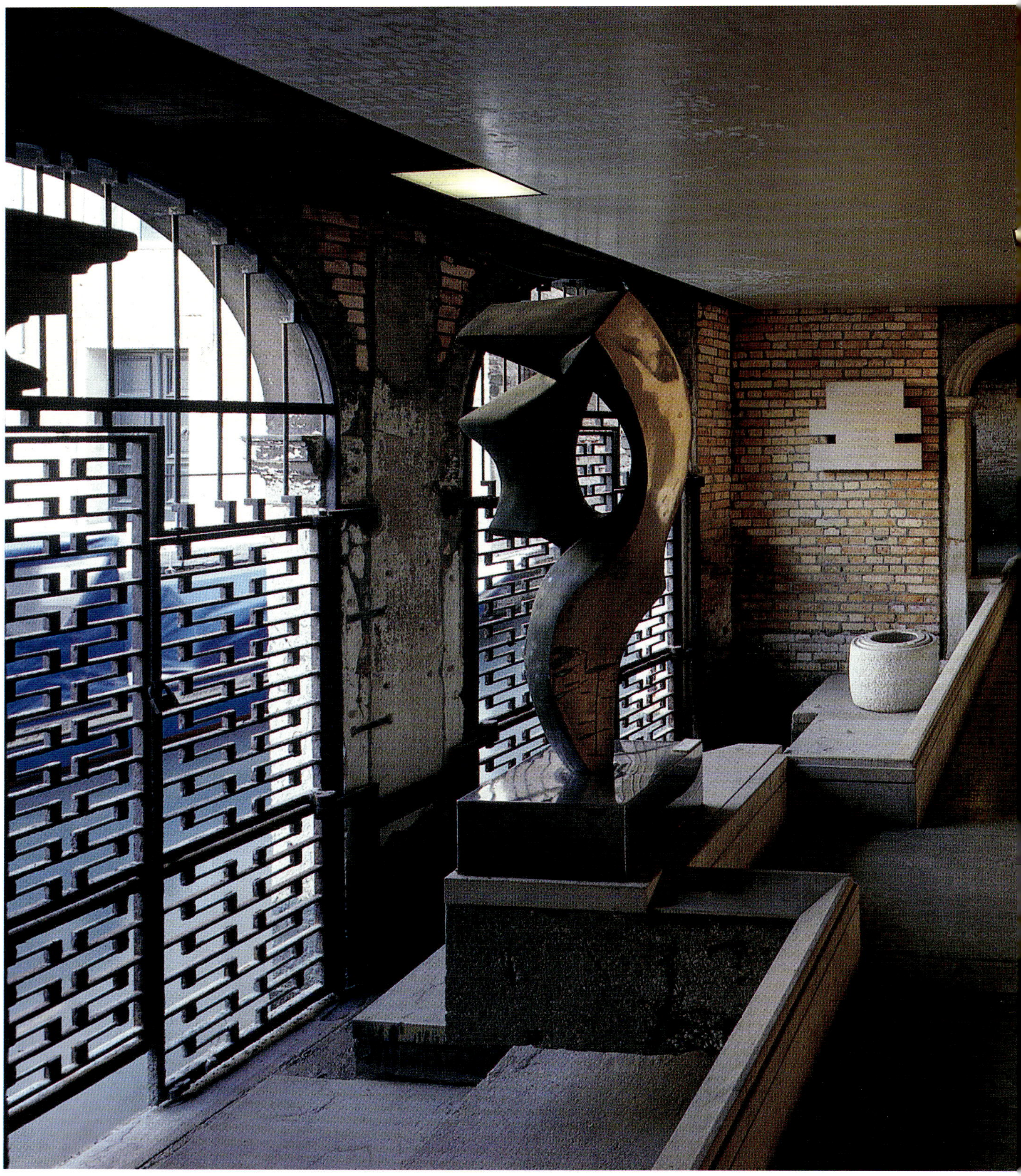

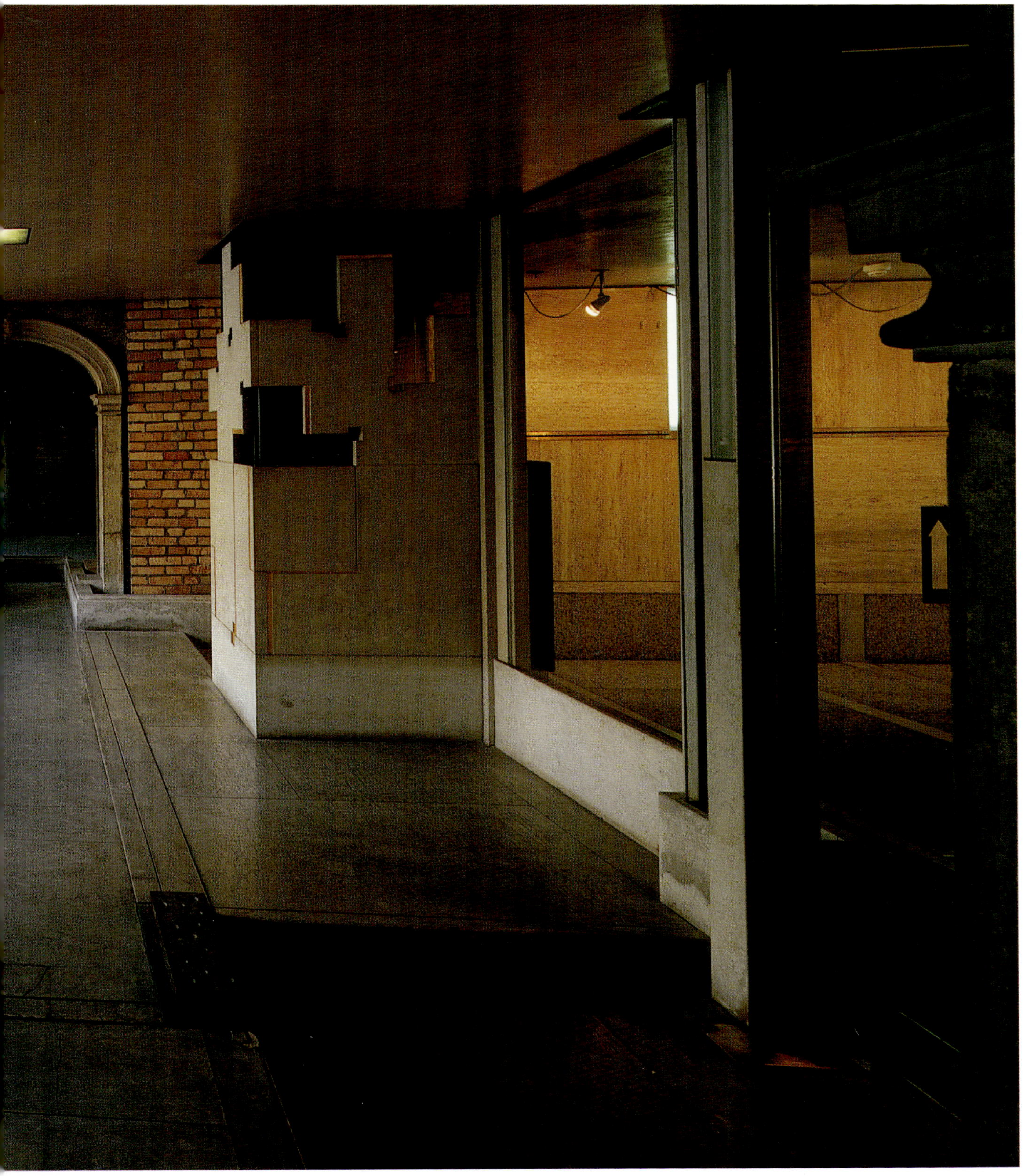

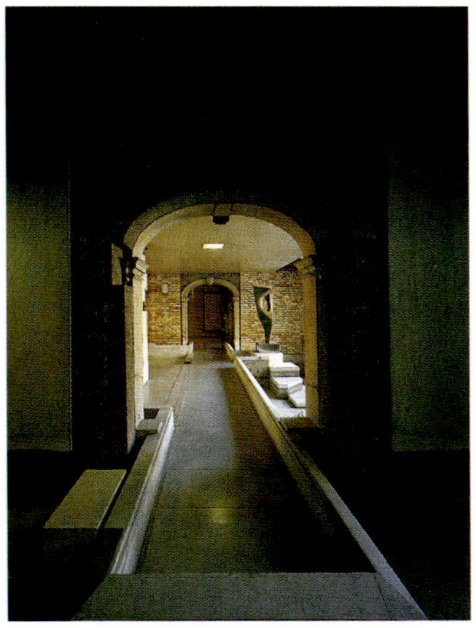

Casa Gardella

L'édifice est peut-être l'exemple le plus connu d'architecture contemporaine à Venise. L'auteur, Ignazio Gardella, hostile à une imitation ahistorique du passé, dessine en 1954 un projet qui s'inscrit difficilement dans le contexte de la ville. Toutefois, pendant quatre années, il travaille à rechercher une voie entre modernité et tradition. La surface lisse des fondations évoque les soubassements des palais vénitiens. Le premier étage ne comporte pas de balcons et les volumes diminuent en montant, tandis que la surface des fenêtres se multiplie en reproposant le jeu de vides et de pleins typique de la construction gothique. La terrasse qui surplombe l'immeuble est encore une citation, de même que les matériaux choisis, depuis les briques pilées qui ont servi à enduire, jusqu'à la pierre blanche des fondations.

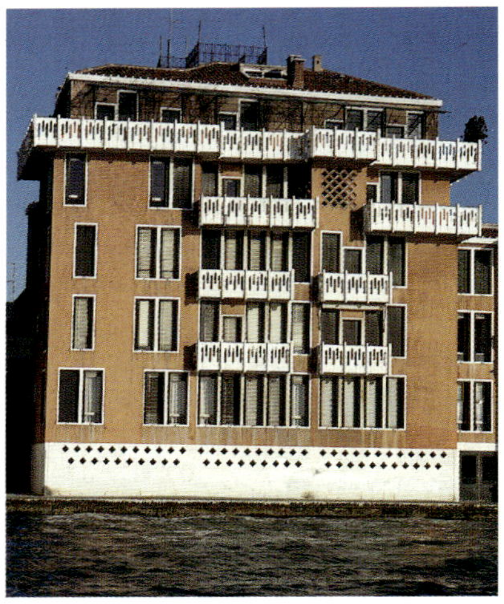

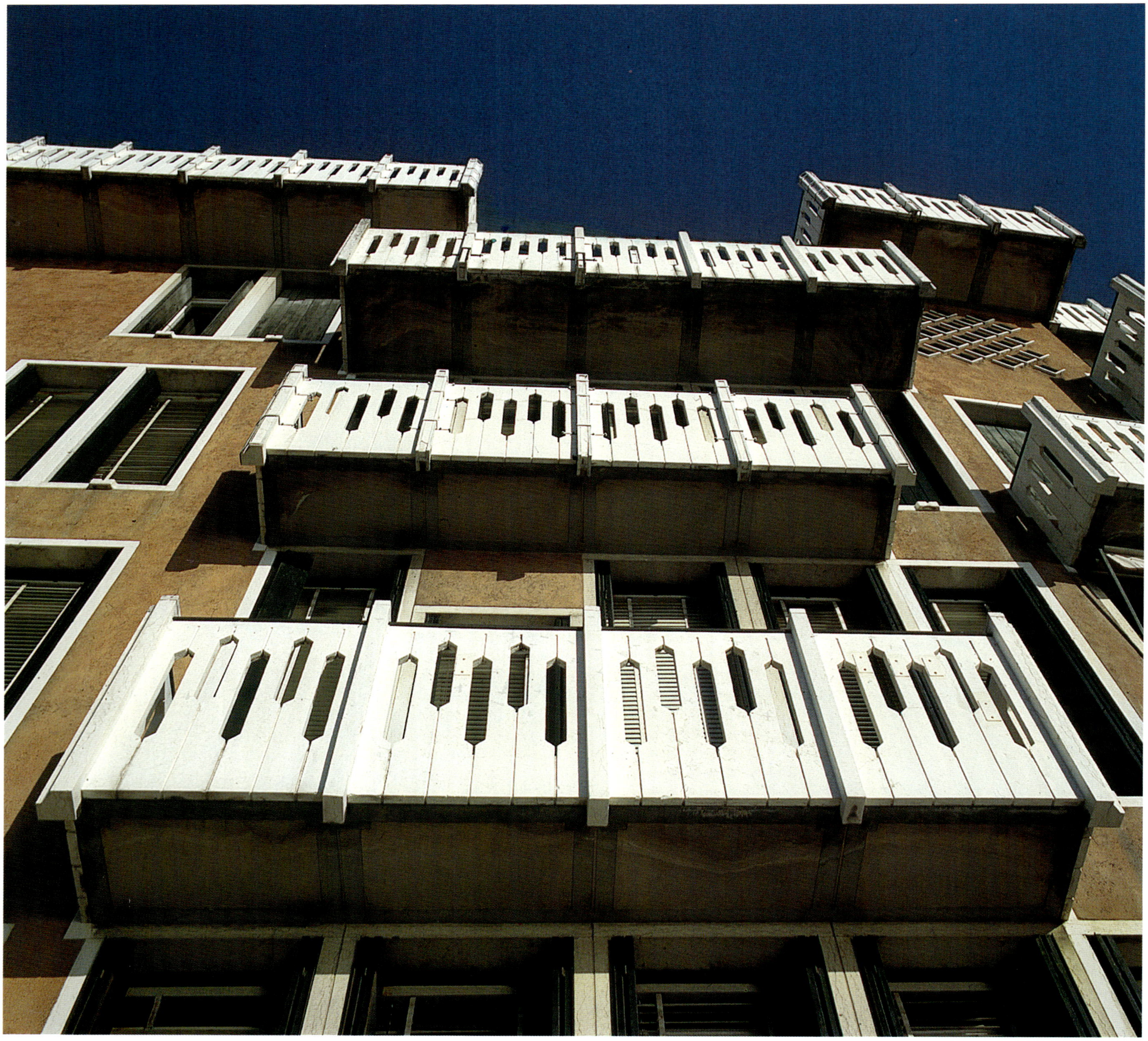

Ensemble résidentiel IACP sur l'île de la Giudecca

Derrière le Mulino Stucky s'étend l'ensemble de logements sociaux conçu par Gino Valle en 1980 dans le cadre d'une restructuration de cette zone longtemps délaissée. En rappel du type de constructions industrielles de l'île de la Giudecca et des modèles de l'architecture « mineure », Valle propose des modules serrés et compacts, organisés en bandes verticales. A l'intérieur de ce périmètre, un réseau de parcours et d'espaces collectifs forme un canevas résidentiel fortement vénitien.

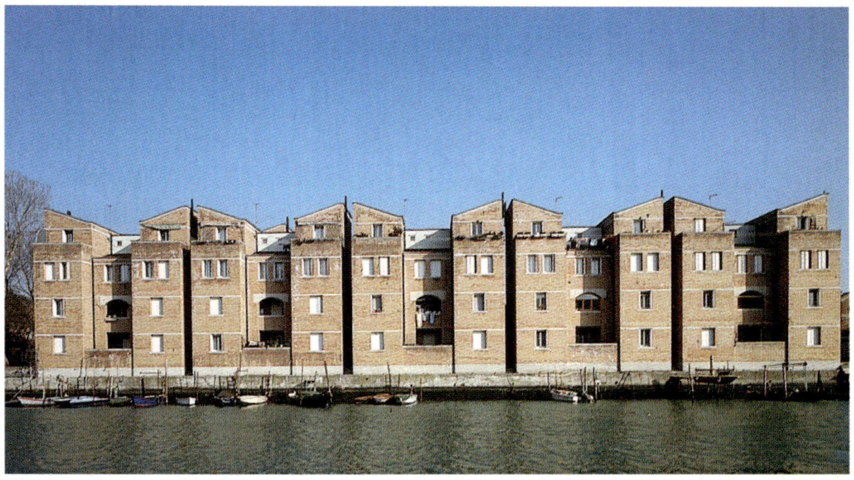

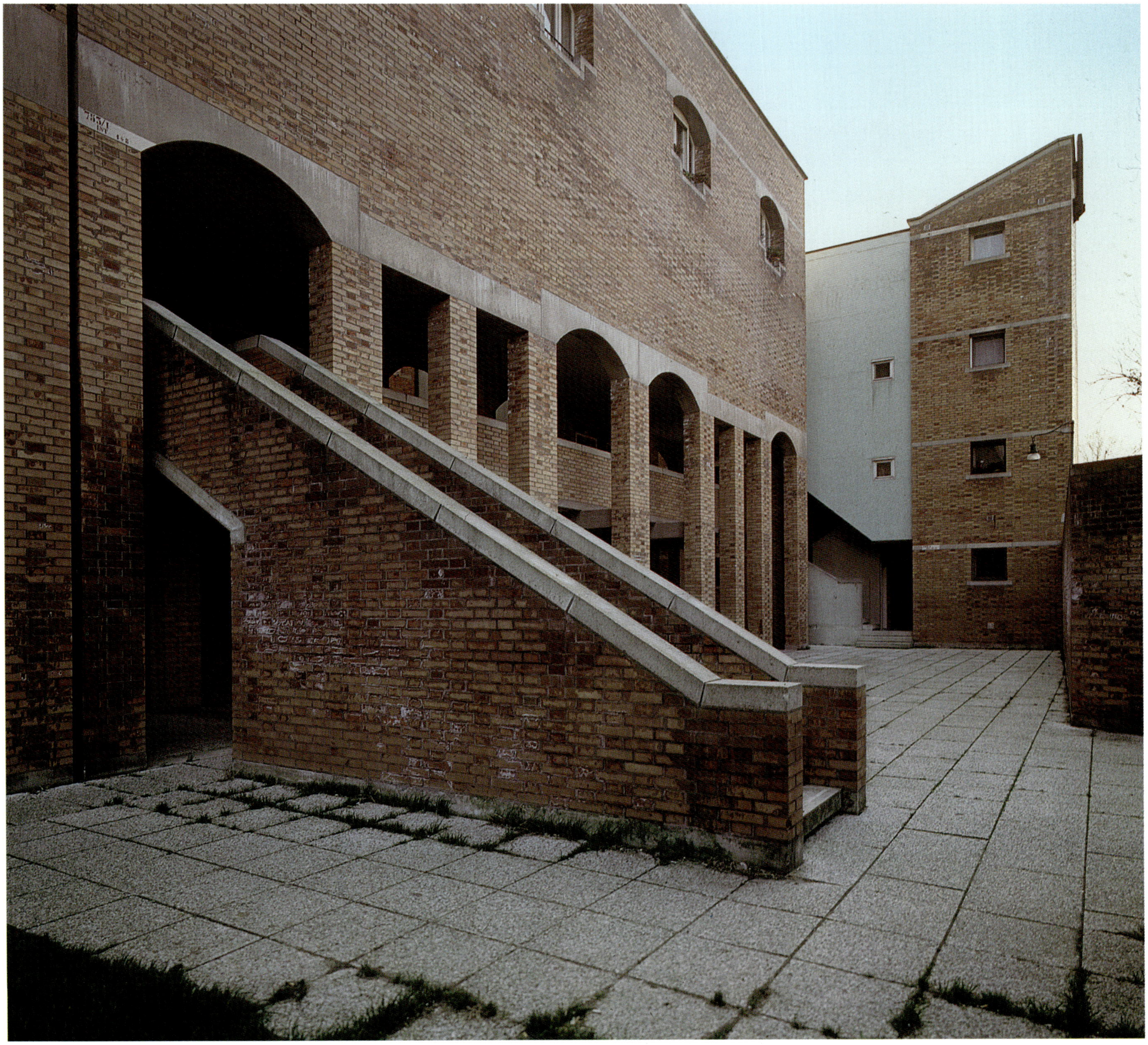

Ensemble résidentiel de Sacca Fisola

Pour compléter l'urbanisation de Sacca Fisola, entre 1982 et 1989, deux ensembles d'habitations populaires ont été construits autour d'une cour carrée. L'eau pénètre librement dans l'ensemble, entre les pilotis qui portent les constructions et servent d'abri aux bateaux. Les bandeaux en marbre qui marquent les étages rappellent eux aussi la façon de construire vénitienne. L'ensemble a été projeté et réalisé par les architectes Iginio Cappai, Pietro Mainardis et Valeriano Pastor.

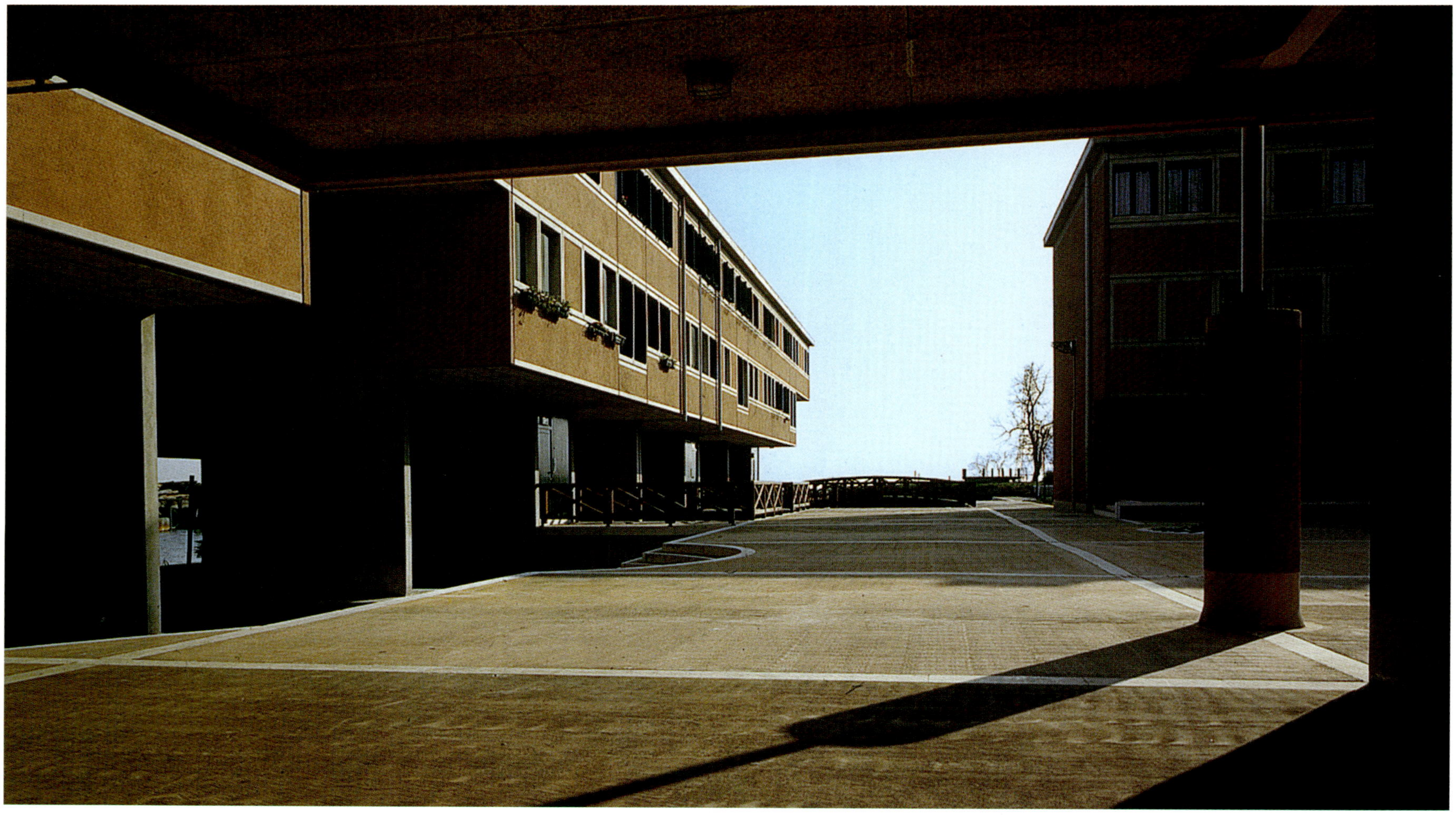

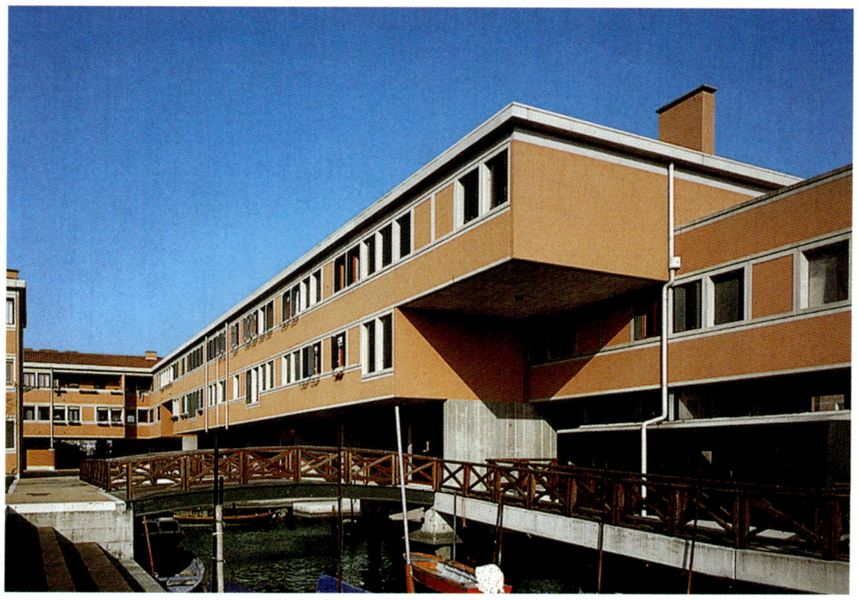

Ensemble résidentiel d'ex Saffa

L'ensemble résidentiel réalisé entre 1981 et 1989 par Vittorio Gregotti, avec l'aide de quelques collaborateurs, se propose de recomposer les espaces et les parcours urbains dans la zone de San Giobbe. Cette nouvelle construction se différencie nettement de celles qui préexistaient. Seules les *altane*, terrasses posées sur les toits, s'inscrivent dans la continuité de la tradition locale.

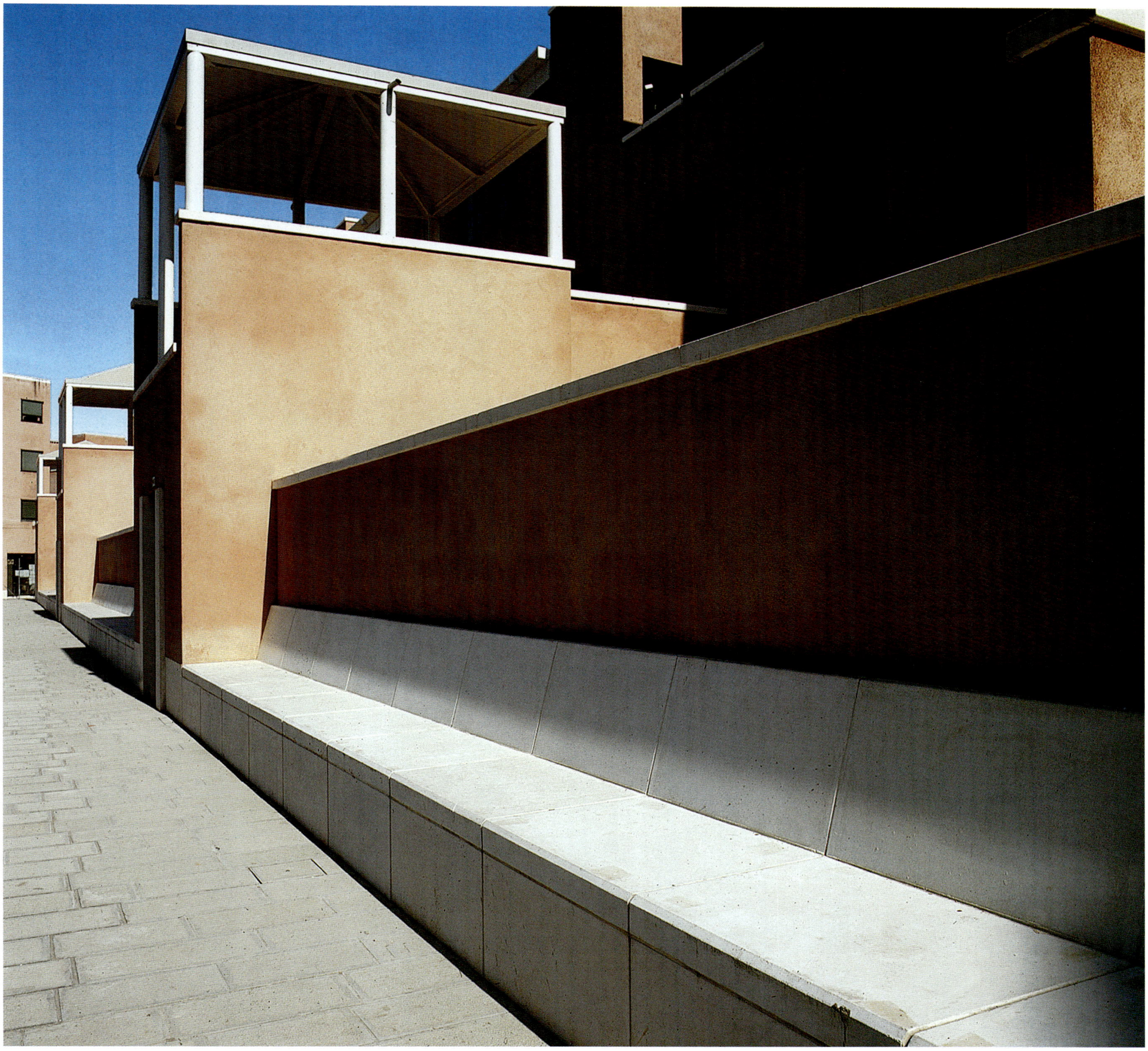

Peggy Guggenheim Collection et Palazzo Venier dei Leoni

Ce palais fut projeté par Lorenzo Boschetti en 1749 pour la famille noble Venier. Seul le rez-de-chaussée, qui présente le traditionnel bossage, est achevé. L'appellation « dei Leoni » rappelle sans doute le lion vivant que les Venier gardaient dans leur jardin. Aujourd'hui le site du palais est le siège du musée Guggenheim. Dans la cour de l'édifice qui donne sur le Grand Canal se découpe la sculpture de Marino Marini, *L'Angelo della cittadella*, un grand bronze de 1948. Sur un piédestal encadré par la fenêtre, on aperçoit la *Maiastra* de Constantin Brancusi, œuvre en bronze de 1912.
Les salles où vivait la collectionneuse et mécène américaine Peggy Guggenheim, sont aménagées pour l'exposition de la collection. Elle rassemble aujourd'hui des œuvres de Braque, Arp, Picasso, Giacometti, Duchamp, Gris, Delaunay, Archipenko, Lipchitz, Pollock et Max Ernst, qui fut le mari de Peggy Guggenheim. Elle est également ouverte à des artistes italiens comme Vedova, Afro, Tancredi, Dorazio, Bacci et Pizzinato.

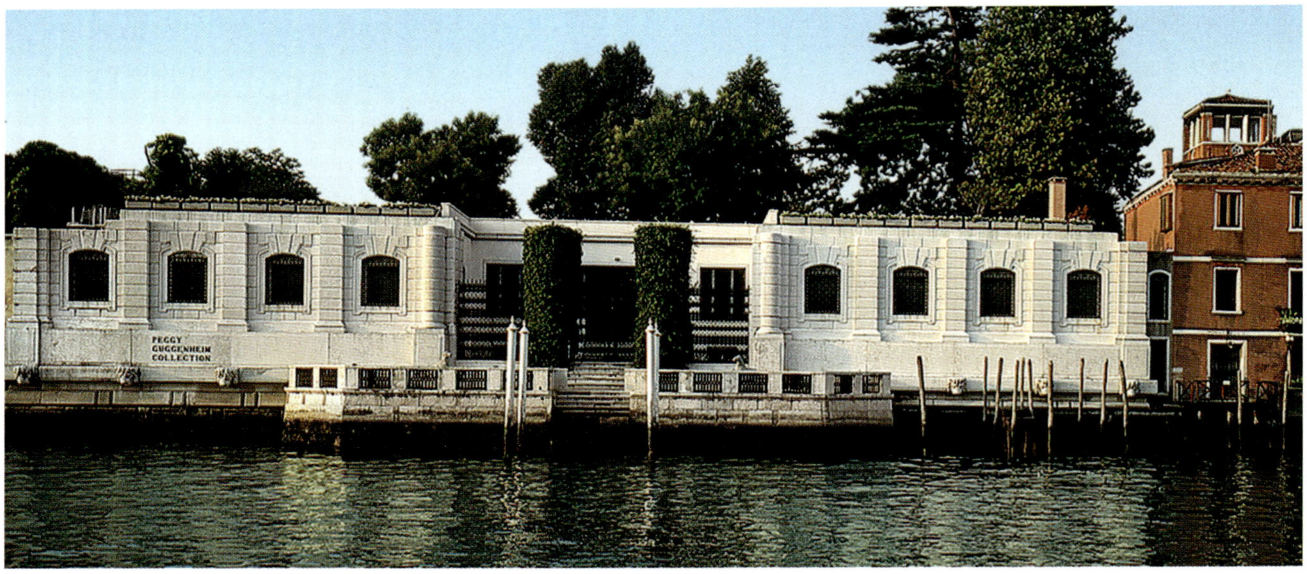

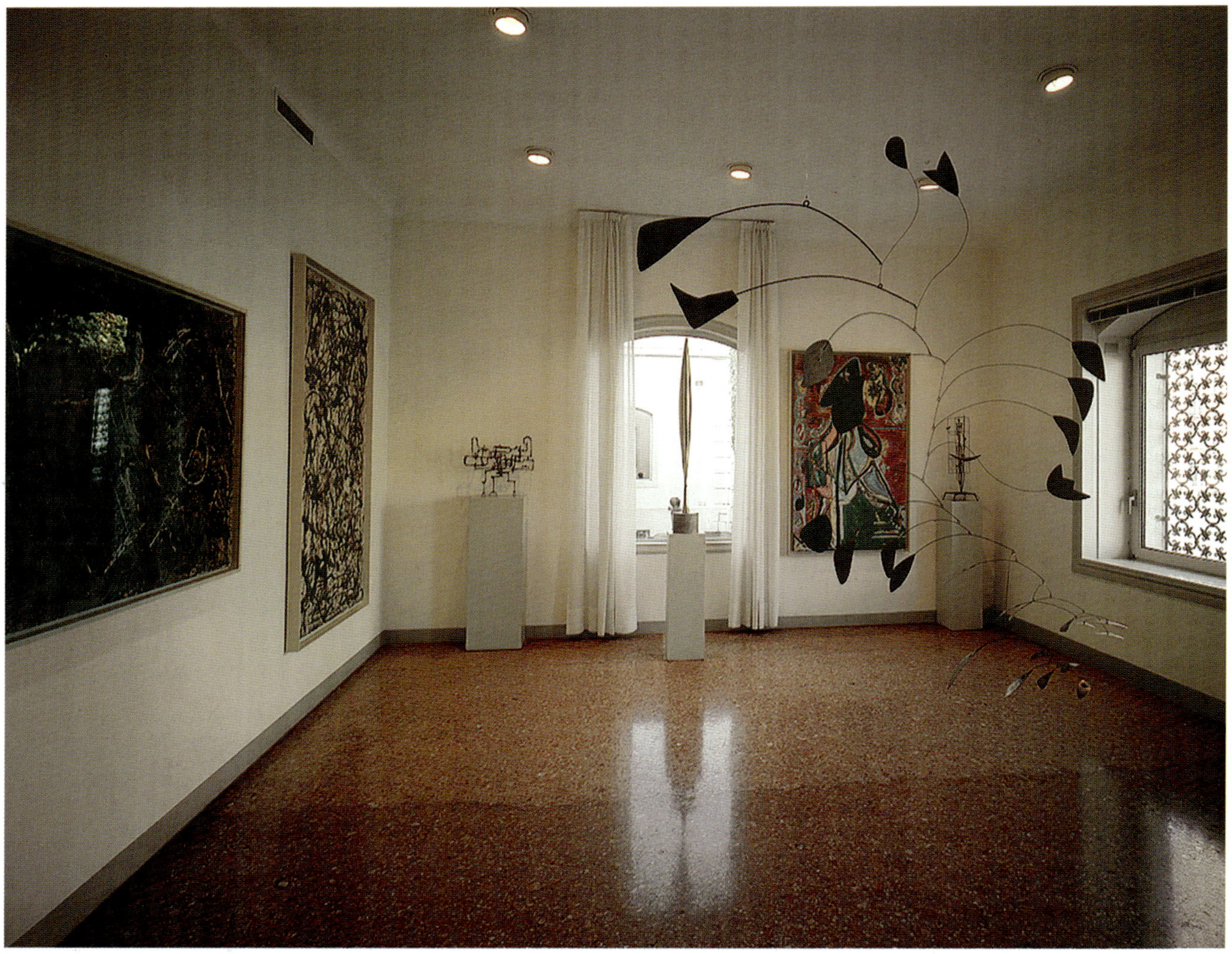

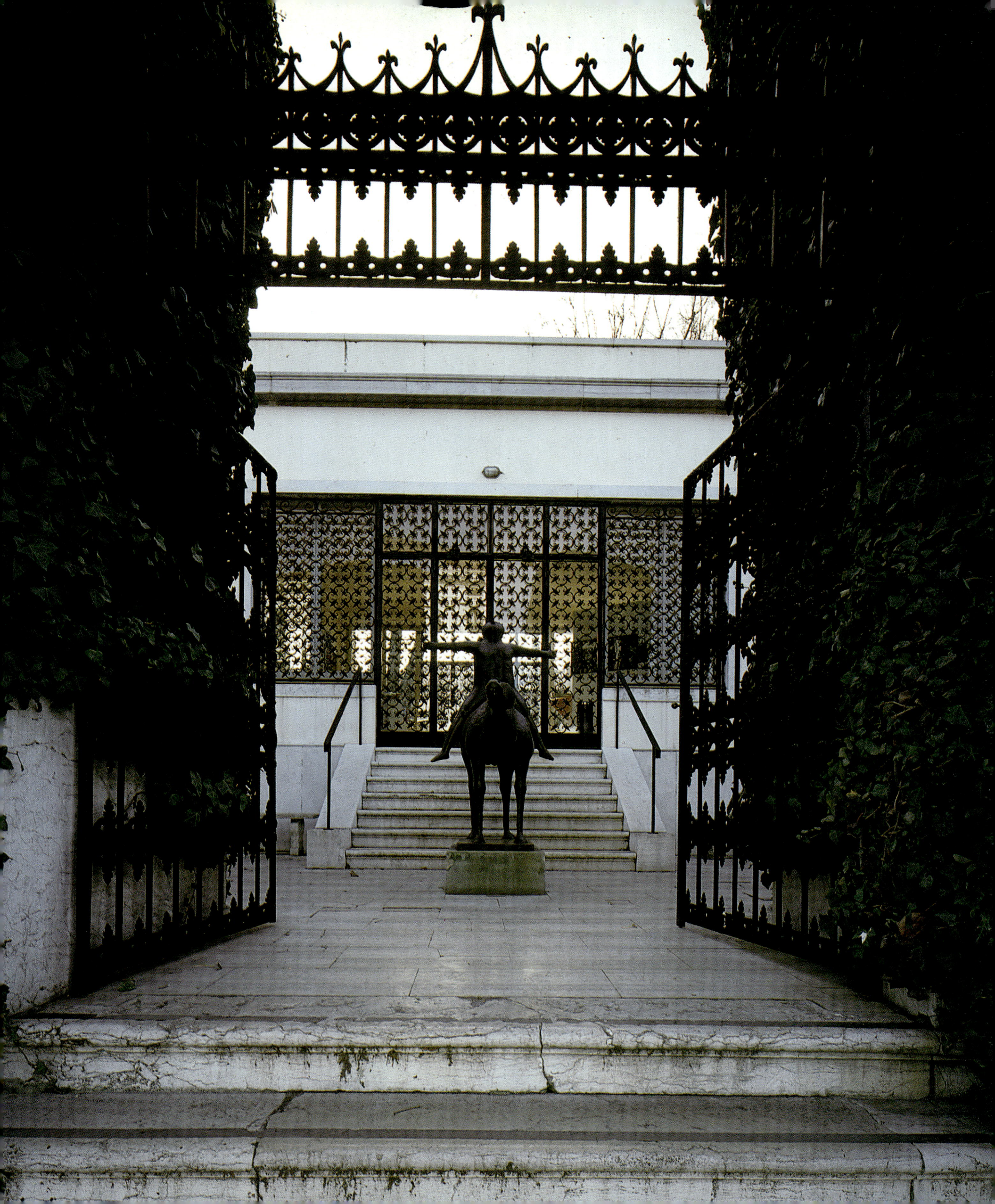

Musée archéologique

A travers la Libreria Marciana et la cour dessinée par Scamozzi, l'on accède aux salles du musée, qui réunit des sculptures d'art grec, des fragments d'architecture, des sculptures romaines et une collection de pièces de monnaie dont certaines remontent au IIIe siècle av. J.-C. L'on peut y voir également la collection archéologique du Museo Correr. C'est en 1523 que le cardinal Domenico Grimani offrit à la République son célèbre bréviaire, des marbres et des bronzes romains qui furent placés dans une salle du palais des Doges et constituèrent le noyau de cette collection. S'y rajoutèrent ensuite des sculptures offertes par le neveu du cardinal, Giovanni Grimani, patriarche d'Aquilée, dont certaines étaient des sculptures grecques. Vincenzo Scamozzi fut chargé en 1597 de redessiner l'espace du vestibule de la Libreria Marciana, afin que l'on puisse y exposer la collection devenue importante, car elle s'était accrue des legs de familles nobles – les Contarini et les Nani entre autres –, et d'œuvres en provenance du monastère de Padoue, San Giovanni di Verdara. Transférée à nouveau au palais des Doges en 1812, la collection occupe un étage des Procuratie Nuove depuis 1924.

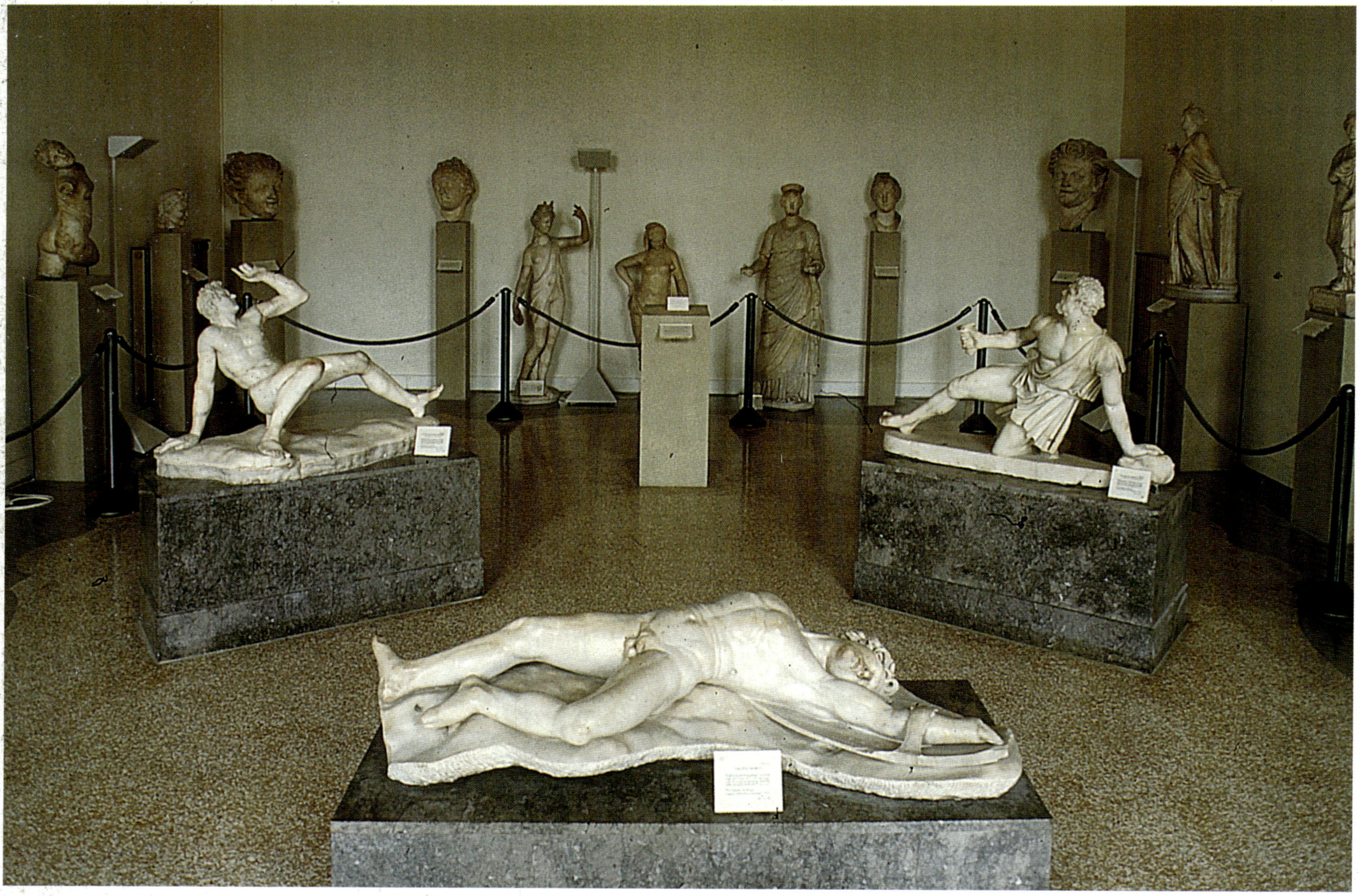

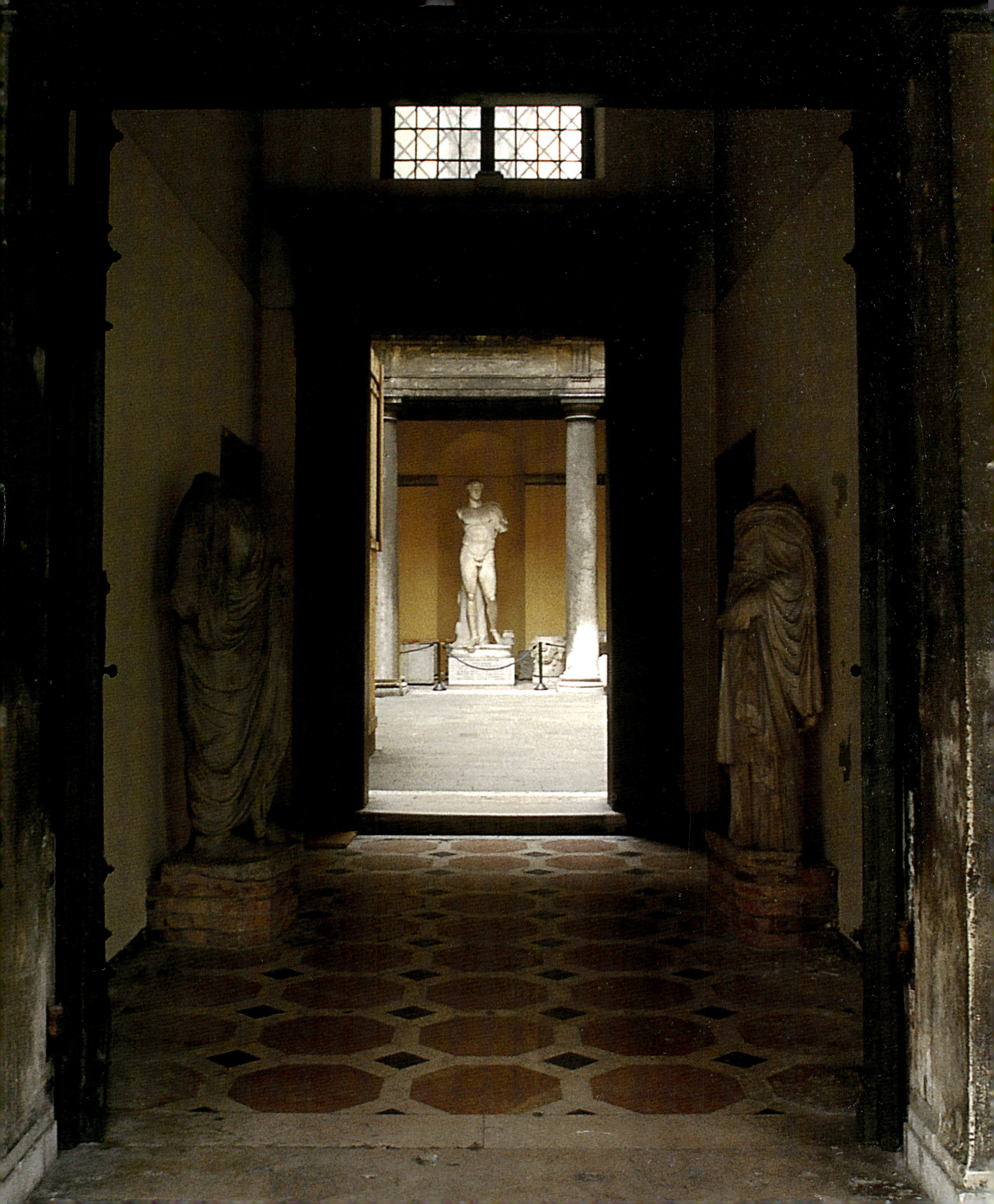

Bibliographie

Les références sont celles de l'édition française, quand elle existe.

ACKERMAN, J.S., *Palladio*, Paris, 1981.
AIKEMA, B. et D. MEIJERS, *Nel regno dei poveri. Arte e storia dei grandi ospedali in età moderna 1474-1797*, Venise, 1989.
ARSLAN, E., *Jacopo Bassano*, Milan, 1960.
ARSLAN, E., *Venezia gotica*, Venise, 1970.

BASSI, E., *Architettura del Sei e Settecento a Venezia*, Naples, 1962.
BASSI, E., *Palazzi di Venezia*, Venise, 1986.
BELLAVITIS, G., *L'Arsenale di Venezia. Storia di una grande struttura urbana*, Venise, 1983.
BELLAVITIS, G. et G. ROMANELLI, *Venezia*, Rome-Bari, 1985.
BETTINI, S., *Venezia, nascita di una città*, Milan, 1978.
BLUNT, A., *La Théorie des arts en Italie : 1450-1600*, Paris, 1966.
BRUSATIN, M., *Archipel du lion : le monde vénitien*, Paris, 1992.
BRUSATIN, M. et G. PAVANELLO, *Il Teatro alla Fenice*, Venise, 1987.

CALABI, D., « Il ghetto e la città », in CONCINA, E., U. CAMERINO et D. CALABI, *La città degli Ebrei. Il ghetto di Venezia : architettura e urbanistica*, Venise, 1991.
CALABI, D. et P. MORACHIELLO, *Rialto, le fabbriche e il ponte*, Turin, 1987.
CESSI, F., *Alessandro Vittoria scultore* (2 vol.), Trente, 1982.
CICOGNARA, L., A. DIEDO, et G.A. SELVA, *Le fabbriche più cospicue di Venezia*, Venise, 1815-1820.
Collectif, *Arte e musica all'Ospedaletto*, Venise, 1978.
Collectif, *Capricci veneziani del Settecento*, Gorizia, 1988.
Collectif, *Forestiere illuminato intorno le cose più rare e curiose antiche e moderne*, Venise, 1745.
Collectif, *Longhena*, L. Puppi et G. Romanelli, dir., Milan, 1982.
Collectif, *Nuovi studi su Paolo Veronese*, M. Gemin, dir., Venise, 1990.
Collectif, *Tiepolo*, G. Lorenzetti, dir., Venise, 1951.
Collectif, *Venezia e Bisanzio*, Milan, 1974.
Collectif, *Venezia nell'età di Canova 1780-1830*, Venise, 1978.
Collectif, *Venezia nell'Ottocento. Immagini e mito*, G. Pavanello et G. Romanelli, dir., Venise, 1983.
Collectif, *Le Venezie possibili. Da Palladio a Le Corbusier*, L. Puppi et G. Romanelli, dir., Milan, 1985.
CONCINA, E., *Fra Oriente e Occidente : gli Zen, un palazzo e il mito di Trebisonda*, in « Renovatio Urbis », *Venezia nell'età di Andrea Gritti (1523-1538)*, M. Tafuri, dir., Rome, 1984.
CONCINA, E., « Una fabbrica "in mezzo alla città" : la chiesa e il convento di San Salvador », in *Progetto Venezia*, Venise, 1988.
CONCINA, E., *L'Arsenale della Repubblica di Venezia*, Milan, 1984.
CORNER, F., *Notizie storiche delle chiese e monasteri di Venezia e di Torcello*, Padoue, 1758.
CROSET, P.A., « Sul progetto di Valle alla Giudecca », *Lotus International*, n° 51, 1986.
CROUZET-PAVAN, E., *Espaces, pouvoirs et société à Venise à la fin du Moyen Age*, Rome, 1992.
CUNACCIA, C. et M. SMITH, *Interni a Venezia*, Venise, 1994.

DA MOSTO, A., *I Dogi di Venezia nella vita pubblica e privata*, Milan, 1960.
DAL CO, F. et G. MAZZARIOL, *Carlo Scarpa*, Paris, 1985.
DAMERINI, G., *L'isola e il cenobio di San Giorgio Maggiore*, Florence, 1969.
DE MICHELIS, M., « Nuovi progetti alla Giudecca. Tipi, edificazione e morfologia dell'isola », *Lotus International*, n° 15, 1986.
DEMUS, O., *The Mosaics of San Marco in Venice*, (4 vol.), Chicago-Londres, 1984.
DORIGO, W., *Venezia origini : fondamenti, ipotesi, metodi*, (3 vol.) Milan, 1983.

FEBVRE, L., *Au cœur religieux du XVIe siècle*, Paris, 1968.
FERNANDEZ, D., *La Perle et le Croissant*, Paris, 1995.
FILLITZ, M. et G. MORELLO, *Omaggio a San Marco. Tesori dall'Europa*, Milan 1994.
FIOCCO, G., *Tiepolo*, Florence, 1921.
FOGOLARI, G., « L'Accademia veneziana di Pittura et Scultura del Settecento », *L'Arte*, 1913.
FONTANA, V., « Camillo Boito et il restauro a Venezia », *Casabella*, n° 472, 1981.
FOSCARI, A. et M. TAFURI, *L'armonia e i conflitti. La chiesa di San Francesco della Vigna nella Venezia del '500*, Turin, 1986.
FRANZOI, U., W. WOLTERS, et T. PIGNATTI, *Il Palazzo Ducale*, Trévise, 1989.
FRANZOI, V. et D. DI STEFANO, *Le chiese di Venezia*, Venise, 1976.
FUMAROLI, M., *L'École du silence : le sentiment des images au XVIIe siècle*, Paris, 1994.

GEMIN, M., *La chiesa di Santa Maria della Salute e la cabala di Paolo Sarpi*, Abano Terme, 1982.
GEMIN, M. et F. PEDROCCO, *Giambattista Tiepolo. Dipinti*, Venise, 1993.
GIANIGHIAN, G. et P. PAVANINI, *Dietro i palazzi. Tre secoli di architettura minore a Venezia 1492-1803*, Venise, 1984.

HASKELL, F., *Mécènes et peintres : l'art et la société au temps du baroque italien*, Paris, 1991.
HASKELL, F. et M. LEVEY, « Art Exhibition in XVIIIth Century Venice », *Arte Veneta*, 1958.
HEINEMANN, F., *Giovanni Bellini e i belliniani*, Vicence, 1962.
HOWARD, D., *Jacopo Sansovino. Architecture and Patronage in Renaissance Venice*, New Haven-Londres, 1975.
HOWARD, D., *The Architectural History of Venice*, Londres, 1980.
HUMFREY, P., *Cima da Conegliano*, Cambridge, 1983.

LANE, F.C., *Venise : une république maritime*, Paris, 1988.
LONGHI, R., *Viatico per cinque secoli di pittura veneziana*, Florence, 1946.
LONGHI, R., *Disegno della pittura italiana*, Florence, 1979.
LONGHI, R., *Il palazzo Nonfinito. Saggi inediti 1910-1926*, Milan, 1995.

LORENZETTI, G., *Venezia e il suo estuario*, Trieste, 1975.

MARETTO, P., *La casa veneziana nella storia della città dalle origini all'Ottocento*, Venise, 1986.
MARKHAM SCHULZ, A., *The Sculpture of Giovanni and Bartolomeo Bon and their Workshop*, Philadelphie, 1978.
MARTINELLI, D., *Il ritratto di Venezia*, Venise, 1684.
MAZZARIOL, G., « Un'opera di Carlo Scarpa : il riordino di un antico palazzo veneziano », *Zodiac*, n° 13, 1963.
MCANDREW, J., *L'architettura veneziana del Primo Rinascimento*, Venise, 1983.
MORAND, P., *Venises*, Paris, 1971.
MORRESI, M., « Casa alle Zattere », in *Ignazio Gardella. Progetti e architetture 1933-1990*, F. Buzzi Ceriani, dir., Venise, 1992.
MOSCHINI, G.A., *Guida per la città di Venezia*, Venise, 1815.
MURRAY, P., *L'Architecture de la Renaissance*, Paris, 1990.

NORWICH, J.J., *Histoire de Venise*, Paris, 1986.

PALLUCCHINI, R., *La pittura veneziana del Trecento*, Venise-Rome, 1964.
PALLUCCHINI, R., *Tiziano*, Florence, 1969.
PALLUCCHINI, R., *Da Tiziano a El Greco. Per la storia del Manierismo a Venezia (1540-1590)*, Venise, 1981.
PALLUCCHINI, R., *Pittura veneziana del Seicento*, (2 vol.) Milan, 1981.
PALLUCCHINI, R. et P. ROSSI, *Tintoretto, le opere sacre e profane*, Milan, 1982.
PAOLETTI, P., *L'architettura e la scultura del Rinascimento in Venezia*, Venise, 1893.
PAVANELLO, G., *Canova*, Milan, 1976.
PEROCCO, G. et A. SALVADORI, *Civiltà di Venezia* (3 vol.), Venise, 1976.
PIGNATTI, T., *Tiepolo*, Milan, 1951.
PIGNATTI, T., *La pittura di Paolo Veronese nella chiesa di San Sebastiano*, Milan, 1966.
PIGNATTI, T., *Tout l'œuvre peint de Giovanni Bellini*, Paris, 1975.
PIGNATTI, T., *Francesco Guardi*, Brescia, 1971.
PIGNATTI, T., *Véronèse : catalogue complet des peintures*, Paris, 1992.
PIGNATTI, T., *L'Art vénitien*, Paris, 1992.
PIGNATTI, T. et F. VALCANOVER, *Le Tintoret*, Paris 1985.
PINELLI, A., *La bella maniera*, Turin, 1993.
POLACCO, R., *La cattedrale di Torcello*, Trévise, 1984.
POLANO, S., *Guida all'architettura italiana del Novecento*, Milan, 1994.
POMIAN, K., *Collectionneurs, amateurs et curieux : Paris, Venise, XVIe-XVIIIe siècle*, Paris, 1987.
PUPPI, L., *Andrea Palladio*, Milan, 1973.
PUPPI, L. et L. OLIVATO, *Mauro Codussi e l'architettura veneziana del primo Rinascimento*, Milan, 1977.

RANZANI, E., « Gregotti Associati. Quartiere residenziale area ex-Saffa, Venise », *Domus*, n° 704, 1989.
REARICK, W.R., *The Art of Paolo Veronese*, Washington, 1988.
ROMANELLI, G., *Venezia Ottocento. L'architettura, l'urbanistica*, Venise, 1988.
ROMANELLI, G., *Tra gotico e neogotico. Palazzo Cavalli Franchetti a San Vidal*, Venise, 1990.
ROMANELLI, G., « Architetti e architetture a Venise tra Otto e Novecento », *Antichità viva*, n° 5, 1972.
ROMANELLI, G., *Venezia Ottocento*, Rome, 1977.
ROMANELLI, G., « Nuova edilizia veneziana all'inizio del XX secolo », *Rassegna*, n° 22, 1985.
ROMANELLI, G. et S. BIADENE, *Venezia. Piante e vedute. Catalogo del fondo a stampa del Museo Correr*, Venise, 1982.
ROMANELLI, G. et G. PAVANELLO, *Palazzo Grassi. Storia, architettura, decorazione dell'ultimo palazzo veneziano*, Venise, 1986.
ROMANIN, S., *Storia documentata di Venezia, II ed. ristampata sull'unica pubblicata, 1853-1861*, 10 vol., Venise, 1912-1921.
RUSKIN, J, *Les Pierres de Venise : études locales pouvant servir de direction aux voyageurs séjournant à Venise et à Vérone*, Paris, 1934.

SALZANO, E., dir., *Venise, portrait d'une ville : atlas aérien, aspect de la ville à l'échelle 1/1000e d'après photoplan et carte*, Paris, 1990.
SANSOVINO, F., *Venetia città nobilissima et singolare*, Venise, 1581.
SCHULZ, J., *The Printed Plans and Panoramic Views of Venice (1479-1797)*, Florence, 1970.
SELVATICO, P., *Sulla architettura e scultura in Venezia dal Medioevo sino ai nostri giorni*, Venise, 1847.
SELVATICO, P. et V. LAZARI, *Guida di Venezia e delle isole circonvicine*, Vérone, 1852.
SEMENZATO, C., *La scultura veneta del '600 e '700*, Milan, 1986.
SEMENZATO, C., « Pietro e Tullio Lombardo architetti », *Bollettino C.I.S.A.*, n° VI, 1964.
STRONG, R., *Les Fêtes de la Renaissance, 1450-1650 : art et pouvoir*, Paris, 1991.

TAFURI, M., *Jacopo Sansovino e l'architettura del '500 a Venezia*, Padoue, 1969.
TAFURI, M., *Venezia e il Rinascimento*, Turin, 1985.
TAFURI, M., *Ricerca del Rinascimento*, Turin, 1992.
TAFURI, M., « Pietas repubblicana, neobizantinismo e umanesimo. Giorgio Spavento e Tullio Lombardo nella chiesa di San Salvador », in « Le inquietudini della Serenissima », *Ricerche di Storia dell'Arte*, n° 19, 1983.
TEMANZA, T., *Vite dei più celebri architetti e scultori veneziani che fiorirono nel secolo XVI*, Venise, 1778.
TRINCANATO, E.R., *Venezia minore*, Venise, 1948.

VALCANOVER, F., « Per Luca Carlevarijs », *Arte Veneta*, 1952.
VENTURI, F., *Venezia nel secondo Settecento*, Turin, 1980.
« Venezia città del moderno », Magnani, C. et P.A. Val, dir., *Rassegna*, n° 22, 1985.
VIVIAN, F., « Joseph Smith, Giovanni Poleni, and Antonio Visentini », in *Italian Studies*, 1963.

WITTKOWER, R., *Principi architettonici nell'età dell'Umanesimo*, Turin, 1964.
WOLTERS, W., *La scultura veneziana gotica*, Venise, 1975.
WOLTERS, W., *Storia e politica nei dipinti di Palazzo Ducale*, Venise, 1987.

ZANETTI, A.M., *Della pittura veneziana*, Venise, 1771.
ZUCCONI, G., *Venezia. Guida all'architettura*, Venise, 1993.

Index des noms et des lieux

Lieux et sites figurent en italique, les renvois aux notices descriptives en gras.

Aalto, Alvar 294
abbaye della Misericordia 34, **146**
abbaye San Gregorio **144**
Abbé de Pomposa 112
Accademia di Belle Arti 48, 52, 214
Accademia di pittori e scultori 214
Afro, Basaldella Afro, dit 312
aire de Saint-Marc 9, 57, 58, 59
Ala Napoleonica 52, 58, 59, 60, **78**
Alberghetti, Alfonso 69
Alberti, Leon Battista 26, 38
Albrizzi, Giambattista 276
Aldobrandini (famille) 88
Alexandre III, pape 22, 26, 69
Algarotti, Francesco 44
Altino 10, 14
Amadi, Francesco 172
Amigoni, Jacopo 276
Amsterdam 258
Andrea del Castagno 64
Anfossi, Pasquale 246
Angeli, Giuseppe 212
Antelami, Benedetto 64
Antolini, Giovanni 78
Antonello de Messine 78
Antonio da Negroponte 200
Aquilée 10, 12, 314
Arc de Triomphe, Lido, 70
Archipenko, Alexander 312
Arétin, Pietro Aretino, dit l' 75
Arp, Hans 312
Arrivabene (famille) 233
Arsenal 9, 26, 48, 53, 58, **156**
Arzenti, G.B. 37
Aulenti, Gae 262

Bacci, Edmondo 312
Badoer (famille) 22, 212
Balbi, Nicolò 228
Bambini, Nicolò 73, 148
Barbaro (famille) 248
Barbaro, Antonio 248
Barbaro, Daniele 171
Barberousse, Frédéric 26, 69
Barozzi (famille) 123
Barthel, Melchiorre 202
Basaiti, Marco 162
basiliques
des Douze Apôtres, Constantinople 16, 63
Saint-Marc 9, 14, 15, 17, 34, 48, 52, 58, 59, **63**, 100, 148, 208
Saint-Pierre de Rome 37
San Salvador 31
Santa Maria Assunta, Torcello **92**, 94
Santa Maria della Salute 42, 219, **250**
Bassano del Grappa 37
Bassano, Francesco 99, 196, 198
Bassano, Leandro 98, 268
bassin de Saint-Marc 8, 36, 40, 48, 58, 240
bassin Orseolo 51, 58
Bastiani, Lazzaro 31, 100, 126
Battaglia (famille) 229
Batteria delle Quattro Fontane 301
Beauharnais, Eugène de 78
Bella, Gabriel 304
Bellini (famille) 78, 216
Bellini, Gentile 110
Bellini, Giovanni 30, 130, 138, 140, 162, 176, 192, 200
Belloni (famille) 229
Bellotto, Bernardo 44
Bellucci, Antonio 239
Bembo, Pietro 36, 41
Benoni, Giuseppe 240
Berchet, Federico 88
Bergame 233, 239
Bernin, Gianlorenzo Bernini, dit le 110, 146, 234
Bessarione, cardinal 76
Besteigui, Charles de 264
Bevilacqua La Masa, Felicita 224
Bevilacqua, Carlo 239, 283
Biblioteca Nazionale Marciana 18, 76
Biennale d'art 48, 52, 53, 54, 294
Bissolo, Pierfrancesco 142
Boccasi (famille) 84
Böcklin, Arnold 53
Boito, Camillo 100, 290
Bon (famille) 108, 113, 146
Bon, Bartolomeo 26, 68, 108, 120, 134, 146, 148, 210, 214
Bon, Giovanni 120
Bonaparte, Napoléon 9, 48, 61, 192, 242, 282
Bordone, Paris 142, 148
Borromini, Francesco 234
Borsato, Giuseppe 78, 283, 285
Boschetti, Lorenzo 312
Bozzetto, Jacopo 196
Bramante, Donata d'Angelo Lazzari, dit 34, 37
Brancusi, Constantin 312
Braque, Georges 312
Bregno, Antonio 26, 178
Breidenbach, Bernard von 204
Bresciano, Prospero 171
Briati, Giuseppe 230
Brighton 53
Brondolo 14
Brosses, Charles de 275
Brown, Rawdon 158
Browning, Robert 222
Brustolon, Antonio 222, 258
Buonconsiglio, Giovanni 99
Buora, Antonio 190, 208
Buora, Giovanni 178
Bushnell, John 266
Byzance 10, 12, 14, 19, 34

Ca'
d'Oro 52, **108**, 120, 122, 160, 164, 284
da Mosto 18, **82**
Dandolo 18
Dario 28
del Duca 26
di Dio 34
Donà 18
Falier 17
Farsetti 18
Foscari 22, 24, 53
Pesaro 42, 44, 52, **224**
Rezzonico 42, 44, 46, 47, 48, **220**, 262
Zenobio 230, **234**
Caffi, Ippolito 50
Calbo Crotta (famille) 222
Calendario, Filippo 68
Caliari 126
calle del Paradiso **112**
calle larga San Marco 36, 58
Campagna, Gerolamo 98, 184, 198, 210, 244
Campanato, Paolo 64
campanile de Saint-Marc 36, 37, 58, 59, 60
campanile de San Pietro di Castello 30
campiello Angaran 8, 55
campiello del Remer 86
campi
Bandiera e Moro 142
San Beneto 114
San Cassiano 19, 22
San Pantalon 8, 55
San Polo 22, 38
San Samuele 26
San Zanipolo 90
Sant'Angelo 22
Santa Margherita 19
Santa Maria Formosa 22
Santa Maria Mater Domini 22
Santo Stefano 22
canal de la Giudecca 198
Canal, Fabio 262
Canal, Giambattista 229
Canaletto, Antonio Canal, dit 9, 44, 222, 228
Candi, Giovanni 165
Candie 248, 252, 266
Cannaregio 22, 46
Canova, Antonio 44, 46, 78, 85, 110, 116, 136, 148
Capovilla, Antonio 229
Cappai, Iginio 310
Cappello, Vincenzo 180
Caravia, Alessandro 197
Carlevarijs, Luca 234, 239
Carnioni, Bartolomeo 246
Carpaccio, Vittore 19, 78, 148, 162, 204, 216, 297
Carriera, Rosalba 44
Case
Agnusdio **125**
Barbaro 125
del Farmacista **300**
Gardella **308**
Torres **297**
Zane 18, 125
Zane-Viaro 125
Casanova, Giovanni Giacomo 44, 59
Casino d'hiver 169
Casino municipal, Lido **301**
Casino Venier 46, 48
Cassiodore, Flavius Aurelius 9
Castelforte 42
Castello 15, 22, 48, 52
Castello-Olivolo 12, 14
Catena, Vincenzo 178
Cavalli, Jacopo 130
Celesti, Andrea 246
Cellini, Francesco 294
Certosa 14
chapelle des Doges 104
Chiona, Giannantonio 174
Cicogna, Pasquale, doge 244
Cignaroli, Giambettino 276
Cima da Conegliano Giovanni Battista 140, 142
Cimarosa, Domenico 246
cimetière San Cristoforo 52
cloître Sant'Apollonia **104**
Coccina (famille) 233
Codussi, Mauro 26, 27, 28, 30, 31, 32, 59, 72, 74, 153, 166, 169, 176, 180, 182, 190, 202, 208, 212
Coffee House 52, 58, **282**
Collège des pères arméniens 236
Collegio Flangini 174
Colleoni 42
Colomb, Christophe 32
Cominelli, Andrea 264
Comtes du Nord 275
Constantinople 16
Contarini (famille) 314
Contarini, doge 250
Contarini, Domenico doge 63
Contarini, Marino 108
Contarini, Pietro 165
Contino, Antonio 154
Corfou 248
Cornaro (famille) 26, 32, 34
Cornaro Piscopia, Elena Lucrezia 84
Cornaro, Alvise 37
Cornaro, Caterina, reine de Chypre 184
Corner (famille) 84
Corner, Federico 84
Corner, Giorgio 170
Corner, Zorzetto 170
Corona, Leonardo 102, 148
Correr, Teodoro 78
Corte Bottera **90**
corte Seconda del Milion 20
Côte d'Azur 53
Cour des comptes 168

couvents
Carità 38, 214
Crociferi 244
San Giorgio Maggiore 14, 38
Sant'Apollonia 58
Cozzi, Francesco 190
Cozzi, Marco 136, 148, 190
Crosato, Giovan Battista 220

D'Annunzio, Gabriele 114
D'Aronco, Raimondo 53
Da Le Anchore, Ambrogio 74
da Lezze (famille) 244
da Mosto (famille) 82
da Mosto, Alvise 82
Da Ponte, Antonio 69, 154, 198
Da Ponte, Lorenzo 44
Dalle Destre, Vincenzo 172
Dalle Masegne (famille) 113
Dalle Masegne, Jacobello 64, 68
Dalle Masegne, Pierpaolo 64, 68
Dalmatie 28, 37
Damaskinos, Michele 174
Dandolo (famille) 85
Dandolo, Enrico, doge 85
Dario, Giovanni 158
De Conti, Niccolò 69
De Santis (famille) 113
De Zan, Giovanni 204
de'Barbari, Jacopo 32, 34, 37
de'Landi 128
de'Masseris, Filippo 212
Del Giudice, Brenno 298
del Moro, Giulio 148
Delaunay, Sonia 312
Della Robbia (famille) 162
Diaghilev, Serge 289
Diedo, Antonio 285
Diplovataccio, Tommaso 18
Diziani, Gaspare 212
Dogana da Mar **240**
Dolci, Carlo 98
Donà (famille) 284
Donatello, Donata di Betto Bardi, dit 138
Dorazio, Piero 312
Dorigny, Lodovico 236
Dresde 233
duc de Mantoue 238
duc de Milan 26
Duchamp, Marcel 312
duchesse de Berry 169
duchesse de Parme 232
Dudovich, Marcello 53
Dürer, Albrecht 138

Églises
Carità 22
Celestia 51
Crociferi 244
Fava (Santa Maria della Consolazione) 46, **276**
Gesuati (Santa Maria del Rosario) 44, 47, **270**
Gesuiti (Santa Maria Assunta) 44, **244**
Maddalena 22, 46, 47, **274**
Madonna dell'Orto 22, **140**
Madonna della Salute 41, 42
Nome di Gesù 52
Ospedaletto 42, 44, 246
Pietà (della Visitazione) 44, 46, 47, 246, **275**
Redentore 17, 38, **198**, 202
San Basso 58
San Cristoforo 140, 182
San Fantin 72
San Francesco della Vigna 34, 38, **200**
San Geminiano 34, 36, 48, 78, 285
San Giacometto (San Giacomo a Rialto) **98**
San Giacomo dell'Orio **99**
San Giobbe 27, **162**
San Giorgio dei Greci 42, **174**
San Giorgio Maggiore 48, **194**, 202
San Giovanni Crisostomo 19, 20, 30, **176**
San Giovanni dei Cavalieri di Malta 204
San Giovanni in Bragora **142**
San Lazzaro dei Mendicanti **266**
San Lorenzo 14
San Maurizio **285**
San Michele in Isola 30, **182**
San Moisè 44, **243**
San Nicolò dei Mendicoli 15, **102**
San Pantalon 19,
San Paterniano 51
San Pietro di Castello 30, **202**
San Salvador 34, **184**
San Sebastiano 72, **188**
San Severo 51
San Silvestro **286**
San Stae (Sant'Eustachio) 44, **269**
San Tomà 20
San Vidal 148
San Zaccaria 14, **190**, 192
San Zan Degolà (San Giovanni Decollato) **96**
San Zanipolo (Santi Giovanni e Paolo) 22, 24, 28, 42, 90, **128**, 140
San Zulian 34
Sant'Agostino 51
Sant'Alvise **126**
Sant'Angelo 51
Sant'Antonio di Castello 51
Santa Fosca 92
Santa Lucia 51
Santa Maria dei Miracoli 27, 28, **172**
Santa Maria del Giglio 15, 51, **248**
Santa Maria di Valverde 146
Santa Maria Formosa 30, 176, **180**
Santa Maria Gloriosa dei Frari 17, 22, 128, **134**, 140
Santa Maria Mater Domini **178**
Santa Maria Nova 51
Santa Ternita 51
Santi Apostoli 18
Santi Maria e Donato 81, **100**
Santo Spirito 72
Santo Stefano 42, **148**
Scalzi 44, **242**
Servi 51
Tolentini (San Nicolò da Tolentino) **268**
Vergini 51
Zitelle (église et hospice Santa Maria della Visitazione) 38, **196**
El Greco, Domenico Theotokopoulos, dit 174
Empire ottoman 258
Ensemble résidentiel d'ex Saffa **311**
Ensemble résidentiel de Sacca Fisola **310**
Ensemble résidentiel IACP, Giudecca **309**
Ernst, Max 312

Fabbriche di Rialto 37
Falcone, Bernardo 184, 240
Falconetto, Gianmaria 26, 37
Falier (famille) 87
Falier, Giovanni 148
Falier, Marino, doge 87
Farsetti (famille) 85
Farsetti, Filippo 85
Fattoretto, Giovanni Battista 244
Fini, frères 243
Florence 22
Fondaco dei Tedeschi 37, 110, **160**
Fondaco dei Turchi 18, 20, **88**
Fondazione Scientifica Querini Stampalia 293, **304**
Foppa, Elisabetta 196
Foppa, Pasquale 196
Forcellini, Annibale 289
Forlani, Paolo 41
Fort de Sant'Andrea 37, 39
Fortuny y Madrazo, Mariano 114
Foscari (famille) 112
Foscari, Francesco, doge 66
Franchetti, Giorgio 108, 110
Franco, Battista 69
Frioul 43

Gabrieli, Giovanni 148
Gai, Antonio 75
Galleria Internazionale d'Arte Moderna 50
Gallerie dell'Accademia 19, 31, 162, **214**, 242
Gambello, Antonio 162, 190
Garage INA, piazzale Roma 301
Gardella, Ignazio 296, 308
Gaspari, Antonio 146, 224, 230, 234, 238, 276
Gavagnin, Leonardo 278
Gemini 15
Ghetto 258
Ghetto Nuovo 52
Giacometti, Alberto 312
Giambono, Michele 64
Giordano, Luca 202, 252, 268
Giorgione, Giorgio da Castelfranco, dit 110, 160, 216
Giotto 100
Giovanelli, Andrea 284
Giovanni da Cipro 174
Giustinian (famille) 120, 200
Giustinian, Giovanni 232
Giustinian, Marco 230
Goldoni, Carlo 44, 124
Gonzaga, Luigi 110
Gradenigo (famille) 224
Grado 12, 14, 202
Grand Canal 15, 19, 22, 26, 28, 34, 37, 50, 82, 83, 84, 86, 87, 108, 116, 120, 121, 144, 154, 160, 166, 168, 228, 229, 243, 250, 262, 264, 269, 290, 312
Grand Duc de Russie 82
Grand Hôtel du Caire 296
Graneri di Terra Nova 282
Grapiglia, Giovanni Girolamo 202
Grassi (famille) 262
Grassi, Giovanni 269
Gregotti, Vittorio 311
Grevembroch, Jan 45, 46
Grigi, Giangiacomo de' 233
Grigi, Girolamo de' 210
Grigi, Guglielmo de', dit le Bergamasque 167, 168, 182, 233
Grimani (famille) 32, 34, 167, 200
Grimani, Domenico 314
Grimani, Giovanni, patriarche d'Aquilée 200, 314
Grimani, Vettor 36
Gris, Juan 312
Gritti (famille) 200
Gritti, Andrea 76, 200
Guarana, Jacopo 73, 116, 212, 220, 246
Guardi, Francesco 44
Guerchin, Giovanni Francesco Barbieri, dit le 266
Guggenheim, Michelangelo 233
Guggenheim, Peggy 312

Habsbourg (famille) 48, 50, 104
Haydn, Franz Joseph 47
Hayez, Francesco 226, 239
Henri III, roi de France 70
Hoffmann, Josef 53, 294, 298
Horta, Victor 298
Hôtel des Bains 296, 300
Hôtel Excelsior **296**

îles
Giudecca 42, 48, 53, 58, 309
Lido 14, 37, 52, 53, 296, 298, 300
Murano 39, 81, 100, 128, 171, 230, 301, 302
Olivolo 12, 15, 202
Sacca Fisola 310
San Cristoforo 48, 182, 289
San Giorgio Maggiore 194
San Michele 48, 182, 289
San Pietro di Castello 202
San Secondo 14
Stampalia 304
Torcello 8, 14, 16, 17, 92, 230
îles du Cap-Vert 82
India, Bernardino 171
Indriomenis, Marcos 94

Jacobello del Fiore 130
Jérusalem 55
Joseph II, empereur 82
Jubanico (famille) 248

Klee, Paul 302
Klimt, Gustav 226
Klonzas, Giorgio 174

Lattanzio da Rimini 172
Lazzari, Antonio 214
Lazzari, Francesco 52
Lazzarini, Gregorio 234, 239, 254
Le Caire 53
Le Court, Juste 219, 248, 252, 266, 268
Levi, Olga 232
Levi, Ugo 232
Liberi, Pietro 239, 244
Libreria Marciana 36, 37, 40, 41, 48, 58, 59, 60, 75, **76**, 314
Libreria Vecchia 9
Lin (famille) 239, 244
Lion (famille) 86
Lipchitz, Jacques 312
Lipparini, Ludovico 239
Loggetta 36, 40, 58, 60
Loggia de Sansovino **75**
Lolin, Giovanni 232
Lombardo (famille) 110, 148, 158, 169
Lombardo, Antonio 64
Lombardo, Pietro 26, 27, 28, 31, 32, 74, 75, 130, 136, 158, 162, 172, 208, 210, 212
Lombardo, Sante 174
Lombardo, Tullio 26, 28, 31, 32, 184
Longhena, Baldassare 42, 44, 58, 146, 174, 194, 202, 212, 220, 224, 232, 242, 246, 250, 254, 268
Longhi, Alessandro 222
Longhi, Pietro 222, 267, 304
Loredan (famille) 84
Loredan, Francesco 121
Loreo 12
Loth, Carlo Maria 246, 248
Lotto, Lorenzo 99, 130
Lucchesi, Matteo 246
Luprio 15

Maccaruzzi, Bernardo 73
Magasin Olivetti 58, **302**
Maggiotto, Francesco 142
Mahomet II, empereur ottoman 158
Mainardis, Pietro 310
Maison du Duc de Ferrare 88
Malamocco 14
Malipiero, Pasquale 156
Malombra, Bartolomeo 170
Manetti, Girolamo 290
Manin (famille) 242, 244
Manin, Lodovico, doge 242
Manopola, Bartolomeo 73
Mantegna, Andrea 110, 229
Manuzio, Aldo, dit Manuce 76
Marghera 53, 54
Mariani, Sebastiano 142
Marieschi, Jacopo 142, 148
Marieschi, Michele 212, 228
Marini, Marino 312
Martini, Arturo 226
Maser 39, 46, 171
Massari, Giorgio 46, 74, 75, 212, 220, 262, 270, 275, 276
Matisse, Henri 226
Matscheg, Carlo 290
Mazzoni, Sebastiano 239
Médicis, Côme de 194
Meduna, frères 278
Meduna, Giambattista 52, 108, 278, 284, 286, 290
Mengozzi Colonna, Agostino 246
Mengozzi Colonna, Girolamo 264, 268
Mercerie 58, 74
Mestre 53
Metropolitan Museum, New York 267
Meyring, Heinrich 243
Michel-Ange, Michelangelo Buonarroti, dit 154
Michelozzo, Michelozzi 194
Michiel (famille) 238
Michiel, Vitale II, doge 64
Milan 10, 26, 44
Minerbi, Hirschel de' 222
Miozzi, Eugenio 301
Mocenigo (famille) 112, 269
Mocenigo, Alvise, doge 70, 266
Mocetto, Gerolamo 128
Moli, Clemente 146, 202
Molinari, Antonio 239
Molo 36, 37, 58, 59, 60
monastères
  San Giorgio in Alga 14
  San Giovanni di Verdara, Padoue 314
  San Nicolò al Lido 14
  Sant'Angelo della Polvere 14
  Santi Basso e Leone 14
  Santi Secondo e Erasmo 14
Montemezzano, Francesco 102
Monteverdi, Claudio 136
Morlaiter, Gianmaria 212
Morleiter, Michelangelo 262
Moro (famille) 239
Moro, Gaspare 146
Moro, Pietro 239, 283
Morosini (famille) 86, 267
Morosini, Francesco, doge 148, 156, 252
Morosini, patriarche 268
Moser, Kolo 53
Mozart, Wolfgang Amadeus 44
Mulino Stucky, Giudecca 309
Mureri (famille) 24
musées
  archéologique **314**
  d'Art moderne 52, 224
  de la basilique Saint-Marc 104
  du Settecento vénitien 222
  du verre, Murano 230
  Museo Civico, Bassano del Grappa 37
  Museo Civico, Trévise 53
  Museo Correr 10, 20, 22, 24, 26, 31, 37, 41, 44, 46, **78**, 85, 88, 314
  Museo di Storia Naturale 88
  Museo Poldi Pezzoli, Milan 44
  Peggy Guggenheim Collection **312**
  Victoria and Albert Museum, Londres 146

Nani (famille) 314
Nicolas V d'Este 88
Nicolas V, pape 202
Nizzoli, Marcello 53

Olivetti, Adriano 302
Orseolo, Orso 92
Orseolo, Pietro, dit le Saint, doge 63, 92
Ospedale dei Mendicanti 266
Ospedale della Pietà 275
Ospedaletto **246**

Padoue 10, 37, 43, 248, 314
Padovano, Lauro 24
palais des Doges 9, 17, 22, 24, 26, 31, 36, 40, 58, 59, 63, **66**, 72, 73, 107, 108, 120, 314
palais patriarcal 52, 58, 61, **73**
Palazzi
  Ariani 108, **113**
  Balbi **228**
  Barziza 18, **83**
  Belloni-Battaglia **229**
  Carmelenghi **168**
  Cavalli 24, 52
  Cavalli Franchetti **290**
  Centani **124**
  Contarini Fasan 24
  Cornaro 34, 37
  Corner (della Ca' Grande) 39,167, **170**, 262
  Corner Loredan 18
  Corner Mocenigo 38
  Corner-Spinelli **166**, 169
  Dario 28, **158**
  Dolfin 39
  Dolfin Manin 34
  Falier Canossa **87**
  Farsetti **84**
  Fortuny (Palazzo Pesaro degli Orfei) **114**
  Giovanelli 52, **284**, 290
  Giustinian 24, **120**
  Giustinian Lolin **232**
  Giustinian, Murano **230**
  Grassi 46, 262
  Grimani 37, 39, **167**
  Labia 47, 261, **264**
  Lando Corner Spinelli 30
  Lion Morosini (Ca'Lion) **86**
  Loredan 30, **84**
  Loredan dell'Ambasciatore **121**
  Manfrin 46
  Manin 283
  Mastelli del Cammello **164**
  Michiel dalle Colonne **238**
  Milion 19
  Minotto Barbarigo 222
  Moro-Lin **239**
  Pesaro (Fondaco dei Turchi) 18, 42, 44
  Pisani 42
  Pisani Moretta 24, **116**
  Priuli all'Osmarin **122**
  Reale 283
  Sagredo **267**
  Sandi 47
  Tiepolo Papadopoli **233**
  Trevisan, Murano 39, **171**
  Van Axel 24, **123**
  Vendramin Calergi 30, 153, **169**
  Venier dei Leoni **312**
  Ziani 281, **283**
  Zorzi 30
Paléologue, Jean 88
Palladio, Andrea 37, 38, 39, 46, 59, 69, 70, 154, 171, 194, 196, 198, 200, 202, 214, 268
Palma le Jeune, Jacopo Negretti, dit 64, 99, 142, 196, 244, 248, 268
Palma le Vieux, Jacopo Negretti, dit 122, 148
Panthéon, Rome 46, 274
Paolino Minorita, Fra 18
Papadopoli-Aldobrandini (famille) 233
Paris 59
Parodi, Filippo 148, 268
Partecipazio (famille) 63, 66
Partecipazio, Orso, doge 14
Pastor, Valeriano 310
Patmos 55
Paul II, pape 64
Pavie 10
Pavillons d'exposition de la Biennale **294**
Pellegrini, Giovanni Antonio 44
Pellegrini, Girolamo 202
Pennacchi, Gerolamo 172
Pennacchi, Piermaria 172
Peranda, Sante 148, 212
Peruzzi, Baldassare 34
Pesaro (famille) 88, 224
Pesaro, Giovanni 224
Peschiera 37
Piatti, Sante 254
piazza degli Ziani 34
piazzale Roma 53
Piazzetta 9, 34, 36, 58, 59
Piazzetta dei Leoncini 58, 73
Piazzetta, Giambattista 116, 130, 214, 248, 269, 272, 276
Picasso, Pablo 312
Pietro da Salò 204
Piranèse, Giambattista Piranesi, dit 44
Pisanello, Antonio Pisano, dit 69, 110
Pisani (famille) 116
Pisani, Chiara 116
Pitati, Bonifacio 178, 268
Pittoni, Giambattista 246
Pizzinato, Armando 312
place Saint-Marc 14, 17, 30, 31, 34, 36, 37, 39, 40, 41, 48, 51, 57, 58, 59, 60, 72, 73, 76, 104, 194, 202, 214, 282, 285, 302
pointe de la douane 42
Polesine 43
Pollock, Jackson, 312

pont des Soupirs 58
Ponte
Accademia 50, 228, 290
Canonica 58
Lovo 52
Paglia 58
Pescaria 36
Rialto **154**, 160, 168, 228
Scalzi 301
Storto 90
Tre Archi 154
Porpora, Nicolò 246
port de San Basilio 58
Pound, Ezra 289
Pozzo, Andrea 242, 244
Pozzo, fra Giuseppe 242, 244
Prigioni Vecchie 58, 59, 60
Priuli (famille) 88
Priuli Bon (famille) 220
Priuli, Paola 304
Procuratie Nuove 58, 59, 60, 78, 314
Procuratie Vecchie 36, 37, 48, 58, 59, **72**, 78, 302
Proust, Marcel 114
Puppi, Lionello 31

Quarenghi, Jacopo 44
quartiers
Canalecto 15
Dorsoduro 240
Rialto (Rivoalto) 9, 12, 14, 15, 19, 58, 98, 154, 160
San Bartolomeo 51
San Giobbe 311
San Giuliano 58
San Lorenzo 14, 15
San Luca 37, 39, 51
San Moisè 22
San Zaccaria 15
San Zulian 283
Sant'Elena 54
Santa Maria del Giglio 51
Querini (famille) 304
Querini, Francesco 304
Querini, Giovanni 304

Radetzky, maréchal 50
Raphaël, Raffaello Sanzio, dit 34
Ravenne 10, 16, 53, 64
Raverti (famille) 68, 108, 113
Régnier, Henri de 158
Reine de Chypre 170
Reuwich, Erardo 204
Rezzonico (famille) 220
Rezzonico, Carlo 85
Ricchi, Pietro 126
Ricci, Sebastiano 44, 269, 272
Rietveld, Gerrit Thomas 294
rii
Angelo Raffaele 113
Cannaregio 264
Carmini 234
della luna 58
Gaffaro 297
Greci 204
Novo 53
Osmarin 122
Panada 123
San Cancian 123
San Severo 122
San Tomà 124
Sant'Anna 51
riva del Molo 34
Rizzo, Antonio 31, 68
Roberti, Roberto 37
Roi de Chypre 84
Romano, Giulio 32
Rome 10, 26, 31, 34, 46, 60, 234, 248, 268
Rosemberg Orsini, Filippo di 121
Rosselino, Antonio 162
Rossi, Davide 229, 283
Rossi, Domenico 46, 244, 269
Rubens, Pierre Paul 248
Rubini, Alessandro 192
Ruskin, John 52

Sagredo, Gherardo 267
Saint Laurent Justinien 202
Saint Louis d'Anjou 126
Saint-Jean d'Acre 58
Salieri, Antonio 44
Salviati, Francesco 248
Sangallo (famille) 34
Sanmicheli, Michele 32, 37, 38, 39, 166, 167
Sansovino, Francesco 39
Sansovino, Jacopo 31, 32, 34, 36, 37, 38, 39, 41, 58, 59, 68, 69, 75, 76, 110, 158, 170, 178, 184, 197, 200, 228, 244
Sant'Ilario 14
Santi, Lorenzo 52, 73, 78, 104, 282, 286
Santomaso, Giuseppe 226
Saraceni, Carlo 198
Sardi (famille) 42
Sardi, Giovanni 296
Sardi, Giuseppe 184, 242, 246, 248, 266
Sassoferrato, Giovan Battista Salvi, dit 252
Savin, Paolo 64, 74
Savoldo, Gerolamo 162
Scala Contarini del Bovolo **165**
Scalamanzio, Leonardo 148
Scamozzi, Vicenzo 58, 76, 98, 154, 169, 184, 232, 266, 268, 314
Scarpa, Carlo 58, 216, 294, 302, 306
Scarpagnino, Antonio Abbondi, dit le 31, 68, 69, 72, 188, 210
Schiavone, Andrea Meldolla, dit 99, 248
Scuole
Carità 48
Grande dei Carmini 47, **254**
Grande della Misericordia **197**
Grande di San Giovanni Evangelista 27, 30, 42, **212**
Grande di San Marco 27, 30, 42, **208**
Grande di San Rocco 42, 72, **210**
Levantina **258**
San Giorgio degli Schiavoni (Scuola Dalmata dei Santi Giorgio e Trifone) **204**
San Nicolò 174
Vecchia della Misericordia 146
Sebastiano del Piombo 176
Selva, Giannantonio 47, 51, 214, 278, 285
Serlio, Sebastiano 32, 37
Sforza, Francesco, duc de Milan 26
Simonini, Francesco 239
Smeraldi, Francesco 202
Soli, Giuseppe 78, 282
Sorella, Simone 174, 194
Spada, Nicolò 298
Spavento, Giorgio 31, 68, 160, 184
Split 248
Stazio, Abbondio 234, 244, 254, 267
Stazio, Andrea 269
Strada Nuova 51, 274
Stravinsky, Igor 289
Strozzi, Bernardo 268
Sullam, Guido Costante 298

Tafuri, Manfredo 34
Taglioni, Maria 108
Tancredi 312
Tedesco, Gerolamo 160
Temanza, Tomaso 46, 47, 236, 267, 274
Tencalla, Carpoforo Mazzetti, dit 244, 267
théâtre de La Fenice 47, 52, **278**
théâtre Massimo 34
Théodoric le Grand 9
Tiepolo, Bajamonte 304
Tiepolo, Giambattista 22, 44, 46, 47, 48, 116, 126, 130, 200, 210, 220, 234, 242, 246, 254, 264, 269, 272, 275, 276
Tiepolo, Giandomenico 22, 212
Tintoret, Jacopo di Robusti, dit le 130, 140, 148, 166, 190, 194, 210, 212, 244, 248, 252, 266, 272, 286
Tirali, Andrea 46, 64, 69, 116, 267, 268, 252
Titien, Tiziano Vecellio, dit 69, 76, 110, 130, 136, 138, 160, 166, 172, 210, 216, 244
Torres, Giuseppe 297, 298
Torri, Antonio 126
tour de l'Horloge 30, 31, 58, 60, **74**
Traetta, Tommaso 246
Tremignon, Alessandro 243, 264
Trevisan, Giovanni, patriarche 70
Trévise 14, 43, 53
Trissino, Gian Giorgio 37

Uccello, Paolo 64
Urbani, Andrea 267

Valle, Gino 309
Van Axel (famille) 123
Van Dyck, Antoine 110
Vasari, Giorgio 154, 166
Vassillachi, Antonio 196
Vecchia, Pietro 198
Vecellio, Francesco 184
Vecellio, Marco 98, 100
Vedova, Emilio 226, 312
Vendramin, Andrea, doge 28
Vendramin, cardinal 202
Veneziano, Lorenzo 78
Veneziano, Paolo 100, 192, 216
Venier (famille) 312
Venier, Antonia 126
Venier, Francesco, doge 34, 184
Vérone 37, 43
Véronèse, Paolo Caliari, dit 69, 76, 99, 116, 130, 166, 171, 188, 200, 216, 233, 266
via Garibaldi (Strada Eugenia) 51
via II Aprile (San Salvador) 51
via XXII Marzo 51, 243
Vicence 37, 43
Vicentino, Andrea 70, 212
Villa Barbaro, Maser 39, 46, 171
Villa Monplaisir **298**
Vitruve 31, 38
Vittoria, Alessandro 69, 98, 110, 148, 171, 184, 192, 200, 228
Vivaldi, Antonio 275
Vivarini (famille) 216
Vivarini, Alvise 142, 198
Vivarini, Antonio 192
Vivarini, Bartolomeo 142, 180

Wagner, Richard 120, 169
Wedgwood, Josiah 229
Werkstätten, Wiener 53

Xenodoco, Giovanni 10

Zaguri, Pietro 285
Zalterio, Bolognino 41
Zanchi, Antonio 248, 254
Zanchi, Francesco 73
Zandomeneghi, Luigi 136
Zandomeneghi, Pietro 136
Zane, Emmanuel 174
Zanetti, abbé 230
Zara 248
Zattere 270
Zecca 36, 37, 40, 41, 48, 58, 59, 60, 75, **76**
Zen, Giambattista, cardinal 64
Zeno (famille) 238
Zenobio (famille) 236
Ziani (famille) 84
Ziani, doge 69
Zompini, Gaetano Gherardo 268
Zorzi, Francesco 200
Zucconi, Francesco 18

Lieux

Les numéros de pages renvoient aux notices.
Les édifices en dehors de Venise sont indiqués (h. p.).

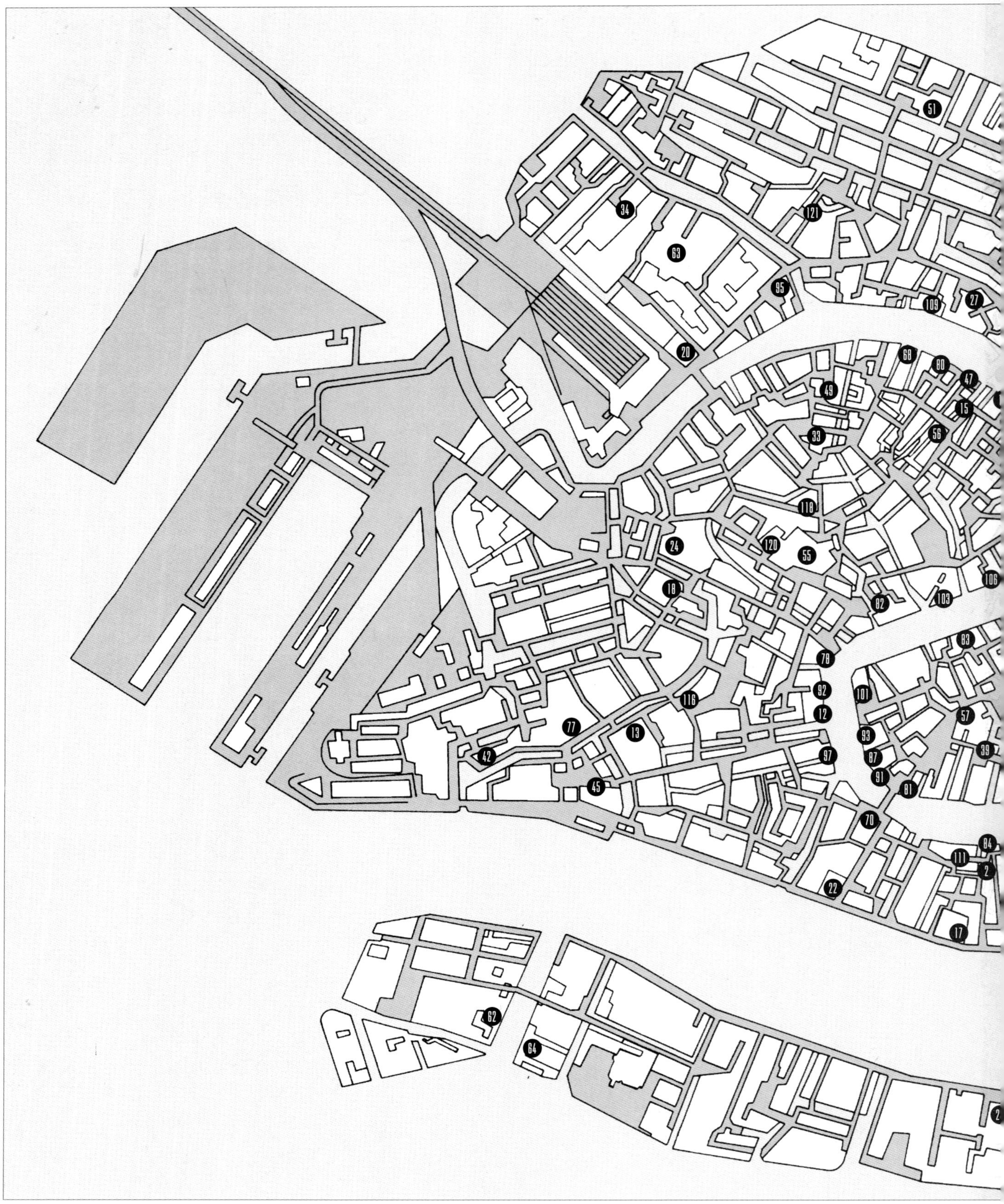

1 Abbaye della Misericordia, 146
2 Abbaye San Gregorio, 144
3 Ala Napoleonica et Museo Correr (*aire de Saint-Marc*), 78
4 Arsenal, 156
5 Basilique Saint-Marc (*aire de Saint-Marc*), 63
6 Basilique Santa Maria Assunta à Torcello (*h. p.*), 92
7 Basilique Santa Maria della Salute, 250
8 Ca'Corner della Ca'Grande, 170
9 Ca'd'Oro, 108
10 Ca'da Mosto, 82
11 Ca'Pesaro, 224
12 Ca'Rezzonico, 220
13 Ca'Zenobio, 234
14 Calle del Paradiso, 112
15 Casa Agnusdio, 125
16 Casa del Farmacista, Lido (*h. p.*), 300
17 Casa Gardella, 308
18 Casa Torres, 297
19 Casino Municipal du Lido, 301
20 Église degli Scalzi, 242
21 Église dei Gesuati (Santa Maria del Rosario), 270
22 Église dei Gesuiti (Santa Maria Assunta), 244
23 Église Santi Maria e Donato à Murano (*h. p.*), 100
24 Église dei Tolentini (San Nicolò da Tolentino), 268
25 Église del Redentore, 198
26 Église della Fava (Santa Maria della Consolazione), 276
27 Église della Maddalena, 274
28 Église della Madonna dell'Orto, 140
29 Église della Pietà, 275
30 Église delle Zitelle, 196
31 Église San Francesco della Vigna, 200
32 Église San Giacometto, 98
33 Église San Giacomo dell'Orio, 99
34 Église San Giobbe, 162
35 Église San Giorgio dei Greci, 174
36 Église San Giovanni Crisostomo, 176
37 Église San Giovanni in Bragora, 142
38 Église San Lazzaro dei Mendicanti, 266
39 Église San Maurizio, 285
40 Église San Michele in Isola (*h. p.*), 182
41 Église San Moisè, 243
42 Église San Nicolò dei Mendicoli, 102
43 Église San Pietro di Castello, 202
44 Église San Salvador, 184
45 Église San Sebastiano, 188
46 Église San Silvestro, 286
47 Église San Stae (Sant'Eustachio), 269
48 Église San Zaccaria, 190
49 Église San Zan Degolà (San Giovanni Decollato), 96
50 Église San Zanipolo (Santi Giovanni e Paolo), 128
51 Église Sant'Alvise, 126
52 Église Santa Maria dei Miracoli, 172
53 Église Santa Maria del Giglio, 248
54 Église Santa Maria Formosa, 180
55 Église Santa Maria Gloriosa dei Frari, 134
56 Église Santa Maria Mater Domini, 178
57 Église Santo Stefano, 148
58 Cloître de Sant'Apollonia, 104
59 Cimetière de San Michele in Isola (*h. p.*), 288
60 Coffee House, 282
61 Ensemble de San Giorgio Maggiore, 194
62 Ensemble résidentiel à Sacca Fisola, 310
63 Ensemble résidentiel d'ex Saffa, 311
64 Ensemble résidentiel IACP sur l'île de la Giudecca, 309
65 Corte Bottera, 90
66 Dogana da Mar, 240
67 Fondaco dei Tedeschi, 160
68 Fondaco dei Turchi, 88
69 Fondation Querini Stampalia, 304
70 Gallerie dell'Accademia, 214
71 Hôtel Excelsior au Lido (*h. p.*), 296
72 Loggia de Sansovino (*aire de Saint-Marc*), 75
73 Musée archéologique, 314
74 Magasin Olivetti, 302
75 Ospedaletto, 246
76 Pavillons d'exposition de la Biennale, 294
77 Palazzo Ariani, 113
78 Palazzo Balbi, 228
79 Palazzo Barziza, 83
80 Palazzo Belloni-Battaglia, 229

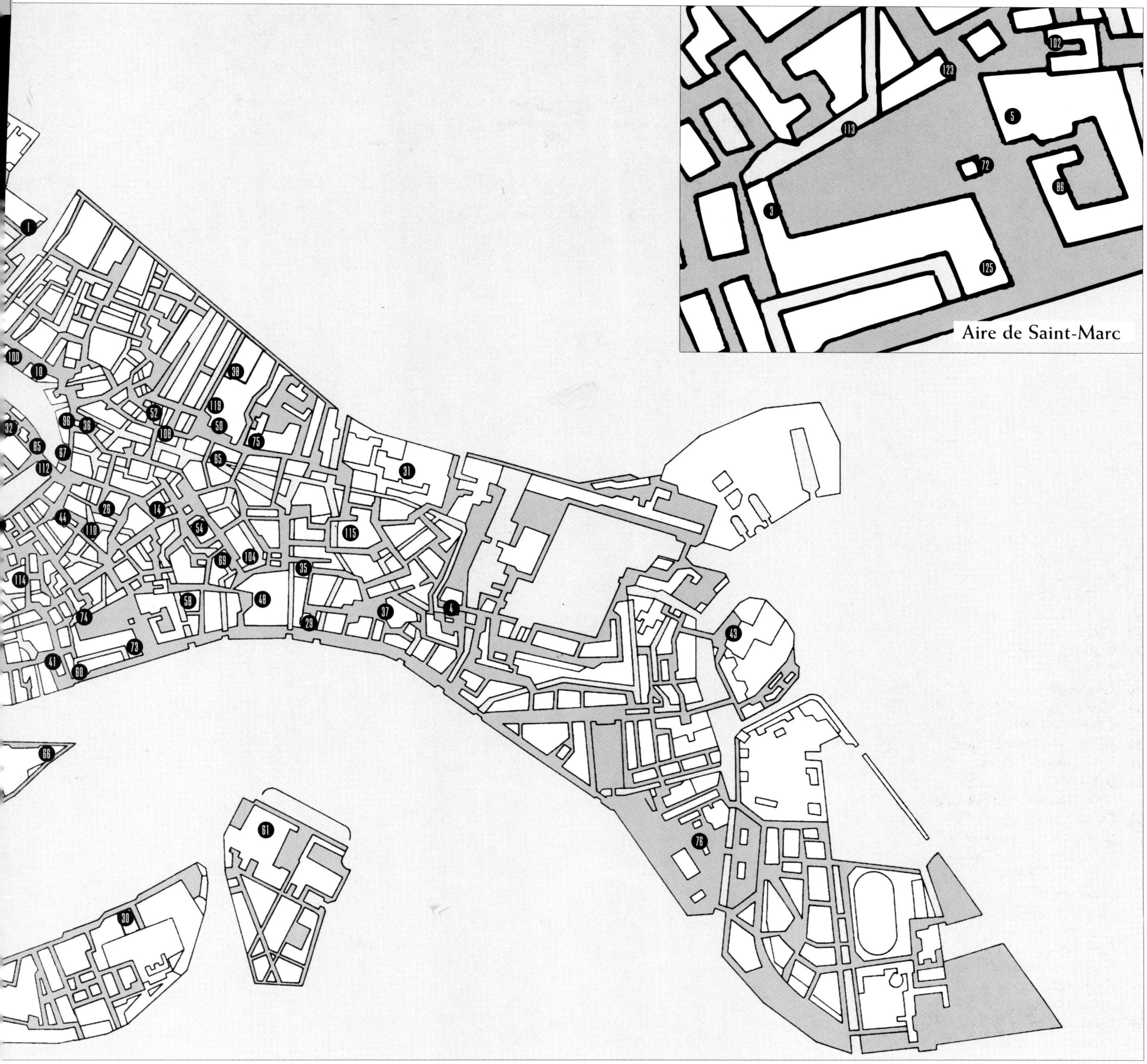

81 Palazzo Cavalli Franchetti, 290
82 Palazzo Centani, 124
83 Palazzo Corner-Spinelli, 166
84 Palazzo Dario, 158
85 Palazzo dei Camerlenghi, 168
86 Palais des Doges *(aire de Saint-Marc)*, 66
87 Palazzo Falier Canossa, 87
88 Palazzo Fortuny (Palazzo Pesaro degli Orfei), 114
89 Palazzo Giovanelli, 284
90 Palazzo Giustinian à Murano *(h. p.)*, 230
91 Palazzo Giustinian Lolin, 232
92 Palazzo Giustinian, 120
93 Palazzo Grassi, 262
94 Palazzo Grimani, 167
95 Palazzo Labia, 264
96 Palazzo Lion Morosini, 86
97 Palazzo Loredan dell'Ambasciatore, 121
98 Palazzo Loredan et Palazzo Farsetti, 84
99 Palazzo Mastelli del Cammello, 164
100 Palazzo Michiel dalle Colonne, 238
101 Palazzo Moro-Lin, 239
102 Palais patriarcal *(aire de Saint-Marc)*, 73
103 Palazzo Pisani Moretta, 116
104 Palazzo Priuli all'Osmarin, 122
105 Palazzo Sagredo, 267
106 Palazzo Tiepolo Papadopoli, 233
107 Palazzo Trevisan à Murano *(h. p.)*, 171
108 Palazzo Van Axel, 123
109 Palazzo Vendramin Calergi, 169
110 Palazzo Ziani, 283
111 Peggy Guggenheim Collection, 312
112 Ponte di Rialto, 154
113 Procuratie Vecchie *(aire de Saint-Marc)*, 72
114 Scala Contarini del Bovolo, 165
115 Scuola di San Giorgio degli Schiavoni, 204
116 Scuola Grande dei Carmini, 254
117 Scuola Grande della Misericordia, 197
118 Scuola Grande di San Giovanni Evangelista, 212
119 Scuola Grande di San Marco, 208
120 Scuola Grande di San Rocco, 210
121 Scuola Levantina, 258
122 Théâtre de La Fenice, 278
123 Tour de l'Horloge *(aire de Saint-Marc)*, 74
124 Villa Monplasir au Lido *(h. p.)*, 298
125 Zecca et Libreria Marciana *(aire de Saint-Marc)*, 76

Cet ouvrage,
composé en Weiss,
a été achevé d'imprimer
sur les presses de l'imprimerie
EBS - Editoriale Bortolazzi-Stei
à San Giovanni Lupatoto (Vérone)
en septembre deux mille un
Numéro d'édition 142 - Dépôt légal octobre 2001